광기, 패닉, 붕괴: 금융위기의 역사
Manias, Panics and Crashes: A History of Financial Crises

First published in English under the title Charles P. Kindleberger
and Robert Z. Aliber, Manias, Panics and Crashes, 5th edition
by Palgrave Macmillan, a division of Macmillan Publishers Limited
This edition has been translated and published under license from Palgrave Macmillan
All rights reserved.

Korean Translation Copyright ⓒ 2006 by Goodmorning Books
This translation is published by arrangement with
Palgrave Macmillan, a division of Macmillan Publishers Limited
through Imprima Korea Agency.

이 책의 한국어판 저작권은 Imprima Korea Agency를 통해
Palgrave Macmillan, a division of Macmillan Publishers Limited와의
독점 계약으로 굿모닝북스에 있습니다.
저작권법에 의해 한국 내에서 보호를 받는 저작물이므로
무단전재와 무단복제를 금합니다.

광기, 패닉, 붕괴: 금융위기의 역사
Manias, Panics and Crashes: A History of Financial Crises

굿모닝북스

역사의 기록을 점검하고, 또 당신 자신이 경험한 테두리 안에서 일어난 일들을 회상하면서 사적인 삶이나 공적인 경력에서 대단한 불행을 겪은 사람들 거의 모두-그들에 대해 당신이 읽었거나 전해 들은 내용이 있을 수도 있고, 당신의 기억 속에 남아 있는 사람도 있을 것이다-가 어떻게 행동했는 지 주의 깊게 생각해 보라; 그들 가운데 절대 다수가 겪은 불행은 형편이 좋았을 때, 다시 말해 가만 히 앉아 자족했더라면 그저 좋았을 때를 그들이 몰랐기 때문에 생겨났다는 사실이 드러날 것이다.

아담 스미스(Adam Smith)
「도덕심성론The Theory of Moral Sentiments」 가운데

패닉과 광기에 대해서는 우리가 갖고 있는 최대한의 지식을 동원해 좇고 상상할 수 있는 규모를 넘어서는 대단한 분량이 쓰여졌다. 그렇지만 한 가지 분명한 것은 특정 시점마다 엄청난 금액의 멍청한 돈이 부지기수의 멍청한 사람들 손에 주어진다는 사실이다.……당면한 목적에 부합하지 않는 명분을 이유 삼아 이런 사람들의 돈-우리는 이 돈을 눈먼 자본(blind capital)이라고 부른다-이 주기적으로 천문학적인 금액으로 불어나고 꿈틀대는 욕망에 주체를 못한다. 이 돈은 누군가가 자신을 집어 삼켜 주기를 갈망하며 "흘러 넘친다"; 흘러 넘치는 돈이 누군가를 찾아내면 '투기'가 벌어지고; 투기가 이 돈을 다 먹어 치우고 나면 '패닉'이 발생한다.

월터 배젓(Walter Bagehot)
「에드워드 기븐에 관한 소론Essay on Edward Gibbon」 가운데

이번 사안과 관련해 공화국의 한 고위급 인사가 나에게 한 말을 기억해 두고자 합니다. 그는 이렇게 말했습니다. "나는 내 나라를 잘 압니다. 이 나라는 금융위기만 아니라면 그 어느 것이라도 차분하게 버텨 낼 역량을 가지고 있습니다."

레이몽 필립(Raymond Philippe)
「역사의 전환점: 1924~28년의 금융 드라마
Un point d'histoire: Le drame financier de 1924~28」 가운데

나는 위기가 다가옴을 느낄 수 있다. 증권거래위원회(SEC)가 있든 없든, 파탄을 몰고 올 새로운 투기의 거대한 소용돌이가 익히 눈에 익은 단계들을 밟아가며 다가오고 있다; 핵심 우량주가 붐을 일으킨 다음, 이류 종목들이 뜨겁게 달아오르면, 이어서 장외시장에서도 투기판이 벌어질 것이다; 그리고는 새로 상장된 주식을 둘러싼 또 한 차례의 끝물 장세가 지나가면, 마침내 피할 수 없는 붕괴가 찾아올 것이다. 이 일이 언제 벌어질지는 모르겠지만, 가까이 다가오고 있음을 느낄 수 있다. 빌어먹을 일은, 내가 이 상황에서 어떻게 해야 할지 모르겠다는 것이다.

버나드 J. 라스커
(Bernard J. Lasker, 1970년 뉴욕증권거래소 회장으로 재직)
그가 1972년에 했던 말 가운데, 존 브룩스(John Brooks)가
쓴 「고고의 시절The Go-Go Years」에서 인용

차례

로버트 솔로의 제5판 서문 ● 8

찰스 킨들버거의 제3판 서문 ● 12

찰스 킨들버거의 제2판 서문 ● 17

1. 금융위기: 계속 피어오르는 질긴 다년생화 ● 23
2. 전형적으로 발생하는 위기의 해부 ● 57
3. 투기적 광기 ● 77
4. 화염에 기름을 붓다: 신용의 팽창 ● 118
5. 결정적 단계 ● 157
6. 풍요감의 만연과 경제 호황 ● 192
7. 국제적 전염 ● 208
8. 거품의 전염: 도쿄에서 방콕, 방콕에서 뉴욕으로 ● 237
9. 부정과 사기, 신용의 순환 ● 270
10. 정책 대응: 방임과 그 밖의 장치들 ● 329
11. 일국 차원의 궁극적 대여자 ● 364
12. 국제적 차원의 궁극적 대여자 ● 393
13. 사상 최대의 혼란기와 역사의 교훈 ● 443

부록_ 1618~1998년 금융위기 유형의 개요 ● 470
주석 ● 476
역자 후기 ● 525

제5판 서문

찰리 킨들버거는 즐거움을 주는 동료였다. 고감도의 지적 감각으로 항상 잘 응해주며, 충만한 인격과 함께 모든 것에 대한 호기심으로 가득 차있고, 무엇보다도 활력이 넘치는 친구였다. 그의 이런 자질이 이 책 『광기, 패닉, 붕괴: 금융위기의 역사』에 그대로 드러나 있다.

킨들버거의 저술 작업은 어쩌면 찰스 다윈이 비글호를 타고 탐사를 다닐 때 수행했음이 분명한 탐구 방식, 즉 흥미로운 표본을 수집하고 점검하고 분류하는 것처럼 자연의 역사를 쓴다는 정신에서 이루어지기 시작했다고 본다. 킨들버거의 광기, 패닉, 붕괴(manias, panics and crashes)는 때에 따라서는 혜안이 번득이고, 또 때에 따라서는 그저 잡설이 가득한 동시대인들의 언사(言辭)가 곁들여져 있다는 점에서, 다윈의 설치류, 조류, 딱정벌레(rodent, birds and bettles)보다 독자들을 얻는 데 유리했을 것이다. 이미 체계를 갖춘 의제를 추적하는 것이 아니라, 흥미롭게 배울 것들을 찾아 나서는 것이 경제사가(經濟史家)로서 체질화된 킨들버거의 방식이었다.

물론 그는 오랜 수련과 탁월한 경력을 겸비한 경제학자였기에 그런 작업에서 유형과 규칙성, 인과관계를 찾아냈다. 특히 그의 시선을 잡아당긴 것은 여러 가지 위기와 난국에 직간접적으로 연루되는 피해자들을 그리도 자주 빠져들게 만드는 비합리적 사태들이었다. 이런 비합리적 사태는 그 자체로는 흥미거리에 불과했을지 모른다. 킨들버거의 관심대상은 그 속에서 나타나는 사람들의 행태와 제도의 상호 작용이었다. 광기와 패닉, 붕괴가 발생하는 과정, 그리고 이것들의 종국적인 파장은 해당 시기의 통화제도와 자본시장제도에 의해서도 매우 큰 영향을 받았다.

킨들버거가 처음 이 연구를 시작했을 때 금융위기라는 다년생화(多年生花)가 얼마나 질긴 존재로 드러나게 될지 미처 몰랐을 수도 있다. 이 책의 초판 발행 후 25년간의 세월은 국가별 은행시스템과 환율이 격렬하게 요동을 친 시기였고, 자산가격의 거품이라는 면에서도 완전히 새로운 차원의 격변기였다. 이 책의 이어지는 판마다 새로 담아야 할 내용이 항상 있었다. 킨들버거는 아마도 우리의 독일인 친구 중 하나가 이름 붙인 "만물 악화의 법칙(Das Gesetz der Verschlechtigung aller Dinge)"이라는 표현을 흥미로워 했겠지만, 역사가 단순히 인간이 가지고 있는 비합리성의 증폭이 낳은 결과일 리는 만무하다. 이번에 출간된 제5판에서 로버트 알리버가 새로 추가한 제13장에 나타나 있듯이 부의 증가, 통신의 가속화 및 저렴화, 국가적 그리고 국제적 금융 시스템의 진화도 불가결한 역할을 담당했다. 경제사에 맞추어진 킨들버거의 노력은 세간의 시류에서 멀어지지 않을 주제를 찾아낸 것이다.

새로운 금융 시스템의 골격을 어떻게 설계할 것인가, 또 한 나라는 물론 국제적인 차원의 궁극적 대여자(lender of last resort)를 규제해야 할 지침 및 그 잠재적 효용성은 무엇인가라는 문제는 킨들버거의 중대 관심사에 속한다. 금융 시스템을 개혁하는 (아니면 적어도 바꾸는) 일에 관련된 사람들은 이 책에서 솟아나는 교훈들을 숙고한다면 보다 성공적일 수 있을 것이다.

그 교훈들 가운데 하나는 매우 일반적이며, 비합리성이 정상적인 계산을 압도하는 일이 벌어지는 상황에서 가장 잘 적용될 수 있는 것이다. 킨들버거는 본성상 회의적이며, 교조주의의 정반대 입장에 서 있었다. 그 주창자들이 자유시장주의자들이든 혹은 사회공학론자들이든, 그는 철갑을 둘러친 고정불변의 지적 체계를 불신한다. 사실 킨들버거는 의심과 우려를 반증하는 증거 앞에서도 고정불변의 신념에 매달리는 행위야말로 더욱 위험한 형태의 비합리성이며, 책임 있는 자리에 있는 사람들이 그럴 경우는 더욱 위험하다고 생각했다. 킨들버거의 포용적 회의주의가 정책당국자들 사이에 보다 널리 퍼져 있다면 국제경제는 보다 안전한 무대가 될 것이다. 특히 나는 소위 '워싱턴 합의(Washington consensus)'를 둘러싼 당면한 토론들과 자유변동환율제, 구속 없는 자본시장을 둘러싼 찬반 양론을 떠올리게 된다.

이 책의 독자는 누구나 세계라는 컨테이너 안으로 엄청난 규모의 유동성 자본이 좌충우돌로 밀려 들어가면 자연히 컨테이너 밖으로 흘러넘치게 될 가능성이 높아질 수밖에 없다는 분명한 이해를 얻어 갈 것이다. 이 책에서-마땅히 이 책의 영역을 벗어나기에-빠져있는 문제 하나는 이 책이 짚어가는 분석원장(分析元帳)의 반대쪽에 놓여 있는 문제다: 자유무역이 주는 이득의 문제와 유사한 질문으로서, "다양한 형태로 전개되는 자유로운 자본이동이 주는 사회적 혜택은 무엇인가?"라는 문제다. 킨들버거는 전문분야가 국제무역, 국제금융, 경제발전에 걸치는 경제학자로서, 그가 지금도 생존해 있다면 위험과 혜택 사이에서 일정 정도 실용주의적인 균형을 취할 필요성에 대해 예리하게 접근했을 것이다. 우리는 이 책이 지속적으로 최신 내용이 반영돼 읽힐 수 있다는 점이 킨들버거의 개방적인 사고습관을 확산하는 데 도움이 되기를 바랄 수 있을 뿐이다.

이번의 알리버 공저 판은 킨들버거의 이런 기본적인 정향성을 보존하면서도, 그가 자신의 표본 진열장들을 가로지르는 과정에서 종종 눈에 띄는 난해한 경로들이 좀더 읽기 쉽게 정돈된 느낌이다. 광기와 패닉, 붕괴가 늘어나면 우리 모두가 곤경에 빠지겠지만, 적어도 이 책의 독자들은 예방접종을 맞은 효과를 얻을 것이다.

로버트 솔로(Robert M. Solow)

제3판 서문

    한 동료가 이 책의 새로운 개정판을 내야 하는 마땅한 근거라고 든 1988~90년 일본의 경기 확장과 냉각이나, 또 발행인이 새로운 판의 발행을 "간절히 열망했다"는 점만이 이번 제3판 출간의 이유나 구실은 아니다. 다우존스 산업평균 주가가 508포인트 폭락한 1987년 10월 19일 검은 월요일의 붕괴가 자극제로 작용한 바 있는 이 책의 제2판 출간 이래, 일본의 경기 반전 외에도 여러 가지 투기적 열광과 금융위기가 나타났다: 특히 이머징마켓(emerging markets)에 대한 뮤추얼펀드의 투자, 1992년 영국 파운드화와 이탈리아 리라화에 대한 환투기 공세, 그리고 1995년 가을 거품으로 의심되는 기술주들의 상승세 등을 들 수 있다. 그러나 학술적인 근거라는 것들은 학문하는 사람들에게나 그 쓸모가 클 뿐이다. 1987년 이래 금융시장 거품의 존재 여부에 대한 찬반 양진영에서 엄청난 분량의 문헌들이 출현했다. 그 중 큰 비중을 차지하는 문헌들의 내용은 고도로 기술적이며, 1930년대에 전공과목을 수련한 나로서는 깊이 있는 이해에 도달하기 어려운 계량경제학적인 접근들이다; 그러나 이를 접하면서 나에게 떠오른 것은 음악회에 갔다가 다음과 같이 말하며 공연장을 떠나는 음악 애호가의 언급이다: "나는 현대 음악에 대해서는 아는 것이 별로 없어. 하지만 내가 뭘 좋아하는지는 알아."

광기의 존재를 부인하는 논문 한 편이 이 책에 대해 거론했다.[1] 주로 해당 정기간행물 편집인의 촉구 때문에, 평상시의 내 행동과는 달리 이에 반박했다.[2] 보다 깊이 있는 반론으로 출현한 것은 로버트 플러드(Robert Flood)와 피터 가버(Peter Garber)의 책이다; 이 책에는 거품이 존재하지 않는다는 귀무가설(歸無假說, null hypothesis)을 계량경제학적 검증 방법에 의해 기각할 수 없다는 내용(귀무가설 적용 전 거품의 존재 가정에 대한 삼중부정; triple negative)을 결론으로 하는 수많은 논문들이 강력한 설득 수단으로 동원되어 있고; 특히 가버가 쓴 논문『튤립 광기 Tulipmania』는 1636년 가을에서 1637년 2월 사이 네덜란드에서 높은 가격으로 폭등했던 튤립의 가격은-적어도 값이 비싼 고가 튤립 알뿌리에 있어서는-광기가 아니었으며, 펀더멘털에 근거한 시장의 합리적 반응이었다고 주장하고 있다.[3] 또한 이 책은 한 역사적 사건에 대한 동시대 참여자들과 일반 역사가들의 해석을 360년이 지난 지금, 경제이론이 무효화시킬 수 있는지에 대한 고전적인 검증도 소개하고 있다; 두 명의 경제학자가 새로 수집된 자료지만 여전히 부분적인 통계 자료를 사용해 프랑스가 1789년 시점(프랑스대혁명 이전 시기)에 영국과 동일한 일인당 국민소득 수준을 누리고 있었다는, 360년 전 당시 여행자들이 목격한 내용을 포함한 풍부한 증거들을 피상적인 것으로 폐기하는 정반대의 주장을 펴고 있다.[4]

이 같은 논쟁들-이에 대해서는 내 능력이 닿는 한, 언쟁적이지 않은 방식으로 거론하겠지만-외에 몇 가지 방향에서 나의 연구 주제를 보다 깊이 파고들게 됐다. '튤립 광기' 보다 약간 앞선 시기로 거슬러 올라가, 제2판에서는 우발적이고 어느 정도 그릇된 참고자료밖에 탐색하지 못했던 '화폐변조시대(Kipper-und Wipperzeit)' 에 대해 보다 많은 것을 배우게 됐다. 1619년에서 1622년 사이에 극심했던 이 사태는 그 자체로 흥미로울 뿐만 아니라, 지금은 그 이름과 출처를 기억할 수 없지만 어떤 학자가 금융위기는 유럽에서 은행업과 은행권이 확산된 뒤에야 발생했다고 주장했기 때문에 관심을 끄는 주제다. 그렇지만 화폐변조시대와 같이 금속화폐만 유통되던 시대에도 이렇게 심각한 위기가 일어날 수 있었다; 당시 영주, 대수도원장, 대주교, 심지어 신성로마제국의 황제까지 화폐주조 시설을 늘리고, 주화의 액면 단위 인상이나 귀금속 무게 및 순도의 저하와 같은 방법을 통해 일상 거래에서 사용되는 주화의 가치를 떨어뜨렸다. 그 목적은 30년전쟁이 일어남에 따라 용병 부대를 동원하는 데 필요한 자금을 화폐발행이익을 통해 마련하려는 것이었다.[5] 그리고 연구 기간의 후반부에는, 일반 물가수준(재화와 서비스)이 안정적이어서 통화 당국이 금리를 내려도 안전하다고 느낄 때, 값싸진 화폐가 주식시장 및 부동산시장의 거품을 초래하게 되는 '변위요인(displacement)' 으로 작용하게 될 가능성을 『자산가격의 상승과 통화정책Asset Inflation and Monetary Policy』이라는 논문에서 탐색했다.(이 책의 제3장에서 거론했다.)[6] 이 문제 설정은 1929년 월 스트리트의 주가 붕괴와 1988년에서 1990년 사이 도쿄에서 일어난 닛케이 평균주가의 상승세와 폭락에 특히 잘 들어맞는다.

『경제위기의 위험The Risk of Economic Crisis』(1991년 간행)이라는 제목의 책에 실린 별개의 논문이 이 책의 제8장(제5판에서는 제7장과 제8장에 해당-옮긴이)에서 논한 금융위기의 국제적 파급에 대해 다루었다; 이 중 로렌스 서머스(Lawrence Summers)의 논문은 이 책의 제2장에서 다루어진 "전형적인" 모델에 기초한 미래 금융위기의 시나리오를 다루고 있다.[7] 분에 넘치는 것인지는 모르겠지만, 분명히 1970~80년대에 이르러 출현하게 된 인플레이션 탓에 거품처럼 불어난 경제 문헌들이 다룬 금융위기라는 주제를 이 책의 1978년 초판이 다루었다는 사실에 자부심을 느낀다.

제2판이 발행되고 나서 프랑스어 번역판이 출간됐다.[8] 이 책의 제목에 들어 있는 영어 낱말, '마니아(mania)'는 불어의 '마니(manie)'로 번역될 수 없었다; 내가 쓰는 프랑스어 사전을 봐서는 꼭 그렇다고 단정지을 수는 없어 보이지만, 이 불어 낱말이 영어 낱말의 어의를 정확히 전달하지 못한다는 것이 프랑스 출판사의 의견이었기 때문이다. 프랑스어 번역판에서는 두 가지가 내 흥미를 끌었다: "잘 속아 넘어가는 사람"이란 뜻의 영어 낱말, "봉(鳳); sucker)"을 불어로 옮긴 "고고(go-go)"라는 역어와 "덜떨어진 투자자(very unsophisticated investor)"라는 뜻으로 쓰인 "까르빵트라의 미망인(widow of Carpentras)"이라는 불어 표현이다. 고고(go-go)라는 불어 낱말은 "속아 넘기기 쉬운, 남을 잘 믿는 물주"라는 뜻으로 『신(新) 라루스 소백과사전Nouveau Petit Larousse』에 나온다.(존 브룩스는 1960년대 금융시장의 흥분을 다룬 그의 책에 『고고의 시절The Go-Go Years』이라는 제목을 달았던 것으로 보아, 1970년대 초에 이것을 이해하고 있었다.[9]) 나는 박식한 친구들에게 프랑스 프로방스 지방의 소도시인 까르빵트라의 미망인에 대해 물었다; 내가 들은 이야기로는 이 표현은 어떤 사람을 지칭하는 것이 아니라, 사회학자들이 표현하는 식으로 "테니스화를 신고 있는 피오레어(Peoria) 아메리카 원주민촌의 작은 노부인"과 같은 관념적인 전형을 가리킨다는 것이었다. 이 두 가지 중 첫 번째 것을 흥미로워 하는 사람들 덕분에, 나는 "봉"에 해당하는 또 하나의 프랑스 낱말로, 소득세를 지불하는 사람을 가리키는 "배나무 열매(poire; 영어의 pear)"라는 속어를 오래 전에 알고 있었다. 이 단어의 속어적 의미를 사전은 "천치(imbécile), 순진한 사람(naïf)"으로 풀이하고 있다.

지적 역사에 대한 관심 차원에서 개정 제2판의 서문을 남겨 둔다. 제1판에 있던 감사의 글은 삭제했지만, 그곳에 거명된 분들에 대한 감사의 마음에는 변함이 없다. 그 고마운 분들의 목록에 일본의 거품을 강조하는 세 번째 판이 필요하다고 생각했던 로버트 알리버 격려를 통해 지원해 준 영국 맥밀런의 발행 담당 이사 파밀로(T. M. Farmiloe)를 추가하고 싶다.

찰스 킨들버거

제2판 서문

1978년에 초판이 발행된 이 책의 개정판을 내게 된 것은 세 가지 이유에서다. 초판이 완성되고, 이 책이 10년 넘게 읽히는 동안 분석의 틀을 뒷받침하는 증거가 확충되었다는 점이 최소한의 첫 번째 이유다. 1984년에 초판이 발행된 『서유럽 금융사A Financial History of Western Europe』[1]를 준비하는 동안, 19세기의 주요 저작들을 잇따라 섭렵하는 작업에 들어갔다: 프랑스의 화폐와 신용에 대한 1867년의 『화폐유통의 원리와 실상 조사』;[2] 오버스톤 경의 서한집 세 권;[3] 경제와 금융 현안에 대한 월터 배젓의 전집 세 권;[4] 미셸 슈발리에의 미국에서 보낸 서한집[5] 외 다수를 참고했다. 이들 자료의 조각들을 수집하는 과정에서 내가 채용한 최초의 분석을 더욱 공고히 해주는 자료 묶음이 축적돼, 역사의 증언대에 불러 달라고 고함치는 듯했다. 이 연구 작업의 일부는 별도의 논문들에 이미 사용된 적이 있다: 예를 들면, 금융위기를 다룬 『서유럽 금융사』의 한 장, 『케인즈주의 대 통화주의』[6]에 수록된 논문들, 『국제경제질서: 금융위기와 국제무대의 공공재』[7]에 실린 논문들에 사용된 바 있다. 장-삐에르 라파르그가 주선한 바 있는 금융위기에 대한 유럽 컨퍼런스는 이 책의 초판에 이어지는 후속 과정으로 진행됐고 나의 지식에 보탬이 됐다.[8]

이보다 좀더 중요한 개정판 발행의 두 번째 이유는 초판에서의 분석에 내재된 선견지명을 드러내주듯, 1978년 초판 발행 후 일련의 금융위기들이 잇따라 출현했다는 점이다. 뉴욕증권거래소에서 하루만에 다우존스 산업평균 주가가 508포인트 폭락한 1987년 10월 19일 검은 월요일 사태만을 지칭하는 것이 아니라, 일일이 나열하기도 어려우리 만큼 위태로운 사태들이 수없이 이어졌다. 이 위기의 목록은 펜 스퀘어 뱅크의 파산, 컨티넨탈 일리노이 내셔널 뱅크의 구제, 제3세계 외채 위기, 농지가격의 거품 형성과 그 붕괴, 금, 은(헌트 형제의 세계시장 공급독점 시도로 인한 급등과 급락), 달러화, 석유, 텍사스 주 부동산(특히 휴스턴의 업무용 빌딩) 등으로 이어진다. 이 위기들의 다수는 1978년 초판에서 그 전조가 예고된 것들이었는데, "아담 스미스"(조지 굿맨이라고도 알려져 있는)라는 한 독자는 서평에서 내가 이 탐구의 과정을 충분히 뒤쫓지 않았다는 비판을 개진한 바 있었다.[9] 이 같은 위기들 외에, 내가 그 당시에는 충분히 의식하고 있지 못했던 1970년대의 몇 가지 금융위기에 대해 좀더 깊숙이 파고들었다: 소위 한계 금융기관의 문제를 초래한 런던의 부동산 시장 호황, 그리고 금융규제완화의 결과로 나타난 것이 거의 확실한 라틴아메리카 지역에 대한 열광적인 은행 여신의 극적인 팽창과 붕괴가 그것이다. 내가 1988년 여름 이 책의 개정 작업을 준비하는 동안 지금의 세계가 나의 뇌리 속을 떠나지 않았다: 파산에 직면한 은행들과 채무지불 능력을 상실한 금융기관들을 보도하는 소식이 연일 이어지다시피 했다. 나는 이런 사태들을 자연스럽게 부합되는 담론 안으로 끌어들이고자 하며, 그렇지 않은 경우는 제외할 것이다.

개정판 발행의 세 번째 이유는 경제학에서의 방법론, 특히 경제사의 역할에 대한 것이다. 상당히 많은 수의 경제이론가들은 이런 종류의 연구 작업을 경제학의 경계선을 벗어나는 것이라고 도외시한다: 즉, 이 같은 연구가 인간의 비합리성을 드러내는 내용을 담고 있는 반면, 그들의 기준에서 볼 때 경제학이란 인간은 합리적이며 자신의 생각을 의식하고 있고 자신의 효용과 복지를 극대화—최소한 최적화—한다는 공리를 견고한 기반으로 삼고 있다는 것이다. 따라서 제목의 첫 단어부터가 광기를 의미하는 책은 두고 볼 것도 없는 것이다. 더욱이 책의 내용이 수학적 기호가 아닌 말로 표현되어 있는 데다, 역사적인 개별 사건들(episodes)—경멸적인 어감을 더한 "일화(anecdotes)"라는 딱지를 붙여서—을 이용하고 있기 때문에, 오락거리로 삼을 수 있을지는 몰라도 지식과 교훈의 내용으로 삼을 수는 없다는 것이다. 나는 이런 태도에 격렬하게 반대했다. "경제학은 역사가 경제학을 필요로 하는 것보다 훨씬 더 역사를 필요로 한다"는 내 언급이 인용된 적이 있는데,[10] 어느 기회에 내가 그렇게 언급했는지는 기억할 수 없지만, 내가 실제로 이 문장 그대로 썼을 것이다. 나는 틀림없이 그렇다고 믿기 때문이다. 시속 30노트의 쾌속 유람선 퀸 엘리자베스 2호에 빗댄 비유를 쓰자면, 경제학은 천천히 선회한다. 그러나 경제학이라는 배가 뱃머리를 돌렸다는 신호는 수면에 남아 있는 항적(航跡)의 자취에서나 드러나는 것이라고 생각된다. 한편에서는 경제학을 담론이라고 칭송하는 도날드 맥클로스키(Donald McCloskey)[11]와, 경제학에 대한 역사의 유용성을 "이야기(stories)"를 들려주는 것이라고 예시하는 폴 데이비드(Paul David)와 피터 테민(Peter Temin)이 있다.[12] 다른 한편에서 보면 초판 서문에서 언급된 바 있는 "카타스트로피 수학

(catastrophe mathematics)"은 별로 득세하지 못하고 있는 것으로 보이고, 이 이론은 세계에서 사건들이 전개되는 궤적을 예측할 수는 없다는 점을 암시하는 "카오스 이론(chaos theory)"과 합쳐지거나, 아마도 그에 의해 대체되는 과정이 진행돼 왔다.

"가장 효과적인 방어는 효과적으로 공격하는 것이다." 나는 얼마 동안 제3장의 논의 단계에서 합리성에 대한 거론을 확장하는 것에 대해 생각해 보았지만, 그렇게 하면 논의 주제를 옆길로 새게 만들 것이라고 판단했다. 대신 새로운 부록의 형태로 "경제학에서의 비합리성"을 추가했다. 이에 앞선 시론으로 "합리적 기대 대 집단 기억"을 썼다.[13] 이 때문에 일말의 고통이 따르는 격론이 벌어졌다. 그러나 역사적 사건들에 대한 전통적인 설명들을 경제분석의 가정들에 위배된다는 이유로 폐기하는 행위는 화가 치미는 일이다. "우주를 인정했던" 마가렛 풀러(Margaret Fuller)처럼, 이제는 경제학이 현실을 인정해야 할 때다.

이런 종류의 역사를 쓰다 보면, 제사(題詞) 문구에 자꾸 빠져드는 심각한 위험에 직면한다. 『서유럽 금융사』의 경우 각 장의 첫 머리에 인용할 격언을 찾는 일에 아주 기꺼이 시간을 보냈다. 이번에는 그 작업을 하지 않으려고 한다. 하지만 제사 문구로 처음 인용했던 월터 배젓의 글에다 두 개를 더 추가했: 하나는 실존했던 아담 스미스의 것이고, 다른 하나는 1924년 프랑스 프랑화를 겨냥한 투기적 매도 세력을 압박하는 프로그램을 운영했던 한 프랑스인의 것이다. 이로 말미암아 결국은 제사 문구의 유혹에서 완전히 벗어나지 못하는 셈이 됐다.

마지막으로 1933년에 웰즈(H.G. Wells)가 45년 후에 나올 이 책의 출간을 예견했었다고 얘기하는 나를 독자들이 허영된 인간이라고 생각하지 말아주기를 바란다. 그는 내 이름과 이 책의 제목을 잘못 예견했다.

출판 연도도 한 해가 어긋난다. 그의 책은 2016년에 쓰여진 것으로 설정돼 있고, 칼 마르크스(Karl Marx)와 헨리 조지(Henry George)에 대해 언급할 때는 "모든 역사를 관통하며 반복되는" 과거와 미래 사이의 갈등을 지적했다. 그리고 이렇게 이어진다:

끊임없이 채권자와 "과거의 억압"에 대항하는 이 생존 투쟁을 그(학생)에게 상기시키는 데는 공화제 로마와 유대의 역사에서 채권자와 채무자 사이의 투쟁에 관한 기록,……또 잉글랜드에서 있었던 교회의 영구적인 토지소유 금지법(Statutes of Mortmain), 오스텐 라이브라이트(Austen Livewright)가 명료히 파헤친 『파산의 역사Bankruptcies through the Ages』(1979년 간행)를 지적하는 것으로 족하다.[14]

찰스 킨들버거

1 금융위기: 계속 피어 오르는 질긴 다년생화

Financial Crisis: a Hardy Perennial

1970년대 초 이후의 시기는 주가와 부동산가격, 상품가격, 통화가치의 변동성이 매우 컸다는 점에서, 또 금융위기의 빈발과 그 혹독함이라는 측면에서 전례가 없는 시기다. 1980년대 후반 일본은 부동산과 주식시장에서 거대한 거품을 경험했다. 같은 기간 핀란드, 노르웨이, 스웨덴의 부동산가격과 주가는 일본보다도 더 빠른 속도로 상승했다. 1990년대 초 태국, 말레이시아, 인도네시아 및 인근 아시아 국가들에서는 부동산가격과 주가가 급등했으며, 1993년 한 해 동안 이들 국가의 주가 상승률은 거의 100%에 달했다. 정보기술(IT) 기업 및 닷컴 기업 같은 신산업 기업의 주가가 열광적인 붐과 함께 타올랐던 1990년대 후반 미국은 주식시장의 거품을 생생하게 경험했다.

거품은 항상 터지기 마련이다. 거품은 그 의미 자체로 지탱할 수 없는 가격변동이나 현금흐름을 동반하기 때문이다. 일본에서는 자산가격 거품의 붕괴로 인해 수많은 은행과 금융기관들의 대대적인 파산 사태가 벌어졌고, 이어 10년이 넘는 경제성장의 정체가 뒤따랐다. 태국의 자산 가격 거품 붕괴로 촉발된 파급 효과는 동아시아 지역 전반에 걸친 주가 폭락 사태를 야기했다. 2000년 미국의 주식시장 거품 붕괴는 이런 유형에 속하지 않는 예외적인 경우인데, 그 후 수 년 동안 주가는 하락했지만 그에 뒤따른 2001년의 경기후퇴는 기간도 짧았고 폭도 깊지 않았다.

이 기간 동안 각국 통화의 외환가치는 종종 아주 큰 폭으로 출렁거렸다. 1970년대 초 시장의 지배적인 견해는 그 이전 수 년 동안 독일과 일본에 비해 높았던 미국의 물가상승률을 반영하기 위해 미국 달러화의 외환가치가 10~12% 정도 하락할 가능성이 있다는 것이었다. 1971년에 미국은 1934년 이래 금 1온스 당 35달러로 고정시켰던 달러화의 금 평가(平價)를 포기했다; 그 후 수 년 동안 미국 재무부가 더 이상 금을 매매하는 시장개입에 나서지 않았지만, 미국의 금 평가율이 소폭 상승하는 현상이 두 차례 있었다. 브레튼우즈 체제의 고정환율 시스템을 변형된 새 형태로 유지하려는 노력이 1972년 스미소니언 합의로 타결되었지만, 결국 이 합의도 실패로 돌아가 1973년 초 변동환율제가 채택되었다. 곧이어 1970년대 말까지 미국 달러화는 독일 마르크화와 일본 엔화에 대해 절반 이상의 외환가치를 상실했다. 1980년대 전반 미 달러화의 외환가치는 상당히 큰 폭으로 상승했지만, 1970년대 초 수준까지는 회복하지 못했다. 1980년대 초에는 멕시코 페소화, 브라질 크루제이로화, 아르헨티나 페소화, 그 밖의 여러 개발도상국 통화들이 대대적인 외환위기에 휘말렸다. 또 핀란드 마르카화, 스웨덴 크로나화, 영국 파운드화, 이탈리아 리라화, 스페인 페세타화가 1992년 하반기에 평가절하되었고, 이들 통화 대부분의 외환가치는 독일 마르크화 대비 30% 하락했다. 멕시코 페소화는 1994년 말부터 1995년 초까지 이어졌던 대통령 선거 및 정권이양 기간에 미 달러화에 대해 절반 이상의 가치를 상실했다. 아시아 지역 통화의 대부분(태국 바트화, 말레이시아 링기트화, 인도네시아 루피아화, 한국 원화 등)이 1997년 여름과 가을에 걸친 아시아 금융위기 때 외환가치가 폭락했다.

이들 개별 통화의 시장환율 변동은 국가간 물가상승률의 차이로 설명할 수 있는 변동폭을 훨씬 넘어서는 것이 예사였다. 각국 통화의 외환거래에서 발생하는 과도한 통화가치 상승, 즉 '오버슈팅(overshooting)'과 과도한 통화가치 하락, 즉 '언더슈팅(undershooting)'의 출렁거림은 이전 어느 시기보다도 그 폭이 훨씬 더 커졌고, 대상 통화의 범위도 더 넓어졌다.

이 기간 동안 상품가격의 변동이 극적인 경우도 꽤 있었다. 금의 미 달러화 표시 가격은 1970년대 초에는 온스 당 40달러였는데, 1970년대 말에는 온스 당 1000달러 가까이까지 상승했고, 1980년대 말에는 450달러, 1990년대 말에는 283달러를 기록했다. 원유가격은 1970년대 초 배럴 당 2.5달러에서 1970년대 말에는 40달러로 올랐으며, 1980년대 중반에는 배럴 당 12달러였다가 1980년대 말 이라크의 쿠웨이트 침공 이후 다시 40달러에 거래됐다.

1980년대와 1990년대에는 은행 파산 건수도 많았으며, 앞선 어느 시기보다도 훨씬 더 빈번했다. 이 시기에 발생한 은행 파산 사태 가운데 일부는 그 파장이 한 나라에만 국한된 고립된 사건이었다: 뉴욕 시의 프랭클린 내셔널 뱅크(Franklin National Bank)와 독일 쾰른의 헤르슈타트(Herstatt AG)는 1970년대 초 통화가치 변동을 겨냥해 대대적인 투기를 감행했다가 실패로 돌아가자 대규모 손실로 문을 닫아야 했다. 국유은행으로 한때 프랑스 제1위 규모였던 크레디리요네(Crédit Lyonnais)는 은행 규모를 급속히 확대하기 위해 유례없이 큰 규모로 대출을 늘렸다가 결국 부실 대출로 인해 프랑스 납세자들에게 300억 달러 이상을 부담하게 만들었다. 1980년대에만 3000개에 달하는 미국의 신용금고와 군소 저축기관들이 파산하면서 미국 납세자들에게 1000억 달러 이상의 손실을 전가했다. 이어서 벌어진 1990년대 초의 미국 정크본드(투자부적격 채권) 시장의 붕괴는 1000억 달러 이상의 손실을 초래했다.

1980~90년대에 발생한 은행 파산 사태의 대부분은 시스템 전반에 걸친 것이었고, 한 나라의 은행과 금융기관의 전부 또는 대부분이 여기에 휩쓸렸다. 일본의 부동산과 주식시장 거품이 붕괴했을 때, 일본의 시중은행들이 입은 손실은 그 자본금의 몇 배에 달하는 규모였고, 거의 모든 일본 시중은행들이 법정관리 상태로 들어갔다. 마찬가지로 1980년대 초 멕시코를 비롯한 여러 개발도상국들의 통화가치가 급락하자 이들 나라의 시중은행은 대규모 대출손실과 국내 차입자의 외화평가손실로 인해 대다수가 파산했다. 1990년대 초 핀란드, 노르웨이, 스웨덴에서 부동산과 주식시장 거품이 붕괴했을 때도 이들 나라의 거의 모든 은행들이 파산했다.(이들 나라의 국유은행들 역시 상당수가 비교적 큰 규모의 대출손실을 입었는데, 이들도 공공부문에 속하지 않았다면 파산했을 것이다.) 멕시코 시중은행의 거의 전부가 페소화가 급락하던 1994년 말 파산했다. 태국과 말레이시아, 한국을 비롯한 아시아 국가들의 상당수 시중은행들이 1997년 아시아 금융위기 이후 파산했다.(홍콩과 싱가포르의 시중은행들은 예외였다.)

이들 금융위기와 은행 파산 사태는 자산가격 거품의 붕괴 혹은 외환시장에서의 통화가치 급락에 따른 결과였다; 어떤 경우는 외환위기가 은행의 위기를 촉발했고, 다른 경우에는 은행의 위기가 외환위기를 초래했다. 이런 은행위기의 비용은 여러 가지 잣대로 볼 때, 즉 은행이 입은 손실을 해당 국가의 국내총생산(GDP)이나 정부지출의 비율로 계산해 볼 때, 또 그 결과로 나타난 경제성장률의 둔화를 고려해 볼 때 실로 막대한 수준이다. 도쿄와 오사카에 본부를 둔 은행들의 손실—이것은 결국 일본 납세자의 부담이다—은 일본 GDP의 25%를 넘어서는 규모였다. 아르헨티나 은행들의 손실은 GDP의 50%에 달했다. 즉, 엔화, 페소화, 달러화로 따진 절대 규모 자체가 엄청난 손실이었으며, 해당 국가의 GDP와 비교한 손실의 비중으로 볼 때도 1930년대 대공황 당시 미국 은행들의 손실액이 그 무렵 미국 GDP에서 차지한 비중보다 훨씬 더 컸다.

최근의 은행 파산 사태는 세 차례의 다른 파동으로 일어났다: 1980년대 초에 일어난 첫 번째 파동, 1990년대 초의 두 번째 파동, 그리고 1990년대 후반에 세 번째 파동이 있었다. 은행의 파산, 큰 폭의 환율 변동, 자산가격의 거품은 서로 체계적인 연관성을 맺고 있으며, 경제 환경의 급속한 변화로 인해 발생했다. 1970년대는 가속적인 물가상승의 시대로 전시(戰時)를 제외하면 미국 역사상 소비자물가가 가장 큰 폭으로 상승한 시기였다. 처음에는 상당수 투자자들이 "금은 물가상승에 대한 좋은 대비책"이라는 속설을 따랐기 때문에 금의 시장가격이 급등했다; 그러나 금값 상승률은 당시 미국의 물가상승률에 비해 몇 배나 높았다. 1970년대 후반으로 가자 투자자들은 금값이 오른다는 이유로 금을 샀고, 투자자들이 금을 사기 때문에 금값이 상승하는 현상이 벌어졌다. 텍사스 출신의 헌트(Hunt) 형제는 은 시장을 장악하기 위해 대규모 은 매집에 나섰고, 1970년대 내내 이 귀금속의 가격은 금보다 더욱 빠른 속도로 상승했다.

1970년대 말의 지배적인 견해는 미국과 세계의 인플레이션이 더욱 가속화할 것이라는 것이었다. 일부 시장분석가들은 금값이 온스 당

2500달러까지 상승할 것이라고 예측했다; 석유기업과 이들에게 대규모 자금을 빌려준 은행업계의 분석가들은 원유가격이 1990년경에는 배럴당 80~90달러에 달할 것이라고 예측했다. 당시 속설 가운데 하나는 "금 1온스의 가격은 원유 20배럴의 가격과 거의 같다"는 것이었다.

1970년대 채권가격과 주식가격의 변동폭은 그 이전 수십 년간의 변동폭에 비해 훨씬 더 컸다. 1970년대의 미 달러화 표시 채권과 미국 주식의 실질수익률은 마이너스였던 반면, 1990년대에는 채권과 주식의 실질수익률이 연평균 15%를 상회했다.

멕시코, 브라질, 아르헨티나를 비롯한 개발도상국의 대외채무 총액은 1972년 1250억 달러에서 1982년 8000억 달러로 증가했다. 뉴욕, 시카고, 로스앤젤레스, 런던, 도쿄에 본부를 둔 주요 국제 은행들은 10년 동안 이들 개발도상국 정부와 국유기업에게 연평균 30%의 속도로 대출을 확대해주었다. 이 때의 속설은 "정부는 파산하지 않는다"는 것이었다. 이 시기에 차입자들은 약정 일정에 맞춰 이자를 지불했으며 이자 지급액에서 사상 최고치를 경신했지만, 당시 이자 지급에 필요한 현금은 대여자들로부터 신규 대출의 형태로 얻은 것이었다.

1979년 가을 미국 연방준비제도이사회(FRB)가 매우 긴축적인 통화정책으로 선회하면서 미 달러화 표시 유가증권의 금리가 급등했다. 물가상승에 대한 예상이 반대 방향으로 돌아서자 금값은 1980년 1월 고점을 찍었다. 곧이어 혹독한 세계경제의 후퇴 국면이 뒤따랐다.

1982년 멕시코 페소화, 브라질 크루제이로화, 아르헨티나 페소화와 다른 개발도상국들의 통화가치와 주가가 급락했고, 이들 나라의 대다수 은행들은 대규모 대출손실을 입고 파산했다.

1980년대 일본에서 나타났던 부동산가격과 주가의 급등은 경제의 호황 국면에서 벌어졌다; 당시 『일등국가 일본: 미국에 대한 교훈Japan as Number One: Lessons for America』[1]은 일본에서 베스트셀러 서적 중의 하나였다. 도쿄와 오사카에 본부를 둔 은행들은 미국이나 유럽 국가가 본거지인 은행들보다 훨씬 더 빠른 속도로 예금과 대출, 자본금을 확대했고, 결과적으로 세계 10대 은행 중 7~8개를 일본의 시중은행들이 차지했다. 1990년대 초 일본의 부동산가격과 주가가 무너졌다. 몇 년 만에 다수의 선도적인 일본 시중은행들이 현금고갈, 업무중단, 파산, 채무상환 불능 상태에 빠졌다. 그러나 은행이 문을 닫는다 하더라도 일본 정부가 예금자의 금융손실을 막아 줄 것이라는 암묵적인 인식 덕분에 이들 은행은 영업을 계속할 수 있었다. 광기와 붕괴, 다만 은행의 막대한 대출손실을 사회가 떠안도록 정부가 나서서 해결해 주리라는 믿음으로 인해 패닉은 동반하지 않았던 붕괴가 나타난 놀라운 사례였다.

노르딕 3개국-노르웨이, 스웨덴, 핀란드-은 거의 동시에 일본의 자산가격 거품을 재연했다. 금융자유화를 동반한 1980년대 후반의 부동산가격과 주가의 상승세에 이어 부동산가격과 주가의 폭락, 그리고 은행의 파산이 뒤따랐다.

멕시코가 북미자유무역협정(NAFTA, North American Free Trade Agreement) 가입을 준비하던 시기인 1990년대 초반, 이 나라는 위대한 경제적 성공을 일구어내고 있었다. 멕시코의 중앙은행인 멕시코은행(Bank of Mexico)은 매우 긴축적인 통화정책을 시행해 4년 만에 물가상승률을 연 140%에서 연 10% 미만으로 낮추었다; 같은 기간 수백 개의 국유기업이 민영화됐고 기업규제도 완화됐다. 정부 채권의 실질수익률과 산업 투자에 대한 실질 기대수익률이 높았기 때문에, 대규모 해외자금이 멕시코로 유입됐다. 멕시코가 향후 미국과 캐나다 시장에 자동차 및 세탁기, 그 밖의 다수 제조업 제품을 공급하는 저임금, 저비용 생산기지가 될 것이라는 생각이 당시의 보편적인 전망이었다. 해외 저축자금의 대규모 유입으로 페소화의 실질 외환가치가 상승함에 따라, 멕시코의 무역수지 적자 규모는 GDP의 7% 수준까지 늘어났다. 대외채무는 GDP의 60%에 달했고, 멕시코는 늘어나는 대외채무 이자를 갚기 위한 자금을 새로 유입되는 신규 투자자금으로 확보했다. 그 무렵 1994년의 대통령 선거 및 정권이양과 관련해 발생한 여러 가지 정치적 사건이 해외자금 유입의 급격한 위축을 초래하자, 멕시코 정부는 더 이상 외환시장에서 페소화 가치를 지탱할 수 없었다. 결국 페소화는 수 개월 만에 절반 이상의 가치를 상실했다. 앞서의 사례와 마찬가지로 페소화의 외환가치 하락은 대규모 대출손실을 유발했고, 이로 인해 몇 해 전 민영화된 멕시코 시중은행들은 파산했다.

    1990년대 중반 태국 방콕, 말레이시아 쿠알라룸푸르, 인도네시아 자카르타에서 부동산가격과 주가가 급등했다; 이들 나라는 그 전 세대인 '아시아의 호랑이들(Asian Tigers)', 즉 한국, 대만, 홍콩, 싱가포르의 경제적 성공을 빼닮은 '용의 경제들(Dragon Economies)'이었다. 미국 기업들이 북미 시장의 공급기지로 멕시코에 투자했을 때와 똑같이, 일본 기업과 유럽 및 미국 기업들은 저임금, 저비용 생산기지로 이들 나라에 투자하기 시작했다. 일본 및 유럽 은행들은 이들 나라에 대한 대출을 급속히 확대했다. 그 동안 태국의 국내 대여자들은 국내 차입자들의 채무이자 상환의지를 평가하는 작업에서 충분한 차별화를 적용하지 않았다. 이로 인해 1996년 하반기부터 태국의 국내 대여자들은 대규모 대출손실을 입게 됐다. 해외 대여자들은 태국의 유가증권 매입을 급격히 축소했고, 30개월 전 멕시코은행이 그랬던 것과 똑같이 태국은행(Bank of

Thailand)은 외환시장에서 자국통화 가치를 지탱하는 데 필요한 외환보유고가 바닥났다. 1997년 7월 초 태국 바트화의 외환가치 폭락은 여타 아시아 국가들로부터의 자본 유출을 야기했고, 이 지역 통화의 외환가치는 30% 이상 폭락했다.(미 달러화에 대한 견고한 환율고정, 즉 페그제를 유지했던 홍콩 달러화와 중국 위안화는 예외였다.) 인도네시아 루피아화는 외환시장에서 80%의 가치를 상실했다. 이 지역의 대다수 은행들은 그 어떤 '시장가치 평가'(mark-to-market: 실현 가능한 현재의 시장가치를 기준으로 한 자산과 부채의 재평가―옮긴이) 기준으로 검증했더라도 파산했을 것이다. 이 위기가 아시아에서 러시아로 번져 루블화 대란이 벌어졌고, 1998년 여름 러시아의 은행 시스템이 붕괴했다. 그 후 투자자들은 더욱 조심스러워져서 위험한 유가증권을 매도하고, 보다 안전한 미국 국채를 매수했다. 이로 인해 야기된 이들 두 가지 유가증권 시장의 시장금리 변화로 말미암아, 당시 미국 최대의 헤지펀드였던 롱텀 캐피탈 매니지먼트(LTCM, Long Term Capital Management)가 파산했다.

지난 30년 동안 금융시장의 붕괴가 보여준 엄청난 파장은 그 이전 시기에 비해 국제금융시장에 참여하는 나라들이 많아졌다는 점, 그리고 자료 수집의 범위가 보다 넓어졌다는 점을 부분적으로 반영한다. 서로 다른 시기들을 완벽하게 비교할 수는 없다 할지라도, 지난 30년간의 금융 실패는 이전의 그 어느 때보다 범위가 넓어졌고 도처로 확산됐다는 결론에는 의문의 여지가 없다.

> ● **1990년대 나스닥 주식 거품**
>
> 미국에서 주식은 장외시장(over-the-counter market)이나 공식적인 증권거래소(orgainized stock exchanges)에서 거래된다. 장외시장은 나스닥

(NASDAQ)이 대표적이고, 공식적인 증권거래소로는 뉴욕증권거래소(New York Stock Exchange)와 아메리칸증권거래소(American Stock Exchange), 지역별 증권거래소(보스턴, 시카고, 로스앤젤레스/샌프란시스코)가 중심을 이루고 있다. 신생 기업들의 주식은 처음에 주로 장외시장에서 거래된다. 그러다 자사 주식의 시장 확대와 주가 상승에 유리하다는 판단과 함께 뉴욕증권거래소 상장에 수반되는 비용을 감수하게 되는 것이 전형적인 유형이다. 1990년대 정보기술(IT) 혁명의 붐을 탄 신생 기업들 가운데 매우 성공적이었던 일부 기업들-마이크로소프트(Microsoft), 시스코(Cisco), 델(Dell), 인텔(Intel)-은 이런 유형에 속하지 않는 예외적인 경우들이었다. 이들은 장외시장에서의 온라인 주식거래 방식이 뉴욕증권거래소에서 채택하고 있는 장내육성호가(open-outcry) 방식보다 더 낫다고 판단해 뉴욕증권거래소에 상장하지 않는 길을 선택했다.

1990년 나스닥시장에서 거래되는 주식의 시가총액은 뉴욕증권거래소 시가총액의 11%였다. 이 수치는 1995년과 2000년에 각각 19%와 42%로 늘어났다. 나스닥시장 시가총액의 연평균 성장률은 1990년대 전반 30% 수준이었고, 1996~99년의 4년간은 46%에 달했다. 좀더 나중에 설립된 나스닥 상장 기업들 가운데 일부는 마이크로소프트나 인텔에 버금가는 성장과 이익을 달성했고, 이들 기업의 주식은 높은 주가가 보상된 것처럼 보였다. 그러나 나스닥에 상장된 모든 기업들이 마이크로소프트 정도의 성공을 달성한다는 것은 미국의 GDP에서 기업이익이 차지하는 비중이 과거 수준에 비해 두세 배에 달하게 된다는 것을 의미했다. 따라서 그렇게 될 개연성은 극히 작았다.

1990년대 후반 미국 주가에 형성된 거품은 미국의 눈부신 경제호황과 함께 나타났다; 당시 실업률은 현격하게 떨어졌고, 물가상승률도 하락했으며, 경제성장률과 생산성증가율 모두 가속적인 성장세를 기록했다. 미국 정부는 1990년에 사상 최대의 재정적자를 기록했는데, 2000년에는 사상 최대의 재정흑자를 기록했다. 실물경제의 괄목할 만한 실적 향상이 미국 주가의 급등에 기여했고, 주가의 상승은 다시 투자지출과 소비지출의 증가, 그리고 경제성장률의 상승과 조세 수입의 증가를 가져왔다.

　미국의 주가가 하락하기 시작한 2000년 봄 이후 3년 동안 미국 주식시장의 시가총액은 약 40% 줄어들었고, 특히 나스닥시장의 시가총액은 80%의 가치를 상실했다.

　이 책이 다루는 주제 가운데 하나는 1980년대 후반 일본의 부동산 및 주식시장 거품과 이와 유사한 1990년대 중반 태국 방콕과 인근 아시아 국가들의 금융 중심지에서 형성된 거품, 그리고 1990년대 후반 미국 주식시장의 거품, 이들 세 가지 거품이 체계적인 관련을 맺고 있다는 것이다. 일본의 거품이 붕괴하자 일본을 떠나는 자금의 이동 규모가 증가했다. 이 자금의 일부는 태국과 말레이시아, 인도네시아로 유입됐으며, 일부는 미국으로 흘러 들어갔다. 자금 유입의 증가에 따라 이들 나라의 통화가치가 상승했고, 또 이들 나라의 투자 가능한 부동산과 유가증권의 가격이 상승했다. 동남아시아 국가에서 거품이 붕괴됐을 때, 이들 국가가 상환한 해외채무 자금의 일부가 미국으로 흘러 들어가며 또 하나의 자금이동 물결을 만들어냈다. 결과적으로 미 달러화 가치는 외환시장에서 상승했고, 미국의 연간 무역수지 적자는 추가로 1500억 달러나 증가해 5000억 달러로 늘어났다.

　해외로부터 어느 나라로 자금 유입이 증가하면 거의 예외 없이 자금이 유입되는 나라에서 거래되는 유가증권의 가격이 상승했다. 왜냐하면 외국인에게 유가증권을 매도한 내국인들은 매도한 금액 중 많은 부분을 다른 내국인이 보유한 다른 유가증권을 매수하는 데 사용했고, 또 내국인에게 유가증권을 매도한 내국인도 마찬가지로 이 매도 금액 가운데 많은 부분을 다시 다른 유가증권을 매수하는 데 사용했기 때문이다. 이 같은 유가증권 거래는 더 높은 가격을 유발하며 계속 이루어졌다. 이것은 마치 속담에 나오는 '뜨거운 감자' 이야기와 유사하다. 외국인에게 매도한 유가증권 매도 자금이 한 집단의 투자자에서 다른 투자자 집단으로 옮겨갈 때는 항상 더 높은 가격을 붙이며 빠르게 전달되기 때문이다.

광기와 신용

금융위기를 다루는 서적의 생산량은 경기순환 파동과 반대로 움직인다. 1920년대 말 미국 주식시장의 거품, 그에 뒤따른 주식시장의 붕괴와 대공황을 겪는 동안 금융위기에 대한 엄청난 양의 책이 쏟아졌다. 제2차 세계대전 직후 1940년대에서 1960년대에 이르는 수십 년 동안은 경기후퇴가 완만했기 때문에, 이런 주제의 서적 발간은 비교적 드물었다.

이 책의 초판은 미국 주식시장의 15년 강세장이 끝나고, 주가가 50%나 하락한 1973~74년이 지난 시점인 1978년에 출간됐다; 주식시장의 대혼란과 미국의 경기침체는 철도회사인 펜 센트럴(Penn Central)과 여러 대형 철강회사, 월 스트리트의 수많은 증권중개회사들의 파산을 야기했다. 뉴욕 시는 이미 발행한 채권의 상환을 이행하지 못하는 지경까지 몰렸고, 뉴욕 주정부의 개입으로 채무상환 불능 상태에서 가까스로 구제됐다. 그러나 당시에는 파산한 기업의 고위 임원이나 그 주식을 보유한 투자자, 혹은 뉴욕 시장이 아니었다면, 대개는 시장의 붕괴로까지 느껴지지는 않았을 것이다.

이 책의 현재 판은 마땅히 그 역사적 전례를 찾을 수 없는 지난 30년간의 세계 금융시장 혼란기를 경험한 후에 발간하는 것이다. 1980년대에 일본은 부동산과 주식시장의 광기를 경험하고, 이어서 1990년대에 붕괴를 겪었다; 같은 기간 핀란드, 노르웨이, 스웨덴에서 부동산과 주식시장의 광기가 일고 나서 붕괴가 나타났다. 1990년대 후반 미국 주식시장의 광기 후에 닥쳐 온 40%의 주가 하락은 엔론(Enron), MCI월드컴(MCIWorldCom), 그리고 닷컴 주식을 많이 보유했던 투자자들에게는 시장의 붕괴로 느껴지기에 충분했다. 미국의 1920년대 주식시장 거품과 1990년대 주식시장 거품을 비교해 볼 수 있고, 또 미국의 이 같은 거품들과 1980년대 일본의 거품을 비교해 볼 수 있게 됐다.

10대 금융 거품	
01. 1636년	네덜란드 튤립 알뿌리 거품
02. 1720년	영국 남해회사(South Sea Company) 거품
03. 1720년	프랑스 미시시피회사(Mississippi Company) 거품
04. 1920년대 말(1927~29년)	미국 주식시장 거품
05. 1970년대	멕시코를 비롯한 개발도상국에 대한 은행 여신의 급증
06. 1985~89년	일본 부동산 및 주식시장 거품
07. 1985~89년	핀란드, 노르웨이, 스웨덴 부동산 및 주식시장 거품
08. 1992~97년	태국, 말레이시아, 인도네시아 등 아시아 여러 국가에서의 부동산 및 주식시장 거품
09. 1990~93년	멕시코에 대한 외국인 투자의 급증
10. 1995~2000년	미국 나스닥 주식시장의 거품

10대 금융 거품 가운데 가장 이른 시기의 거품은 17세기 네덜란드에서의 튤립 알뿌리에 관한 것이고, 특히 다양한 희귀종 알뿌리들이 그 대상이었다. 19세기에는 은행의 파산과 관련된 광기와 금융위기가 대부분이었는데, 운하나 철도 같은 사회간접자본시설에 대한 대규모 투자 이후에 종종 발생했다. 1920년과 1940년 사이에는 외환위기와 은행위기가 빈발했다. 최근 30년간의 주가 상승폭은 이전 기간들에 비해 더 큰 규모였다. 부동산과 주식시장의 거품은 동시에 발생하는 경우가 많았지만, 어떤 나라에서는 주식시장의 거품 없이 부동산 거품만 발생하는 경

우도 있었고, 반대로 1990년대 후반 미국처럼 부동산 거품 없이 주식시장의 거품만 형성되는 경우도 있었다.

이 같은 광기 현상은 극적이지만, 미국 주식시장의 200년 역사상 광기 국면은 단지 두 번밖에 나타나지 않았다. 이처럼 광기 현상은 자주 발생하지는 않았다. 일반적으로 광기 현상은 경기순환의 확장 국면에서 나타났다. 이것은 부분적으로 광기에 동반하는 풍요로운 감정이 지출 증대를 야기한다는 점에 기인한다. 광기 국면에서 부동산가격이나 주가, 상품가격의 상승은 소비지출 및 투자지출의 증가에 기여하고, 이것은 다시 경제성장을 가속화한다. 경제관측가들은 영속적인 경제성장을 예측하고, 일부 과감한 분석가들은 시장경제의 전통적인 경기순환이 사라졌다며 더 이상 경기후퇴는 없다고 단언한다. 경제성장률의 상승에 힘입어 투자자들과 대여자들의 미래에 대한 낙관론이 확산되고, 자산가격은 더욱 빨리–적어도 얼마 동안은–상승한다.

광기, 특히 거시적 차원의 광기는 경제적 풍요감과 함께 나타난다; 더 많은 기업들이 희망에 휩싸여 기대에 부풀고, 신용이 넘쳐나므로 투자지출은 급증한다. 1980년대 후반 일본의 제조업체들은 도쿄와 오사카의 안면이 있는 은행가들에게서 원하는 만큼 돈을 빌릴 수 있었다; 다시 말해 돈이 '공짜'인 것처럼 보였고(돈은 광기 국면에서는 언제나 공짜처럼 보인다), 일본인들은 흥겨운 소비 잔치와 투자 잔치를 계속했다. 일본인들은 수만 점의 프랑스 예술작품을 구입했다. 반 고흐(Van Gogh)의 작품 '의사 가셰의 초상화(Portrait of Dr Guichet)'를 매입한 오사카 출신의 경마장 사업가는 당시 미술품 가격으로는 사상 최고가인 9000만 달러를 지불했다. 미쓰이 부동산(Mitsui Real Estate Company)은 최초 호가가 3억 1000만 달러였던 뉴욕의 엑손 빌딩을 구입하는 데 6억2500만 달러를 지불해, 업무용 빌딩 매입가격으로는 당시 최고 가격으로 『기네스북 Guinness Book Of World Records』에 등재됐다. 1990년대 후반 미국에서 IT 산업과 생명공학 분야의 신생 기업 창업자들은 그들 회사의 주식이 주식시장에 상장되기만 하면 큰 수익을 얻을 것이라고 믿었던 벤처 자본가들로부터 거의 무한대의 자금을 끌어다 쓸 수 있었다.

이런 풍요감에 들뜬 기간에는 자산을 생산적으로 활용하는 데 기초한 투자소득보다는 부동산가격과 주가의 상승에서 발생하는 단기 자본이득을 추구하는 투자자들이 점점 늘어나게 된다. 개인들은 건축이 완료되면 매력적인 차익과 함께 아파트와 콘도미니엄을 되팔 수 있을 것이라는 예상으로, 착공 전 개발 단계에서 선불금을 미리 내고 이들 부동산을 매입한다.

이어서 하나의 사건이 터지는데, 정부정책의 변화나 어제까지만 해도 성공적이라고 여겨지던 회사가 별다른 설명도 없이 파산하는 사건과 같은 일이 벌어지면서, 자산가격은 상승 행진을 중단한다. 자산의 매입을 대부분 차입금으로 조달했던 일군의 투자자들은 결국 대출자금에 대한 이자 지불액이 자산에서 나오는 투자소득보다 커지게 되는 순간, 보유하고 있던 부동산이나 주식의 투매자로 돌변한다. 이들 자산의 가격이 매수한 가격 밑으로 떨어지는 상황에 이르면 매수자들은 "물속으로 잠겨버린다": 자산 매입을 위해 조달한 대출자금의 원리금이 자산의 현재 시장가격보다 커지고, 급기야 덫에 걸려들었음을 알게 되는 것이다. 이들의 투매는 자산가격의 급락을 초래하게 되고, 패닉과 붕괴가 뒤따를 수도 있다.

여러 해에 걸쳐 거품과 유사한 행태를 보여주는 나라의 경제적 상황은 자전거를 타는 어린아이의 모습과 유사하다; 평형을 유지하려면 앞으로 내달리는 동력을 유지해야 하며, 그렇지 않으면 자전거는 금방 넘어져버린다. 광기 국면에서 자산가격이 상승을 멈추면, 곧바로 하락이 시작된다. 평평한 고지(高地)나 '중간지대'는 존재하지 않는다. 어떤 자산들은, 그 자산가격이 떨어지면 다른 자산가격의 하락마저 부채질할 것이라는 우려와 함께, 금융 시스템 자체가 더욱 불안해질 것이라는 더욱 심각한 우려를 낳는다. 가격이 더 떨어지기 전에 이들 자산을 팔아치우려는 매도 대열이 자기실현 능력을 지닌 예언처럼 시장을 장악하고, 또한 급작스럽게 진행되기 때문에 패닉과 유사한 모습을 띤다. 주택, 건물, 토지, 주식, 채권 등의 시장가격이 고점 대비 30~40% 수준까지 무너진다. 파산이 급증하며, 경제활동이 둔화되고, 실업이 늘어난다.

 이 같은 광기 현상들의 특징은 전부 똑같지는 않지만, 한 가지 유사한 유형을 갖는다. 경제적 풍요감에 동반해 부동산과 주식, 상품가격의 상승이 나타난다. 가계의 부가 증가하고, 따라서 지출도 늘어난다. "이보다 더 좋았던 적이 없다"는 인식이 자리잡는다. 그러는 사이 자산가격이 그 정점으로 치솟고, 곧이어 하락이 시작된다. 거품의 파열은 부동산가격, 주가, 상품가격의 하락과 동반해 나타났으며, 이런 가격 하락은 종종 붕괴나 금융위기로 이어졌다. 일부 금융위기 현상에서는 그보다 앞서 특정한 자산이나 유가증권 가격의 급등이 나타났다기보다 하나 혹은 몇몇 차입자 집단의 채무규모가 먼저 급증했던 경우도 있다.

 이 책의 논제는 광기와 패닉의 순환이, 경기순환 파동과 함께 오르내리는 신용 공급의 변동에 기인한다는 것이다. 즉, 호경기 시절에는 신용 공급이 상대적으로 빨리 증가하고, 경제성장이 둔화할 때는 신용 공급의 증가율이 종종 급격하게 떨어진다. 광기는 현재 및 가까운 미래 시점의 부동산가격, 주가, 상품가격, 혹은 특정 국가의 통화가치가 먼 미래 시점에서의 동일한 부동산가격이나 주가, 상품가격, 통화가치와 일관되지 않을 정도로 상승하는 현상을 동반한다. 원유가격은 1970년대 초 배럴 당 2.5달러에서 상승하기 시작해 1970년대 말 36달러까지 올랐는데, 배럴 당 80달러까지 오를 것이라는 유가 상승 초기의 예측은 광기가 발동한 것이었다. 경기 확장기에는 투자자들의 낙관적인 태도가 증폭되고, 이들은 먼 미래 시점에 얻게 될 수익 기회를 더욱 열광적으로 찾아다닌다; 반면 대여자들의 위험회피 성향은 줄어든다. 합리적 활력은 비이성적 과열로 변이를 일으키고, 경제적 풍요감이 확대되면서 투자지출과 소비지출이 늘어난다. 지금이야말로 "기차가 역을 출발하기 전에 열차에 올라타야 할 때"라는 인식이 도처에서 만연하는데, 이례적으로 높은 투자수익을 올려주는 기회들은 점차 사라진다. 그래도 자산가격은 더욱 상승한다. 전체 자산 거래 가운데 단기적인 자본이득을 노리고 자산을 매입하는 비율이 계속 늘어나고, 신용으로 조달한 자금으로 이렇게 자산을 매입하는 비중 또한 이례적일 정도로 높아진다.

이 책에서 분석하는 금융위기들은 규모와 파급효과 면에서 중요한 것들이며, 서로 다른 여러 나라들이 동시에 휘말리거나 인과적 진행과정에서 개입된다는 점에서 대부분은 국제적인 위기들이다.

'거품(bubble)'이라는 용어는 경기순환의 광기 국면에서 자산가격이 상승하는 현상을 지칭하는 범주적 용어다. 최근 일본과 일부 아시아 국가에서 부동산 거품과 주식시장 거품이 거의 동시에 발생했다. 1970년대 말 금과 은 가격의 급격한 상승은 거품으로 다루었지만, 같은 시기에 발생했던 원유가격의 상승은 거품에서 제외했다. 이들 두 가지 사례 가운데 금과 은의 경우, 당시 혼란스러운 인플레이션 추세가 지배적이던 시기에 다수의 매수자들이 이들 두 귀금속의 가격이 계속 상승세를 이어갈 것이라고 예상했고, 따라서 단기적인 "매수 후 보유(buy and hold)" 전략으로 수익을 얻을 수 있을 것이라고 기대했다. 반면 원유 매수자의 다수는 국제적인 석유 카르텔의 적극적인 공세와 걸프 지역의 전쟁으로 인한 석유 공급의 차질이 야기할 공급 부족 및 가격 상승을 우려했던 것이다.

● 연쇄편지, 피라미드 조직, 폰지금융, 거품, 광기

연쇄편지, 피라미드 조직, 폰지금융, 거품, 광기는 어느 정도 중첩된 함의를 갖는 용어들이다. 범주적 용어로는, 먼 미래 시점의 자산가격과 부합하지 않을 정도로 오늘의 자산가격이 괴리되어 있다는 뜻에서, "지속 불가능한 유형의 자금조달 행태"가 적합하다. 폰지금융(Ponzi finance)은 일반적으로 한 달치 이자로 30%, 40%, 혹은 50%를 지불하겠다는 약속을 동원한다. 이런 방식을 만들어 내는 업자들은 언제나 자신이 이 같은 고수익률을 올릴 수 있는 새로운 비법을 발견했다고 주장한다. 이들은 초기 수 개월 동안은 고수익 보장을 통해 새로 끌어들인 고객들의 자금으로 앞선 고객들에게 약속한 이자를 지불한다. 그러나 네 번째나 다섯 번째 달에 이르면 초기 고객 그룹에게 약속한 이자 지불액이 신규 고객들로부터 얻는 자금보다 커지게 되고, 이 업자들은 브라질로 자취를 감추거나 교도소로 가게 된다.

연쇄편지(chain letters)는 피라미드 조직의 특수한 형태다. 피라미드 사다리의 최상단에 적혀 있는 수신인에게 1달러(혹은 10달러나 100달러)를 보내고, 5일 이내에 똑같은 편지를 다섯 명의 친구나 친지들에게 보내라는 편지가 개인들에게 배달된다. 이 때 내세우는 약속은 30일 이내에 '투자금' 1달러 당 64달러를 지불해 주겠다는 것이다.

피라미드 조직은 유가증권, 화장품, 혹은 보조식품 등을 실제로 판매한 사람들의 매출에서 발생하는 소득의 일부를, 이들을 판매요원으로 모집한 사람들에게 수수료 형태로 분배해 주는 방식을 이용한다.

거품은 보통 부동산이나 유가증권 같은 특정 자산을 해당 자산의 투자소득에서 발생하는 수익률 때문이 아니라, 그 자산이나 증권을 다른 누군가에게 더 높은 가격에 매도할 수 있다는 기대에 따라 매입하는 행위를 동반한다; 더 이상 매도할 사람을 찾지 못하는 마지막 매수자조차도 자신이 매수한 주식이나 콘도미니엄, 아파트, 혹은 야구카드를 팔아 넘길 수 있는 또 다른 누군가가 반드시 나타날 것이라고 믿는다는 점에서 '더욱 대단한 바보(the greater fool)'라는 용어가 사용된다. 광기라는 용어는 미친듯이 사들이는 구매 유형을 가리키며, 종종 거래 물량의 증가가 가격의 상승을 유발한다; 개인들은 가격이 더 오르기 전에 매수하려고 안달이 난다. 거품이라는 용어는 가격이 상승 행진을 멈출 때 하락할 가능성이 높다는 점-사실은 거의 확실하게 하락한다-을 암시한다.

연쇄편지와 피라미드 조직이 거시경제적으로 영향을 미치는 경우는 매우 드물다. 다만 경제 내에서 국지적인 부분에 영향을 미치고, 후발 참여자들의 소득이 초기 참여자들에게 재분배된다. 자산가격 거품은 경제적 풍요감과 함께 미래 전망이-적어도 거품이 터지기 전까지는-이전에 비해 매우 밝아 보이기 때문에 기업 지출과 가계 지출 모두 증가하는 현상을 자주 동반한다.

거의 모든 광기는 탄탄한 경기 확장 국면을 동반하지만, 소수의 경기 확장 국면만이 광기를 동반한다. 그럼에도 불구하고 광기와 경기 확장의 동반 관계는 계속 탐구할 가치가 있을 만큼 충분히 자주 발생하며, 충분히 정형화된 모습을 띠고 출현한다.

일부 경제학자들은 거품이라는 말이 개연성이 극히 희박하거나 믿기지 않는 비합리적 행동을 암시하기 때문에 거품이라는 용어 사용의 적합성에 이의를 제기해 왔다; 대신 이들은 부동산가격 및 주가의 급속한 상승을 경제적 펀더멘털의 변화에 기초해 설명하려고 한다. 즉, 1990년대 나스닥시장의 주가 급등은 마이크로소프트, 인텔, 시스코, 델, 암젠이 거둔 극적인 성공을 재연할 수 있는 기업의 주식을 투자자들이 매수하고자 했기 때문에 일어났다는 설명이다.

정책적 함의

광기나 거품의 발생은 그에 뒤따를 수 있는 금융위기의 가능성과 이로 인한 가혹한 결과를 피하기 위해, 또는 자산가격이 하락하기 시작할 때 발생하는 경제적인 고통을 완화하기 위해 정부가 자산가격의 급등을 억제해야 하는가라는 정책적인 문제를 제기한다. 규모가 큰 나라들 거의 모두가 유동성 부족이 채무상환 불능의 위기로 번지게 될 개연성을 줄이기 위해 국내의 '궁극적 대여자'로 중앙은행을 설립해놓고 있다. 이런 대응은 자국 통화의 외환가치 안정화에 애쓰는 나라들을 지원하고, 외화 유동성의 고갈에 따른 통화가치의 급락이 불러올 대규모 파산의 가능성을 축소하는 역할을 맡게 될 국제적 차원의 '궁극적 대여자'라는 문제로 연결된다.

금융위기가 벌어지면 일부 기업의 파산이 종종 자산가격의 하락과 경제의 둔화를 야기하기 때문에, 최근까지 건실해 보였던 많은 기업들마저 파산의 소용돌이로 빠져든다. 자산가격이 급격하게 하락할 때는 공공재로서의 안정을 제공하기 위한 정부의 개입이 바람직할 수 있다. 금융위기가 진행되는 동안 자산가격의 하락은 워낙 큰 폭으로 이루어지고 급작스러운 모습으로 현실화되기 때문에 스스로 그 같은 가격변화를 정당화한다. 자산가격이 곤두박질치듯 떨어질 때는 유동성 수요가 급증하고, 이로 인해 다수의 개인과 기업이 파산한다. 이렇게 궁지에 몰린 상황에서 벌어지는 자산의 매도사태는 자산가격의 연속적인 하락을 유발한다. 이럴 때 궁극적 대여자가 금융시장의 안정을 방어하거나 금융 불안정을 완화시킬 수 있다. 여기서 딜레마는, 자산가격이 급락하더라도 정부가 관대한 구제책과 함께 조만간 지원에 나설 것이라고 투자자들이 미리 알고 있다면, 자산과 유가증권을 매입하는 투자자들의 조심성이 줄어들 것이므로 결과적으로 붕괴가 더욱 빈번하게 발생할 수 있다는 점이다.

패닉과 붕괴에 대처하는 궁극적 대여자의 역할은 애매함과 딜레마에 싸여 있다. 1825년의 위기 당시 영란은행(Bank of England)의 행동에 대해 토마스 조플린(Thomas Joplin)은 "원칙과 전례가 깨지면 안 되는 시기가 있는 반면, 원칙과 전례를 고수하는 것이 안전하지 않은 때도 있다"고 논평했다. 원칙을 어기는 행위는 또 다시 상황의 요구에 따라 고수하든가 어기든가 해야 하는 전례와 새로운 원칙을 만들게 된다. 상황이 이렇다면 개입은 과학이라기보다는 예술이다. 국가는 언제나 개입해야 한다든가, 또는 국가는 절대로 개입하지 말아야 한다는 일반 원칙은 둘 다 잘못된 것이다. 이 같은 개입의 문제가 1975년 뉴욕 시, 1979년 크라이슬러, 1984년 컨티넨털 일리노이 뱅크를 미국 정부가 구제해야 하는가를 둘러싸고 나타났다. 베어링 브라더스(Baring Brothers) 은행의 싱가포르 지사에서 일하던 불량한 트레이더 닉 리슨(Nick Leeson)이 체결한 옵션 계약의 이면 거래로 인해 베어링 브라더스의 자본금이 고갈되는 사태가 벌어진 후 영란은행이 이 은행을 구제해야 했을 것인가도 마찬가지 문제였다. 이 문제는 일군의 차입자나 은행, 혹은 금융기관들이-적어도 현재의 소유구조 아래서는-문을 닫아야 할 정도의 막대한 손실을 입을 때마다 발생한다. 미국은 1994년 말 멕시코 금융위기 발발 시점에 궁극적 대여자의 역할을 수행했다. 국제통화기금(IMF)은 1998년 러시아 금융위기 때 미국과 독일 정부의 강력한 촉구가 나온 뒤 궁극적 대여자 역할을 담당했다. 2001년 초 아르헨티나 금융위기 중에는 미국과 IMF 모두 궁극적 대여자로 행동할 의사가 없었다. 이런 일화의 목록은 금융위기에 대한 대처가 여전히 우리 시대의 중요한 문제로 남아 있음을 조명해 주는 것이다.

앞서의 저서 『대공황의 세계The World in Depression 1929~1939』에서 내린 결론은 1930년대의 불황이 광범위하고 혹독하게 오래 지속되었던 이유는 국제적인 궁극적 대여자가 존재하지 않았기 때문이라는 것이었다.[2] 영국은 제1차 세계대전의 여파로 탈진한 상태였고, 파운드화의 금 평가를 1914년 이전 수준으로 복귀시키는 데 여념이 없었다; 또한 1920년대의 경제회복이 좌절됨에 따라 휘청대는 상태였기 때문에 국제적인 궁극적 대여자로 행동할 만한 역량이 없었다. 미국은 국제적인 궁극적 대여자로 나설 의욕이 전혀 없었는데, 당시 미국이 그런 역할에서 무엇을 할 수 있는지를 숙고하는 미국인은 거의 없었다. 이 책에서는 국제적인 궁극적 대여자의 제반 책임에 대한 분석을 확대하고자 한다.

광기와 패닉의 화폐적 측면들은 매우 중요하며, 이 책의 여러 장에서 자세하게 점검했다. 통화주의적(Monetarist) 시각—적어도 통화주의자들 가운데 하나의 시각—은 통화 공급량의 증가율이 안정적이거나 일정하다면 광기는 발생하지 않는다는 것이다. 다수의 광기 국면이 급속한 신용의 확대에 동반해 발생하기는 했지만, 그렇지 않았던 광기 국면도 있었다; 통화 공급량의 증가율이 항상 일정하다면 광기의 빈도가 줄어들지도 모르겠지만, 그렇다고 광기 현상이 역사의 쓰레기통 속에 갇혀 있을 확률은 희박하다. 1920년대 후반 미국의 주가 상승률은 통화 공급량의 증가율에 비해 이례적으로 높았고, 마찬가지로 1990년대 후반 나스닥시장의 주가 상승률도 통화 공급량 증가율보다 훨씬 더 높았다. 일부 통화주의자들은 기초통화량, 즉 본원통화(high-powered money)의 위축으로 인해 발생한 '진짜(real)' 금융위기들과 그렇지 않은 '유사(pseudo)' 금융위기들을 구분한다. 위기 진행과정의 초기나 말기에 본원통화량이 변동하는 금융위기와 통화 공급량이 그다지 증가하지 않는 금융위기를 나누어 보는 것은 당연한 구분이다.(그러나 이 구분을 '진짜'와 '유사' 금융위기를 구분하는 기준으로 사용하는 것은 옳지 않다-역주)†

이 책의 초판에서 논의한 가장 이른 시기의 광기 현상은 1719~20년의 남해회사 거품과 미시시피 거품이었다. 현재 판에서 분석된 가장 이른 광기 현상은 '30년전쟁' 발발 시기인 1619~22년의 통화위기인 '화폐변조시대'와 숱한 토론의 대상이 됐던 1636~37년의 '튤립 광기'다. 네덜란드에서 튤립 알뿌리 거품이 존재했다는 견해는 이국적인 튤립 종자가 재배하기는 어렵지만 일단 재배되면 쉽게 번식한다는 점에서 이 종자의 가격이 급락했을 것이라는 인식이 폭넓게 확산된 다음의 일이었다.3)

초기 금융위기의 역사는 유럽의 경험을 중심으로 다루었다. 현재 판에서 다룬 가장 최근의 위기는 2001년의 아르헨티나 사태다. 19세기 영국의 금융위기들에 관심을 둔 것은 당시 국제금융 질서에서 런던이 가지는 중심적 지위와 함께 동시대 분석가들이 남긴 풍부한 자료를 고려한 결과다. 반면 암스테르담은 18세기 대부분에 걸쳐 지배적인 금융세

---

† [역주] 제5판의 불어난 분량으로 인해, 이 대목과 관련해 이전 판에서 개진된 저자의 논의가 축약된 것으로 보인다. 저자의 논점에 대한 독자들의 이해를 돕기 위해 이전 판에서의 논의를 남겨 놓는다: 『신옥스포드영어사전 축약판』에서 '유사(pseudo)'는 다음과 같이 정의되어 있다; "틀린, 사이비, 가짜, 지능적으로 과장된, 무의미한." 위기 진행과정의 초기나 말기에 통화량의 변동이 발생하는 금융위기와 통화 공급량이 그다지 영향을 받지 않는 금융위기를 구분하는 것은 합당하다. 그러나 통화주의자들이 후자의 금융위기에 '유사'라는 수식어를 붙이는 것은 심장병 전문의가 암환자를 보고 진짜 환자가 아니라 유사 환자라고 진단하는 것이나 마찬가지다. 통화주의자들이 그런 구분에 집착하는 것은 실증적 차이점에 근거한다기 보다는, 뿌리깊게 자리잡고 있는 통화주의에 대한 사전적 신념 때문이다. 또한 1873년이나 1929년, 또는 1987년 위기 때 시장에서 퇴출된 투기자들이나 투자자들에게 그들의 경험은 진짜가 아니었다고 한다면, 별다른 위안을 주지 못할 것이다. (본 저서의 제3판, 1996년, p. 3)

력이었지만, 이 경험은 네덜란드어 문헌을 접근하는 데 따르는 어려움으로 인해 다루지 못했다.

각 장의 주요 내용

분석의 배경 및 투기의 모델, 그리고 신용 팽창과 경기 호황의 정점에서 나타나는 금융 불안, 뒤따라 벌어지는 패닉과 붕괴로 종결되는 위기가 제2장에서 제시된다. 투기 모델은 아담 스미스(Adam Smith), 존 스튜어트 밀(John Stuart Mill), 넛 빅셀(Knut Wicksell), 어빙 피셔(Irving Fisher) 등 초기 세대의 경제학자들이 사용했던 좀 묵은 냄새를 풍기는 '과잉거래(overtrading)', 이어서 발생하는 '급반전(revulsion)'과 '신용경색(discredit)' 같은 초기 고전학파적 개념을 따른다. 이와 동일한 개념들이 금융 시스템은 불안정하고, 유약하며, 쉽게 위기에 빠진다고 주장한 하이먼 민스키(Hyman Minsky)의 후기 저작에서 발전되었다. 민스키 모델은 이른 시기에 있었던 미국과 서유럽의 위기, 1980년대 후반의 일본과 1990년대 중반 태국, 말레이시아 및 여타 동남아시아 국가에서 발생한 자산가격 거품, 그리고 미국 주식시장의 거품, 특히 1990년대 말 나스닥 주식들의 거품에 대해 탁월한 설명력을 가진다.

경기 확장기의 광기 국면은 제3장의 주제다. 중심적인 문제는 투기가 시장을 균형점으로 수렴시키는 작용도 하지만 이탈시키는 작용도 할 수 있는지, 다시 말하면 시장이 항상 합리적인가 하는 문제다. 광기를 야기하는 외생적인 외부 충격의 성격은 전쟁의 발발과 종료, 일련의 풍작과 흉작, 신시장의 등장과 새로운 원자재 공급원의 발견, 여러 가지 기술혁신(철도, 전력, 인터넷 등)과 같이 역사적 배경 속에서 점검할 것이다. 금융 시스템에 충격을 준 변위요인(變位要因, displacements)의 최근 형태는 일본과 노르딕 3개국, 아시아 일부 국가, 멕시코, 러시아에서 있었던 금융의 자유화 또는 규제완화다. 규제완화는 통화 팽창과 해외 차입, 투기적 투자를 가져왔다.[4]

투자자들의 투기 대상은 상품 수출 및 상품 수입, 국내외 농지, 도시의 건물부지, 철도, 신설 은행, 어음할인회사, 주식, 국내외 채권, 벤처기업 지분, 복합기업, 콘도미니엄, 쇼핑센터, 업무용 빌딩 등이었다. 어느 정도 절제된 과잉은 개인투자자들이 큰 손실을 입더라도 경제에는 치명적인 피해 없이 스스로 진화된다. 한 가지 문제는 경기 호황의 풍요감이 적어도 두 가지 이상의 투기 대상을 동반할 때-가령 흉작에다가 철도 투기붐이나 토지 투기붐이 가세하고, 혹은 부동산 거품과 주식 거품이 함께 발생하는 경우-에만 금융 안정성을 위협하는가 하는 문제다.

광기와 패닉이 통화와 어떤 관련성을 갖는가는 제4장에서 분석한다. 투기붐과 패닉이 통화 공급과 관련된 사건들에 의해 촉발되는 여러 가지 경우에 주목한다: 즉, 주화의 재발행, 귀금속의 대규모 발견, 금은 이중본위제도(二重本位制度)에서의 금과 은의 가격비율 변화, 예기치 못한 주식이나 채권 발행의 성공, 대규모 차환(借換)에 따른 금리의 급락, 기초통화량의 급팽창 등이다. 급격한 금리 상승도 금융중개기능의 저하로 인해 문제를 야기할 수 있는데, 예금자들이 더 높은 수익률을 찾아 기존의 은행과 저축기관을 이탈하는 한편, 이들 기관이 보유하고 있는 장기 유가증권의 가격은 떨어지는 상황이 발생한다. 생산과정에서의 혁신과 마찬가지로 금융 혁신도 시스템에 충격을 줄 수 있고, 특정 유형의 금융 서비스에 대한 과잉투자를 유발할 수 있다.[5]

광기와 거품을 피하기 위한 통화 메커니즘 관리의 어려움을 이번 판에서 강조했다. 통화는 공공재이지만 통화 공급과 관련된 제도는 민간 주체들의 목적에 따라 이용될 수 있다. 더욱이 은행 업무도 규제하기가 어렵다. 통화주의자들의 현재 세대는 과거 경기순환에서의 문제들 대부분이 통화 메커니즘의 관리 미숙 때문에 발생했다고 주장한다. 이런 실수는 자주 발생했으며 심각한 것이었다. 그러나 제4장에서 개진한 주장은 통화 공급량이 경제의 수요에 가깝게 조절된 시기에도 통화 메커니즘이 그리 오랫동안 올바른 상태를 유지하지 못했다는 것이다. 새로운 법규정을 만들어 세법상의 허점을 없애버리자마자 거의 같은 속도로 변호사들이 새로운 허점을 찾아내는 것과 마찬가지로, 정부가 화폐라는 공공재의 일정량을 생산하면 사회는 화폐에 가까운 많은 대체상품의 생산을 진행시킬 수 있다. 주화에서 시작해 은행권, 환어음, 은행예금, 금융거래증서로 이어지는 화폐의 진화가 그 예들이다. 통화학파(Currency School)는 고정된 통화 공급량이 필요하다는 점에서는 옳을 수도 있지만, 통화 공급량이 영원히 고정될 수 있다고 믿는다는 점에서는 잘못된 것이다.

 제5장에서 강조한 것은 위기 단계의 국내적 측면들이다. 한가지 문제는 광기가 공식적 경고-도의적 권고나 설득-에 의해 중지될 수 있을 것인가라는 점이다. 경험적 증거가 말해 주는 것은 그런 방식으로는 광기를 멈출 수 없으며, 위기를 막고자 의도했던 경고 후에 많은 위기가 나타났다는 것이다. 널리 지적되는 사례는 미국 주식시장이 비이성적일 정도로 과열돼있다고 지적한 앨런 그린스펀(Alan Greenspan) 당시 FRB의장의 1996년 12월 6일자 논평이었다. 이 때 다우존스 산업평균 주가는 6600이었으나 그 후 계속 상승해 1만1700까지 치솟았다. 나스닥 지수는 그린스펀의 논평 시점에 1300이었는데 4년 후 5000이상으로 뛰어

올랐다. 이와 유사한 경고가 1929년 2월 민간 은행가로 미국 연방준비제도(Federal Reserve System)의 창설자 중 하나였던 폴 워버그(Paul M. Warburg)에 의해 제기됐지만, 주식시장의 상승 행진을 그리 오래 늦추지는 못했다. 궁극적으로 반전 지점을 만들어내는 사건-파산이나 자금횡령, 문제 영역의 노출이나 그 소문, 국내 및 해외 시장을 향한 현금의 다량 유출을 저지하기 위한 중앙은행의 급격한 재할인율 인상-의 성격에 대해 검토한다. 그리고 가격 하락의 연쇄 작용-붕괴-과 이것이 경제의 유동성에 미치는 영향을 다룬다.

광기의 국내적 확산과 이에 뒤따르는 패닉이 제6장의 주제다. 한 시장의 호황이 다른 시장으로 확산되는 것을 역사에서 찾아볼 수 있다. "텍사스 주 휴스턴의 주택 호황은 다른 옷으로 가장한 석유 호황이다." 따라서 두 가지 이상의 자산이 투기 대상인 경우, 금융위기는 더욱 심각해질 수 있다. 붕괴가 시작되면 은행 시스템은 거의 마비되고, 통화 공급량이 변하지 않더라도-실제로는 통화 공급량이 증가할 때도 있다-은행들은 대규모 대출손실의 가능성을 줄이기 위해 신용을 제한하게 된다. 주식시장과 상품시장 간의 가격 변화의 연관성은 1921년과 1920년대 말 뉴욕에서 특히 강했으며, 주가와 부동산가격의 연관성은 1980년대 말의 일본과 노르딕 3개국에서 뚜렷하게 나타났다.

광기와 금융위기의 국제적 파급은 제7장에서 조명한다. 국제무역, 자본시장, 핫머니(hot money)의 이동, 중앙은행이 보유한 금이나 외환보유고의 변동, 상품 및 유가증권 가격과 통화가치의 변동, 금리 변화, 투자자들간의 풍요감이나 절망감의 전이 등 국가간에 작동하는 다수의 파급 경로가 존재한다. 어떤 위기들은 국지적인 반면, 다른 위기들은 국제적이다. 그 차이는 어디에 연유하는 것일까? 예를 들면 1907년 뉴욕 주식시장의 패닉이 파리에서 은행예금 인출 압력으로 작용했고, 이탈리아의 토리노에까지 전염됨으로써 소시에타 방카리아 이탈리아나(Società Bancaria Italiana) 은행의 파산을 촉발한 것일까? 여기에도 근본적인 애매함이 있다. 어느 금융 중심지에서의 통화 긴축은 금리 인상이 어떤 기대를 야기하느냐에 따라 자금을 유인할 수도 있고 반대로 고갈시킬 수도 있다. 기대가 비탄력적인 경우, 즉 위기나 통화가치 하락에 대한 공포로 작용하지 않을 때에는 금리 인상이 해외 자금을 유인하고 유동성 확보에 필요한 자금을 공급하는 데 기여하게 된다; 반면 물가 하락이나 파산, 통화가치 하락 등의 변화에 대한 기대가 탄력적인 경우에는 금리 인상이 외국인들에게 신규 자금을 들여오기보다는 더 많은 자금을 가져갈 필요가 있다는 신호로 작용할 수도 있다. 이런 어려움은 일상적인 경제생활에서도 쉽게 접할 수 있다. 어느 한 상품의 가격 상승은 소비자들이 추후 가격 하락을 예상할 경우에는 구입을 미루게 할 수도 있고, 반대로 가격이 더 오르기 전에 구입을 재촉하게 할 수도 있다. 그리고 기대가 비탄력적이고 중앙은행의 금리 인상이 예상 답안에 따른 대응을 불러오더라도, 반응에 소요되는 시간이 너무 길어질 경우에는 지원군이 도착하기 전에 위기가 먼저 찾아올 수도 있다.

복합적이지만 심심치 않게 금융위기를 야기하는 방식은 내수 호황으로 인해 해외 대여가 갑작스럽게 중단되는 것이다; 실례로 1873년 독일과 오스트리아의 호황은 자본 유출의 감소로 이어져 미국의 제이 쿡 회사(Jay Cooke and Co.)의 파산을 야기했다. 유사한 사태 전개가 1890년 베어링 위기에서 일어났는데, 아르헨티나 문제로 인해 영국이 남아프리카, 호주, 미국, 라틴아메리카에 대한 자금 대여를 중단함에 따라 발생한 것이었다. 1920년대 말 뉴욕 주식시장의 호황으로 인해 미국인들이

1928년 독일과 여러 라틴아메리카 국가의 신규 채권 매수 물량을 대폭 축소함에 따라 이들 국가가 불황에 빠져들었다. 대외거래의 중단은 해외의 불황을 야기하기 쉽고, 해외의 불황이 문제를 일으킨 나라에 다시 악영향을 미칠 수도 있다.[6]

이번 판에서 새로 도입한 제8장에서의 논의는 20세기의 마지막 15년 동안에 일어난 세 개의 자산가격 거품 사이의 관련성을 조명한다. 이 세 가지 가운데 첫 번째 거품은 1980년대 후반 도쿄에서 발생했고, 두 번째는 1990년대 중반 방콕, 쿠알라룸푸르, 자카르타 및 이 지역 다른 나라의 수도에서 일어났고, 세 번째는 1990년대 후반 뉴욕에서 출현했다. 이 세 가지 자산가격 거품이 독립적인 사건이었을 개연성은 낮다; 제8장의 주제는 이들 거품 사이에 체계적인 상호관계가 존재했다는 것이다. 독자적으로 발생한 것은 일본의 거품이었다; 1990년대 초 일본의 거품이 붕괴했을 때 중국과 여러 아시아 국가들, 그리고 미국으로 향하는 자금 이동의 큰 물결이 일었다. 일본으로부터 자금이 유입되는 나라들의 통화가치와 자산가격이 해외저축 자금의 유입 증가에 따라 변화했다. 1997년과 1998년 방콕을 비롯한 아시아 국가 수도에서 주가와 부동산 가격의 거품이 붕괴했을 때, 이들 아시아 국가의 채무자들이 채무잔고를 축소하면서 뉴욕으로 들어가는 또 다른 자금 흐름의 파고가 생겼다. 이 해외저축 자금의 유입 증가에 대응해 미 달러화의 외환가치와 미국의 자산가격이 상승했다. 자금은 어디론가 가야만 했고, 그 결과로 나타난 미국의 주가 상승은 대류권 밖의 성층권 수준에 도달했다고 할 만하다.

광기 국면과 패닉 국면에서 발생하는 사기 행태들은 제9장에서 검토한다. 1980년대 저축기관들의 파산과 정크본드의 급성장은 미국 납세자들에게 1500억 달러의 비용을 부담하게 했다. 엔론, MCI월드컴, 타이코(Tyco), 다이너지(Dynergy), 아델피아 케이블(Adelphia Cable) 같은 기업들은 1990년대의 불한당 목록처럼 보인다. 그리고 미국의 대형 뮤추얼 펀드 군단들 가운데 다수가 헤지펀드에게 우대조치를 제공한 후원자였다는 사실이 밝혀졌다. 붕괴와 패닉은 광기의 기간 중에 있었던 모종의 불법, 부정행위, 공직자의 부정부패 등이 드러나면서 촉발되는 경우가 많다. 역사적 기록에서 추론해 볼 때, 사기 행태는 호황이 부채질한 부에 대한 탐욕스러운 식욕이 야기하는 반응이다. 스미스가(家) 사람들은 존스가 사람들을 쫓아가고 싶어하고 스미스가의 일부는 부정행위에 개입하게 되는 것이다. 통화 시스템의 팽창이 팽팽한 긴장 상태에 도달하고, 금융기관들의 유동성이 줄어들며, 실패한 사기 행태가 막 폭로될 찰나에 이르면, 돈을 챙겨서 도망가려는 유혹을 물리치기란 거의 불가능하다.

● **투옥기간, 벌금, 과징금: 1990년대 미국 경제호황기의 금융 행태**

엔론은 1990년대 호황기의 표지인물급 존재였다. 이 회사는 국가가 규제하는 업종인 천연가스 수송관 회사의 소유기업으로 시작해, 상수도 시스템과 발전설비 사업을 직접 운영했을 뿐만 아니라, 천연가스, 석유, 전력, 광대역 통신망을 매매하는 금융업체로 변신했다. 엔론의 최고경영진은 자사의 주가를 높게 유지하기 위해 회사 이익의 지속적인 성장을 보여줄 필요를 느꼈고, 1990년대 말 회사를 키우기 위한 자본유치를 목적으로 부외거래(簿外去來)를 통한 자금조달 수법을 활용하기 시작했다; 그리고 자기 회사가 매수 포지션을 취한 물량의 가격을 이례적으로 높게 계상해 거래이익이 증가 추세로 보이도록 만들었다. 엔론의 붕괴는 세계적인 회계법인 가운데 가장 존경 받았던 아더 앤더슨(Arthur Anderson)의 파산을 초래했다.

MCI월드컴은 가장 고속으로 성장하던 통신업체 가운데 하나였다. 이 회사 최고

경영진은 엔론과 마찬가지로 지속적인 이익의 성장세를 보여주어야 했기 때문에 수십 억 달러의 비용을 투자자산 항목에 계상하도록 만들었다. 씨티뱅크(Citibank) 그룹의 계열사 살로몬 스미스 바니(Salomon Smith Barney)의 현자(賢者)로 손꼽혔던 잭 그럽맨(Jack Grubman)은 MCI월드컴의 주식을 지속적으로 추켜세웠다. 헨리 블로짓(Henry Blogett)은 한편으로는 일군의 회사들을 고객 투자자들에게 유망종목으로 추천하면서, 또 다른 한편으로는 개인 이메일을 통해 그 회사들의 전망이 형편 없다고 혹평한 메릴린치(Merrill Lynch)의 유가증권 분석가였다; 메릴린치는 이 기사가 언론의 머리기사로 나오지 않도록 하려고 1억 달러를 썼다. 투자은행업계의 10개 회사가 소송을 피하기 위해 14억 달러를 지불했다. 뉴욕증권거래소의 회장 겸 최고경영자는 1억5000만 달러가 넘는 거액의 보상성 보수를 받았다는 사실이 알려진 직후 사임했다; 증권거래소는 주식을 거래하기 위한 장터이자 그 감독자라는 두 가지 기능을 갖고 있다. 그런데 감독의 대상이 되는 기업들 가운데 일부 기업의 경영자들이 거래소의 임원이었다는 점에서, 이들이 이 같은 거액의 보수를 결정하는 일에 참여했을 것이다. 또한 당시 미국의 대형 뮤추얼펀드 가운데 다수가 이미 김빠진 뉴스를 토대로 여러 기업의 주식거래를 조장한 것으로 밝혀졌다.

예전에 있었던 그 어느 위기 때보다 더 많은 개인들이 위기의 후속 파장으로 감옥에 갔고, 아직도 많은 수가 판결을 기다리고 있다. 엔론의 고위 경영자 여섯 명이 투옥됐다. 엔론의 회계감사를 담당했던 아더 앤더슨의 공동 설립자 한 명이 투옥됐다. MCI월드컴의 고위 재무담당 임원 두 명이 감옥에 갔다. 마사 스튜어트(Martha Stewart)는 사법방해죄로 5개월형을 받고 수감생활을 했다.

제10장과 제11장의 주제는 국내 차원에서의 위기 관리다. 제10장은 국내적인 위기 대응의 범위를 고찰한다; 한 극단으로 정부가 손 놓고 있는 입장을 취할 수 있으며, 또 다른 극단에서는 일련의 세세한 조치가 따를 수 있다. 시장은 합리적이며 시장 스스로 자신을 보호할 수 있다고 믿는 사람들은 불간섭 접근을 선호한다; 이런 입장에 속하는 하나의 논리에 따르면, 호황기의 잘못과 과잉을 제거하기 위해 경제가 디플레이션과

파산이라는 정화 과정을 겪는 것은 건강한 일이라는 것이다. 여러 가지 세세한 조치 중에는 휴업, 은행의 업무정지, 가증권(假證券)의 발행, 국채 발행, 예금보험, 1932년 미국의 부흥금융공사(Reconstruction Finance Corporation)나 1933년 이탈리아부흥공사(Istituto per la Ricostruzione Industriale: IRI)와 같은 특수기관의 설립 등이 있다. 이탈리아 문헌들은 이 과정을 은행과 기업의 '구제(salvage)'라고 부르고, 영국인들은 1974~75년에 이루어진 한계 금융기관의 구제를 '구명정(lifeboat) 작전'이라고 언급했다.

국내적인 궁극적 대여자에 관한 문제-주로 궁극적 대여자가 존재해야 하는지, 또 누가 이 역할을 맡아야 하며, 어떻게 가동되어야 하는지에 대한 문제-가 제11장의 초점이다. 핵심적인 주제 하나는 도덕적 해이(moral hazard), 즉 궁극적 대여자가 자신들을 구제할 것이라고 투자자들이 확신한다면 투자자들의 자기통제가 약화될 수 있다는 문제다. 그러나 다른 한편에서 보면 투자자들의 동기유발에 대한 부정적 영향에도 불구하고, 패닉을 멈추게 하고 "오늘의 금융 시스템을 구조하는 것"이 우선적인 사안이 될 수도 있다. 그러나 궁극적 대여자가 있다 하더라도, 누구를 구조해야 할 것인가? 내부자들인가? 외부자와 내부자 둘 다인가? 또한 단기적인 유동성만 문제일 뿐 채무상환 능력은 확보하고 있는 자들로 국한할 것인가? 그러나 채무상환 능력은 패닉의 심각성과 기간에 따라 달라진다. 이런 것들은 정치적인 문제다. 미국의 연방예금보험공사(FDIC)와 연방저축융자보험공사(FSLIC)가 시장의 긴장이 최고조에 달했을 때 파산에 직면한 은행들에게 대여할 자금이 고갈돼 이들 보험공사의 자본금 증대를 위한 입법이 필요해지는 상황에서는 특히 정치적인 문제로 제기된다. 1990년에 일본 주식시장의 거품이 붕괴되면서 은행과 신용조합을 비롯한 각종 금융기관들이 벌여 놓은 온갖 종류의 부실 부동산 대출이 표면화되면서 납세자에게 얼마나 큰 부담을 전가해야 하는가라는 신경질환성 문제에 직면한 일본 정부로서는 이 문제가 매우 민감한 현안이었다. 더욱 심각했던 것은 위기 대처 방안의 결정이 더디고 행동에 옮기는 것은 더욱 느렸던, 전신마비 증세에 빠진 일본 정부의 상태였다.

제12장은 국제적인 통화 안정성이라는 공공재를 제공해야 할 법률상 책임이 부여된 정부나 정부의 대행 기관이 존재하지는 않지만, 이를 담당할 국제적인 궁극적 대여자의 필요성에 대해 중점적으로 다룬다. 미국 정부의 멕시코 지원은 1982년에 처음 있었고, 1994년에 재차 실행됐다. 미국의 지원은 NAFTA 국가들이 서로 단결해야 하고, 멕시코에 대한 지원이 위기의 파급 효과를 완화하거나 중화시킴으로써 브라질과 아르헨티나를 비롯한 개발도상국, 소위 '이머징마켓' 국가들에 대한 자금 대여의 붕괴를 막을 것이라는 근거에서 정당화됐다. 1997년 여름 태국 바트화 가치의 급격한 하락은 인도네시아, 말레이시아, 한국과 함께 싱가포르, 홍콩, 대만 등 인근 아시아 국가들의 금융위기를 야기했다.

마지막 장은 두 가지 문제에 대한 해답을 모색한다; 하나는 최근 30년 동안 국제금융과 세계경제에서 왜 그렇게 큰 경제적 혼란이 일어났는가에 관한 문제고, 다른 하나는 국제적 차원의 궁극적 대여자가 있었다면 다른 결과를 이끌어 낼 수 있었는가에 관한 문제다. IMF는 1940년대에 국제적인 궁극적 대여자 역할을 수행하기 위해, 또 이 같은 기관이 없다는 제도적인 문제점을 해결하기 위해 설립됐다; 즉, 국제적인 궁극적 대여자가 있었다면 1920년대와 1930년대 금융위기의 혹독함은 덜 심각했을 것이라는 시각이 그 배경에 깔려 있었다. 최근 30년간의 수많은 위기는 금융위기에 빠진 나라들에게 외화 유동성을 공급하는 IMF의 존재가 이들 나라의 금융정책이 느슨해지도록 부추겼을 가능성이 있는가라는 문제를 제기한다.

금융 질서는 자산가격 붕괴에 따르는 패닉의 확산을 막기 위해 궁극적 대여자를 필요로 한다. 그러나 궁극적 대여자가 필요하다는 주장은 채무 과다 상태에 빠지게 될 개별 차입자들이 '구제' 될 것이라는 견해와는 구분되어야 한다. 예를 들어 뉴욕 시가 지원을 받게 될 것인지, 또 누가 지원할 것인지에 대한 불확실성을 유지했던 것은, 종국적으로는 지원이 주어졌다는 점에서, 그리고 지원이 주어질 것인가에 대한 의구심을 마지막까지 끌고 갔다는 점에서, 장기적인 관점으로 보면 옳은 대응이었다는 판단을 내릴 수 있다. 이것은 교묘한 계략이다: 불필요한 디플레이션을 피하기 위해 항상 구제에 나서지만, 투기자나 은행, 도시, 국가들에게 신중함을 주입시키기 위해, 구제가 제때에 실현될 것인지 혹은 과연 실현되기는 할 것인지를 항상 불확실한 상태로 유지하는 일이다. 볼테르(Voltaire)의 『깡디드Candide』를 보면 "다른 사람들을 고무하기 위해" 장군의 머리를 참수했다. 능숙한 속임수는 다른 사람들이 궁극적 대여자 활동에 참여하도록 "고무하기" 위해—물론 진짜로 머리를 자르지는 않으면서—필요할 수 있다. 왜냐하면 다른 선택은 경제 시스템 전반에 매우 값비싼 결과를 초래할 가능성이 높기 때문이다.

2 전형적으로 발생하는 위기의 해부
Anatomy of a Typical Crisis

역사와 경제학

역사가들에게는 각각의 사건이 고유하다. 경제학자들에게는 그렇지 않다. 축적된 데이터에는 유형이 존재하고, 개별적인 사건들은 유사한 반응을 유발한다는 게 경제학자들의 주장이다. 역사는 개별적인 반면, 경제학은 일반적이다. 경기순환은 시장경제의 표준적인 특징 가운데 하나다; 즉, 시장경제에서 설비 투자가 늘어나면 가계소득의 증가와 국민소득 성장률의 상승으로 이어진다. 거시경제학은 장기적인 추세 성장률을 중심으로 국민소득 성장률이 오르내리는 순환적 변동을 설명하는 데 초점을 맞춘다.

위기를 초래하는 투기적 광기의 다양한 국면들은 다음 장에서 살펴보기로 하고, 우선 이 장에서는 일반적인 금융위기의 경제적 모델을 제시한다. 여기서 제시되는 일반적인 금융위기의 모델은 경기 호황과 그에 뒤따르는 경기 냉각까지 다루고, 여러 광기 국면과 곧이어 벌어지는 위기 단계의 다양한 성격에 중점을 둔다. 이 모델은 경기의 확장 및 수축 사이클의 변동과 주기성에 주목하는 모델들-39개월을 주기로 이루어지는 키친(Kitchen)의 재고 순환이론, 7~8년의 주기성을 갖는 쥐글라(Juglar)의 설비투자 순환이론, 주택건설의 증가와 감소에 중심을 둔 쿠즈네츠(Kuznets)의 20년 순환이론 등[1]-과는 다르다. 19세기 들어 처음 60여 년 동안에는 금융위기가 10년을 주기로(1816년, 1826년, 1837년, 1847년, 1857년, 1866년에) 규칙적으로 발생했지만, 그 이후부터는 위기 발생의 규칙성이 줄어들었다.(1873년, 1907년, 1921년, 1929년)

금융위기의 모델

하이먼 민스키가 제시한 모델을 미국, 영국을 비롯한 시장경제 국가에서 일어난 금융위기를 해석하는 데 사용한다. 민스키는 경기가 확장할 때 늘어났다가 경기 둔화 국면에서 줄어들면서, 경기순환의 파동과 함께 오르내리는 신용 공급의 순환에 주목했다. 경기 확장 국면에는 투자자들의 미래에 대한 낙관적 태도가 증폭되고, 이들은 다양한 영역에서 투자에 대한 수익성 추정치를 상향 조정한다. 따라서 이들이 자금을 차입하려는 의욕이 늘어난다. 동시에 대여자들은 개별적인 투자에 대한 위험 평가를 낮추고, 이들의 위험 회피 성향도 줄어들어 자연히 돈을 빌려주려는 의욕이 증가하고, 이전에는 너무 위험하다고 판단했던 투자가 긍정적인 여신 대상으로 바뀌는 경우도 생겨난다.

 제반 경제 여건들이 둔화될 때는 투자자들의 낙관론은 줄어들고 신중론이 고개를 든다. 동시에 대출손실이 늘어나게 되므로 대여자들은 훨씬 더 조심스러워진다.

　민스키는 이처럼 호경기 때 늘어나고 경제의 탄력이 약화될 때 줄어들면서 경기순환에 동조하는 신용 공급의 확대와 축소가 금융 질서의 취약성을 초래하고 금융위기의 가능성을 증폭시킨다고 믿었다.

　이 모델은 신용 공급의 불안정성에 주목한 존 스튜어트 밀, 알프레드 마샬(Alfred Marshall), 넛 빅셀, 어빙 피셔 등 고전파 경제학자들의 전통을 따르는 것이다. 민스키는 피셔의 노선에 따라 과도한 채무를 진 차입자들, 특히 경기 확장기에 단기적인 자본이득을 얻으려는 목적으로 부동산이나 주식, 상품의 매수 자금을 차입금으로 조달하는 사람들의 행태에 주목했다. 이들이 이런 거래를 하는 이유는 해당 자산가격의 상승률이 매수 자금으로 조달한 차입금의 금리를 능가할 것이라는 예상 때문이다. 그러나 경제가 둔화하면 이들이 매수한 자산가격의 상승률이 차입금의 금리보다 낮아지게 된다. 그러면 이들 차입자 가운데 일부는 실망하게 되고, 이들 중 다수는 투매자로 돌변한다.

　민스키는 위기를 초래하는 제반 사건들이 '변위요인', 즉 거시경제 시스템에 작용하는 외생적인 외부 충격에서 시작된다고 주장했다.[2] 이런 충격의 크기와 범위가 충분히 크다면, 적어도 하나 이상의 중요한 영역에서 경제 전망과 예상 수익 기회가 높아진다. 기업과 개인들은 다양한 투자 영역에서 기대되는 예상 수익의 확대로부터 이익을 얻기 위해 돈을 빌리게 된다. 경제성장률이 가속화해 낙관론이 가일층 증폭되는 되먹임(feedback)이 작용하기도 한다. 이것은 "일등 국가 일본(Japan as Number One)"이라든가 "동아시아의 기적(East Asian Miracle)" 혹은 "미국의 신경제(New American Economy)"라는 표현에서 드러나듯이, 경제를 둘러싼 환경을 보다 심층에서 낙관하는 새로운 관념이다. 나라마다 표현은 달라도 그 어조는 똑같다.

이 같은 충격의 성격은 투기붐이 일어나는 국면마다 다르게 나타난다. 1920년대 미국에서의 충격은 전국적인 전력 보급과 전화를 보유한 가정의 급속한 확산, 자동차 생산의 급증 및 이에 동반한 고속도로의 건설이었다. 1980년대 일본에서의 충격은 금융자유화와 엔화의 외환가치 급등이었다. 1980년대 노르딕 3개국에서의 충격은 금융자유화였다.

1990년대 아시아 국가들에서의 충격은 일본 자산가격 거품의 붕괴, 엔화 가치의 상승에 따른 도쿄로부터의 자금 유입 증가, 각국의 금융자유화였다. 1990년대 미국에서의 충격은 정보기술(IT) 혁명과 컴퓨터, 무선통신, 전자우편을 통한 새롭고 값싼 방식의 통신 및 제어기술이었다. 때로는 전쟁의 발발이나 종전, 풍작 혹은 흉작, 운하나 철도 같은 파급효과가 엄청난 새로운 사회간접자본시설의 광범위한 보급이 충격으로 작용하기도 했다. 예상치 못한 통화 정책의 변화도 주된 충격이었다.

이런 충격의 크기가 충분히 커서 넓은 영역으로 파급되면, 적어도 하나 이상의 중요한 경제 영역에서 예상 수익 기회가 향상된다: 즉, 총량적으로 국내총생산(GDP)에서 기업이익이 차지하는 비중이 늘어난다. 1980년대 초 미국의 기업이익은 GDP의 3%였는데, 1990년대 말에는 10%로 높아졌다. 기업이익이 미국 GDP의 성장 속도보다 33%나 더 빠르게 성장했다는 사실은 다시 큰 폭의 주가 상승에 기여했다.

민스키 모델에서 호황 국면에 연료를 공급하는 것은 신용의 팽창이다. 은행 산업이 자리잡기 이전인 17세기와 18세기에는 개인 신용과 판매자 금융이 투기적 확장 국면에 연료를 공급했다. 은행이 만들어지자 이들이 신용의 공급과 함께 그들 자신의 부채를 확대했다; 19세기 초 수십 년 동안 은행은 은행권의 공급을 늘리고, 개인 차입자의 계좌 잔고를 늘려주었다. 기존 은행들이 공급하는 신용도 팽창했지만, 신설 은행들도 생겨났다. 신설 은행들은 시장점유율을 확대하고자 애썼고, 따라서 신용과 통화의 급성장을 초래할 수 있었다; 기존 은행들 역시 가만히 앉아서 시장점유율이 하락하는 것을 보고만 있지는 않았기 때문이다. 1970년대에 유럽의 은행들은 라틴아메리카의 여러 나라 정부를 상대로 대출하면서 미국 은행들의 텃밭을 잠식하기 시작했다.

민스키는 은행 여신의 성장이 매우 불안정한 양상을 띠며 이어져 왔다고 지적했다; 은행들은 자금 대여자로서 어떤 때는 무척이나 강한 풍요감에 젖어 제한 없이 자금을 빌려주었다가, 어떤 때는 신중함이 극에 달해 차입자들이 "바람에 휘둘리도록" 내버려뒀다.

중요한 정책 현안 가운데 하나는 은행 및 다른 신용 공급자들의 여신을 통제하는 문제다. 정부 당국은 때로 특정 유형의 여신을 다룰 수 있는 은행의 자격을 엄격하게 통제했다. 그러면 은행들은 금지된 유형의 대출사업 자격을 갖춘 자회사를 100% 지분 투자로 설립했다. 아니면 은행지주회사가 대출을 제공했다. 금융기관들의 신용 불안정이 통제권 안에 들어왔다 하더라도, 개인 신용의 공급 확대가 경기 확장기의 자금조달을 수행할 수도 있었다.

재화와 서비스의 유효수요가 늘어났다고 가정해 보자. 일정 시간이 지나면 수요 증가가 상품 생산능력에 압력을 가해 시장가격이 상승한다. 시장가격의 상승으로 이익 증가율이 더 빨라지면, 더 많은 투자와 더 많은 기업을 유인하게 된다. 투자의 증가가 국민소득의 성장률을 상승시키고, 성장률 상승이 다시 추가 투자를 유발해 국민소득의 성장률이 가속화하는 되먹임 작용이 더욱 강화된다.

민스키는 이 단계에서 경제적인 '풍요감(euphoria)'이 고개를 들 수 있다고 지적했다. 투자자들은 상품과 유가증권의 가격 상승을 예상하고, 자본이득에서 나오는 이익을 얻기 위해 여러 가지 상품과 유가증권을 매입한다. 관련 당국은 경제에 무언가 이례적인 현상이 발생하고 있음을 인식하지만, 이전에 있었던 광기를 충분히 인식하고 있으면서도 "이번에는 다르다"고 생각한다; 이와 함께 이들은 무엇이 다른지 그 차이점에 대한 광범한 설명 요인들을 찾아낸다. 그린스펀 FRB 의장은 1996년 미국의 주식시장 과열에 처음 우려를 표명한 지 약 1년 만에 생산성의 급격한 증가를 발견했다; 생산성의 증가는 기업이익이 이전보다 더 빠르게 증가할 것임을 의미한다는 점에서, 현재의 기업이익과 비교해 주가 수준이 높아졌다 해도 이것은 결코 불합리해 보이지 않았다.

> ### ● 민스키의 세 가지 자금조달 유형 분류
>
> 민스키는 개별 차입자들의 영업이익과 채무 원리금 상환 사이의 관계를 기준으로 세 가지 자금조달 유형을 구분했는데, 헤지금융, 투기금융, 폰지금융이다. 어느 기업의 예상 영업이익이 이자와 채무 원금의 분할 상환액을 지불하고도 남을 만큼 충분할 경우, 이 기업은 헤지금융(hedge finance) 집단에 속한다. 예상 영업이익이 이자를 지불할 수 있을 만큼은 충분하지만, 만기 시점까지 잔여 채무 원리금의 일부 혹은 전부를 상환하려면 신규 차입을 해야 하는 경우, 투기금융(speculative finance) 집단에 속한다. 예상 영업이익이 약정된 지급 일정에 따른 이자를 지불하기에도 부족할 개연성이 크다면, 이 기업은 폰지금융(Ponzi finance) 집단에 속한다. 폰지금융 집단에 속하는 기업은 (채무 원금은 차치하고) 이자 상환을 위한 현금을 마련하려면, 추가 차입으로 채무 원금을 늘리거나 아니면 보유 자산을 매각해야 한다.
>
> 민스키의 가설은 경제가 둔화하면, 헤지금융으로 운영되던 기업들 가운데 일부가 이 그룹에서 탈락해 투기금융 집단으로 떨어지고, 이전에 투기금융으로 운영되던 기업들 가운데 일부가 폰지금융 집단으로 선로를 바꾸게 된다는 것이다.
>
> '폰지금융'이라는 용어는 1920년대 초 보스턴 교외 지역에서 소규모 융자업체를

운영한 카를로스 폰지(Carlos Ponzi)의 이름에서 따온 것이다. 폰지는 자금 예탁자들에게 한 달에 30%의 이자를 지불해 주겠다고 약속했고, 그의 금융거래는 3개월 동안 무난하게 굴러갔다. 그러나 네 번째 달에 이르자 신규 예탁자들에게서 얻는 현금 유입액이 기존 예탁자들에게 지불할 이자 지급액보다 작아지게 됐고, 결국 폰지는 교도소로 가야 했다.

폰지금융이라는 용어는 이제 '지속 불가능한 자금조달 유형(non-sustainable pattern of finance)'을 가리키는 범주적 용어의 하나가 되었다. 즉, 차입자가 신규 차입금이나 예탁금을 얻어야만 그들의 채무 잔고나 예탁금 잔고에 붙는 높은 금리의 이자를 지급할 수 있는 상황을 가리킨다. 이런 유형에서는 대개 금리가 연 30~40%대의 고금리이기 때문에, 이 같은 자금조달 방식이 유지되려면 새로운 자금이 계속해서 더욱 가속적으로 주입되어야 한다. 초기에 가담한 기존 예탁자들의 다수는 높은 수익에 만족해 이자를 받지 않고 복리 증식을 위해 재예탁한다. 이들은 "이자로 이자를 번다"고 생각한다. 따라서 몇 달이 지나면 신규 자금 유입액이 약속한 이자 지급액에 미치지 못하게 된다; 복리 누적에 따라 이자를 지급해야 할 채무 원리금의 합계가 가속적으로 늘기 때문이다. 더구나 일부 예탁자들이 이자 수익의 일부를 현금으로 인출하기 시작한다. 그러면 이런 자금조달 방식은 이자 인출액이 신규 자금 유입액보다 작을 때만 굴러갈 수 있다.

이 같은 과정이 이어질 경우 나타나는 결과는 아담 스미스와 그의 동시대인들이 '과잉거래'라고 불렀던 것이다. 이 용어는 그 정확성이 다소 떨어져서, 자산가격이나 상품가격이 오를 것이라는 투기적 판단, 장래 수익의 과대 추정, 혹은 '과도한 차입금 의존(excessive leverage)' 거래라는 의미를 포괄한다.[3] 투기란 어느 상품을 사용해서 얻는 이익이 아니라, 예상되는 가격 상승으로 발생하는 자본이득을 얻을 목적으로 상품을 매수하는 행위를 말한다. 유가증권의 경우에도, 유가증권이라는 상품에서 발생하는 투자소득이 아니라, 다시 매도하기 위한 목적으로 매수하면 투기의 대상이 된다. 경제적 풍요감은 경제성장률과 기업이익의 증가율에 대한 낙관론을 확대시키고, 생산과 유통 부문에서 활동하는 기업들에게 영향을 미친다. 1990년대 말 월 스트리트의 애널리스트들은 미국의 기업이익이 향후 5년 동안 연 15%의 속도로 성장할 것이라고 예측했다.(이들의 예측이 정확했다면, 그 5년 기간의 마지막 해에는 미국의 GDP에서 차지하는 기업이익의 비중이 과거 최고치보다도 40%나 더 높아졌을 것이다.) 대여자들 역시 대출손실이 감소함에 따라 보다 낙관적인 자세와 대응을 취하고, 최저 예치금과 최저 신용거래 증거금 기준을 낮춘다. 부동산과 유가증권의 가격 상승 덕분에 차입자들의 순자산이 빠른 속도로 증가할 수도 있기 때문에, 은행 차입금이 늘어남에도 불구하고 대다수 차입자들의 차입금 의존도-자본 혹은 자산 대비 부채 비율-가 떨어질 수 있다.

다른 사람들이 투기적 매입으로 이익을 얻는 것을 기업과 개인이 지켜보면서, 선행자 따라하기(follow-the-leader) 과정이 나타난다. "친구가 부자가 되는 모습을 지켜보는 것만큼 사람들의 안락과 판단력을 혼란스럽게 만드는 것은 없다."[4] 친구 이외의 다른 사람이 부자가 되는 것이 더 속편한 일일 것이다. 은행들도 마찬가지로 보다 빠른 속도로 대출을 확대하는 다른 대여자들에게 시장점유율을 빼앗기기를 싫어한다. 이들은 다양한 차입자 집단에게 대출을 늘리게 된다. 예전에는 투기적 모험과는 거리가 멀었던 기업과 개인들 중에서도 높은 수익률을 얻기 위한 소란스런 게임에 뛰어들기 시작하는 사례가 점점 많아진다. 돈을 버는 일이 이보다 더 수월했던 적이 없었다는 느낌이 든다. 자본이득을 위한 투기는 사람들을 정상적이고 합리적인 행동에서 일탈시켜 '광기'나 '거품'이라는 표현 말고는 달리 묘사하기 어려운 행동으로 이끈다.

'광기'라는 단어는 비합리성을 강조하며, '거품'은 모종의 가치들이 결국은 폭발할 것이라는 의미를 나타낸다. 경제학자들은 어떤 자산이나 유가증권 혹은 상품의 가격이 '펀더멘털'을 기준으로는 설명할 수 없는 모든 경우의 괴리를 표현하기 위해 거품이라는 용어를 사용한다; 펀더멘털에 준하는 작은 가격 변동을 가리킬 때는 '잡음(noise)'이라는 용어가 사용된다. 이 책에서 거품은 15~40개월에 걸치는 오랜 기간 동안 상승하다가 결국은 붕괴로 이어지는 상승 방향의 가격 운동을 의미한다. "완벽한 예지력"을 보유한 자가 있었다면 그는 거품이 형성되는 이 과정이 지속될 수 없으며 붕괴가 불가피하다는 것을 예견했겠지만, 역사의 과정은 그렇지 않았다.

20세기 중에 나타났던 대부분의 광기와 거품은 부동산과 주식에 집중됐다. 1920년대 중반 플로리다 주 남동부의 토지를 대상으로 한 광기가 있었고, 1920년대 후반기에는 전례 없는 미국의 주식 거품이 발생했다. 1980년대 일본에서는 부동산의 투기적 매입이 주식시장의 호황을 유발했다. 이와 유사하게 1990년대 아시아 국가들의 거품은 부동산과 주식 모두에서 발생했는데, 일반적으로 부동산가격의 상승이 주가의 상승을 견인했다. 1990년대 말 실리콘 밸리와 몇몇 지역에서 가계 자산의 증가가 부동산가격의 급등을 가져오기는 했지만, 이 시기에 미국의 거품은 주로 주식에서 형성됐다. 1970년대 유가 급등의 충격은 텍사스, 오클라호마, 루이지애나 주에서 부동산 관련 활동의 급증으로 이어졌다. 마찬가지로 1970년대 인플레이션이 기승을 부리던 시기에 일어난 곡물가격의 급등은 아이오와, 네브라스카, 캔자스 주를 비롯한 농업을 중심으로 하는 미국 중서부 지역에서 토지가격의 급등을 몰고 왔다.

국제적 파급

민스키는 한 나라 안에서의 신용 공급의 불안정성에 주목했다. 역사적으로 풍요감은 여러 가지 경로를 통해 한 나라에서 다른 나라들로 확산되기도 했다. 1980년대 일본의 거품은 한국, 대만, 하와이에 큰 영향을 미쳤다. 한국과 대만은 당시 일본의 공급망을 구성하는 한 고리였으므로, 일본의 경제 사정이 좋아지면 그 공급 고리의 사정도 좋아진다. 도쿄와 하와이의 관계는 뉴욕과 마이애미의 관계와 유사하다. 일본인들은 따뜻한 햇볕이 함께 하는 휴가와 여가를 즐기기 위해 하와이로 여행을 떠난다. 하와이는 일본인들이 별장과 골프장, 호텔을 구입하면서 1980년대에 부동산 호황을 경험한 바 있다.

한 나라에서 발생한 충격이 다른 나라에 영향을 미치는 전달 경로 가운데 하나는 한 나라에서 발생한 어떤 상품가격의 변화가 다른 나라에서 이와 거의 동일한 상품가격에 대등한 변화를 유발하는 차익거래(arbitrage)다. 즉, 취리히, 베이루트, 홍콩에서 금값이 변동하면, 런던의 금값도 이와 밀접하게 연동해 변동한다. 마찬가지로 어느 나라의 시장에서 유가증권 가격이 변동하면, 다른 나라 시장의 동일한 유가증권도 거의 똑같은 가격 변화를 보인다.

두 번째 경로는 한 나라의 국민소득 증가는 이 나라의 수입 수요를 증가시켜 이에 대응하는 다른 나라의 수출 증가를 유발하고, 결국 수출이 늘어난 나라의 국민소득 증가를 가져온다. 자본의 흐름이 세 번째 전달 경로로 작용한다; 어느 나라에서 유가증권의 수출, 즉 외국인 투자자의 유가증권 매입이 늘어나면 이 유가증권 가격의 상승과 함께 외환시장에서 이 국가의 통화가치도 함께 상승하게 된다.

더욱이 어느 나라의 투자자들에게 자리잡은 풍요감이나 비관론이 다른 나라의 투자자들에게 영향을 미칠 때 나타나는 것처럼 심리적인 연계 작용도 존재한다. 1987년 10월 19일의 주가폭락은 차익거래나 소득 변화, 자본 흐름, 혹은 통화가치의 변동으로 설명될 수 있는 정도보다 훨씬 빠른 속도로 모든 나라의 금융 중심지(당시 도쿄는 예외였다)에서 거의 순간적으로 한꺼번에 일어났다.

이상적인 교과서의 세계에서는, 금의 유입에 따라 금화의 유통 물량이 한 나라에서 증가하면 다른 나라에서 이에 상응하는 금의 공급 감소가 발생하고, 첫 번째 나라의 통화 공급량 증가와 신용 팽창은 두 번째 나라의 통화 공급량 감소와 신용 위축에 의해 상쇄된다는 것이다. 그러나 현실 세계에서는, 두 번째 나라의 투자자들이 해외의 물가 상승과 이에 동반하는 이익 증가에 대응해 자국의 자산과 유가증권의 가격 상승을 예상하고, 이 자산들을 매수하기 위해 신용 수요를 확대하는 경우도 발생한다. 그렇게 되면 첫 번째 나라의 신용 팽창이 두 번째 나라의 신용 위축으로 이어지지 않을 수 있다. 두 번째 나라에서 발생한 본원통화의 축소가 신용 총량의 위축 요인으로 작용한다 해도, 투기적 동기의 확대와 함께 신용 수요가 늘어나면 본원통화의 축소 효과를 상쇄하는 것은 물론 그것을 압도해 버릴 가능성도 있다.

투기적 확장 국면이 계속될 때는 금리, 결제의 속도, 상품가격의 수준이 모두 상승한다. 유가증권이나 부동산을 '외부자'가 매입한다는 것은 내부자들, 즉 이 자산을 이전에 매수했거나 소유하고 있던 사람들이 그 유가증권과 부동산을 매도하고 얼마간의 차익을 실현한다는 것을 의미한다. 일부 내부자들이 이익을 취하고 매도한다; 실제로 시장의 신규 진입자가 매수자일 경우 내부자는 반드시 매도자가 돼야 한다. 거래의 매

순간마다 신규 투자자나 외부자들이 실행하는 부동산이나 주식의 매수는 내부자들의 매도와 일치할 수밖에 없다. 1928년 당시 뉴욕증권거래소의 상장 주식 시가총액은 연 36%나 증가했고, 1929년의 첫 8개월 동안에는 53% 증가했다. 1998년에도 나스닥시장의 상장 주식 시가총액은 연 42% 증가했고, 그 후 15개월 동안에는 연 101%의 속도로 증가했다. 투자자들은 열차가 정거장을 떠나 속도를 올리기 전에 열차에 올라타려고 몰려든다. 외부자들의 매수 열망이 내부자들의 매도 욕구보다 강하면 해당 자산이나 유가증권의 가격은 상승 행진을 계속한다. 반대로 매도자들의 욕구가 매수자들보다 강해지면 가격은 떨어지게 된다.

매수 세력의 의욕이 약해지고 매도 세력의 의욕이 강해지면, '금융불안'이라는 불안정한 시기가 뒤따른다; '금융불안'은 기업 금융에서 쓰이는 용어로 기업이 채무 원리금 상환을 지킬 수 없는 사태를 의미한다. 경제 전반에 적용하면 기업과 개인투자자들 모두 지금은 유동성 비중을 늘려야 하는, 즉 부동산이나 주식 보유 물량을 줄이고 현금 보유액을 늘려야 할 때라고 인식하는 사태를 나타낸다. 상품과 유가증권의 가격이 급격하게 떨어질 수 있다. 자산가격이 급락해 자산 매입을 위해 빌린 차입금보다 더 낮은 수준으로 하락하면 차입금 의존도가 높은 일부 투자자들이 파산하는 일이 벌어질 수 있다. 일부 투자자들은 가격 하락이 일시적이며 딸꾹질처럼 잠시 나타나는 현상이라는 믿음으로, 가격이 하락해도 자산을 계속 보유한다. 유가증권의 가격 상승이 재개될 수도 있다; 1990년대 내내 일본의 주가는 하락 추세였지만, 이 기간 동안 주가가 직전 저점보다 20% 넘게 상승하는 '약세장 랠리(bear market rally)'가 여섯 번이나 있었다. 그러나 이 때마다 주가가 더 이상 떨어질 수 없는 바닥까지 왔다고 판단한 일부 투자자들은 남들보다 먼저 주식을 사려고 나섰다.

그러나 가격 하락이 계속되면 가격이 오를 것 같지 않다는 인식이 퍼져 가격이 더 떨어지기 전에 매도해야겠다고 생각하는 투자자들이 늘어난다; 어떤 경우에는 이런 인식이 점진적으로, 또 어떤 경우에는 급작스럽게 나타난다. 실물 자산이나 장기 금융증권에서 빠져나와 현금으로 전환하려는 투자자들의 경주가 대대적인 쇄도로 나타나기도 한다.

위기를 격발하는 특수한 신호로서 은행이나 기업의 파산, 부정직한 수단을 통해 곤란에서 벗어나려 했던 어느 투자자의 사기나 횡령, 혹은 상품가격이나 주가의 가파른 하락이 등장할 수 있다. 쇄도가 시작된다. 가격은 하락하고 파산이 늘어난다. 청산 과정에 질서가 유지될 때도 있지만, 비교적 소수의 투자자들만 정점의 최고가에서 심각하게 폭락하지 않은 가격으로 매도할 수 있다는 인식이 확산됨에 따라 이런 청산 과정은 패닉으로 악화되기도 한다. 19세기에는 이 같은 행태를 '급반전'이라는 용어로 표현했다. 상품 또는 유가증권을 담보로 대출하는 은행의 조심스러움이 확연히 커진다. 19세기 초 이런 상황은 '신용경색'으로 일컬어졌다.

'과잉거래' '급반전' '신용경색'이라는 용어들은 골동품 같은 냄새를 풍기지만, 투자자들의 낙관론이 퇴색하는 과정을 시각적 도표처럼 잘 전달해준다.

급반전과 신용경색은 "출입구 폐쇄 공포(Torschlusspanik; door-shut-panic)"라는 독일인들의 표현처럼 육중한 출입문이 철커덕 닫혀버리기 전에 빠져나가려는 투자자들이 쇄도하면서 패닉으로 치달을 수 있다. 패닉은 스스로를 먹고 자라는 양상으로 번져간다; 투자자들이 정말로 너무나 값이 떨어진 저유동성 자산을 다시 매수하고픈 충동을 느낄 만큼 가격이 큰 폭으로 하락하거나, 가격하락 제한폭의 설정과 거래소의 폐쇄 같은 수단을 통해 해당 자산의 거래를 중단시키거나, 혹은 지원에 나서는 궁극적 대여자가 현금 수요의 해소에 필요한 만큼 자금을 충분히 공급할 것이므로 유동성 부족으로 인한 자산가격의 추가적인 하락은 없을 것이라고 투자자들이 확신하는 시점에 도달할 때까지 패닉 상태는 계속된다. 유동성 수요는 사람들이 현금을 마련할 수 있다고 믿는 것만으로도 줄어들 수 있기 때문에, 투입된 지원 자금을 크게 늘리지 않아도 신뢰는 회복될 수 있다.

 패닉을 예방하고 부동산과 주식 가격의 폭락을 막기 위해 궁극적 대여자가 유동성을 공급해야 하는가라는 문제에 대한 폭넓은 논쟁이 이루어졌다. 궁극적 대여자의 유동성 지원에 반대하는 사람들은 그런 신용지원이 이루어질 것이라는 인식이 투기를 부채질할 것이라고 지적한다. 반면 궁극적 대여자의 필요성을 주장하는 사람들은 미래의 또 다른 위기를 걱정하는 것보다 우선 목전의 위기 대처가 중요하며, 현재의 유동성 위기가 채무상환 불능 위기로 번질 개연성을 줄이는 게 더 필요하다고 주장한다. 일국 차원의 위기에서는 정부나 중앙은행이 궁극적 대여자 역할을 수행할 책임이 있다. 그러나 국제적인 차원에서는 세계 정부도 없을 뿐만 아니라, 궁극적 대여자로서의 기능에 적합한 조건을 갖춘 세계의 중앙은행도 없다. 국제통화기금(IMF)은 그 설립자들이 기대한 궁극적 대여자로서의 역할을 충족시키지 못하고 있다.

모델의 타당성

민스키 모델에 대한 세 가지 유형의 반론이 제기됐다. 첫 번째 반론은 각각의 위기는 고유하기 때문에 일반적인 모델은 적합하지 않다는 것이다. 두 번째는 이런 유형의 모델은 기업과 경제 환경의 변화로 인해 그 적합성을 잃었다는 반론이다. 세 번째는 "모든 정보는 가격에 반영돼 있기" 때문에 자산가격 거품이 발생할 가능성은 극히 낮다는—시장의 효율성을 주장하는 관점이 금융에 반복 투영된—반론이다:

이들 반론은 각각 그에 걸맞는 답변을 언급할 가치가 있다.

첫 번째 반론은 각각의 위기는 고유하며, 제반 상황 요인들이 독특하게 결합돼 나타난 산물이라는 주장이다. 혹은 경제위기들을 전부 뭉뚱그려 한 가지 부류로 보기에는 위기마다 차이가 너무 크기 때문에, 각각의 위기들은 개별적인 특징을 가지는 다양한 종류의 위기들로 구별해야 한다는 것이다. 금융위기들은 19세기 앞부분 3분의 2시기와 20세기 후미의 3분의 1시기 동안에 빈발했다. 이 시각에서는 각각의 독특한 위기는 일련의 특수한 역사적 사건들의 산물이라고 본다. 이 견해는 1848년과 1929년의 사례[5]를 중심으로 제기된 바 있으며, 이 책의 구석구석에서 언급하고 있는 개별적 위기에 대한 역사적 설명으로부터 그렇게 유추해 볼 수도 있다. 각각의 위기에는 그 자체에 고유한 개별적인 특징들이 있다: 충격의 성격, 투기의 대상, 신용 팽창의 형태, 사기범의 독창성, 급반전을 격발시킨 사건의 성격 등이 그런 것들이다. 그러나 프랑스의 격언을 하나 빌린다면, "무언가의 사물에 변화가 계속될수록 그 사물의 동질성은 더욱 강화된다." 세세한 것들은 증식하지만 구조는 유지되는 것이다.

좀더 받아들일 만한 견해는 '위기' 의 부류를 상업적, 산업적, 통화적, 재정적, 금융적(금융시장이라는 의미에서), 혹은 은행업과 관련된 부류로 구분한다든가, 국지적, 지역적, 국가적, 국제적인 것들로 나누어 보아야 한다는 생각이다. 이런 구분방식에 따른 분류법은 부지기수다. 그러나 우리의 주된 관심은 여러 가지 핵심 요소, 즉 투기, 통화 팽창, 유가증권이나 부동산, 상품의 가격 상승 및 이에 뒤따르는 가격 폭락과 현금 확보를 위한 쇄도를 동반하는 국제적 금융위기에 대한 것이므로 이 견해는 채용하지 않는다. 다만 민스키 모델을 사용함으로써 이런 위기들의 폭넓은 특징들에 대한 통찰을 얻을 수 있는지 여부는 검증할 것이다.

두 번째 반론은 신용 공급의 불안정성에 대한 민스키의 모델은 경제의 제도적 보강을 통해 이루어진 구조적 변화, 즉 주식회사의 성장, 거대 노동조합 및 큰 정부의 출현, 은행 업무의 현대화와 통신의 신속화 등으로 인해 그 타당성을 잃었다는 주장이다. 1980년대 초 멕시코, 브라질, 아르헨티나 외에 10개국이 넘는 개발도상국에서 발생한 금융 대란은 민스키 모델에 부합한다; 이들 국가의 대외채무는 차입 금리보다 훨씬 빠른 속도로 늘어나, 이들 차입자는 약정 일정에 따른 이자 지급에 필요한 현금 전액을 대여자들로부터 얻는 형국이었다. 1980년대 후반 일본의 부동산가격과 주가 거품, 이어진 자산가격 붕괴는 주가와 부동산가격의 연간 상승률이 이들 자산의 매입 자금을 조달하기 위해 빌린 차입금의 금리보다 서너 배 더 높았다는 점에서 민스키 모델과 부합한다. 태국과 홍콩, 인도네시아에 이어 러시아에서 일어난 호황과 경기냉각도 이와 동일한 유형의 현금흐름을 보여준다.

세 번째 반론은 시장가격은 항상 경제적 펀더멘털을 반영하므로 거품은 존재할 수 없고, 자산가격의 급락은 보통 정부나 중앙은행의 '정책 전환'의 결과로 나타나는 현상이라는 주장이다. 이런 입장을 취하는 사람들은 소위 거품이란 군중심리에 따른 집단행동이나 되먹임의 강화, 혹은 편승 효과(bandwagon effects-귀가 얇은 추종자들이 영리한 내부자들을 추종하는 현상)의 결과로 보인다고 지적한다. 이들은 민스키 이론이 고려하지 못하고 있는 무언가가 작동하고 있으며, 따라서 이 모델의 "대상 설정이 잘못되었고", 추가적인 연구가 필요하다고 주장한다.[6] 이렇게 믿고 있는 사람들이 경시한 몇 가지 연구 결과가 이 책에서 제시된다.

민스키 모델에 대한 보다 그럴듯한 공격은 이 모델이 19세기 중엽 이전에는 합당했지만, 제도적 환경의 변화로 인해 그 후로는 타당성을 잃었다고 주장한 앨빈 한센(Alvin Hansen)에 의해 제기됐다.

시장의 불확실성과 상품투기, '과잉거래', 은행 여신의 과잉, 거래자와 상인들의 심리에 기반하는 이론들은 근대 자본주의 초기의 '중상주의적' 단계, 즉 상업적인 단계에서는 합당하게 들어맞았다. 그러나 19세기가 지나면서 높은 투자수익률을 추구하는 자금의 대부분은 거대 산업자본가들에게로 흘러 들어갔다; 저축과 투자의 상호작용이 그 매개 역할을 했다.[7]

한센은 경기순환과 특히 만성적인 높은 실업률을 연구대상으로 하는 케인즈 모델의 주된 논객이었다. 그는 경기순환을 설명하면서 케인즈 모델과는 다른 방식으로 경제활동 수준의 변동을 설명하려는 요인들의 중요성을 평가절하하고자 했다. 한센의 지적은 저축과 투자의 관계가 가지는 중요성을 강조한 것이지만, 그렇다고 신용 공급의 변동이 유가증권의 가격과 경제활동 수준에 중요한 영향을 미칠 수 있다는 견해를 폐기해야 하는 것은 아니다.

모델의 현대적 의의

민스키 모델은 외환시장에 적절하게 적용할 수 있다. 특히 각국 통화의 '오버슈팅'이나 '언더슈팅'으로 인해 통화가치가 과대평가(overvaluation)

되거나 과소평가(undervaluation)되는 시기에 유용하다. 중앙은행의 적극적인 시장개입에도 불구하고, 외환시장에서의 각국 통화가치의 변동은 장기균형 가치에 비해 큰 폭으로 출렁거렸다. 투기적인 외환 거래로 인해 일부 기업과 은행들은 거액의 손실을 입은 반면 일부 투자기관은 막대한 이익을 챙기기도 했다.[8]

멕시코와 브라질, 아르헨티나를 비롯한 개발도상국의 대외채무가 1972년 1250억 달러에서 1982년 8000억 달러로 늘어난 사실을 생각해 보자. 이들 나라에 대한 은행 여신은 연 30%의 속도로 증가했고, 이들 나라의 대외채무 총액은 연 20%씩 늘어났다. 은행 여신은 통상 만기 8년에, 런던 은행간 대출금리인 리보(LIBOR)에 가산금리가 붙는 변동금리 조건이었다. 이 기간 동안 금리는 상승 추세였지만, 평균 금리는 대체로 8% 수준이었다. 당시 채무국들은 신규 대출로 유입되는 현금이 그들의 대출잔고에 대한 이자 지급액을 훨씬 능가하는 규모였기 때문에, 약정 일정에 따른 원리금 상환에 어떤 부담이나 고충도 겪지 않았다.

해외로부터의 자금 유입은 자본 수입국 통화의 실질 외환가치 상승을 가져온다. 이것은 자본 수입국의 무역수지 및 경상수지 적자의 증가가 자본수지 흑자의 증가와 어느 정도 맞아떨어지기 위해 불가피한 것이다. 그러나 미래의 어느 시점이 되면, 신규 대출을 통한 현금 유입액이 대출잔고에 대한 이자 지급액을 하회하게 될 것이고, 그 시점에는 채무국들의 통화가치도 떨어질 것이다; 자본 유입의 감소와 맞물려 이들 채무국이 해외 채권자들에게 이자를 지불하는 데 필요한 현금의 일부를 확보하기 위해서는 무역수지 및 경상수지 흑자가 필요해진다. 그런데 이들 채무국의 대다수는 대여자들이 신규 대출을 중단하자 채무 불이행 상태에 빠졌다. 대여자들이 이들의 채무 불이행으로 인해 부담한 비용은 대출금액을 2500억 달러 삭감해준 것인데, 이것은 사실상 금리를 인하해준 것이나 마찬가지였다. 대여자들은 그 이전까지 "우리가 채무국들에게 신규 대출의 형태로 현금을 공급하지 않는다면, 이들은 이자를 지불하기 위한 현금을 어디에서 마련할 것인가?"라는 질문을 던지지 않았다.

1980년대 기간 중 일본의 부동산 가격은 10배 상승했고, 주가는 지수마다 차이는 있지만 6~7배 상승했다. 1980년대 후반 일본은 전후 최고의 경기붐을 만끽했다. 부동산 투자자들이 벌어들인 수익률은 대략 연 30%에 달했다. 기업들은 부동산 투자수익률이 철강이나 자동차, 혹은 TV 제조에서 얻는 수익률보다 훨씬 높다는 사실을 알자 은행 차입금을 이용한 거액의 부동산 투자자로 변신했다. 부동산가격은 임대료보다 몇 배나 빠른 속도로 상승했다. 그러나 어느 단계에 이르자 순(純) 임대소득이 부동산 매입에 동원된 차입금의 이자 지급액에도 못 미치는 수준으로 떨어졌다. 차입자들이 '네거티브 캐리(negative carry)'† 상태에 빠진 것이다. 이제 차입자들이 이자를 내기 위한 자금을 마련할 수 있는 방법은 보유 중인 부동산의 일부를 담보로 차입금을 늘리는 것이다. 그러나 1990년대 초 일본은행의 신임 총재는 부동산 담보 대출이 은행의 대출 총액에서 차지하는 비중을 규제함으로써 신규 부동산 대출을 제한했다. 은행의 부동산 대출 증가율이 연 30%에서 5~6%로 줄어들자, 차입금에

---

† [역주] 어의적으로, 임의의 자산을 보유하는-즉, '재고로 끌고 가는(carry)'-것이 '손실을 초래(negative)'하는 상황을 가리킨다; 일반적으로 보유 중인 유형자산이나 유가증권에서 발생하는 투자소득(금리소득)이 해당 자산이나 유가증권의 매입을 위해 조달한 차입금의 이자비용보다 적어 손실이 발생하는 상황을 말하며, 전자가 후자보다 큰 경우는 포지티브 캐리(positive carry)라고 한다. 네거티브 캐리에서 탈출해 수지 균형을 맞추려면, 해당 자산이나 유가증권을 매수 가격보다-적어도 보유기간 동안 누적된 손실액만큼-높은 가격으로 팔 수 있어야 한다.

대한 이자 지급을 위해 신규 대출이 필요했던 기업과 투자자들 가운데 일부는 돈을 마련할 길이 없게 됐다. 이들이 부동산을 매도하면서 거품이 붕괴하기 시작했다.

현재 미국이 처해 있는 국제금융상의 위치는 1970년대 멕시코, 브라질, 아르헨티나와 유사하다. 당시 이들 나라의 경상수지 적자는 지속 불가능할 정도였고, 해외 채권자들에게 지급해야 할 이자를 다시 해외 채권자들에게서 빌려서 갚았다. 이것이 함의하는 바는 미국의 국제수지 상태가 이대로 지속될 수 없다는 것이다.

이 책은 금융의 역사에 대한 연구이지 경제 예측에 대한 것은 아니다. 투자자들은 과거의 경험으로부터 얻어야 할 것을 배우지 않은 것 같다.

3 Speculative Manias
투기적 광기

시장의 합리성

본 장의 제목, 투기적 광기에 쓰인 '광기(mania)'라는 단어는 합리성과의 단절, 뭔가 집단 히스테리에 가까운 상태를 암시한다. 경제의 역사를 돌아보면 운하 광기, 철도 광기, 주식회사 광기, 부동산 광기, 주가 광기 등을 쉽게 발견할 수 있다. 경제이론은 인간이 합리적이라는 가정에 기반을 두고 있다. 경제이론의 기저에 자리잡고 있는 이 합리성 가정은 투기적 광기와는 합치되지 않는 것으로 보인다는 점에서 서로 배치되는 두 견해는 조율돼야 한다. 이 장은 특정 자산이나 유가증권에 대한 투자자들의 수요를 중심 내용으로 다루고, 다음 장에서는 신용의 공급과 그 변동에 초점을 맞춘다.

경제모델에서 사용되는 '합리적 기대(rational expectations)' 가정은 투자자들이 미래를 투시하는 천리안의 소유자이거나 영화 『슈퍼맨

『Superman』에 나오는 크립튼(Krypton) 행성인들처럼 영안(靈眼)을 갖고 있어서, 경제변수의 변동이 가지는 장기적 함축을 항상 완벽하게 인식하고 제반 경제변수의 변동에 대응한다는 것이다. 따라서 "모든 정보는 가격에 반영돼 있다"는 속설은 어느 시장에서든 가격은 갖가지 뉴스에 즉각적이고 완벽하게 대응해 형성되기 때문에, "탁자에 남는 공돈"은 있을 수 없다는 의미다.

합리적 기대 가정과 "일정 변수들의 미래 값은 최근 시기의 값들을 연장한 것"이라는 적응 기대(adaptive expectations) 가정을 대비해 보라. 이때의 속설은 "추세는 당신의 친구"라는 것으로, 가격이 최근에 상승하고 있었다면 앞으로도 계속 상승할 것이라는 시각을 반영한다. 반면 합리적 기대 시각의 요점은 다음주나 다음달 가격에 대한 예상이 오늘의 가격을 결정한다는 것으로 미래 시점으로부터 현재를 되돌아보는 시각이다. 즉, 오늘 현물 시장에서 형성된 금의 가격은 먼 미래 시점의 금값 예상치를 보통 무위험 국채 금리로 대변되는 적절한 금리로 할인해 산출한 현재가치다. 오늘 외환시장에서 캐나다 달러로 살 수 있는 미 달러화의 가격은 캐나다 달러로 표현된 먼 미래 시점의 미 달러화 가격의 예상치를 미국과 캐나다의 금리 차이로 할인해 얻는 현재가치가 된다. 만약 정부가 소비지출이나 투자지출을 자극하기 위해 세율을 인하할 경우, 합리적 기대 관점의 결론은 이 정책이 성공하지 못한다는 것이다. 그 이유는 세율 인하로 인한 오늘의 재정적자 확대가 미래 소득에 대한 세율 인상으로 연결될 것이라는 점을 투자자들이 즉각 인식하고, 다가올 납세 청구액의 증가에 대비해 저축을 늘릴 것이기 때문이다.

투자자들이 합리적이라고 말하는 것은 무엇을 의미하는가?[1] 우선 대부분의 투자자들은 대부분의 시간 동안 합리적으로 행동한다고 가정할 수 있다. 다음으로는 모든 투자자들이 대부분의 시간 동안 합리적으로 행동한다고 가정할 수 있다. 세 번째로는 각각의 시장 참여자들이 동일한 지적 능력과 동일한 정보, 동일한 목적 및 동일한 경제 모델을 마음속에 갖고 있다고 가정할 수 있다. 마지막 네 번째로는 모든 투자자들이 항상 합리적으로 행동한다고 가정할 수 있다.

이들 각각의 가정은 투자자들이 금융시장에서 행동하는 방식에 대해 서로 다른 함축적 의미를 지닌다. 대부분의 투자자들이 대부분의 시간에 합리적으로 행동한다는 가정은 모든 투자자들이 항상 합리적으로 행동한다는 가정보다 동의를 구하기가 더 쉽다. 어느 투자자라도 전혀 합리적이지 않다고 주장하는 한 극단과 모든 투자가들이 항상 합리적이라고 주장하는 다른 극단의 중간 지점으로 논의가 모이는 경우가 많다. 해리 존슨(Harry G. Johnson)은 국제적인 통화 개혁의 문제에 대한 구세대 경제학자 그룹과 신세대 경제학자 그룹 간의 차이점을 다음과 같이 묘사했다:

> 구세대 경제학자들은 이렇게 말하는 경향이 있다. "변동환율제가 우리가 예상한 것처럼 작동하지 않잖아. 따라서 변동환율제 이론은 틀렸어. 세계가 비합리적으로 움직이므로, 우리가 다시 합리성을 확보할 수 있는 방법은 여러 나라 정부간의 협력을 통해 이루어지는 모종의 고정환율제로 돌아가는 것이야." 반면 신세대 그룹의 경제학자들은 이렇게 말한다. "변동환율제는 다른 대부분의 시장과 마찬가지로 합리적으로 작동하기를 기대해야 하는 시스템이지만, 만약 우리 기준으로 볼 때 합리적으로 작동하지 않는 것처럼 보인다면 변동환율제가 이렇게 움직여야 한다는 우리의 이해에 결점이 있을지도 몰라. 따라서 우리가 제대로 이해하려면 합리적 극대화 행동 이론과 그 경험적 결과에 대해 더욱 열심히 공부해야만 해." 이 후자의 접근 자세가 지금 확산되고 있고 신세대 네트워크를 매개로 지적인 세력을 강화하고 있는 방식이다.[2]

합리성이란 결국 세계가 실제로 작동했던 방식에 대한 묘사라기보다 세계가 따라야 하는 작동 방식에 대한 선험적인 가정이다. 투자자들이 장기적으로 합리적이라는 가정은 유용한 가설이다. 왜냐하면 시장의 가격 변동에 대한 이해를 분명히 해주기 때문이다; 칼 포퍼(Karl Popper)의 표현을 빌면 '수태(pregnant)' 가설이다. 따라서 투자자들이 장기적으로 합리적이라고 가정하고, 이 가정에 기초해 경제 현안들을 분석하는 것은 유용한 일이다.

합리성 가정에 대한 한 가지 해석은 특정한 시장에서 형성된 오늘 현재의 가격은 한두 달 뒤는 물론 한두 해 뒤의 동일한 시장에서 형성된 가격에서 '보유 비용(costs of storage)'을 공제한 값과 일정한 관계를 가져야 한다는 것이다; 그렇지 않을 경우 상대적으로 무위험한 차익거래로 이익을 남길 수 있는 기회가 발생하기 때문이다.

라그나 넉시(Ragnar Nurkse)는 1920년대 프랑스 프랑화와 독일 마르크화의 외환가치 변동을 조사한 결과를 요약하며 외환시장에서의 투기가 시장을 균형점에서 이탈시키는 교란 작용을 한다고 언급했다. 밀튼 프리드만(Milton Friedman)은 이에 대해 균형점에서 이탈시키는 교란적 투기는 외환시장에서 생길 수 없다고 주장하면서, 그 이유로 어느 투자자라도 가격이 오를 때 매수하고 가격이 떨어질 때 매도한다면 결국 "비싸게 사서 싸게 파는 꼴"이 되므로, 그들은 지속적 손실로 인해 시장에서 퇴출당하든가 아니면 전략을 수정하게 될 것이라는 점을 들었다. 프리드만의 견해는 균형점 이탈을 유발하는 교란적 투기자들은 다윈(Darwin)식의 세계에서는 살아남을 수 없기 때문에, 그런 투기행위는 생길 수 없다는 것이다.[3] 이 주장에 대해서는 때로 일정 수의 투자자들은 손실을 초래하는 전략을 따르기도 한다는 점이 한 가지 대답이 될 것이다.

비록 그 언어가 불명확하고 과장된 점은 있다 하더라도 시장을 균형점에서 이탈시키는 교란적 투기행위에 대한 역사적 일화들이 많이 있다. 문헌에 등장하는 어구들 가운데 다음과 같은 표현들을 생각해 보라: 광기……정신 나간 땅투기……눈먼 열정……방탕한 금융잔치……광란……들끓는 투기……빨리 부자가 되려는 전염성(傳染性) 욕망……안이한 희망사항……현실을 못 본 체하는……중독된 투자자들……귀먹고 눈먼 사람들……바보들의 낙원에 사는 투자자들……헤픈 신용……과잉 신뢰……과잉투기……과잉거래……광적인 식욕……광풍……자본증식을 노린 광적인 쇄도.

페르낭 브로델(Fernand Braudel)은 15세기와 18세기 사이 유럽의 일상생활을 거론하면서 주로 소비와 관련된 문제를 다루었는데, 논의 대상을 향신료, 의상스타일, 지식 탐구, 토지 매입으로 확장할 때에는 '광풍'과 '열정'이라는 용어를 사용했다.[4]

1866년 5월의 검은 금요일에 붕괴된 런던의 금융회사 오버렌드, 거니(Overend, Gurney)의 주역들은 "영리한 바보들"로 일컬어졌다.[5] "이들이 손실을 야기한 무모하고도 어리석은 방식은 어린아이가 런던 금융가에 돈을 빌려줘도 그보다는 더 낫게 빌려주었을 것이라고 생각하게 할 정도였다"고 월터 배젓(Walter Bagehot)은 언급했다.[6]

존 클랩햄(John Clapham)이 1890년 위기에 처한 베어링 회사에 대해 이렇게 기술한 것은 특유의 영국식 어조로 과소평가된 것이다: "그들은 베어링 회사에 투자한 기업과 잠재적인 투자자들에 대해 충분히 냉정하고 현명하게 생각하지 않았으며 분별의 한계를 벗어났다."[7]

남해회사(South Sea Company) 거품에 대한 아담 스미스의 논평을 고려해 보라: "그들은 엄청난 숫자의 투자자들에게서 얻은 막대한 금액의 자본금을 갖고 있었다. 따라서 그들 사업 전반에 걸쳐 어리석고 부실한 관리와 낭비가 만연할 가능성이 있다고 마땅히 짐작할 수 있었다. 회사 임직원들의 부주의와 낭비, 부정부패가 그렇듯이, 그들이 벌인 부정직하고 무절제한 주식매도도 충분히 알려진 사실이었다."[8]

고전파 경제학자들에 의해 지적된 이 같은 논평의 대열 가운데 마지막으로 소개할 내용은 평소 절제된 표현을 사용하는 알프레드 마샬이 묘사한 것이다:

> 무모한 거래의 폐해는 언제나 그 당사자들을 넘어 확산되는 경향이 있다. 어느 은행의 신용도에 문제가 있다는 소문이 돌면 이 은행이 발행한 은행권은 모조리 교체하려고 맹렬히 몰려든다. 그들의 신뢰는 무지로 이루어졌고, 그들의 불신은 무지와 난폭함으로 이루어졌다. 이 같은 인출쇄도로 인해 순차적인 방식이었다면 충분히 인출에 응할 수 있었던 은행마저 무너지는 일이 자주 발생했다. 한 은행의 파산이 낳은 불신이 다른 은행들로 몰려들어 실제로 탄탄한 은행조차 무너뜨렸다; 목재가옥에서 발생한 불이 다른 집들로 계속 번져가다 보면, 화재 방지시설을 철저히 한 건물까지 대화재의 불길에 휩싸여 무너져버리는 양상을 연출했다.[9]

개인의 합리성, 시장의 비합리성

투기적 광기는 경우에 따라 전반적인 '비합리성', 즉 군중심리를 동반한다. 합리적인 개인들과 군중심리를 동반한 비합리적 집단 사이의 관계 형성은 복합적일 수 있다. 수많은 구분을 해 볼 수 있다. 하나의 가정은 군중심리, 즉 거의 모든 시장 참여자들이 동시에 생각을 바꾸고 '짐승의 무리'처럼 움직일 때 나타나는 일종의 '집단의식(group thinking)'이다.

이와 다른 가정으로는, 시장이 전개되는 지속적인 과정의 서로 다른 단계에서 서로 다른 개인이 시장 전개에 대한 생각을 바꾸는 것이다. 대부분의 사람들이 합리적으로 시작했지만, 조금씩 현실과 괴리되는 사람들이 서서히 늘어나다가 갈수록 빠른 속도로 증가한다. 세 번째로 생각해 볼 수는 있는 경우는 단순한 트레이더와 투자자, 투기자 각각이 속한 집단의 합리성이 서로 다르고, 자산가격이 상승함에 따라 이들 집단 가운데 히스테리에 굴복하는 사람들의 수가 늘어나는 것이다. 네 번째는 시장의 모든 참여자들이 '구성의 오류(fallacy of composition)'에 빠지는 경우로, 때로 개인들이 집단적으로 취하는 행동과 각 구성원들이 개별적으로 취하는 행동의 합이 달라진다는 견해다. 다섯 번째는 일정한 자극에 대응하는 반응의 '질'에 대해서는 합리적으로 기대하는 시장이 반응의 적합한 '양'을 추정하는 데는 실패하는 경우다. 이 경우는 자극과 반응 사이에 시간 지체가 일어날 때 특히 그렇다. 마지막으로 투자자와 개인이 잘못된 모델을 선택하거나, 결정적인 정보 한 가지를 빠뜨리거나, 그들 마음속에 암묵적으로 자리잡고 있는 모델과 합치되지 않는 정보를 무의식적으로 억압하면서 나타나는 비합리성이 존재할 수 있다. 귀가 얇고 탐욕스러운 사람들이 사기꾼에게 굴복하는 비합리성은 이 책 후반의 다른 장에서 논의한다.[10]

군중심리나 히스테리는 종종 발생하는 합리적 행동으로부터의 일탈현상으로서 엄연히 자리잡고 있다. 몇 가지 경제 모델은 스미스 집안 사람들이 존스 집안을 쫓아가려다가 소득수준 이상으로—적어도 당분간은—소비하는 현상을 초래하는 전시 효과(demonstration effect)를 부각시킨다. 또 다른 모델은 스미스 집안과 존스 집안 모두 소득이 늘 때 소비지출을 늘리지만, 소득이 줄 때는 소비지출의 축소를 기피한다는 듀젠베리 효과(Duesenberry effect)다. 정치 세계에는 유권자들이 가장 승산 있는 후보를 밀어 주는 '편승 효과(bandwagon effect)'가 있다; 다시 말해, 유권자들이 패자에게 등을 돌릴 때의 모습은 마치 "쥐들이 가라앉을 배를 버리고 탈출하는" 양상이다.(물론 배가 실제로 가라앉고 있다면 합리적인 쥐들도 떠난다.) 프랑스의 역사가 구스타브 르봉(Gustave LeBon)은 이 주제로 『군중The Crowd』을 썼다.[11] 찰스 맥케이(Charles MacKay)는 남해회사 거품을 거론하면서,[12] 1720년 8월 남해회사의 제3차 주식 청약 당시 어느 은행가가 500파운드라는 거액의 주식을 매입하며 "이 세상 사람들 모두가 미쳤다면 어느 정도는 우리도 그들을 흉내내야 한다"[13]고 말한 사례를 언급했다.

하이먼 민스키는 이 같은 비합리성의 유형 가운데 가벼운 형태를 시장의 '풍요감'에 대한 논의에서 조명했다. 꽤 오래 전에는, 과도한 낙관론에 이어 과도한 비관론이 뒤따르는 형태의 파동을 태양의 흑점[14] 혹은 금성이나 화성의 천체 이동 궤적에 연결시키기도 했다. 민스키의 이론 틀에서 이런 낙관론의 파동은 경제 시스템 안의 무언가 구조적인 요인에 가해지는 충격, 즉 투자자와 기업, 대여자로서의 은행 사이에 낙관론을 증폭시키는 작용을 하는 '변위요인'으로 시작된다. 번영은 꾸준하게 이어질 것이고, 기업이익도 늘어날 것이라는 기대에 대한 확신이 강화됨에 따라, 투자자들은 보다 위험도가 높은 주식을 매수한다. 은행은 이 같은 보다 낙관적인 환경 속에서 보다 위험도가 높은 대출을 집행한다. 확대해가는 낙관론은 투기적 광기로 진화할 때까지 자기실현적 양상으로 전개될 수 있다.

● 1970년대 금 가격의 급등

1970년 1월 1일 금의 시장가격은 온스 당 40달러에도 미치지 못했는데, 1979년 12월 31일에는 970달러에 달했다. 1934년과 1970년 사이에 금의 시장가격은 온스 당 35달러로 정해진 미국의 금 평가(平價)에 묶여 있었다. 1970년대 초부터 금과 미 달러화 간의 공식적 고리가 끊어졌고, 금은 석유, 돼지고기, 달걀과 같은 "그저 또 하나의 상품"이 되어 상품거래소에서 자유롭게 거래됐다.(물론 돼지고기나 달걀을 통화의 역사로 취급한 서적이 거의 없다는 점에서 알 수 있듯이, 금은 여타 상품들과는 매우 다른 역사를 가지고 있다.) 1970년대의 10년간은 직선적인 상승은 아니지만 가속적인 물가상승을 경험한 시기였고, 금값은 1973년 온스 당 200달러로 상승한 뒤 110달러로 하락했다가 1970년대 후반에 다시 급등했다.

"금은 인플레이션에 대한 좋은 대비책"이라는 속설이 있다; 그도 그럴 것이 400년 동안 금의 실질가격, 즉 시장의 다양한 상품 바구니로 계산되는 금의 구매력은 대체로 장기간에 걸쳐 '일정' 했기 때문이다. 그러나 1970년대에는 금값의 연간 상승률이 소비자물가의 연간 상승률을 몇 배나 초과했다. 석유, 구리, 밀, 기타 1차 원자재 대부분의 가격도 1970년대의 물가상승기에 가파른 상승세를 이어갔지만 금값은 이보다 훨씬 더 빠르게 올랐다.

1970년대 말의 어느 단계에 이르자, 금의 시장가격은 값이 오르기 때문에 상승세를 이어갔다. 투자자들은 월요일과 화요일 간의 가격 상승을 연장해 금요일의 금값을 예측하고는, 금요일에 더 높은 가격으로 매도할 수 있으리라는 예상과 함께 수요일에 금을 매수했다. 금을 매수한 투자자들 가운데 일부는 가격 상승을 거품으로 인식했을지 모르지만, "더 대단한 바보 이론"이 작동했을 것이므로 거품이 붕괴되기 전에는 자신들이 매수한 금을 더 높은 가격에 팔아 이익을 실현할 수 있을 것이라고 예상했을 것이다.

1990년대 말 금의 시장가격은 온스 당 300달러를 약간 밑도는 수준이었다. 그리고 다시 한번 금이 인플레이션에 대한 좋은 대비책이라는 속설이 타당한 것처럼 보였다; 금값은 1900년의 시장가격에 비해 15배 상승했고, 미국 시장의 상품 바구니 가격도 이와 비슷하게 올랐다.

이 같은 들뜬 분위기의 경기 상승에 대해 대안적 관점의 설명을 제시한 민스키 이전의 두 사람은 실질금리의 지나친 하락을 강조했던 어빙 피셔와 넛 빅셀이다.[15] 경제 확장기에는 소비자물가와 금리 모두 상승하지만, 금리는 물가상승률보다 완만한 속도로 상승하기 때문에 실질금리는 하락한다. 대여자들은 '화폐착각(money illusion)'에 빠져 실질금리의 하락을 무시한다. 반면 차입자들은 실질금리의 하락을 인식하고 화폐착각에 빠지지 않는다. 합리적 투자자들은 예상 이익이 증가하고 실질금리가 하락하는 이런 환경에서 주식이나 부동산의 매수 물량을 늘린다.(피셔와 빅셀의 이론은 1970년대 명목금리와 실질금리의 변동을 효과적으로 그려내는 설명력을 갖고 있다.)

이 모델은 두 집단으로 나누어지는 시장 참여자들의 화폐착각 감염도에 체계적인 차이가 존재한다는 특수한 가정에 의존한다.

금리의 지나친 하락은 모름지기 보다 광범위한 현상-금융혁신이 유발하는 가격 책정-에 속하는 특수한 사례다. 이런 금융혁신 상품들은 처음에 보다 용이한 시장 진입을 위해 '특가품(loss leaders)'으로서 낮은 가격을 매길 수 있지만, 낮은 가격은 과잉 수요를 야기할 수도 있다. 또는 한 산업의 신규 진입자들은 기존 경쟁자들에 대항해 자신들의 시장 점유율을 늘리고자 가격을 인하함과 동시에 과도한 위험을 떠안을 수 있다. 이에 해당되는 두드러진 사례 가운데 하나는 1870년대 초 철도 회사 노던 퍼시픽(Northern Pacific)에 자금을 공급한 최후의 걸출한 은행가 제이 쿡(Jay Cooke)의 경우다.[16] 다른 사례로는 1920년대 말 지방채 시장에서의 로저스·콜드웰(Rogers Caldwell),[17] 1920년대 부동산저당증서(mortgage) 시장에서의 합중국은행(Bank of the United States)의 버나드 마커스(Bernard K. Marcus),[18] 1970년대 초 프랭클린 내셔널 뱅크의 미셸 신도나(Michele Sindona)[19] 등을 꼽을 수 있다.

투기는 보통 두 단계로 전개된다. 들뜨지 않은 첫 번째 단계에서는 가계와 기업, 투자자들은 충격에 대해 절제되고 합리적인 방식으로 대응한다; 두 번째 단계로 접어들면, 자본이득에 대한 예상이 이들의 거래를 좌우하는 지배력이 갈수록 증폭된다. "처음의 입맛은 고금리지만 이 입맛은 조만간 부차적인 것으로 변하고, 매수한 투자 대상 자체를 매도해 챙길 수 있는 큰 이득에 대한 두 번째 욕구가 생겨난다."[20] 1830년대 미국에서 투자자들은 처음에는 고가의 면화를 경작하기 위한 농지를 확대하기 위해 땅을 매입했다; 그 후 이들은 다른 사람들에게 땅을 되팔아 실현할 수 있는 예상 자본이득 때문에 땅을 샀다. 1850년대에 농민과 농장경영주 둘 다 처음에는 토지를 '소비'하다가, 곧이어 토지에 투기했다. 이들은 평소 농지 면적 당 수확량 가치의 하락에 대비하기 위해 자신이 경작할 면적보다 좀더 넓은 토지를 매입했다; 그러나 호황기로 들어서면 다소 건전한 이 원칙은 무시되고, 농장을 담보로 한 부동산저당증서를 통해 과도한 차입금을 빌려 더 많은 토지를 매입했고, 새로 매입한 토지를 담보로 다시 차입금을 얻어 토지 매입 규모를 늘림으로써, 예상되는 토지가격의 상승에서 이익을 얻으려 했다.[21] 1830년대 영국에서의 철도 사업 팽창도 두 단계로 전개됐다; 1835년 이전의 첫 단계에서 철도 건설 프로젝트들은 거품이 아니었다. 그러나 1835년 이후 두 번째 단계에서는 거품으로 변질됐다. 첫 번째 단계에서 사업 발기인들은 지방의 상공회의소, 퀘이커 교도 자본가들, 상사와 제조업체를 운영하는 랭커셔의 냉정한 사업가들에게-즉, 철도 건설에서 발생하는 이득을 기대한 자산가(資産家)들에게-주식을 팔았다. 이들은 초기에 5~10%의 불입금을 선불하고, 건설 진척에 따라 추가적인 불입금 청구에 맞춰 돈을 지불하는 조건이었다. 그런데 두 번째 단계로 접어들자, 회사 창업만을 전문적으로 일삼는 이들–대부분이 속성(速成) 이익만을 챙기는 불한당들이었다–이 뛰어들어 귀부인과 성직자까지 포함한 여러 계층의 투자자들을 현혹했다.[22] 1870년대 초 오스트리아 빈의 건물 부지에 대해서도 똑같은 국면 전환이 나타났다; 이 건물 부지들은 처음에는 건축 목적으로 매입되었지만, 나중에는 자본이득을 위해 되팔려는 목적으로 포커판의 칩처럼 매매됐다.[23] 일즈 민츠(Ilse Mintz)가 1920년대 뉴욕에서 외국 채권이 두 가지 단계를 거치며 판매된 과정을 기록한 내용에 따르면, 이 채권들은 1924년의 도즈 차관(Dawes loan)–이것으로 채권 판매 호황이 촉발된다–이전에는 건실했는데, 그 후에 부실해졌다.[24] 1970년대 초 멕시코와 브라질에 대한 대출은 차입자의 신용 상태를 현실적으로 평가한 자료에 기초했다; 그 후 은행의 의지에 따라 여신이 확대되면서, 이 자금으로 진행할 프로젝트의 질에 대한 관심은 낮아졌다.

본질적으로 목표와 과정이 뒤바뀌었고, 마침내는 목표는 사라지고 과정만 남았다. 대여자들은 이 과정에 너무 열광한 나머지, 게임의 끝내기 여건을 평가하지 못했다. 즉, 대여자들이 차입자들에게 신규 대출 형태의 현금 공급을 중단할 경우 차입자들이 이자 지급을 위한 현금을 어디서 마련할 것인가라는 질문에 대한 대답을 찾지 않았다. 정크본드 시장도 당초에는 합리적일 수 있었지만, 곧이어 정크본드의 공급 물량이 급증하고 차입자들의 신용도도 급격하게 떨어졌다.

캘리포니아 주 남부의 신축 미마감 주택 시장은 2순위 부동산저당증서(second mortgage)가 활발히 거래되는 유통시장 덕택에, 이 사람 저 사람에게 팔릴 때마다 가격 상승을 이어가다가 1981년 절정에 도달한 후, 40%의 가격 폭락과 함께 붕괴했다.[25] 1985년과 1986년에는 보스턴에 콘도미니엄 '열풍'이 불었다; 매수자들의 60%가 매입 물건을 다시 팔

목적이었는데, 1881년 시카고의 '플랫형 주택 열풍'[26] 때와 비슷한 양상으로 콘도미니엄 시장은 1988년에 갑자기 냉각됐다.[27] 유사한 호황과 급락이 2003년 시카고 아파트 시장에서 일어났다.

이 같은 2단계 분석은 두 집단으로 나누어지는 투기자들, 즉 내부자들과 외부자들을 암시한다. 내부자들은 가격을 여러 차례 견인함으로써 시장을 균형점에서 이탈시키고 나서, 최고가 내지 그 근방에서 외부자들에게 매도한다. 외부자들의 손실은 필연적으로 내부자들의 이익과 같다. 해리 존슨은 균형점을 이탈하는 방향의 투기자 각각에는 균형점으로 수렴하는 방향의 투기자가 대응함에 틀림없다고 지적했다.[28] 그러나 투기 세력으로서의 전문적 내부자들은 처음에 상승 파동과 하락 파동을 과다하게 증폭시킴으로써 균형점 이탈을 유발한다. 이 내부자들은 "추세는 내 친구"라는 마법의 주문을 따른다. 이런 투자자들은 예전에 테이프 워처(tape watcher)로 알려졌고, 보다 최근에는 '모멘텀 투자자'로 불렸다. 고점에서 매수해 저점에서 매도하는 비전문가인 외부자들은 뒤늦게 그들을 끌어들이는 풍요감의 희생자들이다. 이들은 돈을 잃고 난 뒤 앞으로 5~10년 후에 쓸 또 다른 판돈을 저축하기 위해 다시 일상의 직업으로 돌아간다.

1869년의 금 패닉(gold panic) 당시 시장을 균형점에서 이탈시키는 투기는 일어나지 않았다고 래리 위머(Larry Wimmer)가 결론짓기는 했지만, 그 증거는 제이 굴드(Jay Gould)와 짐 피스크(Jim Fisk)가 처음에 균형점 이탈을 유도하는 교란적 투기 방식으로 금값을 끌어 올린 뒤 최고가에서 매도했다는 가설과 합치된다.[29] 두 집단의 투기자들이 얻을 수 있는 정보가 달랐다. 초기 단계에서 굴드는 금 태환 수수료인 '에이지오(agio)', 즉 금 프리미엄의 인상을 통해 미 달러화 가치를 강제로 하락시키면 곡물가격을 인상시킬 수 있다는 이점에 대해 미국 정부를 설득하려고 시도했다; 반면 외부자 집단의 투기자들은 과거 경험에 기초해 미 정부가 에이지오를 인하함으로써 남북전쟁 이전의 금 평가 수준으로 달러의 금 태환을 회복시킬 것이라는 예상을 토대로 움직였다. 9월 16일 결국 외부자들은 자신들의 예상을 지워버리고 굴드의 것을 채택해, 금을 매수했고 금값은 상승했다. 굴드는 9월 22일 그의 동업자인 그랜트 대통령의 처남으로부터 외부자들의 당초 생각이 옳았으며, 그의 계획은 받아들여지지 않을 것임을 알았다; 굴드는 이 때 금을 매도했다. 외부자들은 뒤늦게 자신들이 틀렸다는 것을 알았다. 그 결과는 주가 폭락이 나타난 1869년 9월 23일의 검은 금요일이었다.

내부자들과 외부자들로 이루어지는 두 집단의 투기자들이 등장하는 또 하나의 사례는 '버킷샵(bucket shop)'이다. 미국 증권거래위원회(SEC)가 이 같은 영업 행태를 불법화한 이래 이 용어는 사실상 사라졌지만, 그 후에도 보일러샵(boiler shop)을 운영한 인물들은 그 이전 세대의 버킷샵 운영자들의 후손 격이다. 버킷샵은 여러 소설에 등장하는데, 그 고전적 광경은 크리스티나 스테드(Christina Stead)의 탁월한 소설 『모든 나라의 상회House of All Nations』에 그려져 있다.[30)] 버킷샵의 내부자들은 일반 개인들로부터 유가증권 매매 주문을 받지만, 아예 외부자들의 선택이 틀릴 것이라고 전제하고 이 주문을 실행하지 않는다. 게다가 버킷샵은-합법적이지는 않지만 수익을 방어하는 훌륭한-헤지 수단 하나를 이점으로 가지고 있다: 만약 외부자들의 거래 판단이 옳아서 "낮은 가격에 매수해 높은 가격에 매도하는" 성공적인 결과로 드러나게 되면, 버킷샵 운영자들은 종적을 감춘다. 『모든 나라의 상회』에서 줄 베르티용(Julles Bertillion)은 1934년 라트비아로 도주했는데, 요즘은 그 목적지가 브라질이나 코스타리카, 혹은 쿠바가 될 것이다.

버킷샵은 신속하고도 확실한 이익을 약속하면서 경험 없는 투자자들에게 달라붙는 보일러샵으로 진화했다. 보일러샵 운영자들은 그들 자신의 회사를 설립해 놓는다. 이들은 초기에 이 회사 주식의 거의 전부를 소유한다. 퍼스트 저지 증권(First Jersey Securities)의 로버트 브레넌(Robert Brennan)은 일련의 보일러샵들을 소유하면서 직접 운영하거나 동업자로 참여했다; 이 보일러샵의 이름은 계속 바뀌었지만 사기 수법은 항상 똑같았다. 이들은 친구들을 활용해 여러 종목의 주가를 크게 올린다; 일단 주가가 상승 곡선을 그리면, 미국 전역의 소도시에 있는 치과의사와 장의사들에게 이 주식들을 팔기 위한 전화 마케팅을 한다. 이들은 자신들이 얼마나 큰 수익을—장부 상으로—올렸느냐며 즐거워 하는 귀 얇은 투자자들에게 해당 주식의 대부분을 팔아 넘길 때까지, 매일같이 주가 상승을 관리한다. 그러나 이들로부터 주식을 매수한 투자자들 가운데 한 사람 혹은 여럿이 이익 실현을 위해 매도하려고 할 때, 이들은 매수자가 하나도 없다는 것을 알게 된다.

균형점 이탈 유형의 교란적 투기에 가담해 고점에 사서 저점에서 팔았던 외부자 사례를 하나 더 찾는다면, 왕립조폐국 장관(Master of the Mint)이자 위대한 과학자였던 아이작 뉴턴(Isaac Newton)의 이야기가 있다. 그는 1720년 봄 "나는 천체의 운동을 계산할 수는 있어도, 사람들의 광기는 계산할 수 없다"고 말한 바 있다. 뉴턴은 그해 4월 20일 보유하고 있던 남해회사 주식을 매각해 수익률 100%에 달하는 7000파운드의 이익을 실현했다. 하지만 그 뒤 그해 봄과 여름에 세상을 휩쓸아친 광기에 그도 같이 휩쓸려 더 많은 물량의 주식을 거의 최고점에서 매입해 2만 파운드의 손실을 입었다. 재정 파탄을 겪는 수많은 사람들의 비합리적 행태에 마음이 상한 그는 그렇게 말했고, 남은 생애 내내 남해(South Sea)라는 이름을 듣는 것조차 견디기 어려워 했다.[31]

그러나 내부자와 외부자를 함께 끌고 가는 풍요감에 들뜬 투기라도 – 심지어 각 참여자들의 행동이 그 자체로는 합리적으로 보이는 상황이라 하더라도 – 광기와 패닉을 초래할 수 있다. 전체가 그 구성 요소들의 총계와 달라지는 구성의 오류를 생각해 보라. 각 개인의 행동은 합리적이다.(아니, 각 개인의 행동은 그를 제외한 나머지 개인들 다수가 그와 똑같이 행동하지 않는다면 합리적일 것이다.) 만약 어떤 투자자가 시장에 진입했다가 다른 이들에 앞서 빠져 나올 수 있을 만큼 민첩하다면, 내부자들의 일반적 행태가 그런 것처럼 그는 성공할 수 있다. 존 카스웰(John Carswell)은 남해회사 거품 당시 합리적인 참여자의 모습이 어떤 것이었는지 이렇게 예시하고 있다:

> 진정한 자본가치 이상의 추가적인 상승을 바라는 것은 그저 공상일 뿐이다; 하나에 하나를 더한 것을 그 어떤 세속적 산술로 잡아 늘린다 해도 3.5를 만들지는 못한다. 결과적으로 모든 의제적 가치는 머지않아 누군가에게 손실일 수밖에 없다. 이것에 당하지 않는 유일한 방법은 일찌감치 팔아 치우는 것이다. 그리고 악마가 맨 뒤의 사람을 잡아먹도록 내버려 두라.[32]

"악마는 맨 뒤에 처진 사람을 잡아먹는 법이다(Devil take the hindmost)", "재주껏 도망쳐라(Sauve qui peut)", "맨 뒷사람이 개에 물린다(Die Letzen beissen die Runde)", 이런 말들이 패닉에 대한 처방들이다. 이와 비슷한 광경은 사람들이 들어찬 극장 안에서 불이 났다고 고함칠 때의 모습이다. 연쇄편지가 연출하는 과정도 이와 닮은꼴이다. 왜냐하면 그 연쇄고리가 무한정 확장되는 것은 불가능하고 오직 소수의 투자자들만 가격 하락이 시작되기 전에 팔 수 있기 때문이다. 한 개인의 입장에서는 연쇄 과정의 초반에 참가하면서 다른 모든 사람들도 자신들이 합리적이라고 여길 것이라고 믿는 것은 합리적인 일이다.

수요와 공급이 매 순간마다 시장에서 청산되는 경매처럼 수요와 공급이 동시에 연결되는 것이 아니라, 시간차를 두고 연결되는 초급 경제학의 표준적인 '거미집' 예시는 구성의 오류와 매우 흡사하다. '변위요인'은 상황의 변화와 지평의 확장, 기대의 변경을 일으키는 사건들로 이루어진다. 이런 경우에는 평소 합리적으로 기대하던 투자자들이 막상 다른 사람들의 유사한 대응이 발휘하는 힘을 인식하는 데는 실패한다. 물리학자나 수학자 혹은 교사가 부족하다고 알려지면 많은 젊은이들이 이런 직업을 얻기 위해 대학원에 진학하지만, 그들이 학위를 마칠 때쯤이면 이 분야에 취업하기 위해 훈련 받은 개인들의 '과잉 공급'이 발생할 수 있다. 공급이 뒤늦게 급증함에 따라 취업 기회가 갑자기 귀해진다. 그러나 과잉 공급은 학교에서의 훈련 기간이 끝난 후에야 알려진다. 커피, 설탕, 면화, 또는 다른 상품의 부족에 대응하는 과정에서도 비슷한 과잉이 나타날 수 있다. 공급 부족 초기에는 수요의 급증으로 인해 가격이 급격히 상승하지만, 그 후 오랜 동안의 투자 기간이 지나고 신규 공급 물량이 들어올 때는 더욱 가파른 양상으로 가격이 떨어진다.

광기와 패닉의 역사에는 외생적 충격이 있을 때 균형점 이탈 방향으로 작동하는 '거미집' 유형의 반응이 일어난 사례들이 즐비하다. 1808년 브라질이 영국의 새로운 상품시장으로 열리자, 과거 20년 동안 맨체스터에서 소비된 물량을 능가하는 규모의 상품이 불과 몇 주 만에 맨체스터로부터 브라질로 선적됐다. 수출 상품 가운데는 빙상 스케이트와 난방용 팬까지 들어 있어서, 클랩햄이 지적한 대로 19세기 경제학자들의 눈에는 명백한 상업적 광기의 증거로 드러났다.[33] 1820년대 스페인 식민지들의 독립은 신생 라틴아메리카 정부에 대한 차관 공여, 탄광회사 주식에 대한 투자, 그리고 이 지역을 향한 상품 수출에서 호황을 촉발했다; 이로 인한 투자 증가가 너무 지나쳐 과잉 공급을 유발했다. "수요도 갑자기 발생했고, 수요가 멈추는 것도 갑작스러운 일이었다. 그러나 너무 많은 참여자들이 수요가 계속 유지될 것인 양 행동했다."[34]

1830년대에는 거미집 방식의 출렁거림이 2년 주기로 일어났다. "상인들은 저마다 자신의 상품이 시장에 나올 시점에 다른 상인들이 들고 나올 물량을 알지 못했다."[35] 1850년대 미국에서도 캘리포니아 금광 발견 후에 똑같은 일이 벌어졌다:

> 1849년 금광이 발견된 뒤, 미국뿐만 아니라 영국에서도 횡행하던 캘리포니아의 장래성에 대한 과도할 정도의 엄청난 기대가 당시 미국의 위기로 초래된 재앙을 증폭시키고 확산시켰다는 데는 의문의 여지가 없다. 샌프란시스코로 선적되는 출하물량과 관련해 런던과 보스턴에서 여러 차례 지적된 내용은, 한 달에 보통 크기 혹은 혼합 규격의 화물선으로 6척 혹은 많아야 8척이 필요한 물량이고, 그 정도가 소비될 수 있는 물량의 전부라는 것이었다. 그런데 막상 동부 지역의 화주들은 한 달에 최대 적재량을 가득 채운 대형 선박 12~15척 분량을 보냈다.[36]

약간 지나치게 추론을 확장하자면, 포도나무뿌리진디(phylloxera)라는 해충이 프랑스에서 포도 농장을 망치고 포도주 생산에 피해를 입힌 사태가 1880년대 영국에서 양조회사 주식 발행의 붐으로 이어지는 파급효과를 낳았다; 당시 영국에서는 주식공개 광기가 불어 사설 양조회사들이 줄지어 투자자들에게 주식을 팔았다. 이들 양조회사 가운데 아서 기네스 회사(Arthur Guineess and Co.)의 주식은 170만 파운드에 인수돼 320만 파운드에 팔렸다.[37] "신규상장 주식의 성공은 쏜살같이 이루어졌고, 1890년 11월에는 다른 양조회사 86개사가 일반 투자자를 대상으로 회사 주식을 공개했다."[38]

제1차 세계대전이 끝나자 승전에 따라 석탄, 철강, 해운, 면직물 업종에서 독일 경쟁자들이 일소될 것이라는 영국 사업가들의 확신과 함께 영국에서 붐이 일어났다. 설비자산, 선박, 회사 지분, 심지어는 주택의 가격까지 상승했다. 회사들의 합병이 잇달아 이루어졌고, 대다수 합병은 거액의 신용으로 자금을 조달했다. 그 후 1920년 여름부터 석탄산업의 파업이 발생한 1921년 2분기 사이에 냉정한 현실 인식이 자리잡기 시작했다.[39]

이어지는 세 가지 사례는 합리성의 경계선에 걸쳐 있다. 첫 번째 사례는 타깃 노동자(target workers)-일정한 소득 수준에 오랫동안 익숙해져 소득이 감소해도 지출을 줄이기 어려운 사람들(동시에 일정한 노동량이나 생활수준이 고정된 목표로 굳어져서 소득의 증대도 바라지 않는 사람들-옮긴이)-에 관한 것이다. 이것은 소비 이론에서 앞서 언급한 바 있는 듀젠베리 효과다. 노동의 공급 측면에서는, 실제 작업량은 임금이 높아진다고 해서 늘어나는 것이 아니라 오히려 감소하며, 작업량을 증대시키는 방법은 단위시간 당 임금을 낮추는 것이라는 점을 시사하는 '후방굴절 공급곡선'으로 나타난다. 경제사를 다룬 책에서는 이 원리를 "존 불은 이것저것 다 참을 수 있지만 2%는 참지 못한다"는 말로 표현한다. 존 스튜어트 밀은 이것을 다음과 같이 설명했다:

비합리적 투기로 시작해 상업위기에 이르는 출렁거림은 여태까지 지켜본 바로는 자본이 성장하고 산업이 확장되면서 그 빈도가 줄어들거나 강도가 약해지지 않았다. 오히려 더 심화되었다고 말할 수 있다. 대부분의 경우 경쟁의 격화가 그 원인이라고 일컬어지고 있으나, 낮은 이익률과 이자율이 그 원인이라고 말하고 싶다. 즉, 이로 인해 자본가들이 안전한 상업 이익을 취하는 평범한 경로에 만족하지 못하게 된 것이다.[40]

왕정복고 말기와 7월왕정 초기, 즉 1826년에서 1832년 사이 프랑스에서는, "정직하게 벌지 않은 돈에 대한 프랑스인들의 불신"에도 불구하고 투기가 만연했다. 지주들은 소유 자산에 대해 2.25~3.75%의 이익을 얻었고, 산업자본가들은 그들의 고정 투자에 대해 장기금리 수준보다 2~4%포인트 높은 7~9%의 이익을 얻고자 노력했다. 원자재를 거래하는 상인과 투기자들은 20~25%의 투자수익률을 노렸다.[41] 찰스 윌슨(Charles Wilson)은 일찍이 상인에서 (무위와 탐욕으로 비판을 받는) 은행가로 업종을 전환한 네덜란드인들은 암스테르담의 금리가 2.5~3%로 떨어졌기 때문에 투기 습성을 기르게 됐다고 언급했다.[42] 1822년과 1824년, 그리고 1888년에 추진된 영국의 대규모 국채 차환으로 인한 금리 하락은 영국 투자자들이 외국 증권의 매입 물량을 확대하도록 자극했다.[43] 안드레아데스(Andréadès)는 "금리가 떨어지자, 영국의 상업 세계는 생활수준의 하락을 감내하지 못하고 그들의 일상적 사업에서 벗어나 보다 높은 이익을 찾아 나섰다. 그러다 보니 위험이 높은 사업에 뛰어들게 됐다. 투기로 파탄이 빚어졌고 결국에는 중앙은행이 떠안아야만 했다"고 지적했다.[44]

1970년대 FRB가 보다 확장적인 정책을 채택함에 따라 미 달러화 표시 유가증권의 금리가 가파르게 하락하면서, 뒤따라 제3세계에 대한 은행의 신디케이트론이 불어났다. 당시 은행들은 유동성이 매우 풍부했으며 매력적인 차입자를 찾고 있던 차에, 대부분 라틴아메리카 지역의 제3세계 정부와 국유기업들을 그 상대로 삼았다. 1960년대는 미국 주력 은행들의 국제화가 가속화한 시기로 이들은 해외 지사망을 빠르게 확장했다. 1차 원자재 가격의 급등으로 인해 멕시코와 브라질을 비롯한 개발도상국의 명목 소득과 실질 소득이 추세 성장률을 능가하는 속도로 증가했다. 1980년대 초 미국의 금리 급등에 이어 1차 원자재 가격이 급락함에 따라 개발도상국의 명목 소득과 실질 소득은 감소했다. 1차 원자재 가격의 하락이 불가피하다는 것을 당연히 미국 은행들은 예견했어야 하지 않았을까?

합리성의 경계선상에 걸쳐있는 두 번째 사례는 제반 여건에 변화가 일어날 때 무언가의 개선을 바라는 희망에서 현재의 상황을 그대로 끌고 가거나 구체적인 행동을 취하지 못하는 경우다. 대표적인 사례로 뉴욕창고증권회사(New York Warehouse and Security Company), 케니언, 콕스 회사(Kenyon, Cox & Co.), 제이쿡회사가 이들이 개입한 철도사업에 대한 대출로 인해 1873년 9월 8일과 13일, 18일에 잇달아 파산한 경우를 보자. 이들은 각각 미주리, 캔자스, 텍사스 철도와 캐나다 서던 철도, 노던 퍼시픽 철도를 운영했는데, 베를린과 빈에서 미국의 채권 매입을 중단한 상태에서는 이미 진행 중인 철도공사를 완료하는 데 필요한 자금조달 수단인 채권을 판매할 수 없었다.[45] 마찬가지로 1928년에 미국의 투자자들이 주식으로 선회하고 채권 매입을 중단하면서 독일에 대한 미국의 장기 대여가 중단되었을 때, 뉴욕의 은행과 투자회사들은 독일의 차입자들에게 단기 여신을 계속해주었다. 호랑이 등에 올라탔거나 곰의 꼬리를 붙잡고 있는 동안은-적어도 당분간은-그대로 가는 것이 합리적으로 보이는 것이다.

한 가지 빠뜨릴 수 없는 사례는 크림전쟁 기간 중 러시아를 상대로 한 상품 밀수 사업에 자금을 조달해 주던 스웨덴 은행들에게 대규모 자금을 대여했다가 곤경에 빠졌던 함부르크 은행들의 경우다; 전쟁이 끝난 뒤에도 함부르크 은행들은 이 대출을 중단하지 못했다. 이 자금은 선박과 공장, 광산을 대상으로 한 스웨덴인들의 투기자금으로 흘러 들어갔고, 결국 함부르크가 1857년의 세계적인 위기에 휘말리는 데 일조했다.[46]

합리성의 경계선상에 걸쳐있는 세 번째 사례는 머리 속에는 합리적 모델을 가지고 있다고 하지만 실제로는 잘못된 모델을 가지고 있는 경우다. 다른 분야이기는 하지만, 이에 해당하는 가장 유명한 사례는—비합리적 기대라기보다는 느끼지 못하는 지체(undistributed lag)의 사례로 여겨질 수도 있지만—프랑스인들이 가지고 있던 "마지노선(Maginot Line)의 심리"다. 폰지는 "한 사람의 시야가 어느 하나의 사물에 고정돼 있을 때 그 역시 눈먼 사람과 다를 바 없다"고 생각했다.'[47] 이와 유사한 지적으로 월터 배젓은 맬서스(Thomas Robert Malthus)에 대해 이렇게 논평했다: "파격적이고 독창적인 생각을 만들어낸 사람이라면 누구라도 그 생각을 좀처럼 없애지 못한다."[48] 1760년대에 함부르크 상인들은 7년전쟁이 끝날 때까지 상품가격의 하락으로 인한 피해를 입지 않았다; 이 때문에 나폴레옹전쟁이 한창이던 1799년에도 그들은 나폴레옹의 1798년 대륙봉쇄 체제가 뚫리면서 나타난 가격 하락에 준비돼 있지 않았다.[49] 다른 예로 프랑스 은행가들과 산업자본가들이 시도한 1888년 구리동맹(copper ring) 사례를 보자; 이들을 매료시킨 것은 남아프리카에서 성공을 거둔 다이아몬드 신디케이트와 스페인에서 성공을 거둔 로스차일드(Rothschild)의 수은(水銀) 독점 사례였고, 1880년대 초에 있었던 철강, 철제 선로, 석탄 및 설탕 시장에서의 카르텔 형성을 본본기로 삼았다.(다수의 경제학자와 분석가들은 1970년대 원유 가격을 인상한 석유수출국기구(OPEC)의 현상적 성공 사례를 그대로 적용해 성공적인 가격 담합 카르텔을 형성한다면, 사실상 거의 모든 원자재와 식품의 생산량을 줄이고 가격을 더욱 인상시키는 결과를 낳을 것이라고 가정했다.) 1890년에 이르자 프랑스의 신디케이트는 고가의 구리 6만 톤을 비축한 것에 더해 추가로 대량의 매입 계약을 보유하고 있었다; 그러나 폐쇄됐던 광산들이 생산을 재개하고, 기업들이 구리 폐기품을 이용하기 시작하자 구리 가격은 가파르게 하락했다. 1889년 구리 가격이 톤당 80파운드에서 38파운드로 폭락하자, 파리할인은행(Comptoir d'Escompte de Paris)도 함께 무너졌다; 이 은행은 마지못해 지원에 나선 파리 소재 은행들의 채무 보증과 프랑스은행의 지원금 1억4000만 프랑으로 가까스로 구제됐다.[50]

규제의 완화와 자유화 형태의 금융혁신은 종종 충격으로 작용했다. 1970년대 초 로날드 맥키넌(Ronald Mckinnon)은 '금융 억압(financial repression)'에 대한 지적인 공세를 주도했는데, 그의 주장은 개발도상국에서의 금융시장 분단이 차입자로서의 정부와 대외무역사업자, 대기업에 대한 특혜적인 대우를 낳았다는 것이다.[51] 이런 견해는 이미 시카고학파의 자유주의 교리의 영향을 받은 라틴아메리카 국가들에게 각별한 의미로 받아들여졌다. 많은 나라들이 금융 시스템의 규제완화를 추진했고, 곧이어 은행의 신설과 신용의 급팽창, 물가상승이 뒤따랐으며, 그 후에는 일부 신설 은행의 파산도 나타났다.[52] 맥키넌은 규제완화 과정의 몇몇 단계는 조심스럽게 전개돼야 한다는 것이 이들 나라에서 나타난 대혼란의 교훈이라고 느꼈다.[53]

1980년대와 1990년대 초 폴란드와 구 소비에트연방에서는 계획경제에서 시장경제로 넘어가는 이행이 신속하게 추진돼야 할 것인지, 아니면 완만하게 이루어져야 할 것인지를 둘러싼 첨예한 논쟁을 벌이며 똑같은 문제가 표면화됐다. 계획경제로부터의 이행의 성공 여부는 개인들이 앞서 사회주의 체제로 전환되기 이전에 예전의 자본주의가 가지고 있던 제도적 배경을 얼마나 기억하고 있느냐에 달려 있는 것으로 보인다. 러시아인보다는 폴란드인이 시장경제에 대한 기억을 훨씬 더 많이 가지고 있었고, 오랜 세월에 걸친 사회주의와 부패가 러시아인의 기억을 지워버렸다. 이 기억이 통제 철폐와 국가독점기업의 사유화가 추진되는 속도보다 이행의 성공에 더욱 중요하다.

> ● **찰리 폰지는 티라나에도 나타나 잘 살고 있었다**
>
> 1990년대 초 동유럽에서는 계획경제에서 시장경제로 넘어가는 이행은 금융시장 구조가 더 이상 통제되지 않음을 의미했다. 기업가들-이들 중 일부는 예전 알바니아 군부의 구성원들이었다-은 월 30%에 이르는 고수익률을 보장하는 금융기관을 창업했다. 동유럽 국가의 일반 국민은 국유은행에 거액의 현금과 예금을 예치해 둔 상태였는데, 이들 계좌에 대한 금리는 무척 낮았다. 따라서 일반 국민은 신설 금융기관들이 보장하는 높은 수익률에 끌리게 됐다. 서로 다른 여러 '은행들' 사이의 경쟁으로 보장 금리는 한동안 높게 유지됐다.
>
> 일부 알바니아 사람들은 신설 은행의 계좌에 넣을 현금을 마련하기 위해 살던 집을 팔고, 매입자에게서 집을 다시 임대해서 살았다; 왜냐하면 은행 예금에서 나오는 '이자 소득'이 똑같은 집에 살면서 지불해야 하는 임대료보다 훨씬 많았기 때문이다. 주택을 매입한 사람들 가운데는 신설 은행을 소유하고 경영하는 기업가들이 있었다. 해외로 이주한 알바니아인들은 뉴욕, 시카고, 프랑크푸르트 등지로부터 고국의 신설 은행에 예치할 자금을 티라나에 사는 친척들에게 송금했다. 어떤 알바니아 사람들은 예금에서 나오는 이자 소득이 임금보다 훨씬 높았기 때문에 일하기를 그만두기도 했다.
>
> 안타깝게도, 이것은 현실이라고 하기에는 너무나 좋았지만 결국 현실이 아니었다.

순전히 비이성적인 사례 하나는 사회가 현재의 경제 여건에 대한 제한적 타당성밖에 없는 현상적 사건에 모든 희망을 걸면서 매달리는 경우고, 또 다른 사례는 생각하고 싶지 않은 증거를 사회적으로 무시해 버리는 경우다. 1873년 5월 1일로 예정된 빈 세계박람회의 개막을 앞두고, 다수의 오스트리아 기업가들은 박람회가 경제적인 기폭제가 될 것이라고 기대하고 대대적인 투자를 벌였다; 결과적으로 이들 기업의 유동부채가 유동자산을 크게 넘어섬에 따라 이들의 재무적인 불안정 상태는 더욱 심화됐다. 세계박람회의 목적은 경제활동을 촉진시키는 것이었으므로 박람회 참관인들을 수용하기 위한 시설 투자도 대규모로 진행됐다. 은행이 공급할 수 있는 최대 한도의 신용이 동원됐다; 현물 상품, 토지, 주식, 채권 형태로 벌여놓은 자산을 다시 현금으로 전환하려는 움직임이 가동되기 시작했고, 융통어음의 연쇄망은 펼칠 수 있는 최대한으로 확장됐다. 그럼에도 불구하고 은행과 기업들은 박람회의 개막만을 기다리며 폭발 직전의 현상을 붙들고 있었다; 왜냐하면 이들은 매출이 신장되기만 하면 현재의 상황을 구제해 줄 것이라고 생각했고, 적어도 희망했기 때문이다. 드디어 박람회는 개막됐지만 매출 신장이 기대에 미치지 못하자, 5월 5일과 6일 시장은 붕괴됐다.[54]

모순되게 나타나는 증거를 무시하는 억압의 사례, 즉 인지 부조화(cognitive dissonance)의 경우로서, 1920년대 말 해외 단기 자금의 차입을 억제하지 못한 독일의 사례에 대한 바이엔(J.W. Beyen)의 분석을 고려해 보자. 그는 심지어 독일 재무장관인 샤흐트(Schacht)조차 이 위험을 인식하지 못했다고 암시하면서, "사람들의 의식이 '억압되는' 현상은 이번이 처음도 마지막도 아닐 것"이라고 부언했다.[55]

이런 사례들은 합리성 가정이 가지는 일반적인 유용성에도 불구하고, 시장 참여자 각자가 스스로 합리적으로 행동하고 있다고 믿고 있을 때조차 시장은 경우에 따라–자주 있는 경우는 아니지만–비합리적인 방식으로 행동했다는 점을 말해 준다.

변위요인†

'변위요인(displacement)'은 전망과 기대, 예상되는 수익 기회, 행동을 변화시키는 외부적 사건이나 충격으로서 "자주 기대할 수 없는 모종의 돌발적인 통지"[56]다. 석유가격의 급등은 하나의 변위요인이다. 미리 예상할 수 있는 평가절하가 대부분이기는 했지만, 어느 통화의 예기치 못한 평가절하도 또 다른 변위요인이다. 이런 충격이 경제 전망에 영향을 미치려면 충분히 커야 한다. 하루하루의 사건들은 전망에 일말의 변화를 가져오지만, 변위요인으로 작용할 만큼 그 영향이 큰 것은 많지 않다.

전쟁은 주된 변위요인이다. 어떤 위기들은 전쟁의 발발이나 종전과 동시에 일어났고, 전쟁이 일부의 예상을 빗나가는 결과로 끝났을 때도

---

†〔역주〕'displace'는 무언가의 작용 주체가 객체를 통상적인 위치에서 밀어내는 행위, 또는 그 행위를 통해 객체를 밀어내고 그 위치를 차지하는 행위를 의미한다. 'displacement'는 그런 상황이 벌어지는 사태를 가리키고, 유체역학에서는 물 위에 뜨는 일정 질량을 가진 물체가 물에 들어갈 때 밀어내는 물의 무게(배수량)를 의미하기도 한다; 한편, 정신의학적으로는 일정 조건에서의 통상적인 행동이 방해 받을 때, 당사자가 의식하지 못하는 상태에서 이 통상적인 행동이 전혀 다른 행동으로 뒤바뀌어 발현되는 사태를 가리켜 'displacement activity'(감정 전이)라는 용어가 쓰이기도 한다. 지금까지 경제 금융 관련 용어로는 적절한 역어가 없어 그냥 '외생적 충격'으로 소개한 국내 서적들이 있다. 하지만 저자가 구분하고 있듯이 'displacement'는 충격이지만, 모든 충격이 'displacement'는 아니다; 또 'displacement'는 주로 외생적이지만, 이 장에서 설명하는 것처럼 항상 외생적인 것만은 아니라는 게 저자의 생각이다. 본 역서에서는 '변위요인'이라는 역어를 택했다; 즉, 경제 시스템의 내생적 변수들(또는 그들 사이)의 통상적 위치(또는 그들의 위치 관계)에 변화를 일으키는 - '변위(變位)' - '요인'이라는 어의를 부여하여, '충격(shock)'이나 '외생적 충격(external/exogenous shock)'과 구분하고자 한다.

어느 정도의 시간이 지난 뒤 위기가 발생했다. 전쟁 발발 시점의 위기로는 1914년 8월 위기가 가장 두드러진 사례다. 전쟁 종료가 변위요인으로 작용한 사례는 1713년, 1763년, 1783년, 1816년, 1857년, 1864년, 1873년, 1920년에 발생한 위기들이다. 더욱이 전쟁이 끝난 뒤 7~10년의 긴 시간이 지나 본래 위기의 막판에 생긴 예상들이 빗나간 것으로 밝혀졌을 때 발생하는 인상적인 연쇄적 위기도 있었다; 이런 위기들에는 1720년, 1772년, 1792년, 1825년, 1873년(미국 남북전쟁과 결부될 경우), 1929년의 위기들이 포함된다.

파장이 큰 정치적 변화도 시스템을 흔들어 사람들의 기대에 변화를 야기할 수 있다. 1688년의 명예혁명은 회사 설립의 팽창을 가져 왔다. 1695년 당시 자본금 규모를 모두 합쳐 450만 파운드에 달하는 140개 주식회사가 설립돼 있었다. 이 중 80% 이상이 직전 7년 동안 설립된 것이었다. 1717년에는 주식회사의 총 자본금 규모가 2100만 파운드에 달했다.[57] 1720년 7월 거품규제법(Bubble Act)으로 인해 의회의 명시적인 승인이 없는 주식회사의 신규 설립이 금지됐고, 이 규제는 1856년까지 계속됐다. 이 규제를 남해회사 투기를 억제하기 위한 대응으로 해석하는 것이 통상적인 견해지만, 카스웰은 남해회사의 거품이 팽창하면서 그 발기인들이 강렬히 필요로 하던 현금을 빼앗아 갈 수 있는 경쟁회사의 설립을 왕과 의회가 억누르기 위해 취한 남해회사 후원 조치였다고 주장하고 있다.[58]

나폴레옹전쟁에 수반된 제반 사건들과 함께 프랑스혁명, 공포정치, 집정관정부, 통령정부, 제1제정으로 이어지는 사건들은 1792~93년과 1797년에 대대적인 정화(正貨)의 이동을 촉발했고, 영국과 그 식민지의 상품들에게 유럽 및 다른 지역의 시장을 열어주기도 하고 폐쇄하기도

했다. 이에 버금가는 프랑스에서의 정치적 사건들은 왕정복고(1815년), 7월왕정(1830년), 1848년 2월혁명, 제2제정(1852년)이었다. 1857년 5월 인도에서 일어난 세포이의 난과 곧이어 발생한 힌두스탄 군사혁명은 런던 금융시장의 불안을 초래한 한 원인이 됐다.[59] 이들 사건은 일단의 영국 해군병사들이 새 국민정부가 포고한 급여 삭감에 맞서 파업 사태까지 갈 뻔했던 1931년 9월의 인버고든 소요 사태의 전례가 됐다. 이 움직임을 영국 제도권을 지탱하는 중요한 구성 요소인 해군에서 반란이 일어났다고 해석한 대륙 사람들의 반응은 영국 정부가 파운드화의 금 태환을 정지하도록 만든 한 원인으로 작용했다.[60]

전쟁, 혁명, 왕정복고, 정치체제의 변화, 반란은 대부분 시스템의 외부에서 발생한다. 이런 변위요인들에 비해 통화 및 금융상의 변위요인은 외생적인 것으로 취급하기가 좀더 어렵다. 그러나 서투른 주화 재발행, 금은 이중본위제도 아래서 금과 은의 교환비율을 조작하는 행위, 정부가 예산을 절약하기 위해 국채를 차환한 것이 갑자기 투자자들의 관심을 다른 데로 돌려버리는 사태, 모든 예상을 넘어서는 신규 차관의 성공 등은 변위요인으로 간주될 수 있다.

1619~23년에 걸쳐 횡행했던 '화폐변조시대'는 갈수록 늘어나는 영지 조폐소에서 찍어내는 가치가 저하된 주화를 가져다 화폐 단위를 조작해 농민, 소매상, 수공업자를 상대로 양화(良貨)를 악화(惡貨)로 바꿔치기한 화폐변조자들의 행태에서 나온 명칭이다. 급속히 늘어난 주화의 가치 저하는 일상 거래에서 주화가 쓸모 없게 될 때까지 영지에서 영지로 확대되었다.[61]

이보다 늦은 시기에 독일에서 있었던 두 건의 주화 재발행은 대조적인 모습을 보여준다. 1763년 프로이센의 프리드리히 2세는 7년전쟁 동안 마모돼 가치가 저하된 기존 주화와 교체할 새 주화의 주조에 쓰기 위해 암스테르담에서 신용으로 은을 매입했다. 그는 새 주화를 발행하기 전에 가치가 떨어진 옛 주화를 회수했는데, 이로 인해 디플레이션 위기와 함께 할인어음들의 유통망이 붕괴되는 사태가 촉발됐다.[62] 이로부터 100여 년 뒤에는 프랑스-프로이센 전쟁 배상금 지불 후에 독일 정부가 신규 주화를 발행했는데, 이번에는 정부의 이자 지급을 절약하려고 옛 주화를 회수하기 전에 새 주화를 유통시켰다. 3년 만에 주화 유통액이 2억 5400만 탈러(7억 6200만 마르크)에서 세 배나 늘었다. 그 결과는 인플레이션이었다.[63]

1890년 셔먼 은조례(Sherman Silver Act)가 발단이 돼 금 태환에 대한 위협으로 야기된 1893년 미국의 위기는 앞에서 언급한 바 있다. 그리고 영국에서 1822년, 1824년, 1888년, 1932년에 있었던 국채 차환 때도 마찬가지였다.(1932년의 사례는 위기에까지 이르지는 않았던 주택건설붐과 관련됐다.) 프랑스에서는 1823년을 지난 뒤에 5%의 고정금리 국채(rente)의 차환 논의가 있었는데, 당시 통화 공급량은 이미 늘어난 상태였고 투자자들이 액면가 이상의 프리미엄을 지불하면서 국채를 매입할 경우에는 금리가 더 떨어질 상황이었다. 이와 관련된 세 명의 은행가는 차환의 목적에 대한 생각이 서로 달랐다: 로스차일드는 국채를 더 많이 판매하기를 원했고, 그레퓔(Greffuhle)—그리고 우브라르(Ouvrard)—는 투자자들을 운하사업으로 끌어들이고자 했던 반면, 라핏트(Laffitte)는 산업의 발전을 뒷받침하기를 원했다. 그런데 필요한 법률 제정이 정치적인 장애물에 가로막혔고, 마침내 국채가격의 프리미엄 유지, 즉 액면가 이상의 국채가격 형성을 막아주던 시장의 의지가 무너졌다. 이로 인한 금리의 급격한 하락은 투기를 폭발시켰다.[64] 정부는 민간 자금으로 운하를 건설했고,[65] 프랑스 철도 건설의 확장을 알리는 희뿌연 불빛이 르와르, 론, 센 강가를 따라 반짝였다. 그러나 주된 투기 대상은 파리, 뮐루즈, 리용, 마르세이유, 르아브르 등 주요 도시와 그 권역의 건물들이었다.[66] 오노레 드 발자크(Honoré de Balzac)의 소설 『쎄자르 비로또César Birotteau』에는 당시의 경험이 반영돼 있다. 1830년에 쓰여진 이 소설에는 차입 자금으로 마들렌 근교의 건물 부지를 "3년 내에 실현되리라는 가격의 4분의 1가격"에 매입하는 데 현혹된 향수업자의 씁쓸한 이야기가 적혀 있다.[67]

나폴레옹전쟁과 프랑스-프로이센 전쟁, 제1차 세계대전 후에 패전 배상금과 보상금 결제의 회전이 채권 발행을 통한 차관으로 성사된 사실은 앞에서 언급했다. 어떤 증권 발행이 예상을 뒤엎고 큰 배수의 초과 청약과 함께, 단기간에 청약자들에게 프리미엄을 안겨주면서 큰 성공을 거두게 되면, 차입자와 대여자, 그리고 특히 투자은행업자를 유인하게 된다. 1819년의 베어링 차관은 "영국 은행이 성사시킨 최초의 굵직한 해외 차관"[68]으로, 순식간에 프랑스, 프로이센, 오스트리아, 그리고 나중에 독립한 스페인의 구 식민지 국가들에 대한 차관 제공 목적의 채권 발행이 이어졌다. 프랑스-프로이센 전쟁의 패전 배상금 지불을 위해 발행된 띠에르 국채(Thiers rente)의 대성공은 해외 채권 발행에 목말라 있던 프랑스 은행업자들의 기대를 부풀게 했다; 이 같은 기대는 1888년 짜르 제정 러시아의 차환 채권 발행에 대한 프랑스 투자자들의 대대적인 투자로 이어졌다; 이 때 러시아 채권을 처분한 독일 투자자들은 투자 자금을 회수한 반면, 프랑스 투자자들은 1917년 러시아혁명 후에 충격이라기 보다는 울음 섞인 탄성에 가까운 큰 타격을 입었다. 1924년 도즈 차관(Dawes loan)은 미국 투자자들의 눈길을 해외 증권을 매입하는 묘미에-적어도 5년 동안은-돌리게 했다. 띠에르 국채는 14배수의 초과 청약을 기록했고, 도즈 차관은 11배수를 기록했다. 그렇지만 초과 배수의 크기보다 훨씬 더 중요했던 것은 사람들의 기대에 대한 청약 수요의 관계다. 로젠베르그(Rosenberg)는 1854년과 1855년 프랑스에서 기채된 세 건의 차관이 각각 대략 2대1(발행 공모액 2억5000만 프랑 대비 4억6800만 프랑의 청약 신청), 4대1(발행 공모액 5억 프랑 대비 21억7500만 프랑의 청약 신청), 그리고 5대1(발행 공모액 7억5000만 프랑 대비 36억5300만 프랑의 청약 신청)의 초과 청약을 기록했기 때문에 선풍적이었다고 기술했다. 그러나 1850년대 오스트리아와 독일에서 투기 바람이 한창일 때, 크레디 탄슈탈트(Credit Anstalt)의 공모 주식에는 43배수나 초과 청약했고, 사람들은 밤새 줄을 서 기다린 다음에야 청약했다; 그리고 브룬스빅(Brunswick) 은행이 1853년 5월 200만 탈러를 공모했을 때, 공모 금액의 112배수에 달하는 청약이 단 세 시간 만에 몰려들었다.[69]

앞에서 언급한 바 있듯이 최근에 발생한 주된 변위요인은 은행과 금융기관에 대한 규제 완화였다. 여기에는 다음과 같은 변화가 포함된다: 파생상품 같은 금융 혁신(파생상품은 예전에도 있었지만 미미한 규모로만 존재했다), 뮤추얼펀드와 헤지펀드(손실 위험도 있지만 새로운 부의 획득 기회를 제공한다), 부동산투자신탁(Real Estate Investment Trusts, REITs), 대출채권과 부동산저당증서를 은행에서 판매 가능한 유가증권으로 취급하도록 허용한 것, 민간기업의 기업공개(IPO) 등이다.

금융기관의 규제 완화는 1980년대, 특히 그 후반에 일본의 자산가격 거품을 초래한 주된 요인이었다. 일본의 각 은행은 자산과 예금 규모 기준의 신기록 행진에서 자신이 차지하는 위치에 대해 예민한 관심을 가지고 있었고, 각 은행은 신기록 경신의 사다리에서 더 높은 지위를 차지하고 싶어했다; 이것은 각 은행이 순위표의 상단에 위치한 은행들보다 더욱 빠른 속도로 "자신의 여신 규모를 확대해야 한다"는 것을 뜻했다.

1920년대의 기술혁명-자동차 생산의 급증, 미국 대부분 지역의 전기 보급, 전화망의 급팽창, 영화상영 극장의 증가, 라디오 방송의 시작-은 중요한 충격이었다. 투자가 급증했다. 마찬가지로 1990년대, 특히 그 후반에 중요한 정보기술(IT) 혁명이 전개됐다. 주로 샌프란시스코 만 지역에 포진한 벤처자본가들은 IT 분야의 새로운 아이디어를 가진 다수의 엔지니어들에게 자금을 조달해 주는 열정적인 금융 공급자였다. 이렇게 창업 자금을 마련한 기업들은 다음 단계로 '후순위 금융(mezzanine financing)'을 제공받았다. 그 이후 단계는 이들 기업이 메릴린치나 모건 스탠리(Morgan Stanley), 크레디트 스위스 퍼스트 보스턴(Credit Swiss First Boston) 같은 대형 투자은행 가운데 하나가 주선하는 기업공개에 들어가는 것이었다. 기업공개 시점이 되면 투자은행들은 이들 기업을 위한 일종의 순회 전시회인 '로드쇼(road show)'를 주선해, 해당 기업가들이 뮤추얼펀드와 연금기금, 그 밖의 자금운용책임자들을 방문했다. 사전 수요를 기반으로 투자은행들은 이들 기업 주식의 공모가격을 19달러나 23달러, 혹은 31달러로 정하고, 해당 기업의 발행주식 가운데 20% 정도를 일반에 판매했다. 이들 주식의 거래 개시일 종가는 공모가격의 서너 배에 달하기도 했다.

거래 개시일의 주가 '뻥튀기(pop)'는 주가가 오르기만 할 것이라는 일종의 광고였다. 1990년대 말에 신규 상장된 대다수의 주식이 거래 개시일에 큰 폭의 주가 상승을 기록했다. 이런 주가 뻥튀기는 더욱 더 많은 신규 주식의 공모를 부추겼다.

> • "다우 36000" "다우 40000" "다우 100000" *
>
> 1999년 한 해 동안 세 권의 서적이 거의 똑같은 제목으로 출판됐다. 이 책들의 주제는 거의 같았다: 금리가 낮은 수준에서 그대로 유지되고 기업 순이익이 계속 증가한다면, 다우존스 평균주가는 과거 최고 수준을 훨씬 넘어서는 신고가에 도달할 것이라는 것이었다. 그 논리는 충분히 큰 지렛대만 있다면 이 세계를 들어올릴 수 있을 것이라는 아르키메데스 원리를 어느 정도 연장한 물리학의 원리처럼 논박할 수 없는 것이었다. 장기적으로 주가의 수준은 세 가지 요인을 반영한다: GDP 성장률, GDP에서 차지하는 기업이익의 비중, 기업 순이익과 주가의 관계, 즉 주가수익비율(price-earnings ratio: PER)이다. 미국의 GDP에서 기업이익이 차지하는 비중은 장기적으로 8% 수준을 유지해왔고, 주가수익비율은 평균적으로 18을 이어왔다.
>
> 투자자들은 항상 채권 매수와 주식 매수 사이에서 선택한다. 채권 금리는 5%대가 그 평균값이었고, 이 금리의 역수로 취한 채권의 수익비율은 20이다.
>
> 다우존스 평균주가를 36000으로 예측한 사람은 주식이 채권보다 위험하지 않기 때문에 주가수익비율이 채권의 수익비율보다 훨씬 더 높아야 한다고 믿었던 것이다.
>
> ----
>
> * James K. Glassman and Kevin A. Hassett, Dow 36000: The New Strategy for Profiting from the Coming Rise in the Stock Market (Random House, 1999); David Elias, Dow 40000: Strategies for Profiting from the Greatest Bull Market in History (McGrow-Hill, 1999); Charles W. Kadlec, Dow 100000: Fact or Fiction (Prentice Hall, 1999).

투기의 대상

20세기 후반 수십 년 동안 투자자들은 주로 부동산과 주식에 투기했는데, 예전에는 투기의 대상이 보다 다양했다. 이 흐름을 유형화한 표를 부록에 제시해 두었다. 이 목록을 보면 투기 대상들이 이 책의 분석기간 초기에는 몇 가지 선호 품목에 한정돼 있었으나 시간이 흐를수록 범위를 넓혀 상품과 여러 유형자산 및 금융자산으로 변화하는 경향을 보여준다. 목록 내용은 부분적이지만 시사성이 있다.

어떤 변위요인이 자본이득, 특히 가까운 미래의 자본이득을 겨냥한 개인들의 투자를 유발하는 충격으로 이어질 가능성은 얼마나 될까?(편리하고 유익한 가정으로 한 세계를 구성하는 개인들이 대체로 합리적이라고 간주하고, 이 세계에서 시장을 균형점에서 이탈시키는 투기가 일어난다고 가정하자. 또 이 세계가 주로 자신의 시스템 외부에서 발생하는 충격에 의해 교란 작용을 받아 개인들이 자신이나 다른 사람들의 이해와 관련해 판단 오류를 범하는 사태를 유발한다고 가정하자.) 다양한 충격이 존재하지만 그 가운데 비교적 작은 비중의 충격만 투기적 광기를 야기한다.

이 때 제기되는 의문점 하나는 '과잉거래'가 위기를 초래할 만큼 충분한 수준에 도달하기 전에 부동산과 주식처럼 둘 혹은 그 이상의 거래대상이 투기에 개입될 개연성이 있는가의 여부다. 둘 혹은 그 이상의 투기 대상이 존재했던 것으로 보이는 몇 가지 경우를 살펴보자.

1720년 남해회사 거품과 미시시피 거품은 서로 관련을 맺고 있었고, 높은 수위의 투기 바람을 뒷받침해 준 두 나라에서의 통화 팽창에 의해 달아올랐다. 남해회사와 스워드 블레이드 뱅크(Sword Blade Bank)가 발행한 유가증권에서 시작된 잉글랜드에서의 투기와, 미시시피 회사와 존 로(John Law)가 만든 은행들(banques)이 발행한 유가증권에서 시작된 프랑스에서의 투기는 여타 모험적 사업과 상품 및 토지로 급속히 확산됐다; 이 시기에 등장한 모험적 사업들 가운데 다수가 사기였다. 남해회사는 경쟁관계에 있는 다른 투기들을 억누르기 위해 1720년 7월의 거품규제법을 근거로 요크빌딩(York Buildings), 루스트링스(Lustrings), 웨일즈구리(Welsh Copper)를 고소했지만, 결국 이 일로 인해 무너지게 됐다. 이 시도가 오히려 반대 방향의 역풍을 일으켰던 것이다.[70] 남해회사 주가가 최고가에 근접할 즈음 주식을 매도해 현금을 챙긴 투기자들이 은행과 보험회사 주식, 지방의 별장을 매입하면서, 전반적인 가격 상승이 유발됐고 투기의 대상도 확산되는 현상이 나타났다.[71] 여러 시장이 매우 긴밀히 연결되어 있었기 때문에, 얼마 지나지 않아 토지가격이 남해회사 거품의 시세에 따라 같이 움직이기 시작했다.[72] 프랑스에서는 투기자들이 미시시피 거품에서 이익을 실현하기 시작하면서, 1719년 가을 토지가격이 상승했다.[73]

1763년의 호황을 가져온 유일한 토대는 정부의 전비 지출과 어음할인망을 통한 전비자금 조달이었다. 드뇌프빌 형제(DeNeufville Brothers)는 "여타 수많은 네덜란드 회사들과 마찬가지로 상품, 선박, 유가증권"[74]을 거래하면서 고작 수천 길더의 현금 준비금으로 수십 만 플로린(길더의 비공식적 통화 명칭-옮긴이)에 달하는 어음 발행 채무를 가지고 있었다. 드뇌프빌 형제의 파산은 패닉을 불러왔고, 건초(乾草)의 부족과 함께 육류, 버터, 치즈의 결핍을 초래한 1762년 잉글랜드의 심각한 가뭄도 경기의 하락 반전에 가세한 하나의 원인이 됐던 것으로 보인다.[75]

1772년 위기는 암스테르담과 런던에서 발생한 동인도회사(East India Company) 주식 투기와 에이어 뱅크(Ayr Bank: 더글라스, 헤론 회사(Douglas, Heron & Co.)의 다른 명칭)의 붕괴로 인해 촉발됐다. 이 위기에는 다음과 같은 수많은 세부 요인들이 결부됐다: 동인도회사의 정치적 실패와 영란은행의 동인도회사에 대한 신용 제한, 인수어음의 만기 결제를 런던의 차입금에 의존하는 신설 에이어 뱅크(기존 은행들의 부실 채권을 떠안고 출발했다)의 무모한 관행, 동인도회사 주식을 매각할 때 매도 시점을 잘못 선택해 자기 회사의 자금을 날린 알렉산더 포디스(Alexander Fordyce)

가 1772년 7월에 도주한 사건 등이다. 동인도회사 주식이 그해 가을 본격적으로 하락하기 시작하자, 주가 띄우기 신디케이트를 이끌던 네덜란드의 은행 클리포드 회사(Clifford & Co.)가 파산했다. 그렇지만 이런 현상들은 피상적인 것으로 보인다. 영국에서 벌어진 주택, 유료도로, 운하 및 각종 사회간접자본시설에 대한 막대한 투자로 인해 재원 확보에 부담이 생기면서 신용이 과다하게 풀렸다.[76] 1770년에 시작된 커피가격의 하락을 1772~73년의 금융위기와 연결시키는 자료가 하나 있기는 하지만,[77] 이 점은 표준적인 자료 출처인 윌슨의 자료나 애쉬튼, 클랩햄, 부이스트의 자료에서도 언급되지 않은 사항이다.[78]

1793년에는 흉작 외에도 영국으로 들어오는 자금 유입을 자극한 여러 가지 원인들-지방은행, 운하, 프랑스의 공포정치-이 있었다. 1799년에는 대륙봉쇄의 강화와 완화라는 한 가지 원인이 있었다. 반대로 1809~10년 위기에 대해서는 "두 가지의 별개 원인, 즉 남아메리카 지역의 투기에 따른 반작용과 한때 완화되었다가 다시 강화된 대륙봉쇄"[79]가 있었다는 지적이다. 1815~16년에는 나폴레옹전쟁이 끝나면서 공급 여력을 넘어서는 규모로 대륙과 미국에 대한 수출 호황이 있었고, 밀가격의 하락이 있었다. 1825년에는 운하와 남아메리카 정부 국채, 광산이 동시에 투기 대상이 되었다; 1830년대 중반의 위기는 영국의 수출품, 면화, 미국의 토지 매각, 철도 광기의 시작이 원인이 되었다. 1847년 위기의 원인으로는 철도 광기, 감자 병충해, 한 해의 밀 흉작과 다음 해의 밀 풍작이 있었고, 위기에 이어서 유럽의 1848년 2월혁명이 일어났다.

위기다운 위기의 대부분에는 적어도 두 개의 투기 대상과 두 개의 시장이 개입된 셈이다. 여러 나라의 시장이 연결돼 있었던 것과 마찬가지로, 투기도 그 기저의 신용 여건에 의해 서로 관련을 맺는 모습이었다. 그러나 1847년 위기처럼 철도와 밀 같이 서로 이질적인 투기 대상에서 위기가 일어날 경우에는, 위기의 배경에 통화와 관련된 체계적인 취약 요인이 존재하지 않는 한, 위기의 발단이 우발적이라고 생각할 만한 어느 정도의 근거가 있다.

일본과 아시아 국가들에서는 부동산과 주식 거품이 동시에 발생하는 경우가 일반적이었다. 특히 규모가 작은 일부 국가에서는 부동산회사의 시장가치가 주식시장의 시가총액에서 상대적으로 높은 비중을 차지한다. 부동산가격이 오르면 부동산회사가 소유하는 자산의 가치가 증가하며 부동산회사의 시장가치 역시 상승하기 쉽다. 부동산회사의 주식을 매도한 투자자들은 투자할 수 있는 현금 여력을 확보한 상태이므로, 이 자금의 상당 부분이 부동산과는 다른 업종의 기업 주식에 투자될 가능성이 높다. 더욱이 부동산가격이 상승할 때는 건설 업종도 호황을 맞을 가능성이 높고 건설회사의 시장가치도 상승하기 쉽다. 부동산가격의 상승이 이어질 때는 은행의 대출손실이－부동산 담보 가치의 상승에 따른 방어 효과로－추세 이하로 떨어질 확률이 높다. 또한 부동산과 주식의 친화 관계를 감안할 때, 부동산가격이 하락하면 주가도 하락하기 쉽다.

투기적 기질의 국가별 차이

어느 나라의 투자자들이 다른 나라의 투자자들보다 투기 성향이 더 높다는 의견이 있다. 루스 베네딕트(Ruth Benedict)는 아폴론적(균형 잡힌) 기질의 문화와 디오니소스적(향락적) 기질의 문화를 구분하기는 했지만,[80] 이 명제는 다소 미심쩍은 구석이 많다. 미심쩍은 구석에도 불구하고, 역사가들 사이에는 16세기 브라반트인(Brabanters)†은 강한 도박 기질을 가지고 있었으며, 1576년 11월의 안트워프 약탈과 1586년의 파괴적인 포위 후에 그들 가운데 유나이티드 프로빈스(지금의 네덜란드)로 이주한 수만 명이 그 기질도 함께 가져갔다는 생각이 일반적인 것으로 보인다.[81] 네덜란드에서는 은행가, 투기자, 심지어 평범한 서민들도 도박 본능을 가지고 있으며, 캘빈교와 루터교의 근검절약과는 갈등 관계에 있다고 할 정도였다.[82] 하지만 같은 은행 제도라도 어느 나라가 다른 나라보다 투기에 더 많은 활동공간을 만들어 준다는 생각에는 무언가 실체가 있어 보인다. 예를 들어 쥐글라는 존 로 사태 이후 프랑스에서는 신용의 사용도 적었고 남용도 적었기 때문에, 18세기에 발생한 프랑스에서의 위기는 영국의 위기보다 그 돌발성이나 혹독함의 정도가 덜했다고 주장하고 있다.[83] 또 다른 견해는 프랑스의 이런 경험이 엄격한 파산법에 연유하는 것으로 보고 있다:

> 법률과 제도적 기관들의 교육적 효력에 의해서든, 아니면 전통에 의해서든 프랑스에서는 높은 수준의 상도덕(business honesty)이 자리잡고 있다. 아버지가 진 빚을 갚기 위해 아들이 수 년 동안 고생해서 일한다든가, 개인적으로 연루되지 않았음에도 불구하고 공증인이라는 직종의 명예를 위해 그들 중 하나가 저지른 횡령 자금을 다른 공증인들이 지불하는 관행은 사업상의 책임에도 부합하는 하나의 표준을 예시하는 것이며, 이것이 한 나라 국민의 물질적 번영에 미치는 영향이 없을 리 없다. 전쟁에서 돌격 잘하기로 유명한 병사들을 기른 나라가 생존의 방법 자체가 보수주의의 화신이라고 할 수 있는 금융업자와 사업가들도 구비하고 있다는 것이 놀라운 일일지도 모르지만, 이것은 분명히 사실이다.

---

† [역주] 브라반트(Brabant)는 예전의 한 공국으로 지금은 네덜란드와 벨기에로 나뉘어 있다.

위와 같이 언급한 저자는 곧이어 "잉글랜드는 모험과 투기 정신이 위기와 침체를 촉진하는 데 가장 큰 활약을 한 나라"라고 덧붙였다.[84]

한 역사가는 광산 개발과 양 방목이 도박에 대한 애착을 낳은 한 원인이 되었고, 호주인들은 1851~52년 금광을 발견하면서 도박에 각별한 애착을 갖기 시작해 이것이 결국 경마나 땅투기로 표출됐다는 생각을 제시한 적이 있다.[85]

살쾡이 은행(wildcat bank; 1863년의 은행법 제정 이전에 은행권을 남발한 은행, 주로 미국 중북부 미시간 주를 중심으로 후미진 마을에 많이 들어서서 생긴 말이다-옮긴이) 탓인지 미국이 "상업 및 금융 패닉의 고전적인 본고장"이라는 것이 공통된 견해다.[86] 이 점은 1830년대에 미셸 슈발리에(Michel Chevalier)가 프랑스인의 절도를 미국인의 투기와 대비할 때 지적된 바 있다.(그럼에도 불구하고 슈발리에는 운하, 철도, 도로, 공장, 마을을 만들어내는 데 미국인의 투기가 자극제가 되었다고 믿었다.)[87] 프랑스로 보내는 슈발리에의 25번째 미국발 편지는 전적으로 투기에 대해 거론하고 있다: "온 세상이 투기하고 있고, 모든 것에 투기하고 있다. 메인 주에서 (아칸소의) 레드리버에 이르기까지 미국은 거대한 깽깡뿌아 거리(Rue Quincampoix: 프랑스의 미시시피 거품 당시 월 스트리트 격의 중심지)로 변했다."[88] 투기의 근원은 부분적으로 관용적인 제도에 있다. 그러나 미국에 못지 않게 다른 나라들의 경우도 투기의 수요 측면에 대한 서로 모순되는 견해들이 흔하게 발견된다. "프랑스 국민은 신중하고 근검하며, 영국 국민은 진취적이고 투기적이다."[89] "프랑스는 스코틀랜드에 버금가는 신중함의 증거를 보여주지 못했다. 프랑스의 신경은 극히 과민하며 신용에 대해서는 예민한 감수성을 가지고 있다."[90] "이 국민(영국인)의 특징은 선이든 악이든 매사에서 지나친 데까지 가고야 만다는 데 있다."[91]

1866년 이후 독일인들 사이에 거만한 기운이 새롭게 등장했지만, 그들이 프랑스인들에 앞선 것은 "주식시장과 관련된 사기와 겁날 정도의 투기"뿐이었다.[92] 오스카 모건스턴(Oskar Morgenstern)에 따르면 프랑스에서 모두 열 번의 패닉이 발생해 심지어 미국보다 두 번 더 많았으며, "불안정한 프랑스 정치에 비추어 볼 때 놀랄 만한 일도 아니었다."[93](그러나 이것은 분명히 투기에 대한 애착이 아니라 변위요인에 대한 언급이다.) 그렇지만 "프랑스인들은 돈으로 만들 수 있는 새로운 행동의 가능성 때문이 아니라, 돈이 보장해 주는 소득 때문에 돈을 좋아한다"[94]고 지적한 어느 프랑스인 금융업자의 의견은 이와 대조를 이룬다. 한편 1931년 상황에서 하버드 대학교와 예일 대학교 간의 논쟁에 버금가는 갑론을박을 주고받는 가상의 프랑스인과 잉글랜드인의 대화를 고려해보라:

> 윌리엄 베르띠용: 잉글랜드는 주식 장사치들에게는 크리스마스트리와 같은 멋진 곳이죠. 이사회 때 한 자리에 몇 파운드만 주면 귀족 나리들은 어느 회사의 이사회라도 기꺼이 이름을 팝니다. 한편 그 백성은 어떻습니까? 제 정신이 아니거나 천치들이죠. 세상에! 아마도 베사라비아의 농부나 카메룬의 흑인들처럼, 마치 무슨 마술인 양 그들이 믿는 대로 그냥 믿는 사람들 말고는, 도대체 그런 국민에 대해선 들어본 적이 없습니다. 완전히 말도 안 되는 소리로 들리는 아무 사업이라도 내걸어 놓기만 하면 이 백성들은 그 자리에서 먹어 치우는 겁니다.[95]
>
> 스튜어트: 잉글랜드는 세계의 은행가입니다. 지금까지 한 번도, 단 한 번도 실패한 적이 없죠. 잉글랜드는 약속을 지킵니다. 바로 그 때문에 실패가 없는 것이죠.…… 미국 주식시장에서는 이런 신뢰를 전혀 기대할 수 없습니다. 너나 할 것이 없이 큰 돈을 벌려고 달려들어요. 프랑스처럼 말입니다.[96]

무승부다. 투기적 기질은 나라에 따라 다를 수 있다. 어느 한 나라에서도 투기의 수준은 시대에 따라, 말하자면 국민적 분위기의 오르내림에 따라 달라질 수 있다.

4 화염에 기름을 붓다: 신용의 팽창

Fueling the Flames: the Expansion of Credit

공리 제1번. 인플레이션은 통화량의 증가에 달려있다.
공리 제2번. 자산가격 거품은 신용의 증가에 달려있다.

 투기적 광기는 통화와 신용의 팽창을 통해 그 속도가 빨라진다. 통화와 신용의 팽창 대부분이 광기로 이어지지는 않는다; 경기 확장기의 빈도가 광기의 빈도보다 훨씬 더 높다. 그러나 광기가 발생할 때는 항상 신용의 팽창을 동반했다. 지난 100여 년 동안 신용의 팽창은 거의 전부가 은행과 금융 시스템을 경유해 벌어졌다; 예전에는 비은행 대여자들이 신용 공급을 확대했다. 17세기의 튤립 거품 광기는 튤립 알뿌리 판매자들이 제공하는 신용―17세기판 '판매자 금융'―과 함께 불어났다.[1] 존 로는 자신의 신용 공급처로 방크 제네랄(Banque Générale)과 좀더 나중에 설립된 방크 르와얄(Banque Royale)을 갖고 있었고, 남해회사는 스워드 블레이드 뱅크에 의존했다. 1763년 네덜란드에서의 신용 팽창은 한 상인에서 다른 상인으로 이어지는 비셀루이티(Wisselruiti)라는 융통어음 연쇄망의 자금조달로 이루어졌다. 1793년 영국에서의 운하 광기는 운하개발 사업자들에게 제공된 다수의 신설 지방은행들의 여신을 통해 사업자금이 풀려 나가면서 진행됐다.

신용의 팽창은 많은 사례에서 이전의 전통적 화폐를 대신하는 대체수단의 개발에 의해 이루어졌다. 미국에서는 19세기 전반 미국과 중국, 영국 간의 삼각무역에서 은이 환어음으로 대체됨에 따라 신용 팽창이 나타났다. 미국은 중국과의 쌍방무역에서 무역수지가 적자였고, 중국은 대 영국 무역수지가 적자였다. 이전에 미국은 대 중국 무역수지 적자의 결제를 위해 멕시코에서 매입한 은을 중국에 선적해 보냈다; 그러면 중국은 영국에 대한 무역수지 적자를 결제하기 위해 은을 영국에 실어 보냈다. 그 후 미국 상인들이 상품 결제수단으로 중국에 파운드화 표시 환어음을 보내고, 중국이 다시 영국에 대한 무역수지 적자를 결제하기 위해 이 어음을 영국에 보내는 제도적 혁신이 이루어졌다. 환어음을 이용한 국가간 결제에 수반되는 거래비용은 은을 선적할 때 수반되는 거래비용보다 훨씬 적었다. 이 같은 혁신의 결과로 은은 미국에 머무르게 됐고 미국의 통화 공급량에 추가됐다.[2]

1850년대의 세계적인 호황은 다음과 같은 요인들의 결합으로 발생했다: 새로운 금광의 발견; 영국, 프랑스, 독일, 미국에서의 신설 은행의 잇단 등장; 뉴욕과 필라델피아 소재 은행들에 의한 어음교환소의 설립; 런던 은행간 어음교환소의 확장이다. 은행간 어음교환소의 확대는 어음교환소 회원 은행간의 거래에서 신용의 사용을 확대시켰다; 즉, 회원 은행간의 상호정산 차액은 어음교환소가 발행한 증서(clearing-house certificate)-새로운 형태의 화폐-로 결제됐다. 1866년 영국의 신용 팽창은 새로 등장한 어음할인회사들(joint-stock discount houses)이 여신을 확대한 결과로 나타났다. 1870년대 중부 유럽의 호황은 프랑스의 패전 배상금 지불에 따른 프로이센의 금 보유량 확대, 독일에 신설된 어음중개은행(Maklerbanken)이 오스트리아로 확산되고, 오스트리아에 신설된 건설은행(Baubanken)이 독일로 확산되는 현상에 기초한 것이었다.

1882년 프랑스의 신용 팽창에 길을 열어준 다양한 제도적 경로 가운데 하나는, 지불 시점을 연기해 주는 '르뽀따쥬(reportage)' 라는 방식을 통해 투기자들에게 신용을 제공하는 격주간 주식매매 정산 시스템에 기초한 것이었다. 주식 매수자들은 매수 시점 후 최대 14일 이내에 매수 대금을 결제하면 됐고, 결과적으로 이들은 결제일까지 사실상 무이자 대출을 받았던 셈이다.(물론 이 대출의 가치가 주식 매수가격에 반영되기는 했겠지만 말이다.)[3] 이와 마찬가지로 뉴욕 콜머니 시장의 신용 팽창이 1920년대 말 주식시장 상승세에 동원된 자금을 조달해 주었다. 1893년 미국에서 신용 팽창의 촉매는 미국 통화 공급량에 은 주화가 추가된 것이었고; 1907년의 경우는 신탁회사의 여신 확대가 신용 공급의 확대를 초래했다; 제1차 세계대전 발발을 전후한 수 년 동안은 금환본위제의 도입에 의해 기존의 금화폐 보유고로도 훨씬 큰 규모의 국제무역에 소요되는 자금 조달이 가능해짐에 따라 국제적인 신용 기반이 확대되었다. 1920년대 미국에서 급격히 늘어난 할부신용은 자동차 보유대수가 대폭 신장되는 길을 터주었다.(거꾸로 자동차 및 기타 내구 소비재 보유량의 극적인 증가가 시차를 둔 결제 방식에 대한 수요의 급증을 초래한 측면도 있다.)

제2차 세계대전 후에는 양도성 예금증서(certificates of deposit: CD)의 개발이 신용 팽창의 한 원인이 됐다. 오스트리아 은행들은 1870년대에 소위 '국고증권(國庫證券; Cassenscheine)' 이라는 CD와 유사한 이자가 붙는 새로운 금융상품을 개발한 바 있다; 이 금융상품에 대한 수요 확대가 신용 증가를 야기하면서 같은 규모의 본원통화 혹은 준비금 아래서도 지출 증대 효과를 가져왔다. 1950~60년대 미국의 대형 은행들은 그들이 원하는 대출의 성장 속도에 따라 수신 예금의 성장을 조절하는 부채관리(liability management) 관행을 채택했다; 그 이전의 자산관리(asset management) 관행에서는 예금부채의 성장에 따라 대출의 성장이 결정됐다. 부채관리 방식에서는 은행이 대출과 예금의 성장을 훨씬 더 공격적으로 관리할 수 있게 됐다.

'은행 여신'이 팽창하는 독특한 형태가 1977~82년 쿠웨이트의 수크 알마낙(Souk al-Manakh; 증권거래소)에서 주식과 부동산이 '후불 결제일지정 수표(post-dated check)'로 매매되던 시기에 일어났다; 결과적으로 이 수표의 유통 잔고 총액은 최고치에 달했을 때 수십 억 디나르–거의 1000억 달러–에 이르렀다. 주식과 부동산 매수자들이 끊는 후불 결제일지정 수표의 발행잔고는 그들의 은행 예금을 훨씬 초과했다. 주식과 부동산 매도자들은 그들의 부가 늘고 있었기 때문에 지출도 늘렸다; 이들은 수표의 만기 지급일이 돌아올 때 수표를 발행한 매수자들의 은행 계좌에 현금이 있을 것이라고 기대했다. 1982년 7월 일단의 주식 매도자들이 수표의 만기 지급일에 현금을 인출하려고 했지만 그들의 수표는 부도가 나서 결제되지 못했다.[4]

위의 사례들에서 추론해 보면 신용의 팽창은 우연한 사건들의 연쇄 작용이 아니라, 수백 년 동안 이어진 체계적인 발전 과정으로서 금융시장의 참여자들이 거래비용과 유동성 및 현금잔고의 보유비용, 두 가지 모두를 줄이려는 시도에서 비롯된 것이다. 사태 하나하나가 취하는 형태–중국에 무역 결제대금을 지불할 때 은 대신 환어음을 사용한 일이나, 미국 은행들이 뉴욕, 시카고, 로스앤젤레스 지점 계좌의 예금 금리를 자국의 금리 상한선 규제로 인해 인상할 수 없었기 때문에 유로통화 예금시장이 확대된 일 등—는 우연한 것으로 보일 수도 있다. 기존 화폐를 대신하는 새로운 대체수단의 개발은 제도적 질서에 이런저런 변화가 일어나자, 이에 대응해 나타난 주기적인 현상으로 보이지만 그 과정은 지속적인 것이다. 통화 팽창은 임의적이고 외생적인 것이 아니라, 체계적이고 내생적인 과정이다.

경제 호황기에는 지불수단으로 정의되는 화폐의 양이 계속 늘어났으며, 경제 활동의 증대에 따라 소요되는 자금과 자본이득을 겨냥한 부동산, 유가증권, 상품의 매입 자금 모두를 조달하기 위해 쓰이는 기존 통화 공급량의 활용이 보다 더 효율적으로 이루어졌다. 통화 공급량의 성장을 제한하고 통제하기 위한 중앙은행 운영자들의 노력은 화폐와 매우 밀접한 신규 대체수단의 개발에 의해 일정 부분 상쇄돼 그 효력이 약화됐다. 그런 노력은 정화(正貨) 결제의 재개와 전쟁 종결 후 각국 통화의 금태환 복귀 등을 포함하는 긴 역사를 가지고 있다. 금속의 희소가치가 떨어지는 금속화폐의 화폐 통용을 폐지한 것—처음에는 구리가 은으로 교체됐고, 이어서 금이 은의 통화 역할을 잠식해 들어갔다—은 통화 공급량에 대한 통제력을 확대하려는 노력의 하나였다. 각국의 중앙은행은 통용 지폐의 발행 독점권을 획득하고자 민간은행, 지방은행, 주식회사 은행들이 갖고 있던 통용 지폐의 발행 권한을 제한하다가 이어서 폐지했다. 법률의 제정과 관행을 통해 제1차 은행준비금(primary bank reserves)을 기준으로 발행할 수 있는 예금통화의 규모가 제한됐다; 이 과정은 영국의 1844년 은행법(Bank Act of 1844) 제정 직후 시작돼, 미국의 중앙은행인 연방준비제도(FRS)가 도입한 요구불예금과 정기예금 기준의 지불준비율 규정(1913년 연방준비법(Federal Reserve Act of 1913)으로 법제화)이 적용됐고, 이어서 CD와 다음으로는 미국 은행들이 런던, 취리히, 룩셈부르크 등 역외 금융 중심지의 자사 지점으로부터 빌린 차입금에 대해 지불준비율 규정을 적용하는 일을 거치며 계속 이어졌다. 이 과정은 시지푸스(Sisyphus)에게 내려진 끝나지 않는 형벌과도 같은 하나의 영구적인 운동이다; 화폐의 역사는 주어진 통화 공급량의 보다 효율적인 활용을 목적으로 계속 이어지는 혁신과 통화에 적용되는 형식적 규정을 우회하기 위해 전통적 통화에 가까운 대체수단 개발의 연속이다. 미국 연방준비제도와 연방예금보험공사(Federal Deposit Insurance Company: FDIC)가 미국 은행들에게 부과하는 규제 비용을 벗어나기 위한 돌파 수단으로 유로통화 예금시장이 1960년대에 급성장했다; 미국 은행들의 런던, 취리히, 룩셈부르크 소재 지점들이 개설하는 미 달러화 예금은 금리 상한 규정, 지불준비율 규정, 예금보험료의 구속을 받지 않았다. 미국 증권회사들은 1970년대에 머니마켓펀드(money market funds: MMF)를 개발했고, 이 상품에 가입한 계좌에 이자를 지급했다.(이 계좌에 대한 미국 정부 기관의 보증은 전혀 제공되지 않았다.)

통화학파와 은행학파

어떻게 하면 통화 공급량의 증가를 가장 잘 관리할 수 있는가에 대한 두 가지 다른 견해–통화학파와 은행학파(Banking School)–사이의 지속적인 논쟁이 통화이론의 역사를 구성하는 한 면으로 자리잡고 있다. 통화학파 지지자들은 인플레이션을 피하기 위해 통화 공급량의 팽창에 엄격한 제한을 둘 것을 주창했다. 은행학파 신봉자들은 통화 공급량의 증가가 실물 거래에 결부되어 있는 한, 인플레이션을 초래하지 않는다고 믿었다. 1890년대 미국에서는 이와 다소 비슷한 이념과 경제분석상의 분열이 나타나, 인플레이션을 우려하는 경화학파(Hard Money School)와 통화 공급량의 증가가 경제 활동 증대에 결부되어 있는 한, 그로 인해 물가 수준의 상승이 유발된다고 믿지 않았던 대중지향적 인사들이 대립했다. 통화 공급량의 증가를 어떻게 관리할 것인가에 대한 두 가지 견해 사이의 논쟁은 적어도 300년 동안 이어지고 있다.

통화학파는 통화 공급량의 증가율을 2~4%, 또는 5%로 고정시키는 단순한 규정-오늘날의 통화주의자들과 매우 유사한 처방[5]-을 원했다. 바이너(Viner)는 19세기의 논쟁을 매우 명료하게 집약하고 있다:

> 통화학파 역시 은행권을 제외한 다른 형태의 은행 신용에 대해서는 물가에 영향을 미치는 요인으로서 그 중요성을 최소화하거나 부정하는 경향이 있었는데, 다른 한편으로는 토렌스(Torrens)처럼 예금 규모의 변동이 은행권 발행고의 변동에 의해 긴밀하게 지배된다고 주장하는 경향을 보였다. 그들은 단순하고 자동적인 원칙을 갈망했는데, 영란은행의 폭넓은 신용 조치를 선도하기에 적합한 원칙은 발견하지 못했다. 그들은 절대적으로 필요하다고 간주되는 것을 넘어서 은행 시스템에 법률적 통제를 확대하는 것에 대해서도 자유방임주의적인 입장에서 반대 견해를 가지고 있었다.[6]

통화학파와 은행학파 모두 비은행 신용(non-bank credit)의 팽창에 대해서는 별로 관심을 두지 않았다. 1609년에 설립된 암스테르담은행(Bank of Amsterdam)은 귀금속 예치에 대응해 은행권을 발행하는 대차결제은행(giro-bank)이었다; 사실상 이 은행권은 창고보관 영수증이었고, 그 액면 금액은 귀금속 예치량에 일대일 방식으로 대응하게끔 묶여 있었다. 암스테르담은행은 초기에는 신용을 확대하지 않았으나, 18세기로 들어서자 제4차 영국-네덜란드 전쟁 중에 네덜란드의 동인도회사를 구제하려는 차원에서 대출을 늘렸다. 또한 암스테르담은행은 환어음을 결제해 주는 '교환은행', 즉 네덜란드어로 '비셀방크(Wisselbank)'–교환(exchange)은 네덜란드어로 '비셀(Wissel)'이며 독일어로는 '벡셀(Wechsel)'이다–였다. 상인들은 현금 지불을 청구하는 어음 결제를 위해 암스테르담은행에 계좌를 개설해 두었다. 암스테르담은행은 귀금속 예치를 통해 자신의 발권 작업에서 화폐발행이익(seignorage)을 벌 수 있었고, 이에 기초해 예금에 저렴한 금리를 지불할 수 있었다. 1614년 암스테르담 자치단체가 설립한 대여은행(Huys van Leening)은 상인들 스스로 효율적인 신용 장치를 만들 수 있도록 해주었는데, 능동적인 대여자로서의 은행은 아니었다.[7] 상인들이 만들어내는 이 신용은 어음 유통망인 비셀루이티의 과도한 팽창을 초래했다; 1763년에 상인 한 명이 만기 어음을 결제할 현금이 없어 이 환어음 연쇄망이 무너졌을 때 드뇌프빌의 은행이 파산했다.

1668년에 설립된 스웨덴 국립은행(Riksbank)은 암스테르담은행을 본딴 교환은행과 대여은행으로 나뉘는 두 부문이 있었다.[8] 이 두 부문은 통화학파와 은행학파 사이의 절충이었던 영국의 1844년 은행법의 전조가 됐다; 1844년 은행법에서 전자에 해당하는 발권부(Issue Department)는 영란은행이 보유하는 영국 정부의 국채 보유고를 의미하는 무준비 발권(fiduciary issue) 지정액의 발행에 더해 주화 및 지금(地金)의 예치에 대응해 은행권을 공급한다; 한편 후자에 대응하는 은행부(Banking Department)는 발권부가 찍어낸 은행권 준비금 규모의 일정 배수까지 여신과 어음 할인을 제공한다. 발권부의 설립은 1797년 금본위제 정지 후 영란은행이 실행한 여신과 은행권 발행을 비판했던 통화학파의 승리였다.(금본위제 정지 후의 이 관행에 대한 영란은행의 반론은 상거래 자금의 조달을 목적으로 하는 신용으로 인해 인플레이션이 발생하지는 않는다는 것이었다.) 은행부의 설립은 은행학파의 승리이자, 신용 팽창이 경제 회복의 초기 단계에서 경제 활동의 상승이 시작될 때 소요되는 자금의 조달을 도와준다고 믿었던 사람들의 승리였다.

활용 가능한 매력적 사업 기회를 토대로 하는 신용 팽창이 결국 인플레이션으로 이어질 것이라는 통화학파의 견해는 옳다. 경기확장 국면이 시작될 때 신용 공급의 증가가 필요하다는 은행학파의 견해 또한 옳다. 실제 상거래에서 인수된 어음만 할인될 수 있어야 한다는 통화학파의 견해는 '실질어음주의(real bills doctrine)'로 알려져 있다. 사업기회가 많아질수록 어음 할인의 범위도 확대되고, 또 통화 공급량도 더 크게 늘어나 결국에는 물가상승률도 커지게 된다. 여기서 핵심적인 정책 문제는, 일단 신용 팽창에 발동이 걸렸을 때 도중에 멈춰야 할 제동 지점을 법으로 정의하는 것이 실행 가능한 것인지, 그리고 이 제한선을 자동적인 규칙으로 규정할 수 있을 것인가 하는 점이다.

결정적인 문제는 통화를 정의하기는 쉬워도, 유효 통화 공급량을 계측하기는 어렵다는 것이다. 월터 배젓은 이렇게 기술했다: "잉글랜드 사업가들은······통화 문제를 좋아하지 않는다. 그들은 화폐가 무엇인지 정확하게 정의하는 일을 난감해 한다: 그들은 '어떻게' 계산하는지는 알고 있지만, '무엇을' 계산해야 하는지는 모르고 있다."[9]

하나의 유형으로 자리잡은 역사적 사실은 매번 통화당국이 모종의 화폐량, 즉 M을 그 절대 크기나 미리 정한 증가율을 잣대로 삼아 안정화 내지 통제할 때마다, 호황기 중에 화폐와 유사화폐 대체상품이 더 많이 만들어진다는 것이다. 유동성을 구비한 유가증권들을 일일이 명시해서 화폐의 정의가 고정된다 해도, 풍요감이 지배하는 호황기에는 바로 그 정의의 한계를 넘어서는 방식으로 신용을 "화폐로 만드는 과정(monetization)"이 유발될 수 있다; 전통적인 방식으로 정의된 통화 공급량이 일정하게 유지되어도 화폐의 유통속도−총지출이나 국민소득 중 하나를 통화 공급량으로 나눈 값−는 상승하게 된다. 이 과정은 화폐를 M1(통화에 여러 가지 요구불예금을 합한 값)으로 정의해야 할 것인지, M2(M1에 정기예금을 합한 값) 혹은 M3(M2에 유동성이 높은 정부 발행 유가증권을 합한 값), 나아가 모종의 다른 항목들로 정의해야 할 것인지에 대한 논쟁과 함께 이어져왔다.

이 과정은 끝이 없는 것처럼 보인다; 어떤 통화량 지표 Mi를 고정시킨다 해도, 시장은 경기 호황기에 새로운 형태의 화폐와 유사화폐 대체상품들을 창출해 그 한계를 넘어설 것이기 때문이다.

1959년 영국의 래드클리프 위원회(Radcliffe Commission)는 "선진경제에서는 무한정하게 넓은 범위의 금융 기관들이 존재하며 화폐에 가까운 대체상품으로서 화폐만큼의 보유 가치가 있고 오직 실제의 결제 순간이 다가올 때만 화폐보다 열등한 고(高) 유동성 자산들이 많다"고 주장했다. 래드클리프 위원회는 화폐의 유통속도라는 개념을 사용하지 않았다; 왜냐하면 "화폐의 유통속도에 모종의 한계가 존재한다고 가정할 만한 그 어떤 이유도 찾을 수 없을 뿐만 아니라, 그 같은 역사상의 경험도 전혀 발견할 수 없기" 때문이었다.[10] 이 위원회는 통화 공급량을 통제하는 전통적인 작업에 대한 대안으로 광범위한 금융기관들에 대한 복합적인 통제장치를 만들어야 한다는 권고안에 주된 관심을 두었다: "그런 방향은 최후의 수단이 아니라면 바람직하지 않다. 그 주된 걱정 거리가 복합적 통제장치에 수반될 행정적 부담이기 때문이 아니라, 금융기관의 성장이 심화될수록 당국의 통제 영역을 벗어나는 상황이 계속 발생할 것이기 때문이다."[11]

경제학자들은 '화폐'에 포함돼야 할 항목에 대해 2세기 동안 논쟁을 벌여왔다. 그 중 하나의 견해는 경제 활동의 변동에 가장 강한 상관관계를 가지는 정의가 가장 적합한 화폐의 정의라는 생각이다. 경제 활동을 계측하는 것은 비교적 애매하지 않은 일이다. 경제 활동 변수와 가장 높은 상관관계를 가지는 화폐 대용 변수의 식별은 시간에 따라 변할 수 있고, 나라에 따라 다를 수 있다. "일상적으로 말할 때 은행통화(bank currency)는 시중 유통 은행권(circulating bank notes), 즉 '지폐(paper money)'를 의미한다. 그러나 일부 논자들은 은행통화라는 똑같은 항목 안에 대출과 예금은 넣지 않으면서 수표와 약속어음은 포함시키는 것으로 보인다."[12]

존 스튜어트 밀은 이 논쟁을 깔끔하게 요약했다:

우리가 화폐, 즉 돈을 귀금속으로 정의하든 아니면 은행권도 함께 포함시키든, 일정 시점에서 어느 개인의 구매력은 실제로 그의 지갑에 들어있는 돈으로 계측되는 것이 아니다. 그의 구매력을 구성하는 것은 첫째, 그가 소유하고 있는 돈이고, 둘째 그의 은행 예치금과 그가 요구하면 지급받을 수 있는 다른 곳에 빌려 준 모든 돈이다. 셋째는 그가 어떻게든 동원할 수 있는 모든 종류의 신용이다.[13]

모든 신용의 총계, 즉 채무의 총계를 통화량의 개념에 포함시킴으로써 개선을 시도한 용감한 연구가 추진된 바 있다.[14] 이 접근은 어느 신용 항목이 여기에 포함돼야 하고, 또 어느 항목은 제외돼야 하는지 결정해야 할 필요성에 봉착할 때에는 다시 흙탕물 속에 빠져 들겠지만, 정확하게 무엇이 화폐인지 정의하는 일로부터 벗어나고 있다. 그러나 이 분석가는 밀과 마찬가지로 일정 시점에 가계, 기업, 또는 정부가 어떠한 신용을 동원할 수 있으며, 신용에 접근한다는 것은 일정한 조건의 충족 여부에 달린 것이고, 또 풍요로운 기간에 가계와 기업들이 이 조건을 보다 잘 충족시킬 수 있기 때문에, 신용의 크기가 큰 폭으로 변한다는 것이 거의 확실하다는 사실을 이론적으로 규명하고자 하는 것이다. 은행을 비롯한 대여자들은 기업 및 가계 차입자들에게 종종 신용한도를 늘려왔지만, 이 한도 내에서 매 시점의 가용 신용금액은 일정한 검증 조건에 대한 차입자들의 부합 여부에 따라 결정된다.

런던을 비롯한 역외 은행 중심지의 미 달러화 예금이 금리 상한 규제에 묶여 있던 미국 내 은행예금에 비해 금리가 높아짐에 따라 역외 은행 중심지의 미 달러화 예금이 1960~80년대에 급증한 사실을 고려해 보자. 역외 은행 중심지에서 이런 예금을 수신한 은행들은 그 자금을 미국 기업들에게 달러화 표시 여신을 제공하는 데 활용했다. 이런 방법이 없었다면 이들 은행은 자신의 미국 지사로부터 미국 기업들에게 대출해주었을 것이다. 런던의 역외 은행으로부터 달러화 자금을 대출받은 미국 기업들은 이 자금을 뉴욕이나 시카고, 로스앤젤레스에서 대출받은 자금과 다를 바 없이 미국에서 지출할 개연성이 높았다. 런던을 비롯한 역외 은행 중심지에서 개설되는 미 달러화 예금은 미국의 통화 공급량 계측에 포함돼야 하는 것일까?

주택가치연계융자(home-equity credit line)는 최근의 금융혁신 사례다: 은행을 비롯한 대여자들이 주택 소유자에게 주택의 순자산가치와 동일한 금액이나 주택 소유자의 순자산가치를 약간 상회하는 금액을 대출해

주는 상품이다.(이전까지는 주택의 순자산가치를 담보로 활용한 대출을 제2순위 부동산저당증서로 불렀다; 주택가치연계융자가 주택 소유자가 해당 신용한도에서 자금을 인출할 때까지 잠재적 대출을 의미하는 반면, 제2순위 부동산저당증서는 계약과 동시에 대출금이 지급되는 실제 대출이었다.) 주택가치연계융자를 쓸 수 있다는 것은 주택 소유자들이 화폐나 유사화폐 보유에 따른 비용을 절약하게 되고, 이 신용한도의 가용성 증가는 동일한 통화 공급량에서도 지출의 증가로 이어진다. 즉, 주택가치연계융자의 개발로 가계는 30~40년 전 은행이 개발한 부채관리 방식을 운영할 수 있게 된 것이다.

어느 개인에게 제공되는 신용금액의 증가는 경제적 풍요감의 정도와 은행 제도에 따라 다른 사람들이 사용 가능한 신용금액의 축소를 가져올 수도 있고, 아닐 수도 있기 때문에 개인의 구매력을 국가의 구매력으로 쉽게 확대 적용할 수는 없다. 한 소설가는 신용에 대해 이렇게 썼다:

> 아름다운 신용이다! 근대 사회의 토대가 바로 이것이다. 어느 누가 지금이 상호신뢰의 시대, 또는 인간의 약속에 대한 무한정한 신뢰의 시대가 아니라고 말할 것인가? 이를 근대 사회의 특징적인 조건이라 할 만한 것은 눈에 익은 신문만평에서 토지와 광산 투기에 가담한 사람에게 달아 놓은 다음과 같은 짤막한 풍선 문구가 뜻하는 요점과 의미를 나라 전체가 순간적으로 알아차릴 정도가 되었다는 점이다: "나는 2년 전에 1센트도 없었지. 지금은 200만 달러의 빚이 있네."[15]

이 같은 일반화의 기초는 신용 규모와 총지출의 증가로 이어지는 화폐와 밀접한 관계를 갖는 대체상품들의 역사적 발전이다. 은행권, 은행예금, 어음교환소증서, 특수은행-예를 들면 상공은행(banques d'affaires),

어음중개은행(Maklerbanken), 또는 건설은행-의 부채, 신탁회사의 부채, CD, 유로통화 예금, 할부신용, 신용카드, 양도가능 인출지시권 계좌(NOW accounts)† 까지 들어있는 목록에서 환어음, 콜머니, 금환본위제만 생각한다 해도 그 무한한 팽창 가능성을 짐작할 수 있다.

채무의 질[16]

신용평가기관들은 개별 차입자들, 즉 기업, 정부, 심지어는 가계가 가지고 있는 채무의 질에 순위를 매기기 위해 설립되었다. 기업 채무에 대한 민스키의 분류는 차입자의 영업활동에서 나오는 현금유입과 채무 원리금 상환을 위한 예상 현금유출 사이의 관계에 기초한 세 가지 구분을 사용했다. '헤지금융'은 기업의 영업활동에서 나오는 현금이 약정 일정에 준하는 채무 원리금 상환에 필요한 현금보다 클 때 발생한다. '투기금융'은 기업의 영업활동에서 나오는 현금이 약정 일정에 따른 이자를 지급하기에는 충분하지만 만기에 갚아야 할 원금의 전부 또는 일부를 지불하려면 차입을 해야 할 경우에 발생한다. '폰지금융'은 영업활동에서 나오는 현금 수입이 약정 일정에 따른 이자 지급을 모두 이행할 수 있을 만큼 충분하지 않을 때 발생한다. 폰지금융 상태에 빠진 기업은 이자의 일부 혹은 전부를 지불하려면 차입이 필요하거나, 아니면 그들 자산의 일부를 매각해 이자 지급액에 상당하는 자본이득을 얻어야 한다.[17] (폰지금융과 투기금융의 구분은 재정학 문헌에서 사용되는 개념 가운데 정부의 세수 및 여타 수입, 그리고 이자 지급을 제외한 총지출 사이의 관계를 기준으로 하는 '기

---

† [역주] 양도가능 인출지시권 계좌(NOW-Negotiable Order of Withdrawals-accounts): 1972년에 미국의 상호저축은행들이 개발한 수익성과 결제기능을 겸비한 예금상품.

본재정수지(primary fiscal balance)'에서 사용되는 구분과 대응된다. 기본재정수지가 적자인 정부는 약정 일정에 준하는 이자 전액의 지불에 필요한 금액을 상회하는 차입금이 필요하다.)

민스키는 신용 구조의 취약성을 측정하기 위한 채무의 '질'을 강조했다; '투기'와 '폰지'라는 용어가 이 취약성을 부각시켜 준다. '폰지금융'이라는 용어가 함축하는 내용은 '기적'이 일어나지 않는 한, 해당 기업이 약정 일정에 맞추어 채무 원리금 상환을 이행하지 못할 수 있다는 것이다.[18] 위험한 사업자금을 조달하기 위해 계약된 채무라는 건축물은 그 자체로 불안정한 것이다.

앞 장에서 제시된 모델은 경기 호황기에는 대여자와 투자자들의 위험회피 성향이 줄어들고 이전에는 너무 위험하게 보이던 대출에 대해 보다 의욕적인 (또는 덜 기피하는) 자세로 변하기 때문에 채무의 규모가 늘어난다는 점을 강조하고 있다. 경기 둔화기에는 매출이 예상했던 속도보다 느리게 증가하는 기업들이 많아져 헤지금융 집단에 속하던 기업 일부가 투기금융 집단으로 밀려나고, 투기금융 집단에 속하던 기업 일부가 폰지금융 집단으로 옮겨가는 일이 벌어진다.

> ● **드렉셀 번햄 램버트, 마이클 밀켄, 정크본드**
>
> 1980년대의 위대한 금융 혁신 가운데 하나는 투자부적격 채권 즉, '정크본드(junk bond)' 시장의 발전이었다. 정크본드는 주요 신용평가기관 중 한 곳으로부터 투자등급 신용순위를 얻지 못한 기업의 채권이다. 정크본드의 금리는 '투자등급'에 해당하는 신용순위를 얻은 채권의 금리보다 일반적으로 3~4%포인트 높았다. 상당수 정크본드는 원래 경제적 여건이 좋아 신용순위를 얻고 있던 기업들이 발행한 채권이지만, 상황의 악화로 인해 '추락한 천사들(fallen angels)'이었다. 일련의 악재가 이어지면 신용순위가 하락하다가, 마침내 최저 투자등급으로 밀려난

다. 이 때 악재 하나만 더 추가되면, 신용평가기관들은 해당 기업을 투자부적격등급(non-investment grade) 또는 투기등급(speculative ranking)으로 떨어뜨리게 된다.

감독 당국은 대다수 금융기관들이 투자등급에 미달하는 채권을 보유하지 못하도록 금지하고 있어서, 일단 신용순위 경계선 너머로 밀려난 채권은 은행과 보험회사 등이 곧바로 매도 물량으로 내놓기 때문에, 이들 채권의 금리는 급격하게 상승하게 된다.

매수자들을 설득하기 위한 정크본드의 판매 논리는, 정크본드-즉, 다양한 정크본드들로 구성된 포트폴리오-를 매수해두면 채권 발행 기업의 파산으로 하나 또는 서너 개의 정크본드가 휴지가 되더라도, 나머지 보유 채권에서 나오는 높은 이자 소득이 그 손실을 메우고도 남을 만큼 충분하기 때문에 '공짜 점심'을 먹게 된다는 것이다.

1970년대와 1980년대의 혁신은 당시 이류 투자은행이었던 드렉셀 번햄 램버트(Drexel Burnham Lambert)가 정크본드-보다 세련된 언어를 사용하는 집단들 사이에서는 고수익 채권(high yield bonds)으로 불렸다-를 발행하기 시작한 일이었다. 이 혁신의 대부는 마이클 밀켄(Michael Milken)이었다. 이 고수익 채권을 발행하는 기업들의 신용등급은 극히 낮았기 때문에, 투자자들은 채권 금리가 높을 때만 이들 기업의 채권을 매수했다. 많은 회사들이 차입금을 동원한 기업인수(leverage buyouts)에 필요한 현금을 확보하기 위해 정크본드를 발행했다; 이렇게 마련한 자금으로 어떤 회사의 고위 경영자들은 인수대상 기업의 상장 주식을 전량 매수하는 일을 벌이곤 했다. 또 어떤 경우에는 A회사가 B회사를 인수하기 위한 현금을 확보하기 전에, B회사가 A회사를 인수하는 선제 공격에 필요한 현금을 확보하기 위해 고수익 채권을 발행하기도 했다.

정크본드는 신용평가기관 중 어느 하나로부터 투자등급을 얻지 못했기 때문에, 차입자들(정크본드 발행 업체)이 채권에 지불하는 금리가 신용평가기관으로부터 투자등급을 받은 기업의 채권 금리보다 3~4%포인트 더 높았다.

이와 관련한 사실에 대한 논쟁은 별로 진행된 바 없다. 밀켄의 채권인수 거래에서 어떤 부분이 불법이었다거나 비윤리적이었는가에 대한 문제가 거론됐을 뿐이다. 온건한 비판자들은 정크본드를 사들인 다수의 회사들이 신용금고와 기타 저축기관들이었고, 이들 가운데 일부 회사의 관리자와 소유자들이 다른 회사의 인수와 지분 확보를 목적으로 하는 자금을 마련하고자 드렉셀 번햄 램버트를 채권 인수 업자로 활용했다는 점을 지적한다. 저축기관들은 미국 정부의 보증을 기반으로 예금 계좌를 판매했고, 매우 높은 예금 금리를 지급했으며, 이 예금 계좌의 수신 금액을 밀켄과 드렉셀 번햄 램버트가 인수한 정크본드를 사들이는 데 사용했다. 드렉셀 번햄 램버트가 인수해 준 정크본드를 발행한 기업 가운데 절반 가량이 파산했고, 그 결과 저축기관들은 거액의 손실을 입었다; 결국 고수익 채권에 밥상을 차려 준 격인 이들 저축기관의 다수가 파산했고, 미국 납세자들에게 수백 억 달러의 손실을 입혔다. 그러나 이것은 모두 합법적으로 벌어진 일들이었다.

의약품 소매체인인 레브코 디에스(Revco D.S., Inc.)는 1987년 기업인수 자금을 조달하기 위해 빌린 13억 달러에 대한 이자를 내지 못해 1988년에 파산을 신청했다.[19] 그 때는 이미 드렉셀 번햄 램버트가 인수한 채권의 절반 이상이 채무 불이행 상태에 빠져 채권 보유자-그리고 미국 납세자-에게 수백 억 달러의 손실을 안겨 준 채 1980년대 정크본드의 시대는 이미 끝난 상태였다.

1986년 카산드라식의 예언서를 쓴 헨리 카우프만(Henry Kaufmann)은 모든 종류의 채무-소비자신용, 정부부채, 부동산저당증서, 기업채무, 정크본드-가 늘어날 것이라고 경고했다. 카우프만은 채무의 양이 증가할수록 채무의 질은 하락한다고 주장했다.[20] 탁월한 투자은행가로 라자르 프레르(Lazard Frères)의 미국 지사장인 펠릭스 로하틴(Fellix Rohatyn)은 미국을 "정크본드 카지노"라고 불렀다. 그래도 정크본드 보유자들은 전통적 채권의 보유자들보다-적어도 한동안은-훨씬 높은 금리를 벌고 있었다.

1980년대 말과 1990년대 초 경기 둔화기에 정크본드를 발행한 기업 가운데 다수가 파산했다. 일련의 조사 작업에서 정크본드 소유자들은 평균적으로 투자 원금의 3분의 1을 잃었고, 일반 채권에 비해 연간 3~4%포인트 높은 이자 소득으로는 채무 불이행에 따른 거액의 원금 손실을 만회하기에도 부족했다.

정크본드 발행 기업 가운데 다수가 파산한 것은 민스키의 자금조달 유형 구분과 일맥상통한다: 이 채권들 가운데 다수는 발행 초기에 경기가 좋았을 때는 투기금융 집단에 속했을 것이다. 그러나 미국 경제가 후퇴 국면으로 접어들면서 채권 발행 기업의 현금 수입이 감소함에 따라 이들 채권은 폰지금융 상태로 넘어갔을 것이다. 채무 불이행을 피하려면 경제 기적이 일어나야 했던 상황이었다.

매우 값비싼 공짜 점심이었다.

환어음

환어음(bills of exchange)은 미래 지불을 위해 상품의 판매자가 만든 청구권으로, 당초 주화의 공급이 비탄력적이었기 때문에 개발됐다; 환어음은 판매자금융의 한 형태다.[21] 상품 판매자는 판매를 촉진하기 위해 구매자에게 신용을 제공했고, 구매자는 채무상환 의무를 90일이나 120일 이내에 이행하는 것이 관행이었다. 이 환어음은 은행에서 자주 할인됐는데, 환어음을 할인해준 은행은 어음 소지자에게 은행권이나 주화, 그리고 19세기에는 은행예금(계좌간 대차 결제)의 형태로 현금을 지급했다. 환어음은 후불 결제일지정 수표와 마찬가지로 종종 지불 수단으로 직접 사용됐다. 상품 판매자가 구매자로부터 환어음을 받게 되면, 판매자는 다시 그 환어음을 다른 사람에게 지불할 때 사용했다. 각각의 어음 수취인은 수표에 배서하는 것과 매우 유사하게 그 어음에 자신의 이름을 기록하는 것이 관행이었는데, 어음에는 5~10명 정도의 배서인들이 표기되기도 했다. "어음은 이제 화폐가 된 것이다." 일련의 배서인들의 연쇄 관계에서 일부 당사자의 신용이 의심스러울 때도, 어음은 은행권처럼 여전히 시중에 유통되곤 했다고 애쉬튼은 언급했다.[22] 19세기 전반에는 10파운드에 불과한 소액 어음에 50명 또는 60명의 이름이 기재돼 유통되는 경우도 있었다.

지불관행이 바뀌었다. 랭커셔에서는 은행권이 기피되었고, 19세기 초에는 주화와 환어음이 주된 지불수단이 되었다.[23] 지불수단으로 환어음의 사용이 증가함에 따라 경기 확장기인 1852~57년 사이에 영란은행권의 유통이 900만 파운드나 감소했다. 런던 소재 5개 은행의 예치금은 1770만 파운드에서 4000만 파운드로 늘었는데, 같은 기간-당시 활동했던 뉴마치(Newmarch)의 추정에 따르면-환어음의 평균 유통 규모는 6600만 파운드에서 2억 파운드로 팽창했다.[24]

초기에 환어음은 특정한 거래에서 발행됐고, 어음의 결제 금액도 해당 거래의 판매금액과 거의 일치했다. 그러나 시간이 흐르면서 상품 판매와 환어음 발행 사이의 연결이 단절되었다. 1763년 스웨덴의 카를로스 앤드 클라에스 그릴(Carlos and Claes Grill)이 발행해 런던의 린드그렌(Lindegren)이 수취한 어음들은 특정 상품 출하와의 관련을 밝힐 수 없었는데, 상품 출하 빈도에 따라 어음이 빠른 속도로 연이어 발행되는 경우도 종종 있었지만, 보통 채권자에 대한 송금 등을 포함해 회사가 그냥 돈이 필요할 때 어음이 발행됐다.[25] 따라서 어느 회사나 개인의 신용이 특정한 개별 거래의 신용으로부터 점진적으로 분리되면서, 어음은 '융통어음', 후불 결제일지정 수표, 또는 약속어음으로 진화했다.

일부 경제학자들은 '융통어음'에 대해 강력히 반대했는데, 상호 정산이 이루어지는 상업어음보다 그 발행 회사가 만기일에 어음 소지인에게 지불할 현금을 가지고 있을 보장이 낮다는 점에서 후자보다 질이 떨어진다고 여겨졌기 때문이다.[26] 그러나 물가 하락기에는 상급 상업어음의 장점도 과대평가된 것이었다; 왜냐하면 상품을 구매한 업자가 물가 하락의 영향으로 상품 판매에서 이익을 남기지 못할 수도 있어서, 어음을 발행한 상품 구매자들이 만기일에 채무를 정산할 현금이 없을 가능성도 있기 때문이다.[27] 그런 점에서 채무자의 소득이나 부에 대한 부채의 비율이 신용의 질을 평가하는 보다 의미있는 측정 수단이다.

프랭클린은 어음에 대해 이렇게 지적한 바 있다:

신용어음(bill of credit)은 사업에 매우 편리한 것으로 여겨진다; 큰 금액이

보다 쉽게 계산되고, 운반하기에 가벼우며 좁은 공간에 간직할 수도 있어서, 여행이나 보관할 때 보다 안전하기 때문이다. 그리고 여타 많은 용도에서 매우 큰 가치가 있다. 은행은 모든 시민, 상인, 대형 거래인의 총괄 출납원이다.……이것은 서류에 신용을 부여한다; 그래서 영국에서는 어음의 가치가 결코 화폐에 못지않으며, 또 베니스와 암스테르담에서는 일반적으로 더욱 그렇다.[28]

영국에서 어음이 "결코 화폐의 가치에 못지않다"는 말은 어느 정도 낙관적인 언급이지만, 어음이 화폐만큼 가치가 나갈 때 어음이 가지는 효율성은 명백하다. 19세기 전반에 환어음이 '화폐'인지 '지불수단'인지 또는 '구매력'인지에 대한 지속적인 논쟁이 전개됐다. 통화학파에 속하는 사람들은 은행권의 공급만 통제할 필요가 있으며, 환어음과 은행예금의 규모는 통제하거나 제한할 필요가 없다는 데 의견의 일치를 보았다.[29]

차입자가 발행한 환어음의 미청산 가치로 표시되는 채무가 차입자의 부에서 차지하는 비율이 커졌을 때 문제가 일어나기 쉬웠고, 이런 현상은 종종 호황기에 나타났다. 환어음의 발행은 연쇄적으로 이어지는 전염성이 있다. 아담 스미스가 일상적인 사업 관행으로 묘사했듯이 과도한 규모로 발행되기 쉽다.[30] A가 B에게 발행하고, B가 C에게, C가 D에게 발행하는 과정이 이어지면서, 신용의 공급을 증가시킨다. 호트리 (Hawtrey)에 따르면, 융통어음의 폐해는 "투자시장에서 진성 장기저축 자금의 공급이 이루어지지 않는 상황에서 고정자본의 투자에 융통어음이 사용된다는 점"이었다. 호트리는 이 시스템이 1866년 런던 위기와 1907년 뉴욕 위기 때 특히 남용되었다고 주장했다.[31] 1763년 암스테르담에서 일어난 드뇌프빌의 극적인 파산을 앞에서 설명한 바 있다. 드뇌프빌의 파산 사태로 인해 인상적일 만큼 거대한 규모의 어음 연쇄망이 무너졌기 때문에, 암스테르담은 물론, 함부르크, 베를린, 그리고 정도는 좀 약했지만 런던에서 패닉이 발생했다. 어음에 배서한 회사들의 연쇄 고리에서 한 회사가 부도를 내면, 어음 연쇄망이 무너지면서 부채비율이 합리적인 수준이거나 자본이 부채를 훨씬 웃도는 우량 회사들도 무너뜨릴 수 있었다. 어음의 각 배서인들은 그 전액을 지불할 책임이 있었다. 융통어음은 자본금이 제한적인 거래자들이 큰 자금을 빌릴 수 있게 해 주었고, 이런 단기 대출은 만기일에 이월이 반복되면서 사실상 장기 대출로 연장됐다. 19세기 초 금본위제의 정지 기간 동안 프란시스 베어링(Francis Baring) 경은 100파운드 미만의 재산으로 5000~1만 파운드의 어음 할인을 할 수 있는 상인들이 있다는 사실을 알고 있었다. 이 시기의 독특성은 금본위제가 정지되면 외환거래를 통한 신용 팽창의 충격을 걱정할 필요가 없다는 것이었다. 이 기간에 일어난 '투기의 광란'은 통화학파에 강력한 영향을 미쳤다.[32] 런던의 회계사인 존 볼(John Ball)은 1857년 자본금이 1만 파운드도 안 되면서 부채가 90만 파운드에 달하는 회사들도 있었다고 보고했고, 이것이 일부에 국한된 사례가 아니라고 주장했다.[33] 섀플(Schäffle)은 같은 호황기에 함부르크에서 자본금 100파운드에 미청산 어음 발행액이 40만 파운드나 되는 사례를 보고한 바 있다.[34]

1994년에 출범한 헤지펀드인 롱텀 캐피탈 매니지먼트(LTCM)는 자기자본 50억 달러에 은행, 투자은행, 연금기금으로부터 빌린 차입금이 1250억 달러를 넘어서는 규모였다. 25대 1에 달하는 이 같은 차입금 비율은 일반적으로 10대 1미만이던 여타 헤지펀드의 차입금 비율보다 훨씬 높았다. 그러나 막스 비르스(Max Wirth)에 따르면 18세기에도 다수의 회사들이 1763년 호황기에 실제 자본금의 10~20배 규모로 투기를 벌였고, 많은 회사들이 자본금이라고 해봐야 소액밖에 없었으며, 순전히 신용만으로 위험한 사업에 가담했다.[35]

금융어음이나 융통어음은 과도한 신용 팽창을 불러올 수 있었다. 가끔 신용도의 겉모습을 치장하기 위해 가상의 이름들이 어음 할인망에 등장하기도 했다. 더욱이 이런 어음들에는 실제 상거래가 있는 것처럼 위장하기 위해 딱 떨어지지 않는 금액들이 기재됐다. 금융어음을 상업어음으로 위장했다는 사실이 은행에서 밝혀져 이의가 제기되는 일도 가끔 발생했다.(예를 들면 미국이 독일에 대한 대출을 중단한 후 네덜란드 은행과 미국 은행들의 결제 청구를 받은 독일 은행들이 이런 이의를 제기했다.)[36]

콜머니

콜머니(call money) 사용의 확대는 1882년과 1929년 붕괴에서 큰 요인으로 작용했다. 프랑스에서 1882년에 발생한 붕괴는 잘 알려져 있지 않고 그 파장도 제한적이었지만, 콜머니-"청구 즉시 반제한다는 조건으로(on call)" 하루 동안 은행이 주식중개인에게 빌려주는 대출자금(프랑스어로는 '르뽀')-에 의해 조달된 고전적인 광기와 패닉이었다.[37] 주식중개인들은 이 자금을 주식 보유 자금을 조달하는 데 사용했고, 이들은 이 하루짜리 대출자금을 매일 연이어 갱신할 수 있을 것으로 예상했다.

위니옹 제네랄(Union Générale)은 로스차일드와 함께 일하다가 그와 결별하고 오스트리아, 세르비아, 남동부 유럽에서 그와 경쟁하는 사업을 벌인 바 있는 엔지니어 출신의 외젠 봉뚜(Eugène Bontoux)가 창업한 은행이었다. 1875년 설립됐을 당시 위니옹 제네랄의 초기 실적은 부진했다.

프랑스가 철도의 확장과 수에즈 운하 건설, 은행의 성장을 기초로 호황기에 진입하고 있을 때인 1878년에 봉뚜는 파리에서 위니옹 제네랄의 사업을 본격화하기 시작했다. 호황 국면은 1881년 12월에 정점에 도달했고, 그 다음 달 붕괴가 뒤따랐다. 장 부비에(Jean Bouvier)의 관심은 가톨릭 신자인 봉뚜가 대부업자로서 그 자신의 오류로 실패한 것인지, 아니면 침입자에 분개한 기득권층인 유대계 및 신교도 은행가들의 음모에 의해 "파멸 당한" 것인지 여부에 있었다. 부비에는 스코틀랜드식 평결인 "증거 불충분"으로 결론지었다.

봉뚜의 위니옹 제네랄은 2500만 프랑의 자본금으로 시작해, 1879년 봄 5000만 프랑으로 증자했고, 1881년 1월에는 1억 프랑으로 증자했다. 1882년 1월로 계획된 제3차 증자에서는 자본금이 1억 5000만 프랑으로 늘어날 예정이었다. 초기 자본금 중에 4분의 1만이 납입됐다.[38] 자본금 증자 때마다 투자자들은 액면가 500프랑과는 별도로 시장에서의 주가 상승을 감안한 프리미엄을 지불해야 했고, 이 자금은 은행의 준비금으로 입금됐다. 이 프리미엄은 세 차례 증자 때 각각 20, 175, 250프랑이었다. 그러나 주식 액면가치의 4분의 3은 아직 주식 매수자들이 미납한 상태였기 때문에 주식은 무기명식이 아닌 매수자 개인 명의로 등기됐다; 그럼에도 불구하고 최초 발행 주식 20만주의 절반 가량이 시장에서 매매됐다.

당시 주식거래는 파리와 리용에서 격주 정산으로 이루어졌다. 매수자는 매수 가격의 10%를 주식보유증거금으로 지불하고 나머지 90%는 거래중개인으로부터 빌렸는데, 거래중개인들은 다시 콜머니 시장에서 필요한 자금을 대출했다. 이 콜머니 시장의 자금은 은행과 특수금고 (caisses; 은행과 여타 투자자들이 이 단기 자금시장 용도로 특별히 설립한 기금), 개인들에 의해 "하루짜리 대출", 즉 '르뽀'로 투자됐다. 더욱이 은행과 특수금고는 특정 주식을 전문적으로 거래하는 중개인들을 우대할 수 있었다. 따라서 위니옹 제네랄과 리용 라르와르 은행(Banque de Lyon et de la Loire)—이 두 은행만큼 그리 극적이지도 않았지만 성공적이지도 않았던 당시 호황기에 설립된 서너 개의 은행들은 물론—은 자사 주식을 간접적으로 떠받칠 수 있었다. 시장에 큰 변화가 없을 때는 투기자들이 수익을 내기도 하고 손실을 보기도 하는데, 이들의 수익과 손실 비율이 대체로—이를 테면 10%로—같다고 가정하면, 중개인들의 현금 유출입은 매우 좁은 범위 내에서 되풀이된다. 그러나 주가의 상승이 이어지면 매도 차익을 실현하고 시장에서 인출되는 수익금을 지불하기 위해 더 많은 자금이 필요해진다. 이 자금은 종종 시장에 재투자되었지만, 재투자되지 않을 경우에는 시장에 더 많은 자금 수요가 발생했다. 가령 어느 투기자가 어떤 주식을 100프랑에 샀다고 하자. 그는 10프랑을 지불하고, 90프랑은 빌리게 된다. 만약 이 투기자가 그 주식을 110프랑에 매도해 20프랑(투자원금 10프랑과 매도 차익 10프랑)을 인출한다고 하면, 시장 밖으로 인출되는 이 20프랑 가운데 11프랑은 새로운 투기자의 주식보유증거금(매수 대금 110프랑의 10퍼센트)으로 시장에 유입되지만, 9프랑은 새로운 르뽀를 통해 콜 시장에서 가져와야 했다. 주가가 상승할 때는 신규 자금을 유인하기 위해 콜머니에 대한 금리(르뽀 금리, taux de reports)도 상승했다; 콜머니 금리는 1880년 말 4~5%에서 1881년 봄에는 8~10%로 상승했고, 1881년 가을에는 최고치인 12%에 달했다.[39]

이와는 반대로 주가가 하락할 때도 신규 자금이 필요했는데, 이 경우는 투기자들이 가져와야 했다. 어느 투기자가 10프랑의 주식보유증거금과 90프랑의 르뽀로 주식을 100프랑에 매수했는데, 주가가 90프랑으로 하락한다면 이 투기자는 10%의 주식보유증거금을 충족하기 위해 9프랑을 만들어내야 했다. 이 투기자가 이전에 가용 신용을 모두 소진해 증거금 요청을 충족시킬 자금이 전혀 없을 경우 중개인은 투기자의 보유 물량을 매도했다. 주가가 90프랑 밑으로 하락하면 대출을 제공한 중개인이나 은행, 개인은 손실을 입었다. 위니옹 제네랄의 주가는 1881년 3월 1250프랑에서, 광기가 가속화함에 따라 12월 14일에는 3040프랑으로 최고가를 기록했다. 그 후 1882년 1월 10일에는 2950프랑, 1월 16일에는 2800프랑으로 하락하자 금융 불안기가 뒤따랐다. 1월 19일에는 주가가 1300프랑으로 떨어졌다. 투기자들이 보유증거금을 지급할 현금이 없었기 때문에, 이날 거래인들은 1800만 프랑의 거래대금이 부족했고, 1월 31일 월말 정산시점에는 3300만 프랑의 구멍이 났다.[40]

리용 라르와르 은행의 붕괴는 보다 더 극적인 광경을 연출했다. 이 은행이 자사 주식을 떠받치고 있을 무렵인 1881년 12월 17일 주가는 1765프랑으로 최고점을 기록한 뒤, 12월 28일에는 1550프랑, 1882년 1월 4일에는 1040프랑, 1월 10일에는 650프랑, 마침내 1월 19일에는 400프랑까지 하락했고, 그 다음날로 은행은 문을 닫았다.[41] 리용 라르와르 은행을 붕괴로 몰고 간 신호탄은 봉뚜에게 트리스트 소재 해상신용은행(Banque de Crédit Maritime)의 설립허가를 내준 1882년 1월 4일의 공고였다. 리용 라르와르 은행을 붕괴시킨 타격이 반대 방향으로 날아왔다.[42] 리용 라르와르 은행 주식으로 인해 손실을 입은 투자자들이 위니옹 제네랄 주식을 매도했다. 9대 1의 높은 차입금 비율에 의존하는 투기, 그리고 은행과 개인의 신용에 의존하는 신용 메커니즘이 결합된 상태였기 때문에, 이 충격은 콜머니 시장을 타고 번지며 수 일 만에 은행, 특수금고, 중개인, 개인, 기업 사이에 붕괴를 확산시켰다. 주식시장 붕괴에 앞서 경제활동도 타격을 입었는데, 통화 공급량의 변화 때문이 아니라 투기 열병이 정점에 이르러 리옹의 업계 전체가 위니옹 제네랄의 투기에 몰입했기 때문이었다: "비단 상인, 각종 제조업자, 소매상, 의류 거래상, 식료잡화상, 정육점 주인, 고정소득 생활자, 수위, 제화 판매상"이 투기에 가담했고, "거액의 자본이 정규 사업에서 이탈해 증권과 콜머니를 거래하는 주식시장으로 흘러 들어갔다."[43]

1929년 미국 주식시장의 붕괴와 이 시기 프랑스 은행들의 몰락 사이에는 몇 가지 유사한 특징이 있다: 주식시장이 정점에 가까워지면서 투기에 대한 강박 관념과 경제활동의 감퇴가 나타났고; 통화 공급량에 별 변동이 없었음에도 불구하고 거래중개인에 대한 은행 및 개인의 대출이 주가 상승과 하락의 토대 역할을 했다. 또 한 가지 유사점은 주가가 최고점을 향해 치달으면서, 콜 여신 총액에서 뉴욕 소재 은행들과 뉴욕 외부의 은행들을 제외한 '나머지 모든 금융기관'의 콜 여신액이 1926년 말 20억 달러를 약간 밑도는 수준에서 1928년 12월 31일에는 거의 40억 달러로, 그리고 1929년 10월 4일에는 66억 달러를 웃도는 규모로 증가했다는 점이다. 신용거래가 허용되는 신용한도도 매우 컸다. 거래중개업체들은 주식 매수자가 매수 가격의 10%만을 증거금으로 지불하도록 요구할 수 있었고, 나머지 90%는 대출로 해결됐다. 한편 같은 기간 뉴욕 소재 은행들의 거래중개인 대출은 1928년 말 최고액인 16억 달러에서 1929년 10월 4일에는 11억 달러로 감소했다.[44]

붕괴와 동시에 '나머지 모든 금융기관'과 뉴욕 외부 은행들은 시장에서 콜 자금을 회수했다. 그들은 1873년처럼 증권거래소가 폐쇄돼 그들의 일일 대여자금의 유동성이 동결될지 몰라 두려워했던 것이다.[45] 이 단계에서 뉴욕 소재 은행들은 거래중개인 대출을 유지했으며, 오히려 소폭 확대했다. 마찬가지로 1882년에도 파리 네덜란드 은행(Banque de Paris et des Pays-Bas; 파리바스(Parisbas)은행)이 이끄는 파리의 은행 컨소시엄은 5건의 신용을 통해 1800만 프랑의 지원금을 위니옹 제네랄에게 직접 대출해 주었고, 로스차일드 회사가 이끄는 또 다른 그룹은 1월 말 정산의 해결과 함께 거래중개인들과 그 고객들에게 사태를 정비할 시간을 벌어주기 위해 거래중개인 집단에게 8000만 프랑을 대출해주었다. 이 두 위기에서 다수의 거래중개인과 그들의 고객, 그리고 (1882년의 경우) 은행과 특수금고가 파산했다. 중앙 자금시장의 주력 은행들은-두 사례 모두에서-시장의 조정을 완화해 주었지만, 1882년 파리의 기존 은행들은 위니옹 제네랄을 구제하지 않았다.

미국에서는 1930년대에 신용거래에 의한 주식 매수가 연방준비제도의 규정으로 제한되었는데, 최종적으로 신용거래증거금은 50%로 확정됐다. 금융기관들은 이 규정을 피해가는 돌파구를 찾아냈다. 이 규정은 뉴욕증권거래소를 포함한 공식적인 거래소에 적용되는 것이었을 뿐, 스탠더드 앤드 푸어스 500(Standard & Poor's 500: S&P 500) 주가지수 선물이 거래되고 선물 포지션 가치 대비 10%의 신용거래증거금이 적용되는 시카고상업거래소(Chicago Mercantile Exchange: CME)에는 적용되지 않았다. 차익거래자들(arbitrageurs)은 이 두 시장을 연결해 사실상 하나의 시장처럼 활용했다. 즉, 시카고 시장에서 S&P 500 지수 선물계약을 10% 증거금으로 매수한 투자자는 뉴욕 시장에서 주식을 10% 증거금으로 매수하는 효과를 얻었다; 시카고 시장에서 선물계약의 가격이 상승하면 차익거래자들은 시카고 시장에서 해당 선물계약의 매도와 동시에 S&P 500 지수를 구성하는 기업들로 구성된 주식 바스켓을 매수했다.

1987년 10월 19일 검은 월요일의 주가 폭락이 덮쳤을 때, 단일 기관—연방준비제도이사회(FRB) 또는 증권거래위원회(SEC)—에게 시카고 시장과 뉴욕 시장 모두에 대한 규제를 맡기자는 생각에 어느 정도의 지지가 있었다. 또한 선물시장에서의 증거금 규정을 강화하자는 의견도 일부 있었고, 주식을 기초자산으로 한 선물거래를 아예 폐지하자는 의견도 나왔다.

금환본위제

본원통화량이 고정된 상태에서 신용을 팽창시키는 거의 무한대에 달하는 가능성 중에서 세 번째 사례는 그 성격상 국제적인 것이다. 금환본위제(金換本位制, Gold-exchange standard)는 중앙은행들이 준비자산으로 금 보유와 함께 영국 파운드화, 미 달러화, 독일 마르크화로 표시된 유동성 있는 유가증권을 보유하는 것을 의미한다. 금환본위제가 제1차 세계대전 이후—1922년 제노아 회의와 국제연맹 금위원회의 권고가 토대가 되었고, 영국의 국제수지를 지지할 목적으로 영국 파운드화 표시 증권의 해외 보유를 늘리고자 했던 몬태규 노먼(Montagu Norman) 영란은행 총재의 강력한 주장이 추진력으로 작용했다는 점에서—발전한 것이라는 생각이 오랫동안 유지돼왔다; 하지만 사실은 금환본위제가 발전한 것은 제1차 세계대전 이전이었다.[46] 1913~14년 국가간 대여가 세계적으로 늘어났던 것은 중앙은행들이 영국 파운드화 및 프랑스 프랑화, 독일 마르크화 표시 유가증권의 보유 물량을 확대함으로써 그 자금조달이 가능했기 때문이다.

    은행권과 환어음이 주화보다 더 효율적인 화폐인 것처럼, 자본시장 규모가 큰 나라의 통화로 표시된 유가증권의 형태로 대외준비자산을 보유하는 것이-통화와 관련된 상태가 안정적이기만 하다면-금괴를 보유하는 것보다 월등히 효율적이다. 이런 자산들은 거래하기가 더욱 편리하고, 운반 및 보호감시, 시금(試金) 분석의 부담도 없으며, 환전하지 않고도 곧바로 사용할 수 있다. 한 나라가 런던이나 뉴욕에서 채권을 팔고 그에 따라 영국 파운드화나 미 달러화로 들어오는 현금 수입을 일종의 중앙은행 준비금으로 보유함으로써 대외준비자산 보유고를 늘릴 수 있다. 영국이나 미국의 통화당국이 자국 통화로 표시된 유동성 있는 유가증권의 해외 보유물량 확대를 국내 신용의 상부구조를 축소해야 할 이유로 간주하지 않는다면, 이런 거래는 신용의 팽창으로 귀결된다.

금본위제를 기반으로 한 국제적 대여에서도 금환본위제와 동일한 불안정한 면이 나타날 수 있다. 국내의 통화 공급량을 늘리기 위한 준비금으로서 외국의 유동자금이 차입되기 이전에, 여러 나라들이 금을 차입했다. 19세기에 미국은 경기확장 중에 현물자본 확보를 위한 상품수입 대금의 결제와 미국 내 은행 시스템의 금 준비금 확대를 목적으로 영국에서 금을 차입했다. 금 거래는 재화와 서비스의 이전에 도움이 되었고, 금 차관을 통해 차입국은 대여 국가의 신용 축소를 유발하지 않고도 국내 신용을 확대할 수 있었다.[47]

신용의 불안정성과 대공황

광기와 붕괴가 신용 공급의 불안정성에 기인한다는 생각은 오래 전부터 있었다. 앨빈 한센은 경기순환에 대해 쓰면서 '초기 개념들'에 대한 일반적 조사와 19세기 중엽의 경제학자들-존 스튜어트 밀과 알프레드 마샬-을 다룬 '신뢰와 신용'이라는 장에서 이 내용을 논했다.[48] 그의 판단으로는 이런 견해는 대기업들의 투자와 저축에 대한 의사결정을 무시했기 때문에 더 이상 쓸모가 없다는 것이다. 그럴지도 모른다. 그러나 신용의 불안정성에 중요성을 부여하는 이론들은 20세기 들어서도 계속 이어졌다. 호트리는 이런 조류에 선 고전파 경제학자였고, 패닉에 대한 별도의 장을 할애한 피구(A.C. Pigou)의 『산업변동론Industrial Fluctuations』도 그랬다.[49] 역설적인 것은 신용의 불안정성이 갖는 역할이 1930년대 대공황 시기에 즈음해 무시되기 시작했다는 점이다.

대공황에 대한 통화주의적 시각은 밀튼 프리드만과 안나 슈워츠(Anna Schwartz)의 기념비적인 저작에서 개진되었다; 그들은 1930년대 전반에 있었던 경제 활동의 급격한 위축은 FRB가 수행한 통화정책의 오류 때문이었다고 주장했다. 그들은 주로 1929년 8월에서 1933년 3월 사이의 통화 공급량 감소에 주목했다. 대공황의 발단에 관한 문제가 등장할 때마다, 그들은 1928년과 1929년에 통화 공급량이 증가하지 않았다는 점이라든가, 1929년 8월에서 1930년 10월 사이에 통화 공급량이 경제의 취약성을 상쇄하기 위해 증가해야 했는데도 2.6% 감소했다는 점을 논점으로 제시한다. 프리드만과 슈워츠는 1929년 10월의 주식시장 붕괴는 생산량 감소의 강도와 거의, 혹은 전혀 관계가 없었다는 점과 대공황은 미국 국내 정책의 결과이며 국제적 자본이동이나 환율, 또는 해외의 디플레이션과는 단지 간접적인 관련만 있을 뿐이라는 점을 주장한다.[50] 이들의 대공황에 대한 통화주의적 시각은 미국에서 꽤 오랜 기간 동안 영향력을 행사해 왔다.[51]

피터 테민(Peter Temin)은 케인즈주의적 시각에서 이 통화주의적 견해를 문제 삼았다. 그는 통화 공급량의 감소로 인해 지출의 감소가 야기된 것인지, 아니면 지출의 감소로 인해 통화 공급량의 감소가 야기된 것인지에 대해 의문을 제기하고, 이 두 가지 관점 가운데 하나를 선택하기 위해 정교한 계량경제학 기법을 사용했다. 테민이 제기한 논의의 대부분은 소비, 소득, 부, 그리고 소비의 '정규적' 추세를 예측할 때 규정돼야 할 유사한 변수들 사이의 상호관계에 기초해 예측 가능한 소비 수준으로부터 실제 소비가 어느 정도의 괴리를 보였는지를 중심으로 전개되었다. 이와 함께 그가 점검한 것은 통화 공급량의 변화 시점과 금리의 변화 시점 사이의 관계였다; 통화 공급량의 감소에 앞서 지출의 감소가 선행한다면 금리는 하락해야 하는 반면, 지출의 감소에 앞서 통화 공급량의 감소가 선행했다면 금리는 상승했어야 하고, 각각 그 반대의 관계도 성립한다는 판단에서였다.† 1929년 붕괴 후에 제반 금리가-채무 불이행 위험에 대한 우려의 증가로 인해 금리가 상승한 고위험 채권을 제외하면-급격하게 하락했다는 점에서, 그는 지출의 감소가 통화 공급량의 감소에 앞서 발생했다고 결론지었다. 테민은 또한 실질화폐잔고-명목금액상의 통화 공급량을 소비자물가의 변화율에 맞추어 조정한 값-의 변화를 점검한 결과, M1과 M2 사이의 통화량 지표의 선택, 그리고 도매물가지수 디플레이터와 소매물가지수 디플레이터의 선택에 따라 1%에서 18% 범위의 서로 다른 크기이기는 하지만, 실질화폐잔고가 1929년과 1931년 사이에 증가했다는 결론을 도출했다. 월별 수치의 연평균 값을 취하면 실질화폐잔고의 움직임은 이보다 둔화된 것으로 나타났다; 즉, 월별 수치를 토대로 임의의 기준년도 값의 백분율이나 상대지수로 표현한 M1과 M2의 연평균값을 산출하고 두 가지 물가지수의 평

---

† [역주] 통화 공급량의 감소에 앞서 지출 감소가 선행할 경우에는 화폐의 공급이 일정한 상태에서 화폐의 수요가 줄기 때문에 금리가 하락할 것이고, 통화 공급량의 감소가 선행할 경우에는 화폐의 수요가 일정한 상태에서 화폐의 공급이 줄기 때문에 금리가 상승할 것이라는 논리다.

균값을 같은 방법으로 산출해 실질화폐잔고를 산출했을 때, 계절적 변동 요인을 최소화하기 위해 동일한 월의 수치를 비교하면 통화 공급량은 실제로 1929년 8월에서 1931년 8월 사이에 5%의 증가를 보였다. 테민의 결론은 1929년 10월의 주식시장 붕괴와 1931년 9월 영국의 금본위제 이탈 사이의 통화 공급량 변화가 대공황을 야기했다는 아무런 증거도 없다는 것이었다.[52]

테민의 분석은 통화주의적 시각에 대한 강력한 비판이기는 해도, 대공황에 대한 설명을 제시하지는 못했다. 한 분석가는 통화 공급량의 위축이 없었어도 주식시장 붕괴로 인해 은행이 차입자에 대한 신용을 제한했기 때문에 대공황이 발생한 것이라고 주장했다.[53] 또 다른 분석가는 주가의 급락이 명목적 부와 가계의 지출을 위축시켰다는 의견을 제시했다; 여기에는 부의 실질 가치가 소비의 변동을 설명하는 중요한 요인이라는 암묵적 가정이 자리잡고 있다.[54]

이러한 논의들은 1929년 산업생산량이 위축되는 속도와 주식시장이 붕괴되기 4~5개월 전부터 이 같은 위축이 시작되었다는 사실을 무시하고 있다. 1929년의 산업생산지수는 6월 127에서 9월 122, 10월 117, 11월 106, 그리고 12월에는 99로 떨어졌다; 자동차 생산량은 1929년 3월 66만 대에서 8월 44만 대, 10월 31만9000대, 그리고 12월에는 9만2500대로 감소했다. 이처럼 큰 폭의 감소는 통화 공급량의 변화나 지출의 자율적 조정으로 설명될 수 있는 규모를 훨씬 넘어서는 것이다.

오히려 이 같은 감소는 신용 시스템의 불안정성으로 가장 잘 설명된다. 주식시장이 정점을 향해 가는 동안 자금이 소비와 생산에서 이탈해 콜머니 시장으로 흘러 들어갔다; 콜머니의 규모는 1928년 12월 말 64억 달러에서 1929년 10월 초에는 85억 달러로 커졌다. 더구나 주식시장 참여자들과 함께 다른 사람들에 대한 여신에서 먼저 뉴욕 소재 은행들이, 다음에는 여타 도시에 본부를 둔 은행들이 보다 신중한 자세로 변했다. 주식시장이 붕괴했을 때 신용 시스템은 금세 얼어붙었다. 수입품가격의 급격한 하락이 부분적인 이유가 되기는 했지만, 수입 자금을 조달해 주는 대출이 급격히 감소했다.

통화주의자들과 케인즈주의자들 간의 논쟁은 신용의 불안정성과 은행 시스템의 취약성, 또 다수의 상품가격과 제품가격의 하락에 따른 차입자들의 채무 불이행으로 인해 신용 시스템이 마비되었을 때 야기되는 생산과 물가에 대한 부정적 영향을 무시하고 있지만, 1929년 대공황 초기 단계의 사태들을 설명해 주는 것은 바로 이 요인들이다. 이 같은 시각은 하이먼 민스키와 헨리 시몬스(Henry Simons)-시몬스는 시카고 대학교의 경제학자로 기업 신뢰감의 위축이 불안정한 신용 시스템을 매개로 유동성 변화를 야기함에 따라 결과적으로 통화 공급량에도 영향을 미쳤기 때문에 대공황이 초래되었다고 생각했다-를 제외하고는 대부분 무시했다.[55]

헨리 시몬스의 견해는 제2차 세계대전 직후 여전히 1930년대 불황의 영향력이 강력하던 시절에 쓰여진 그의 저서 『자유사회를 위한 경제정책Economic Policy for a Free Society』[56]에서 제시되었다. 그는 일반 대중이 현금통화를 보유하고자 하는 의욕의 변화에서 야기되는 예금의 변화를 방지하기 위해 은행예금에 대한 100% 현금 준비와 경제 시스템의 다른 곳에서 발생할 수 있는 신용의 변동성을 종식시키기 위한 강력한 노력을 권고했다. 그는 정부 부채를 이자가 전혀 붙지 않는 화폐와 만기가 매우 긴 장기채권(이상적으로는 영구채권)의 두 가지 극단으로 제한하는 것과 함께, 장부상의 신용거래와 할부신용에 대한 규제를 제안했다.

시몬스는 모든 금융자산을 확정된 현금지급 계약이 없는 지분(equity) 형태로만 보유할 수 있도록 함으로써 은행 이외의 어떤 기관도 효과적인 화폐 대체상품을 창출할 수 없도록 하는 시스템을 주창했다. 그는 사회의 투기적 기질과 단기적인 비은행 금융기관의 차입과 여신으로 인해 사회가 기업 신뢰감의 변동에 속수무책으로 휘둘리는 취약성을 우려했다.

화폐와 금융자산의 성격을 제한하자는 시몬스의 권고는 다양한 유형의 금융자산에 대한 수요와 공급을 시장의 힘에 맡기자는 프리드만의 자유주의적 성향과 날카롭게 대립했다.[57] 프리드만은 통화 공급량의 증가를 통제하면 큰 폭의 경기순환은 막을 수 있으며, 신용 메커니즘의 불안정성은 공포의 대상이 아니라고 확신했다. 시몬스의 적극적 제안이 바람직하다 하더라도(여기에는 심각한 의문점도 있다) 너무 유토피아적이기 때문에 분명히 실행될 수 없는 것이다. 그럼에도 불구하고 경제 시스템이 불안정한 단기 대출과 상환으로 치우치는 경향에 대한 시몬스의 진단은 문제의 핵심을 정확하게 본 것이다.

최근 수십 년 동안 경제적 안정성에 대한 통화와 은행업의 관계에서 주목을 받은 또 하나의 관점은 통화와 은행업에 대한 통제를 완전히 철폐하자는 신오스트리아 학파에서 나왔다. 오스트리아의 프리드리히 하이예크(Friedrich Hayek), 독일의 롤란드 파우벨(Roland Vaubel), 미국의 리처드 팀버레이크(Richard Timberlake), 릴랜드 이거(Leland Yeager), 로렌스 화이트(Lawrence White), 조지 셀진(George Selgin)이 주도한 이 그룹은 능동적 통화정책의 철폐를 추구했다. 은행과 기업, 개인 누구라도 '화폐'를 발행하도록 하자고 주장하는 이들은 좋은 화폐를 발행하는 회사가 누가 될 것인지는 시장의 힘이 결정할 것이라고 믿는다. 화폐를 발행하는 여러 회사들이 자신들의 화폐가 수용되도록 경쟁할 것이기 때문에, 양질의 화폐(good money)가 저질의 화폐(bad money)를 퇴출시킬 것이라는 말이다. 화이트는 이런 입장을 1772년 에이어 뱅크의 파산과 1844년 은행법을 스코틀랜드에 적용한 1845년 은행법 사이에 규제가 철폐된 스코틀랜드 은행들의 경험을 기초로 변론한다.[58]

이 시기에 상위권 상업은행들은 보다 소규모 은행들의 은행권을 축적해 놓고는, 어느 은행이 발행한 유통 은행권의 공급이 지나치게 빨리 증가하고 있다고 판단될 경우, 축적한 은행권들을 정화(正貨)로 전환할 준비를 갖추고 있었다. 즉, 대형 은행들이 통화 공급량의 비공식적인 통제 역할을 담당한 것이다. 그러나 여러 역사적 경험―1745년에서 1835년 사이의 잉글랜드 지방은행, 1830년대 미시간 주의 살쾡이은행, 20세기 후반 라틴아메리카와 특히 동아시아 국가들에서 경험한 은행 규제완화―은 "양화가 악화를 퇴출시킨다"는 견해를 뒷받침하지 않는다.

1970년대의 세계적인 물가상승은 유럽과 일본의 대미 국제수지 흑자로 인해 이들의 대외준비자산과 통화 공급량이 증가할 때 미국의 통화팽창 정책과 유럽 및 일본의 팽창적인 통화정책이 결합돼 나타난 결과였다. 중앙은행들의 대외준비자산 보유고는 1990년대 중반과 1990년대 말에 다시 빠르게 늘어났다.[59] 3년 후 프랑스의 경제학자인 파스칼 블랑케(Pascal Blaqué)는 미국의 신용 거품에 대해 썼다.[60] 이와 유사한 관점에서 그라씨엘라 카민스키(Graciela Kaminsky)와 카르멘 라인하트(Carmen Reinhart)는 해외 국가들의 통화 남발과 미국의 지속적인 국제수지 적자 행진을 비난했다.[61]

중심적인 문제는 중앙은행이 신용의 불안정성을 억제할 수 있을 것인지, 또 위험한 단계로 확장되지 않도록 투기를 둔화시킬 수 있을 것인지의 문제다. 통화당국이 통화 공급량이나 유동성을 통제하기 위한 모종의 변수를 고정시키거나, 혹은 금리 자체를 직접적인 통제 목표로 삼는다면, 위기에 동반하는 상승과 하락 파동이 완화되거나 완전히 제거될 수 있을 것인가? 통화 공급량을 일정하게 유지하거나, 자금시장의 유동성을 제한하거나, 혹은 풍요감에 들뜬 투기 징후가 최초로 발현하는 시점에 재할인율을 인상하는 등의 중앙은행 정책이 위기로 이어질 광기를 예방해 줄 것인지의 여부는 미리 선험적으로 결정할 방법이 없다. 경제전문가들이라 하더라도 세밀한 통제가 가능한 환경에서 실험할 수 있는 방법이 없기 때문이다. 1998년 가을 LTCM의 파산과 러시아의 금융 대란 이후, FRB는 고개를 들고 있는 위기에 맞서 기선을 제압하기 위해 단기 금리를 세 차례에 걸쳐 인하했다. 그러나 대응 노선이 일정 정도 달라졌다면 결과가 달라졌을 것이라는 반론에 대해 확정적인 결론을 내릴 수 없기 때문에, 이런 실험으로 특정한 결론을 이끌어 낼 수는 없다. 그럼에도 불구하고 역사상 실례로 볼 때 통화 정책이 어느 정도 달라졌을 경우, 위기로 이어질 수 있는 확장 국면이 완화되었을지는 몰라도 완전히 제거되지는 못했을 것이라는 이론에 더 큰 무게가 실린다.

영란은행은 위기가 코 앞에 닥친 1839년에 까막눈 상태였고, 금리를 보다 일찍 인상하지 못한 오류에 대해 혹독한 공격을 받았었다. 영란은행의 행동이 더뎠다는 일반적 인식이 사실상 1844년 은행법을 낳은 가장 직접적인 원인이었다고 일컬어진다.[62] 1850년대 금의 과잉은 1852년과 1853년에 금리의 하락을 초래했다. 그 후로 금리는 1857년의 혹독한 위기를 막기에 충분한 만큼은 아니었지만 상승했다.[63] 환어음의 유통 물량은 금리 정책의 변화와 반대 방향으로 움직이는 것이 정석인데도, 재할인율이 인상될 때도 계속 늘어나는가 하면, 재할인율이 인하될 때 감소하는 움직임을 보였다; 즉, 어음 창출에 기초한 투기는 재할인률 인상에는 거의 개의치 않았던 것으로 보인다.[64] 1850년대 중반의 제안 하나는 예상해야 할 미래에 대해 일반 대중이 분명히 인식할 수 있도록 영란은행의 준비금에 연동해 재할인율이 변동해야 한다는 것이었는데, 엘머 우드(Elmer Wood)는 이 제안에 대해 영란은행의 거래 업무에 대해 잘 모르고 하는 소리라고 비판했다.[65] 1863년과 1864년 두 차례에 걸쳐 금리를 9%로 올린 영란은행의 금리인상 조치는 1866년 붕괴를 지연시켰는지는 몰라도 결국 막지는 못했다. 1864년 프랑스에서는 파산에 뒤따르는 청산이 완료됐고, 같은 해에 영국은 시장의 큰 조정을 두 차례 겪었지만 본격적인 디플레이션은 아직 시작되지 않은 상태였다.[66] 1869년 7월 오스트리아-헝가리 국립은행은 금리를 인상했지만, 1873년의 빈 대파국(Great Crash)의 어두운 전주곡이었던 1869년 가을의 붕괴를 막기에는 너무 때늦은 조치였다.[67] 이 은행은 1872년 재할인율을 재차 인상했다. 1873년 3월의 마지막 금리 인상에서 어음 재할인율은 5%, 증권담보대출금리(롬바르트 대출금리)는 6%였으나, 비르스에 따르면 너무 낮은 수준이었다.[68] 마찬가지로 뉴욕연방준비은행은 오스트리아-헝가리 국립은행과 마찬가지로 1929년 8월 9일 재할인율을 5%에서 6%로 인상했지만, 똑같이-오히려 위기를 촉진했던 점을 제외하고는-아무런 효과도 거두지 못했다.

    1873년에 영란은행은 재할인율을 24차례나 변경했는데, 5월에 독일과 오스트리아, 9월에 미국을 휩쓴 금융위기를 피할 수 있었다. 11월에는 재할인율을 9%로 인상했는데, 이것은 프랑스-프로이센 전쟁 배상금의 잔액으로 남아있는 파운드화 잔고를 독일이 인출하는 것을 막기 위한 조치였다.[69] 이것이 위기의 가능성을 막기 위한 성공적인 미세 정책

조율이었는지, 아니면 단순히 단기자본의 이동에 대한 정책 당국의 민감성이 커졌기 때문인지는 2차적 사료에서는 분명히 드러나지 않는다.

1907년의 패닉에 앞선 경기 확장 국면에는 뉴욕 은행들이 런던에서 융통어음을 발행해 막대한 규모의 차입을 유치하고, 뉴욕 외부 은행들이 뉴욕에서 역사상 전례가 없는 규모의 자금을 대여하는 일이 벌어졌다. 이 같은 신용 팽창은 뉴욕에 자금을 공급한 뉴욕 외부 은행들의 자금 대여를 금환본위제와 동일하게 본다면, 앞에서 논의한 두 가지 신용 팽창 방법이 조합된 경우다.(물론 이렇게 볼 수 있는 근거는 은행간 예금이 그 예금자산 소유자, 즉 예치 은행을 위한 준비금이기는 하지만 반드시 수신 은행의 준비금이 일대일의 채권 관계에 의해 묶여 있지는 않다는 점 때문이다.) 당시 중앙은행이 존재하지 않는 상태에서 뉴욕 은행들은 재량권으로 금리를 변경할 수 없었다. 런던에서는 미국의 차입에 따른 금의 유출이 1906년 10월 재할인율 인상을 초래했고, 곧이어 더 이상 미국의 금융어음(융통어음)을 인수하는 것은 안정성에 대한 위협이며 달갑지 않은 일이라는 영란은행의 충고가 뒤따랐다.[70] 이로써 위기에 앞선 확장 파동은 둔화되었지만, 1907년 3월의 '부자들의' 패닉과 10월의 전면적인 패닉을 막지는 못했다.

만약 중앙은행 책임자들이 전지전능하다면 그들은 신용 시스템을 안정시키기 위한 자신의 무기를 사용할 수 있을 것이고, 또 신용의 무한정한 팽창 가능성에 내재하는 불안정성을 교정할 수 있을 것이다. 그러나 "개인 신용의 팽창을 제한할 수 있는 확정적인 방법은 존재하지 않는다."[71]

중앙은행의 역할은 신용의 성장과 신용 공급의 불안정성을 통제하기 위해 발전되었다. 수익 지향적인 사설 은행업에서 시작해 중앙은행이라는 역할로 진화하게 된 것은 괄목할 만한 성과다. 1825년경에 사설 은행업과 중앙은행 역할 사이의 분업에 대한 암묵적인 합의가 있었다; 런던과 지방의 사설 은행업자들은 경기 확장에 자금을 조달하는 한편, 영란은행은 위기가 자리잡지 못하도록 "위기에 자금을 조달한다"는 암묵적인 합의였다. 중앙은행이 존재하지 않았던 미국에서 뉴욕의 주력 은행들은 1837년 이후 그들 스스로 신용의 불안정성을 증폭시키는 이익 창출 역할과 국내 다른 지역 은행들이 예치하는 예금의 보유자로서 불안정성을 방지해야 하는 역할 사이에 붙잡혀 있었다. 다시 말해 수익성에 대한 단기적인 우려와 금융 안정성에 대한 장기적인 우려 사이의 갈등, 즉 개별선(private good)과 공공선(public good) 사이의 갈등이었다. 아무도 뉴욕의 은행들이 공공의 이익 편에 서서 책임 있게 행동해야 한다는 것을 법령으로 정하지 않았다; 공공의 이익을 위하는 일이 그들에게 이익이 됐을 수도 있고 아니었을 수도 있다. 이 문제는 정치와 사업에서 항상 부딪치는 일반적인 문제며, 누가 공공의 이익을 살필 것인가로 귀착되는 문제다.

5 결정적 단계
The Critical Stage

금융위기로 이어지는 일련의 사건을 하나의 표준적인 모델로 정리한다면, 위기가 전개되는 양상은 다음과 같다: 어떤 충격이 경기 확장을 야기하고, 곧이어 확장 국면은 경기 호황의 모습으로 전환된다; 풍요감이 성숙해지고 확산된다; 이어서 자산가격의 상승이 멈추는 현상이 나타난다; 자산가격의 하락이 시작되면 불안 국면이 뒤따르기 쉽다. 이 같은 유형은 규칙적으로 되풀이된다는 점에서 생물학적인 과정이다. 패닉이 발생할 확률이 높고, 다음에는 붕괴가 뒤따를 수도 있다. 19세기 중반 영국의 선도적 은행가였던 오버스톤(Overstone) 경은 이와 유사한 유형을 찾아냈는데, 월터 배젓은 이에 동조해 그를 인용했다: "휴지기에 이어 늘 향상, 확신, 번영, 흥분, 과잉거래, 요동, 압박, 정체가 뒤따르고 다시 휴지기로 종결된다."[1] 여기에서 오버스톤 경은 금융위기-그의 표현으로는 요동-에 선행하는 국면으로 풍요감이 지배하는 다섯 가지 단계를 구분하고 있다.

합리적 기대 이론은 투자자들의 기대가 각각의 충격에 대해 거의 순간적으로 반응하며, 각각의 충격이 부동산과 주식, 상품의 장기균형 가격에 미치는 영향을 즉각적으로 꿰뚫어 본다고 가정한다. 반면 금융의 역사를 돌아보면, 먼 미래 시점의 가격과 가치에 대한 현재 시점의 예측이 이보다 앞선 시점의 전망과 다르다는 것을 서로 다른 집단들이—어떤 때는 서로 다른 시점에, 어떤 때는 거의 동시에—인식함에 따라 현실 세계의 기대는 느리게 변하기도 하고, 빠르게 변하기도 한다는 추론을 얻게 된다.

기업과 개인을 포함한 일부 차입자들이 소득에 비해 채무가 과다해졌음을 인식하면서 투자자들의 마음이 확신에서 비관론으로 변하는 것이 신용시장에 잠재하는 불안정성의 근원이다. 이런 차입자들은 부채 수준을 줄이거나 저축을 늘리는 데 필요한 현금을 확보하고자 지출을 줄임으로써 경제적 장래에 대한 새로운 상황 인식에 적응하기 시작한다. 어떤 기업들은 채무를 축소하는 데 필요한 현금을 확보하기 위해 회사 내 사업부문과 조직을 매각하기도 한다. 대여자들은 위험한 대출이 너무 많다는 것을 인식하고, 가장 위험하다고 판단되는 차입자들의 미결제 채무의 상환을 추진한다; 대여자들은 만기가 도래하는 대출의 연장을 꺼리게 되며, 동시에 신규 대출에 대한 여신 기준을 강화한다.

금융 불안은 수 주, 수 개월, 심지어 수 년간 지속되기도 하며, 어떤 때는 단 며칠 동안에 집중되는 수도 있다. 1929년 미국 주식시장의 폭락에 뒤이은 경기 하강은 정부가 보다 개입주의적인 새 정권으로 바뀔 때까지 4년 동안 지속되었다. 일본 경제는 주가와 부동산가격의 하락이 시작된 1990년 1월 이후 10년 이상 정체 상태에 빠져 있었다. 한국이 1998년의 경제 불안에서 회복한 것은 1999년 초 무렵이다. 1997년 중반 홍콩의 주권 이양과 중국 경제특구의 하나로 홍콩이 등장한 시점은 아시아 금융위기 시점과 일치한다. 홍콩은 그 후 5년간 디플레이션에서 벗어나지 못했고, 부동산가격은 40~50% 하락했다. 미국은 2000년에 시작된 주가 하락으로 가계 자산의 대폭적인 위축을 겪었지만, 2001년의 경기 후퇴는 비교적 완만했다.

 정부는 경기순환의 굴곡을 완화하기 위해 개입해야 하는가? 정부 정책은 경제 주체들이 기대를 형성하는 데 결정적인 역할을 수행한다. 정부가 나서 풍요감에 들뜨는 호황기의 기대를 약화시킨다면 금융위기를 피할 수 있는가? 정부는 거품 붕괴 후에 주가, 부동산가격, 제반 상품가격의 하락이 초래하는 충격을 완화하기 위해 노력해야 하는가?

경고

투기자들이 알고 있는 것 이상의 지식을 정부가 알고 있다면, 정부가 그 지식을 제공하거나 정부의 예측을 공표하는 것이 적합한 대책이라는 제안이 제기된 바 있다.[2] 즉, 정부가 그 지식을 공개적으로 밝힘으로써 투자자들의 우려와 공포를 진정시킬 수 있다는 생각이다.[3] 정부 내에서도 많은 인사가 경제와 금융시장의 전망에 대한 견해를 가지고 있지만 서로 다른 견해를 갖는 경우가 자주 있으므로, "정부의 견해"를 만들어 낸다는 것은 누군가―총리, 중앙은행 총재, 재무장관―가 합의된 의견을 짜내는 데 성공할 때만 가능하다.

 정부 당국자의 언급이 풍요감을 완화시키는 데 큰 효과가 있다는 생각을 역사적 기록은 거의 뒷받침하지 않는다. 어떤 경우에는 "현자(賢者)들을 향한 말 한 마디"로 충분할 수도 있지만, 경고가 부적절한 경우도 있다. 연 20~30%의 속도로 자산가격의 상승 행진이 진행될 때, 투자자와 투기자들이 정부 당국자의 경고에 귀를 기울일 확률은 그리 높지 않다.

기록에 남아 있는 그런 경고 가운데 최초의 것은 1825년경에 이루어졌다. 다수의 필자들이 1720년 6월의 거품규제법을 투기 억제를 위한 로버트 월폴(Robert Walpole)과 조지 2세(King George II)의 경고라고 생각했지만, 이 법을 제정한 주된 목적은 남해회사가 끌어 모으고자 했던 현금 출자를 다른 거품들이 고갈시키고 있었기 때문에, 남해회사의 경쟁자들을 억압하려는 것이었다.[4] 거품규제법은 1749년에 더욱 강화돼 사기뿐만 아니라 합법적인 사업에 대해서도 창업을 더욱 어렵게 만들었고, 19세기까지 폐기되지 않았다.

19세기에 은행감독당국은 투기 확대에 대해 경고하기 시작했다. 1825년 봄 캐닝(Canning) 총리를 비롯해 재무대신인 리버풀(Liverpool) 경, 프란시스 베어링 경, 그리고 맥컬로치(W.R. McCulloch)가 「더 스코츠맨 The Scotsman」 지면을 통해 투기 과열을 경고했다. 이 때는 오히려 경고가 위기의 한 원인이 되기는 했지만, 사실 위기를 피하는 것은 불가능한 상황이었다. 1825년 12월의 붕괴와 패닉 당시 리버풀 경은 9개월 전에 그가 투기자들을 구제하지 않을 것이라고 선언했다는 이유로 그들을 구제하지 않았다.[5] 1837년 상무대신 풀렛 톰슨(J. Poulett Thompson)은 만연해 있는 투기욕 – 이 때의 투기는 개인들이 해외가 아니라 국내에 투자했다는 점에서 1825년의 투기와 달랐다 – 을 비난했다.[6]

1837년 봄 이 도박 바람이 도버 해협 너머로 번지자, 벨기에와 프랑스 당국은 기업어음과 주식의 유통 및 거래를 금지함으로써 투기 억제를 시도했다. 이들의 노력은 허사로 끝났다; 투기가 증권거래소의 좁은 틀을 뛰어 넘어 전개되었고 연금 및 금리생활자, 심지어는 '가정주부와 외국인' 같은 비전문가들까지 투기에 가담하기 시작했다. 리에쥬, 베르비에, 안트워프 등지의 상공회의소까지 나서 주식 투기를 비난했다. 벨기에 국왕은 설립 허가가 신청된 은행인 산업상호신용은행(Mutualité Industrielle)의 허가를 거부했다. 행정당국과 경제단체의 성명 때문이 아니라 경제 활동의 위축으로 인해 투자자 감소했다.[7] 1839년 7월 프랑스 국민의회의 라마르틴(Lamartine)은 투기를 비판했고, 특히 철도채권의 보증에 대해 경고했다.[8]

투기에 대한 공식적 비판이 효과가 있었던 것 같다는 유일한 지적은 1857년의 위기를 검토한 프랑스인 관찰자에게서 찾아볼 수 있다. 1856년 3월 프랑스 내무장관은 특정 사기꾼들을 겨냥한 법안을 제출했다. 나폴레옹 3세는 의심스러운 금융 관행을 엄중하게 논한 『투기자Les Manieurs d'argent』의 저자인 오 드발레(O. de Vallée)에게 축사를 보냈다. 상원은 이 법안을 통과시켰다. 프랑스은행은 재할인율을 10%로 인상했다. 나폴레옹 3세는 인간의 예상을 벗어나는 재앙에 대해서만 정부가 지원할 것이라고 지적한 공개서한을 12월 11일 정부 기관지 「세계신보Le Moniteur」에 게재했다. 도르메송(d'Ormesson)에 따르면 투기 바람이 줄어들었고, 1857년 위기에 대한 기억은 프랑스 상거래에서 일말의 번영을 반영했다.[9] 그러나 로센베르그는 경고가 너무 늦었다고 결론지었다.[10]

오스트리아 국립은행의 1869년 규제 조치가 소위 '대파국'을 초래했지만, 그 후 1873년에 일어난 붕괴에 비하면 소파국이었음이 드러났다.[11] 프로이센 의회의 의원으로, 1873년 2월 프로이센 정부 및 상무부 관리와 철도사업권 소유자 간의 비리를 밝힌 바 있는 에두아르트 라스커(Eduard Lasker)의 폭로와 경고도 투기 풍조를 종식시키는 데 별다른 효

과를 발휘하지 못했다.[12]

1888년 아르헨티나의 토지채권인 '세둘라스(cedulas)'의 매수에 가담한 사람들에 대한 「이코노미스트The Economist」의 경고는 보다 시의 적절했다. 이해 4월 「이코노미스트」는 "이 채권은 매우 부적합한 증권으로 전락할 가능성이 있다. 지금 당장이야 라플라타 강 유역의 모든 부동산이 부풀려진 가격으로 호가되고 있지만, 금융상의 문제가 터지면 이 채권은 처분이 불가능한 상황에 빠질 수 있다"[13]고 지적했다. 이어서 5월에는 "쉽게 짐작할 수 있는 일이지만, 이번 부동산 호황이 끝나면 세둘라스의 가치는 무참히 무너지게 될 것이다"[14]라고 언급했다. 결과적으로 이 같은 경고들은 효과가 없었다.

보다 기억할 만한 것은 쿤, 로브 회사(Kuhn, Loeb & Co.)의 공동 설립자이자 연방준비제도(FRS)의 설립자 가운데 한 명인 폴 워버그의 카산드라식 발언이었다: 그는 1929년 2월에 미국의 주가가 지나치게 올랐고, 1907년의 패닉을 연상케 하는 징후를 보이고 있다고 미국 대중에게 경고했다; 이어서 연방준비제도이사회(FRB) 의장이 유사한 성명을 발표했다. 투자자들은 잠시 멈칫했지만 곧이어 주가는 다시 상승했다. 미국의 주가 수준이 "비이성적으로 과열됐다"고 지적한 1996년 12월의 그린스펀 FRB 의장의 언급 역시 효과가 없었다는 것은 앞에서 지적했다. 1999년 8월 기준금리를 0.25%포인트 인상한 뒤 그린스펀 의장은 앞으로 FRB가 금리를 결정할 때 주가 수준을 고려할 것이라고 말했다. 그러나 이번에도 주식시장은 거의 주목하지 않았다.

이 같은 경고에도 불구하고 부동산가격과 주가가 계속 상승한다는 것은 경고에 대한 신뢰가 없다고 보아야 할 듯하다. 경제전망가들은 부동산과 주식의 장기균형 가치를 알 수 있거나 혹은 적어도 알고 있다고 그들 스스로 생각할 수도 있지만, 장기적인 평균가치에서 이탈한 시장가격이 언제 다시 균형점으로 되돌아올지 그 시점을 예견하는 능력은 미미하다. 로저 뱁슨(Roger Babson)은 자기 고객들의 주식을 1928년에 매도했는데, 주가가 계속 상승하던 1년여 동안 바보 취급을 당했다.

시점 선택의 문제는 복합적이다. 정부당국의 경고가 효과적이려면, 호황 국면에서 발생하는 과잉을 어느 정도 예방하기 위해서는 경고성 성명을 충분히 일찍 내놓아야 하지만, 성명에 대한 신뢰를 확보하기 위해서는 충분히 늦은 시점에 내놓아야 한다. FRB 전 의장의 비유를 들자면 당국은 대중의 비우호적인 반응으로 인해 "잔치가 막 벌어지고 있는 도중에 잔칫상을 걷어내기"를 꺼려한다.

소비자물가 수준이나 어떤 다른 물가지수의 상승을 누그러뜨리는 통화정책을 개발하는 데서 편안함을 찾는 게 중앙은행들의 현대적 전통이 됐다; '인플레이션 목표관리(inflation targeting)'가 중앙은행들이 즐겨 찾는 새로운 기도문으로 자리잡은 것이다. 정책상의 문제는 중앙은행 책임자들이 부동산가격이나 주가가 장기균형 가치에서 큰 폭으로 이탈했을 때, 이 가격의 상승을 무시해야 하는가의 문제다. 성명을 통해서만 투기자들을 설득하려는 시도는 일반적으로 아무런 성과도 거두지 못했다.

금융 불안

불안(distress)은 금융위기와 관련된 논의에서 폭넓게 사용돼 왔다. 이 용어의 의미는 정확하지 않다: 한 가지 의미로는 고통 받는 상태를 뜻하고, 또 다른 의미로는 위태로운 상황을 뜻한다. 상업 불안(commercial distress)은 첫 번째 정의를 반영하고, 금융 불안(financial distress)은 두 번째 정의를 반영한다. 상업 불안은 물가와 기업활동 및 이익률이 하락하고, 다수의 상사와 제조업체들이 파산하는 사태를 의미한다. 개별 기업 차원의 금융 불안은 기업이익률의 급격한 하락으로 인한 큰 손실로 말미암아, 해당 업체가 약정 일정에 따른 채무잔고 이자의 지불 능력을 상실할 확률이 무시할 수 있는 수준을 넘어서는 상황을 의미한다.[15] 전체 경제 차원에서의 금융 불안도 눈 앞에 닥친 가능성으로서 경제적 조정이 필요한 상황-기업들은 파산 사태에 직면하고 은행들은 자본 재편이 필요하게 되는 상황-을 의미한다. 건설업자들은 공사를 완료하는 데 필요한 자금을 더 이상 조달할 수 없게 되고, 다수의 투자 프로젝트가 거의 추진 불가능한 상태에 빠진다.

풍요감에 들뜬 시기가 끝나고, 고전파 저술가들이 급반전과 신용경색(즉, 붕괴와 패닉)이라고 불렀던 사태가 시작되기까지의 과도 기간을 묘사하기 위해 쓰인 다른 용어들은 불안, 걱정, 긴장, 절박, 압박, 불확실, 불길한 상황, 취약성이다.[16] 보다 다채로운 표현으로는 "끔찍한 시장의 추락" 같은 것도 있고, "천둥이 칠 듯한 날씨"[17] "폭풍 전야의 숨막힐 듯한 답답함이 다시 느껴진다"[18]는 표현 같이 날씨에 비유한 것들도 자주 사용됐다. 1847년 공황이 터지기 2년 전에 오버스톤 경이 그의 친구인 노먼(G.W. Norman)-1920년대 영란은행 총재였던 몬태규 노먼의 할아버지-에게 쓴 편지에서는 지질학적인 비유도 사용되었다: "지금 당장은 붕괴가 나타나지 않은 상태. 우리 발 밑의 지각이 미미한 징후의 움직임을 보여주고 있을 뿐이다."[19] 미셸 슈발리에는 제2차 합중국은행(Second Bank of the United States)을 겨냥한 잭슨(Andrew Jackson) 대통령의 전쟁 선언에 대한 미국발 서신에서 "신용이 총체적으로 무너지는 현상은 아무리 그 기간이 짧아도 가장 끔찍한 지진보다 더 무섭다"[20]고 썼다. 또 다른 프랑스인 저술가는 "재앙의 예감"[21)]이라고 적었고, 독일의 어느 비유에서는 "1782년 가을은 너무 휘어져 이제 막 부러지려는 활과 같은 형상"이라고 표현했다.[22)]

불안은 국가 경제 차원에서는 쉽게 계측되지 않는 상태다. 투자자들은 일정한 변수의 값이 평균치에서 크게 이탈할 때 걱정에 빠져들기 쉽다; 이런 변수들 가운데는 중앙은행의 금 준비율, 대다수 기업 및 개인의 부채비율, 은행의 자본 대비 손실액, 한 나라의 수출액 대비 외채상환 원리금 비율, 주식의 주가수익비율, 부동산 임대율 등이 있다. 어떤 한계점이 임박했다는 세간의 인식이 생길 수 있다; 예를 들면 영국의 1844년 은행법에 규정된 영란은행권의 발행 상한액, 1893년 최소 1억 달러의 미 재무부 금 준비금 규정, 1924년 프랑스은행의 재무부 대출 한도, 1931년 6월 도즈안(Dawes Plan)이 설정한 독일 제국은행(Reichsbank)의 금 준비율, 1932년 글래스-스티걸법(Glass-Steagall Act) 통과 이전 시기에 적용되던 미 연방준비제도의 재량 동원 금 보유고 등이 그런 한계점의 사례들이다. 어느 나라의 국내총생산(GDP) 대비 대외채무 비율의 경우, 60%라는 경계선을 불길한 지표로 간주하는 투자자들의 인식이 자리잡고 있다; 이 비율이 60%를 훨씬 초과할 경우 그 나라는 살얼음판이 되는 셈이다. 마찬가지로 GDP 대비 정부채무의 비율이 60%를 크게 초과하면 과다한 것으로 간주된다. 1857년 영국 재무대신이 지적했듯이 한계점의 설정은 사람들을 흥분시킨다:

> 한도를 설정하게 되면, 위기 발생시 사람들이 그 한도를 인식하고 있는 한 그 한도의 존재 자체가 위기감을 더욱 증폭시킬 수밖에 없다. 그 시점에 사람들은 위험이 자신들을 압박하고 있다고 느끼고, 경제위기가 올 때 그

들이 지원받을 수 있는 예산이 얼마나 남아있는지 계산하기 시작한다. 그리고 그 한도가 어떤 방식, 즉 의회의 법령이나 은행학파의 지도자 가운데 한 명인 토마스 투크(Thomas Tooke)가 제안한 대로 모종의 사용량, 혹은 프랑스처럼 프랑스은행에 요청할 수 있는 행정부의 재량권한으로 규정되든 간에, 위기의 순간에 그 한도가 위기감을 악화시킬 수밖에 없다는 데는 의심의 여지가 없다.[23]

20년 뒤, 프랑스 정부당국자 한 명도 프랑스은행이 정화(正貨) 준비금을 요구불 예금부채의 3분의 1가량으로 유지하도록 하되, 고정불변의 법적 규정은 두지 않는 전통을 변론하면서 똑같은 생각을 제시했다: "고정된 비율은 필요하지 않다. 그것은······고정 불변의 절대 한도에 대한 공포를 만드는 일로서 현명한 방법이 아니다."[24] 한도의 돌파는 심리적인 효과를 발휘할 수 있다. 1924년 3월 세련된 은행업자들은 프랑스의 통화 공급량이 좀더 늘더라도 그리 위험하지 않을 것이라는 점을 알고 있었지만, 일반 대중은 이미 프랑스은행의 재무부 대여금 상한선을 경제의 건전성을 판단하는 지표로 간주하고 있었다. 한 장관의 언급처럼 자국 통화에 대한 프랑스인들의 신뢰가 버틸 수 있는 탄성의 상한선에 근접한 상태였다.[25]

불안의 원인이자 또 그 증상으로 나타나는 다음과 같은 현상들이 동시에 발생한다: 자본시장의 일부 또는 모든 영역에서 금리가 가파르게 상승한다; 우량 등급의 차입자가 지불하는 금리에 비해 우량 등급 이하 차입자가 지불하는 차등금리가 상승한다; 외환시장에서 통화가치가 급락한다; 파산 건수가 증가한다; 상품과 부동산, 유가증권의 가격 상승이 멈춘다. 이런 상황들은 서로 관계를 맺고 전개되는 경우가 많으며, 대여자들의 여신이 이미 과도하게 확장된 상태여서, 대여자들이 위험의 노출, 특히 큰 위험을 줄이기 위해 움직이기 시작했음을 말해준다.

19세기의 금융 불안은 신규 발행주식 매수에 수반되는 납입금의 결제가 건축 공정의 진척에 따라 주식 발행자가 요구하는 일련의 '납입 청구' 시점에 중도금을 지불하도록 하는 결제 방식에 따라 진행됐기 때문에 문제가 더 꼬이게 됐다. 1825년과 1847년 영국에서, 또 1882년 프랑스에서 주식 매수자의 일부가 이 같은 납입 청구에 응할 현금이 없었다; 아마도 다음 번 납입 청구 시점이 오기 전에 해당 주식을 매도해 이익 실현과 함께 처분한다는 게 투자자들의 생각이었을 것이다. 토마스 투크는 현금 결제는 목전에 닥쳤는데 주식에 대한 수익 전망은 멀고도 불확실했다는 점에서, 1825년에 벌어진 이 곤혹스러운 사태를 첨예한 사안으로 묘사하고 있다.[26] 1847년 1월에는 단 한 달 동안 철도채권 납입 청구가 650만 파운드에 달할 정도로 금융 불안이 증폭됐다.[27]

연쇄편지와 같은 양상으로 증권이 발행됐다는 사실은 남해회사가 1720년 6월, 7월, 8월에 걸쳐 반복적인 신주 발행을 통해 자금을 조달했다는 점에서 분명히 나타난다. 1881년에는 125건이 넘는 시가 50억 프랑 규모의 신규 발행 주식이 파리에서 판매됐는데, 그 무렵 프랑스의 연간 저축액 추정치는 20억 프랑에 불과했다.[28] 더욱이 당시 영국이나 프랑스는 1880년대 말의 영국과 1920년대 말의 미국처럼(이 두 경우에는 기업공개 이전에 개인이 소유하던 주식을 일반투자자들에게 신주로 매각했기 때문에 저축의 증가가 필요하지 않았다) 민간기업이 대규모로 주식을 공개하는 시기도 아니었다.

상당수 투자자들이 자산가격의 상승이 계속될 것이라는 예상에 근거해 자산을 매수하는 일이 벌어질 때마다, 자산가격의 상승 국면이 끝남과 동시에 불안 국면이 시작된다. 투자자들 가운데는 자산 매수를 위해 끌어 쓴 차입금의 금리가 매수한 자산에서 나오는 현금 소득을 상회하기 때문에, '네거티브 캐리'에 빠지는 경우가 많다; 이들의 당초 예상은 매수한 자산의 가치 상승분을 추가 담보로 제공해 신규 대출을 받으면 대출잔고의 이자 지불에 필요한 현금의 일부를 확보할 수 있으리라는 것이다. 그러나 자산가격의 상승이 멈추면, 투자자들은 채무잔고의 이자 지불에 필요한 현금을 확보할 만한 방법이 달리 없어, 이들의 투자 입지는 불안 기조로 바뀐다.

금융 불안은 나라 밖으로의 자금 유출이 증가함에 따라 발생할 수도 있다. 가령 흉작으로 인해 수입을 늘려야 하는 경우에도 자금이 유출되고, 주요 국제 금융중심지에서 금리가 상승하면 국내 금융시장에서 자금이 빠져나간다. 국내 신용시장에서 용이하게 사용할 수 있는 신용이 은행 시스템의 준비금 감소로 인해 줄어드는 일, 즉 신용 위축이 발생할 가능성이 있다.

자본 유출은 수면 밑에 잠복하면서 언제나 일어날 가능성이 있다; 1872년 프로이센의 제국은행이 프랑스가 지불한 패전 배상금으로 언제든 금으로 태환 가능한 영국 파운드화 표시 증권을 막대한 규모로 확보했을 때, 런던 자금시장에 금융 불안이 발생했다. 이와 유사하게 1925년을 앞두고 영국 파운드화 가치가 전쟁 이전의 금 평가 수준으로 상승할 것이라는 예상에 따라 런던으로 자본이 유입되었다; 일단 파운드화가 다시 금에 고정되면, 런던으로 자금을 이전한 예금 소유자들이 이 예금을 런던에 묶어 둘 동기는 약해지기 마련이었다. 이들 자금의 일부가 런던을 이탈할지도 모른다는 우려가 영란은행의 정책 선택을 제약했다. 프랑스은행은 1926년 말 통화 안정을 회복한 후에, 프랑화의 외환가치 상승을 제한하기 위한 노력으로 거액의 파운드화 잔고를 축적했다; 이로 인해 프랑스인들이 파운드화 잔고의 전부 또는 일부를 금을 매수하는 데 쓸 수 있는 개연성은 런던의 긴장을 고조시키는 하나의 협상용 카드 역할을 했다.

금융 불안의 본질은 신뢰의 상실이다. 불안 국면이 시작되면 그 다음에는 어떤 사태가 올 것인가? 다시 말해 경제의 여러 측면들이 교정되면서 신뢰가 완만하게 회복될 것인가, 아니면 가격이 폭락하고 패닉이 발생하면서 예금을 인출하려는 인파와 함께 비유동성 자산을 처분하고 현금으로 전환하려는 쇄도가 벌어질 것인가?

제임스 기븐스(James S. Gibbons)는 이 문제를 다음과 같이 명료하게 정리하고 있다:

> 훌륭한 상인들이 최적의 사업 추진에 실패하고는 궁지에 몰린 채 절망적인 분위기에 빠질 때 은행 관리자들이 항상 위험 신호를 느끼지 못하는 것은 아니다. 그들은 시장에 감도는 일촉즉발의 위험을 알고 있다. 신용은 엄청나게 확장됐고, 일반 대중의 흥분은 매우 팽팽한 긴장 상태에 접근해 있기 때문에, '큰 회사'의 파산 단 한 건이면 이 '거대한 거품'이 터지기에 충분한 상태다. 이것이 거품이라는 것을 누가 알겠는가? 터지기 직전의 최대 압력까지 가는 날이 오늘은 아니라는 것을 누가 알 것이며, 그리고 내일 당장 이 파고가 가라앉기 시작하지 말라는 법은 또 어디 있는가? 그리고 나서 점차 여러 가지 상황들이 예전의 경로를 따라 움직이고 신뢰가 회복되고 나면, 터질 만한 거품은 아예 없었던 것으로 바뀌어 버리는 것이다.[29]

불안 국면의 지속 기간

금융 불안은 1866년 프랑스의 경우와 1873년 및 1907년 영국의 경우처럼 가라앉을 가능성도 있고, 불안 국면에 이어 패닉이 뒤따를 수도 있다. 미국에서는 패닉에 가까운 사태가 여러 번 발생했는데, 1979년 비축의 대가 헌트 형제가 은시장 장악을 시도하다가 실패했을 때, 1984년 컨티넨털 일리노이 뱅크의 파산 때, 그리고 1998년 롱텀 캐피탈 매니지먼트(LTCM) 대란 때 그랬다. 1982년 8월 이후에는 멕시코, 브라질 등 개발도상국에 대한 은행 여신에서, 또 유가가 배럴 당 80달러로 오를 것이라는 전망을 기초로 탐사활동을 벌였던 차입자들에게 거액을 대출해준 루이지애나, 오클라호마, 텍사스의 저축기관들에서 불안 국면이 오랫동안 지속됐다. 1980년대 말 수백 개에 달하는 미국의 은행과 저축기관들이 파산한 뒤, 미국 정리신탁공사(Resolution Trust Corporation: RTC)는 대출담보로 설정돼 있던 수백 억 달러의 부동산을 취득했다. 이들 부동산은 언젠가는 일반에게 매각될 예정이었지만, 그 가치의 불확실성으로 인해 해당 부동산의 가격은 낮은 수준을 벗어나지 못했다.

1990년대 도쿄의 불안 국면 역시 장기간 지속되었다; 일본 대형 은행들의 자산가치에 대해서는 그 어느 '시가평가' 기준으로 검증하더라도 대부분 파산 상태였고, 다만 은행이 파산해도 정부가 예금을 보전해 줄 것이라고 예금자들이 간주했기 때문에, 은행 예금의 인출쇄도 사태는 일어나지 않았다. 파산한 금융기관들에 대한 일본정부의 정책이 불안 국면을 조장한 한 원인이었다: 정부가 이들 파산 은행들을 청산할 것인지, 아니면 이들에게 유리한 조건으로 신규 자본을 주입할 것인지가 불확실한 상태로 너무 오래 지속되었기 때문이다.

1987년 10월 19일 검은 월요일의 주가 폭락은 패닉이 아니라 조정이 었던 것으로 판명났다; 다른 대다수 국가들(당시 일본은 예외였다)의 주식시장에서도 거의 동시에 주가 폭락이 있기는 했지만, 미국의 다른 자산

시장으로는 폭락이 확산되지 않았기 때문이다. 주가 폭락이 다른 자산 시장에 큰 충격을 줄 것인지 여부에 대해 투자자들이 관망하는 동안 불안 국면이 몇 주간 지속되었다.

1998년 여름의 LTCM 대란은 러시아 금융시장의 붕괴와 거의 동시에 발생했다; 임박한 러시아의 재앙이 유발한 금리와 수익률 관계의 변동이 사실 LTCM을 붕괴시킨 결정타로 작용했다. LTCM은 헤지펀드로 여겨졌지만, 사실상 규제를 벗어난 은행이나 마찬가지였다. LTCM은 최고경영진 가운데 두 명이 노벨 경제학상 수상자였다는 점에서 "매우 똑똑한" 금융기관으로 받아들여졌다. 자본금은 50억 달러였고 부채는 1250억 달러에 달해, LTCM은 일반 은행이나 대부분의 헤지펀드에 비해 자본금 대비 차입금 비율이 훨씬 더 높았다. 더욱이 LTCM은 이 자산과 부채를 활용해 선물과 옵션 같은 파생상품 계약에서 수백 억 달러의 포지션을 움직였다. 사업 초기의 여러 해 동안 LTCM은 돈 버는 기계로 여겨졌고, 매우 유사한 금융자산들 사이에서 발생하는 미세한 가격 편차를 이용해 수익을 내는 일에 극도로 영리했다. 예를 들자면, 미국의 30년 만기 국채는 폭넓게 거래되었지만 29년 만기 국채는 거래량이 적었는데, 29년 만기 국채가 그만큼 유동성이 작았기 때문에 수익률은 30년 만기 국채보다 약간 높았다. 이 틈새를 노리고 LTCM은 수 억 달러 규모의 29년 만기 국채를 매수하는 동시에 거의 같은 금액의 30년 만기 국채를 공매도해, 그 수익률 차이에서 이익을 창출하는 매매를 하곤 했다. 30년 만기 국채 수익률에 대한 29년 만기 국채 수익률의 초과분은 미미했지만, 이 작은 수익률 차이에 수 억 달러의 포지션을 곱해서 산출되는 이익은 큰 금액이었다.

LTCM에 거액의 자금을 조달해주던 일부 대형 은행들이 LTCM의 자산운용 포지션의 일부를 모방하는 경향이 나타났다. 일부 유가증권에서는 LTCM과 이들 은행의 포지션이 해당 시장을 지배했다.

1998년 봄 LTCM은 이머징마켓 채권에 매수 포지션을 취하고, 이에 대한 헤지수단으로 미국 국채를 공매도했다. 러시아 금융시장의 장래에 대한 투자자들의 우려가 증폭되자, 이머징마켓간의 파급효과가 작용하면서 이머징마켓 채권의 가격이 하락했다. 더구나 FRB가 통화정책의 고삐를 풀고 유동성을 확대하자 미 국채 가격은 상승했다. LTCM은 헤지의 양쪽 방향 모두에서 발생하는 손실로 인해 자본금 기반이 흔들렸다. 이머징마켓 채권의 가격이 하락함에 따라 LTCM은 진퇴양난에 빠졌다; 만약 자신이 보유하는 개별 증권의 어느 하나라도 매도하면, 그 가격은 더욱 하락하게 되고, 이로 인해 자신의 자산가치는 더욱 빠른 속도로 줄어들 것이기 때문이다.

FRB는 LTCM이 파산할 경우 자본시장에 상당한 불확실성, 즉 금융불안이 장기화함과 동시에 LTCM이 체결해 놓은 포지션이 청산되지 않은 채로 채권가격만 더욱 하락하는 사태를 우려했다. FRB는 자신의 근육－보다 정확히 말하면 규제라는 근육을 쓰겠다는 위협－을 동원해 LTCM에 돈을 빌려준 대형 은행들이 LTCM에 투자하도록 유도함으로써, 결국 이들 은행이 LTCM 소유 지분의 90%를 인수하도록 만들었다.

금융 불안에 뒤따르는 붕괴나 패닉은 곧바로 일어날 수도 있고, 수 주 혹은 수 년 동안 지속될 수도 있다. 존 로의 시스템은 1719년 12월 최고점에 달한 후 1720년 5월에 붕괴해, 그 영광으로부터 파탄에 이르기까지 5~6개월이 걸렸다. 1720년 남해회사 거품에서는 정신병자들이 내는 듯한 발광기의 음조가 4월 말 명료히 울린 뒤에 추악한 시장의 추락은 8월에, 그리고 붕괴는 9월 초에 왔다. 1763년 금융 불안은 3월에 증폭됐고, 암스테르담의 드뇌프빌이 파산함에 따라 촉발된 실제 위기는 7월에 일어났다. 1772년 영란은행은 연초에 재할인율을 인상했지만, 에이어뱅크가 사업 범위를 축소한 5월은 너무 늦은 시점이었다. 포디스(Fordyce)가 6월 10일 잠적했다는 소식이 6월 22일 영국에 패닉을 촉발했다; 그 후속 파장으로 발생한 암스테르담의 불안 국면은 클리포드 회사(Clifford & Co.)가 파산한 12월까지 이어졌다.

1789년에서 1815년 사이에 있었던 여러 위기의 발생 시점은 묵시록적인 개별 사건들이 결정적인 영향을 미쳤다; 1793년 1월 프랑스의 루이 16세가 단두대에서 참수당한 사건(그 누구의 목이 잘리더라도 이런 일은 묵시록적이다), 1797년 2월 프랑스 군대가 웨일즈 남서해안 끝자락의 피시가드에 상륙한 사건, 1799년 대륙봉쇄가 뚫리는 사건 등. 이런 경우는 패닉이 거의 즉각적으로 이어졌기 때문에 불안 국면은 짧았다. 1809~10년에 대륙봉쇄의 강화와 브라질을 향한 수출에서 발생한 과잉거래로 인해 장애가 발생했다. 1809년 중반부터 서서히 증폭되던 긴장은 1810년 중반부터 가속화되다가 1811년 1월에 파산이 최고조에 달했다.

1847년 1월 철도회사 주식청약에 대한 추가적인 납입 청구로 긴장된 분위기가 조성됐고, 이 틈을 탄 곡물 투기가 5월에 절정에 이른 뒤 8월에 붕괴됐고, 11월에 패닉이 발생했다. 1866년의 위기는 1864년 면화가격의 폭락―이로 인한 패닉이 같은해 프랑스에서 유발됐다―에 따른 충격이 나중에 나타난 결과였다. 영국은 1864년에 두 번의 "결정적인 순간"이 있었다; 하나는 면화가격의 폭락과 결부된 1월의 실제 위기 기간이고, 다른 하나는 그해 4분기였다.[30] 당시 영국정부의 대응은 한 해 전에 시작돼 어음할인업체들 사이에 퍼진 투기 확대를 중시했고, 투자자들을 부추기기 위해 신주 발행에서 얻은 자금으로 다시 자사 주식을 매수했던 프랑스의 동산은행(Credit Mobilier)과 유사한 일련의 회사들을 주시했다. 킹(W.T.C. King)의 기록에 따르면 앨버트 그랜트(Albert Grant)라는 가명을 사용한 앨버트 고트하이머(Albert Gottheimer)라는 인물이 최종적으로 100만 파운드의 자본금-어쩌면 납입된 자본금이 아니라 납입청구액 기준으로-을 끌어 모은 바 있는 당시 잉글랜드의 거창한 회사, 부동산 동산은행(Credit Foncier and Mobilier)을 상장했다고 한다.[31] 호황과 "배당금 경쟁"이 최절정에 달했던 1865년 7월 어음할인업체인 오버런드, 거니 회사(Overend, Gurney & Co.)가 상장회사로 전환되자, 10월에 이 회사 주식의 프리미엄은 100%로 상승했다. 영란은행은 재할인율을 3%에서 7%로 인상하는 조치로 대응했다; 붕괴는 1866년 5월까지 일어나지 않았다. 영국의 불안 국면은 1865년 10월에서 1866년 5월까지 7개월간 지속된 반면, 프랑스의 불안 국면은 거의 30개월 동안 이어졌다.

미국의 금융 경색과 위기, "그리고 패닉의 시기는 서부 지역의 은행들이 곡물 출하 대금을 결제해 주기 위해 동부 지역에서 거액의 자금을 인출하는 가을에 일어났다."[32] 신용 수요는 곡물 거래상이 농부들에게 지불할 자금이 필요했던 가을에 급증했다. 1873년의 위기는 조기 수확으로 인해 9월에 발생했는데, 위기의 발발은 언제든 업계에 경악할 만한 사건으로 등장했고, 1873년의 위기도 예외가 아니었다고 스프라그(O.M.W. Sprague)는 지적했다.[33] 계절적인 자금 긴축 현상은 널리 알려진 사실이기 때문에, 왜 이 현상이 경악할 만한 사건으로 취급됐는지는 수수께끼라고 할 수 있다. 1872년 9월에서 1873년 5월 사이 통화의 "과도한 긴축"으로 인해 철도회사들이 채권을 발행하지 못하고 단기 자금을 차입하게 된 일은 금융 불안의 징후로 파악될 수 있는 일이었는데, 뒤따라 발생한 계절적 긴축이 붕괴를 촉발했다.[34]

금융 불안은 연속적으로 이어지는 양상을 띨 수도 있으며, 스스로의 리듬을 타며 출렁일 수도 있다. 프랑스의 위니옹 제네랄의 경우 1882년 1월 붕괴에 앞서 별개의 긴장 국면들이 1881년 7월, 10월, 12월 세 번에 걸쳐 나타났다.[35] 1907년 10월의 패닉은 예상된 것이었고(비록 스프라그는 패닉의 정확한 시점을 예상할 수 없었다고 지적했지만), 당시 어음거래에서 자금조달용 담보로 가장 폭넓게 사용되는 유가증권이었던 유니온 퍼시픽(Union Pacific) 주식이 50포인트 떨어진 "부자들의 패닉"이 그에 앞서 3월에 일어났다.[36] 이 "부자들의 패닉"이 가져다 준 타격에서 시장은 곧 회복됐다; 또 시장은 6월 뉴욕 시의 채권 공모 실패(4% 금리 채권의 공모 규모 2900만 달러 대비 200만 달러만 청약 신청)로부터도 회복했고, 7월의 구리시장 폭락과 8월 반독점법 위반으로 스탠더드 오일 컴퍼니(Standard Oil Company)에 대한 2900만 달러의 벌금이 부과되는 사태로부터도 회복했는데, 10월 니커바커 신탁회사(Knickerbocker Trust Company)의 파산에는 굴복했다.[37] 1929년의 불안 국면은 6월부터 10월의 마지막 주까지 지속되었다.

일본에서의 불안 국면은 1990년대의 출발과 함께 시작해 10년 넘게 지속됐다. 일본 제조업체들은 회사의 비용을 그들의 경상적인 수익 아래로 낮추는 데 필요한 기업 규모의 축소와 구조조정을 극도로 기피했다; 이것은 지난 40년 동안 일본 기업들이 영업수지 적자를 메우고, 투자자금을 조달할 때면 언제든 은행에 의존할 수 있었기 때문이다. 일본 은행들은 신규 대출을 중단하는 것을 극도로 꺼렸고, 심지어는 그 어떤 '시가평가' 기준에서도 파산 상태로 간주되는 기업들에 대해서까지 마찬가지였다; 또한 감독당국은 파산 상태로 간주되는 은행들의 폐쇄를 피했다. 일본에서는 전통적으로 금융 손실의 위험을 "사회가 떠 안았다"; 파산한 기업의 폐쇄에 수반되는 구조조정 비용을 이들 기업의 피고용자들에게 부담시키는 것보다는, 그 손실을 납세자 집단에게 분담시키는 편을 사회가 선호한 것이다.

아르헨티나는 2001년 1월의 통화가치 폭락 이전인 1990년대 말과 2000년에 장기적인 불안 국면을 겪었다. 1980년대 말에는 2년 동안 초인플레이션(hyperinflation)을 겪는 고통을 경험했다. 카를로스 메넴(Carlos Menem) 대통령이 이끈 새 정부는 아르헨티나의 신 페소화를 미 달러화에 일대일 비율로 고정시켰다; 동시에 아르헨티나는 중앙은행의 미 달러화 보유액이 증가하는 한도 안에서, 중앙은행이 페소화의 본원통화 공급량을 증가시키는 통화관리 방식을 채용했는데, 이 정책은 통화학파의 원칙을 매우 엄격하게 적용한 것이었다. 1990년대 동안 아르헨티나 정부의 조세 수입은 정부 지출보다 작았고, 조세 수입을 초과하는 정부 지출은 민영화에서 얻은 수입과 정부의 차입금으로 조달했다. 1980년대에 초인플레이션으로 인한 아르헨티나 국채 가치의 폭락을 경험한 투자자들에게 아르헨티나 정부는 여전히 신용 위험이 크다고 각인됐기 때문에, 이들은 미 달러화로 표시된 아르헨티나 정부 국채를 매수했다. 아르헨티나 정부 부채가 GDP에서 차지하는 비율이 상승함에 따라 새로운 국채를 발행하기 위해 아르헨티나 정부가 지불해야 하는 금리가 상승했다. 1990년대 말로 치달으면서 미 달러화 가치의 상승과 함께 달러화에 고정된 페소화의 외환가치 상승이 부분적 원인이 되어, 아르헨티나의 경기 후퇴가 발생했고, 정부 지출에 비해 조세 수입이 감소함에 따라 아르헨티나의 재정적자가 확대됐다. 1998년 1월 아르헨티나의 주요 무역 상대국인 브라질 헤알화의 외환가치 하락으로 인해 아르헨티나의 경기 후퇴가 더욱 악화됐다. 정책적인 문제는 과연 아르헨티나가 미 달러화에 대한 페소화의 일대일 고정환율을 유지하면서, 동시에 재정적자를 축소할 수 있을 것인가 하는 점이었다.(아르헨티나 국민들은 확고한 납세 전통을 구축해 놓지 못했기 때문에 세율은 높아도 조세 징수액은 낮은 경향을 보이는 한편, 정부관리의 급여는 높아도 그들의 능력은 낮은 경향이 있다.) 세율을 인상하고 정부 지출을 축소하는 정책이 추진되자, 일련의 정치적 문제가 터졌다; 아르헨티나 시민들은 불경기에 더 많은 세금을 지불하고 싶어하지 않았다. 이 나라는 천천히 파탄을 향해 달려가고 있었다. 마침내 아르헨티나는 페소화를 평가절하하고, 정부 부채의 채무 불이행 사태에 빠짐으로써 두 가지 정책 과제 모두에서 실패했다.

투기의 비용을 높이기 위해 통화당국이 신용을 축소한다고 가정해 보자. 상품과 자산시장이 상승이든 하락이든 같은 방향으로 움직일 때는, 통화당국이 선택해야 할 방향이 분명하다. 그러나 주가와 부동산가격 중 하나 또는 둘 다 급등하는 반면, 상품가격이 안정적이거나 하락한다면 정책당국은 딜레마에 직면한다. 1920년대 미국의 FRB가 이 같은 딜레마에 직면했다; 벤자민 스트롱(Benjamin Strong) 뉴욕연방준비은행 총재는 적합한 정책을 찾기 위해 1925년에 고민했고, 1927년에 한 번 더 고뇌했다. 이 딜레마는 정책 입안자가 돌멩이 하나로 두 마리 새를 잡을 수 없다는 문제, 보다 정확히 말하면 하나의 정책 수단으로 두 가지 정책 목표를 달성할 수 없다는 것이다. 어쩌면 나란히 곁에 놓여 있는 두 개의 표적 중에 다른 하나는 건드리지 않고 원하는 표적 하나만을-그것도 총신 하나짜리 장총이 아니라 두 개짜리 엽총으로-쏘아서 떨어뜨리는 일과 같다는 것이 더 나은 비유일지 모르겠다. 일본 정부도 1980년대 말 부동산시장에서 이 문제에 봉착했다; 즉, 주택가격이 100년 또는 3세대나 걸치는 부동산 담보대출을 받아야만 매입할 수 있을 정도로 천정부지로 치솟았지만, 만약 부동산 경기 과열을 진정시키기 위해 신용을 축소한다면 괄목할 만한 경기 확장 국면도 동시에 꺼져버릴 것만 같았다.[38]

 그린스펀 의장은 1996년 12월 "비이성적으로 과열된" 주가에 대해 그의 유명한 논평을 하면서, 미국의 주가가 너무 높고 지나치게 빠른 속도로 상승하고 있다는 점을 우려했다. 그러나 경제성장과 고용에 대한 부정적 영향 때문에 FRB가 주가 상승을 제어하기 위한 금리 인상을 회피한 것으로 나중에 판명됐다. 1999년 FRB는 "2000년도 컴퓨터 연도표기(Y2K) 문제"-많은 소프트웨어 프로그램이 2000년으로의 날짜 전환을 인식할 수 있도록 설계되지 않아 미국의 컴퓨터 시스템이 작동하지 않을 수도 있다는 문제-를 우려했다.(아니면 이 문제에 강박된 것이었을까?) 1999년 마지막 수 개월 동안 FRB는 일천 년 마지막 날의 날짜 전환에 수반될지 모를 문제를 미연에 방지할 수 있도록 충분한 유동성을 통화 시스템에 공급했다. 그 사이 어디론가는 가야만 했던 자금이 주식시장의 투기에 에너지를 공급했다.

위기의 시작

논리학을 공부하는 학생들이 물폭탄 놀이에 대해 토론을 벌인다; A가 B의 발에다 물폭탄을 던지고, 다시 B가 C에게, C는 D에게로 계속 이어지다가, 마침내 Y가 Z의 얼굴에다 던지고 나니 터지는 것이다. 과연 누구를 비난해야 하는가? 원인(causa remota)인 A인가? 아니면 근인(causa proxima)인 Y인가? 어떤 위기라도 그 원인(遠因)은 신용의 팽창과 투기인 반면, 근인(近因)은 시스템에 대한 신뢰를 무너뜨려 투자자들이 상품이나 주식, 부동산, 환어음, 또는 약속어음 등을 매도하고 현금 보유액을 확대하도록 유인하는 무슨 사건이다. 파산, 자살, 도주, 사기의 폭로, 어떤 차입자들에 대한 여신 거부, 혹은 거액의 포지션을 보유한 시장 참여자의 매도를 부추기는 모종의 관점 변화 등 근인은 사소한 것일 수 있다. 가격이 떨어진다. 기대가 반전된다. 가격의 하락 움직임이 빨라진다. 투자자들이 주식과 부동산 매수 자금을 조달하기 위해 차입 자금을 끌어다 쓴 만큼, 가격 하락은 추가 증거금이나 부족한 현금 청구를 유발하게 되고, 더 많은 주식과 부동산의 처분을 야기하기 쉽다. 가격 하락이 더욱 진행되면, 은행의 대출손실이 증가하고, 하나 또는 다수의 상사, 은행, 어음할인회사, 거래중개회사가 파산한다. 신용 시스템이 흔들리는 양상을 보이면서 유동성 확보를 향한 경주가 벌어진다.

최초의 매도자들을 식별하는 것은 어려운 일이다. 음모 이론도 많이 나와 있다. 1929년의 경우에는 조셉 P. 케네디(Joseph P. Kennedy, Sr)라든가 버나드 바루크(Bernard Baruch) 같은 약세장을 노리는 투기자를 지목하고; 1882년 프랑스의 사례에서는 외젠 봉뚜에게 타격을 준 것으로 추정되는 신교도와 유대계의 연합전선을; 혹은 남해회사 주식을 1720년 4~6월 사이 6주간에 걸쳐 5만4000파운드어치를 처분하면서도 매도 1건 당 한 번도 1000파운드 이상의 매도주문을 내지 않았던 토마스 가이(Thomas Guy)—그는 "남해회사 거품의 가장 훌륭한 기념물"인 런던의 가이병원(Guy's Hospital)에 그의 전재산을 기부했다—를 지목할 수 있다.[39]

누군가가 매도한다. 이 매도자는 종종 외국인이다. 예를 들면 프랑스인들—에반스(Evans)가 인용한 S. 손더스(S. Saunders)라는 사람에 따르면 그렇다—이 1847년에 밀의 잔여 물량을 전량 매입해 6월과 7월에 영국으로 보냈고, 이로 인해 당시 지배적인 시장가격인 쿼터 당 96실링에 거래되던 영국의 밀가격이 이보다 훨씬 낮은 56실링으로 하락함에 따라 곡물 교역에 관계된 수많은 상사의 파산을 일으켰다고 한다.[40] 설득력 없는 이야기다. 밀가격은 1846년 8월 46실링에서 1847년 5월에는 매서운 폭풍으로 인한 경작지 피해에다 아일랜드와 유럽 대륙에 퍼진 감자 병충해로 인해 93실링으로 상승했다. 그해 7월에는 다시 순조로운 날씨와 풍작에 대한 전망으로 밀가격이 하락했다. 밀과 밀가루 수입이 1846년의 230만 쿼터(1쿼터는 8부셸)에서 곡물법(Corn Laws) 철폐에 힘입어 1847년에는 440만 쿼터로 증가했다.[41] 프랑스인들이 보냈다는 7만 쿼터는 이 수입 물량 총계에 비하면 미미한 물량이다. 1846년에 프랑스의 밀 수확량은 100년 만의 최악의 흉작이었고(감자 수확 실패로 인해 더욱 심각했다), 1847년에는 밀 수확량이 100년 만의 최대의 풍작이었다. 그러나 프랑스의 상황은 예전과 다름 없이 일반적인 수준이었다; 밀 공급량이 회복되기 전 물량이 부족했을 때 영국에서의 밀 투기가 과도했던 것이다.

  1890년의 베어링 위기가 독일의 아르헨티나 채권 매각에 의해 촉발되었다는 견해가 있다. 독일 투자자들은 위기가 발발하기 2년 전에 채권 매입을 중단했는데, 그 원인으로는 일반적인 불안,[42] 아르헨티나 통화의 외환가치 불안정에 대한 우려,[43] 독일의 내수 호황으로 인해 러시아 채권을 포함한 외국 채권의 매도[44]가 유발되었다는 점을 들 수 있다. 당시 영국 투자자들은 아르헨티나가 발행한 채권 가운데 독일보다 큰 비중인 2억 파운드의 물량을 가지고 있었기 때문에, 독일의 아르헨티나 채권 매각은 위기라기 보다는 불안 국면의 한 원인이었다. 1888년 11월 350만 파운드의 부에노스아이레스 상하수도공사(Buenos Aires Drainage an Waterworks Company)의 채권 공모가 실패하자, 베어링은 어음 인수를 통해 아르헨티나에 자금을 대여해 줄 수밖에 없는 상황이라고 느꼈다. 1890년 1차 원자재가격의 하락으로 인해 아르헨티나 정부가 이 차입금의 결제 시점에 상환할 자금을 마련하지 못하게 됐다. 2년 동안 이어진 불안 국면 후에 터진 1890년 11월의 베어링 위기를 촉발시킨 계기는 인수 규모(1890년 여름 3000만 파운드에 달했다)를 제한하라는 베어링 브라더스에 대한 영란은행의 경고와 10월에 발생한 뉴욕의 위기, 그리고 베어링이 그 동안 인수한 증권의 매각과 추가적인 단기 차입이 더 이상 불가능하게 된 시점인 11월에 어음인수 채무 400만 파운드의 만기가 도래했다는 점이다.

파리-리옹-마르세유 철도 사업비용이 당초 예상인 2억 프랑을 넘어 3억 프랑에 달할 것이라는 사실이 밝혀졌을 때처럼, 새로운 정보가 붕괴를 촉발할 때도 있다.[45] 이 때의 원인(遠因)으로 보다 중요했던 것은 철도 자재의 대규모 수입으로 인한 큰 폭의 국제수지 적자와 특히 1847년의 풍작 전에 발생한 1846년의 흉작이었다. 미국의 1873년 폭락은 그랜저(Granger) 운동이 한 계기가 되었다. 오늘의 환경운동가들과 어느 정도 유사한 그랜저들은 1860년대 말과 1870년대 초부터 차등운임의 금지와 규제성 수수료의 부과, 운임 상한선의 설정을 통해 주(州)간 운송을 통제하는 입법 운동을 시작했다.[46] 당시 거액의 철도 채권이 신용을 토대로 판매된 상태였는데, 철도사업 주체 가운데는 록포드, 록아일랜드 앤드 세이트루이스(Rockford, Rock Island and St Louis) 철도-이 회사가 발행한 채권은 액면가 1달러 당 6센트로 폭락했다-와 같은 "있으나마나 한 우스개 회사"들도 다수 포함돼 있었다. 따라서 운임에 대한 지역 통제가 도입될 것이라는 예상은 낙관론의 종식과 함께 매도 물결을 촉발했고, 결국 이 채권들은 청산됐다.

위기를 촉발하는 '우발적인' 기폭장치 중에는 선박의 침몰도 있었다. 금리가 12~14%대였던 1799년 설탕가격은 호위함이 대륙봉쇄망을 뚫기 전의 최고가 대비 35% 정도 하락한 상태였는데, 영국 상인들은 암스테르담의 위기를 지원하기 위해 텍셀로 가는 프리깃함 루틴(Lutine) 호에 100만 파운드를 선적했다. 이 선박은 네덜란드 해안가에 닿기 전에 폭풍으로 침몰했고 위기 완화에 대한 희망은 사라졌다.[47] 1857년 뉴욕 위기 중에는 200만 달러 상당의 금을 싣고 파나마에서 뉴욕으로 향하던 증기선 센트럴 아메리카(Central America) 호의 도착이 지연되고 있다는 소식이 필라델피아, 신시내티, 시카고의 불안 국면이 극도에 달한 시점에 나왔다. 이틀 후 그 선박이 무보험 상태에서 막대한 인명 피해와 화물 손실을 내며 침몰했다는 사실이 알려졌다.[48]

사고가 위기를 촉발하기도 하지만, 사고를 막기 위한 행동-또는 다른 목표를 달성하기 위해 채택한 정책당국의 행동-도 위기를 촉발할 수 있다. 이 문제는 1808~09년 위기에 대한 폭스웰(H.S. Foxwell)의 설명에 잘 나타나 있다:

어음 융통을 완전히 거부하는 것은 늘 위험하다고 인식되고 있다. 대출자의 개인 신상을 따지는 것은 특히 국립은행으로서는 내키지 않는 일이다. 이 국립은행은 1795~96년에 사용된 적이 있는 임시 방편에 의존하는 수밖에 달리 뾰족한 수가 없다; 할인 한도 총액을 정해 놓고 비례배분으로 할인액을 할당하는 것이다.……(은행권의 유통량을 축소시키려고 하면) 반드시 시장을 심하게 압박해야 하고, 패닉을 야기할 위험이 따른다.…… 국립은행은 규모도 작고 경영이 취약한 이 수많은 기관들(지방은행들)의 채무상환 능력을 책임져야 했지만, 신용의 총체적 붕괴를 야기할 위험 때문에 이들에게 반제를 요구할 엄두도 내지 못했다.[49]

폭스웰은 이 딜레마를 명료하게 제시해 놓았다. 규정을 적용하지 않으면 신용시장이 위험한 수준까지 팽창하게 될 것이고, 그렇다고 규정을 적용하자니 거품에 구멍을 내서 붕괴를 초래할 수도 있다는 것이다.

● 거품의 파열

거품의 속성은 결국 언젠가는 구멍이 나서 아이들이 갖고 노는 풍선처럼 순식간에 바람이 빠진다는 것이다. 일본의 부동산가격과 주가 거품은 1990년 초 은행의 부동산 대출 증가율이 대출총액의 증가율(연 5~6%로 예상됐다)을 초과할 수 없도록 제한한 신임 일본은행 총재의 명령에 의해 구멍이 났다. 부동산 대출의 증가율이 떨어진다는 것은 부동산 매수를 위해 신용을 끌어 쓰던 개인과 기업의 일부가 예전의 차입금에 대한 이자를 지불하기 위한 신규대출 자금을 충분히 얻을 수 없음을 의미했다. 따라서 이들은 취득한 부동산의 일부를 매각할 수밖에 없었다. 그러나 이 명령이 없었다 하더라도 무언가 다른 사건이 거품을 파열시켰을 것이다.

상당수의 컴퓨터가 2000년 1월 1일로 넘어가는 날짜 전환을 인식하지 못해 컴퓨터 시스템이 마비될 지도 모른다는 소위 Y2K 문제에 대비해, FRB는 1999년 하반기 동안 금융 시스템에 유동성을 공급했다; 이 때 풀린 유동성의 일부를 회수하기 위해 2000년 들어 FRB가 취한 조치가 1990년대 말에 형성된 미국 주가의 거품을 터뜨렸다. FRB는 예상되는 문제가 있으면 경제 시스템에 공급하는 유동성을 늘려서 그 문제를 풀어가려는 편향된 성향이 있어서, 1999년 말이 가까워질수록 유동성 공급이 확대됐다. 자금은 어디론가 가야 했고, 일부 자금은 주가를 올리는 데로 흘러갔다. 새로운 천 년의 전환은 재앙 없이 넘어갔는데, 풀려 나간 유동성의 회수는 금리 상승을 초래했다.

아시아 국가 다수에서 형성된 거품은 '전염 효과'의 작용 때문에 1997년에 폭발했다. 1997년 7월 2일 태국 바트화의 평가절하는 다가올 재앙을 알리는 낭랑한 나팔 소리와 비슷했다; 대만과 싱가포르를 제외한 아시아 각국의 무역수지 적자는 해외에서 차입한 자금으로 조달됐다. 또 아시아 각국의 기업들은 자국 통화의 차입금리에 비해 금리가 훨씬 낮은 달러화 자금의 차입에 열심이었다. 바트화가 평가절하되자, 외국인 대여자들은 아시아 국가들이 해외 자금을 계속 빌려올 수 없을

> 경우, 자국 통화의 외환가치를 지탱할 수 없게 될 것이라고 인식했다. 따라서 자본 유입은 줄어들었고, 자기실현적 예언이 작동됐다.

    위기 대응을 위해 채택한 정책은 종종 시차라는 문제에 부딪친다. 자금의 대외 유출에 맞서 금리를 인상하면 자금 흐름을 되돌릴 수 있다. 런던 금융중심가에 전해 내려오는 이야기로는 영란은행이 재할인율을 10%로 올리기만 하면, "달에 있는 금이라도 끌어올 수 있다"고 하지만, 이런 결과가 나타나는 데 얼마나 오랜 시간이 걸릴 것인가? 이 문제에 대한 은행학파와 통화학파 사이의 논쟁이 1844년 은행법의 맥락에서, 또 이 법의 일시적 효력 정지가 필요하다든지, 혹은 궁극적 대여자가 필요하다든지 하는 문제와 관련해 전개됐다. 1825년과 1836년에는 호황 국면에서 벌어진 투기가 금의 유출과 금융 경색을 야기했다. 하나의 해석에 따르면, 이 때의 호황 국면은 영란은행이 자신의 부채를 축소하기 위해 뒤늦게 재할인율을 인상하기 전에 이미 끝났다는 것이다; 따라서 이미 시작된 상품가격의 하락에다 통화 긴축이 더해진 것이 위기를 불러왔고, 이로 인해 영란은행이 방향을 바꿔 금리 인하로 선회했다는 것이다.[50] 은행학파는 호황이 정점을 지났기 때문이 아니라 재할인률 인상이 정화(正貨)의 유출을 막고 즉각적으로 자금흐름을 되돌린 것이라고 믿었다. 한편 통화학파는 두 그룹으로 나뉘었는데, 그 중 하나는 즉각적으로 자금이 재유입될 것이라고 믿었고, 오버스톤 경이 대표하는 다른 그룹은 재할인율 인상의 효과는 시차를 두고 작동할 것이므로 그 사이의 공백을 메우기 위해서는 궁극적 대여자가 필요하다고 생각했다.[51]

    호트리는 미처리 잔무(backlog)라는 개념을 토대로 상업은행 차원의 국내적인 자금 고갈을 야기하는 시차 문제를 지적했다:

은행가들이 적절한 조치를 취한다 해도 그들의 더딘 작업으로 인해 패닉이 발생할 수 있다: 그들은 실제로 현 상태의 근본적인 위험을 막아 놓았을 수 있고,……새로 조치해야 할 업무 부담도 해소해 놓았을 수 있다.……그런데도 신규 여신에 대한 수요와 현금의 유출이 줄어들지 않고 계속되는 것이다. 이에 따라 은행가들 사이에 패닉 상태가 야기될 수 있다; 즉, 그들이 이전에 취한 조치들이 아직 완전히 처리되지 않았고, 그래서 아직 뚜렷한 효과를 내지 못하고 있는 것인데도 이런 사실을 모르는 은행가들은 파산을 피할 수 없다는 생각에 사로잡혀, 채무자들의 당혹감에는 아랑곳 없이 기존 대출잔고의 회수에 들어감으로써 자신의 고객들과 그들 스스로의 연쇄적 파산을 촉발하는 것이다.

현실적으로 여신을 일정한 한계 안으로 통제하는 일에서 황금률이란 없다.[52]

재할인율 정책의 시차와 오류 외에도, 불안 국면의 초기 단계에서 정책 당국의 급작스런 조치가 패닉을 일으킬 수 있다. 1836년 여름 미국 은행들이 발행한 어음이 영국의 주식회사은행들에 인수되는 과정에서 신용이 팽창했을 때, 영란은행은 한 주식회사은행의 이름이 기재된 어음의 할인을 거부했고, 특히 영국에 진출해 있는 7개 미국 은행 가운데 소위 'W은행' 세 곳(위긴스, 와일즈, 윌슨)의 모든 어음에 대한 재할인을 금지한다는 특별 지시를 리버풀 지사에 내렸다. 이 조치는 "징벌적인 것으로 비쳐져서"[53] 곧바로 패닉으로 이어졌다.[54] 영란은행은 정책을 뒤집어야 했다. 영란은행은 10월 이들 'W은행' 과 수 차례 긴 회담을 가진 후, 1837년 1분기에 이들에게 할인한도를 설정해 주었으나, 그해 6월 이들 은행의 파산을 막을 수 없었다. 영란은행은 지나치게 큰 규모의 신용 팽창을 억제하기 위해 대응했다. 그러나 신용은 섬세한 사안이어서 시장 참여자들의 기대를 순식간에 바꿔 놓을 수 있다.

어느 한 은행이나 여러 은행의 예금 인출쇄도의 형태로 나타나는 패닉은 1980년대 오하이오와 매릴랜드, 로드아일랜드에서 일어났던 것처럼 보통 소액 예금자들에 의해 시작된다; 당시에는 이 곳의 주 허가 은행 중 일부가 주 차원의 예금보험료가 더 저렴하다는 이유로 연방예금보험공사의 보험 프로그램에 가입하지 않은 것이 원인이었다.(연방정부로부터 허가 받은 모든 은행과 저축기관들은 연방정부의 예금보험 프로그램에 참여해야 한다.) 반면 주식시장의 패닉은 큰 돈을 움직이는 내부 투기세력이나 뮤추얼펀드, 연금기금, 보험회사 같은 기관투자자들-아마도 이들 가운데 여럿은 유사한 프로그램 매매 모델을 따를 것이다-의 매도로 유발되는 경우가 종종 있다. 프랭클린 내셔널 뱅크의 예금 인출쇄도는 다른 은행, 특히 뉴욕에 있는 대형 은행들이 단초를 제공했다; 이들은 프랭클린 내셔널 뱅크의 외환선도(forward exchange) 계약의 상대방이 되기를 거부함으로써 계약 체결을 무산시켰고, 불신이라고 밖에는 볼 수 없는 아주 높은 금리가 아니면 연방기금 대출을 기피했으며, 프랭클린의 환매도 거절했다.[55] 1984년 컨티넨털 일리노이 뱅크의 예금 인출쇄도도 이와 유사하게 다른 대형 은행들이 연방기금시장과 역외예금시장에서 만기가 도래한 예금의 갱신을 기피함에 따라 발생했다. 물론 소액 예금자들은 연방예금보험공사의 예금보험에 의해 보호를 받았다. 1987년 10월 19일 주식시장이 붕괴했을 때 보스턴의 뮤추얼펀드 그룹인 피델리티는 뉴욕증권거래소가 개장하기 직전, 런던 주식시장에서 거액의 주식을 매도했다. 이 매도 소식이 뉴욕에 전해지자 주식시장 개장을 앞두고 이미 산더미 같은 매도주문이 쌓였다. 피델리티가 앞으로 닥칠 환매에 대비하는 차원에서 (그리고 주가가 더 하락하기 전에) 현금을 확보해 두려는 시도였을지라도 피델리티의 엄청난 매도주문은 자신의 자산운용 판단에 따른 것이 아니라 뮤추얼펀드 가입자들의 환매에 대응하기 위한 것이었다.

국제통화기금(IMF)의 서투른 행동으로 인해 1997년 아시아 금융위기 발생 직후 며칠 동안 다수의 인도네시아 은행들에서 예금 인출쇄도 사태가 벌어졌다. IMF는 인도네시아 정부가 대형 민간은행 15개를 인수하도록 유도함으로써 사실상 이들 은행의 예금을 보증하게 했다. 그러나 이와 동시에 나머지 50여 개의 중소형 민간은행들은 지하세계로 빠져드는 처지가 됨으로써, 은행이 문을 닫기 전에 예금을 인출하려는 예금자들이 몰려드는 사태가 벌어질 수밖에 없었다.

붕괴와 패닉

붕괴란 자산가격의 폭락이며, 중요한 기업이나 은행의 파산을 의미할 수도 있다. 패닉, 즉 "이유 없이 엄습하는 공포"–공포를 일으키는 신(神)의 이름 팬(Pan)에서 유래–가 자산시장에서 발생할 수 있으며, 유동성이 낮은 유가증권에서 빠져나와 현금이나 정부채권–정부는 언제든 더 많은 통화를 찍어낼 수 있으므로 절대 파산하지 않는다는 믿음이 있다–으로 달려가는 쇄도 사태를 동반할 수 있다. 금융위기는 붕괴와 패닉 중 어느 하나 혹은 둘 다를 포함할 수 있고, 붕괴가 패닉을 뒤따를 수도 있고 반대 순서로 진행될 수도 있다. 남해회사와 스워드블레이드 뱅크의 주가 폭락은 영란은행을 거의 망가뜨렸다. 1929년 뉴욕 주식시장의 붕괴와 패닉은 상품시장과 부동산시장 모두에 악영향을 미쳤고, 신용시장의 마비로 인해 소득, 고용, 생산 모두가 급격히 위축됐다. 그러나 FRB

가 시장에 자금을 쏟아 부은 덕분에, 금리는 상승하지 않았으며 자금시장에서는 패닉이 일어나지 않았다.[56] 1893년에는 은을 둘러싼 이해관계에서 비롯된 긴장이 발단이 돼 급기야 미국의 금본위제 유지 능력에 대한 불신이 커지면서 자금시장의 압박, 은행 파산, 각종 유가증권 가격의 하락 압력을 초래했다.[57]

붕괴와 패닉으로 몰고 가는 시스템은 되먹임 강화 과정의 하나다. 자산가격과 상품가격의 하락을 동반하는 부채 디플레이션의 연쇄 과정에서는 담보가치도 감소하므로 은행은 기존 대출을 회수하거나 신규 대출을 거부한다; 갈수록 물가가 떨어지기 때문에, 기업은 재고와 보유 중인 상품을 서둘러 매각하지만, 물가의 하락으로 인해 파산하는 기업들이 늘어난다. 가계는 유가증권을 매도하고, 기업은 차입과 투자를 미루게 되고, 물가 하락이 계속 이어진다. 대출 담보가치의 하락이 심화될수록 차입자들의 청산을 더욱 부채질한다. 기업의 파산은 은행의 대출손실과 파산을 의미한다. 은행이 파산함에 따라 예금자들은 현금을 인출한다.(이것은 예금보험제도가 도입되기 이전에는 특히 두드러진 현상이었다.) 예금 인출로 인해 은행은 더 많은 대출을 회수해야 하고, 더 많은 유가증권을 처분해야 한다. 당장 써야 할 현금이 부족한 상사, 제조업체, 투자자, 은행은 보유 자산 가운데 고위험도의 유가증권은 아무리 낮은 가격으로도 팔리지 않기 때문에, 최우량 증권들을 매도할 수밖에 없다; 따라서 이 우량 증권들의 가격도 떨어진다. 가격이 다시 회복될 것이고 신용이라는 허약한 돛단배를 다시 띄우게 될 것이라는 기대 반 희망 반으로, 은행은 일시적으로 곤란에 처해 있는 기업과 가계의 대출금 회수를 보류하고 이월시킬 수 있다. 그러나 은행이 대출금과 유가증권의 가치를 이미 한참 떨어져버린 시장가치로 평가하지 않고, 본전 생각에 원가 기준으로 평가하거나 상환체납 차입자들이 이자의 일부라도 갚도록 만기 대출을 연장해 주고 대출을 늘려주는 행위를 계속하듯이, 극단적인 상황에서는 은행의 심사담당자들도 사태를 다르게 볼 수 있다. 그러나 파산이 시작되면 싫어도 부실대출의 가시를 빼내야 한다. 가격, 채무상환 능력, 유동성, 그리고 현금-독일어로 바겔트(Bargeld), 프랑스어로 뉘메레르(numéraire)-에 대한 수요는 모두 서로 얽혀 있다. 스프라그가 지적했듯이, 은행만이 아니라 가계, 기업, 은행은 "한 줄로 쌓은 벽돌과 매우 비슷해서 하나가 무너지면 나머지 전부가 위험해진다."[58] 이 비유는 상투적인 속설임에도 불구하고 적절한 비유다.

패닉이 절정에 달할 즈음에는 돈 구할 데가 없다는 말이 저절로 나온다. 이런 상황에 대한 묘사는 과장되는 경우가 다반사지만, 1825년의 상황은 조금도 그렇지 않다:

지방은행들의 패닉이 12월 12일 폴, 손턴 회사(Pole, Thornton & Co.)에 파급된 후 일요일에 영란은행 총재를 방문한 런던 롬바드 가의 은행장들은 47개 지방은행의 지불 청구가 걸려 있는 그런 회사의 영업이 정지된다면, 런던의 모든 은행에서 예금을 인출하려는 쇄도 사태가 벌어질 것이라고 경고했다.

결국 이 회사의 영업은 정지됐다. 지금까지 한 번도 본 적이 없는 모습으로 패닉이 대중을 장악했다: 모든 사람이 돈, 돈을 찾아 헤맸다. 그러나 그 어떤 조건을 제시하더라도 돈을 구한다는 것은 거의 불가능했다. 「더 타임스The Times」가 전하는 내용에 따르면, "담보나 보증이 어떤 것인가는 사람들의 안중에 아예 없었고, 오직 돈을 구할 방도가 없다는 것만이 문제였다."[59]

허스키슨(Huskisson)에 따르면 당시 73개 은행의 파산으로 인해 영국에서는 24시간 동안 물물교환이 행해지는 초유의 사태가 벌어졌다.[60] "웰링턴 경이 워털루 전투에 대해 말했던 것처럼, 그것은 "제군들이 살아생전에 겪은 가장 짧은 시간에 벌어진 가장 지독한 일"이었다."[61] 다행히 프랑스은행이 보유한 금을 은과 교환해 영국으로 가져올 수 있었고, 5파운드 및 10파운드짜리 지폐(당시 발권지폐는 이게 전부였다)가 모두 고갈된 상태에서 1797년 이후 영란은행의 지하금고에 묵혀놓았던 1파운드짜리 지폐더미가 발견되는 행운 덕분에 물물교환을 겨우 피할 수 있었다. 정부의 승인으로 이 1파운드짜리 지폐가 12월 17일 방출되면서 "기적을 가져왔다."[62]

1857년 철도회사인 뉴욕 센트럴(New York Central)의 주가는 93달러에서 61달러로 내려갔고, 레딩(Reading)의 주가도 96달러에서 36달러로 떨어졌다.[63] 돼지고기의 가격은 배럴 당 24달러에서 13달러로, 밀가루는 10달러에서 5~6달러로 떨어졌다.[64] 9월에는 펜실베이니아와 매릴랜드, 로드아일랜드, 버지니아 주의 150개 은행이 월말의 나흘 동안 파산함에 따라 금리가 15%에서 24%로 급등했다. 이 때의 패닉은 10월에 절정에 이르러 미국 전역에서 1415개 은행이 파산했고, 금리는 연 60~100%까지 치솟았다.[65] 이 역시 며칠간 빌려 쓰는 자금에 대한 금리였다.

하루 4% 정도 되는 초고금리는 최상급 배서어음의 상거래 할인율이 하루에 4.5~5%에 달하는 상황이 계속됐던 1884년의 콜머니 경우처럼, 특수한 종류의 대출에서 종종 발생했다.[66] 1907년 패닉의 발발 시점에는 현금에 대한 프리미엄으로 최고 하루 5%에 달한 경우도 있었다.[67] 아마도 유동성 압박의 극치는 어느 은행이 하버드대와 예일대 간의 풋볼 경기 입장료 창구에서 1000달러 당 48달러의 이자를 지불했던 1907

년의 기록일 것이다.[68] 미국의 주가가 큰 폭으로 무너져 내린 뒤인 2001년의 경기 후퇴가 비교적 완만하고 짧았던 것은 FRB가 신속하면서도 공격적인 금리 인하로 정책방향을 급선회했기 때문이다. 그 결과 부동산 담보대출의 차환이 크게 늘어났다; 수백 만 명의 개인들이 부동산 담보대출을 보다 낮은 금리로 차환하고, 차환에서 얻은 현금의 상당액을 자동차나 내구소비재를 구입하고, 휴가비용으로 썼다. FRB는 단기 금리를 1% 수준까지 낮췄는데, 물가상승률이 거의 2%였으므로 단기 실질금리는 마이너스였다. 이로 인해 나타난 결과의 하나는 주택시장의 호황이었다; 주택가격이 뉴욕, 보스턴, 워싱턴, 로스앤젤레스에서 급등했다. 회의론자들은 주가 거품의 붕괴가 초래한 디플레이션 효과가 주택시장의 거품에 의해 대부분 상쇄된 것이었는지 의아해 했다.

　폭풍은 진정될 것인가? 높게 차오른 파고는 가라앉을 것인가? 아니면 호황과 붕괴가 한 시장과 국가에서 다른 곳으로 번지면서, 국지적 및 국제적 대응조치들이 패닉을 차단하고 그 피해를 예방하는 데 실패할 것인가?

6 Euphoria and Economic Booms
풍요감의 만연과 경제 호황

세계에서 가장 높은 업무용 빌딩 가운데 몇 개를 떠올려 보자. 뉴욕의 엠파이어 스테이트 빌딩은 1929년에 착공됐다. 쿠알라룸푸르의 페트로나스 쌍둥이 빌딩은 1993년에 착공됐다. 상하이 푸동 지역의 제일링 타워는 1995년에 착공됐다. 1980년대 말 무렵에는 세계적으로 고층 건축물을 지을 때 쓰이는 타워크레인의 절반 정도가 도쿄에 집결한 것 같았다. 1990년대 중반에는 이 타워크레인의 상당수가 상하이와 베이징으로 옮겨갔다.

초고층 빌딩과 자산가격 거품 사이의 관련성은 강하다. 80층, 90층, 100층 높이의 이들 초고층 빌딩은 20세기 거품의 시각적 증명이었다. 그렇지만 음악 연주회장과 미술 박물관, 대학교 교정에 세워진 건물들의 확장도 마찬가지였다. 이들 문화시설의 다수는 부유한 가문과 개인의 기부금으로 만들어진 것이고, 이들 집단은 경제 호황기에 훨씬 더 부유해진다.

자산가격 거품과 경제적 풍요감 사이의 관련성도 강하다. 앞서 본 것처럼 1980년대 말 일본의 베스트셀러 서적 가운데 하나가 『일등국가 일본: 미국에 대한 교훈』이었다. 태국, 말레이시아를 비롯한 아시아 국가의 부동산가격과 주가 거품이 꺼지기 수 년 전에 세계은행(World Bank)은 『동아시아의 기적The East Asian Miracle』을 발간했다. 2000년 미국 주식시장의 붕괴와 재정적자의 급증 이후에는 미국의 신경제에 대한 이야기가 별로 들리지 않는다. 자산가격의 상승으로 인한 가계의 부의 변화는 가계 지출과 기업 지출에 직접적인 영향을 미친다.

부동산가격과 주가의 상승이 국민소득의 성장 속도에 영향을 미치는 되먹임의 고리는 두 가지가 있다. 하나는 가계의 부의 증가가 가계 지출의 증가로 이어지는 연결 고리다. 가계는 저축과 부에 대한 목표 수준을 가지고 있으므로, 자산가격의 급등 덕분에 그들의 부가 증가하면 기존의 소득 가운데 저축하는 부분은 줄어들고 소비지출은 늘어난다. 두 번째 고리는 주가 상승이 투자지출의 증가로 이어지는 연결 고리다. 주가가 상승하게 되면 기업들은 더 적은 비용으로 기존 투자자와 신규 투자자들로부터 자금을 마련할 수 있고, 이익률이 좀 낮더라도 신규 사업을 추진할 수 있는 여력을 확보할 수 있다. 즉, 어느 한 기업이 부담하는 '자본비용'은 주가 수준과 반비례로 움직인다: 이들 기업의 순이익에 비해 주가가 높을수록 자본비용은 낮아진다. 기업의 자본비용이 낮아질수록 기업의 설비투자는 증가한다; 주가가 오른다는 것은 기업이 이전보다 낮은 영업이익률로도 꽤 괜찮은 채산성을 누릴 수 있다는 것을 의미하기 때문이다.

"주가는 경제 활동의 변동을 미리 반영하는 선행지표"라는 게 세간의 속설이다. 특히 최근 세 차례의 경기 후퇴 국면에서 주가 변동이 선행지표로서 보여준 예측력은 최고 점수로 나타났다. 미국의 주가는 1930년대 초 경제가 붕괴되기 4~6개월 전부터 하락하기 시작했다. 일본 경제는 1990년 초 주가와 부동산가격 하락이 시작된 이후 하강하기 시작했다. 이 작은 표본집단에서 예외를 찾자면 2000년부터 시작된 미국의 주가 하락세가 이후 2년간 이어졌지만, 비교적 완만한 경기 후퇴만 동반했던 사례다.

자산가격의 상승에 따른 경제 활동의 확대와 자산가격의 하락에 따른 경제 활동의 위축은 서로 대칭적인 모습을 보여준다. 경기 확장 국면에는 기업들이 순자산가치의 증가에 발맞춰 차입자금을 늘린다. 은행들도 대출을 늘리고, 대출 심사기준을 완화한다. 자산가격이 무너지는 시기에는 은행들이 대출손실을 입게 되고, 일부 은행들은 대출손실에 따른 자본잠식으로 파산하거나 자본기반이 보다 튼튼한 은행과의 합병이 불가피해지고, 심지어 정부의 신규 자본 주입이 불가피해지기도 한다.

자산가격의 상승과 경기 확장 사이에—또 그 반대 방향에서도—존재하는 강한 정(正)의 상관관계는 자산가격의 상승과 이에 따른 부의 증가가 경제에 지배적인 영향력으로 작용하는 것인지, 아니면 경기 확장이 자산가격에 지배적인 영향력으로 작용하는 것인지에 대한 문제를 제기한다.

알바니아는 구 공산주의 국가 가운데 계획경제로부터 시장경제를 지향하는 체제 전환 직후에 폰지 유형의 고금리 예금 유치 파동을 경험한 나라였다.

감독당국의 은행 관리는 이행 기간 중 극도로 허술했다. 은행업자들은 월 30~40%의 금리로 이자를 지불한다고 약속했다. 이 같은 고금리 덕분에 예금자의 부가 급속히 증가했다; 금리가 월 35%라면 연초에 예금한 1000렉스(leks; 알바니아의 화폐단위)는 연말에 6만4000렉스로 늘어날 것이다. 이런 고금리 방식의 예금에 돈을 맡기게 되면 예금자들은 은행에서 현금을 인출하지 않고, 그들의 예금 자산이 증식하는 모습을 계속 지켜보려는 동기가 강해진다. 일부 알바니아인들은 복리이자로 얻는 소득이 임금보다 훨씬 더 많았기 때문에, 경제 활동인구에서 이탈해버렸다. 다른 사람들은 금융 재산의 증식이 매우 빨랐기 때문에 지출을 더 늘렸다. 예금수탁 관리자는 관리업무에 필요한 비용—사실상 관리자의 일일 생활비용—을 충당하기 위해 항상 새로운 현금을 끌어들여야 했다.

이 예금 시스템이 해체되었을 때, 다수의 알바니아인들이 격분했다. 이어서 가계가 부의 감소에 적응하기 위해 저축 기조에 돌입하면서 경제 활동은 급격히 둔화됐다.

자산가격 거품—적어도 대규모 거품—은 거의 예외 없이 경제적 풍요감을 동반한다. 반대로 거품의 폭발은 경제 활동의 하락 반전을 초래하고, 금융기관들의 실패를 동반하기도 하며, 금융기관의 실패는 일단 발생하면 아주 큰 규모로 터지는 경우가 많다. 이들 금융기관의 실패는 신용의 작동 경로에 차질을 일으켜 경제 활동의 둔화를 야기할 수 있다.

튤립 광기

네덜란드에서 튤립의 가격은 1636년 가을 몇 배나 올랐고, 이국적인 희귀종 알뿌리들의 가격 상승폭은 이보다 훨씬 컸다. 어떤 분석가들, 특히 합리성과 시장의 효율성을 강하게 신봉하는 분석가들은 거품이라는 용어의 사용이 적합한지에 대해 의문을 가져왔다. 더욱이 당시는 이국적 취향의 품종들과 일반 원예용 품종 등 서로 다른 유형의 튤립들이 많았다. 튤립 알뿌리의 생산은 거미집 이론과 유사한 성장 유형을 보인다: 한번 심으면 알뿌리 하나가 개화하기까지 성장하는 데 6~8개월이 걸린다. 그리고 각각의 알뿌리는 다수의 새끼 알뿌리들을 만들어낸다.

이국적인 희귀종 알뿌리들만이 영향을 받은 것은 아니다; 구다(Gouda), 스위처(Switzer), 화이트크라운(White Crown) 같이 서민들 사이에 소위 대학과 마을회관에서 거래되던 평범한 원예용 튤립 품종들도 가격의 폭등과 하락을 보였다.[1]

튤립에 대한 흥분은, 알뿌리들이 정상적인 재배 주기에 따라 이듬해 봄의 개화를 위해 이식된 상태여서 더 이상 견본 확인에 쓸 튤립이 남아 있지 않았던 1636년 9월 이후 심각한 양상으로 시작됐다. 알뿌리 구매자들 가운데 어떤 사람들은 땅 속에 묻혀 있어 구매 시점에는 구경할 수조차 없는 '상품'을 사기 위해 지불 약속을 했다. 1636년 11월과 12월에 이어 1637년 1월에 벌어진, 흥분에 격앙됐던 경매는 확인할 견본도 없이 진행됐다.

당시는 금융발전의 초기 단계로 은행 신용이 없었기 때문에 선불 계약금이 전부 현물로 지불됐다.[2] 역사가 사이먼 샤마(Simon Schama)가 제공한 사례 하나를 보면, 화이트크라운 1파운드(네덜란드어로 'Witte Croon'이며 일반적인 품종이어서 무게 단위로 매매되었다)에 525플로린을 양도 시점(가령 돌아오는 6월)에 완납하고, 소 네 마리를 먼저 지불하는 방식으로 거래했다. 선불 계약금 지불에 쓰인 여타 현물로는 토지, 주택, 가구, 금은제 그릇, 회화작품, 양복과 코트, 마차, 회색 점박이 말 한 쌍 등이 있었다; 그리고 희귀종 튤립인 비체로이(Viceroy) 한 그루의 가치는 양도 시점의 완납 대금 2500플로린과 함께 현물 선불금으로 밀 2라스트 (last, 상품과 지역에 따라 다소 차이가 있는 계량 단위), 돼지 네 마리, 양 열두 마리, 포도주 2옥스헤드, 버터 4톤, 치즈 수천 파운드, 침대 한 개, 몇 가지 의류, 큼지막한 은제 컵 하나였다.[3]

튤립 광기는 고립된 현상이 아니었다. 네덜란드 경제는 스페인과의 전쟁이 12년간의 휴전 이후 다시 시작된 1620년대에 침체된 상태였지만, 1630년대에는 현저한 회복세를 보였다. 암스테르담증권거래소에서 거래된 네덜란드 동인도회사의 주가지수는 1630년에서 1639년 사이(주로 1636년 이후에) 두 배로 상승했다; 1636년 3월 229에서 1639년 8월에는 412로, 그리고 1640년에는 20% 더 상승한 500으로 뛰었다. 주택가격은 1630년대 초에는 하락했지만, 1630년대 중반에는 급등했다; 이 밖에도 하수시설과 서인도회사(West Indies Company), 운하에 대한 투자가 급증했다.[4] 얀 드프리즈(Jan de Vries)에 따르면, 여객용 바지선 운하 시스템인 트렉슈이트(trekschuit)가 1636년 착공돼 1640년 '뜨거운 열기'를 내뿜었다. 두 도시를 운하 시스템으로 잇는 이 건설사업은 상인이나 공직자에게 바람과 기상조건에 따라 기다려야 하는 범선보다 더 신뢰할 수 있는 여행 수단을 제공하기 위해 추진되었다. 암스테르담에서 소규모 도시로 운항하는 두 개의 항로, 그리고 라이덴과 델프트를 잇는 1개 항로가 1636년에 결정됐다. 복합적인 운송망의 건설이 1659년과 1665년에 절정에 달했는데, 드프리즈는 이 프로젝트를 튤립 광기와 함께 1622년부터 1660년까지 이어진 네덜란드 경제의 폭발적 성장에 관련시키고 있다.[5]

조나단 이스라엘(Jonathan Israel)은 튤립 광기를 일반적인 경제 호황이라는 시대적 배경 속에서 봐야 하며, 일상적이지 않은 다른 방법으로 돈 버는 게 주목적인 "소도시 거래상, 선술집 주인, 원예가들"이 부자들과 함께 벌인 광기로 보는 게 타당하다고 기술했다.[6] 이런 관점은 튤립 광기는 그것에 뒤이어 발생한 침체가 없었다는 점에서 존재했을 리가 없다는 가버의 논점마저 무력화시키는 것이다.[7] 네덜란드 경제는 1640년대에 정체를 보였다가 1650년부터 1672년까지 엄청난 약진을 했다. 이때의 호황은 특히 호화주택, 시민회관, 그리고 1672년 프랑스의 침략으로 거래시장이 폭락한 회화작품으로 확산됐다.[8] 호황의 절정기에 시계와 시계탑에 대한 '광기'가 일어났다. 라이덴에서는 트렉슈이트 정거장을 이용하는 승객들이 오르내리던 화이트게이트 꼭대기에 개인 바지선의 운행시간을 알려주는 시계탑이 설치되기도 했다.[9]

튤립 알뿌리의 가격 하락이 네덜란드 경제 활동의 감퇴를 초래한 것인가? 이 질문에 대한 대답은 그렇다는 것이다. 그리고 그 인과관계는 가계의 부가 감소함에 따라 그들의 소비 열기가 감퇴했다는 점이다.

주식시장과 부동산

주식시장에서 발생하는 거품의 대다수는 부동산 거품과 관계가 있다. 두 자산시장에는 세 가지 서로 다른 유형의 관계가 존재한다. 그 중 하나는 주식시장의 시가총액에서 막대한 비중이 부동산회사, 건설회사, 은행 등 부동산과 밀접하게 관련된 산업의 기업들로 구성된다는 점인데, 많은 나라에서 이런 관계가 존재하며, 특히 작은 나라들이나 산업화의 초기 단계에 있는 나라들에서 두드러진다. 두 번째 관계는 부동산 가치의 상승을 통해 자신의 부가 급증한 개인들은 재산을 다양한 형태로 보유하려고 한다. 그래서 이들은 주식을 산다; 재산을 다변화할 수 있는 용이한 방법이 그다지 많지 않기 때문이다. 세 번째 관계는 두 번째 관계가 반대 방향으로 작용하는 경우다; 즉, 주식시장의 상승으로 큰 수익을 얻은 개인투자자들은 더 크고 비싼 주택과 별장을 매입한다. 맨해튼 부동산시장의 시세 변화는 월 스트리트의 상여금과 밀접하게 연동해왔다.

호머 호이트(Homer Hoyt)의 『시카고 토지 가치 100년사One Hundred Years of Land Value sin Chicago』[10]는 시카고가 대도시로 성장하기까지 부동산가격의 부침이 나타난 다섯 차례 순환의 궤적을 추적했다. 1928~29년 미국 주식시장의 상승세는 중심상업 지역과 교외 지역 모두에서 주택용지와 상가 건물의 가격 상승을 동반했고, 가격의 상승기와 하락기 모두에서 두 시장이 같이 움직였다. 호이트는 1890년 4월의 「시카고트리뷴Chicago Tribune」 사설을 인용하고 있다:

어느 경우든 부동산 경기 과열이 무너지고 난 폐허 속에는 가공의 의제적인 가격임을 너무도 잘 알면서도 비싼 부동산을 매입한 사람들이 남긴 작품이 눈에 띄기 마련이다. 이들은 그 부동산을 이익을 남기고 팔아 넘길 수 있는 누군가 더 대단한 바보가 있을 것이라는 생각 때문에 비싼 값을 기꺼이 지불했던 것이다.[11]

부동산 경기의 과열 기간에 시카고의 명성은, 1870~71년 프랑스와의 전쟁에서 승리를 거둔 도취기에 부동산 투기에 중독된 베를린을 "탐닉의 강가에 선 시카고"[12]라고 불렀을 정도였다. 1873년 베를린과 빈의 부동산 경기 과열은 뉴욕 주식시장의 호황과 연관된 것이었다. 한 평론가는 1871년 시카고에서 남자 둘 중의 하나, 그리고 여자 넷 중의 하나는 주택 부지에 투자했다고 주장했다.[13] 이들 여러 곳의 부동산 거품은 1873년 여름까지 나란히 팽창 가도를 달렸다.

한 시장에서 다른 시장으로 풍요감이 확산되는 것은 쉽게 이해할 수 있다. 자산가격이 빠른 속도로 상승하면 "과부와 고아들"도 그 상승 행진의 풍악마차에 올라탄다. 자본이득은 딱히 특별한 기술 없이도 얻을 수 있다. 자산가격이 폭락하면 주식 보유자들은 곤란에 빠졌음을 알고 채무를 줄여야 한다고 생각한다; 이들 중 투자에 끌어 쓴 차입금 비중이 높은 투자자들은 자신들의 부가 주가보다 훨씬 빠른 속도로 줄어들 것임을 알기 때문에 주식을 매도한다.(혹은 그들의 중개인과 대여자들이 그들의 포지션을 매도한다.)

부동산 투기자들은 가격 하락 초기에 그런 거리낌을 느끼지 못한다. 이들의 부채는 하루하루 돌려야 하는 중개인 대출이 아니라, 은행에서 장기 대출로 얻은 것이기 때문이다. 또 이들은 단지 서류상 청구권이 아니라 실물 자산을 가지고 있다. 대다수가 단지 한 고개만 넘으면 나타날 것이라고 생각하는 회복기를 기다리는 쪽을 선택한다.

경기가 하락세로 반전하면 부동산 수요와 건축 수요의 고갈이 초래된다. 하지만 대출에 부과되는 세금과 이자는 중단 없이 계속된다. 호이트는 부동산 투기자들이 서서히 그러나 어김없이 넘어지게 된다고 썼다. 부동산 투기자들에게 대출해 준 대여자들, 특히 은행은 대규모 대출 손실을 입는다. 1933년에 200개에 달하는 시카고의 은행들 가운데 163개가 지불 불능 상태에 빠졌다. 1930년에서 1933년까지 4800개 파산은행의 손실액 가운데 개별 항목으로 가장 컸던 손실 요인은 파산한 주식중개인 계정이 아니라 채무 불이행 상태의 부동산 대출계정이었다.[14]

주식시장과 부동산시장의 관계에 관한 호이트의 분석은 1990년대의 일본에 그대로 적용될 수 있다. 부동산 가치의 폭락은 많은 차입자들의 부동산 대출이 채무 불이행에 빠진다는 것을 의미했다. 신용조합을 비롯한 여러 유형의 금융업체들에 대한 은행 여신도, 이들이 벌인 부동산 대출 역시 물에 잠긴 상태였기 때문에 그 회수 가치가 급락했다. 그리고 은행들이 거액의 부동산을 소유하고 있었기 때문에 부동산 가치의 하락은 은행 자본금의 급속한 감소를 초래했다.

1987년 10월의 주식시장 붕괴 때의 문제는 통화당국이 신용 결핍을 차단하기 위해 신속하게 은행의 유동성을 늘려준 덕분에 현명하게 해소됐다. 50%로 높여놓은 신용거래 증거금 제도가 기여한 점도 있다. 그러나 부동산시장에서의 고난은 계속됐다. 짓고 있던 건물들이 완공되기가 무섭게 신규 건물의 착공은 취소되었다. 도심지역이든, 부도심이든, 혹은 1980년대 호황 중에 교외에 지어진 '외곽도시'든-위치에 따라 차이가 있기는 하지만-업무용 빌딩의 공실률이 급속히 증가했다.

록펠러 센터 부동산(Rockfeller Center Properties, Inc.)은 일본의 미쓰비시 부동산에게 맨해튼에 있는 록펠러 센터 빌딩의 절반을 매각한 뒤에도, 이들 빌딩에 저당권이 설정된 차입 규모 13억 달러의 부동산저당증서를 발행한 상태였다. 이 부동산저당증서는 부동산투자신탁회사(RIETs) 한 곳이 보유하고 있었다. 1987년 이 투자신탁회사의 수탁관리인들은 단기차입금을 동원해 시장가격이 하락 중인 부동산저당증서를 환매수하는 방법으로 회사 수익을 늘리려고 했다. 이 수익은 배당금으로 투자신탁회사의 주주들에게 지급됐다. 1989년 부동산시장의 위축이 더욱 심각해지자 이 회사의 수탁관리인들은 단기부채 상환에 쓸 현금을 마련하기 위해 신용장을 사용해 자금을 빌렸다. 이 회사의 사장은 "당시 그렇게 하는 것은 신중한 일이었다"고 말했다.[15] 호이트의 분석은 주식시장이 붕괴되면 이에 뒤따르는 부동산 가치의 하락 반전이 오랫동안 지속된다는 점을 말해주고 있다. 이 부동산투자신탁회사는 오랫동안 어려움을 겪은 끝에 결국 파산했다.

1990년대 일본의 부동산시장 거품이 무너진 배경에 관한 이야기는 제2차 세계대전 직후 일본의 국내총생산(GDP)이 급격히 위축되었다가, 명목 기준과 실질 기준 모두 빠르게 성장하기 시작한 1950년대 초로 거슬러 올라간다.(1951년에야 일본의 1인당 국민소득이 1940년 수준으로 회복되었다.) 수출이 급속히 증가했고, 수출 품목도 값싼 완구와 섬유류에서 자전거와 오토바이로, 이어서 철강과 자동차, 전자제품으로 바뀌었다. 1980년대 전반 내내 일본정부는 금융통제를 완화해 나갔고, 1980년대 후반에는 엔화의 외환가치 상승을 제한하기 위한 일본은행의 광범위한 노력이 통화와 신용 공급의 급속한 증가를 가져왔다.

    해에 따라 연간 상승률에는 차이가 있었지만, 부동산가격은 꾸준하게 상승했다. 금융규제로 인해 은행예금과 채권 같은 고정가격 자산의 실질 수익률은 1950~70년대에 걸쳐 계속 마이너스였다. 명목 금리가 연간 물가상승률보다 낮았다. 6개 대도시의 주거용 부동산 가격지수는 1955년의 기준값을 100으로 할 때, 1970년대 중반에는 4100, 1980년에는 5800에 달했다; 이에 따라 부동산 소유자들은 플러스의 실질 수익률을 챙긴 매우 드문 집단 중의 하나였다. 1980년대 기간 중 부동산가격은 9배나 상승했다.[16] 그 최정점에 이른 시점의 일본 부동산 가치는 미국 부동산 가치의 두 배에 달했고, GDP 대비 부동산 가치의 비율은 미국의 4배나 됐다.[17]

    1949년 5월 100으로 시작한 닛케이 평균주가는 1980년대 초 6000에 도달했다. 주가는 1980년대 후반에 급등해 1989년 말 40000에 육박했다. 도쿄증권거래소의 주식 거래량은 1983년 1200억 주, 1989년 2800억 주로 주가 상승세에 비하면 큰 변화가 없었다.[18]

    부동산가격의 상승이 주가 상승세를 이끌었다. 주식시장에 상장된 기업들 다수가 도쿄 중심부와 지방 주요 도시에 막대한 금액의 토지를 소유한 부동산회사들이었다. 부동산가격의 상승세와 금융규제 완화로 건설업은 붐을 탔다. 은행들은 거액의 부동산과 주식을 소유하고 있었고, 따라서 부동산과 주식 가치의 증가는 은행 주가의 상승으로 이어졌다. 은행이 차입자들에게 부동산 담보 설정을 요구하는 것이 관례였기 때문에, 부동산 가치의 증가는 대출담보 가치의 증가를 의미했다; 일본의 은행들은 국내 경쟁은행들은 물론 미국, 유럽의 다른 은행들에 비해서도 자신의 몸집-그들의 총체적 기반-을 확대하고자 했기 때문에, 이들은 대출 규모를 늘리는 데 열중했다. 한편 부동산을 소유하는 데서 발생하는 수익률이 철강, 자동차, TV를 생산하는 데서 발생하는 수익률보다 몇 배나 높았으므로, 부동산을 매수하려는 제조업체들의 차입 열기도 높아졌다.

은행 대출의 급팽창을 더욱 촉진한 것은 미국을 비롯한 외국 정부의 압력이 주요인으로 작용한 금융규제 완화였다. 일본에서는 미국 기업들의 사업 확장에 제동을 거는 규제가 많은 반면, 일본 기업들은 미국에서 사업 확장이 훨씬 용이하다는 규제환경의 불균등이 미 당국자들에게 동기를 제공했다. 또 다른 이유로는 미국의 재정적자가 급증하는 시기였기 때문에, 일본의 금융기관들이 미국 국채의 매수자가 되어주기를 미국 재무부가 원했다는 점이다.

규제완화는 천천히 신중하게 추진되었다.[19] 그 중에서도 특별한 의미가 있는 조치는 거액 예금에 대한 은행 예금금리의 자유화였다; 자율금리가 허용되는 최저 예치금액이 단계적으로 낮추어졌다: 당초 10억 엔(3개월에서 2년의 예치기간)에서 5억 엔으로 낮춰지더니, 1986년에는 3억 엔으로, 1987년에는 1억 엔(예치기간 1개월도 추가 적용)으로, 1988년에는 5000만 엔으로, 곧이어 3000만 엔으로 낮아졌고, 1989년에는 1000만 엔으로 인하됐다.[20] 일본은행은 이 과정의 초기 단계에서 재할인율을 1982년 5.5%에서 1983년에는 5%로 인하했고, 이어서 1986년 초에 3.5%로, 다음해에는 2.5%로 떨어뜨렸다. 1986년의 금리 인하는 미국 FRB와 독일 연방은행에서 취한 금리 인하 조치와 동시에 취해졌다. 그러나 금리가 인상될 때는 미국(1987년 중반)과 독일(1988년)이 먼저 금리를 인상하기 시작했다. 일본은행은 1989년 12월 미에노 야스시(三重野康)가 신임 총재로 부임해 부동산 대출에 제동을 걸기 시작할 때까지 금리 인상을 미루었다. 붕괴는 1990년 1월에 시작됐고, 몇몇 대형 은행들이 우대고객 대출에서 큰 손실을 입었고, 분식회계로 이런 손실을 은폐했다는 사실이 알려지자 붕괴의 물결이 더욱 강렬해졌다.[21]

일본의 풍요감은 여러 방면에서 명백하게 드러났다. 기업의 설비투자가 급증했다. 1970년에 출간된 허먼 칸(Herman Kahn)의 『초강대국 일본의 출현: 도전과 대응 The Emerging Japanese Superstate : Challenge and Response』에서 제시된 전망이 현실화하는 것처럼 보였다.[22] 일본 기업들은 미래의 영광스러운 세계를 준비하고 있었다. 부동산붐이 일고, 건설사업이 열기를 뿜었다; 사람들은 업무용 빌딩이나 호텔의 20층 혹은 30층에서 바라보이는 타워크레인의 숫자를 헤아려보기도 했다. 골프장 건설이 급증했다. 도쿄역 바로 옆에 들어선 신축 빌딩의 이름은 거창하게도 퍼시픽 센추리 빌딩(The Pacific Century Building)이었다.

주가는 1989년 마지막 거래일에 사상 최고치를 기록한 뒤, 1990년에 30%의 폭락과 함께 추락했다. 주가의 저점은 2002년에 기록했는데, 사상 최고치를 기록했을 때에 비해 20%를 약간 넘는 수준이었다. 부동산 가격은 주가에 비해 하락속도가 느렸지만 추락한 깊이는 거의 비슷했다.

자산가격 하락으로 인해 다수의 금융기관들은 자본잠식 상태에 빠졌고, 단지 정부의 묵시적인 지원 덕분에 사업을 영위할 수 있었다. 몇몇 금융기관에 대해서는 폐업이 허락되거나 강제되기도 했지만, 손실을 입은 예금자는 없었다. 은행들은 문을 닫은 금융기관이 소장하고 있던 수천 점의 프랑스 예술작품을 인수했다. 다수의 골프장들이 파산했다.

경제성장률은 급전직하했다. 물가상승률도 하락하기 시작했고, 그렇게 10년이 지나자 절대 물가수준 자체가 떨어지기 시작했다. 은행들은 또다시 파산한 기업이 소유하고 있던 다수의 프랑스 예술작품을 인수했다. 사막에 뿌린 금 잎사귀를 회수할 방법이 없었다. 기업의 파산으로 인해 은행이 그 재산의 소유권을 인수한 뒤 재고 처분에 나섬에 따라, 물가의 하락 압력은 더욱 커졌고, 이로 인해 다른 기업들의 사업계획 수립이 곤란해졌다. 가격의 나선형 하락이 발생했고, 부채 디플레이션 함정에 대한 우려가 나타났다.[23] 유통업체와 제조업체들의 파산이 매월 1000건씩 지속적으로 이어졌다. 3개의 대형 신용조합이 정부에 의해 구제됐다. 은행과 보험회사의 자본 적정성 문제―자기자본 비율의 하락―는 그들의 해외자산 보유에서 발생한 손실로 인해 더욱 가중되었다.(이 문제는 다음 장에서 살펴볼 것이다.) 두 명의 일본경제 전문가는 앞으로 다가올 10년 동안 이 나라가 직면할 문제를 "부채(debt), 디플레이션(deflation), 채무불이행(default), 고령화(demography), 규제완화(deregulation)"로 특징지었다.[24]

상품가격, 자산가격, 통화정책

거품 형성에 발동을 건 일본은행의 재할인율 인하, 특히 1986년 이후의 금리 인하 조치는 미국과 다른 선진 국가들의 압력에 자극 받은 것이었고, 일본의 물가가 안정적이라는 이유로 합리화됐다. 일본의 재화와 서비스가격은 엔화의 외환가치 상승—1985년 달러 당 240엔에서 1988년에는 130엔으로 상승했다—에 의해 억제되고 있었다. 엔화의 외환가치 상승에도 불구하고, 일본은 다소 줄어들기는 했지만 경상수지 흑자 기조를 계속 유지했다.[25]

주된 문제는 중앙은행 책임자들이 자산가격에 관여해야 하는지 아닌지의 문제다. 대부분의 중앙은행 책임자들은 물가안정을 통화정책의 주요 목표로 선택한다.[26] 물가 지표가 도매물가지수인지, 소비자물가지수인지 혹은 GDP 디플레이터인지는 중요한 문제가 아니다. 아주 최근에는 인플레이션 목표관리—중앙은행들은 2%를 초과하지 않는 물가상승률 달성을 목표로 한다—가 정책 세계에서 즐겨 찾는 기도문으로 부상했다. 하지만 주식과 부동산—그 중 어느 하나 혹은 둘 다—에 형성됐던 거품이 갑자기 붕괴해 은행의 채무상환 능력에 엄청난 손실을 초래하게 될 때, 중앙은행 책임자들은 자산가격에 관여해야 하는 것인가? 하나의 관점은 효율적 시장의 세계에서 자산가격은 미래의 물가와 소비에 대한 예측을 담고 있는 것이기 때문에, 자산가격 역시 일반적인 물가수준에 반영돼 있어야 한다.[27] 그러나 이 관점은 자산가격이 펀더멘털에 의해 결정되는 것이며, 거품을 만들어 내는 군중들의 행동에 영향을 받지 않는다고 가정한다.

중앙은행 책임자들은 전통적으로 물가상승률이 오르는 것을 막기 위해서라면 금리 인상을 피하려 들지 않았다. 반면 그들은 자산가격 거품에 대처하기 위한 시도는 극히 꺼려한다; 심지어 사실에 기초해 거품의 존재가 인정되는 것 같아도, 거품이 존재한다거나 과거에 존재했을 가능성마저 인정하려 들지 않는다. 2000년과 2001년 미국 주가의 급락은 그 이전에 자산가격 거품이 존재했다는 증거였다. 문제는 왜 FRB 외부의 사람들은 주가의 상승이 지속 불가능하다는 사실을 보다 쉽게 인식하느냐는 것이다. 그리고 바로 이 점에서, 훨씬 옛날 세대인 1920년대의 FRB가 자산가격 거품의 전개과정에 대해 지적한 그들의 성명과 발언에서 보다 영웅적으로 보이는 것이다.

International Contagion
국제적 전염

위기의 책임 소재

널리 퍼져 있는 역사적인 오락거리 한 가지는 위기의 발단을 제공한 나라가 어디냐를 찾는 것이다. 허버트 후버(Herbert Hoover) 대통령은 1930년대 불황은 유럽의 카르텔과 "이 문제에 대처할 용기가 없었던 유럽의 정치인들" 때문이라며, 그 기본적인 책임은 유럽에 있다고 주장했다.[1] 밀, 고무, 커피, 설탕, 은, 아연, 면화에서 세계적인 과잉생산이 발생했다. 후버는 주식시장 투기에 대한 미국의 책임을 어느 정도 인정했다. 프리드만과 슈워츠는 비록 금환본위제로 인해 국제금융 시스템이 취약해진 점은 있지만, 위기의 근원은 미국에 있었다고 주장했다. 위기의 절정을 이룬 주식시장 붕괴라는 최초 사건은 미국의 것이고, 1930년 말 통화량의 위축을 야기한 전개 과정도 압도적으로 일국 차원의 일이었다는 것이다.[2]

1837년에 앤드류 잭슨 미국 대통령은 그해 위기의 책임을 영국과 미국 모두에게 돌렸다:

진실을 찾기 위한 성실한 조사 과정을 통해 두 나라에서 일어난 급반전의 원인이 많은 부분에서 동일했다는 확신에 도달할 수밖에 없는 것으로 보인다. 세계에서 상업활동이 가장 활발한 두 나라는 최근에 와서야 가장 높은 수준의 가시적인 번영을 누렸는데, 큰 국가적 재해가 없었음에도 불구하고 갑작스레 그 같은 전개 과정에 포위됐고 곤혹과 불안에 빠진 상태가 되었다. 두 나라 모두에서 우리는 지폐와 기타 신용장치의 똑같은 과잉, 똑같은 투기바람, 똑같은 부분적 성공, 똑같은 어려움과 후퇴, 그리고 마침내는 똑같이 불가항력적인 재앙을 겪었다.[3]

비록 1836~37년의 패닉들이 미국과 거래하는 은행에서 비롯됐고 그 은행들에 국한되었다는 점에서,[4] 1850년대의 평론가들이 이 때의 패닉들을 "미국의 패닉(American panic)"이라고 불렀더라도 "위기를 전후한 순환의 전체나 순환의 개별 국면들에서 지배적 원인을 어느 한 나라에 지우는 엄격한 선을 긋는 것은 쓸데없는 일"[5]이라는 한 현대 경제학자의 결론은 다수의 위기에 적용할 수 있는 범주적인 평가로 볼 수 있다.

프리드만과 슈워츠는 금의 이동 유형을 들어 1920~21년의 경기 후퇴 책임을 미국으로 돌렸다.[6]

다른 분석가는 이에 동의하지 않고 다음과 같은 의견을 제시했다:

(제1차 세계대전 후의 초기 경제 활동의 위축은) 어떻게 발생한 것이었는가?……그 대답은 틀림없이 다음과 같을 것이라고 생각한다: 경제적 지배력을 행사하는 두 나라인 영국과 미국이 시작한 계획적인 정책이었다. 이

들 중 어느 나라에게도 우선적 책임을 지우는 것은 불가능하다. 해당 정책을 공식적으로 가장 먼저 언급한 나라는 영국이었다. 다른 한편, 인과적으로는 미국의 정책에 더 큰 무게가 실리는 것만은 틀림없다.[7]

1869년 미국의 금 프리미엄 위기, 1878년 시티 오브 글라스고우 뱅크(City of Glasgow Bank) 위기, 1882년 프랑스의 위니옹 제네랄 위기 등 소수의 위기들만이 순수하게 국내적인 위기들이다. 1879년, 1887년, 1908년에 일어난 캐나다의 금융위기는 서유럽과 스칸디나비아 반도, 미국이 함께 결부된 당시의 주된 금융 조류와 관련된 것으로 보인다.[8]

어떤 나라들은 이웃 나라들을 강타한 국제적인 위기의 영향을 받지 않았는데, 여기에는 명백한 이유들이 있었다. 프랑스는 프로이센에 패전 배상금을 지불하는 과정에서 이미 1871년과 1872년 혹독한 디플레이션을 겪은 상태였기 때문에 1873년에 영향을 받지 않았다. 1847년 당시 미국의 식량시장이 유럽의 식량시장과 밀접히 연결될 만큼 아직 국내 철도가 발달해 있던 상태가 아니었기 때문에 미국은 그해 유럽의 감자 병충해와 난리법석을 떨었던 밀 사태로부터 벗어날 수 있었다.

그렇지만 대부분의 금융위기는 탄환이 튀듯 한 나라에서 다른 나라로 파급된다. 쥐글라,[9] 미첼,[10] 모건스턴[11]은 금융위기가 국제적으로 전개되는 경향이 있으며, 한꺼번에 여러 나라들에 영향을 미치거나, 혹은 위기의 발단이 된 금융 중심지로부터 다른 나라들로 확산된다고 지적했다.

국가간에 위기를 파급시키는 여러 유형의 연결 경로 가운데 하나는 각국 시장을 연결시키는 차익거래의 작용이다; 일물일가(一物一價)의 법칙은 여러 나라의 동일하거나 유사한 상품들의 가격 차이가 운송과 무역장벽의 비용을 초과할 수 없다는 것을 함축한다. 여러 나라의 상품시장은 미미한 규모의 무역으로만 연결될 수도 있다. 1830년대에 한 나라에서 면화가격이 급등하면, 다른 모든 나라에서 면화가격이 올랐다; 마찬가지로 1864년 이후에 나타난 면화가격의 하락은 전세계적인 현상이었다. 어느 상품-특히 밀과 면화 같이 광범위한 무역의 대상인 상품-의 가격 하락은 각 시장의 취약성과 각 시장에서 활동하는 투기자들이 동원하는 신용거래의 규모에 따라, 수요와 공급 측면에서 가격의 최초 변동을 일으킨 근원지로부터 멀리 떨어진 곳에서도 기업과 은행의 파산을 유발할 수 있다.

마찬가지로 여러 나라의 시장에서 매매 가능한 국제적 거래의 대상인 유가증권은 통상 환율에 따른 통화간 등가 환산 후의 가격이 거의 동일해야 하기 때문에, 많은 나라들의 유가증권 시장 역시 서로 연결된다. 서로 다른 여러 나라의 증권거래소에 상장돼 국제적으로 거래되는 유가증권의 가격은 함께 오르고 내린다. 국제적으로 거래되는 유가증권의 실제 국내거래가 거의 없더라도, 심리적인 파급이나 혹은 금리 변화의 충격에 따른 단기자금의 국제적 이동으로 말미암아 국내 유가증권의 가격이 이들과 종종 똑같은 박자로 움직인다.

1929년 모든 나라의 주식시장은 동시에 붕괴했고, 1987년 10월에도 역시 주식시장의 거의 전부가 동시에 하락했다.(이 때 역설적이게도 가장 과대평가된 것으로 보였던 도쿄 주식시장은 예외였다.) 이전 시기에 비해 각국의 금융시장들이 1980년대와 1990년대에 보다 심도 있게 통합되었다는 것이 일반적인 믿음이지만, 1920년대에 제반 주식가격들은 그 이후 어느 시기 못지않게 상호관련성이 강했다. 주식 소유를 여러 나라 시장으로 다변화함으로써 위험을 축소하려던 다수의 투자자들이 얻을 수 있는 위험의 축소 효과는 국가간 주가 변동의 강한 상관관계로 인해 그들이 기대했던 것보다 훨씬 작아졌다.

주가 변동폭이 작을 때는 국가간의 주가 변동의 상관 관계가 작다. 그러나 주가 변동폭이 커짐에 따라 그 상관관계도 커진다.

다른 나라들의 주가 변동이 미국의 주가에 영향을 주는 것보다, 미국의 주가 변동이 다양한 여러 나라의 주가에 훨씬 강력한 충격으로 작용한다는 점에서 주가 변동의 국가간 상관관계는 어느 정도 비대칭적인 유형을 보인다. 미국의 주가는 1990년대 초 도쿄의 주가 하락에도 불구하고 계속 상승했지만, 2001년 미국의 주가가 하락할 때는 도쿄와 런던, 프랑크푸르트의 주가가 같이 하락했다. '데킬라 위기(Tequila Crises)'를 촉발시킨 1994~95년의 멕시코 금융위기는 브라질과 아르헨티나에 파급됐고, 미국을 근거지로 하는 투자자들이 라틴아메리카의 채권과 주식 매수에 좀더 신중해졌다는 것이 충격의 전달 장치로 작용했다. 1997년 7월 초 태국 바트화의 평가절하는 '전염 효과'를 작동시켜, 그 후 6개월도 안 돼 인근 아시아 국가들에서 평가절하를 유발했고 마침내 러시아와 브라질로 확산됐다.

위기의 전달 장치

상품과 유가증권의 차익거래, 다양한 형태의 자금이동(정화, 은행예금, 환어음), 통화당국간의 협력, 그리고 순수한 심리작용 등 여러 가지 방식에 의해 경기 호황과 패닉은 한 나라에서 다른 나라로 전달된다.[12]

다양한 나라들의 유가증권과 자산시장이 자금의 이동에 의해 연결된다. 1960년대 말과 1970년대 초 미국의 인플레이션은 미국으로부터 독일과 일본 및 여타 국가로 향하는 자본이동을 초래했고, 그 결과 자본이 유입된 국가들에서 본원통화와 통화 공급량이 늘어나 물가상승률이 높아졌다. 자본이동은 통화정책과 재정정책의 변화 외에 전쟁과 혁명, 기술혁신, 새로운 시장 및 원자재 보급지의 등장, 각국 경제성장률간의 관계 변화 등 실물적 요인에 반응할 수 있다. 여러 나라에서 추진되는 정부소유 기업의 민영화도 외국인 매수자의 유입을 종종 유발한다. 외환시장에서 한 나라 통화의 환율에 '가격 오차'가 존재할 가능성이 있다는 인식도 자본이동을 유발한다.

한 나라 통화의 외환가치 상승과 그 나라 재화시장에서의 디플레이션(혹은 한 나라 통화의 외환가치 하락과 그 나라 재화시장의 인플레이션) 간의 관계를 생각해보자. 그 나라 통화의 외환가치 상승은 국제교역 상품의 가격 하락 및 금융회사들의 파산과 자본잠식을 초래한다. 일본 엔화의 외환가치 상승은 국제교역 상품의 일본 국내 가격을 떨어뜨리는 압력으로 작용했다. 1930년대 초 아르헨티나, 우루과이, 호주, 뉴질랜드 통화의 외환가치 하락은 미국 시장에서 밀가격의 하락을 가져온 원인으로 작용했고, 밀가격의 하락은 다시 농민들의 파산과 함께 미주리, 인디애나, 일리노이, 아이오와, 아칸소, 노스캐롤라이나를 중심으로 한 농업지역의 은행 파산을 야기했다.[13]

경기의 상승과 하락 파동은 국제적으로 연결되며 여러 가지 다양한 방식으로 연결된다. 한 나라의 경제 호황은 거의 예외 없이 해외로부터의 자금을 유인함과 동시에, 다른 나라들로 향하는 국내 자금의 유출을 축소시킨다; 이로 인해 1872년 베를린과 빈은 뉴욕에 대한 자금대여를 중단했고, 1928년 미국의 주식시장 상승세는 독일, 호주, 라틴아메리카를 대상으로 한 미국의 대출과 채권 매입을 급격히 위축시켜, 미국 주식시장이 1929년 10월 붕괴하기 전에 이미 이들 나라의 경제가 하강하도록 만들었다. 마찬가지로 1982년 멕시코, 브라질, 아르헨티나에 자금을 공급한 은행 신디케이트 차관의 붕괴로 인해 이들 나라 통화의 외환가치가 급락했다.

1980년대 말 스칸디나비아 반도 국가들의 주가와 부동산가격이 급등했는데, 노르웨이에서는 1980년대 후반에 세 배가, 핀란드와 스웨덴에서는 다섯 배가 상승했다.[14]

1980년대 도쿄의 부동산가격과 주가 급등은 뉴욕과 마이애미의 관계와 유사한 관계를 도쿄와 맺고 있는 하와이의 부동산시장에 큰 영향을 미쳤다. 일본 관광객들은 하와이에 자주 들르며, 많은 일본인들이 하와이에서 결혼도 하고, 다수의 일본인들이 하와이에 별장을 사두기도 했다. 일본의 부동산업체들은 호텔 주변에 골프장을 개발하기 위해 하와이의 땅을 매입했다; 고가의 어느 호텔 물건은 매입 비용을 회수하려면 하룻밤 객실료로 800달러나 매겨야 했을 정도다. 도쿄의 호황이 끝났을 때 하와이는 장기간의 경제 침체-잃어버린 10년-에 들어갔다.

화폐변조시대

이 병리학적인 금융 일화는 은행 여신이 없던 시절에 금속화폐만 유통되는 상태에서 발생한 금융위기라는 점에서 더욱 흥미를 끈다. 1618년에 발발한 30년전쟁의 전비 마련 등을 목적으로, 보다 많은 화폐발행이익을 남기기 위해 영주, 대수도원장, 대주교, 심지어 신성로마제국의 황제까지 기존 주화의 액면단위 인상, 양질 금속의 표준 교체, 주화의 금속함량 축소 등의 방법을 써서 일상적인 거래에서 사용되는 보조 주화의 금속함량(화폐가치)를 저하시켰다.(그러나 액면금액이 큰 금화와 은화의 가치는 저하시키지 않았다.) 애초에 화폐가치 저하 행위는 자신의 영토에 국한되었다. 그러다가 어떤 기업가적 창의력을 가진 인물이 질 나쁜 주화를 국경 넘어 다른 영지로 가져가 아무것도 모르는 백성들의 양화와 교환하면 더 많은 이익을 챙길 수 있다는 사실을 알아냈다; 그렇게 해서 악화의 본고장으로 돌아온 양화는 다시 그 가치가 저하됐다. 최초의 피해를 입은 영지는 자신의 주화 가치를 떨어뜨려서 방어했고, 이 저질 주화를 이웃의 다른 영지로 가져가 바꿔치기하는 똑같은 방법으로 손실을 보전하고 전쟁 자금을 축적했다. 더 많은 화폐발행이익을 뽑아내기 위해, 갈수록 더 많은 화폐주조 시설이 건설됐다.

화폐가치 저하가 초고속으로 가속화해, 보조 주화는 사실상 아무 가치도 없는 쓸모 없는 상태가 됐고, 톨스토이의 단편소설 『바보 이반Ivan the Fool』에 묘사된 광경처럼 아이들의 길거리 장난감으로 전락했다.

일부 현지 자료에서 가치가 저하된 화폐의 최초 침입은 이탈리아에서 시작됐으며, 여기서 콘스탄스 호수에 인접한 쿠르의 대주교 손을 거쳐 남부 독일로 흘러 들어갔다는 의견이 제시되었다. 그러나 울름 출처의 동일한 자료는 스트라스부르그를 포함하는 라인강 상류 지역의 화폐위조가 터무니 없을 정도로 심했다고 주장했다. 1600년경에 소규모로 시작된 화폐가치 저하는 1618년부터 서서히 빨라져서 독일과 오스트리아 전역 및 지금의 헝가리와 체코슬로바키아 지역으로 확산된 다음, 폴란드에 침투했으며 일부 자료에 따르면 러시아의 리보프를 경유해 근동 및 극동 지역에까지 퍼졌다.[15]

남해회사 거품과 미시시피 거품

1717년에서 1720년에 걸쳐 프랑스와 영국에서 벌어진 투기가 함부르크

뿐만 아니라 네덜란드와 이탈리아 북부 도시들에까지 영향을 미쳤기 때문에, 요한 액커만(Johan Åkerman)은 1720년의 위기를 최초의 국제적 위기라고 불렀다.16) 남해회사 거품과 미시시피 거품은 여러 가지 방식으로 연결돼 있었다. 일찍이 1717년에 영국 투자자들은 파리의 깽깡뿌아 가에 있는 존 로의 은행과 회사 주식의 거래를 따라 하기 시작했다. 1719년 5월 파리 주재 영국 대사는 스코틀랜드의 친구와 친척들로부터 '인도회사(Compagnie des Indes)' 주식을 자기들 대신 매수해 달라고 부탁하는 여러 통의 편지를 받았다. 영국의 귀족들을 포함한 3만 명의 외국인들이 직접 주식을 청약하기 위해 파리를 찾아 왔다. 5월에 영국 대사 스테어(Stair)는 파리를 향해 영국을 빠져나가는 자금 유출을 둔화시키려면 무언가 존 로와 경쟁할 수 있는 조치를 취해야 한다고 영국 정부에 촉구했다. 존 로의 시스템이 1719년 12월 절정에 달했을 때, 영국의 찬도스 공작(Duke of Chandos)을 포함한 몇 명의 투기자들은 남해회사 주식을 팔고 미시시피 주식을 매수했다.17)

영국의 투기자들이 파리의 미시시피 주식을 사고 있을 때, 다수의 유럽대륙 사람들은 런던의 남해회사 주식을 사고 있었다. 셔도 잔센(Theodore Janssen) 경은 제네바, 파리, 암스테르담, 헤이그에 거주하는 청약자들의 긴 목록을 가지고 있었다. 프랑스 투자자 가운데 한 사람으로 은행가 마르탱이 있었는데, 이미 언급된 바와 같이 그는 "이 세상의 다른 사람들 모두가 미쳤다면, 어느 정도는 우리도 그들을 흉내내야 한다"는 말과 함께 500파운드를 주식 청약 대금으로 지불했다고 찰스 맥케이의 기록은 전하고 있다. 행동이 빠른, 일찍 움직이는 새들이 주식을 매도하고 현금화한 7월에 20만 파운드의 공금으로 뒤늦게 투기에 가담한 스위스의 베른 주조차 200만 파운드의 매도 차익을 남기며 매도할 수

있었다.[18]

암스테르담은 파리와 런던의 중간 위치 덕분에 수혜를 누렸다. 네덜란드인들은 심리적으로 정확한 시점에 미시시피 인도회사(Mississippi Compagnie des Indes)의 주식을 팔았고, 붕괴 과정에서의 손실도 작았다. 1720년 4월 데이비드 리유(David Leeuw)는 그의 남해회사 주식을 시세가 무르익기 전에 성급하게 처분하고 영란은행 주식과 동인도회사 주식을 매수했다. 그달 말 네덜란드의 은행가 크렐리우스(Crellius)는 "마치 모든 정신병자들이 광기의 집에서 한꺼번에 빠져나간 뒤의 광경이라고밖에는 증권거래소 현장을 묘사할 수 없을 것 같다"고 차분하게 전하고 있다.[19] 6월과 7월 중 영국과 암스테르담을 하루 12시간 동안 왕래하는 해상 중계항로가 가동됐는데, 7월 16일에는 약 80명에 달하는 유대인, 장로교 신도, 재침례교 신도, 런던증권거래소의 투기자들이 대륙의 보험회사 주식투기에 가담해 자신의 재산을 불리려고 네덜란드와 함부르크를 향해 출발했다.[20]

1720년 가을에 이르자 런던과 유럽대륙은 금융 재앙을 함께 겪고 있었다. 프랑스의 은행가 사뮈엘 베르나르(Samuel Bernard)는 남해회사 주식을 팔아 금으로 환전하기 위해 런던에 파견되었다가 존 로의 시스템에서 이탈하는 급반전이 벌어질 때 프랑스로 돌아왔다. 네덜란드 은행들은 "선지급금의 회수, 추가 신용의 거부, 담보로 잡은 주식의 처분에 들어감으로써 그동안 펼쳐둔 돛을 거두어 들였다."[21] 암스테르담에서 거래되던 영국 파운드화의 가격은 4월에 남해회사 주식의 첫 번째 주가 상승이 나타나고 "프랑스, 네덜란드, 그리고 덴마크와 스페인, 포르투갈도 어느 정도" 이 주식을 매수하고 있던 시기에 35.4길더에서 36.1길더로 상승했다; 그 후 "외국인들이 영국의 유가증권에 대한 흥미를 잃었을 때"인 9월 1일에는 33.9길더로 하락했다. 패닉이 절정에 달했을 때 파운드화 가격은 35.2길더로 회복했다.[22]

1763~1819년

1763년의 위기는 주로 네덜란드와 함부르크, 프로이센, 스칸디나비아에서 발생했고, 이 충격의 파장에 놓이게 된 런던이 지원에 나섰다. 7년전쟁이 프랑스에게 불리한 상황으로 바뀌었기 때문에, 프랑스는 이 위기에서 벗어나 있었다. 비록 다른 저술의 지지를 얻고 있는 언급은 아니지만, 당시 비상한 통찰력을 가진 평론가인 조지 찰머스(George Chalmers)는 미국의 땅 투기가 위기의 한 요인이었다고 주장했다.[23] 암스테르담은 영국 동맹국들에게 자금을 지불해주는 중계거점 역할을 했다. 또한 네덜란드인들은 두 가지 방식으로 신용 팽창을 주도하고 있었다: 그 하나로 영국 정부의 증권에 투자했고; 다른 하나로 소액의 자본만으로 스톡홀름, 함부르크, 브레멘, 라이프치히, 알토나, 루벡, 코펜하겐, 생페테르부르그의 상사들에게 발행한 어음들로 이루어진 '비셀루이티(Wisselruiti: 융통어음의 연쇄망)'에도 투자했다; 이 융통어음 연쇄망은 소위 속담에나 나오는 "카드로 만든 집(house of cards)"처럼 현기증 나는 거대한 신용의 건축물로 팽창해갔다. 암스테르담에서는 융통어음 외에도 선적 화물을 담보로 발행되는 환어음도 유통됐다. 전쟁이 끝나면서 제반 상품(특히 프랑스령 서인도로부터 수입이 재개된 설탕)의 가격이 하락하자 이 어음들의 결제가 불가능해졌다.[24] 함부르크는 드뇌프빌에 대한 지원이 제공되지 않는 한, 결제를 중단하겠다고 암스테르담 상사들에게 경고했다. 한 설명에 따르면 이 경고 서한이 너무 늦게 도착했다고 하고;[25] 다른 자료에 따르면 드뇌프빌에 대한 평판이 너무 나빴기 때문에 이 회사의 구제

계획이 실패했다고 한다.[26] 장기적으로 드뇌프빌은 채무의 70%를 지불할 능력은 있었는데, 이 사실이 알려지기 전에 드뇌프빌은 60%만 지불하기로 채권자들과 합의했다. 결과적으로 함부르크의 채권자들은 이 60%의 금액을 수금하는 데 36년을 기다려야 했다.[27] 전쟁 참여를 지원하기 위해 1759년 은화 가치를 떨어뜨렸던 프로이센의 프리드리히 2세가 기존 주화를 환수하고 네덜란드 은행가들의 신용을 기초로 새 주화를 암스테르담에서 주조했을 때,[28] 치명적인 최후의 일격이 시장을 강타했다. 새 주화를 방출하기 전에 실시된 구 주화의 환수가 통화 공급량을 축소시킴에 따라 디플레이션 압력이 신용을 짓눌렀다.

런던이 암스테르담 구제에 나서 네덜란드인들이 해왔던 스칸디나비아 및 러시아와의 교역과 금융의 상당 부분을 떠안았다. 프리드리히 2세는 그의 의지와는 반대로 베를린 상인들이 발행한 어음의 인수가 거부됨에 따라 위기에 빠지게 된 이들을 지원해야 했다.[29] 스웨덴 상인들은 일찍이 그들이 발행한 어음이 암스테르담에서 거부돼 결제되지도 않았고, 어음 지불용으로 송금한 자금도 쓰이지 않은 채 유보되었다는 불만을 1762년 가을에 제기했다. 암스테르담이 영국 유가증권 보유 물량을 매도해 스스로를 구하려고 했는지는 논란의 여지가 있다. 바로 이 방식으로 암스테르담이 런던에 위기를 수출했다고 윌슨은 주장했다. 반면, 카터는 주식 양도 목록에서 매도의 증거를 찾을 수 없다고 주장했다.[30]

1772년의 위기는 스코틀랜드와 런던에서 시작돼 암스테르담으로 퍼졌고, 여기서 다시 스톡홀름과 생페테르부르그로 확산됐다. 1792년 시작된 프랑스의 공포정치는 1793년 1월 루이 16세의 단두대 처형으로 그 절정을 이루었고, 이 시기에 파리를 이탈한 막대한 금액의 정화가 영국에 유입돼 운하와 지방은행에 대한 투기적 광기에 자금을 공급해 주었다; 아시냐 지폐의 남발 기간이 지나고 집정정부하에서 통화 질서가 다소 회복되었을 때인 1797년에 귀금속의 이동 방향이 역전됐다.

영국의 1810년 위기는 매우 국지적인 것이었다: 영국 수출업자들은 처음에 브라질에 수출 물량을 과잉 공급한 데 이어, 대륙봉쇄로 인해 발틱 지역으로의 판로마저 차단됐다. 이 위기의 메아리가 함부르크와 뉴욕에도 미쳤다.

1816년과 1819년 위기가 국제적인 양상을 띠게 된 것은 1814년 종전에 대한 전망으로 영국 공산품의 대륙 수출이 크게 늘어났던 데 연유한다. 스마트는 이것을 남해회사 거품과 미시시피 거품처럼, 얼마 가지 않아 망가진 광란의 수출이라고 불렀다. 가격이 폭락하자 이 상품들이 북미 지역으로 선적됐고, 미국은 1816년 관세를 도입하게 됐다. 그 결과는 패닉이나 위기를 동반하지 않은 깊은 침체였다.[31] 1818년과 1819년에는 그 이유는 분명하지 않지만, 대서양 연안 양쪽 모두에서 서로 관련된 패닉이 동시에 나타났다. 영국의 1819년 위기는 1818년 상품투기의 붕괴와 "명백히 이전의 과잉거래에서 연유하는" 신용경색, 그리고 불안 국면에 뒤따라 나타났다.[32] 1819년은 정화 결제의 재개와 맨체스터 시위 노동자들 및 그 가족들이 기병대에 의해 진압되고 적어도 8명의 시위자가 살해되는 사태가 벌어진 피털루 학살(Peterloo massacre)로 특징지어지는 해다. 스마트는 이 해를 "재앙의 해"로 불렀다.[33] 미국에서는 제2차 합중국은행이 주 은행들에 대한 거액의 대출잔고와 자신이 보유하고 있는 이들의 어음을 현금화하라고 각 지사에게 지시함으로써 패닉을 부채질했다. 그 목적은 1803년 루이지애나 토지를 사들일 당시 유럽에서 끌어 쓴 차입금의 상환이었는데, 정화 400만 달러를 끌어 모아야 했다.[34] 그러나 제2차 합중국은행 자체가 하나의 거품이었고, 1811년 해체되었다가

1817년 다시 설립됐다. 이 은행의 경영을 맡은 임원진은 탐욕과 부패에 물든 위인들이었다; 이들은 신주발행 납입금을 약속어음으로 받고, 주식 소유권의 집중을 제한하는 법규를 피하기 위해 가명으로 주식을 등기했으며, 자사 주식을 담보로 차입을 의결하는가 하면, 담보가 결여된 여신을 승인하고, 당좌대월 계좌들의 한도 초과를 허용했다. 해먼드는 18세기의 사업 세계가 가지고 있던 건전한 행보는 빨리 부유해지려고 하는 대중적인 열정에 굴복했고, 이 열정과 함께 부도덕성으로 충만한 사람들이 제2차 합중국은행의 경영을 장악했다고 기술했다.[35]

1825~1896년

1828년 1월 패닉이 파리를 강타할 때까지 1825년의 위기가 파리에 미친 지속적인 여파는 분명히 있었지만, 1825년 위기는 영국과 남미 지역에 관계된 것이다. 1825년 12월에 발생한 런던의 패닉으로 파리, 리용, 라이프치히, 빈의 은행업계가 타격을 받았고, 이들 금융 중심지에 자금 조달을 의존하던 이탈리아와 여타 시장들이 구매량을 줄일 수밖에 없게 되면서, 유럽 대륙의 매출이 멈췄다. 알자스의 섬유 생산 지역에서는 누적된 부담스러운 재고로 인한 불안 국면이 폭넓게 확산됐다; 기업들은 현금 비중이 낮아 현금의 대체수단으로 약속어음을 900만 프랑에서 1600만 프랑 가까이 유통시켰다. 알자스 지역 어음에 대한 파리 소재 은행들의 갱신 거부로 인해, 1827년 12월 미결제 어음잔고의 건축물이 무너져 내릴 때, 남미 주식의 과잉거래가 초래한 런던의 위기가 유럽 대륙에 상륙했다.[36]

액커만은 1847년의 위기를 영불 위기(Anglo-French crisis)라고 부른 것에 대비해, 1825년과 1836년에 발생한 두 위기를 영미 위기(Anglo-

American crisis)라고 불렀다.37) 두 위기는 서로 다른 의미에서 영미적이다: 1825년 위기는 영국과 남미가 관련된 위기였고, 1836년 위기는 영국과 미국이 관련된 위기였다. 또 1836년 상황은 1825년보다 더욱 복합적이었다.

앞에서 기술한 것처럼 잭슨 대통령은 1836년에서 1839년 사이의 위기들에 대한 책임을 영국과 미국이 똑같이 나누어 가져야 한다고 생각한 반면, 매튜스(Matthews)는 지배적 원인을 어느 누구에게 돌리는 것은 무의미하다고 생각했다. 두 나라에서의 통화 팽창은 크게 다른 양상을 보였다. 은의 수입에 힘입은 살쾡이은행이 미국에서 시작됐고, 영국에서는 1826년과 1833년의 신규 입법으로 주식회사은행들이 신설됐다. 영국의 투기는 면화, 면직물, 철도에 집중됐고; 미국의 투기는 면화와 토지, 특히 면화 재배가 가능한 토지에 집중됐다. 더욱이 영국에 소재하는 영국과 미국의 합작상사들이 미국에 대한 영국의 수출에 자금을 조달했다.

영란은행의 재할인율 정책 전개에 미친 이 위기의 영향이 강조되면서 이 위기가 영국과 미국 양자에 관련된 사안으로 논의되는 경우가 꽤 있지만, 순수하게 영국과 미국의 문제는 결코 아니었다.38) 호트리는 이 위기가 영국에서 1836년과 1837년에 시작돼 미국으로 확산됐고, 이어서 1838년 5월 영국이 조용히 회복하고 있을 때 벨기에, 프랑스, 독일에서 폭발해 다시 1839년에 영국과 미국으로 되돌아왔다고 설명한다.39) 미국에서 일어난 위기 역시 수입 물량의 감소, 가격 하락, 일련의 금융 관계를 통해 프랑스와 독일에 직접적인 영향을 미쳤다. 미국의 위기 때 리용은 비단 판로가 차단됐음을 즉각적으로 체감했다. 프랑크푸르트와 라이프치히 박람회의 성공은 미국의 구매에 크게 의존했다. 프랑스 현지에서의 매입을 위한 자금조달을 주로 런던에 의존하던 미국 회사의 위탁상사들과, 역시 런던에 자금조달을 의존하던 미국인 은행가 새뮤얼 웰즈는 일찍이 1837년 봄에 파산의 위협에 직면한 적이 있었다.[40] 1838년 11월 영불 합작 보이콧으로 인해 면화의 공급독점이 붕괴하기 전, 그해 여름과 가을에 맨체스터, 루앙, 알자스 소재 면직물업체들의 목을 죄는 면화 독점매입 거래의 어음을 미국 합중국은행의 니콜라스 비들(Nicholas Biddle)이 인수하도록 지원에 나선 당사자가 메종 오탱게(Maison Hottinguer)라는 프랑스 은행이었다.[41] 또한 프랑스은행은 영란은행을 지원했다. 1830년대 무렵의 금융세계에는 대서양을 사이에 둔 영국과 미국, 프랑스 사이의 무역과 상품가격, 그리고 자본이동에 걸친 복합적인 관계가 자리잡고 있었다.

1847년 1월 철도채권 매수대금의 불입 청구로 인해 런던에서 금융 불안이 증폭됐고, 위기는 이보다 늦은 여름에 찾아 왔다. 액커만은 이 불안이 영국과 프랑스 간의 사태라고 언급했지만, 이 불안 국면의 파장은 영국과 인도 간의 무역, 암스테르담, 북해 연안 제국, 그리고 어느 정도 독일에도 파급됐고, 심지어 뉴욕에까지 미쳤다. 파산 은행과 기업의 자산가치는 아니지만, 파산 건수를 집계한 에반스의 기록에서 위기의 확산 사태를 대충이나마 파악할 수 있다. 에반스의 자료는 영국 이외의 경우는 "해외의 주된 파산들"로만 다루었기 때문에 다른 나라보다 영국의 자료가 보다 정확할 가능성이 크다. 이런 심각한 결점에도 불구하고, 월간 파산 건수를 집계한 표는 위기의 충격파가 어떻게 확산되었는지 실감하는 데 매우 유익하다. 프랑스와 독일의 혁명이 1848년 3~4월의 반동—아마도 이 부분은 에반스의 자료에서 과소 집계되었을 것이다—을 야기했을 때 영국의 위기는 런던을 제외하면 거의 지나간 것으로 보였다.[42]

1847~48년 위기 당시의 도시별 파산 건수

도시	1847년					1848년								
	8월	9월	10월	11월	12월	1월	2월	3월	4월	5월	6월	7월	8월	10~12월
런던	11	19	21	25	7	3	7	3	1	8	2	1	1	1
리버풀	5	4	28	10	4	-	3	-	-	-	-	-	1	-
맨체스터	-	6	11	8	1	-	-	-	1	-	-	-	-	-
글래스고	2	4	6	9	7	6	-	-	-	1	-	-	-	-
영국 기타	2	4	16	7	7	2	-	1	1	-	-	-	-	1
캘커타	-	-	-	-	1	11	5	-	1	2	-	-	-	1
대영제국 기타	-	-	-	-	-	-	-	-	-	-	1	2	1	4
파리	-	1	-	-	-	2	1	14	2	-	-	-	-	-
르아브르	-	-	-	1	-	-	1	5	2	-	-	-	-	-
마르세이유	-	1	-	-	1	1	-	2	13	-	-	-	-	-
프랑스 기타	-	-	2	-	-	1	-	1	-	1	6	-	-	-
암스테르담	-	-	-	3	1	1	-	14	4	-	-	-	-	-
기타 북해연안제국	1	-	1	4	-	-	-	4	-	1	1	-	-	-
함부르크	1	-	-	2	-	1	-	-	7	4	3	1	-	-
프랑크푸르트	-	-	-	-	3	1	-	-	1	-	-	-	-	-
베를린	-	-	-	-	-	-	-	3	4	-	-	-	-	-
독일 기타	-	2	-	-	1	-	1	-	6	-	-	-	-	-
이탈리아	-	3	-	7	1	-	-	-	-	-	-	-	-	-
유럽 기타	-	1	-	3	2	1	1	-	1	-	-	-	-	-
뉴욕	-	1	-	3	1	-	-	-	1	5	-	-	-	4
미국 기타	-	-	-	-	-	-	-	-	-	-	-	-	-	7
기타	-	1	-	-	1	-	-	-	-	2	1	-	-	2

• 자료: 에반스의 다음 자료에 기록된 파산 업체명과 은행명으로부터 산출함. D. Morier Evans, The History of the Commercial Crisis, 1847~48, 2nd edn, rev. (1849; reprint edn, New York: Augustus M. Kelly, 1969), pp. 69, 74, 91~2, 103~4, 105~6, 112~13, 118~20, 123, 127.

1848년 3월 29일 쾰른의 샤프하우젠 방크(A. Schaaffhausen Bank) 파산은 독일 은행업의 발전에 중요한 역할을 하게 되었다. 프로이센 정부는 신용 팽창에 대한 명목적인 반대 정책에도 불구하고, 은행의 주식회사 전환을 통해 이 은행이 구제될 수 있도록 허용했다. 이 같은 선례는 독일의 경제성장에 지대한 영향을 미쳤고, 1850년대 독일 은행들이 크게 성장할 수 있는 길을 열어주었다.[43] 쾰른은 한자동맹 가맹 도시였기 때문에, 샤프하우젠 방크는 모름지기 에반스의 기술에서 두드러지게 나타나는 런던-안트워프-함부르크-브레멘-르아브르-마르세유에 걸치는 상거래 은행 업무망에 연결돼 있었을 것이다. 현지의 자료에 따르면 쾰른은 네덜란드, 브라반트, 프랑스, 동부 및 북부 독일 간 무역의 교차지에 위치해 영국의 1825년 위기의 충격으로 다수의 파산을 겪었다. 라틴아메리카로부터의 가죽 수입에 대한 일정 정도의 자금조달을 제외하면, 은행의 자금조달 업무는 대부분 국지적이었고, 중공업을 주된 대상으로 이루어졌다고 같은 자료는 인정하고 있다. 요한 볼터(Johann Wolter)와 아브라함 샤프하우젠은 가죽류 거래상으로 시작했는데, 초기에는 암스테르담을 경유하다가 나중에는 곧바로 스페인에서 라틴아메리카산 가죽을 구입했다. 아브라함 샤프하우젠의 아들은 국제적 인맥을 갖춘 상인이자 위탁거래상, 운송업자였으며, 또한 은행가였다. 그러나 1848년에 일어난 문제는 주로 쾰른의 부동산 투자에 관련된 자금조달에서 발생한 것이었다. 은행 자산구성의 거의 4분의 1이 토지 소유와 한 명의 건축가에 대한 대출로 이루어져 있었고, 이 두 항목이 은행의 자본금 150만 탈러를 상회하는 160만 탈러에 달했다. 사회 불안의 증폭과 예금자들의 현금 인출에 따라 이 은행은 처음에 네덜란드의 협력자에게 의존했다가, 프로이센은행의 쾰른 지점과 뮌스터 지점, 또 다른 국유금융기관인 프로이센 해상무역회사(Prussian Seehandlung), 그리고 프로이센 복권(Prussian lottery)에서 지원을 받았다. 아브라함 샤프하우젠 은행연합(A. Schaaffhausen'scher Bankverein)으로 아브라함 샤프하우젠의 전환이 허가된 것은 건축 부지를 포함한 여타 모든 형태의 투기가 주식회사은행

에는 금지되었다는 사실과 관련된 것일 수도 있다.[44]

1857년의 패닉은 세계적인 규모로 전개된 호황의 결과로 나타났다. 금광이 1849년 캘리포니아에서, 1851년 호주에서 발견됨에 따라 이들 나라에 대한 수출이 급증했고, 유럽과 미국의 신용 기반이 확대됐다. 만약 인도가 수입보다 훨씬 더 많이 수출하지 않았다거나, 1848년 혁명으로 인해 유럽 대륙에 대한 투자 의욕을 상실한 영국 자본이 미국과 인도로 유입되지 않았다면, 수출 증대와 신용 기반의 확대는 더 큰 규모로 진행되었을 것이다. 국제수지 흑자는 은으로 지불되었다가, 새로 채굴된 금으로 전환되어 유럽에 축적됐다. 유럽과 미국 모두에서 철도 건설과 은행업이 팽창했다. 또한 영국과 독일에서는 주식회사은행이, 프랑스에서는 동산은행, 부동산은행(Crédit Foncier), 농업은행(Crédit Agricole)이 설립돼 무역과 산업에 대규모 대출을 제공했다는 점도 경기 확장을 자극했다. 영국의 곡물법, 목재 관세, 항해조례가 폐지됨에 따라 특히 스칸디나비아의 무역이 크게 늘어났다.[45] 러시아의 수출을 중단시킨 흉작과 크림전쟁으로 인해 전세계 농민들의 곡물 판매가가 상승했다. 이 때문에 영국 농민들은 1846년 곡물법의 폐지에도 불구하고 황금기를 구가했다. 전쟁이 끝나고 러시아의 수출이 재개됨에 따라 곡물가격이 폭락했고, 철도건설도 위축됐다. 폭락의 도미노가 오하이오—좀더 정확하게는 한 오하이오 은행의 뉴욕지사—에서 시작해 뉴욕, 오하이오, 펜실베이니아, 매릴랜드, 로드아일랜드, 버지니아를 덮쳤고, 이어서 리버풀, 런던, 파리, 함부르크, 오슬로, 스톡홀름을 강타했다. 에반스의 1857년 파산 자료는 1847년 자료보다 더 개략적이어서 파산의 파급 경로를 추적할 수 없다. 오하이오 생명보험 신탁회사(Ohio Life Insurance and Trust Company)의 뉴욕지사 파산은 런던의 금리 상승으로 인한 미국 내 영국

자금의 인출과 거의 동시에 일어났다.

오하이오 생명보험 사태가 8월 24일 밝혀지고, 런던에서 은행법의 효력이 정지된 11월 12일에 이어 함부르크에 오스트리아의 긴급차관(은화열차, Silberzug)이 제공된 12월 10일에 이르는 기간 사이에 위기가 집중된 것이 인상적이다. 클랩햄은 위기가 미국, 영국, 중부 유럽에서 거의 동시에 일어났고, 남미와 남아프리카, 극동에도 그 파장이 미쳤다고 기술했다.[46] 로젠베르그는 이 사태를 "최초의 전세계적 위기"라고 부르고 있다. 독일 서부의 엘버펠트 상공회의소는 "세계는 하나다. 산업과 무역이 세계를 하나로 만들었다"고 주장했다.[47]

1866년의 위기는 1864년에 시작된 위기 전개의 끝자락에 위치한 한 국면이다. 크림전쟁에 이어서 1857년 위기가 온 것처럼 남북전쟁에 뒤따라 1866년 위기가 발생했고, 1866년의 면화가격 폭락이 10년 전 밀가격의 폭락에 대응한다는 점에서 액커만은 1866년 위기를 1857년 위기와 유사하다고 지적했다.[48] 1864년을 이 위기에 포함시키는 것은 이 위기를 엄격하게 영국의 것으로 보는 일반적인 견해를 폐기하는 것이다.[49] 1866년 5월 11일 검은 금요일에 일어난 패닉의 발발 시점은 사전의 소문과 실제 개전으로 인해 주식시장의 폭락을 초래한 프로이센-오스트리아 전쟁과 밀접한 관련을 맺고 있고, 또 이탈리아 정부가 리라화의 금태환을 정지하고 이 특권과의 맞교환으로 국립은행에서 2억5000만 리라를 차입한 1866년 5월 11일의 '강제 지폐유통(코르소 포르조소, corso forzoso)'[50]과도 밀접한 관련을 맺고 있었다. 오버렌드, 거니 회사가 붕괴할 때처럼, 코르소 포르조소를 촉발한 것은 파리가 해외 증권의 매도에 시달리는 와중에 파리를 향해 이탈리아를 빠져나가는 자본 유출이 이탈리아 국내에서 은행권을 금으로 환전하려는 인출쇄도를 자극했기 때문이다. 4월 중순에 전쟁 소문으로 런던시장이 출렁였다. 베를린증권거래소는 5월 2일 동원령이 내려졌을 때, 이어서 전쟁이 발발한 5월 12일에 패닉에 휩싸였다. 프로이센은행은 5월 11일 재할인율을 9%로 인상했다. 같은 날 런던에서는 금융 불안이 첨예한 시점에 어느 취약한 회사를 상대로 유동성을 확보하려는 일상적인 움직임이 패닉을 일으켰다. 이집트에 큰 사업상의 이해를 가지고 있던 파리의 은행가 알프레드 앙드레는 오버렌드, 거니 위기의 와중에 런던에서 회사에 필요한 사항들을 챙기느라 "진이 빠지는 한 주"를 보냈다. 그는 금융업체들은 이미 폐허가 됐고, 이탈리아, 프로이센, 오스트리아, 러시아에서는 상거래가 마비된 상태며, 프랑스가 꽤 잘 버티고는 있지만 잠시일 뿐이라는 결론을 내리고 5월 17일 파리로 돌아왔다.[51]

1869년 9월에 함께 발생한 미국의 금 위기와 오스트리아의 위기 간에는 뚜렷한 관계가 존재하지 않는다. 두 나라의 통화는 모두 변동환율제하에 있었다. 전쟁을 둘러싼 갈등이 초래한 폐해는 미국 쪽이 훨씬 더 크기는 했지만, 전쟁 후 두 나라에서 모두 투자 확대가 있었다. 비르스는 1873년의 진짜 대파국에 앞서 발생한 "1869년의 대파국"에 대한 짤막한 소론의 서언에서 미국으로 흘러 들어간 독일과 오스트리아의 투자, 미국 상품의 유럽 시장 침입, 대서양을 넘나드는 상품 출하와 은행업무 간의 통합 심화에 대해 약간의 언급을 남겼다.[52] 그렇지만 비르스는 미국의 금 위기를 언급하지 않았다는 점에서, 그가 두 위기 사이에 모종의 관계가 존재한다는 암시를 준 것으로 보이지는 않는다. 1869년 미국의 금 위기를 다룬 제반 설명은 오스트리아를 고려하지 않고 있다.[53] 제이 굴드와 짐 피스크가 금 프리미엄(금과의 교환에서 달러 지폐의 가치를 깎는 것)의 인상을 통해 그 가격 인상을 시도한 바 있는 밀가격이 연결 고리가 될 가능성이 있다. 1869년 9월의 '파국'에 뒤따르는 문제들은 밀 생산 국가였던 헝가리에 집중됐다.[54] 굴드는 값싼 노동력과 지중해를 경유하는 해상운송에 맞서 미국이 영국에 밀을 수출하는 것은 금 프리미엄 45에서는 가능하지만 40미만에서는 불가능하다고 주장한 바 있다.[55] 이 얘기대로라면 9월에 미국에서 금 프리미엄이 하락했으니 헝가리의 경제 전도에 도움이 되었어야 했다.

  1873년의 이야기는 프랑스-프로이센 전쟁 배상금에서 시작되는데, 1871년 배상금의 10분의 1이 금으로 지불되면서 독일로 유입된 금은 막대한 규모의 투기로 이어졌고, 이어서 오스트리아로 확산됐다.[56] 철도 금융 사업의 후발주자로서 유럽의 철도건설에 조달할 자본을 찾고 있던 제이 쿡은 이미 미국에서 노던 퍼시픽 철도 사업에 과다한 신용을 끌어다 쓴 상태였다. 그는 추가로 프랑크푸르트에서 차입을 추진했지만, 독일과 오스트리아에서의 건설 호황으로 인해 자금을 빌릴 수 없었다.[57] 이 밖에 다른 충격으로는 1869년 수에즈 운하의 개통, 구은화를 환수하기 전에 신주화를 방출한 독일 당국의 실수, 1871년 10월 9일 발생한 시카고 대화재,[58] 그리고 특히 프로이센의 비스마르크가 이루어낸 독일 통일의 흥분을 들 수 있다. 독일이 배상금으로 받은 9000만 파운드는 이 파운드화 자금이 금으로 환전될 우려 때문에 영국의 안정을 위협했다. 프랑스는 배상금 지불에 따른 통화량 축소로 디플레이션 압력 하에 있었기 때문에, 여타 유럽 지역에서 발생한 인플레이션의 영향을 받지 않았다.

  중요한 문제는 수 개월간의 불안 국면 후에 1873년 5월 독일과 오스트리아에서 일어난 붕괴와, 같은해 9월에 발생한 미국의 붕괴 사이의 관계다. 미국 철도에 대한 독일 투자의 변동이 양자를 잇는 하나의 고리로 작용했다; 초기에 독일 투자자들은 철도와 서부지역 토지에 투기했는데, 그 후 갑자기 추가적인 투자가 중단됐다. 맥카트니(McCartney)는 1873년이 최초의 의미 있는 국제적 위기로 널리 인정되고 있다고 언급했다. 위기는 5월에 독일과 오스트리아에서 폭발해 이탈리아, 네덜란드, 벨기에로 퍼진 뒤 9월에 미국으로 파급됐으며, 영국과 프랑스, 러시아에는 나중에 충격이 미쳤다. 게다가 두 번째 패닉이 11월 1일 빈을 강타했지만 짧게 끝났다.[59)] 모건스턴은 국제 증권거래소에서의 패닉을 집계한 그의 표에서 "위기가 연중 내내 진행되면서 암스테르담과 취리히로 파급된 분명한 증거"를 지적했다.[60)] 1875년 가을 칼 마이어 폰 로스차일드(Carl Meyer von Rothchild) 남작은 거손 폰 블라이히뢰더(Gerson von Bleichröder)에게 쓴 서한에서 모든 나라에서의 주가 하락 상황에 대해 언급하면서 "전세계가 하나의 도시가 되어버렸다"고 말했다.[61)]

그 후에 이어진 보다 상호관련성이 약한 일련의 파산과 패닉은 1878년 시티 오브 글래스고우 뱅크, 1882년 위니옹 제네랄, 1884년 뉴욕주식시장; 러시아와 터키 간의 전쟁 위협을 둘러싼 1887년 유럽 전역의 주식시장 패닉; 파리할인은행(Comptoir d'Escompte)의 파산으로 끝나버린 1888년의 구리 독점 사태; 1890년 베어링 위기, 1892년 파나마 스캔들, 그리고 1893년 뉴욕 패닉 등이다. 이들 사태의 확산에 대해서는 모건스턴[62)]과 특별히 베어링 위기에 주목하면서 영란은행의 금 보유고에 대한 그 영향에 중요성을 부여한 프레스넬(L.S. Presnell)에 의해 자세히 연구되었다.[63)] 1890년 베어링 위기는 영국 투자자들이 라틴아메리카에 제공한 부실 대출을 연장하기 위해 미국의 우량 주식을 매각함에 따라 뉴욕에 패닉이라기보다는 금융 경색을 초래했다.[64)] 한 가지 견해는 1890년 10월 뉴욕의 금융위기가 런던에 다수의 파산을 야기함에 따라 베어링이 민감한 불안 국면을 견디는 것을 더욱 어렵게 만든 것이 11월 베어링 브라더스의 붕괴를 재촉했다는 것이다. 아르헨티나 문제로 유발된 베어링 위기는 해외 전지역에 대한 영국의 대여를 급격히 위축시켜 1893년까지 이어진 남아프리카, 호주, 미국의 경제위기를 일으켰거나, 적어도 큰 원인으로 작용했다.[65]

1907년 위기

1907년의 위기는 이탈리아에서 서너 해 전에 먼저 시작됐다.[66] 이탈리아는 20세기를 시작하는 서너 해 동안 경제 호황의 대열에 참여했다. 신용 공급을 기반으로 한 투기가 만연했다. 표면상으로는 실물 투자를 목적으로 차입한 자금을 자사 유가증권의 투기에 사용한 의제적인 모험적 사업들과 철강 트러스트 한 곳이 있었는데, 차입에서 얻은 현금으로 투자자들의 관심을 자극하기 위해 높은 배당금을 지불했다. 많은 신설 회사들의 파산으로 1905년 5월부터 불안 국면이 시작됐다. 1906년 10월에는 제노아 주식시장에서 두 번째 불안 국면이 나타났다. 1907년 4~5월이 되자 파리와 런던으로부터의 자금 대여가 둔화되면서 불안 국면은 더욱 첨예해졌다. 1898년 출범한 소시에타 방카리아 이탈리아나는 400만 리라의 자본금으로 시작해 1899년에 500만 리라로 증자하고, 1900년 900만 리라, 1904년 2000만 리라, 1905년 3000만 리라, 1906년 3월에는 5000만 리라로 증자했다. 매 단계 증자 때마다 신규 인력 채용과 함께 보통 경영난에 처한 오래된 은행들을 인수했다.[67] 이 은행의 밀라노 본사는 자신의 제노아 지사가 떠안은 위험을 알지 못했다.[68] 특히 이 은행은 증권거래 대출(riporti)에 깊이 관여했다. 이탈리아은행(Banca d'Italia, 당시 이탈리아의 3개 발권은행 가운데 주력 은행-옮긴이)의 스트링거 총재는 이 은행의 부실한 여신 상태와 크게 불어나 있는 1906년 12월 시점의 중앙은행 차입금 규모를 우려했다. 1907년 봄 파리와 런던이 이탈리아와 미국에 대한 신규 여신을 중단하자, 초고속으로 성장했지만 한계상황까지 치달은 이 은행의 운명은 이미 끝난 셈이었다. 토리노-밀라노-제노아-뉴욕 간의 직접적인 충격 파급은 제한적이었다. 그러나 이탈리아의 금융 중심지들은 파리에 연결돼 있었고, 뉴욕은 주로 런던에, 그리고 파리와 런던은 서로 연결돼 있는 상태였다. 파리가 영국 유가증권을 매도하고, 파리와 런던의 해외 자금대여가 중단됐을 때, 식민지 국가들은 돌연 자본 결핍 상태에 빠져서 진행 중인 투자 프로젝트를 중단할 수밖에 없었고, 그 결과 이 나라들의 수요와 생산, 고용과 물가는 하락 압력에 짓눌리게 되었다고 보넬리는 주장했다. 1907년의 이탈리아는 식민지 지역과 놀라울 정도로 유사한 상황에 있었다. 이탈리아에 대한 파리의 대출 중단은 만약 해외 이민자들(주로 미국으로부터)의 송금이 없었다면 훨씬 더 심각한 결과를 초래했을 것이라는 것이 보넬리의 지적이다.[69] 대서양을 사이에 둔 양국간의 직접적인 연결이 주로 뉴욕과 나폴리 사이에 형성돼 있었다. 보넬리의 설명은 좁게 국한된 직접적인 연결에 초점을 두고 있고, 프랭크 반덜립(Frank Vanderlip)이라는 당시 뉴욕의 은행가가 "세계적 현상으로서의 패닉"이라는 소론에서 밝힌 주장과 대조를 이룬다. 반덜립은 패닉의 기본 원인이 보어전쟁, 러일전쟁, 샌프란시스코 대지진이라고 주장했다. 그러나 그렇게 찬란한 서두로 시작한 그는 신설 신탁회사들의 과잉거래와 통화 팽창의 필요성을 논하는 데 그치고 말았다.[70]

1929년 패닉의 국제적 전개

후버 대통령은 대공황의 실제적 요인 가운데 상당 부분은 제1차 세계대전 기간 중 유럽 이외 지역의 생산 확대-유럽의 생산이 전쟁 이전 수준을 회복하기 시작한 해인 1925년의 물가를 기준으로 할 때 과잉생산임이 드러난다-라고 언급했다. 더욱이 패전 배상금과 전쟁부채 문제로 인한 금융의 복잡성이 더해졌고, 영국 파운드화의 과대평가, 프랑스 프랑화의 과소평가, 도즈안 이후 독일 기업과 공공기관의 채권을 미국의 민간 투자자들이 매입하는 방식으로 독일 패전 배상금의 자금조달과 환류가 있었다. 미국의 국내 사정으로는 금리 인상이 더 필요한 상황에서 과대평가된 영국 파운드화의 금 평가를 영국이 유지할 수 있도록 지원하기 위해 1927년 여름에 취해진 뉴욕의 금리 인하에 책임을 돌리는 주장도 있다. 1928년 3월, 특히 6월 이후부터 뉴욕 주식시장에서 주가 상승이 시작되자, 미국의 해외 채권 매입이 중단됐다. 미국의 채권 매입에 의존하던 독일과 라틴아메리카, 호주는 한동안 단기차입에 의존했다. 독일은 보유 현금을 패전 배상금의 해외 지불에 사용하고, 국내 경제의 통화량 축소와 디플레이션을 감수하는 방향으로 자본유입의 감소에 대처했다. 아르헨티나, 호주, 우루과이, 브라질의 국제수지가 빠르게 적자로 역전되고 있었다. 누적된 단기채무를 해소할 자금을 마련할 길도, 추가적인 차입을 추진할 길도 막힌 상태에서, 밀, 커피, 고무, 설탕, 비단, 면화 등 이들 나라의 주요 상품가격이 폭락함에 따라 1929년 10월 주식시장 붕괴 직후에 이들 나라 통화의 외환가치가 하락하기 시작했다. 미국의 물가와 업계는 제4장에서 언급한 바 있는 유동성 마비의 압박을 강하게 받았다.

뉴욕연방준비은행이 워싱턴에 있는 FRB의 반대를 무릅쓰고 독자적으로 추진한 공개시장 프로그램은 1929년 초에 있었던 신용 압박을 다소 경감시켰다. 1930년 상반기에 국제적 자금대여가 증가했다; 1930년 2분기 동안의 국제적 자금대여는 분기 규모로 1920년대와 1930년대에 걸친 20년 동안 가장 큰 규모였다. 그러나 독일의 저물가와 신뢰 상실-특히 1930년 9월 선거에서 국가사회주의자들의 약진 이후에-은 세계가 여전히 불안 국면에 머물러 있음을 의미했다. 중부 유럽, 특히 오스트리아와 독일의 은행들은 자사 주가의 부양을 통해 자신들의 입지 개선을 추진했다. 파리에서는 두 민간 은행인 방크 아담(Banque Adam)과 방크 우스트릭(Banque Oustric)-이 은행의 추문에는 정부 관료 세 명이 연루돼 정권의 몰락을 야기한다-이 파산했다. 1931년 초 정권을 인수한 라발(Laval) 정부는 디플레이션 정책을 취했다. 이 때부터 디플레이션의 파도가 시작됐다: 5월 빈에서 크레디탄슈탈트의 파산, 7월 독일에서 다나트방크의 파산, 7월 독일 은행업계의 채무상환 유예협정, 8월 여러 차례에 걸친 런던을 빠져나가는 자금 회수 사태, 이어서 9월에는 파운드화의 금 태환을 정지시키는 영국의 결정으로 그 절정을 맞는다. 이 단계에서 프랑스, 벨기에, 네덜란드, 스위스로 구성된 금 블록 국가들이 미 달러화 보유액을 금으로 환전하고, 미국에서 금을 회수하기 시작함에 따라 미국 은행들의 금 준비금이 줄어들었다. 일본은 1931년 12월 금본위제를 이탈했다. 미국에서의 디플레이션은 미 달러화의 외환가치 상승(즉, 영국 파운드화와 이에 고정된 스털링 지역 통화들의 외환가치 하락), 그리고 은행 준비금의 감소에 따른 것이었다. 1932년 2월 글래스-스티걸법의 통과로 공개시장조작을 통한 통화 공급량 확대가 가능해졌으나 너무 늦은 시점이었다. 연이은 은행 파산이 되먹임 강화 작용을 동반하며 상품가격의 하락, 기업 파산, 은행 파산의 연쇄를 유발하는 부채 디플레이션

과정을 확산시켰다. 1933년 3월에 시작된 전면적인 은행 업무정지(Bank Holiday)와 그해 봄의 달러화 외환가치 하락으로 경제가 그 바닥을 찾게 됐다.

이 같은 역사로부터 1930년대 대불황의 발단이 미국에서 시작되었다는 결론을 이끌어낼 수는 없다.

위기의 전염과 동아시아 위기

세계의 거의 절반까지 확산된 동아시아 위기는 태국이 대외채무의 지불불능을 선언한 1997년 7월 2일이 그 시작이었다. 대부분의 평론가들은 위기 증폭의 책임을 위기가 발생한 해당 국가(태국, 인도네시아, 말레이시아, 한국)와 이들 나라의 규제완화를 촉구했던 정부 및 민간 전문가들, 그리고 차입자와 대여자 자신들-특히 대여자 가운데 해외 통화를 대출해 주고자 달려들었다가 갑자기 대여를 중단한 은행가들과 투자기관들-에게 돌렸다. 동아시아 위기는 동아시아의 호랑이들이 1980년대와 1990년대에 고도성장을 달성한 나라들이었기 때문에 더욱 놀라운 일로 받아들여졌다. 이 호랑이들 사이에 벌어진 군중행동의 형태는 해외 통화의 대규모 차입, 투기적인 부동산 투자, 그리고 국내 물가의 상승 요인과 함께 통화가치의 과대평가를 유발한 미 달러화에 대한 환율 고정으로 나타났다. 홍콩 당국은 건설 대출의 상한선을 낮추는 방법-1990년대 초반 90%에서 1990년대 중반 60%로 낮추는 규제 강화-으로 금리에 대한 통제를 견지함으로써 은행의 부동산담보 대출에서 대형 손실을 유발하지 않고도 금리를 높일 수 있었다. 나라들간에 차이점이 존재했다; 예를 들어 태국 정부는 정직했지만 위약하고 우유부단했으며; 인도네시아 정부는 강력했지만 부패하고 결단력이 있었다.[71] 정책 역시 달랐다. 태국은 투기세력으로부터 바트화를 방어하느라 240억 달러의 외환보유고를 상실하고는 결국 바트화의 외환가치 하락을 용인했다. 반면 인도네시아는 투기 압력이 증폭되자 곧이어 루피아화를 변동환율제에 맡겼다. 말레이시아의 마하티르 총리는 링기트화의 공매도 사실을 부인한 퀀텀펀드의 조지 소로스를 비롯해 해외 투기세력을 비난했고, 대외채무에 대해 제한적 지불유예를 결정했다.

동아시아의 위기가 러시아와 브라질로 확산된 것은 이들 나라 역시 거액의 채무를 안고 있고, 통화가 과대평가돼 있다는 점, 그리고 러시아의 경우는 정부가 눈에 띄게 부패해 있다는 점에 대한 금융시장의 인식이 불러온 상당 부분 심리적인 사태 전개였다. 1990년대 초 러시아에 호황을 가져온 변위요인은 공산주의 체제의 폐기와 광범위한 사유화였다. 정해진 길을 밟듯 머지 않아 경제적 풍요감이 고개를 들고, 과잉거래와 과잉 자본투자를 유발했으며, 부패로 인해 취득 출처가 불분명한 자금의 대규모 유출이 벌어졌다. 1998년 8월 11일 러시아 주식시장이 폭락하고, 이어서 6일 뒤에 루블화에 변동환율제가 적용됐다.[72]

브라질의 문제는 규제완화, 거액의 재정적자, 자본유입의 갑작스러운 중단, 그리고 아시아 수출시장의 손실-특히 종이 원료용 목재펄프-의 결과물이었다. 1999년 초에 두 번째로 발생한 헤알화의 외환가치 하락과 변동환율제 채택은 주가의 상승과 헤알화의 외환가치 상승으로 이어졌다.[73]

8 거품의 전염: 도쿄에서 방콕, 방콕에서 뉴욕으로

Bubble Contagion: Tokyo to Bangkok to New York

20세기의 마지막 15년 동안에 발생한 서로 다른 4개의 자산가격 거품 가운데 최초의 것은 1980년대 후반 도쿄의 부동산과 주식 거품이었고, 두 번째는 거의 같은 시기에 벌어진 노르딕 3개국-핀란드, 노르웨이, 스웨덴-의 부동산과 주식 거품이었다. 세 번째 거품은 1990년대 중반 방콕, 쿠알라룸푸르, 자카르타, 홍콩과 인근의 각국 금융 중심지에서 형성되었고, 네 번째 거품은 1990년대 후반 특히 나스닥시장을 중심으로 한 미국의 주식 거품이었다.

선진 산업국가에서 자산가격 거품은 드문 일이다; 미국에서 있었던 직전의 거품은 1920년대 말이었다. 일본은 이전에 자산가격 거품이 있었던 적이 없었고, 아시아의 다른 나라들도 마찬가지다. 6개 혹은 9개 국가에서 동시에 거품이 형성되는 것도 이례적인 현상이다; 이전에는 이 같은 사태가 없었다. 게다가 15년이라는 기간 동안 서로 다른 4개의 자산가격 거품이 생기는 것 역시 전례가 없는 일이었다.

이 자산가격 거품들은 체계적인 상호 관련을 가지고 있었다. 노르딕 국가에서의 거품은 도쿄와 오사카에 본부를 둔 은행들의 역외 지점에서 제공된 대출의 급증이 원인이었다; 이 때 동시에 겹치게 된 두 가지 사태 중 하나는 일본의 은행감독 당국이 일본 은행들의 해외사업 규제를 완화한 것이고, 다른 하나는 노르딕 국가들의 감독 당국이 국내 은행들의 해외차입 규제를 완화한 것이었다. 런던과 취리히, 그리고 역외금융 중심지 소재 일본 은행들의 지사에서 흘러나온 막대한 대출 자금이 노르딕 국가의 차입자들에게 들어갔고, 부동산가격과 주가의 급등을 유발했다. 태국과 여타 아시아 국가의 거품은 일본의 자산가격 거품 붕괴 이후 수 년 동안 도쿄로부터 유입된 자금에 의해 형성되었다. 태국, 말레이시아, 인도네시아 및 그 이웃 국가들의 거품이 1997년 하반기에 붕괴하고, 이 붕괴로 인해 아시아 국가를 이탈하는 자금이 미국으로 대거 유입되면서, 1990년대 중반에 형성되기 시작한 미국의 주식 거품이 더욱 빠르게 가속화되었다. 1998년 연방준비제도이사회(FRB)는 롱텀 캐피탈 매니지먼트(LTCM)의 파산이 촉발한 불확실성에 대처하기 위해 미국 금융 시스템에 유동성 공급을 확대했고, 1999년에는 세기 전환과 관련된 2000년도 컴퓨터 연도표기(Y2K) 문제를 염두에 두고 다시 추가적인 유동성을 공급했다.

이들 자산가격 거품 사이의 연결 고리는 엔화의 외환가치 상승과 일본의 경쟁력 하락을 가져온 일본의 거품이 붕괴하고 나서, 방콕과 여타 아시아 국가를 향해 도쿄로부터 "밀려 나온 자금"이었다. 일본 기업들은 생산원가의 경감을 위해 중국과 동남아시아 국가들로부터 생산을 외주 조달하기 시작했다. 태국과 여타 아시아 국가의 거품이 붕괴함에 따라 이들 나라의 대외 금융 여건이 급격히 역전됐다; 중국 위안화와 홍콩 달러를 제외한 아시아 국가 통화 대부분의 외환가치가 급격히 하락했고, 이에 따라 이들 나라의 무역수지가 빠르게 흑자 전환했다; 이와 맞물려 미국의 무역수지 적자가 급증했다. 이들 나라로부터 미국으로 이동하는 자금 흐름이 극적으로 증가해 미국 유가증권의 가격 상승에 크게 기여했다; 해외 거주자들에게 유가증권을 매도한 미국 거주자들은 그 매도대금의 매우 큰 비중을 다른 미국 거주자가 보유한 다른 유가증권을 매수하는 데 사용했다. 이렇게 유가증권을 매도한 미국 거주자들 역시 그들의 매도 대금 대부분을 다시 다른 미국 거주자들부터 다른 유가증권을 매수하는 데 사용했다. 이런 식으로 미국의 유가증권 가격은 계속해서 상승했다. 이 자금은 속담의 "뜨거운 감자"처럼 투자자에서 투자자로 항상 더 높은 가격표를 바꿔 달면서 전달되었다.

자금이 한 나라에서 다른 나라로 이동할 때는 항상 보이지 않는 손이 작동하며, 자금이 유입되는 나라와 자금이 이탈하는 나라 모두에서 자동적인 조정을 일으킨다. 자본 유입 국가에 일어나는 하나의 조정은 외환시장에서 통화 가치가 상승하는 것이고, 또 다른 조정은 거의 예외 없이 자산가격이 상승하는 것이다. 해외로부터의 자금 유입은 경제 호황을 동반하며 증가하는 것이 다반사다. 닭이 먼저냐 알이 먼저냐 하는 문제가 약간은 있다: 즉, 활발한 경제 활동이 해외 자금을 유인하기도 하는 한편, 해외 자금의 유입은 기업 투자의 증가를 가져온다; 주가의 상승으로 국내 기업의 자본비용이 감소하면 투자 수익률이 개선되는 투자 프로젝트들이 많아지기 때문이다. 가계의 부가 증가하면 소비의 증가가 유발되거나, 혹은 똑같은 것이지만-자산가격의 상승은 저축 목표를 달성하는 가계가 더 많아진다는 것을 의미하므로-저축률의 하락이 유발된다.

이와 같이 아시아 국가들의 수도에서 형성된 자산가격 거품은 1990년대 초 도쿄의 자산가격 거품 붕괴, 그리고 일본으로부터의 자금유출 급증에 뒤따라 팽창했다. 이 자금의 대부분은 일본인 소유였고, 일부는 주가 하락기에 일본 주식을 매각한 외국인들 소유였다. 도쿄로부터 태국, 인도네시아 및 여타 아시아 국가로 흘러들어간 자금은 통화가치가 변동환율제에 따라 외환시장에서 결정되는 나라에서는 해당 통화의 외환가치 상승을 초래했고, 자본 유입국의 환율이 고정된 경우에는 대외 준비자산 보유액의 증가와 통화 공급량의 증가를 초래했다. 이들 나라의 국내 소득은 부동산가격과 주가의 상승에서 파생되는 투자지출과 소비지출의 증가에 따라 빠른 속도로 성장했다. 일본인들에게 보유 유가증권과 자산을 매도한 이들 나라의 거주자들은 매도 대금의 대부분을 다른 국내 유가증권과 부동산을 매수하는 데 사용했다.

'오버슈팅'이란 용어는 어느 나라 통화의 외환가치가 국내 물가상승률과 주요 교역상대국의 물가상승률 차이에서 산출되는 가치에 비해 상승하는 것을 지칭한다. 반면 '언더슈팅'은 실질 외환가치의 하락을 의미한다. 오버슈팅과 언더슈팅은 국경을 넘나드는 자본 흐름의 규모가 한 기간에서 다른 기간 사이에 변동하는 데 따른 불가피한 반응이다. 따라서 자신의 자산과 부채를 구성하는 통화별 비중을 가속적으로 변동시키는 투자자들의 외환거래는 시장을 균형점에서 이탈시키는 교란적 거래로 보인다; 특정 통화에 대한 매수 혹은 매도 압력을 자극함으로써 통화가치가 국가간 물가상승률 차이에 부합하는 가치로부터 괴리되는 현상이 초래되기 때문이다.

1980년대에 글로벌 주가지수에 따라 투자하는 인덱스펀드들은 도쿄의 주가가 상승할 때 일본의 주식을 매수했고, 이 펀드들의 매매는 엔화의 외환가치 상승과 동시에 일본 주식의 가격 상승을 가져왔다. 이들 인덱스펀드가 즐겨 찾는 기도문은 일본 주식 전체를 하나의 그룹으로 간주하고, 그 시장가치가 모든 나라 주식의 시장가치에서 차지하는 비중과 똑같은 비율로 그들의 투자 포트폴리오에서 일본 주식이 차지하는 비중을 유지해야 한다는 것이었다. 거품 붕괴와 함께 일본의 주가가 하락하자, 글로벌 인덱스펀드들은 일본 주식을 매도하고 도쿄로부터 자금을 빼냈다.

일본, 태국, 그리고 다른 아시아 국가들과 미국의 자산가격 거품에서 나타나는 하나의 유사성은 시장 참여자들이 최근의 가격 상승에서 나타난 추세를 미래 시점으로 비례 배분하는 방식에 의해 자산과 유가증권의 가격을 예측하기 시작했다는 점이다. 대체로 자산과 유가증권의 가격은 이들의 수익 창출 능력-업무용 빌딩의 가격은 그 건물의 임대소득을 토대로 추산되고, 소니와 제네럴 일렉트릭의 주가는 이들 회사의 기대 수익률을 반영한다-에 기초한다. 경우에 따라 일부 투자자들은 이 자산가격의 최근 상승 추이를 비례 적용해 미래의 주가와 부동산가격을 추정하기 시작한다. 이런 투자자들-이들은 어떤 때는 주가 관찰자, 어느 경우에는 모멘텀 투자자(momentum investor) 혹은 데이트레이더(day trader)라는 이름으로 불려왔다-은 개별 유가증권들의 최근 가격 변화를 가까운 미래 시점의 가격 예측을 위한 기준 비율로 활용한다. 이 투자자들은 외환시장에서 가치 상승이 진행되는 통화를 매수했고, 따라서 이 통화들은 더욱 가치가 상승했다. 현재 및 미래 임대소득이 부동산가격을 산정하는 기본적인 수단으로서의 역할을 상실했고, 기업의 기대 수익률은 주가 산정의 기준 역할을 상실했다. 대신 최근의 가격 상승 추이를 기준으로 한 미래 가격 추정치가 부동산가격과 주가 산정의 기초가

됐다; 마치 월요일에서 화요일까지의 가격 상승이 금요일의 가격 수준을 예측하기 위해 수요일에 활용되는 양상이다. 물론 다수의 신설 기업들은 사업 초기의 수 년 동안 수익을 내지 못하기 때문에, 투자자들은 이들 기업의 주식 가치를 그들의 매출, 혹은 경우에 따라 미래의 추정 매출을 토대로 예측한다.

부동산과 주식에서 형성된 일본과 아시아 국가의 자산가격 거품은 부동산가격의 상승이 주가를 '견인' 하는 방식으로 진행됐다. 반면 미국의 경우 실리콘밸리와 금융서비스 업종에 종사하거나 혹은 가계의 부가 급증한 개인들이 많이 거주하는 여러 도시에서 부동산가격이 급등하기는 했지만, 거품은 거의 전적으로 주식에 집중됐다. 아시아 국가들의 거품은 일본의 거품과 유사했고, 이것은 주식이 국가의 부에서 차지하는 비중이 미국에 비해 훨씬 작다는 점을 반영한다.

도쿄와 오사카의 자산가격 거품

1980년대 일본의 부동산 거품은 그 거대한 규모로 인해 일본 황궁이 들어서 있는 대지의 시장가치가 캘리포니아 전체의 부동산 가치보다 크다는 것이 1980년대 말 도쿄의 이야기거리가 될 정도였다. 캘리포니아의 토지 면적은 일본 황궁 대지 면적의 수십 억 배에 달하는데, 그만큼 단위 당 토지 가격의 엄청난 차이를 말해 주는 것이다. 황궁 부지에 대해 경매나 그와 유사한 거래가 있었던 것은 아니다. 이 비교를 처음으로 산출한 분석가는 도쿄에서 땅 값이 가장 비싼 지역인 인근 긴자 유흥가에서 최근 거래된 작은 면적의 헥타르 당 땅값에 100여 헥타르를 곱하는 방법으로 황궁 대지의 땅값을 추정했다. 그리고 캘리포니아 부동산의 가치는 미국 가계 자산에 대한 연방준비은행의 자료가 이용됐다.

도쿄의 금융자산 가치 총액은 1980년대 말 천정부지로 치솟아 있었다. 일본의 국내총생산(GDP)이 미국 GDP의 절반에도 미치지 못하지만, 일본 주식시장의 시가총액은 미국 주식시장 시가총액의 두 배에 달했다. 기업이익에 대한 주식시장 가치의 비율을 기준으로 일본 기업과 미국 기업을 비교하면 그 치우친 정도가 더욱 심하게 나타났다. 일본의 육지 면적이 미국의 5%에 불과하고 일본에서 육지의 80%가 산악 지역임에도 불구하고, 일본의 부동산 시장가치는 미국의 부동산 시장가치의 두 배에 달했다. 일본의 일인당 국민소득이 미국의 60~70%에 불과함에도 불구하고, 인구 일인당 토지의 시장가치를 기준으로 비교하면 일본은 미국의 4배를 초과하는 수준이었다.

이 시기에 세계 10대 은행의 7개가 일본 은행들일 정도로 일본의 은행들은 자산과 예금 규모 면에서(그러나 이익에서는 아니었다) 세계 은행 순위표의 선두를 달렸다. 앞의 사례들과 유사하게 일본 최대의 투자은행인 노무라의 자본금은 미국의 5대 투자은행의 자본금 총액보다도 컸다.

1980년대 기간 중 일본 주가의 급속한 상승에 따라 자본비용의 하락이 이어지면서 일본의 기업 투자도 급증했다. 다수의 일본 기업들은 특정 수량의 엔화 표시 주식으로 교환될 수 있는 미 달러화 표시 전환사채를 발행했다. 일본 주식의 지속적인 가격 상승 행진에 투자자들이 매우 열광적이었으므로, 전환사채의 금리는 매우 낮았고 보통 2% 수준에 머물렀다. 낮은 금리는 일본 기업의 자본비용이 낮다는 것을 의미했고, 따라서 신규 공장의 건설과 동시에 미국과 유럽의 기존 기업을 인수하는 일본 기업들의 투자지출이 급증했다.

제1장에서 자세히 살펴 본 것처럼, 미쓰이부동산은 『기네스북』에 등

재되고 싶은 마음에 호가가 3억1000만 달러였던 뉴욕 시 6번가의 엑손 빌딩을 6억2500만 달러를 지불하고 매입했다. 다른 일본 기업들도 미국의 기념비적인 부동산과 건물들을 취득했다. 미쓰비시 부동산은 록펠러 센터의 50%를 매입했고, 스미토모은행 계열의 한 그룹은 캘리포니아의 페블비치 골프장을 매입했다. 소니는 콜럼비아 레코드(Columbia Records)와 콜럼비아 영화사(Columbia Pictures)를 인수했고, 전자산업에서 소니의 대표적 경쟁자인 마쓰시타는 MGM 유니버설(MGM Universal)을 인수했다.

일본의 소비지출이 급증했다. 일본인들은 또 소더비(Sotheby's)와 크리스티(Christie's)를 비롯한 예술작품 경매회사가 개최하는 프랑스 인상주의 회화작품의 경매에 참여했다. 이미 살펴 보았듯이 빈센트 반 고흐의 '의사 가셰의 초상화'는 오사카 지역의 경마회사 사장에게 단일 예술작품 가격으로는 사상 최고가에 팔렸다.

골프장들이 우후죽순처럼 번창했다. 일본에서 땅은 매우 비쌌기 때문에 골프클럽 회원권 역시 비쌌다.

일본인들은 모든 돈을 가지고 있었고, 국내와 해외에서 모든 종류의 자산을 매입하는 데 그 돈을 썼다. 일본인들은 마치 부유한 것처럼 돈을 쓰고 있었지만, 부유한 일본인들은 그렇게 많아 보이지 않았고, 지출의 대부분은 일본의 법인 기업체들에 의해 이루어졌다는 것은 역설적이다.

일본은 외국인들에게 문호를 개방한 19세기 후반에 산업화를 시작했다.(왜냐하면 서구 열강들이 중국 해안지역에서 그랬던 것처럼, 문호를 개방하지 않을 경우 이 나라들이 일본에도 전초기지를 세울지 몰라 두려워했기 때문이다.) 일본 천황은 미국, 독일, 영국, 벨기에, 그리고 서구의 여러 나라에 신사유람단을 파견해 정부와 공공서비스, 은행 시스템, 중앙은행,

그리고 경제 전반을 일본이 어떻게 발전시켜야 하는지, 그 모델들을 배워오도록 했다. 도쿄의 중앙 기차역은 암스테르담의 센트럴 스테이션을 모델로 삼았고, 일본은행은 벨기에 국립은행 모델에 기초한 것이었고, 공공서비스는 프랑스의 모델을 따랐고, 도로와 철도 시스템은 영국 모델의 유형을 채용했다.(일본인들이 영국처럼 도로의 왼편에서 운전하게 된 것은 이 때문이다.) 일본의 산업경제는 봉건 가문들을 중심으로 발달했는데, 그래서 미쓰이, 미쓰비시, 스미토모 같은 고전적인 이름들이 오늘날까지 은행, 상사, 제조업체의 일부에 남아 있다. 이 가문들 각각은 하나의 은행지주회사가 상사, 조선소, 제철소 등 계열회사의 지분을 대량으로 소유하면서 이들에게 장기자본 출자와 단기대출을 통해 운영자본을 공급해주는 체제였다. 이처럼 산하 기업들이 하나로 결합되어 있는 기업집단, 즉 재벌을 형성했으며, 이는 독일식 모델과 다소 유사한 것이다.

시장 점유율 확보를 위한 이들 기업집단 사이의 경쟁은 치열했다.

이들 은행지주회사는 1940년대 말 히로히토 천황 대신 최고 통치권자로 등장한 더글라스 맥아더(Douglas MacArthur) 장군에 의해 불법으로 금지됐다. 기업집단들은 상호출자라는 유형을 만들어 이에 대응했다; 조선회사가 상사, 은행, 철강회사의 주식을 소유하고, 각각의 회사들은 조선회사와 함께 집단 내 나머지 모든 회사들의 주식을 소유하게 만드는 것이다. 각 기업집단은 집단 내 기업들이 서로 보호하고 밀어주는 하나의 공동체를 형성해 자금과 지휘력을 제공했고, 신기술 개발을 위해 설립된 회사에게는 시장까지 제공해주었다; 미쓰이중공업은 미쓰이철강으로부터는 철강을, 미쓰이보험으로부터는 보험상품을 매입하는 식이었다.

1945년 여름 히로시마와 나가사키에 원자폭탄이 투하된 뒤 40여 년 간 일본이 달성한 경제적 성과는 아주 이례적인 것이었다. 이 나라의 산업구조는 제2차 세계대전 말기 수 년 동안 황량한 폐허로 변했다. 일본은 한국, 대만, 만주의 경제적 식민지를 상실했고, 다른 나라들과의 상업적 관계에서도 배제됐다. 이 나라는 경제적 천민으로 간주되었고, 수출품들은 조악한 품질에다 미국과 유럽 기업의 디자인과 기술을 도용한 것이어서 경멸적인 조소를 받았다.

일본은 1950~60년대에 걸쳐 따라붙기 시작했고, 연간 10%를 초과하는 경제성장률을 달성했다. 고성장을 이룩한 이 20년의 기간이 허먼 칸으로 하여금 그의 1971년 저서 『일본: 최초의 초국가Japan: the First Superstate』를 쓰게 했다. 칸의 산술은 단순명료하다: 일본의 경제성장률이 미국, 독일, 프랑스를 비롯한 기타 산업 국가의 경제성장률을 매년 2~4%포인트 상회한다면, 비교적 짧은 시간 내에 일본의 일인당 국민소득이 이 나라들의 일인당 국민소득을 능가하리라는 것이다.

1980년대에 일본은 제2위의 선도적 산업 열강으로 부상했고, 독일보다 우월한 경제력을 가지게 되었다. 도요타, 닛산, 혼다는 세계 자동차 산업의 선두 주자로 부상했다. 소니, 마쓰시타, 샤프를 비롯해 거의 끝이 없어 보일 정도로 많은 기업들이 세계 전자 산업을 장악했다. 니콘과 캐논은 세계의 사진광학 산업을 아예 "소유했다." 일본에서 제조된 컴퓨터는 세계 최고 성능의 컴퓨터에 속했다.

일본의 경제적 성공은 일본의 독특한 장점에 대한 광범위한 연구를 자극했다. '주식회사 일본(Japan, Inc.)' 이야기에 따르면, 일본의 대장성과 통산성 관료들은 일종의 종합계획을 수립해 다양한 산업에서 기업들을 "승자와 패자"로 구분했고, 특히 세계 경쟁에서 승자가 될 산업 부문을 따로 구분했다. 이 기관들은 저금리의 대출을 통해 승자 기업들의 성장을 촉진했고, 이 기업들에게 정부구매 혜택과 해외 경쟁자들을 막아주는 관세보호 혜택을 제공했다. 이 같은 지원은 적어도 승자 기업들이 생산제품을 완벽하게 만들고, 생산단가를 미국 및 유럽의 기성 기업들에 도전할 수 있을 만큼 낮은 수준으로 떨어뜨릴 때까지 지속됐다.

일본의 복잡한 규제 절차로 인해 해외 기업들은 일본 시장에서 제품을 판매하거나 일본에 자회사를 설립하는 것이 어려웠다. 미국 및 유럽 기업들이 도쿄증권거래소에 참여할 수 있는 회원권을 사기는 무척 어려웠다. 일본인들은 미국과 유럽에서 제조된 스키가 일본의 눈(雪)에는 적합하지 않고, 일본인들의 위장은 캘리포니아에서 수확한 쌀을 소화시킬 수 없다고 주장했다.

대장성의 고위 관료들은 은행의 예금금리와 대출금리 모두 금리 상한선을 낮게 유지했다. 예금금리가 물가상승률보다 낮았기 때문에 가계는 그들의 재산이 줄어들지 않게 하려면 소득의 큰 비중을 저축해야 했다. 이렇게 낮은 금리에서는 기업들의 자금대출 수요가 자금 공급을 훨씬 초과하기 마련이었고, 이 때 정부 관료들은 혜택을 주어야 할 기업을 선정해 은행들에게 "창문 너머로 지시"를 내렸다.

광범위한 금융 규제가 낳은 한 결과는 은행예금과 유가증권들 대부분의 실질 수익률이 마이너스라는 것이었다. 한 가지 예외는 부동산이었는데, 부동산의 실질 수익률은 플러스였고 높았다. 또 다른 예외는 주식이었는데, 주식의 실질 수익률도 플러스였고 높았다.

1980년대 전반에 금융 자유화가 시작됐다. 이는 일본 기업들이 뉴욕을 비롯한 미국의 여타 금융 중심지에서 누리는 만큼 미국 기업들이 일본의 고객과 시장, 거래기회에 접근할 수 있도록 도쿄의 금융시장을 '개방' 하라는 미국인들의 압력이 주된 원인으로 작용한 것이다. 일본인들은 해외에서 일본 기업의 사업 확장이 가능해진다면 일본에서도 외국 기업의 사업 확장이 허용돼야 한다는 점을 인정했다. 예금금리와 대출금리의 상한선이 상향 조정됐다. 정부의 창문 너머 지시가 적용되는 분야도 많이 축소됐다. 일본 기업의 해외 투자에 대한 제한이 완화됐고, 일본 은행들의 해외지사 및 자회사 설립 확대가 허용됐다.

일본 은행들은 일본 기업의 해외지사 및 자회사, 그리고 비일본 기업들 모두에게 자금을 대여하기 위해 뉴욕, 시카고, 로스앤젤레스, 런던, 취리히, 프랑크푸르트에 지사를 설립했다; 일본 은행들의 해외지사는 이 대여 자금을 현지의 은행간 자금시장과 비일본 은행들의 역외예금시장에서 차입했다. 일본인들의 미국 부동산 매입이 급증했다. 일본이 뜨고 있었다. 미국 종합대학의 총장들이 일본 연구 분야의 교수기금을 조성하기 위해 도쿄로 출장을 떠났다. 매사추세츠 공과대학(MIT)도 이런 방식으로 일본학 교수기금을 마련한 기관들 중 하나였다.

금융 자유화를 통해 은행들은 부동산을 매수하거나 신규로 업무용 빌딩이나 주거용 건물, 쇼핑센터를 건설하려고 하는 차입자들에게 대출을 늘려줄 수 있게 됐다. 부동산 대출에 쓸 수 있는 자금의 증가로 인해 부동산가격은 더욱 빠르게 상승했다.

부동산 사업에 관련된 회사들은 도쿄증권거래소 시가총액의 큰 부분을 차지했다. 부동산회사들은 뮤추얼펀드와 어느 정도 유사했다; 이들 회사가 소유하고 있는 부동산의 가격이 상승하면 투자자들이 그 주식의 보다 많은 물량을 매수하려고 달려들었고, 부동산회사들의 주가도 상승했다. 부동산가격의 상승은 초고층 빌딩들의 건설과 함께 건설 경기의 확대로 이어졌다. 일본 은행들은 거액의 부동산과 주식을 소유하고 있었기 때문에, 부동산과 주식 가치의 상승으로 인한 은행 자본의 증식이 그들의 영업이익보다 훨씬 컸다. 자본이 증식됨에 따라 은행들은 대출을 더욱 늘릴 수 있었다.

일본은 금융세계의 "영구작동 기계"를 만들어 낸 것으로 보였다. 부동산가격의 상승이 주가의 상승을 낳았고, 부동산가격과 주가의 상승은 은행자본의 증식을 낳았다. 은행자본의 증식에 따라 은행들은 대출 규모를 늘릴 수 있는 여건을 확보하게 되었고, 예전에는 차입 한도의 규제를 받던 그룹들에게도 금융 자유화 덕택에 대출을 늘려주기가 더욱 용이해졌다. 대부분의 은행 대출에는 부동산이 담보로 설정돼 있기 때문에 부동산가격이 계속 상승하는 한, 은행의 대출손실은 극히 작은 것이었다. 부동산가격의 상승에 따라 부동산에 투자한 기업의 이익이 늘어났고, 따라서 많은 기업들이 더 큰 이익을 얻기 위해 차입을 늘렸다.

상호출자 구조로 인해 주가 상승이 도쿄증권거래소 상장 주식의 시가총액을 더욱 증폭시키는 효과를 낳았다. 자동차, 전자제품, 철강의 생산으로 얻는 수익률보다 부동산가격과 주가의 상승에 따른 수익률이 훨씬 높았기 때문에, 제조업체들은 부동산과 다른 회사 주식의 매수에 쓸 자금을 마련하기 위해 차입하기 시작했다.

일본 거품의 발단 시기

거품 국면으로 진입하기 전에 이미 자산가격의 상승이 빠르게 진행하고 있을 것이라는 점에서 자산가격 거품의 발단 시기를 정하는 것은 항상 복합적인 문제다. 일본에서 부동산가격과 주가의 상승률은 일본 엔화의 외환가치가 급속히 상승하기 시작한 무렵인 1985년에 가속화됐다.

일본 부동산가격의 거품은 세 가지 요인에서 비롯됐다. 하나는 30년이 넘도록 다른 대부분의 유가증권이 마이너스 실질 수익률을 보일 때, 부동산의 실질 수익률은 플러스였다는 점이다. 금융계의 대표적인 속설 가운데 하나가 "땅은 좋은 투자 대상이다. 땅값은 항상 오른다"는 것이고, 이로부터 파생된 또 다른 속설은 "땅은 좋은 투자 대상이다. 땅은 당장 더 만들어 내지 못한다"는 것이다. 일본인들은 두 가지 속설을 다 믿었고, 1940년대 말부터 이어진 부동산가격의 상승이 그들의 믿음에 확신을 주었다.

두 번째 요인은 부동산을 매수하려는 차입자에 대한 일본 은행들의 대출을 제한하던 이전의 금융규제가 자유화됐다는 점이다; 이로써 은행들은 자유롭게 대출 총액에서 부동산 대출이 차지하는 비중을 높일 수 있게 됐다.(이것은 일본 은행들이 구미의 은행들을 따라잡는 또 다른 추격 과정이다.) 부동산 투자자들은 더 고층으로 지을 수 있었고, 1980년대 말에는 전세계 건설용 타워크레인의 절반이 도쿄에 있는 듯했다. 부동산 투자자들이 사기 어려운 땅은 농지밖에 없었다.

세 번째 요인은 1980년대 후반 엔화의 외환가치 상승을 제한하기 위한 일본은행의 시장개입이 초래한 통화 공급량의 급성장이었다. 1980년대 전반 일본 엔화의 외환가치는 미 달러화에 대해 급속히 하락했다. 이로 인해 일본 기업들의 경쟁력이 세계시장에서 크게 향상됐다. 1980년대 후반에는 엔화의 외환가치가 상승하기 시작했고, 1980년대 전반에 집행된 설비투자의 가치에 대한 부정적 영향을 우려한 일본은행은 엔화 외환가치의 상승을 제한하고 완화시키려고 했다. 대대적인 시장개입의 결과 일본의 통화 공급량이 이례적인 속도로 성장하기 시작했다: 즉, 본원통화량이 늘어나고 있었다. 일본 은행들의 준비금 증가는 이들의 중앙은행 예치 준비금이 증가했다는 것을 의미하므로, 이들 은행이 대출을 빠르게 확대할 수 있는 토대가 마련된 셈이었다.

은행은 자금을 빌려줄 능력과 준비를 갖추고 있었고, 기업과 투자자들은 의욕적으로 자금을 빌려 쓰고 있었기 때문에, 빠른 경제성장이 지속됐다. 부동산가격이 연간 30%의 속도로 상승하기 시작했다.

전통적으로 일본 기업들은 수익성에 크게 개의치 않았다. 그들의 목표는 기업을 성장시키고, 제품 생산라인을 확장하고, 수많은 임직원들에게 평생직장을 제공하는 것이었다. 각 기업은 자기가 속한 산업에서 현재의 기업 순위를 유지하고자 했다. 많은 기업들이 제품 생산라인을 늘리고 시장점유율을 확대하기 위해 차입금을 늘렸다.

일본 은행들은 거액의 부동산과 주식을 소유하고 있었다. 부동산가격과 주가가 상승하는 동안 은행 자본은 증식됐다; 은행 자본이 늘어나자 그들의 대출 능력도 확대됐다. 차입자들은 부동산 매입을 늘렸다. 그러나 부동산의 공급은 매우 느리게 증가했기 때문에, 부동산 매수세의 확대는 부동산가격의 상승을 더욱 부채질했다. 부동산가격의 상승은 주가의 상승도 유발했다.

전통적으로 일본 은행들이 꺼려 왔던 주택융자 사업을 위해 은행업계는 1980년대 초에 새로운 금융중개기관 그룹인 '주센(住專)'을 설립했다. '주센'은 은행에서 차입한 자금으로 주택융자기금을 마련할 예정이었는데(실제로 7개 대형 은행이 이 특수 대출기관을 설립했다), 이와 거의 동시에 대장성도 주택융자를 제공하는 공적 대여기관을 설립했다. 그러자 은행들은 그들 스스로 주택융자를 제공하기로 결정했다.

주가의 급등은 기업들이 매우 적은 비용으로 현금을 마련할 수 있다는 것을 의미했다. 하나의 혁신은 전환사채의 개발이었다; 기업들은 매우 낮은 금리와 함께 지정된 가격에 주식으로 전환할 수 있는 기회가 부여되는 채권을 판매했다. 이 채권은 사실상 주식을 살 수 있는 콜옵션과 유사하면서, 동시에 주식 배당보다 높은 금리가 이 채권의 소유자에게 주어졌다. 기업이 이 채권을 발행해서 얻은 현금을 사용하는 세 가지 방법이 있었다: 이 자금을 은행계좌에 예치해 기업이 지불하는 이 채권 금리의 2~3배에 달하는 예금금리를 벌 수 있었고, 이 자금으로 주식을 살 수도 있었으며, 생산능력 확대와 제품 생산라인의 향상을 위해 시설과 장비에 투자할 수 있었다.

일본의 관행에서는 대출에 부동산 담보가 설정됐고, 전통적으로 은행은 부동산 담보 가치의 70%까지 자금을 대여했다. 주센이 제공한 대출 자금의 일부는 조직폭력 집단인 야쿠자에게도 흘러 들어갔다. 이 폭력 집단은 그들의 인맥을 동원해 부동산에 이례적으로 높은 감정가를 얻어냈다. 부동산가격의 상승률이 연 30%의 속도로 진행된 덕분에 감정인이 부동산에 너무 높은 가치를 매김으로써 발생하는 웬만한 '오차'는 얼마 지나지 않아 현실 가격으로 실현되므로 시장에 의해 저절로 교정됐다.

부동산가격이 임대료보다 훨씬 빠르게 상승함에 따라 임대 수익률이 차입자금에 대한 금리 밑으로 크게 떨어는 일이 벌어졌다. 1980년대 마지막 수 년 동안 부동산을 매수한 투자자들은 마이너스의 현금흐름—부동산 관리비용을 지불하고 남은 임대소득이 갚아야 할 이자지급액보다 작아지는—상태에 빠졌지만, 부동산가격이 매우 빠르게 상승하고 있었기 때문에 이들은 담보 가치가 상승한 부동산으로 차입금을 늘리거나 부동산을 매각하는 방법으로 이자 지급을 위한 현금을 마련할 수 있었다.

일본의 가계는 현금, 은행예금, 부동산, 주식을 소유했기 때문에 부동산가격과 주가의 급등은 가계 재산의 급증을 가져왔다. 일본 기업의 주식 가운데 많은 물량은 동일한 '계열'(재벌의 후속 형태) 소속의 다른 기업들이 소유했고, 전체 주식의 3분의 1은 개인들이 소유했다. 사실상 각 기업은 영업기업과 뮤추얼펀드가 결합돼 있는 형태였다.

일본 주식의 시장가치가 상승함에 따라 미국과 서유럽의 투자자들은 더 많은 일본 주식을 매수했다. 글로벌 인덱스펀드는 일본 주식을 보유하고자 했다. 일본 기업의 주식을 매수한 비일본인 투자자들은 주가 상승의 효과에다 엔화의 외환가치 상승 효과까지 누릴 수 있어 높은 수익률을 얻었다.

도쿄의 거품은 왜, 언제 붕괴했는가?

일본의 거품은 1989년 말 점차 강화되는 국면에 도달했다. 부동산가격이 너무 높아 보였기 때문에 여러 사람들에게 회자된 바 있는 "너무 비싸서 아무도 거기에 거주할 엄두를 낼 수 없다"는 야구 스타 요기 베라(Yogi Berra)의 말이 그럴듯해 보였다. 은행들은 100년, 3세대나 이어지는 부동산저당증서를 개발했다. 신임 일본은행 총재는 너무 높은 주택가격이 사회적 갈등을 야기할 것을 우려했다. 은행의 부동산 대출 증가율이 대출총액 증가율을 초과할 수 없도록 부동산 대출의 증가를 제한하는 새로운 규정이 도입됐다.

일단 은행 대출의 증가율이 둔화되자, 최근에 부동산을 매입한 일부 매수자들이 현금 동결 상태에 빠졌다; 이들의 임대소득은 부동산담보 차입 이자에 여전히 모자랐지만, 예전처럼 채무잔고의 이자를 지불하는 데 필요한 현금을 신규 은행대출로 마련할 수가 없었기 때문이다. 이런 상황에서는, 결국 투자자들 가운데 높은 유지비용으로 인해 보유 부동산의 투매자로 변하는 사람이 나타나게 마련이다. 부동산 신용 성장률의 급락에 따른 신규 매수세의 실종과 동시에 이들 투매 물량이 시장에 쏟아져 나옴으로써 부동산가격이 하락하기 시작했다. 땅값은 항상 오른다는 속설이 비로소 시험대에 올랐고 잘못된 것으로 판명났다.

1990년 초부터 주가와 부동산가격이 하락하기 시작했다; 1990년에 주가는 30% 하락한 데 이어, 1991년에 다시 30% 하락했다. 일본의 주가 추세는 네 번의 가시적인 반등 국면을 연출하기도 했지만, 꾸준히 하락 방향으로 기울었다. 비록 실물경제는 20년 전과 비교할 수 없을 만큼 커졌지만, 일본의 주가는 2003년 초에 20년 전과 똑같은 수준으로 돌아갔다. 실질 경제성장률은 평균적으로 1%를 약간 상회하는 수준에 불과했다.

1999년 소비자물가 수준이 연 1~2%로 하락하기 시작했고, 물가 하락이 대대적인 파산으로 이어지면서 이로 인한 은행의 대규모 대출손실과 자산의 투매가 다시 물가 하락을 야기하는 고전적인 부채 디플레이션이 발생할지도 모른다는 우려가 생겼다.

이제 영구작동 기계가 반대 방향으로 움직이기 시작했다. 부동산의 매도가 부동산가격의 하락을 초래했다. 부동산가격과 주가가 떨어진다는 것은 은행 자본이 계속 줄어든다는 것을 의미했다; 결국 은행은 자금을 대여하는 것이 훨씬 더 어려워질 수밖에 없었다. 게다가 미국의 주식가치가 상승하는 시기에 일본 주식의 가치 하락이 진행되고 있었기 때문에, 글로벌 인덱스펀드들은 일본 주식을 매도하고 미국 주식을 매수했다.

화폐경제학에서 하나의 유형으로 자리잡은 사실은 자산가격 거품의 붕괴가 디플레이션, 즉 경기순환의 확장 국면에서 진행된 경제 호황의 반대 과정을 일으킨다는 것이다. 한편으로는 자본비용의 급증과 함께 예상 이익 성장률의 하방 수정이 나타났고, 다른 한편으로는 확장 국면 중의 과다한 투자지출이 남긴 설비 과잉으로 인해 투자지출이 감소했다. 수백 만 가정은 주가와 부동산가격의 하락으로 인한 부의 축소를 상쇄하기 위해 벌어들인 소득에서 저축하는 비중을 늘렸고, 이에 따라 가계 지출은 예전에 비해 훨씬 느린 속도로밖에 증가하지 않았다.

파산이 늘어났고, 은행 및 여타 금융기관들은 대규모 대출손실을 입었다. 부동산 대출에 특화한 비은행 금융기관들은 엄청난 어려움에 빠졌다.

엄청난 파산 건수와 은행이 입은 거액의 대출손실에도 불구하고 일본의 예금자들은 그들의 돈을 인출하지 않았다. 비록 공식적인 예금보험제도는 존재하지 않았지만, 은행이 파산하더라도 일본 정부가 예금자들을 보전해 줄 것이라고 개인과 기업 둘 다 확신했다. 대출 자산의 시장가치가 예금부채보다 적어서 은행의 순자산이 마이너스였음에도 불구하고, 꽤 오랫동안 은행 주식의 가격이 영(零)보다 큰 값을 유지했다는 사실은, 은행들은 "너무 커서 망할 수 없다"는 투자자들의 신념을 반영한 것이었다.

이제 다수의 은행들이 신규 대출에 대해 극도로 신중해졌다: 부동산 가격이 하락할 수 있다는 점에서 그들이 보수적인 정책이라고 생각해왔던 부동산 담보 설정이 실은 극히 위험하다는 사실을 배운 것이다. 은행들은 "우리가 이 자금을 대출해준다면 상환이 이루어질 확률은 얼마인가?"라는 질문을 처음으로 묻기 시작했다. 예전엔 없었던 은행의 콧대 높은 자세로 인해 차입자들은 "이 신규 투자가 과연 수익성이 있을 것인가? 또 우리의 시장가치를 높일 수 있을 것인가?"라는 질문을 던지기 시작했다.

일본 은행들의 채무상환 능력에 대한 외국인 투자자와 외국계 은행들의 우려가 점차 커졌다. 이전에 일본 은행들의 해외지사와 자회사는 역외자금 시장에서 '큰 입', 즉 거액의 차입자로서 역외예금 시장의 비일본계 은행들로부터 얻은 자금으로 일본 기업의 해외 자회사와 비일본 기업들 모두에게 대출을 제공해왔다. 자체 자금비용과 대출금리 사이의 매우 작은 금리차를 기반으로 영업하는 것이 이들의 전통적인 영업방식이었기 때문에, 일본 은행들의 해외지사는 자금 대출을 매우 빠른 속도로 확대했다.

일본 은행들에게 자금을 대여해 준 외국계 은행들은 일본의 은행 어느 하나가 파산할 경우, 일본 정부기관이 자신들을 '보전'해 줄 것이라고 믿지 않았다. 따라서 외국계 은행들은 일본 은행들에게 부과하는 금리를 인상했다. 그 즉각적인 영향으로 일본 은행들의 해외지사가 대여한 대출의 상당수가 수익성을 상실했고, 일본 은행들은 가산금리를 물지 않기 위해 가능한 한 빠른 시간 내에 대출금의 회수에 돌입했다.

일본 프리미엄의 증가는 위험에 민감한 투자자들에게는 경고 신호였다. 도쿄의 일본 은행들로부터 도쿄의 비일본계 은행으로 자금을 이전하고, 도쿄에서 해외 금융 중심지로 자금을 이전하는 일본 기업과 개인들이 늘어났다. 도쿄의 금리가 크게 하락했고, 일본인 투자자들이 해외에서 얻을 수 있는 높은 수익을 추구함에 따라 일본을 이탈하는 자본유출이 증가했다.

1991년 일본의 경기 후퇴는 수출은 급증하는 반면 수입 증가율은 현격하게 둔화됨을 의미했다; 일본 기업의 공급 능력이 늘어난 것에 비해 국내시장의 성장은 정체되고 있었으므로 몇몇 일본 기업들은 수출 확대에 박차를 가했다. 수입 증가세의 둔화와 수출의 급증은 일본의 무역수지 흑자를 증대시키는 결과를 가져왔다. 무역수지 흑자의 증가가 일본을 떠나는 자본유출의 증가보다 컸으므로 엔화의 외환가치 상승이 야기됐고, 이는 수출 지향적인 일본 기업들에게 걸림돌로 작용했다. 다수의 기업이 보다 저렴한 노동비용을 활용하기 위해 중국, 말레이시아, 태국에 투자를 확대했다. 수출산업에 속한 기업들의 투자지출 증대는 소득의 증가를 촉진했다.

동아시아의 경제 기적과 아시아 금융위기

1992년 세계은행은 태국에서 한국으로 이어지는 아시아 대륙 동쪽에 위치한 나라들의 경제적 성과를 웅장하게 묘사하는 제목의 『동아시아의 기적』이라는 서적을 발간했다; 이 나라들의 GDP 성장은 몇 가지 측면에서 일본이 1950년대와 1960년대에 걸쳐 이룩한 성과에 견줄만 한 것이었다. 1950년대초 전쟁을 겪은 후, 한국은 1960년대 중반부터 괄목할 만한 경제성장 시대를 열었다. 싱가포르는 1950년대의 요새화된 늪에서 1990년대에 이르러서는 세계 일류의 생활수준을 달성했다. 마오쩌둥으로부터 1978년 덩샤오핑에 이르는 중국의 정치적 통솔력의 변화는 자력갱생을 주창하던 고립된 나라에서 국제교역과 투자에 열정적이고 개방적인 나라로 극적인 변화를 만들어 냈다; 중국의 연간 성장률은 20년 넘게 평균 10%에 육박했고, 해안에 인접한 성(省)과 베이징, 상하이, 선전 등 주요 도시의 경제성장은 훨씬 더 극적인 수준이었다. 홍콩은 1950~70년대에 중국을 염탐하는 외곽 거점에서 세계 시장으로 중국 상품을 다듬어 내보내는 중계거점으로 변모했다.

　태국, 말레이시아, 인도네시아의 주가는 1990년대 전반 300~500% 상승했고, 제조업 생산이 급증했다. 1993년 동아시아 대부분의 국가에서 주가는 두 배로 올랐고, 1994년에도 상승세를 이어갔다. 부동산가격이 폭등했다. 경제는 호황 가도를 달렸다. 무역수지 적자가 늘어났다. 이 나라들의 경제구조, 일인당 국민소득, 환율제도에 뚜렷한 차이가 존재함에도 불구하고, 또 이 나라들이 싱가포르, 대만, 홍콩처럼 국제적 채권국인지, 아니면 태국, 말레이시아처럼 국제적 채무국인지를 가리지 않고 자산가격 거품이 이 지역 전역에 만연했기 때문에, 거품이 경제의 내재적 요인과는 관계 없는, 무언가 외적인 공통된 근원에서 비롯됐다는 강한 추측을 일게 한다.

　중국, 태국 및 다른 동아시아 국가들은 성숙한 내수시장용으로 보다 저렴한 공급처를 원하는 미국, 일본, 유럽 기업들의 외주생산 기지였다. 빠른 경제성장은 외국 자본(특히 일본 자본) 유입의 결과이자 이유였다. 당초 일본의 투자는 보다 저렴한 노동비용을 활용하기 위해 제조공장을 건설하는 형태를 취했다; 고부가가치 부품은 일본에서 생산된 후 같은 계열의 해외 공장으로 선적돼 그 곳에서 조립되었다. 그 곳에서 생산된 대부분의 제품은 미국, 일본, 그리고 제3국에 각각 일정 양씩 수출되었다. 일본 기업의 해외 직접투자는 납품업체와 은행을 일본에서 함께 끌고 나갔다. 당시 최신 유행어는 수출 주도형 성장이었고, 이 개념은 통상적으로 해당 국가 통화의 낮은 외환가치를 근저에 깔고 있었다. 이 같은 수출 제품의 다수는 미국, 일본, 대만에 본사를 둔 주력 기업들에 의해 생산됐다. 한국에 본사를 둔 기업들도 국내 임금에 비해 단위 임금이 엄청나게 저렴한 중국과 인도네시아에 투자하기 시작했다.

그러던 중 1996년 겨울 태국의 소비자금융회사들-대다수는 소비자 대출을 제한하는 규제를 피해 가기 위해 태국의 대형 은행들이 설립한 것이다-에서 대형 대출손실이 발생하기 시작했다. 태국의 차입자들에게 빌려준 대출의 가치에 대한 외국인 대여자들의 우려가 증폭되었고, 이어서 태국으로 들어오는 해외자금 유입액이 감소했다. 태국 중앙은행이 바트화의 당시 환율을 지탱할 수 있는 여력은 순식간에 소진돼 1997년 7월 초 바트화의 외환가치는 급락했다.

바트화의 외환가치 하락은 전염 효과를 촉발해 6개월만에 중국 위안화와 홍콩 달러를 제외한 아시아 각국의 통화는 외환시장에서 30%, 혹은 그 이상의 가치를 상실했다. 외국인 투자자들의 자금 회수로 인한 수급 요인과 국내 기업의 수익성 악화라는 실물 요인이 겹쳐져 주가는 30~60% 폭락했다. 부동산가격이 폭락했다. 싱가포르와 홍콩 소재 은행들을 제외한 상당수의 은행들이 파산했다. 인도네시아에서는 다수 은행들의 폐업이 인종 갈등으로 번졌고, 70% 이상의 가치를 상실한 통화라도 수중에 넣으려는 대대적인 예금 인출쇄도 사태를 빚었다.

위기가 터지자 앞서 일본에서 벌어진 유사한 사건들이 연극대본처럼 재연됐다. 동아시아의 기적에 대한 얘기는 사라지고, 정실 자본주의와 자발적 사유화, 교란적 투기 같은 새로운 유행어들이 등장했다.

이들 나라 통화의 급격한 외환가치 하락은 미 달러화나 일본 엔화, 혹은 다른 외국 통화로 차입한 기업들에게 큰 손실을 초래했다. 이들 기업에게 자금을 대여한 은행들 역시 큰 손실을 입었다; 많은 수의 아시아 국가 은행들이 은행 자신의 외화평가손실과 함께 은행에서 자금을 차입한 기업들의 손실로 인해 파산 상태에 빠졌다. 또한 통화가치 하락은 아시아 국가들의 무역수지를 거액의 적자에서 거액의 흑자로 빠르게 반전시켰다.

아시아 각국의 무역수지와 경상수지에서 나타난 거대한 역전 파동은 그 반대 편에서 미국 무역수지의 적자 확대와 맞물려 일어난 것이다; 사실상 미 달러화의 외환가치 상승은 태국 바트화, 말레이시아 링기트화, 인도네시아 루피아화, 그리고 여타 아시아 통화(미 달러화에 환율이 고정된 중국 위안화와 홍콩 달러화를 제외한)의 외환가치 하락을 반영하는 것이었다.

합리적 활력과 비이성적 과열

1982년에서 1999년 사이에 미국의 주가는 13배의 상승을 시현했다. 미합중국의 200년 역사상 연간 상승률로는 가장 괄목할 만한 상승 행진이었다. 장기간을 놓고 보면, 미국의 주가는 매 3년에 한 번씩은 하락했지만, 지난 세기의 마지막 20년 동안에는 단지 한 해 동안만, 그것도 5%에 불과한 주가 하락밖에 나타나지 않았다. 미국 주식의 시가총액은 1982년 미국 GDP의 60%에서 1999년에는 GDP의 300%로 증가했다.

같은 기간 일인당 국민소득 수준이나 피고용 인구가 대폭적으로 증가한 지역—실리콘밸리와 샌프란시스코 만 광역권, 워싱턴 시, 보스턴, 뉴욕 등—에서 상당한 수준의 부동산가격 상승이 있기는 했지만, 미국의 부동산가격 상승은 나라 전체적으로는 미미했다.

미국 경제는 1990년대 내내 호황기를 구가했다. 물가상승률은 1990년대 초 6%를 상회하는 수준에서 1990년대 말에는 2% 아래로 하락했고, 실업률은 8%에서 4% 밑으로 떨어졌으며, 경제성장률은 2.5%에서 3.5%로 상승했다. 더불어 미국의 생산성 증가도 괄목할 만한 수준이었다. 미 재무부의 연간 재정수지는 5% 이상의 변화를 보여, 1990년대 초 거의 3000억 달러 적자에서 같은 기간 말에는 약 2000억 달러 흑자로 반전됐다.

미국의 경제적 성과 면에서 나타난 "부정적 요소" 가운데 하나는 연간 무역수지 적자가 5000억 달러로 급증했다는 점과 또 다른 하나는 가계의 저축률이 새로운 저점으로 떨어졌다는 점이다.

이 호황 국면에서 나타난 현격한 특징은 '신경제(new economy)'의 부상, 특히 정보기술(IT), 컴퓨터, 닷컴, 그리고 하드웨어와 소프트웨어를 공급하는 기업과 이 기술의 발전을 전통적인 필요에 활용하는 기업들의 부상이었다. 이 같은 기술 발전은 정보의 전달 및 보관 비용의 대폭적인 감소를 가져왔다. 이베이(eBay)는 수만 개에 달하는 다양한 물건들이 거래되는 전국적인 경매시장을 제공했다. 아마존(Amazon)은 서적과 전자제품의 판매 기술을 개발했다. 피포드(Peapod)의 서비스로 개인들은 집에서 식료품 대부분의 장을 볼 수 있게 되었다. 저렴한 수수료 기반의 온라인 증권사인 찰스 슈왑(Charles Schwab)과 그 경쟁업체들은 수백 만 개의 고객 계정을 유치했다. 컴퓨터를 통해 극히 낮은 비용으로 투자자들이 주식을 거래할 수 있게 해주는 회사들이 설립됐다. '데이트레이더들'이 출현했다: 이들은 정규 직업을 그만두고 가정이나 특별히 마련된 매장의 책상에 설치된 컴퓨터로 주식을 거래하는 사람들이다. 프라이스라인(Priceline)의 서비스를 통해 항공사와 호텔이 대폭 할인된 가격으로 항공권과 객실을 판매할 수 있게 됐다.

창업자들은 시드머니를 제공하는 벤처자본가들로부터 이 같은 아이디어를 구체화하기 위한 자금을 구할 수 있었다. 벤처자본가들은 3년에서 5년 내에 이 회사들이 주식을 최초로 공개할 때, 그 주식을 팔아 이익을 낼 수 있을 것이라는 기대로 서로 다른 여러 기업으로 투자 포트폴리오를 구성했다. 벤처자본가들의 수익률은 투자한 기업들의 기술적 성공 여부와 해당 주식의 매도가격, 그리고 보유기간에 의존했다.

주가가 상승함에 따라 벤처자본가들이 벌어들인 높은 수익률은 거액의 자금을 유인했고, 벤처자본가 집단이 끌어 모은 자본은 다섯 배로 폭증했다. 투자의 세계에서 뒤쳐지기를 바라는 투자자는 없다. 바로 이들의 자본이 거기에 있었으며, 다수의 사업 아이디어에 자금이 공급됐고, 자금이 아이디어와 개념들을 찾아 다녔다. 3~4년이 지나 이 신설 기업들은 최초기업공개(IPO)에 들어갔다. 이들의 IPO는 유명 투자은행들이 나라 전역을 돌며 자산운용 책임자들 앞에 해당 기업을 내세움으로써 주식 매수를 유도하는 전통적인 로드쇼 방식을 따랐다.

로드쇼의 마지막에 투자은행가들은 그들이 IPO 시점에 판매하게 될 주식의 금액을 산출하고, 주가와 주식 수량을 결정했다. 99.46%의 경우에서 해당 주식의 최초 거래일 종가는 IPO 가격(공모가격)을 크게 상회했기 때문에, 이 가격으로 주식을 매수할 수 있었던 운 좋은 사람들은 큰 자본이득을 실현했다.

이 같은 가격 뻥튀기의 한 가지 효과는 공모가격으로 주식을 매수하려고 아우성치는 투자자들을 구름처럼 몰고 다니는 것이었다. 두 번째 효과는 그런 매수세가 과시됨에 따라 이 연출 과정의 한 꼭지를 잡으려는 사람들이 점점 늘어났다는 것이다: 창업자들은 성공적인 혁신으로 그들이 벌어들일 수 있는 막대한 부에 매료됐고, 벤처자본가들은 성공 확률이 높은 기업가들을 찾아냄으로써 얻을 수 있는 큰 이익에 매료됐으며, 투자은행가들은 일반투자자들에게 다수의 기업을 공개해서 얻는 수수료를 원했다; 그리고 투자자들은 공모가격과 이 주식의 첫 거래일

종가, 첫 거래주간 종가, 첫 거래월 종가 간의 주가 뻥튀기에서 얻는 큰 자본이득을 원했다.

이 같은 가격 뻥튀기의 규모는 다이너마이트나 니트로글리세린, 혹은 아마도 이 둘의 화합물과 같은 폭발력에 비유할 수 있다. 투자은행가들은 주식 보유자들이 매도할 때 얻는 현금을 최대화하기 위해서가 아니라, 첫 거래일의 가격 뻥튀기를 최대화하기 위해 공모가격을 설정하는 것처럼 보였다. 이런 관점에서는 공모가격을 높게 설정하는 것보다 낮추는 것을 선호했을지도 모른다; 왜냐하면 뻥튀기 폭이 커질수록-적어도 당분간은-주식 매수세가 늘어날 것이기 때문이다. 창업자들은 기업공개 시점에 그들의 주식 총량에서 작은 부분만을 매각했다; 뻥튀기 폭이 클수록 주식 잔여 물량을 포함한 부의 총액이 커진다는 게 이들의 계산이었기 때문이다. 그들에게는 기업공개에서 확보할 수 있는 자금의 규모보다는 첫 주식거래일 마감 때 그들이 소유하게 되는 주식의 명목가치에 대한 관심이 더 컸다.

IPO 직후의 초기 거래기간에는 주식 거래량이 기업공개 때 판매된 주식 수량의 세 배나 네 배에 달하는 날들도 있었다. 기업공개시점에 주식을 청약한 다수의 매수자들은 보유 권고를 들었기 때문에, 거래에 나오는 매도 물량은 판매된 주식 수량보다 훨씬 적기 마련이므로, 매도 물량으로 나온 이 주식들은 거래 당일 하루 동안 5~6번 매매가 반복되었을 것이다.

미국에도 수십 만 가정의 재산을 불리도록 설계된 그 나름의 영구작동 기계가 생긴 것처럼 보였다. 첫 거래일의 가격 뻥튀기가 클수록 IPO에 몰려드는 투자자들의 수가 늘어났다. IPO에 대한 수요가 강할수록 창업자들을 밀어주려는 벤처자본가들의 수가 늘었다. 창업자들이 이 작업에 투입하려는 자본이 커질수록 기존 기업에서 이탈해 그들 자신의 운명을 모색하려는 창업자들의 수가 늘어났다.

1996년 12월 그린스펀 FRB 의장은 처음으로 '비이성적 과열(irrational exuberance)'이라는 용어를 사용했다; 이 때 다우존스 산업평균 주가는 6300이었고, 나스닥 지수는 1300이었다. 그린스펀은 신중하고 자료에 대해 세심한 인물이었다. 따라서 당시 주가가 최소한 15~20% 정도 과대평가돼 있다고 믿지 않았다면 그가 주가에 대해 이렇게 언급했을 가능성은 매우 희박하다. 2000년 초 다우존스 산업평균 주가는 11700, 나스닥 지수는 5400이었고, 나스닥 주식의 시가총액은 뉴욕증권거래소 상장 주식 시가총액의 80%에 달했다.

1990년대 말 나스닥시장에서 거래된 신경제를 대표하는 주식들–닷컴, 전자상거래, 광섬유, 컴퓨터서버, 반도체, 소프트웨어, 정보기술, 통신분야의 주식–의 주가는 제너럴 일렉트릭, 제너럴 모터스, AT&T, 타임라이프 등 뉴욕증권거래소에서 거래되는 구경제 주식들의 주가에 비해 매우 빠르게 상승했다. 그러나 파급 효과 이상의 것이 작용했는데, 왜냐하면 신경제 주식의 특징 자체가 미래에 대한 열광이었고, 그 전염성은 구경제 주식의 주가 상승도 유발했다.

정보기술(IT)의 발전이 금융을 몰고 가는 듯했다. 컴퓨터의 성능은 강화되고 가격은 떨어졌다. 정보와 자료의 전송 및 저장 비용은 빠르게 줄어들었다. 무어의 법칙(Moore's Law)이 작동해 컴퓨터 처리능력의 단가가 매년 30%씩 하락했다. 월드와이드웹(World Wide Web)은 빠른 속도로 발전했으며 거점이 분리된 시장들이 연결되기 시작했다. 주식을 거래하는 일에서 컴퓨터가 사람을 대신했다. 개인들은 웹에서 항공권을 주문할 수 있었다. 광섬유가 미국의 동해안과 서해안을 연결하고 장거리통화 가격이 시내통화 수준으로 하락했다. 컴퓨터서버와 그 저장능력이 대형화됐다. 수천, 혹은 수만 개의 신설 기업들이 정보나 자료를 전송하고 저장하는 사업을 위해 설립되었으며, 이들에게 투자한 벤처자본가들이 벌어들인 이익이 엄청났기 때문에 추가적인 자금이 연기금, 종합대학 및 자선단체의 기부금, 갑부 가문들로부터 밀려들어 왔다. IPO와 신주 발행 물량의 급증은 투자은행가들이 "신주 돌리기(spinning: IPO를 주관하는 투자은행이 자신의 주요 고객 기업들의 대표에게 공모주식의 많은 물량을 배정하는 행위†)"에 나서는 배경이 됐다. 투자은행들이 부유해졌다; 이들이 판매할 상품은 많았고, 개인투자자들은 주식 보유로 이익을 얻을 것이라고 확신했기 때문이다.

합리적 활력이 언제 비이성적 과열로 변이를 일으키는가라는 질문에 대한 쉬운 대답은 없다. 미국의 주식에 자산가격 거품이 발생했을 것이라는 생각은 서로 다른 날에 서로 다른 투자자들에게 생겼다. 미국 주식에 거품이 시작된 첫 날은 그린스펀이 "비이성적 과열"을 언급하기 18개월 혹은 20개월 전인 1995년 봄의 어느 날이다. 주가는 1995년 연간 34% 상승했고, 1996년 1~11월 사이 연율로 25% 상승했다; 그 이전의 1994년에는 반대로 2% 하락했었다.

1995년과 1996년의 주가 급등은 1994년 멕시코 금융위기의 서로 다른 두 가지 측면에서 원인-하나는 직접적이고, 다른 하나는 간접적인-

---

† [역주] 투자은행이 IPO 신주 물량의 상당 부분을 고객사 (또는 장래의 고객사) 경영진에게 선물(또는 술잔) 돌리듯 선사하면(건네면), 이 주식을 받은 경영진은 IPO 직후 큰 수익을 얻게 되고, 그 대가로 이 호의적인 투자은행에게 일거리를 늘려주거나 유리한 조건으로 일을 맡기는 반작용이 유발될 확률이 높아진다. 이렇게 형성되는 관계가 마치 새 실을 '잣거나(spin)', 실을 이쪽저쪽 왕래하며(즉, '회전하며(spin)') 거미집을 치는 모습과 유사하다고 해서, 'spinning' 또는 'IPO spinning'이라는 표현이 자리잡은 것으로 보인다. 최근에 이에 대한 감독 당국의 조사나 수사가 벌어지고 있다.

을 찾을 수 있다. 직접적인 효과는 멕시코 페소화의 급격한 외환가치 하락이 초래한 것으로, 멕시코 무역수지가 1994년 200억 달러 적자에서 이듬해 70억 달러의 흑자로 급변하는 결과를 가져왔다; 그 반작용으로 미국이 멕시코의 최대 무역상대국이었기 때문에 미국의 무역수지 적자가 늘어날 수밖에 없었고, 이로 인한 미국의 적자 증가폭은 250억 달러로 추정된다. 멕시코 무역수지가 갑자기 흑자로 돌아섬에 따라 이 자금이 다시 멕시코에서 미국으로 유입되는 자본 이동이 나타났다.(이것은 아시아 금융위기와 아시아 국가들의 무역수지에 일어난 대대적인 흑자 반전에 이어 1997년에 나타난 사태보다 규모는 작지만 그 예고편이었다.) 멕시코로부터 미국으로 가는 자금흐름은 실제로 미국 유가증권의 가격 상승을 유발했다. 두 번째 측면은 FRB가 통화정책을 완화해 1994년의 긴축정책이 반전됐다는 점이다.

거품 시작의 출발점으로 볼 수 있는 또 하나의 시점은 1998년 여름이다. 이 때는 아시아 금융위기와 모스크바의 금융대란 및 LTCM의 파산 직후 시점이다. 아시아 각국 통화의 급격한 외환가치 하락에 따라 미국의 무역수지 적자가 1500억 달러 이상 증가했다. 게다가 당시 다수의 미국 헤지펀드 가운데 가장 전문적이고 세련됐다는 평가를 듣던 LTCM의 위기에 따른 금융 질서의 취약성에 대한 우려가 부분적인 이유로 작용해 FRB가 재차 통화정책을 완화했다.

1998년 6월 말부터 12개월 동안 뉴욕증권거래소 상장 주식의 시가총액은 9조50억 달러에서 12조6710억 달러로 40%나 증가했다. 같은 기간 동안 나스닥 주식의 시가총액은 1조7770억 달러에서 3조2090억 달러로 90% 증가했다.

미국으로 들어오는 자본 유입—다른 관점에서 보면 저축의 유입—의 급증은 처음에 미 달러화의 외환가치 상승을 야기했는데, 이렇게 유입된 자본은 국내 투자의 증가와 국내 저축률의 극적인 하락(국내소비가 증가한 것과 동일하다)을 유발했다.

이 저축의 유입이 가져온 반작용으로 미국의 무역수지 적자가 증가했다. 미국으로 유입된 해외 저축은 미 달러화의 외환가치 상승을 야기했고, 이로 인해 수입품의 미 달러화 기준 가격이 떨어짐으로써 미국의 물가상승을 상쇄시키는 결과를 가져왔다. 당시 미국으로 자금을 이동시킨 사람들은 미 달러화 표시 유가증권을 매수했고, 따라서 유가증권의 가격을 상승시켰다; 보유 유가증권의 일정량을 외국인 투자자들에게 매도한 미국인들은 매도로 얻은 자금으로 무엇을 할 것인지 결정해야 했다. 미국인들은 이 자금의 대부분을 다른 미국인들로부터 더 많은 유가증권을 매수하는 데 사용했지만, 동시에 그들이 추구하던 부의 목표 수준이 달성됨에 따라 미국 상품의 매입도 확대했다. 미국의 저축률 하락과 무역적자의 확대는 미국으로 유입되는 해외 저축의 증가가 가져온 불가피한 결과였다.

자료가 제시하는 바에 따르면 미국에 유입된 해외 저축이 유발한 가계 부의 증가액에서 약 95~97%가 미국의 여러 유가증권을 매수하는 데 사용됐고, 3~5%만이 소비재 구매에 사용됐다. 그래도 유가증권을 매도한 개인들 각자가 이 매도 대금의 일정액을 소비재 구매에 지출한 만큼 국내 저축률은 하락했다.

소비재에 대한 지출은 '누수'와 비슷하다. 소비재 지출액이 작을수록 유가증권과 부동산에 대한 지출액이 커지고, 그 만큼 이들 자산의 가격도 상승한다.

1999년 내내 FRB, 은행, 그리고 나라 전체가 Y2K 문제-일부 컴퓨터가 2000년 날짜 전환에 실패하는 일로 말미암아 경제 시스템이 가동되지 않을 것이라는 일종의 신경질환–로 골머리를 앓았다. FRB의 예방조치가 은행 유동성의 팽창으로 이어졌다. 다시 한번 은행들이 유동성 증가에 대응해 여신을 확대했다.

주가 상승이 유럽 투자자들을 유인함에 따라 유로화에 대한 미 달러화 외환가치가 상승했다. 미 달러화의 실질 외환가치 상승과 무역적자의 급증으로 인해 미국의 물가상승 압력이 약화됐다. 이에 따라 FRB는 좀더 긴축적인 통화정책을 채택할 필요를 느끼지 못했다.

새로운 천 년의 도래와 함께 FRB는 유동성을 거둬들이기 시작했다. 주가가 떨어지기 시작했다. 주식시장 전체의 하락 규모는 40%였고, 나스닥 상장 주식의 시가총액은 80%나 줄어들었다.

밀려 다니는 자금과 자산 거품

15년 동안 세 번의 자산가격 거품이 진행된 것–1980년대 후반의 일본, 1990년대 전반의 태국과 말레이시아, 이어서 1990년대 후반의 미국–은 통화금융 측면에서 매우 특이한 사건이다. 일본의 거품은 30년간 진행된 부동산가격의 급상승, 일본 은행들의 부동산 대출 확대를 가능하게 만든 금융 규제의 자유화, 엔화의 외환가치 상승을 억제하기 위한 일본 은행의 외환시장 개입에 따른 본원통화량의 급증으로 발생했다. 일본의 거품이 붕괴하자 일본으로부터 태국과 기타 아시아 국가로 유입되는 자금 흐름이 급증했고; 이들 나라의 부동산가격과 주가가–경우에 따라서는 일본에서처럼 급격하게–상승했으며; 이들 나라의 경제는 일본 경제가 1980년대에 호황을 누린 것과 똑같이 호황기에 들어섰다. 아시아 국가들에서 거품이 팽창하고 나서 이 자금이 미국으로 밀려 들어감에 따라 미 달러화의 외환가치가 상승했고, 미국 주가는 1920년대 거품보다 훨씬 규모가 큰 자산가격 거품으로 팽창했다.

일본, 태국과 기타 아시아 국가들, 그리고 이어서 미국은 괄목할 만한 경제 호황을 경험했다. 성장률이 상승했는데도 물가상승률은 미미한 수준에 머물렀는데, 이것은 통화의 외환가치 상승이 가져온 수입상품의 가격 하락이 국내 물가의 상승 압력을 약화시킨 덕분이었다. 이 일화들 각각에서 등장한 현금흐름의 유형은 폰지금융과 유사했다. 즉, 1980년대 일본의 부동산 투자자들은 자금을 빌린 은행에 갚아야 할 이자 지불액 전부를 은행으로부터 신규 차입의 형태로 마련했다. 이런 현금흐름의 유형을 지속하는 것은 불가능하며 유지되지 못했다. 태국과 기타 아시아 국가 대부분은 거액의 무역적자를 보고 있었고 국제적 채무국이었다; 마찬가지로 이들 나라는 대외채무 이자를 지불하기 위해 필요한 자금을 그들의 대여자로부터 신규 차입의 형태로 확보했다. 동일한 방식으로 1990년대 후반 미국의 주식 매수자들은 보유 주식을 되팔 수 있도록 매도 대상이 되어줄 더 대단한 바보들이 많이 공급될 것이라는 암묵적인 도박을 벌였다. 더 대단한 바보들은 존재했지만, 다른 때는 합리적이며 보수적이라고 생각되는 그 투자자들이 주가가 무너졌을 때 큰 손실을 피할 수 있을 정도로 많은 바보들이 나타나지는 않았다.

9 Frauds, Swindles, and the Credit Cycle
부정과 사기, 신용의 순환

어느 자산가격의 거품이든 거품이 붕괴할 때면 반드시 부정과 사기가 발견된다. 엔론은 미국 주가가 고점을 기록한 뒤 수 개월 만에 파산을 향한 추락을 시작했다. 사상 최대 규모의 파산이라는 파국을 빚게 된 재무회계상의 일부 오류에 대해 MCI월드컴이 여러 차례에 걸쳐 공시하기 시작한 것도 거의 같은 시점이었다. 이 회사가 과다 계상한 투자액과 과소 계상한 비용은 100억 달러에 달했다. 정크본드 시장은 1980년대 말 금리가 오르기 시작하고, 1987년 10월 주가가 폭락한 뒤 무너져 내렸다.

부패 발생 건수는 신용 공급과 아주 유사하게 경기순환의 파동이 올라가면 함께 증가한다. 경기가 후퇴하면 대여자들은 개별 차입자들의 채무 상태와 자신들의 신용 노출에 대해 보다 신중해지므로, 곧이어 기업의 성장에 연료를 부어 주던 대출이 감소한다. 신용이 늘어나지 않으면, 축축한 숲속에서 버섯이 자라나듯 부정이 피어 오른다.

부정행위의 대다수는 불법이지만, 어떤 경우는 합법과 불법의 경계선에 걸치기도 한다. 고위 경영진과 피고용자들에게 부여하는 스톡옵션을 임금과 같은 비용으로 간주해야 하는가, 아니면 비용과 이익을 건드리지 않도록 본문에서 빼낸 각주 속에 파묻어 버려야 하는가? 그 대답에 따라 이익이 얼마나 빠르게 증가할 것인지, 또 주가가 얼마나 빠르게 상승할 것인지에 대한 추정치가 결정된다. 1990년대 헨리 블로짓과 매리 미커(Mary Meeker), 잭 그럽맨, 그리고 통신업체들의 뛰어난 지도자들이 개별 주식의 주가를 어떻게 그런 식으로 예측했는지 그 근거를 일반투자자에게 알리도록 규제하는 게 옳았을까, 아니면 그들이 6개월, 혹은 12개월 뒤의 목표 주가를 공지하는 것으로 충분했던 것일까? 정부당국은 일반투자자가 속지 않도록 '진실 수사대'를 설치해야 하는 것일까, 아니면 주식영업자들이 말하는 것들 가운데 엄밀하게 어느 것이 옳지 않은지 일반투자자 스스로 결정하도록 맡겨 두어야 하는 것인가? 어떤 사업관행들은 합법적이지만, 그 사업에 관계된 사람들은 그들의 매매 사실이 「뉴욕타임스New York Times」나 「월스트리트저널Wall Street Journal」, 「시카고트리뷴Chicago Tribune」, 런던의 「텔레그라프Telegraph」에 머리기사로 나기를 꺼려하거나 당혹해 한다. 햇빛이 환히 비추면 먹이감이 술수를 알아챌 것이기 때문이다.

    1990년대 주가 거품이 낳은 과도한 자금조달 사례에서 표지 인물 격인 엔론, MCI월드컴, 아델피아(Adelphia), 타이코(Tyco), 헬스사우스(HealthSouth), 글로벌크로싱(GlobalCrossing)을 생각해 보라. 대다수 부정행위는 애당초 주가 상승이 진행되는 광기 국면에서 발생했던 것이지만, 거품의 포말 속에 가려졌다; 차입자들의 리스크는 높았지만 대여자들이 열정적으로 대출과 자산 규모를 늘리려 했던 덕분에, 만기가 도래한 대출금을 재차 조달할 수 있었다. 투자은행들은 구매자 책임 원칙을 믿었다; 투표할 수 있는 정도의 연령이 된 고객들은 자신의 금융상의 손익을 스스로 책임질 능력이 있다는 것이다.

아더 앤더슨 같은 회계법인들은 기업체들이 보고할 수도 있는 아주 작은 수치의 계산 착오로부터 투자가들을 보호하기 위해 설립되었고, 그들이 제시하는 재무제표의 아주 작은 수치까지 검증하는 일을 맡았다. 세계 5대 회계법인의 몇 곳은 그들이 회계감사를 맡은 기업체들-회계법인에게 수임료를 지불하는 회사들-에게 장악 당했고, 투자자들을 속이는 일을 함께 공모했다. 엔론과 MCI월드컴에 법률 자문을 제공한 법무법인들은 과연 투자자들에게 아무런 책임도 없었는가라는 문제가 제기될 수 있다.

사기, 부정행위, 자금 유용, 정교한 사취 수법은 시장경제에서 삶의 일부고, 어떤 나라들은 다른 나라들보다 그 정도가 더 심한 경우도 있다. 국제투명성기구(Transparency International)는 국가들의 부패지수를 매년 발표한다; 핀란드가 청렴도에서 굳건히 1위를 지키고 있고, 아이슬랜드가 근소한 차이로 다음 순위에 자리잡고 있다; 여러 해 동안 방글라데시, 콩고, 나이지리아가 부패 공급의 선두 그룹 위치를 굳혀 왔다. 미국은 비록 1990년대 주가 거품 기간 동안 주식회사 아메리카에서 일어난 광범한 부정과 사기로 인해 순위가 서너 단계 밀리기는 했지만, 순위표에서 바닥보다는 정상에 훨씬 가까운 위치에 있다.

사기의 전통적인 형태로는 재고로 보유하고 있는 상품 가치의 과대포장을 꼽을 수 있다. 1930년대 말 맥케슨 로빈스(McKesson Robbins) 스캔들에서는 위조한 창고보관증이 대출 담보로 사용됐다. 1960년대 텍사스의 무모한 투기꾼 빌리 솔 에스테스(Billie Sol Estes)는 그가 리스로 쓰고 있던 비료탱크의 숫자를 조작해 가공으로 부풀린 재고자산을 토대로 자금을 차입했다. 1960년대 '샐러드 오일' 탱크를 대출 담보로 사용해 아메리칸 익스프레스에게 피해를 입힌 티노 데 안젤리스(Tino De Angelis)는 물보다 기름의 비중이 낮다는 점을 이용, 20피트 높이로 채운 물 위에 6인치 두께의 샐러드 오일을 얹는 속임수를 썼다.[1]

재고 가치를 조작하는 사기는 확인한다는 약속을 받아내면 검증해 볼 수 있다. 결국 대여자들은 빌리 솔 에스테스에 대해 뭔가 알아챘다; 누군가가 현장에 가서 비료탱크의 수를 헤아렸다. 대여자들은 차입자가 제공한 담보의 가치 조작에 속아 넘어가고, 대여자의 회계사는 초기에 속임수를 잡아내지 못한다. 금융시장에서 벌어지는 사기에는 기업이익의 증가나 개별 기업 주식의 목표가격에 대한 투자보고서 등이 이용될 수 있다. 투자보고서의 전형적인 내용은 "아마존 주식의 가격이 7월 4일까지 주당 400달러로 오를 것이다"라는 것인데, 그 표현은 이런 식으로 이루어지기 십상이다: "우리의 목표주가는 주당 400달러다." 또 다른 투자보고서는 "기업이익은 향후 5년 동안 연 15%의 성장률로 증가할 것이다"라고 언급하기도 한다. 금융시장에 등장하는 사기에는 이런 투자보고서를 내는 사람들조차 실현될 확률이 낮다는 사실을 알면서도 기업이익과 미래 주가에 대한 "과도한 낙관론"을 동원하는 경우가 종종 있다.

월 스트리트는 주식을 판매해 많은 돈을 벌고, 개별 기업 주가의 상승 효과를 발휘하는 투자보고서 발표를 그 주된 임무로 하는 일군의 고액 연봉 소득자들과 함께 번영을 누리는 곳이다. 이들은 축제가 열리면 관람객들이 표를 사서 칼을 삼키는 묘기를 구경하도록 만드는 바람잡이들과 비슷하다. 주가는 보통 통계적으로 한 번 떨어지면 두 번 오르기 때문에, 특별한 기술이 없더라도 '시장전략가들'은 틀릴 확률보다 맞을 확률이 더 높다. 시장전략가들은 주가지수가 하락할 것이라고 지적하기를 꺼려하는 게 전형적인 모습이고, 개별 종목에 대해서도 주가가 하락할 것이라는 의견을 내는 일은 매우 드물다.(왜냐하면 해당 기업의 최고경영진이 분개해 시장전략가가 속해있는 투자은행에 증권발행 인수 업무를 맡기지 않겠다고 으름장을 놓을지도 모르기 때문이다.) 주가가 오를 것이라는 강력한 매수 권고가 막 나갔는데 주가가 떨어져 이 호객꾼들이 고용주에게 골칫거리가 되면, 투자은행 입장에서는 이미 그들에게 돈도 많이 준 데다 그들은 쓸 만큼 쓴 소모품일 뿐이다: "이보게, 이건 비즈니스라 어쩔 수 없네. 그동안 수고 많았네." 교체할 사람을 찾기는 어렵지 않다.

불법적인 혹은 비도덕적인 행동과 용납 가능한 행동을 구분하는 법률이나 규범, 혹은 규칙이 경제나 사회에 존재하지 않으면 부패 여부를 가려낼 수 없다. 규칙과 규범이 없는 사회에서는 무슨 일이든 허용되고 인정될 것이며, 용인 가능한 행동과 용인 불가능한 행동 사이에 분명한 경계선이 없어 부패라는 개념 자체가 존재할 수 없다. 모든 사회는 규칙과 규범을 가지고 있다; 이것이 갖는 함축적인 의미는 무엇이 용인 가능한 행동이고, 무엇이 아닌지에 대한 규정은 사업을 하는 비용을 줄이기 위해 채용되었다는 점이다.

법률은 나라마다 달라서 어느 나라에서 합법적인 것이 다른 나라에서는 불법적일 때가 있다. 더욱이 같은 나라에서도 용인될 수 없는 행동에 대한 법률과 규범이 시간이 흐르면서 달라진다. 가령 1870년대 미국에서 합법적이었던 일부 금융 관행들이 100년 후 불법적인 것이 되었다. 나라마다, 그리고 시대에 따른 차이에도 불구하고 금융 세계에서 용인될 수 있는 행동에 대한 보다 보편적이고 폭넓은 인식, 다름 아닌 십계명의 제8계율에 기초하는 인식이 존재한다: "너희는 도둑질하지 말지어다."

부패 행위는 거의 모든 경제에서 그 일부 요소다. 도덕적인 규범과 법률적 규범의 경계선을 넘어서는 거래 건수는 1990년대처럼 풍요로운 호황기에 증가한다. 역설적이지만 주가와 부동산가격, 상품가격이 서너 해 동안 연 30~40%씩 상승하면서 개인적인 부가 증가할 때, 훨씬 더 빨리 부를 늘리고자 하는 개인들이 만들어 내는 부정행위의 증가가 유발되는 것 같다. 누군가는 자신도 존스 집안처럼 풍족하게 누리고 싶어지고, 그래서 그를 위해 진실을 가리고 원칙을 벗어난 지름길을 만들어내는 일이 일어난다.

일부 기업가와 관리자들은 보상 대 위험 비율이 현격하게 커 보이기 때문에 부정행위의 경계선 끝에 바짝 붙어서 스케이트를 탈 수도 있다; 원칙을 벗어난 지름길을 건너고, 규칙을 어기고 대중을 속임으로써 늘릴 수 있는 재산이 체포, 벌금, 탄로의 위험에 비해 극히 커 보일 수 있다. 어떤 사람들은 규정 위반이 발각되지만 않으면 큰 부를 챙길 수 있다고 계산했을지도 모른다; 게다가 붙잡히더라도 그 절반은 챙길 가능성도 있다. 감옥에 갈 확률은 낮으며, 화이트컬러 범죄자가 갇히는 감옥은 우중충한 복장으로 지내는 조악한 컨트리클럽과 비슷하다.

패닉과 붕괴로 인해 "재주껏 도망쳐야 한다(sauve qui peut)"는 좌우명에 짓눌릴 때가 되면 많은 사람들이 파산이나 재정파탄을 피하려고 애쓰는 과정에서 부정을 저지르게 된다. 오늘의 조그만 부정으로 내일의 파국을 피할 수 있을지도 모른다. 호황이 끝나고 손실이 명백해질 때, 거꾸로 성공하기만 하면 당장의 재앙에서 벗어날 수 있다는 희망에서 더 큰 도박을 시도하는 경향이 생긴다.

런던의 유서 깊은 상업은행인 베어링 브라더스의 싱가포르 지점 소속 5~6명의 직원 가운데 닉 리슨은 평범한 트레이더였다. 리슨은 주식 파생상품인 옵션을 거래했고, 특히 도쿄의 주요 주가지수인 닛케이 평균주가 옵션을 거래했다. 베어링의 런던 본사는 그가 운용할 수 있는 포지션의 한계-회사의 자본에서 그가 위험자본으로 투입할 수 있는 최대 금액-를 정해 놓고 있었다. 리슨은 닛케이 주가의 콜옵션과 풋옵션을 매매했다.(콜옵션 매수는 일본의 주가가 오를 것이라는 쪽에 판돈을 거는 것이고, 풋옵션 매수는 일본의 주가가 떨어진다는 쪽에 거는 것이다. 마찬가지로 콜옵션 매도는 닛케이 주가가 큰 폭으로 오르지 않을 것이라는 내기에 거는 것이고, 풋옵션 매도는 닛케이 주가가 큰 폭으로 하락하지 않는다는 쪽에 거는 것이다.) 리슨은 콜옵션이나 풋옵션을 매수할 때 주가 변동 위험을 떠안는 옵션 매도자에게 프리미엄을 지불해야 했고, 풋옵션이나 콜옵션을 매도할 때는 그가 주가 변동 위험을 떠안는 것이므로 옵션 매수자로부터 프리미엄을 받았다.

 리슨이 속한 부서의 어느 담당자가 명백한 거래상의 오류를 저질러 리슨의 거래계정에 큰 손실이 발생했다. 리슨은 런던의 베어링 본사에 이 같은 오류를 보고하지 않았고, 닛케이 주가 풋옵션을 추가로 매도했다; 그의 계산은 풋옵션의 추가 매도로 버는 프리미엄 수입으로 거래 오류로 인한 손실을 메우려는 것이었다. 그러나 고베 지진이 발생하면서 도쿄 주가가 폭락하자 그의 풋옵션 매도는 프리미엄 수입보다 훨씬 더 큰 손실을 야기했고, 거래계정의 손실은 더욱 불어났다. 이 때 그는 거래규모를 두 배로 늘렸다. 이렇게 늘어난 새로운 계약에서 수익을 얻은 뒤 이전의 손실들을 모두 만회하고, 해당 포지션을 청산해 버리면 본사에서는 아무도 알아차리지 못할 것이라는 게 그의 생각이었다. 그러나 불행하게도 이 두 번째 내기도 실패했다. 그의 신규 포지션이 손실을 보탤 때마다 이번에는 그가 성공할 차례라는 희망으로 매번 판돈을 두 배로 늘리는 "두 배 걸기"를 했다. 이런 사태가 이어져 마침내 리슨의 거래계정에 누적된 손실은 베어링의 자본금 총액에 맞먹을 정도로 불어났다.

리슨은 아마도 4번 혹은 5번 연이어서 손실 거래를 반복했을 것이다. 전통적인 동전 던지기 게임에서 그가 다섯 번 연속 실패하는 확률을 생각해보자. 다섯 번 연속해서 동전의 앞 면이 나올 확률은 서른두 번의 경우의 수 가운데 한 번뿐이다. 이 다섯 번의 내기에서 한 번이라도 그가 성공했다면 그의 불운이 신문의 머리기사에 등장하지 않았을 것이고, 그가 싱가포르 교도소에서 2년을 보내지도 않았을 것이다.

불량 거래자들의 전시관이 있다. 얼라이드 아이리쉬 뱅크(Allied Irish Bank)의 볼티모어 지점에서 일하던 존 루스낙(John Lusnak)은 더블린의 본사가 잠에서 깨어나 손실 규모가 어느 정도인지 알아보기도 전에 외환거래에서 7억5000만 달러의 회사 자금을 날려버렸다. 스미토모 은행 뉴욕 지점의 하마나카는 상품거래소에서 구리를 거래하면서 수십 억 달러를 잃었다. 시드니의 내셔널 오스트레일리언 뱅크(National Australian Bank)에서 일하던 5명의 트레이더는 외환 거래에서 수 억 달러의 회사 자금을 날렸다.

리슨, 루스낙, 호주의 트레이더들은 손실 거래를 반복하다가 결국은 만회하지 못했다. 이런 사례는 그들이 끝내 손실 거래를 상쇄할 현금을 마련할 수 없었기 때문에 문제가 알려진 것이다.

리슨이나 루스낙처럼 시작했다가 "두 배, 아니면 꽝" 내기에서 두 번 혹은 세 번, 네 번의 손실을 입고 나서, 운 좋게 다음 번에 성공한 불량 거래자들이 있었을 개연성은 매우 높다. 은행의 자본금은 이상 없이 유지되었을 것이고, 그들의 불법적인 부정행위는 발각되지 않은 채 지나갔을 것이다.

이 장에서 금융 부정에 대한 접근 방식은 일화와 해설을 중심으로 했다. 『기네스북』에는 아직 금융 사기와 부정의 규모에 대한 장이 없다. 금융상의 협잡은 남북전쟁이 끝난 뒤 미국의 경제 확대기에 발생했고, 부정은 1880년대의 길드시대에 폭넓게 퍼져 있었다. 1920년대 말에는 라틴아메리카 국가들이 이자 지급을 중단했다는 정보를 듣고 나서도, 이들 나라의 채권을 계속 판매했던 일부 은행가들이 있었다.

국제신용상업은행(Bank of Credit and Commerce International: BCCI)은 1970년대 오일 쇼크로 인해 금융상의 혜택을 얻은 곳 가운데 하나였다. 최초의 BCCI는 파키스탄에서 허가를 받았고, 곧이어 지사와 자회사의 네트워크를 중동 전역과 런던에 설립하고, 유럽과 아프리카의 몇몇 주요 도시에도 진출했다. 1970년대 석유가격이 급등하면서 BCCI는 번영기를 맞았다; 중동 지역은 돈으로 넘쳐났고, 이 은행의 초기 예금자 가운데 몇몇은 페르시아 만 국가에 사는 부유한 족장들이었다. BCCI는 회교도 예금자들을 섬세하게 다뤘다. 정치적인 목적을 위해 통치자들에게 거액을 대출해주었고, 이를 통해 은행의 확장과 감독당국과의 문제를 쉽게 해결했다. 예금자들은 높은 금리로 우대했다.

BCCI는 그러나 역사상 최대 규모의 폰지금융 가운데 하나였고, 수익이라곤 내 본 적이 없었을지도 모른다. 무수익 여신은 재금융으로 넘어갔으나, 사실상 손실 인식을 연기한 것이었다. BCCI가 거물급 해운업자에게 제공한 여신 가운데 일부는 이미 썩은 냄새가 나는 상태였고, 이 은행은 회계부정으로 그 손실을 은폐했다; 감사인들은 뇌물로 무마했다. 대출손실을 보상하기 위해 BCCI는 옵션을 대규모로 거래했고, '돈이 되는' 옵션은 시장가치대로 인식하고, 손실을 낸 '돈이 안 되는' 옵션은 가치 제로로 평가했다. BCCI는 그들에게 "중독된 고객"에게 예금계좌를 판매할 수 있는 한 계속해서 사업확장을 이어갔다.

1990년대 초 일본의 거품이 붕괴했을 때 도쿄와 오사카에 본점을 둔 대형 은행들은 거액의 손실을 입었고, 특히 부동산과 주식 매수 자금으로 대여한 대출에서 손실이 컸다. 또한 이들 은행이 지방의 다양한 신용조합-이들도 부동산대출을 제공했다-에 대여한 대출에서도 큰 손실을 입었다. 일본의 지방은행 가운데 일부는 더 큰 손실을 입었다. 이들이 대출해준 골프장, 호텔, 놀이공원 개발사업 가운데 다수는 주로 지역경제 발전을 촉진하기 위해 추진됐다. 일본에서는 차입금을 반제해 청산하는 전통이 잘 확립되어 있지 않았다; 대신 차입자들은 대출잔고에 대한 이자를 지급하기 위해 신규 대출에서 얻은 현금을 사용했고, 따라서 대출잔고가 금리만큼의 속도로 늘어나는 관행이 생겼다. 이 같은 "언제나 새로운 자금조달" 방식은 부동산가격의 상승이 금리보다 서너 배 빠른 속도로 진행됐기 때문에 안전했다. 은행은 차입자에게 부동산을 대출 담보로 설정할 것을 요구했고, 부동산 평가가치의 약 70%를 대출 상한선으로 설정하는 것이 표준적인 관행으로 자리잡았다. 부동산가격의 상승이 계속되는 한, 담보가치도 상승할 것이므로 은행은 문제없이 보호받을 것이었다.

그러나 부동산가격이 하락하기 시작하자, 대출승인 과정에서 일어난 몇 가지 눈살을 찌푸리게 만드는 일들이 알려지게 됐다. 오사카의 작은 레스토랑을 운영하는 한 여성은 수십 억 달러에 달하는 돈을 그녀와 "친구처럼" 지내온 스미토모 은행 지점에서 빌렸다. 은행의 부동산 가치 감정인들 중에는, 별 위험 없이 은행을 터는 방법이 담보로 설정할 부동산의 평가가치를 부풀려서 대출을 받는 것이라는 점에 착안한 야쿠자들에게 뇌물-혹은 협박-을 받았던 이들도 있었다. 서너 개 대형 지방은행의 고위급 임원들은 은행 경영진이 소유한 토지를 부동산 개발업자들이 매수하도록 그들에게 자금을 대출해 주었다. 점잖은 재무부의 고위공직자 서너 명은 바닥에 거울이 설치된 "속옷까지 벗은 샤브샤브 레스토랑"에서 향응을 즐겼다.(해당 공직자들이 향응 제공자들에게 임박한 금융규제 변화에 대한 사전 정보를 흘려주었을 것이라는 의혹이 제기됐다.)

태국과 말레이시아, 그리고 인근 아시아 국가에서 부동산 거품이 붕괴하고, 은행이 거액의 손실을 입게 되자 '정실 자본주의(crony capitalism)'-왕성한 경제성장의 초기 기간에 특정 차입자들에게 주어진 뚜렷하지 않은 우대 조치-가 돌연 등장했다. 인도네시아는 30년이 넘는 세월 동안 "수하르토 가문의 사업체"였고, 이 나라 국내총생산(GDP)의 성장 덕분에 괄목할 만한 성공 사례로 평가됐다. 인도네시아가 잘 나가고 있을 때 은행들은 수하르토 대통령의 자제들이 이끄는 다수의 사업체에 기쁜 마음으로 자금을 대출해주었고, 이들 은행 가운데 일부는 사실 대통령의 자제들이 대표를 맡고 있었다. 이들 은행은 그들의 대출자금으로 추진될 프로젝트가 정말로 수익성이 있는가는 별 관심이 없었다.

1980년대 초 미국 금융계에서 끊임없이 등장한 머리기사 가운데 하나는 머지않아 닥쳐올 신용금고와 상호저축은행-첫 주택 마련을 위한 자금조달 수단이 제한된 미국인들을 지원하기 위해 설립된 저축기관들-의 재정 파탄이었다. 이들 저축기관은 만기가 단기인 예금계좌를 판매해 확보한 자금을 만기가 장기인 고정금리 부동산저당증서(모기지 채권)를 매수하는 데 사용했다. 예금부채의 만기가 모기지 채권의 만기보다 훨씬 짧았기 때문에 이들 저축기관은 장기금리에 비해 단기금리가 상승할 경우, 보유 채권에서 예금 금리 이상으로 버는 금리가산분이 감소하고, 심할 경우 마이너스 상태에 빠질 수 있는 '전환 위험'을 떠안은 셈이었다. 예금 수신을 위한 은행과 저축기관 간의 '과도한' 가격 경쟁을 제한하기 위해 미 정부당국이 단기 예금금리를 규제했기 때문에, 이들 저축기관은 50년 동안 별 탈 없이 '전환 위험'과 더불어 잘 지냈다. 그러나 1970년대 후반 미 달러화 표시 유가증권의 금리가 급등함에 따라, 저축기관들에게 허용된 금리보다 훨씬 높은 금리를 제공하는 미 재무부 국채와 머니마켓펀드(MMF)를 매수하기 위해 다수의 개인들이 저축기관에서 자금을 인출해갔다.

저축기관들은 진퇴양난에 직면했다; 그들이 미 재무부 국채의 금리와 경쟁할 수 있는 수준으로 예금금리를 인상하면(그들이 금리 상한선을 인상해주도록 규제당국을 움직일 수 있다는 가정 아래), 예금금리 지불액이 모기지 채권에서 버는 금리 수입보다 많아져 그들의 자본금은 차츰 줄어들다가 결국에는 사라질 것이다. 그렇다고 이자 수입액 이상의 예금금리 지불액을 줄이기 위해 보유하고 있는 모기지 채권을 매도한다면, 채권 매도가격은 그들이 사들였던 매수가격보다—아마도 훨씬—낮을 것이므로 그 즉시 거액의 자본손실을 감수해야 하는 상황에 놓일 것이었다.

대다수 저축기관들은 예금금리를 인상하기로 결정했다. 갑작스런 죽음보다는 천천히 죽는 길을 선택한 것이다. 저축기관들은 자기자본금의 월간 잠식률을 추정해 자본금이 전부 소진되는 날짜를 예측할 수 있었다.

수백 개의 저축기관들이 파산했고, 이어서 수천 개의 저축기관들이 파산했다. 초기에는 파산한 저축기관을 미 정부의 예금보험 보장기관인 연방저축융자보험공사(FSLIC)와 연방예금보험공사(FDIC)가 인수했다.

이들 정부기관은 파산한 저축기관의 우량 채권을 다른 저축기관에 매각하고, 이 매각 대금과 준비금으로 축적해둔 자금으로 예금자들의 예금을 100% 지불해 주었다.

몇 년 지나지 않아 연방저축융자보험공사와 연방예금보험공사 모두 거의 50년 동안 쌓아 온 누적 준비금과 자본금이 바닥났다. 예금보험기관들도 진퇴양난의 상황에 직면했다. 예금보험 보장으로 제공할 자금이 충분하지 않아 자본금이 마이너스 상태인 저축기관들을 청산하고 폐업시킬 만한 여력이 더 이상 남아 있지 않았다. 예금보험기관들은 실패한 저축기관들이 영업 상태를 유지할 수 있는 구실이 필요했다. 그들은 '관용'이라는 정책을 찾아내 이들 파산 상태의 저축기관들이 영업 상태를 유지하도록 허용했다.

그래도 연방저축융자보험공사와 연방예금보험공사의 손실은 어떤 식으로든 보전해야 했는데, 재무부로부터 납세자들의 돈을 가져다 쓰는 방법과 살아남은 은행 및 저축기관들이 내는 예금보험료를 인상하는 방법이 있었다. 살아남은 은행 및 저축기관들은 그들의 실패한 경쟁자들이 발생시킨 손실을 메우기 위해 보험료를 인상한다는 데 강력하게 저항했다.

실패한 저축기관들의 폐업 청산과 예금자들에 대한 예금지급 보장을 위해 연방저축융자보험공사와 연방예금보험공사가 미 재무부로부터 자금을 얻으려는 노력에 미국 의회의 몇몇 의원들이 제동을 걸었다; 선거로 뽑힌 공직자인 의원들은 이 금융 재난을 금융서비스 산업의 규제완화를 밀어붙이는 데 이용하고자 했다. 그런가 하면 "자본재구성(re-capitalization)"을 통해 실패한 저축기관들의 일부가 불사조처럼 되살아났다; 실패한 저축기관 하나가 다른 실패한 저축기관을 인수하게 되면 인수한 저축기관의 자산계정에 거액의 '영업권(good will)'이 생겨났고, 이 금액은 인수한 저축기관의 자본금 계정에 추가됐다. 앞으로 20년 혹은 30년간에 걸쳐 인수한 저축기관의 이익이 '영업권'을 상각하고, 두 저축기관의 자본 잠식분도 메워 나아가기에 충분할 것이라는 게 자본 재구성의 구상-보다 정확히 말하자면 희망-이었다.

한편 일부 기업가들은 실패한 저축기관을 살리는 방법은 이들이 예금과 대출을 빠르게 확대할 수 있도록 지원해 신규 모기지 채권과 대출에서 벌어들이는 이익이 예전의 저금리 모기지 채권에서 발생한 손실보다 커지도록 하는 것이라는 기발한 아이디어를 내놓았다. 1982년 미국 의회는 저축기관에 대한 규제를 완화해, 저축기관들이 거의 모든 유형의 유가증권을 매수할 수 있도록 허용했다. 이와 동시에 개인 한 명이 단일 저축기관에 예금할 수 있는 예금보험 보장한도 금액을 4만 달러에서 10만 달러로 확대했다.(그러나 개인들은 똑같은 이름을 약간씩 바꿔서 계좌를 개설하는 방법으로 이 한도를 쉽게 피해 갈 수 있었다. 즉, 존스 씨가 예금보험이 적용되는 10만 달러의 계좌를 만들고, 존스 씨 부인이 10만 달러의 계좌를 만들고, 존스 씨 부부 공동 명의로 10만 달러의 계좌를 또 만들 수 있었다. 그리고 존스 씨 가족은 자녀들의 이름으로 된 별도의 예금계좌와 자녀들 공동 명의로 된 계좌를 만들 수 있었다.)

이들 실패한 저축기관들은 어떤 채권이나 유가증권이든 높은 금리만 제공되면 매수하려고 혈안이 되었고, 결국 이들은 정크본드를 소화해 줄 "자연스러운 시장" 가운데 하나가 됐다. 처음에는 정크본드의 공급이 "추락한 천사"의 채권-투자등급에 있던 기업이 발행한 채권이지만 기업이 어려워지면서 투자등급 순위를 상실한 채권-에 한정돼 있었다. 투자등급 순위를 상실하면 해당 채권을 더 이상 보유할 수 없는 금융기관들의 보유 물량이 시장에 쏟아져 나오기 때문에 채권 금리가 급등했다.(채권 금리가 오른다는 것은 채권의 가격이 떨어진다는 의미–옮긴이)

드렉셀 번햄 램버트의 마이클 밀켄은 정크본드의 수요와 공급 모두를 크게 확대시키는 몇 가지 시장혁신을 만들어냈다. 1980년대 금리의 하락과 경제성장률의 상승은 정크본드 시장이 성장할 수 있는 고무적인 환경을 창출했다. 밀켄과 드렉셀의 영업 포인트는 투자등급 채권의 금리를 상회하는 정크본드의 금리 초과분이, 있을지도 모르는 정크본드 발행기업의 파산으로 인해 정크본드 보유자가 입게 될 손실을 상쇄하고도 추가적인 수익을 제공한다는 것이었다.

밀켄은 정크본드의 "자연스러운" 매수자가 되어 줄 저축기관과 보험회사 및 기업들의 통제권을 확보하도록 그의 친구와 동업자 몇 명에게 자금을 동원해 주었다. 밀켄은 기존 기업의 인수를 고려하는 기업가들에게 드렉셀이 인수 자금을 마련해 줄 수 있다는 "위문 편지"를 띄웠다. 그의 친구들이 이런 제조업체들의 소유권을 확보하게 되자, 이 업체들은 정크본드를 발행했고, 드렉셀이 이 채권 발행 물량을 인수하고 나면, 밀켄은 이 정크본드를 역시 그의 친구들이 통제하는 저축기관과 보험회사들에게 넘겼다. 드렉셀은 또 스스로 발행업무를 인수한 정크본드를 매수해 줄 그 자신의 뮤추얼펀드를 설립했다.

밀켄은 돈 만드는 기계를 가지고 있었다. 드렉셀은 고객 기업이 신규 정크본드를 발행할 때 받는 인수수수료, 이 채권을 뮤추얼펀드에 매도할 때 받는 거래수수료, 뮤추얼펀드의 지분을 일반 대중에게 판매할 때 받는 판매수수료, 그리고 뮤추얼펀드 운용으로 받는 운용수수료를 벌었다.

메릴린치–소위 "천지 사방에 손길이 뻗어있는 메릴"–가 저축기관들에게 예금계좌를 소개하는 일을 시작했다; 캘리포니아와 사우스웨스트의 저축기관들이 아주 높은 금리를 제공하기 시작하면서, 수천 명에 달하는 메릴의 중개인 부대가 미국 전역의 자금을 밀켄의 친구들이 통제하는 이 저축기관들로 이동시켰다. 이 저축기관들이 판매하는 예금계좌는 미 재무부가 보장하는 것이었고, 이 점이 이들 계좌를 매수하는 예금자들이 확인하고자 하는 전부였다.

밀켄이 자금을 조달해 준 기업사냥꾼 가운데 실제 현업 경험이 많은 사람은 거의 없었다. 그들은 '샘 아저씨'의 돈-미국 정부가 보장하는 예금계좌의 판매로 확보한 자금-을 50개 이상의 기업을 인수하는 데 사용했다. 그들은 이들 기업을 인수하기 위해 종종 "비싼 가격"을 지불했지만, 그 때 그들이 지불한 돈은 자기 돈이 아니라 샘 아저씨의 돈이었다.

이들 기업 대다수는 정크본드 발행잔고에 대한 이자를 지불하기에 충분한 현금 수입을 올릴 수 없었다. 그래도 걱정할 일은 없었다; 이들 기업은 추가로 새로운 정크본드를 발행해 기존의 정크본드 잔고에 대한 이자를 지불했고, 밀켄과 친밀한 저축기관들은 새로 발행한 정크본드도 매수해 주었다. 활발한 정크본드 시장이 있는 한, 돈 만드는 기계는 계속 돌아갔다.

그러나 1980년대 말 연방 감독당국이 규정을 바꿔 저축기관들의 정크본드 신규 매수를 금지하자 정크본드 시장은 붕괴했다. 정크본드가격은 급락했고, 정크본드 보유자들은 거액의 손실을 입었으며, 정크본드 시장에서 유동성이 사라졌다. 드렉셀은 자신의 정크본드 보유 물량에서 거액의 손실을 내고 1992년에 파산했다.

결국 저축기관 대란은 연방정부에 1500억 달러의 손해를 입혔다. 만약 예금보험기관의 자본금이 고갈된 1980년대 초에 미국 의회가 실패한 저축기관들을 청산하기 위한 자금을 이 기관들에게 공급했다면, 당시 미국의 납세자들이 부담해야 했던 비용은 200억~300억 달러에 그쳤을 것이다. 실패한 저축기관들의 자본금이 고갈된 바로 그 시점에 이들이 청산되었을 경우 발생했을 비용과 그 뒤 실제로 발생한 비용 간의 차액에서 큰 부분을 차지하는 것은 정크본드의 주요 매수자였던 저축기관들을 청산하는 데 들어간 비용이었다. 1980년대에 시장에 나온 정크본드의 대부분은 드렉셀이 인수했던 물량이고, 이 발행 물량의 약 절반이 채무 불이행 상태에 빠졌다.

그러나 밀켄과 그의 가족은 억만장자가 됐다. 그는 5억5000만 달러의 벌금 및 과징금을 물고 연방정부의 컨트리클럽에서 30개월을 보냈지만, 출소 후에도 모름지기 갑부로 남아 있을 것이다.

> ● **정크본드에 관한 소설과 실화**
>
> 기업인수와 정크본드는 흥미로운 문학이 등장하는 계기가 됐다. 소설과 실화 모두의 제목을 보자. 톰 울프(Tom Wolfe)의 『허영의 모닥불Bonfire of the Vanities』은 뉴욕 금융가에서 활동하는 엘리트들의 가치를 탁월하게 묘사하고 있다. 코미 브럭(Connie Bruck)의 『포식자의 무도회Predator's Ball』는 정크본드 매수자들과 매도자들이 여는 연례 연회를 묘사하고 있다. 『문 앞의 야만인 Barbarians at the Gate』은 RJR나비스코(RJR Nabisco)의 가상 인수를 다루고 있다; 가상 인수자와 인수 표적 모두가 너무 매력적으로 묘사돼 어느 쪽이 더하고 덜한지 판단하기 어렵다. 제임스 스튜어트(James Stewart)의 『도둑의 소굴Den of Thieves』은 밀켄과 그의 친구들의 이야기에 대한 실마리를 제공한다. 벤 슈타인(Ben Stein)의 『절도 면허A License to Steal』는 1980~90년대의 기업 파산 기록과 드렉셀 번햄 램버트에게 채권 발행 업무를 맡긴 기업들의 파산 건수를 알려준다.

1980년대 후반에 미국은 사기, 사취, 부정의 대풍작을 거두었다. 앞에서 어느 정도 윤곽이 설명된 바 있는 엔론 사태는 주식시장의 호황과 결부된 부정과 협잡을 저지른 기업 순위표의 정상에 올라 있다. 이 회사는 정부의 규제 업종에 속하는 천연가스 수송관 회사 두 곳의 합병으로 탄생했다. '중량급 엔론'은 인도의 발전설비와 영국, 멕시코의 상수도 시스템에 막대한 규모로 투자했다. '경량급 엔론'은 전력과 천연가스의 생산 및 유통, 광대역 통신망, 그리고 무엇이든 도매시장에서 거래가 이루어지는 모든 분야에서 급속도로 확장하기 시작했다; 언론에서는 전력시장의 규제완화 물결을 이끈 유일한 주인공으로 엔론을 치켜세웠다.

　엔론의 두 날개가 급속히 확장하는 데는 시설과 장비, 유통 거점, 소프트웨어를 망라하는 막대한 금액의 투자가 필요했다. 엔론은 거액의 채권을 판매해 투자은행들인 메릴린치와 살로몬 스미스 바니에게 막대한 수입을 안겨 주었다. 그 절정기에 이 회사가 발행한 주식과 채권의 시가총액은 2500억 달러에 달했다; 엔론 주가가 사상 최고치인 주당 100달러를 기록했을 때 이 회사의 시가총액은 2000억 달러가 넘었으며, 일반투자자들이 보유한 채권의 시장가치는 400억 달러 규모였다. 제네럴 일렉트릭이나 마이크로소프트에 비길 바는 아니지만 천문학적인 숫자였다.

　2000년 봄 이후 미국의 주가가 급락하기 시작한 직후, 한때 (주로 자신의 홍보업체에 의해) 미국의 7번째 거대 기업으로 알려졌고, 「포춘 Fortune」이 미국에서 가장 혁신적인 기업 가운데 하나라고 손꼽은 엔론이 파산을 신청했다. 엔론 주식의 시장가치는 영(零)으로 추락했고, 채권의 시장가치는 폭락했다.

　기묘한 문제 가운데 하나는 엔론의 최고경영자들이 언제 '갈림길'에서게 됐고, 정교하게 설계된 회계조작의 궤도를 밟기 시작했는가 하는 것이다. 또한 이와 관련된 문제로 전문적 자문을 위해 엔론이 고용한 회계법인과 법무법인의 역할은 어떠했는지, 그들이 엔론의 불법적 행태를 알고 있었는지 여부가 제기될 수 있다.

엔론의 고위급 경영진이 받은 보수의 큰 부분은 회사가 동기부여의 형식으로 부여한 스톡옵션을 매도한 데서 발생했다. 엔론의 이익이 더 빠르게 성장할수록 엔론의 주가도 더욱 높아졌다. 따라서 스톡옵션의 가치도 더욱 커졌으며, 스톡옵션 보유자들은 더욱 부유해졌다. 그런 점에서 엔론의 고위급 임원들은 회사 이익의 지속적 성장을 유지하기 위한 강력한 동기가 있었다. 더욱이 그들의 상여금은 회사의 주가에 연동됐다.

엔론은 월 스트리트의 주식시장 애널리스트들이 걸어오는 도전에 적절히 대응해왔다. 애널리스트들은 회사의 분기별 주당순이익(earnings per share: EPS)을 100분의 1달러 단위까지 예측하는 일을 했다. 애널리스트들의 이익 추정치를 달성하는 데 실패한 기업들의 주가는 10~20% 하락하는 게 예사였다. 그래서 엔론(그리고 다른 회사들)의 재무담당 임원들은 월 스트리트 애널리스트들의 추정치에 맞추기 위해 이익을 "매만지려는" 강한 유혹에 이끌렸다.

엔론은 메릴린치, 제이피모건과 나이지리아의 발전용 선박 몇 대를 매각 후 재임대(sale-and-leaseback)하는 협상을 진행했다. 메릴과 모건은 선박을 매입하는 데 시장가격 이상을 지불해, 엔론이 선박 매각에서 실현한 이익이 그해 엔론의 이익에 반영되도록 도와줬다. 메릴과 모건은 자선사업 단체가 아니다; 이들이 선박에 시장가격 이상을 지불한 덕분에 그들이 청구하는 연간 임대료는 그만큼 올라갔다. 엔론의 관점에서 보면, 1차 연도의 이익 증가는 향후 수 년간에 걸친 이익을 희생해서 얻는 것이었다.

엔론은 다음해의 이익에 대한 부정적 영향에는 아랑곳하지 않고 올해의 이익을 늘리는 데 혈안이 돼 있었다. 다음해의 이익을 늘리는 문제는 다음해에 풀면 되는 것이다.

엔론은 만기가 5년과 10년 후로, 마땅히 시장가격이라고 할 만한 선례가 없는 몇몇 에소테릭(esoteric) 선물계약에 매우 높은 가치를 매겼다. 엔론은 한 해가 지나 다음해로 넘어갈 때마다 이 계약들에 매긴 가치를 더 높였고, 이렇게 높아진 가치는 고스란히 엔론의 해당연도 이익에 반영됐다; 빌리 솔 에스테스가 임대한 비료탱크 숫자를 과대 포장해 담보가치를 조작했던 수법과 맞먹는 1990년대 판 신종 수법인 셈이다.

엔론이 막대한 부채를 숨기고 있을 당시, 회계조작을 통해 10억 달러가 넘는 장부상 이익 부풀리기가 행해졌고, 부채는 부외거래 자금조달(off-balance sheet financing)을 위해 설립한 합자회사, 즉 특수목적 금융법인(special financial vehicles: SFV)에게 은닉했다. 다수의 은행과 제조업체들이 차입 가능 한도를 늘리는 데 유리하도록 대차대조표에서 부채를 제거하기 위해 이 SFV를 활용했다. 회계 규정상 SFV의 주식 가운데 3%가 '비관계인'에 의해 소유되는 한, SFV는 별도의 독립된 법인으로 간주될 수 있었다. 엔론은 이 합자회사의 97%를 소유했고, 나머지 3%는 간부직원들이 개인 자격으로 소유했다; 어떤 경우는 이 3%의 일부를 엔론의 은행가들이 소유하기도 했다. 이들 합자회사 가운데는 '제다이', '추코'와 같이 영화 『스타워즈Star Wars』에 나오는 이름들도 있었다. 이들 합자회사는 엔론과 무관한 것처럼 꾸며 은행과 다른 대여자들로부터 자금을 빌린 뒤, 엔론과 공동으로 투자했다.

엔론은 SFV의 차입으로 확보한 현금을 자사 주식의 주가를 떠받치는 데 사용했다. 이것은 닉 리슨이 썼던 "갈 데까지 가는" 전략의 일종이다; 만약 엔론의 주가가 하락한다면, 이 합자회사의 가치도 하락할 것이고, 그들은 "물에 잠기게" 된다. 그러나 이것은 전통적인 수법으로서 19세기 미국의 철도사업에서 활용된 적이 있었다. 당시 철도회사들은 자사 주식의 가치를 담보로 자금을 빌렸는데, 그 뒤 자사 주가가 하락하면 주가를 떠받치기 위해 기를 쓰고 현금을 구했다; 왜냐하면 만약 주가 하락이 너무 클 경우, 담보 가치가 대출 금액 밑으로 떨어질 것이고, 그러면 이들은 새로운 담보를 제공하라는 요구에 직면하기 때문이다.

엔론은 투자은행들에게는 놓치기 아까운 우량 고객이었고 유가증권 인수 사업의 좋은 소득원이었기 때문에, 주요 투자은행들이 이들 합자회사에 자금을 빌려주는 데 열성적이었다.

엔론의 붕괴는 과거 미국의 대형 회계법인 가운데 가장 존경받는 곳이었던-지난 수 년간 아리조나 침례병원(Baptist Hospital of Arizona)과 웨이스트 매니지먼트(Waste Management)를 비롯해 아더 앤더슨의 회계감사 고객업체들 중 결딴난 회사의 채권자들이 제기한 소송에 시달리기는 했지만-아더 앤더슨의 종말을 가져왔다. 엔론의 자금조달 과정에 대한 증권거래위원회(SEC)의 조사가 시작된 뒤 앤더슨은 서류 폐기 혐의로 피소됐다.

아더 앤더슨은 엔론으로부터 회계감사의 대가로 연간 200만 달러, 컨설팅 대가로 2500만 달러의 매출을 올렸다. 이 점은 컨설팅 수입을 확보하려는 아더 앤더슨의 욕망이, 엔론이 어떻게 이익을 측정해야 하는지 그 적합성에 대한 앤더슨의 판단을 흐리게 했음을 암시하는 대목이지만, 이것은 관대한 언급이다. 아더 앤더슨은 엔론이 선택한 의결권 없는 사외이사 가운데 한 명이었다; 엔론 이사회의 일부 구성원은 엔론으로부터 자문료를 받는 입장이었기 때문에, 이사회 내부적으로 여러 가지의 이해 갈등이 있었다. 엔론은 주로 언론계 인사를 포함해 여러 자문가 집단을 두었고, 매년 한 차례의 이사회 참석만으로 자문가 한 명 당 연간 2만5000달러를 지급했다. 엔론의 케네스 레이(Kenneth Lay) 회장-워싱턴의 정치권 일부에서는 '케니 보이(Kenny Boy)'로 불렸다-은 정치인들의 큰 후원자였다. 최종적으로 아더 앤더슨은 2002년 6월 사법방해죄로 유죄 판결을 받았다. 유죄 판결이 나오자 이 회사는 더럽혀진 평판에 연루되기를 원하지 않는 수많은 고객을 상실하고 문을 닫았다.

30명 이상의 엔론 임원진이 기소됐다. 회계조작은 세 가지 주된 유형이 있었는데, 그 핵심은 수입의 과다 계상과 증가한 부채의 과소 계상이었다. 일부 최고경영진은 과세대상 소득을 국세청에 축소 신고했다. 케네스 레이를 포함한 경영진들이 기업의 재무상태에 대한 오도된 정보제공 혐의를 받았다. 다섯 명은 재판에서 유죄 판결을 받았고, 한 명은 무죄가 선고됐다; 15명이 유죄를 인정했고, 이들 중 여러 명이 교도소에 수감됐다. 대다수는 아직 판결이 끝나지 않았으며, 8명은 공판을 기다리고 있다. 엔론의 2인자 제프리 스킬링(Jeffrey Skilling)은 35가지 죄목으로 피소됐는데, 이 중에는 공모, 증권사기, 전자매체사기, 내부자 거래가 포함됐다. 재무담당 최고임원인 앤드류 패스토우(Andrew Fastow)는 증권사기죄를 인정했고, 가석방 불가 징역형으로 최소 10년간 수감될 예정이다; 그의 부인인 레아 패스토우는 탈세 혐의를 인정했고 6개월의 징역형에 처해졌다. 자금담당인 벤 글리샌(Ben Glisan)은 전자매체사기와 증권사기 혐의를 인정했고 5년 형을 받았다. 재무담당 임원 중 한 명인 마이클 코퍼(Michael Kopper)는 사기와 돈세탁 혐의를 인정했다. 주주들이 제기한 소송에서 엔론의 옛 임원진들은 1억6800만 달러의 배상에 동의했다; 이 중 1300만 달러는 그들의 개인재산에서 지불되고, 나머지 금액은 일부 보험금에서 충당될 예정이다. 리만 브라더스(Lehman Brothers)는 이 소송과 관련해 배상금으로 2억2200만 달러를 지불했고, 뱅크 오브 아메리카(Bank of America)는 6900만 달러를 냈다.

월드컴은 1990년대에 60건 이상의 인수합병을 전개하며 가장 빠르게 성장한 통신업체 가운데 하나였다. 미시시피 주 잭슨의 고등학교 역사교사였던 버니 에버스(Bernie Ebbers)가 고속 성장을 이끌었다. 월드컴의 주당순이익은 빠른 속도로 증가했기 때문에, 이 회사의 주가수익비율(PER)은 인수 대상 기업에 비해 늘 훨씬 높았다. 월드컴은 피인수 기업의 주식을 월드컴의 신규 발행 주식과 맞교환하는 방식으로 인수 비용을 지불했다.

월드컴의 주당순이익은 주가가 더 낮은 다른 회사를 매수해 그 회사의 순이익을 합치는 방식이 계속 이어진 덕분에 그만큼 빠르게 증가한 것이지, 통신업체로서의 월등한 영업성과 때문은 아니었다.(월드컴이 자신보다 주가가 더 높은 회사를 매수한다면, 주당순이익의 성장 속도가 떨어지기 때문에 월드컴은 주가가 높은 회사는 매수할 여력이 없었다.)

에버스는 호랑이 등에 올라탄 채 계속 달릴 수밖에 없는 형국이었다: 월드컴의 주가를 높게 유지하려면 주가가 낮은 다른 회사들을 계속 인수해야 했다. 여러 차례에 걸친 인수의 결과로 월드컴의 덩치가 커짐에 따라 순이익의 증가 속도를 유지할 수 있는 유일한 길은 갈수록 더 규모가 큰 기업들을 인수하는 것이었다. 여기서 문제—기업인수를 통해 주당순이익을 증가시키는 회사들의 공통된 문제—는 월드컴의 덩치가 커져가면서, 매력적인 인수 대상으로 남아 있는 통신업체들의 숫자가 줄어들고 있다는 점이었다.

월드컴이 마지막으로 인수한 업체는 미국 통신산업에서 가장 혁신적인 회사 가운데 하나로, 장거리 통화 서비스를 장악하고 있던 AT&T의 독점을 극초단파(microwave) 전송탑을 사용해 격파한 바 있는 MCI였다. MCI는 규모가 너무 커서 회사의 이름도 MCI월드컴으로 바꿔야했다. MCI월드컴은 곧이어 주당순이익의 성장세를 지속하기 위한 노력으로 유에스 스프린트(US Sprint)와의 합병을 시도했지만 감독당국에 의해 저지당했다.

그 직후 MCI월드컴은 파산 신청을 했다. 미국 역사상 최대 규모의 파산이었다. 이어진 조사에서 밝혀진 사실은 이 회사의 재무담당 최고임원은 48억 달러에 달하는 경상비용을 '투자'로 처리해 이익을 과다 계상했고, 이렇게 부풀려진 숫자는 최종적으로 100억 달러에 달했다. 이 같은 회계부정의 주된 이유는 순이익의 성장 속도를 유지하기 위한 것이었고, 그렇지 않을 경우 주가가 떨어졌을 것이다. 월드컴의 고위임원 두 사람은 체포돼 유죄를 인정하고 수감됐다.

MCI가 버니 에버스에게 부외거래 자금조달 기법으로 4억 달러 이상을 대여해 주었다는 사실이 나중에 밝혀졌다. 에버스는 이 때 월드컴 주식을 담보로 이용했고, 이렇게 확보한 현금을 월드컴 주식을 매수하는 데 썼다. 에버스는 투자의 첫 번째 과목인 자산의 다변화에서 낙제한 셈이다.

엔론과 월드컴은 그들 자신이 만든 성공의 희생물이 되었다. 월 스트리트의 주식시장 애널리스트들은 각 기업의 분기 순이익을 예측하는 관행을 만들어냈다. 기업이 애널리스트들의 이익 목표치를 달성하지 못할 때마다 주가는 15~20% 하락했다. 큰 타격이다. 그래서 재무담당 임원들은 게임을 하기 시작했는데, 두 가지 방식이었다. 다가올 이익이 예상했던 것보다 훨씬 높아질 것 같으면, 비용은 당겨 쓰고 수입을 뒤로 미루는, 이익의 인식 시점을 지연시키려는 유인이 생겼다. 이렇게 하면 나중에 월 스트리트의 애널리스트들이 넘어야 할 장애물 높이를 올릴 때 일회성으로 끝나버릴 수도 있는 이익—앞서 인식 시점을 지연시켜 숨겨두었던 이익—을 새로이 상향된 이익 목표를 달성하는 데 써먹을 수 있다. 반대로 기업이 발표할 이익이 목표치에 미달할 경우에는 지출은 뒤로 미루고 수입은 앞당김으로써 미래의 이익을 "빌려 쓰려는" 동기가 강해진다. 이 경우 다음 분기에 보다 심각한 문제가 발생할 수도 있을 것이다.

일반 투자자에게 회사의 재무상태를 오도한 혐의에 대한 버니 에버스의 공판이 2005년 1월에 시작됐다. 그의 변호사들은 월드컴의 재무담당 최고임원인 스콧 설리번(Scott Sullivan)이 제공한 잘못된 정보를 에버스가 이용했다고 변론했다. 설리번은 자신의 형량을 줄이기 위해 에버스가 부정을 지시했다고 주장했다. 월드컴의 옛 임원진 10명은 주주들과 합의한 배상금 5400만 달러 가운데 1800만 달러를 그들의 개인재산으로 지급하는 데 동의했다.

2000억 달러 규모의 기업집단인 타이코의 대표 데니스 코즐로프스키(Dennis Kozlowski)와 재무담당 최고임원 마크 슈와츠(Mark Swartz)는 연방정부에 의해 수억 달러의 회사 자금을 두 가지 방식으로 사취한 혐의로 기소됐다: 사취 방식의 하나는 타이코 이사회의 승인 없이 타이코 주식을 살 수 있는 스톡옵션을 자신들에게 부여한 것이고, 다른 하나는 그들의 개인적인 생활비를 쓰기 위해 타이코의 공금을 유용한 것이었다. 이들은 이탈리아의 사르디니아 섬에서 코즐로프스키의 두 번째 부인을 위한 6000달러짜리 샤워커튼과 200만 달러어치의 생일잔치를 벌이는 일까지 저질렀다. 타이코가 이 잔치 비용의 50%를 부담했다. 언론 보도에 따르면 이 파티에서 연출된 중요한 장면 가운데 하나는 조각상의 중요한 신체 부위로부터 보드카를 받아 마실 수 있도록 미켈란젤로의 다비드 상을 얼음조각으로 재현한 것이었다.

타이코는 매우 다양한 산업에 걸쳐 수백 개 회사를 인수했고, 인수 대금은 주로 자사의 주식으로 지불했는데, 경우에 따라 채권을 발행하거나 은행 차입금도 사용했다. 타이코는 피인수 기업의 이익을 조작했다. 인수 대상 기업이 인수에 동의하면, 피인수 기업의 이익은 과소 평가되거나, 혹은 타이코 그룹에 합병된 뒤 이익이 급증하도록 만들기 위해 잠정적으로 축소되었다. 이 같은 회계조작이 타이코의 순이익 증가에 기여했다.

또한 타이코는 제반 비용, 그 중에서도 세금에 민감하게 대응했다; 이 회사의 운영본부는 소득세와 매출세가 없는 뉴햄프셔 주에 두었고, 법적인 본사는 버뮤다에 설치해 미국의 법인세 과세를 피해갔다.

뉴욕 주는 코즐로프스키가 뉴욕에서 매입한 회화작품의 매입자를 뉴햄프셔 거주자로 위장해-뉴욕에서 매입한 작품들은 그의 뉴욕 아파트로 빼내고 빈 포장상자를 뉴햄프셔로 운송하는 방법으로-이들 작품에 대한 매출세 추정액 100만 달러를 포탈했다고 주장했다.

1차 공판은 유무죄 여부를 결정하지 못한 불일치 배심으로 끝났다. 엔론이나 MCI월드컴과 달리 타이코는 파산하지 않았다.

리가스(Rigas) 가문은 미국의 여섯 번째 대형 케이블 시스템인 아델피아 커뮤니케이션즈의 공급 23억 달러를 사취한 혐의로 연방정부에 의해 기소됐다. 이 가문의 규범 위반은 엔론과 월드컴의 부정을 결합한 꼴이

었다: 부외거래 차입 방식으로 30억 달러를 빼냈고, 자본지출은 부풀렸고, 부채는 숨겼다. 아델피아는 소규모의 가족소유 기업으로 시작했는데, 이로 인해 사적인 계정과 사업상 계정의 경계가 종종 흐려졌다. 회사의 차입금 가운데 상당한 금액에 대해 가족의 보증이 제공됐고, 가족의 차입금 가운데 상당한 금액을 회사가 보증했다. 이 가문이 차입한 자금 중 큰 금액이 회사의 주가를 떠받치는 데 사용됐다. 전직 재무담당 임원과 전직 부사장이 유죄를 인정했다. 리가스 가문의 두 사람은 유죄 판결을 받았다.

헬스사우스의 설립자이자 회장인 리처드 스크러쉬(Richard Scrushy)는 거의 30억 달러에 달하는 회계부정 혐의로 기소됐고, 2005년 1월에 공판이 시작됐다. 부정이 저질러졌다는 사실이 인정됐다. 스크러쉬는 월드컴의 버니 에버스와 엔론의 켄 레이와 똑같이 부정을 행한 사람은 부하직원들이며, 부하직원들이 그들의 형량을 줄이기 위해 그가 부정을 주관했다고 얘기하는 것이라고 주장했다.

아임클론(ImClone)의 창업자이자 발기인인 샘 왝설(Sam Waksal)은 연방정부가 기소한 여섯 가지 혐의의 유죄를 인정하고, 연방교도소에 수감됐다. 왝설은 미국 식품의약국(FDA)이 다음날 발표할 자신의 회사와 관련된 부정적인 성명이 자사의 주가 하락을 초래할 것으로 생각해 그의 아버지와 딸에게 그들의 보유 주식을 매도하라고 일러줬다.

마사 스튜어트가 연방교도소에 5개월 간 투옥된 것은 샘 왝설이 아임클론 주식의 매도를 결정한 것과 관련되었을 가능성이 크다. 스튜어트는 그녀의 보유 주식을 매도했지만, 왝설로부터 아무런 정보도 받은 적이 없다고 주장했다. 아무런 정보도 없이 적기에 주식을 매도한 것은 흥미로운 우연의 일치다. 연방정부는 스튜어트를 사법방해죄로 기소했고,

그녀는 유죄 판결을 받았다.

뉴욕증권거래소의 회장 겸 최고경영자인 리처드 그라소(Richard Grasso)는 그가 받을 퇴직 관련 보수 총액이 1억5000만 달러라는 뉴스로 전국적인 신문의 머리기사를 장식했다. 증권거래소는 그 회원들이 소유하는 곳이고, 회원들에게 거래 장소를 제공함과 동시에 그들의 매매행위를 감독한다. 이 점에서 증권거래소는 허용되는 것과 허용되지 않는 것을 중재하는 존재다. 증권거래소 임원의 대다수는 거래소가 감독하는-아니 보다 정확히 말하자면 감독한다고 간주되는-회사들의 고위 임원들이다. 그라소의 퇴직 보수는 거래소의 수입에 견주어 볼 때, 또 월스트리트의 다른 지도급 인사들의 퇴직 보수에 비해서도 높아-매우 높아-보였다.

그라소가 그의 급여와 상여금을 결정하는 임원들과 대립하는 것을 원하지 않았을 것이므로, 감독 업무에 소홀했을 것이라는 의혹이 일었다. 그라소가 물러난 뒤 뉴욕증권거래소의 신규 이사회는 그라소와 이전 이사회 임원들을 고소했다.

글로벌크로싱은 다른 통신업체와 네트워크 용량을 교환해 매출을 뻥튀겼다. 이 회사는 문서를 파기했고 파산 절차에 들어갔으며, 그 전에 게리 위닉(Gary Winnick)은 그의 보유 주식을 매각해 8억 달러의 현금을 챙겼다.

셸 오일(Shell Oil)은 자사의 원유 매장량을 과대 포장한 죄목으로 미국과 영국의 감독당국에 1억5000만 달러의 벌금을 지불하는 데 동의했다. 땅속에 묻혀 있는 원유 매장량을 계산하는 것은 빌리 솔 에스테스의 비료 탱크 숫자를 헤아리는 것보다 더욱 어렵다. 벌금을 낸 것 외에도 대여섯 명의 셸 임원들이 회사에서 쫓겨났지만, 아무도 감옥에 가지는 않았다.

● 뮤추얼펀드 스캔들

2003년에 대형 뮤추얼펀드 집단의 다수-아마도 20대 뮤추얼펀드 운용사 중 절반 정도-가 몇몇 헤지펀드에게 이례적인 거래 특혜를 제공해 뮤추얼펀드 지분 소유자(투자자)들에게 손해를 입히고, 해당 헤지펀드가 거액의 이익을 챙길 수 있도록 했다는 혐의로 기소됐다. 헤지펀드와의 거래 가운데 일부는 합법적이었으나 대부분은 불법이었다; 또 뮤추얼펀드 지분 소유자 모두를 동등하게 처우한다는 뮤추얼펀드와 그 주주 간의 암묵적 계약은 헤지펀드와의 모든 거래에서 무시됐다. 미국의 모든 뮤추얼펀드는 자신의 거래 규칙을 명시한 계약서-허용되는 행동과 허용되지 않는 행동을 기술한 문서-를 SEC에 제출해야 한다. 이들 계약서 대다수의 한 특징은 '매수 직후 매도(in-and-out)' 거래-펀드의 지분을 매수한 당일이나 이틀 이내에 해당 지분을 매도하는 거래-가 투자자들에게 허용되지 않는다는 점이다. 뮤추얼펀드 계약은 일반적으로 투자자들이 '매수 직후 매도' 거래를 실행할 경우, 1%의 추가 수수료를 지불하도록 하거나 해당 매도주문이 지연될 수 있음을 밝히고 있다. 펀드 판매계약서의 또 다른 표준적인 문구는 뮤추얼펀드가 어느 기업의 주식을 매수할 경우, 펀드 운용사의 임원들은 해당 주식을 매수하지 않을 것이며, 만약 펀드 임원들이 해당 기업의 주식을 매수할 경우에도 임원들은 '선취매(front-run)' -뮤추얼펀드가 동일한 기업의 주식을 매수하기 이전에 임원들이 그들의 사적인 이해를 위해 그 기업의 주식을 미리 매수-하지 않는다는 것이다. 더욱이 펀드들의 공통적인 관행은 각 펀드가 소유하고 있는 유가증권에 대한 정보를 매 분기 말에만 공개하며, 분기 도중에는 개개 유가증권의 매매에 관한 어떤 정보도 제공하지 않는다는 것이었다.

그런데 다수의 헤지펀드가 뮤추얼펀드와 공동으로 시장간 시차를 이용한 거래(market timing transactions)를 벌였다; 즉, 헤지펀드는 그들이 어떤 뮤추얼펀드에 투자한다는 소식이 알려지면 해당 뮤추얼펀드가 보유한 주식의 주가 상승과 뮤추얼펀드 자체의 주당 순자산가치 증가를 유발할 확률이 높다고 판단될 때 뮤추얼펀드의 주식을 매수했다. 헤지펀드는 이른바 물고기를 항아리에 주워 담듯이 '헐값'으로 거래했다; 헐값으로 거래할 수 있는 기회는 몇몇 뮤추얼펀드가 해외 유가증권을 보유하고 있고, 외국의 증권거래소는 미국 시장이 폐장하기 전에 폐장하기 때문에 발생했다. 일본 시장은 미국 시장이 개장하기 전에 폐장한다. 뮤추얼펀드는 그들의 다른 주주들에게는 이런 정보를 제공하지 않았지만 일부 헤지펀드에게는 분기 중에 자신들이 매매하는 주식에 대한 정보를 제공했다. 뮤추얼펀드의 일부 펀드매니저는 해당 펀드의 주식을 '매수 직후 매도' 방식으로 거래했다; 또 일부 펀드매니저는 뮤추얼펀드가 매수하기에 앞서 선취매했다.

왜 뮤추얼펀드는 그들 주주와의 약속을 어겼던 것일까?

사업에는 서로 대가를 지불하는 이해의 교환이 많다. 그런 점에서 어떤 뮤추얼펀드 운용사가 자신의 뮤추얼펀드 포트폴리오에 포함된 종목의 주가를 부양할 필요가 있을 때 헤지펀드가 이 주식을 매수해 주었을지 모른다.

가족 소유의 헤지펀드 운용사인 캐너리 캐피탈(Canary Capital)은 관련 뮤추얼펀드들에게 2000만 달러의 배상금 지불과 함께 SEC에 규칙 위반에 따른 벌금 1000만 달러를 내는 데 동의했다.

미국의 가장 오래된 뮤추얼펀드인 매사추세츠 파이낸셜 서비스(Massachusetts Financial Services)는 2000만 달러의 소송 합의금에 동의했다. 얼라이언스 캐피탈(Alliance Capital)은 2억5000만 달러의 벌금과 향후 수 년간 3억5000만 달러의 운용수수료를 삭감한다는 데 합의했다. 밀워키 소재 스트롱 펀드(Strong Funds)의 창업자이자 대주주는 경영 일선에서 사임하고 회사 지분을 매각했으며 수천 만 달러에 달하는 벌금을 물었다. 모건스탠리는 뇌물수수 방식을 동원해, 다양한 뮤추얼펀드들을 제쳐 놓고 오로지 자신이 운용하는 뮤추얼펀드를 강매하도록 펀드 판매인들에게 지시했다. 모건스탠리의 고객들은 펀드 판매인들의 자문이 편파적이라는 사실을 알 수 없었다.

사기의 수와 부정행위의 범위가 늘어나는 현상이 경제이론가들의 관심을 끌어들였다. 다수의 사기―종종 하층민들 사이에서 벌어지는 사기―는 민스키가 한 회사의 이자지급액이 영업이익의 현금흐름보다 큰 금융거래 유형으로 정의한 '폰지금융'을 동반한다.[2] 또 다른 이론가는 개인 채무에 대한 금리를 스스로 정할 수 있는 차입자들이 폰지금융 단계로 돌입해 신규 차입으로 얻은 현금을 채무잔고의 원리금 상환에 쓰게 된다고 지적했다.[3]

폰지금융을 벌이는 대부분의 사업가들은 그들이 하는 행위가 무엇인지 알고 있고, 또 이해하고 있다; 그들은 당국이 그들을 잡아 가두기 전까지 수 개월 또는 수 년 동안 부유한 생활을 한다. 때로는 아무것도 모르는 순진한 사람이 개입하기도 하지만, 이런 사람은 자금조달의 유형을 전혀 이해할 수 없다.

헨리 블로짓, 매리 미커, 잭 그럽맨

1990년대 말 한창 경기가 좋았던 해에 헨리 블로짓은 연봉으로 1000만 달러를 벌었고, 매리 미커는 1500만 달러, 잭 그럽맨은 2000만 달러를 벌었다. 헨리와 매리, 잭은 1990년대 거품 기간에 닷컴 기업과 통신회사들 사이에서 '12사도' 격인 인물들이었다. 이들은 부지기수의 유가증권 인수 업무를 자신의 회사에 안겨준 덕분에 록스타에 버금가는 소득을 올렸다. 이들이 자신의 고용주에게 벌게 해준 이익이 얼마나 되는지 어림할 수 있는 세간의 원칙은 없지만, 회사의 이익이 이들에게 지급한 급여의 두세 배가 되도록 안배하는 것이 고용주들의 계산이었을 것이라고 보는 것이 무난한 짐작이다.

메릴린치의 헨리 블로짓은 닷컴 기업 주식의 목표가격 제시로 이름을 날렸고, 그가 제시한 목표가격 가운데 일부는 현실로 이루어졌다; 강세장의 전성기에 이런 성과는 예측가로서의 그의 성공에 대한 증거이자 자기실현적 예언과 같은 효과를 낳게 된다. 헨리는 그가 미국 대중에게 강력 매수를 권유한 종목 가운데 일부가 형편없다며 사내 이메일을 통해 조소했던 일로 주목을 받았다. 헨리는 증권업계에서 퇴출당했으며 다시는 복직할 수 없게 됐다.

씨티그룹 계열인 살로몬 스미스 바니의 잭 그럽맨은 그의 사장, 샌디 웨일(Sandy Weill)의 정중한 요청에 응해 AT&T 주식에 대한 그 추천을 변경한 것으로 유명해졌다. 두 사람 사이에 있었던 거래는 샌디가 잭의 쌍둥이 딸을 92번가에 있는 유대교청년회(Young Men's Hebrew Association: YMHA)의 유치원에 입학할 수 있도록 도와주는 일이었다. 이와 거의 동시에 씨티그룹은 YMHA에 100만 달러를 기부했고, 잭은 2000만 달러의 명예퇴직금을 받고 살로몬 스미스 바니를 떠났다. 잭은 결국 2000만 달러를 벌금으로 물고 다시는 증권업계에서 일하지 않기로 동의했다.

이탈리아의 파르마에 본사를 둔 유제품 및 식품 제조업체인 파르말랏(Parmalat)-파르마(Parma) 시와 우유란 뜻의 라떼(latte)의 합성어-은 자신의 자산을 40억 달러 규모로 과대 포장하기 위해 위조된 예금증서(CD)를 이용했다; 위조된 CD는 복사기를 사용해 한 문서가 다른 문서에 겹쳐지도록 하는 수법으로 만들어졌다. 이 사기-일반투자자와 투자은행에 대한 속임수-는 10년이 넘도록 계속된 것으로 보였다.

보일러샵(boiler shop)은 사기 형태의 하나다. 퍼스트 저지 시큐리티즈(First Jersey Securities)의 로버트 브레넌(Robert Brennan)은 고단수의 보일러샵 운영자였다. 보일러샵의 중개인은 불특정 다수의 개인들에게 난데없이 어떤 주식-이를 테면 샤잠 로켓 주식이 있다고 하자-에 관한 혹하는 얘기를 꺼내는 전문가들이다. 샤잠 주식은 보통 주당 2~5달러에 거래되는 저가 주식이고, 애당초 이 주식 물량의 다수는 보일러샵을 소유한 내부자들이 소유하고 있다. 이들 내부자는 자기들끼리 주식을 사고 팔아서, 예컨대 주가를 2달러에서 3달러로 올리며 주가 상승을 관리한다. 주가를 올려 놓고 나서 안면부지의 개인들에게 전화를 걸어 지난 6주 동안 샤잠 주식의 50%에 달하는 주가 상승에 대해 얘기한다; 이들은 잘 속아 넘어가는 사람들이 급등 주식을 매수하려는 욕구가 훨씬 크다는 것을 배웠고, 또한 깔끔하지 못한 투자자들이 저가 주식을 선호한다는 것도 알고 있다.

사기는 신뢰를 악용한다는 점에서 일상적인 절도와 다르다. 다니엘 디포(Daniel Defoe)는 주식사기꾼은 아는 사람들-종종 그 친구나 친척-을 등치면서 물리적으로는 아무런 '위험'도 감수하지 않는다는 점에서 주식매매 사기를 노상강도보다 1만 배 더 나쁘다고 생각했다.[4]

사기는 정부 공직자의 뇌물수수나 한 업체 직원이 다른 업체 직원에게서 받는 뇌물수수와 구분돼야 한다. 이들 불법적이고 비도덕적인 거래는 특정 집단간의 명시적이거나 암묵적인 신뢰를 악용하고, 또 침해하는 것이다. 엔론으로부터 연간 2500만 달러의 컨설팅 수임료를 받았던 아더 앤더슨은 부정을 저지른 것인가? 20~30개 기업의 주식을 그 종목이 주식시장에 상장되는 날 버니 에버스가 매수할 수 있도록 작업해 준 잭 그럽맨은 에버스에게 뇌물을 제공한 것일까? 한창 거품이 부풀어 오를 때는 기업공개 후 첫 주식 거래일에 주가가 두 배로 오를 확률이 극히 높다. 아니면 버니 에버스가 신규발행 주식을 매수하는 과정에서 특혜 대우를 받도록 그럽맨이 조치하지 않을 경우, 월드컴의 증권인수 업무를 길 건너편의 메릴린치나 모건스탠리에게 넘겨 버리겠다는 암묵적인 협박으로 에버스가 그럽맨을 매수한 것일까? 주식거래의 규칙과 선물거래의 규칙은 대중에게 그들 모두가 공정하게 취급될 것이라는 신뢰를 주입시키기 위한 '청렴 규정(code of purity)' 같은 것이다. 즉, 거래소의 다른 회원들이 속임수를 알아차릴 경우 이 산업이 입게 될 부정적인 결과로부터 회원들을 보호하기 위해 고안된 규칙이다.

전미증권업협회(National Association of Security Dealers: NASD)는 규칙을 위반한 회원들의 행동에 대해서는 징계 조치를 내린다. 최근 몇 년 동안 수백 명의 회원들이 징계 조치의 대상이 됐다.

부패 문제는 야콥 반 클라바렌(Jacob van Klavaren)이 역사적 접근과 함께 다루었는데, 그는 클라이브(Clive)나 헤이스팅스(Hastings)가 저지른 인도에서의 약탈과 같은 단순한 부정도 다루었지만, 특히 암시장의 경우처럼 금지된 것이기는 해도 이익이 생기는 일을 순조롭게 성사시키는 시장 거래의 한 형태로 볼 수 있는 부패에 관심을 두었다.[5] 반 클라바렌은 로열 아프리칸 회사(Royal African Company)와 동인도회사의 내부자들이 주주에게 돌아가야 할 이익을 그들이 통제하는 다른 회사들과의 계약을 통해 빼내는, 회사 자금의 체계적인 횡령도 분석했다. 이와 비슷한 수법으로 1873년 미국의 동산은행(Credit Mobilier)은 유니온 퍼시픽 주주들의 이익을 매사추세츠 출신 하원의원인 오키스 에임즈(Oakes Ames)가 주도하는 내부자 집단과 그의 의회 및 사업계 지인들에게 빼돌렸다. 드루와 피스크, 굴드도 비슷한 수법으로 이리 철도(Erie Railroad)의 공금을 빼돌렸다.[6]

금융시장에서의 사기는 다양한 측면에서 일어난다: 임원이 주주를 사기치기도 하고, 고위 경영진이 임원을 사기치기도 하며, 유가증권 인수 회사가 유가증권 발행 기업의 소유주와 주주 모두를 사기치는 경우도 있고, 차입자가 대여 은행을 사기치기도 하며, 한 집단의 피고용자가 다른 피고용자를 사기치는 경우도 있다. 어떤 사기범들은 사기가 드러나는 시점이 되어서야 어음 소지자들이 위조 증권을 들고 있다는 사실을 알게 되는 가짜 환어음을 발행해 어음 소지자들에게 손해를 입힌다.

도덕적인 행동과 비도적적인 행동을 구분하는 경계선은 옛날보다 지금이 덜 희미하다. 현대성이 후진성과 구별되는 한 가지 특징은 도덕성이다. 사회 발전의 초기 단계에서는 규율이 가문 안에서만 존중과 신뢰의 대상이었다. 이런 여건하에서 이방인이라는 존재는 절도면허증을 가진 사람과 진배 없기 때문에 제 식구를 감싸는 인사가 효율적이었다. 1720년에는 한 사람의 노력봉사를 돈 주고 살 수는 있어도 그의 충성심을 살 수는 없었다; 이 때는 횡령과 착복을 범죄로 보지 않는 것이 인지상정이었기 때문에 어느 상점의 점원으로 일한다는 것은 경쟁력 있는 새로운 사업이 주어진 것이나 다름없었다.[7] 사업과 절도, 그리고 상업과 저작권 침해 사이의 경계선은 명확하지 않았다.[8] 1720년 남해회사 거품에 대한 하원의 조사에서 회사 주식을 담보로 회사의 공금을 대여해 준 남해회사 임원들에게 배임죄를 물어 투자자의 손실을 개인 재산으로 보상해야 한다는 결정이 내려지기는 했지만,[9] 1799년까지는 은행 돈을 은행 임원이 대출받는 것이 불법 행위로 명백히 인정되지는 않았다고 해몬드는 지적했다.[10]

폰지의 전기를 가상 소설화한 작품의 서문을 쓴 금융전문 언론인은 1920년대와 1970년대의 유사성을 언급하면서, 사기가 물가상승의 한 산물이라는 의견을 제시했다; 생활비 상승이 가족의 예산을 압박할 때, 일부 가정의 가장들은 소득을 늘리기 위해 추가적인 위험을 감수하게 된다는 게 그의 견해였다.[11] 이와 좀 다른 시각으로는, 모르기 때문이 아니라 알면서도 빠져 드는–"피할 수 있는 무지(avoidable ignorance)"가 없는 상태의–교란적 투기 행위는 복권을 살 때처럼 잃을 확률이 높다는 것을 알고 있으면서도 참여자들에게 효용을 주는 도박이라는 견해도 제시됐다.[12]

사기가 "피할 수 있는 무지"의 범주에 포함되어야 하는지는 논란의 여지가 있다. 냉소적인 사람들은 "정직한 사람을 사기칠 수는 없다"는 필즈(W.C. Fields)의 신념에 동의하고, 사기의 피해자들이 비난해야 할 주된 대상은 그들 자신이라고 결론짓기도 한다. "세상은 속아 넘어가기를 원한다. 그러니 속도록 내버려 두라.(Mundus vult decipi-ergo decipitatur.)"[13] 어떤 정신병리학자들은 사기범과 그의 피해자들은 서로에게 만족을 주는 공생적인 애증의 관계 형성 속에 같이 묶여 있다고 믿는다.

부정과 풍요감

부정행위는 경제가 호황기일 때 증가한다. 재산은 호황기에 만들어지며, 개인들은 부의 증식 과정에 끼어들기 위한 탐욕에 빠지고, 사기범들이 이 탐욕을 이용하려고 등장한다. 호황기에는 스스로 제 털을 깎이려고 줄지어 서 있는 양의 숫자가 늘어나고, 자신들을 사기범의 희생물로 제공하는 사람들의 수가 증가한다. "일 분마다 한 명씩 속아 넘어간다." 찰스 디킨스(Charles Dickens)의 소설 『막내 도릿Little Dorrit』에서는 에돌림청(Circumlocution Office, 절차가 까다롭고 비능률적인 관청을 비꼰 말로 디킨스가 만든 용어)에서 일하는 페르디난드 바나클(Ferdinand Barnacle)이 머들(Murdle) 씨 사기 사건의 피해 사례가 잘 속는 사람들에게 경종이 되기를 바라는 아더 클레남(Arthur Clennam)에게 이렇게 말한다: "그 작자처럼 속이는 능력이 대단하고 타고난 사기 취향을 가진 또 다른 사람이 있다면 그 역시 성공할 걸세."

탐욕은 일부 비전문가들도 부정, 사취, 자금횡령, 그리고 이와 유사한 불법을 저지르도록 유인한다. 원만히 자리를 잡은 '매점매석 점포(Corner House)'인 오버렌드, 거니 회사가 당초 설립자들이 무사히 물러나고 회사 주식까지 상장한 뒤에 파산한 것은 쾌락을 즐기는 회사 내부의 한 난봉꾼으로 인한 것이었다. 그는 한 외부자를 사외고문으로 임명해 연 5000파운드를 사업자금으로 선지급하고, 나중에 원금과 수익을 이 사외고문으로부터 회수했다. 이 내부자, 채프맨(D.W. Chapman)은 말을 열 마리나 키울 정도로 부유하게 지냈고, 런던 하이드 파크의 프린스 게이트에서 사치스러운 유흥을 즐겼다. 그의 사외고문이자 전직 회계사인 에드워드 왓킨스 에드워즈(Edward Watkins Edwards)는 그저 그런 일상의 어음할인업 외에 많은 신규 사업-곡물투기, 철강생산, 선박제조, 해운, 철도금융-을 벌일 것을 권유했다. 이 회사는 "모든 종류의 매점과 투기 사업의 공동 출자자"가 되었고, 에드워즈는 각각의 건마다 수수료를 챙겼다. 1860년 말 이 회사는 어음할인업에서 연간 20만 파운드를 벌었는데도, 연간 50만 파운드의 적자를 기록했다. 회사와 무관한 철도 건설회사인 왓슨, 오버렌드 회사(Watson, Overend & Company)의 파산이 촉발한 균열이 회사의 거품을 터뜨렸다.[14]

소설의 세계-이 경우는 오노레 드 발자크의 소설 『교회로 복귀한 멜모트Melmoth réconcilié』-에서 채프맨 같은 사람으로 등장하는 은행 출납원 카스타니에(Castanier)가 있는데, 그의 연인인 아낄리니아 들라가르드(Acquillinia de la Garde) 부인은 은, 속옷, 크리스탈, 양탄자, 그리고 그를 파멸로 이끈 여러 가지 욕정에 대한 호사스런 취향을 가지고 있었다. 한동안 그는 약속어음까지 발행하며 그녀와의 사생활을 끌고 간다. 그가 최종적으로 채무를 계산해 보고 되돌릴 길이 없어진 그 시점에라도 들라가르드 부인과 이별하면 구제될 수도 있었지만, 그는 그녀를 포기할 수 없었다. 마침내 불어난 채무와 거액의 이자 지급으로 인해 그의 금융 조작을 더 이상 이어갈 수 없게 되었을 때, 파산했다는 것이 분명해진다. 그러나 그는 정직한 파산이 아니라 부정을 선택하고, 은행 금고에 손을 댄다.[15]

사기가 호황기에 증가하는 것은 마치 부의 증가가 탐욕의 증가를 촉발하는 것인 양, 탐욕이 부보다 더 급속히 커지기 때문인 것으로 보인다. 코즐로프스키는 미국에서 가장 부유한 사람 가운데 하나였지만, 6000달러짜리 샤워커튼과 그의 아파트에 비치한 여러 장식물들의 매입 자금을 그의 회사 타이코에서-회사 임원진이 모르는 사이에-빼냈다. 사기는 자산가격의 하락을 유발하는 신용 시스템의 긴장으로 인한 금융 불안 국면에서도 증가한다; 이 단계에서는 재정 파탄을 피하기 위해 부정행위가 감행된다. 폰지는 돈을 챙겨서 도망가야 한다는 동업자들의 제안에 반대했고, 그 다음에는 이들이 폰지를 사기쳤다.[16] 런던의 은행가 헨리 폰틀로이(Henry Fauntleroy)는 대출 담보로 쓰기 위해 부동산 양도증서를 위조했다. 폰틀로이와 그 주변 인물들은 앤소니 트롤로프(Anthony Trollope)가 쓴 소설 『지금 우리가 사는 방법The Way We Live Now』에 등장하는 아우구스투스 멜모트-그가 보유한 멕시코 철도 주식의 주가가 폭락해 더 이상 현금을 마련할 길이 없자 부동산 양도증서와 권리증 둘 다 위조한다-의 모델이 되었다.[17] 남해회사의 존 블런트(John Blunt), 위니옹 제네랄의 외젠 봉뚜, 담슈태더 운트 나치오날방크(Darmstäder und NationalBank: Danatbank)의 야콥 바써만(Jacob Wasserman), 크레디탄슈탈트의 임원들, 이들은 모두 나중에 더 많은 주식을 매도할 수 있도록 공개 시장에서 자사 주식을 매수해 주가를 떠받쳤다. 주가를 높게 유지하기 위해 자사 주식을 매수하는 은행은 주식 매수에 현금을 지출할수록 예금 대비 현금 보유 비율이 떨어지고, 자신의 유동성을 축소시킨다. 1720년 영란은행은 자사 주식을 담보로 자금을 차입했다. 클랩햄은 이런 행동을 한 영란은행조차 이보다 훨씬 더 거칠고 "완벽한 부정"으로 이루어진 남해회사의 자금조달은 간파하지 못했다고 언급했다.[18]

사기와 횡령이 드러나면 종종 붕괴와 패닉으로 치닫는 불안 국면을 증폭시킨다. 1772년 알렉산더 포디스는 런던에서 대륙으로 잠적하면서, 그의 동료들에게 에이어 뱅크가 인수한 미심쩍은 어음이 대부분인 55만 파운드의 채무를 가능한 한 해결해주도록 맡겼지만, 이것은 불가능했다. 포디스는 사적으로 동인도회사의 주식을 공매도했는데, 그를 시장에서 퇴출시키기에 충분할 만큼 주가가 상승했다.[19] 1857년 8월 24일 오하이오 생명보험 신탁회사의 뉴욕 지사에 근무하는 한 출납원이 그가 벌인 주식거래를 지탱하려고 이 명성 높은 회사의 거의 전 재산을 횡령해 갔다는 사실이 알려지자, 연이은 파산 소식이 리버풀, 런던, 파리, 함부르크, 스톡홀름에 울려 퍼졌다.[20] 19세기 중엽에 벌어진 닉 리슨 사태였던 셈이다.

1929년 9월 투자신탁회사와 사진촬영용 소품, 카메라, 슬롯머신, 소액대출을 다루는 회사들로 이루어진 런던의 해트리(Hatry) 왕국이 붕괴했다. 해트리는 철강사업에 진출하고자 했다. 그는 유나이티드 스틸(United Steel)의 인수 자금으로 800만 파운드를 차입하기 위해 담보를 위장한 혐의로 체포됐고, 그의 실패에 이어서 영국 자금시장의 위축과 뉴욕 시장으로부터 들어와 있던 콜머니 대출자금의 회수, 주식시장의 하락 반전이 일어났다.

거품과 사기

어떤 거품들은 사기고, 또 사기가 아닌 거품들도 있다. 미시시피 거품은 사기가 아닌 반면, 남해회사 거품은 사기였다. 거품은 일반적으로 명백하게 합당하며, 적어도 합법적인 목적으로 시작된다. 미시시피 거품을 맨 처음 만들어낸 실체는 서방회사(Compagnie d'Occident)에서 시작됐고, 여기에 존 로의 시스템이 국세의 징수 대행과 은행을 덧붙였다. 존 로는 벤돔(Vendôme) 광장의 3분의 1과 파리의 값진 부동산, 그리고 지방에 적어도 12곳에 달하는 훌륭한 부동산을 소유했다. 그의 활동이 사기는 아니었지만, 그의 자금조달이 파국을 맞게 된 것은 두 가지 오류에 기초한

잘못 때문이었다: (1) 주식과 채권이 화폐라는 오류 (2) 수요 증가에 따른 통화 증발은 물가상승을 유발하지 않는다는 오류다.[21]

남해회사 거품에서 남대서양의 무역 독점은 순전히 부수적인 재료였다.[22] 이 회사의 남대서양 무역 전망은 영국 정부의 부채 정리로 인해 순식간에 묻혀버렸고, 곧이어 정부의 부채 처리는 주식 매매에서 벌어진 사태로 곤경에 빠졌다. 존 블런트를 비롯한 내부자들은 주식을 담보로 차입한 자금을 이용해 그들 자신에게 발행한 주식에서 이익을 내고자 했다. 그들은 주가 상승으로 자본이득을 실현한 뒤 부동산 매수에 그 자금을 사용했다; 붕괴 시점에 블런트는 6개의 부동산 매입 계약을 가지고 있었고, 서먼(Surman)이라는 인물은 모두 10만 파운드를 지불해야 하는 4개의 부동산 매입 계약이 있었다. 남해회사는 회사의 이익배당금을 지급할 현금을 마련하기 위해 자본금의 증자와 지속적인 주가 상승 모두가 필요했다. 게다가 이 두 가지가 연쇄편지나 폰지금융처럼 가속적으로 상승해야 했다.

폰지는 예금이자로 45일 동안 40%를 지불하겠다고 약속했다. 그는 할인된 시장가치로 매수한 해외 통화로 국제우편연합의 쿠폰을 사고 공식환율로 이 쿠폰을 미국 우표로 교환한 다음, 이 우표를 액면가치로 다시 파는 방법으로 파격적인 수익률을 올릴 수 있다고 말했다. 폰지가 이런 유형의 차익거래를 통해 수익을 얻을 수도 있었겠지만, 이 이야기는 장식용에 불과했다; 1922년 8월 체포됐을 때 그는 이미 790만 달러를 챙긴 상태였는데, 그의 사무실 안에 우표와 우편쿠폰은 61달러어치밖에 없었다.[23]

역사적인 기록에 나와있는 폰지 이전의 몇몇 선배들의 부도덕성은 이보다 좀 덜했다. 뮌헨의 전직 여배우 스피체더(Spitzeder)는 바바리아

지방의 농민들로부터 받은 자금에 연 20%의 이자를 지급하기로 했다. 그녀는 농민들로부터 300만 길덴을 받았다. 그녀와 하수인들은 결국 1872년 말 장기 징역형을 선고 받았다. 해고된 장교 출신인 플라흐트(Placht)는 연 40%의 이자 지급을 약속하고, 과부와 고아들까지 포함된 1600명의 푼돈을 모아 주식시장에서 거래할 자금을 마련했다. 그는 주식 매입으로 이익을 내지 못했고 6년간 감옥에서 보냈다.[24]

경제의 호황국면이 더욱 진전되고 탐욕이 증폭될수록, 거품의 이유도 더욱 얄팍해져 마치 잔 거미줄같이 너절한 거품들이 늘어난다. 후대의 역사가들이 직접 지어내기도 하고 그들에게 전해지기도 한 거짓 과장으로 치장된 점은 있지만,[25] 1720년에, 그리고 다시 1847년에(목록을 정리할 당시 이 두 사례가 수집되어 있었다) 이런 부류의 사기들이 특히 많았다. 예를 들면 1720년에는 이익이 매우 큰 사업을 추진하자는 제안이 하나 있었는데, 만기가 되어서야 사기였다는 사실이 밝혀졌다. 이 사기범은 주당 2기니씩 받아 2000파운드를 가로채고는, 그대로 비밀을 간직한 채, 투자자들과의 약속된 모임에 나타나지 않았다.[26] 또 하나의 수법은 아무것도 팔지 않는 소위 '무위 사업(nitvender)'이다.[27] 그러나 1990년대 말 주식시장 호황기에도 일부 기업들은 아무런 사업계획도 만들어 놓지 않은 상태에서 대중으로부터 자금을 끌어모을 수 있었다.

그저 그런 시류의 이익을 좇는 사업 하나는 당시의 여성지위가 얼마나 낮았는지 보여준다:

부인 대여섯과 몇몇 인사들이 영국산 아마(亞麻)로 네덜란드 산 리넨(linen: 아마포)에 못지 않은 고운 리넨과 옥양목(calico)을 영국에서 만들어 날염하고 채색하자는 사업을 제안한 적이 있다. 이들의 사업은 남자 이외의 사람을 인정하지 않는, 한 남자 때문에 좌절됐다. 그러나 똑같은 사업을 하겠다는 주식회사가 있다면, 그 남자부터 달려가 그 회사 주식 공모에 청약할 것이다."[28]

이 보다 늦은 시기로 오면 역사가와 소설가들이 이구동성으로 주식공모가 거의 현실성 없이 진행됐음을 지적했다. "다수의 기업들이 사업에 착수하지 않은 것으로 드러났고, 철도사업은 노선도 사람 왕래도 없는 곳에 진행된 것으로 밝혀졌다."[29] "건설업체들이 버섯처럼 불어났다. 이들 업체 가운데 다수가 건설사업보다는 건물부지에 투기했다."[30] "라임하우스 다리와 로더하이드 다리,……그들에게는 다리를 건설해야 할 아무런 이유도 없었다; 아마도 그것은 관심 밖의 일이었을 것이다.……그러나 하원의 모 위원회에서 다리가 건설돼야 한다는 말이 나오기라도 한다면, 그 때서야 그들은 큰 이익을 남기고 팔아 넘기기 위해 계산을 할지도 모른다."[31]

금융 불안은 손실이 더 불어나기 전에 다른 사람들에게 손실을 떠넘기려고 애쓰다가 발생하는 부정을 야기한다. 그 한 예로, 만약 시장이 돌이킬 수 없이 틀린 길로 간다면, 버킷샵 운영자는 모습을 감춘다. 새로 들어오는 자본 불입금이 탐욕스런 내부자들에게 지급되는 이익에 미치지 못했을 때, 블런트는 자신의 용도로 남해회사의 현금을 차입해 썼다;[32] 이것은 리가스 가문과 아델피아의 예고편이다. 1861년 블라이히뢰더(Bleichröder)는 베델 헨리 스트루스베르그(Bethel Henry Strousberg)에 대해 "영리한 사람이지만, 이전에 구멍 난 손실을 메우기 위해 새로운 사업을 벌이는 그의 방식은 위험하다. 만약 (갑작스런) 장애물에 부딪치는 일이 생기기라도 하면, 그의 사업 전체가 무너질 것이고, 그 폐허 속에 수백 만 명의 순진한 주주들이 매장될 수도 있다"고 묘사했다.[33] 블라이히뢰더의 생각은 현실로 나타났다. 또 다른 독일 금융업자이자 함부르크의 은행가인 구스타프 고드프로이(Gustav Goddefroy)는 1873년 철도와 광산 주식으로 막대한 손실을 입고는, 그의 주식시장 거래 포지션을 지탱하기 위해 자신의 해외 무역상사 자금을 빼냈다.[34]

이들 구제 불능의 낙관론자들은 첫 시도에서 성공할 것이라고 생각하지만, 실패하고 난 뒤 여러 차례에 걸쳐 다시 도전하면서 종종 도박 규모를 두 배로 늘리고, 도덕성이 의심스럽거나 명백히 불법적인 거래를 동원해 위험을 증대시킨다. 1932년의 글래스-스티걸법 이전에 미국 은행들에게도 증권발행 인수 업무가 허용되던 1920년대 말, 체이스 뱅크(Chase Bank)의 앨버트 위긴스(Albert Wiggins)와 내셔널 시티(National City)의 찰스 미첼(Charles Mitchell)은 칠레와 페루 정부가 채권 이자의 지급을 중단했다는 정보를 전신속보를 통해 입수한 후에도, 이들 나라의 채권을 예전 가격으로 계속 판매했다.[35] 스프라그의 인용과 번역이 정확하다면, 호레이스(Horace)는 그들의 자세를 잘 이해하고 있는 것이다: "돈을 벌어라; 할 수 있다면 정직하게 돈을 벌되, 무슨 수를 써서라도 돈을 벌어라."[36] 남해회사 거품에 대한 조나단 스위프트(Jonathan Swift)의 언급도 이와 마찬가지로 냉소적이다:

돈, 돈을 계속 벌어라.
그리고 나서 혹시 미덕이 스스로 따라오겠다고 하면, 그리 하라.[37]

발자크는 마지막 한 방이라고 부를 만한 말을 남겼다: "가장 미덕 있다는 상인들이 당신 앞에서 가장 노골적인 자세로 부도덕의 극치를 보여주는 이 말을 들려줄 것이다: 우리는 가능한 한, 나쁜 일에서 잇속을 챙겨 나온다."[38]

귀족 도박꾼들

문학의 세계에는 청약금을 지불하는 것보다는 청약 자체에 탁월한 재주가 있고, 재정적 의무를 노름빚 정도로 하찮게 취급하는 사람들로 묘사되기도 했던 고상한 도박꾼과 내부자들을 단죄하는 작품들이 즐비하다.[39] 오스트리아의 귀족계급은 적어도 겉으로는 돈을 경멸하는 척했던 독일의 융커(Junker)보다 정도가 심했다. 에두아르트 라스커는 "그 고상한 척하는 아마추어들이 끼어들기라도 하면, 전문적인 사기꾼들보다 사태를 더 악화시켰다"고 주장했다.[40] 에밀 졸라의 『돈 L'Argent』에 등장하는 데그러몽(Daigremont)은 드보앵 후작(Marquis de Bohain)의 보편은행(Banque Universelle) 설립을 지원하기 위해 싸카르(Saccard)를 보낸다: "성공하면 그는 돈을 챙길 것입니다. 만약 실패한다면 지불하지 않을 것입니다. 이미 알려진 바와 같이, 사람들은 체념하고 그렇게 받아들이고 있습니다."[41] 소설과 현실 세계 모두에서, 귀족들은 이사회의 자리를 차지하려고 애썼다. 비르스는 "자신들이 감당할 능력도 없는" 철도회사, 은행, 그리고 여러 제조업체들의 이사회에 앉아 있는 오스트리아의 공작, 제후, 백작, 남작 등 온갖 귀족들의 이름을 열거하고 있다.[42] 보편은행의 계좌들을 통제하기 위해 싸카르는 라비니에르(Lavignière) 경과 이 사람을 무조건 따르면서 오로지 이사회의 자리를 차지하려는 야심밖에 없는 훤칠한 키에 금발 머리, 항상 예의바르고 동의하기만 하는 인물인 루쏘(Rousseau) 경을 임명한다.[43] 『돈』은 외젠 봉뚜와 그가 설립한 은행인 위니옹 제네랄을 소재로 쓰여진 실화소설로, 이 은행의 설립 자본금은 잉글랜드 왕위계승권 요구자, 왕당파, 지역 유지, 지주 등이 출자한 것으로 나온다.[44] 1848년 10월에는 영국의 「이코노미스트」가 귀족계급과

귀족사회를 지불불능 사태를 일으킨 불명예 목록의 첫머리에 올렸다:

> 작금의 대경실색과 낙담은 귀족계급과 귀족사회, 상원의원과 상원, 그리고 온갖 부류의 거래자들에게 오명을 남긴 어리석음, 탐욕, 지켜보기 힘든 오만, 무모하고 앞뒤도 원칙도 없는 도박과 주식거래가 낳은 응분의 결과일 뿐이다.[45]

로젠베르그는 오스트리아와 프랑스 귀족들이 금송아지를 좇는 일에서 다른 계급을 압도했던 반면, 프로이센에서는 5000만 탈러 규모의 한 은행 이사회에 몇몇 백작들을 앉히려는 메비센(Mevissen)의 시도가 실패한 점을 들면서, 베를린의 관료들이 이와 유사한 움직임을 성공적으로 차단했다고 주장한다. 그는 독일의 융커들도 주류(酒類)를 비롯한 농산물에 투기를 했다는 사실은 인정했지만, 이들은 도시 지역의 개발사업에는 관여하지 않았다.[46] 모름지기 1857년에도 그랬을 것이다. 그 뒤 10년 동안 돈을 악으로 인식하는 자세는 약화됐다. 철도사업의 자금조달은 독일 내부에서도 그랬고, 루마니아에서의 슈트루스베르그(Strousberg)의 조작에서도 그랬듯이 귀족사회의 최고위층이 연루되고, 사실상 프로이센의 왕실에까지 침투한 스캔들로 얼룩졌다.[47]

돈 맛에 물든 언론

투기에는 일반적으로 언론도 일조한다. 언론계 구성원 가운데 일부는 장사치고, 일부는 비판적이며, 일부는 두 가지 성격을 모두 갖고 있다. 다니엘 디포는 남해회사 주식이 120파운드에 거래되던 1719년 11월에는 주식중개인들을 통렬히 비난했는데, 1720년 8월 주가가 1000파운드를 기록하며 정점도 도달했을 때는 입장을 바꿔 그들을 두둔했다.[48] 그는 자신이 로열 아프리칸 회사를 추켜세우는 기사를 썼다고 비난하는 사람들을 향해 "정당한 경멸"을 표현했던 것이며, 그 회사의 주식은 이미 처분한 상태라고 언급했다; 그러나 근대의 한 비판가는 그가 로열 아프리칸 회사 주식을 계속 보유하고 있지 않았다면, 회사의 독점에 대항하는 개인 거래업자들을 공격하는 임무를 맡는 대가로 그 회사로부터 돈을 받았을 것이라고 결론지었다.[49] 19세기 초 프랑스는 아직 언론이 미숙한 단계에 있었지만, 1837년에 한 언론인은 "나에게 광고비로 3만 프랑을 준다면, 상상할 수 있는 가장 최악의 회사라도 그 회사의 모든 주식을 판매하는 책임을 지겠다"는 편지를 썼다.[50] 라핏트는 신문사들에게 자금을 조달해 주었다.[51] 리용 라르와르 은행의 샤를르 사바리 (Charles Savary)는 대부분 돈을 주고 제공하는 배포자료를 마치 신문사 기자가 작성하는 기사처럼 활용하는 수법을 썼는데, 그의 사업을 선전해 주는 기자가 500명에 달했다.[52] 신문은 들뜬 투기열기를 자극함으로써 은행, 증권거래소, 일반대중과 좋은 관계를 가지려 했다.[53] 블라이히뢰더는 투기를 조장하고 명백히 대중을 오도하는 것을 피하려고 신중하게 행동했지만, 종합지와 금융전문지를 소유한 그도 자신의 금융상의 이익을 위해 언론인들을 활용했다. 1890~91년에 그는 폴 린다우(Paul Lindau)라는 인물의 멕시코 출장에 돈을 대주었는데, 이 사람은 당시 베를린 증권시장에서 멕시코 채권을 팔고 있던 블라이히뢰더와 자신의 관계는 언급하지 않은 채, 멕시코에 대한 34건의 기사와 책 한 권을 썼다.[54] 유럽 대륙에서 비판적 언론은 19세기 내내 아주 천천히 성장해나갔다.

한편 1890년대 미국에서는 운수업체와 친밀한 한 금융업자가 언론의 추적에 전전긍긍하고 있었다; 적어도 이것은 시카고 시가전차(市街電車) 업계의 거물 찰스 타이슨 여키스(Charles Tyson Yerkes)를 소재로 가상소설을 쓴 테오도르 드라이저(Theodore Dreiser)의 작품에 나오는 추론이다. 여키스는 합법적인 거래와 부당한 거래 사이의 경계선을 넘나들며 사업을 했는데, 언론의 비판이 거세지자 새로 설립된 시카고 대학교에 천문 관측소를 기부함으로써 채권 발행에 필요한 우호적인 여론을 얻어냈다. 기부 소식이 널리 홍보됨으로써 그는 명성을 회복했고, 유럽에서 시가전차 채권을 판매할 수 있었다.[55] 그러나 결국 언론은 그를 시카고에서 몰아냈다.[56]

투자자 칼럼을 통해 주가를 띄우기 전에, 친구에게 귀띔해 주는 것은 오래 전부터 이어진 수법이지만, 오늘날에는 내부자 정보에 기초한 주식매매를 포함해 이런 불법적인 행위는 보다 쉽게 발각된다. 어떤 종목의 주가에 영향을 미치는 뉴스가 나오기 전에 행해진 해당 주식과 그 주식의 콜옵션과 풋옵션에 대한 수상한 거래들은 이제 컴퓨터 프로그램을 통해 분석된다. 이 기법 덕분에 친구에게 사전 정보를 제공한 「월스트리트저널」의 투자평론가 포스터 위넌스(R. Foster Winans)와 자신이 이사로 일하고 있는 회사에게 닥칠 일을 친구에게 일러준 전직 국방부 차관보 테이어(Thayer)가 체포됐다.(테이어의 친구는 이 정보에 따라 주식에 투기했고, 위넌스는 1986년 세인트마틴 출판사가 발간한 『거래의 비밀: 월스트리트저널에서의 유혹과 스캔들Trading Secrets: Seductions and Scandal at the Wall Street Journal』을 써서 자신의 경험을 또 다른 기회로 활용했다.) 이와 유사하게 코네티컷 주의 뉴런던에서 활동하던 메릴린치의 젊은 주식중개인은 「비즈니스위크」의 지역 인쇄업자로부터 잡지가 판매대에 나오기 전에 정보를 샀다. 내부자 정보를 이용한 거래가 쉽게 추적당한다는 것이 알려지자, 사전 정보를 가진 어떤 악동들은 자신이 살고 있는 곳의 주식중개인이 아니라, 가령 취리히처럼 멀리 떨어져있는 곳의 주식중개인에게 전화를 건다. 전화를 받은 취리히의 투자은행은 즉각 뉴욕이나 런던 주식시장에 대규모 주문을 내놓는다. 이렇게 사전 정보가 나온 근거지를 우회하는 주문창구를 이용함으로써 주문 체결을 며칠 동안 지연시킬 수 있는 근거지의 감시망을 피해 가는 것이다.

아주 최근에는 인터넷이 주가 조작을 위한 좋은 수단이 됐다. 17세 소년 조나단 레벡(Jonathan Lebeck)은 자신이 보유한 거래량이 극히 적은 종목들에 대한 '뉴스'를 인터넷 대화방에 올렸다. 해당 종목의 주가는 상승했고 조나단은 자신의 보유 물량을 매도했다. SEC는 조나단에게 벌금 50만 달러를 부과했다.

MSNBC는 비즈니스 뉴스 전문 TV 방송이다. 이 방송 프로그램의 출연자들 다수가 그들이 보유하고 있는 주식들을 추천하고 있다.

엔론은 외부 자문가들로 구성된 여러 개의 위원회를 운영했고, 위원들 가운데는 언론매체에 보다 효과적으로 접근할 수 있도록 1년에 한두 차례 조언해주는 언론인들도 포함돼 있었다. 이들이 매년 엔론으로부터 받은 5만 달러의 사례금은 사실 그들이 한 일에 비해 많은 것 같다.

의심쩍은 관행

금융상의 중죄(重罪)에는 여러 가지가 있다. 절도, 허위진술, 거짓말 외에도 의심쩍은 행태에는 다음과 같은 것들이 있다: 당초 목적에서 벗어난 자금 유용, 자본금이나 차입금을 이용한 배당금 지급, 내부자 정보를 이용한 자사 주식의 거래, 새로운 정보의 불완전한 공개 상태에서의 유가증권 매도, 내부자 이해에 따라 경쟁을 배제한 매수 행위나 자금 대여에 회사 공금을 사용하는 행위, 실행되지 않을 허수주문의 접수, 회사 장부의 조작.

영국 철도 역사상 가장 위대한 인물이 될 수도 있었던 조지 허드슨(George Hudson)은 1846년 철도 광기가 일었을 때, 위에 열거된 범죄 가운데 거의 모든 종류를 동시에 저질렀다. 그는 한때 4개 철도노선의 회장이었으며, 자신보다 힘이 약한 경쟁업체들에게 적용되는 법률 위에 자신이 군림하고 있다고 믿는 오류에 빠졌다. 그의 자금집행 계정들은 혼란스럽게 뒤엉켜서, 아마도 자신이 요크 앤드 노스 미드랜드(York and North Midland) 철도의 주식과 공금을 사취했다는 사실을 깨닫지도 못했을 것이다. 그는 개인 자격으로 자신이 이사직을 맡고 있는 다양한 회사들과 계약을 체결함으로써 통합회사법(Companies Clauses Consolidation Act)을 정면으로 위반했다. 그는 회계결산 보고서를 작성하기 직전에 이스턴 카운티즈(Eastern Counties) 철도의 배당금을 2%에서 6%로 올리고 나서는 배당금 지급을 정당화하기 위해 장부를 조작했다. 요크 앤드 미드랜드 철도의 배당금은 자본금으로 지급됐다. 이와 유사하게 기소된 요크셔, 뉴캐슬 앤드 버윅(Yorkshire, Newcastle and Berwick) 건과 관련해 그는 자신의 행동에 대한 변론 근거로, 철도노선의 확장을 위해 개인 자금을 철도 회사에 빌려준 것이라고 주장했다. 즉, 위험은 자신이 감수한 것이었고, 궁극적으로 철도 시스템의 확장에서 비롯된 이익에 대한 권리는 자신이 가지고 있다는 것이었다. 그는 자신의 재량으로 회사에 유리하다고 판단하는 거래들도 진행했지만, 합법성이 의심스러운 것들이 많았다. 그럼에도 불구하고 그는 영국의 철도망 구축에 크게 기여한 화려한 업적을 가지고 있다.[57]

이보다는 흥미나 거창함이라는 면에서 그 정도가 덜했던 1850년대 미국에서 활동한 인물은 뉴욕 앤드 뉴헤이븐(New York and New Haven) 철도, 뉴욕 앤드 할렘(New York and Harlem) 철도, 그리고 한동안이었지만 일리노이 센트럴(Illinois Central) 철도의 회장이었던 로버트 슈일러(Robert Schuyler)였다. 한 저술가가 그를 가리켜 "고상한 사기꾼"으로 부른 적도 있는데, 그는 1854년 뉴욕 앤드 뉴헤이븐 주식의 부정 매도와 여기서 챙긴 이익 200만 달러를 갖고 유럽으로 잠적했다. 반 블렉(Van Vleck)은 1857년 미국의 위기가 슈일러의 자금유용 소식이 알려진 뒤 영국의 자금회수가 이어지면서 촉발되었다는 견해를 제시했다. 슈일러는 1853년 일리노이 센트럴의 회장직에서 사임했지만, 뉴욕 앤드 뉴헤이븐에서 그가 저지른 부정은 일리노이 센트럴의 주식과 채권에 대한 대대적인 투매로 이어졌다. 주가는 급락했고, 채권은 1855년 8월 액면가의 62%까지 하락했다. 영국 투자자들은 이런 기회를 노리고 있었고, 이 채권을 대량으로 매수했다; 채권은 1856년 2월 액면가의 90%까지 회복됐다. 유럽 투자자들이 이 회사 주식 4만 주 이상과 1200만 달러 상당의 채권 중 85% 이상을 보유했다.[58] 슈일러는 1854년 9월의 패닉과 관련된 인물이지만, 1857년 패닉과는 직접적인 관련이 없다.[59]

미국의 1920년대는 "지금까지 세계에 알려진 최대 규모의 대형 금융사기 시대"로 일컬어져 왔다; 하지만 1990년대 이전까지만 그렇다.[60] 1920년대의 악명 높은 사기범들 가운데는 주식시장 붕괴로 입은 손실에서 벗어나고자 절도를 한 해럴드 러셀 스나이더(Harold Russel Snyder)가 포함된다.(리가스 가문의 전조격이지만 그 규모는 물가상승을 감안하더라도 리가스 가문보다 작았다.) 아더 몽고메리(Arthur H. Montgomery)는 60일 동안 400%의 수익률을 보장하는 외환투자 설계도를 작성해 폰지에게 가장 충성스런 아첨을 떨었다. 챨스 밥(Charles V. Bob)은 리처드 에블린 버드의 남극탐험대(Byrd Antarctic Polar Expedition)에 희사한 10만 달러의 기부금 덕분에 우호적인 여론을 얻었고, 동시에 이 해군제독 탐험가를 애칭 '딕(Dick)'으로 부를 권리까지 얻게 됨으로써 그의 항공사 주식 판촉에도 도움을 받았다. 이 회사 주식은 1927년 린드버그(Lindbergh)의 대서양 횡단 비행을 계기로 주가가 반짝 급등하는 붐을 탔다.[61]

1930년대는 합중국은행(Bank of the Unitited States)의 파산, 이바 크루거(Ivar Kreuger)의 파산, 새뮤얼 인설(Samuel Insull)의 미들웨스트 유틸리티즈 지주회사의 파산이 유발한 역사적인 사기 사건과 사기나 다름없는 사례들을 낳았다. 1929년부터 1933년까지의 뉴욕 주식시장을 인상적으로 설명하고 있는 배리 위그모어(Barrie Wigmore)에 따르면, 인설은 나중에 무죄 판결을 받게 될 자신의 죄목에 대해 배심원들이 얼마나 격분할지 두려운 나머지 재판을 피하려고 미국에서 도피했고, 그의 명성은 영영 회복 불가능한 상태로 망가졌다. 인설은 유틸리티 업체의 지주회사 경영자로는 걸출한 인물이었지만, 운영난에 빠진 회사들을 순자산의 몇 배를 지불하고 인수한 게 화근이었다고 위그모어는 단언했다. 인설의 기업인수로 인해 산더미처럼 불어난 부채가 그의 지주회사를 짓눌렀고, 채무이자의 지급은 1930년대 유틸리티 업체가 어려움에 처하자 보통주 지분 가치를 휴지조각으로 만들어버렸다.[62] 위그모어는 뉴욕의 은행과 그 자회사인 증권회사들의 마케팅 행태에 대해 조심스럽게 다루었다. 체이스 뱅크의 앨버트 위긴스는 "월 스트리트에서 가장 인기 있는 사람"이라는 평판을 듣고 있었는데, 상원의 진상조사에서 자신의 은행과 자회사, 그리고 고객들에게 손해를 입힌 사적인 거래의 진상이 드러나자 그의 명성은 산산조각났다. 내셔널 시티 뱅크의 찰스 미첼과 이 은행의 증권 자회사인 내셔널 시티 컴퍼니(National City Company)도 어느 회사의 이익이 급격히 감소하고 있다는 내부자 정보를 입수한 상태에서도 그 회사의 유가증권을 판매하는 일에 열을 올렸다.[63]

1920년대와 1990년대

부패의 발생은 1980년대와 1990년대가 1920년대보다 더 많은 것 같다. 그 이유에 대한 한 가지 설명은 도덕 규범을 고수하려는 자세가 약해졌다는 점이다. 둘째는, 위험과 보상이 서로 상쇄되는 양자간의 대칭 관계가 예전에 비해 좀더 일그러졌다는 점이다; 금융시장에서 성공하는 방법 가운데 스톡옵션이 훨씬 더 큰 보상을 제공하게 됐다. 또 금융시장이 민주화되었다. 셋째는, 그 시발점이 1930년대의 SEC를 낳은 법률 제정으로 거슬러 올라가는 공인회계사들의 부상이다. 회계법인의 당초 역할은 재고와 채권 계정의 가치를 부풀리려는 경향이 있는 기업 재무관리자들의 회계조작으로부터 일반 투자자들을 보호한다는 것이었다. 회계법인은 기업의 재무관리자가 제시한 재무실적 자료를 확인하고 인증하는 일로 돈을 받았다. 회계사들은 공적 이익의 파수꾼일 수도 있지만, 그들의 용역에 대한 대가는 기업의 재무관리자들이 주는 것이었다. 회계감사를 받는 기업들 중에 회계법인의 회계사들을 위협하는 곳이 나타났다; 이 경우 회계법인은 고객 기업의 요구에 응하든가, 아니면 그 고객을 버리든가 양자택일의 입장에 설 수밖에 없었다.

은행의 유혹

회계조작과 부정행위를 여러 세기에 걸쳐 비교할 수 있는 확실한 자료는 존재하지 않는다. 언론이 전문직종으로 발전함에 따라 뭔가 예사롭지 않은 활동들이 노출될 확률이 훨씬 높아지게 됐다.(물론 노출된다고 해서 그 활동들 자체가 바뀌는 것은 아닐 수도 있지만.) 노출은 이 방정식에서 위험 측면이고, 그 보상 측면에 있는 것은 부의 증식이 훨씬 더 커질 수 있다는 점이다. 마틴 메이어(Martin Mayer)의 『은행가들The Bankers』은 제임스 기븐스가 1859년에 생각했던 것처럼 자금유용에 대한 방어 장치에 대해 숙고하지 않았다: "어제까지 정직하지 않았던 사람이 저지른 은행 부정의 기록은 아마도 없는 듯하다."[64] 기븐스는 여기에 덧붙여 "은행 시스템 전체를 가로지르는 두드러진 특징이 존재한다는 생각이 독자에게 떠오를 것이다; 그것은 바로 '부정에 대한 공포'라는 것이다"라고 강조했다.[65]

기븐스가 1859년에 지적한 것은 아직도 사실이다. 은행과 은행가들을 "완전무결한 모범(paragons of integrity)"으로 신뢰하는 경향이 존재한다. 아마도 그들 중 일부는 그럴 것이다. 다수의 은행들이 1990년대에 당시 가장 혁신적인 헤지펀드 가운데 하나라고 믿어지던 롱텀 캐피탈 매니지먼트(LTCM)에 거액의 자금을 대출해 주었다.(헤지펀드라는 용어는, 그 어의 속에 해당 기업이 그 주주와 투자자들의 수익 증대를 위해 막대한 차입금에 의존하면서도 위험을 줄이는 포트폴리오를 짜 놓았다는 인상을 준다는 점에서, 매디슨 애비뉴의 광고업계로 치자면 홈런급의 광고 문구다.) LTCM의 수익율은-적어도 파산하기 전까지는-탁월한 것이었다. LTCM의 매매 기법과 수익 창출 수법을 은행들이 흉내 내고 싶어할 정도였으므로, 이들은 LTCM에 자금을 빌려주려고 열을 올렸다. 1998년 봄과 여름에 LTCM은 자금난에 봉착했다.

뱅커스 트러스트(Bankers Trust)의 파생상품과 미청구예금에 대한 서투른 대응방식, 그리고 뉴욕은행(Bank of New York)이 러시아를 위해 저지른 돈세탁을 볼 때, 오늘날의 규범은 예전-그 중에는 1920년대도 포함된다-에 비해 그리 높아지지 않았다.

호황이 이어지던 1990년대 후반의 몇 년 동안은 모든 사람-아마도 거의 모든 사람일 것이다-이 부유해지고 있었다. 주요 투자은행들은 신규 발행 주식과 채권의 인수 업무에서 높은 수수료 수입을 벌어들였고, 특히 정보기술(IT)과 유전자공학 관련 업종의 주식에서 막대한 수입을 올렸다. 은행의 전통적인 상업은행 업무를 투자은행 업무에서 분리하기 위해 1930년대 초에 입법화된 글래스-스티걸법이 폐지된 이래, 투자은행들의 투자은행 업무와 자산운용 업무를 분리시키는 전통적인 '만리장성'이 지켜지는 것으로 여겨졌다. 이 법은 1920년대에 벌어진 은행들의 권한 남용으로 인해 채택된 것이다. 투자은행 업계는 만리장성을 유지할 것이며, 소속 애널리스트들의 보고서가 증권 판매를 늘리려는 투자은행가들의 욕구에 의해 영향 받지 않을 것이라고 '약속' 했다.

그러나 메릴린치의 성적표를 보자. 1980년대에 이 회사는 엉터리 저축기관들에게 예금을 알선해 주는 일에 깊숙이 관여했다. 헨리 블로짓은 잘못된 것임을 알고 있는 정보를 오히려 부추겼고, 메릴린치는 엔론의 나이지리아 소재 발전 선박에 시장가격 이상을 지불해 엔론의 재무제표 조작을 도왔다.

씨티뱅크와 씨티그룹의 성적표를 보자. 월드컴과의 거래에서 통신업체들의 주가를 부추긴 잭 그럽맨의 이야기는 앞에서 살펴봤다; 씨티뱅크와 씨티그룹은 1억5000만 달러의 배상금을 지불했다. 씨티뱅크는 자신들의 관행을 중지하라는 일본 당국의 경고를 무시하고, 고객의 이익에 부적합한 증권들을 반복적으로 매수해 고객을 공정하게 대우하지 않았다는 이유로 도쿄에서의 민간은행 사업을 접어야 했다. 씨티뱅크의 최고경영진 여러 명이 '사임'-뉴욕의 파크 애비뉴식 완곡어법으로는 해고를 의미한다-했다. 런던의 씨티뱅크 소속 트레이더들은 독일 국채를 대상으로 대대적인 매도 공세를 펼쳐 가격 폭락을 유발하고 난 뒤, 자신들의 매도단가보다 훨씬 낮은 가격으로 이 채권을 다시 매수했다. 씨티뱅크 계열 뮤추얼펀드의 펀드매니저 여럿은 증권중개회사로부터 받은 리베이트를 자신이 운용하는 펀드가 아니라 은행의 수입으로 귀속시켰다.

죄과의 응보-1920년대와 1990년대

사기범이 저지른 범죄가 발각되면 무슨 일이 벌어지는가? 남해회사의 내부자인 존 블런트와 그의 형제인 찰스 블런트(Charles Blunt)는 1720년 9월 초 당대 신문의 표현대로라면 "모종의 불만으로 인해" 칼로 목을 베어 자살했고, 허가되지 않은 부동산 투자로 돈을 잃은 제네바의 소규모 은행 르클레르크(LeClerc)의 퇴역 관리자인 샤를르 부샤르(Charles Bouchard)는 1977년 5월 레만 호수에서 명백한 자살로 판명된 사체로 발견됐다. 정신의학은 이런 상황에서의 자살은 과거 행동의 비합리성에 대한 자각에서 비롯된 견딜 수 없는 자존심 상실에서 연유한다고 설명한다. 1929년 10월 주가폭락으로 인한 파산에 직면하자, 월 스트리트의 창문에서 투신한 주식중개인의 사진은 이제는 신화처럼 여겨지고 있다.66) 자살의 증가는 1873년 오스트리아에서 발생한 빈 대파국 전설의 한 부분이기도 하다.67) 그럼에도 불구하고, 감응은 일어난다: "이 나라(영국) 혹은 그 밖의 모든 나라가 배출한 가장 위대한 사기범은 아니었어도, 가장 위대하고 성공적인 사기범 중의 하나였던 존 새들레어(John Sadleir)가 42세의 젊은 나이에 자신의 손으로, 햄프턴 히스에서 독약을 먹고 그렇게 숨지다."68)(상황에 대한 특징 묘사로 볼 때 위대함이나 성공은 무엇을 의미하는지 야릇하다.) 1888년의 덩페르-로슈로(Denfert-Rocherau)와 1920년대의 "제왕에 맞먹는 인물"인 이바 크루거는 둘 다 자살했다.69) 엔론의 고위 임원 한 명도 스스로 목숨을 끊었다. 그러나 자살은 소설에서 더 흔히 일어난다. 디킨즈의 소설 『막내 도릿』에서 머들 씨는 거북이껍데기로 만든 주머니칼로 공중목욕탕에서 자살했고, 트롤로프의 『지금 우리가 사는 방법』에서 아우구스투스 멜모트는 자신의 사교클럽에서 청산가리를 먹었다.

도주는 자살보다는 덜 최종적인 형태의 탈출구다. 우수상으로 꼽을 만한 사례는 남해회사의 장부를 조작하고는 대륙으로 도주하고 나서 안트워프의 감옥을 탈출한 뒤, 파리에서 또 다시 엄청난 재산을 모은 로버트 나이트(Robert Knight)다.70) 로버트 베스코(Robert Vesco)는 횡령한 돈을 챙겨서 코스타리카로, 이어서 다시 쿠바로 도주했다. 리용 라르와르 은행의 공금을 사취한 샤를르 사바리는 캐나다에서 죽었다. 외젠 봉뚜는 징역형을 선고한 지 5년 이내에 집행되지 않으면 무효로 처리한다는 프랑스 법률상의 허점을 이용해, 5년 동안 스스로에게 집행한 유배 생활을 마치고 프랑스로 돌아왔다.71) 이와 유사한 약 100년 전의 사례는 아렌트 조셉(Arend Joseph)의 경우다; 1763년 그의 파산은 급기야 7월 25일 드뇌프빌 형제의 파산으로 절정을 맞는 금융 불안의 발단이 되었고, 같은 해에 벌어진 패닉을 야기했다. 아렌트 조셉은 60만 길더를 챙겨 여섯 마리의 말이 끄는 마차로 암스테르담을 떠나 소송에서 면제되는 네덜란드의 자유도시 크룰렌부르그로 향했다. 그는 암스테르담에 100만 길더의 채무를 남겼다.[72]

기소된 사람과 투옥된 사람의 숫자로 여러 경기순환 국면들을 비교해 볼 수 있다. 1920년대와 1980년대, 1990년대에 발생한 각종 일화들을 생각해 보자. 1920년대에는 이미 약세장으로 돌아선 시장에서 주식 판매를 부추긴 혐의로 두 사람이 교도소로 갔다. 1980년대의 정크본드 거래에 참여한 인물들 가운데는 마이클 밀켄, 이반 보에스키(Ivan Boesky), 데니스 레빈(Dennis Levine), 찰스 키팅(Chalres Kitting)을 포함해 8~10명이 내부자 거래와 사취 공모, 유가증권 소유자를 공모자 명의로 위장한 행위 등의 죄목으로 투옥됐다; 가장 긴 징역형을 선고받은 사람들 중에는 정크본드의 대량 매수자였던 저축기관의 대표들이 들어 있다. 1990년대에 법규정을 위반해 교도소로 가게 될 사람들의 숫자는 지금도 늘어나고 있는 중이며, 이 가운데는 엔론 임직원 5명과 MCI월드컴에 연루된 2명이 있다. 지금까지 기소된 엔론 임원진 대부분은 투옥됐고, 아직도 많은 수가 판결을 기다리고 있으며, 이 원고를 마치기 전에 25명이 넘는 사람들이 투옥될 것으로 보인다. 헬스사우스에 연루된 사람 여러 명도 투옥됐다. 라이트에이드(Rite-Aid)에 개입된 임원급 2명도 투옥됐다. 리가스 가문의 두 사람도 재판을 받고 있다. 샘 왝설과 그의 절친한 친구 마사 스튜어트 역시 수감됐다. 월 스트리트의 은행가 중에 감옥에 간 사람은 거의 없다. 크레디트 스위스 퍼스트 보스톤(Credit Swiss First Boston)에서 일했던 스타급 투자은행가 중 한 명인 프랭크 쿼트론(Frank Quattrone)은 2차 선고공판에서 그의 전자우편 폐기 행위에 대해 사법방해죄로 유죄 판결을 받았고, 그의 항소가 받아들여지지 않는 한 투옥될 가능성이 높다. 엔론의 회계조작에 관계된 아더 앤더슨의 파트너 한 명이 복역했다.

아더 앤더슨이 문을 닫을 수밖에 없게 되고, 합자회사의 현재 파트너가 갖고 있는 지분과 이전 파트너들의 지분 가치가 붕괴했을 때, 수백 명에 달하는 앤더슨의 전현직 파트너들은 암묵적인 거액의 벌금을 문 셈이 됐다.(수천 명에 달하는 엔론의 임직원들은 회사가 파산하면서 그들의 일자리와 함께 퇴직연금, 금융재산의 큰 부분을 상실했다.)

마이클 밀켄이 석방됐을 때 밀켄의 가족은 은행에 20억 달러를 가지고 있는 것으로 알려졌다. 이 가운데 얼마의 재산이 밀켄의 금융혁신을 통해 합법적으로 번 것이며, 또 얼마가 불법적인 행위로 번 것인지 계산해 내는 것은 불가능할 것이다. 그러나 가족 재산의 절반이 불법적 거래에서 파생된 것이라고 가정해보자. 그러면 밀켄은 이런 지적에 어떻게 답할지 생각해 보라: "당신은 1000일 동안 교도소에 있었고 10억 달러를 챙겨서 교도소를 나왔다. 따라서 당신은 교도소에 있으면서 매일 100만 달러를 지급받은 셈이다."

경제학자들은 화이트칼라의 금융사기 범죄에 대해 처벌의 적정성 여부를 논할 만한 입장에 있지 않다. 남해회사 거품 때 하원의원이었던 모울스워드(Molesworth)는 의회가 남해회사의 경영진을 존속살해급의 유죄로 선언해야 하며, 이들의 범죄에 대해서는 고대 로마에서 집행했던 가혹한 처형방식-이들 각각을 원숭이와 뱀 한 마리씩을 집어넣은 마대 주머니에 함께 넣어 물에 던져버리는-에 따라야 한다고 제안했다.[73)] 이 제안은 드라이저의 소설 『거인The Titan』에 반향을 남겼다: "이제 먼저 교살한 뒤 동반자 없이 자루에 넣고 꿰맨 다음 보스포러스 해협에 던지는, 여자친구를 기만한 자들에 대한 처형을 집행한다."[74] 25년 후에 쓰여진 『모든 나라의 상회』에서는 한 등장인물이 이슬람의 술탄이 부도덕한 부인에 대한 처벌로 그녀를 묶어 살쾡이 두 마리와 함께 자루에 처넣고 보스포러스 해협에 빠뜨렸던 것을 상기시킨다.[75] 이런 처형방식은 지나칠 정도로 무자비해 보인다. 그러나 아직도 화이트칼라 범죄를 저지른 사람들은 가뿐하게 빠져나오는 것처럼 보이고, 그들 대부분은 부정하게 획득한 재산의 대부분을 그대로 가져간다. 월 스트리트의 회사가 낸 벌금은 그들 주주 소유의 부에 대한 세금에 지나지 않으며, 부정행위자들에게는 그들이 주주로서 부담해야 하는 정도 이상의 실질적인 부담이 아니다.

사기범들이 정말로 처벌을 받는 것인지, 관대한 호사 생활로 수감 기간을 겨우 채우는 것인지에 관한 논의는 금융 역사보다는 기업지배구조와 기업윤리에 더 적합한 주제다. 사기와 부정, 자금유용, 체포, 배임죄를 범한 사람들에 대한 처벌이 이어지고 있다는 사실은 경제적 풍요감이 일정한 선을 넘었으며 상당한 사회적 파급이 뒤따를 것임을 알리는 중요한 징후다.

10 정책 대응:
Policy Responses: Letting it Burn Out, and Other Devices

방임과 그 밖의 수단들

다수의 금융위기들이 하나의 유형화된 형태를 가진다면, 표준적인 정책 대응이 있어야 할 것인가? 유동자금이 넘쳐 흐르고, 투기와 패닉이 일어난다면, 그 때 무엇을 해야 할 것인가? 정부당국이 위기에 대처하기 위해 개입해야 할 것인가? 개입해야 한다면 어느 단계에서 해야 하는가? 거품이 팽창할 때 뒤따를 붕괴의 혹독함을 줄이기 위해, 정부당국이 부동산가격과 주가의 상승을 미연에 방지하도록 해야 할 것인가? 자산가격이 너무 높아져, 이렇게 치솟은 가격을 '비준'할 수 있을 정도로 임대료와 기업이익이 빠르게, 또 충분히 늘어날 개연성이 극도로 희박하다는 것이 분명해졌다면, 정부당국은 거품을 터뜨려야 할 것인가? 자산가격의 하락이 시작됐을 때, 정부당국은 하락폭을 줄이고 부정적인 파급을 줄이기 위한 모든 수단을 강구해야 하는 것인가?

거의 모든 나라가 유동성의 부족을—특히 금융위기 기간 중에는—방지하거나 최소화하기 위해 중앙은행을 설립했다. 많은 나라에서 국내 은행의 예금 인출쇄도 사태가 벌어질 확률을 낮추고, 유동성 부족이 채무상환 불능 위기를 촉발하는 자기실현적 예언을 차단하기 위해 일정 형태의 예금보험 장치를 마련해놓고 있다. 은행예금에 대한 공식적인 보험이 없는 상황에서도 많은 나라 국민들은 은행이 파산하더라도 그들이 손해를 입지 않도록 정부가 책임지고 보장해 줄 태세가 되어 있음을 믿는다.

이 장과 다음 두 장은 금융위기의 관리를 중심 주제로 다룬다. 먼저 이 장은 패닉에 대한 최선의 처방이 "그대로 내버려 두는 것"—패닉이 자기 갈 길을 가도록 두라는 것, 즉 경제가 부동산가격과 주가, 상품가격의 하락에 따른 가계의 부의 감소에 적응하게끔 놓아두는 것—이라는 견해에 대해 살펴본다.

불개입 원칙의 가장 기본적인 근거는 당국이 당면한 위기에 개입주의적인 입장을 강화할수록, 다수의 시장 참여자들은 그들이 입을 수 있는 손실이 정부 조치에 의해 제한될 것이라고 믿게 되므로, 다음 번의 거품은 더욱 격렬해질 것이라는 도덕적 해이의 문제에 있다. 이 같은 도덕적 해이의 논거는 정부 개입이 투자자들 다수의 뇌리에서 위험과 보상 간의 대응 함수를 일그러뜨려 미래의 손실 가능성과 손실폭에 대한 과소평가를 유발한다는 점이다.

자산가격 하락의 충격을 최소화하기 위해 지금까지 사용된 다양한 정책적 대응조치들을 살펴보고, 이어서 광기의 팽창을 완화해 패닉을 예방하는 일에 활용할 수 있는 조치들도 거론한다. 다음 장에서는 궁극적 대여자를 일국적 맥락에서 조명하고, 그 다음 장에서는 국제적 맥락에서 본 궁극적 대여자에 초점을 맞춘다.

자비로운 방치

다수의 경제학자들은 패닉은 스스로를 치료할 것이며, "불은 스스로 타 없어지도록 놓아두면 된다"[1]는 입장을 취한다. "영란은행 응접실에 앉아 있는, 창의적이지는 않아도 냉철한 두뇌들은 패닉이 그 자체의 속성으로 인해 스스로를 소멸시킨다고 생각했다."[2] 오버스톤 경은 극단적인 신용 경색 시기에도 충분히 높은 금리를 제공하는 수단을 이용해 큰 자금을 빌려올 수 있을 정도로 워낙 훌륭한 장치들이 금융 시스템에 구비되어 있기 때문에, 위기에 빠진 금융 시스템을 지원하는 것이 꼭 필요한 것은 아니라는 입장을 취했다.[3] 1847년 런던에서 민간부문의 어음 할인율이 10%에서 12%로 급등하자 미국으로의 금 유출이 중단됐다; 이 때 이미 뉴욕을 향해 항해 중이던 범선을 앞지르기 위해 날쌘 선박이 출발했고, 금을 선적한 배를 되돌려 10만 파운드어치의 금을 다시 런던에 하역시켰다.[4] 1865년 프랑스의 통화 유통에 관한 청문회에 출석한 제임스 드 로스차일드(James de Rothchild) 남작은 금리 인상이 상품과 유가증권에 대한 투기를 억제하기 위해 의지할 만한 조치라고 언급했다. "투기자들이 무제한의 신용을 얻을 수 있다면 어떤 위기가 벌어질지 아무도 장담할 수 없다"고 그는 덧붙였다.[5]

도덕적 해이가 문제가 되는 것은 시스템에 안정성을 부여하기 위한 정책이 이례적인 고수익을 추구하는 사람들로 하여금 투기에 가담하도록 부추길 수 있기 때문이다. 이들은 경제 붕괴를 막기 위한 정부 조치가 취해질 가능성이 매우 높고, 따라서 경기 하강 국면에서 그들이 입게 될 손실은 제한적일 것이라는 어느 정도의 확신을 갖는다. 오늘 투기자들에게 "공짜 점심"이 주어지면, 앞으로도 그들의 신중함은 약해질 확률이 높아진다. 이에 따라 다음에 도래할 수 있는 금융위기는 보다 혹독해질 수 있다는 것이다. 도덕적 해이 문제는 금융위기가 심화됨에 따라 앞으로 다가올 위기의 개연성과 심각성을 축소하고자 하는 불개입 입장의 강력한 논거다. 일부 투기자들의 부주의한 행동으로 말미암아 그 나라의 나머지 99%가 입을 피해를 최소화하면서, 동시에 투기자들을 '무력화시키는 방법을 과연 정책입안자들이 고안해 낼 수 있을 것인가? 그렇게 된다 하더라도, 비용 대비 이익이라는 관점에서 제기되는 문제는 패닉이 자신의 궤도를 달리지 못하도록 차단함으로써 경제가 얻게 되는 이득이, 그렇지 않을 경우 투기자들에게 돌아갈 공정하지 못한 보상에 비해 그 이상의 가치가 있는가 하는 점이다.

패닉이 자신의 길을 가도록 놓아 두어야 한다는 견해에는 두 가지 요소가 들어 있다. 하나는 투자자 혹은 투기자들이 그들의 과도함에 대한 대가로 치르게 되는 고통을 즐기는 것-또는 "파괴의 기쁨(schadenfreude)"-이다; 어느 정도 청교도적인 이 시각은 지옥의 불을 지나치게 탐욕적인 사람들에 대한 응분의 보답으로 환영한다. 다른 요소는 패닉을 "유해하고 유독한 열대 기후에서" 공기를 정화하는 폭풍우로 본다. "패닉은 상업과 금융세계의 독소들을 정화해 활력과 건강을 회복시키는 경향이 있을 뿐만 아니라, 정상적인 무역과 건전한 진보, 영구적인 번영으로 이끈다."[6] 허버트 후버는 앤드류 멜론(Andrew Mellon)의 견해를-그의 승인 없이-차용해 이 같은 입장을 강력히 옹호했다:

> 재무부 장관 앤드류 멜론이 이끄는 "방임을 통한 청산론자들(leave-it-alone liquidationists)"은 정부는 손을 떼고 불황이 스스로를 청산하도록 놓아 두어야 한다고 생각합니다. 멜론 씨는 오직 하나의 공식만을 가지고 있습니

다: "노동자를 청산하고, 주식을 청산하고, 농민을 청산하고, 부동산을 청산하라." 그는 사람들이 가격 상승의 착란 증상에 붙들려 있는 상황에서, 그들을 광기에서 벗어나도록 할 수 있는 유일한 방법은 착란 현상이 스스로 붕괴하도록 놓아두는 것이라고 주장합니다. 패닉이라고 해서 전혀 나쁜 것이 아니라는 것입니다. 그는 이렇게 말합니다: "그것은 시스템에서 썩은 요소들을 정화시킬 것이다. 높은 생계비와 호사스런 생활 수준이 정상으로 내려올 것이다. 사람들은 더욱 열심히 일할 것이고 도덕적인 삶을 살게 될 것이다. 제반 가치가 다시 그들의 위치를 찾게 되고, 능력이 떨어지는 사람들이 남긴 난파선의 잔해들을 기업가 정신을 가진 사람들이 수습할 것이다."[7]

신오스트리아 학파의 경제사가인 머레이 로스바트(Murray Rothbard)는 이렇게 덧붙였다: "약간 섬뜩하게 기술되기는 했지만, 이것이 행정부가 따라야 할 건전하고 합당한 경로였다."[8] 보수적인 역사가인 폴 존슨(Paul Johnson)은 "이것이야말로 후버가 대통령 재직 중에 받은 단 하나의 의미 있는 조언이었다"[9]고 논평했다.

이와 대립되는 견해는 시스템에서 광기가 벌여놓은 투자와 거품을 정화해 내는 것이 바람직하기는 하지만, 디플레이션을 일으키는 패닉의 확산으로 인해 투기자가 아닌 사람들이 생존하는 데 필요한 신용을 얻지 못하는 상황이 벌어지고, 이들의 건전한 투자마저도 일소해 버릴 위험이 있다는 양보적 입장이다.

다수의 유동성 위기가 갖는 하나의 특징은 시중 금리가 극도로 높아 보인다는 것이다. 실제로 금리가 하루, 이틀, 기껏해야 사나흘간의 유동성에 대한 프리미엄일 때에도, 금리는 항상 연간 백분율로 표시되기 때문에 특히 그렇게 보인다. 그러나 보다 근본적인 문제는 이렇게 높은 금리를 지불하더라도 자금을 구할 수 있는 것인지, 아니면 신용시장이 가격 외적인 이유로 인해 닫혀버리는 것인지에 관한 것이다. 수많은 위기에서 나타난 증거를 볼 때, 패닉이 벌어지면 돈을 빌리는 것은 곤란하며, 때로는 아예 불가능하고, 그 어떤 가격(아무리 높은 금리)으로도 돈 자체를 구할 수 없기 때문에 금리의 시세 자체가 무의미해진다.

- 먼저 아렌트 조셉과 드뇌프빌이 1763년에 파산하면서 7월 22일 패닉이 발생하고 난 뒤, 내용도 그리 풍부하지 않고 설득적이지도 않은 짤막한 보고서 한 편은 이렇게 언급했다: "유가증권과 상품시장에도 패닉이 파급됨에 따라 현금을 마련할 수 없었다."[10] 1825년의 한 성명에는 이런 내용이 적혀 있다: "지금까지 한 번도 본 적이 없는 그런 모습으로 패닉이 대중을 장악했다: 모든 사람이 돈, 돈을 찾아 헤맸다. 그러나 그 어떤 조건을 제시하더라도 돈을 마련하는 것은 불가능했다. 「더타임스」가 전하는 상황에 따르면, '담보나 보증이 어떤 것이냐는 사람들의 안중에 아예 없었고, 오직 돈을 구할 방도가 없다는 것만이 문제'였다."[11]

- 1847년의 상업위기를 다룬 특별위원회에서 토마스 툭(Thomas Tooke)에 대한 질의응답: 질문 제 5421호: "수 주 동안은 아니더라도, 며칠 동안 영란은행이 어음을 할인해 주는 유일한 기관이었습니까?" 답변: "그렇습니다." 질문 제 5472호: "영란은행 총재가 10월 14일 이후 일주일 동안 정부 보증서 없이는 100만 파운드의 증권(영국정부 국채)을 판매할 수 없었다고 말한 바 있습니다. 귀하는 가능했다고 생각합니까?" 답변: "아닙니다. 도저히 불가능했습니다. 불가능이란 용어는 상상할 수 없는 정도로 가격을 떨어뜨리는 것은 제외한 상황에서 불가능하다는 의미입니다."[12]

- 앞서의 특별위원회에서 글린(Glyn) 씨가 행한 증언: 질문: "콘솔국채(영

국의 영구 국채)의 가격에 실제적인 영향을 주지 않고도 아주 큰 금액의 국채가 판매될 수도 있었다는 영란은행 측 중개인의 의견에 대해 알고 있습니까?" 답변: "영란은행 측 중개인이 그런 발언을 했다는 것은 몰랐습니다. 당시 제가 목격한 사실을 근거로 말한다면, 지금 거론되고 있는 숫자인 100만 파운드 혹은 200만 파운드 규모의 국채 판매라는 것은 더욱 심각한 패닉을 야기할 정도의 충격적으로 폭락한 가격으로 투매하지 않고는 거의 불가능했다는 것이 옳습니다."

- 엄청난 희생을 치르지 않는 한 그런 판매가 실현될 수 있었다고 생각하지 않았던 브라운(Browne) 하원의원은 "그 같은 상황에서 우리가 짐작하는 그 정도의 사태로 패닉이 치달았다고 한다면, 국채가 아예 팔리기나 했을까 의심스럽다"[13]는 발언을 추가했다.

- 1857년 상황에서는 "위기 진행의 한 단계에서 당시 가장 우호적인 할인율은 12~15%였는데, 어음 할인을 협상하는 일 자체가 불가능했다."[14]

- 리버풀로부터의 편지: "당 은행과 함께 다른 은행들도 기꺼이 배서하고자 하는 최고등급의 환어음을 현금으로 바꾸는 것이 전혀 불가능했다. 채무지불 능력이 있을 뿐만 아니라 파운드 당 40~60실링을 지불할 능력을 갖춘 다수의 회사들이 정부의 보증서가 발급되지 않았다면 문을 닫을 수밖에 없는 상황이었다고 단언할 수 있다."[15]

- 함부르크에서 상업거래의 신뢰는 완전히 사라진 상태다. 서너 개의 최우량 회사들의 어음만이 가장 높은 금리로라도 할인 협상을 할 수 있다.……은행에서 지급받을 수 있는 1500만 은행마르크 금액의 정부국채를 담보로 제시하는 것도 도움이 되지 않았다. 패닉이 워낙 심각해서 정부 국채도 할인할 수 없었고, 그 어떤 담보라 하더라도 자본가들이 돈을 꺼내지 않았다.……12월 12일 모든 사람에게 지원자금이 제공될 것이라는 사실이 알려지자 패닉이 멈췄다. 12월 1일에는 15%로도 할인

받을 수 없었던 정부 국채가 2~3%에서도 쉽게 받아들여졌다."[16]

- 제이 쿡이 자신의 회사를 창업하기 위해 에드워드 클락(Edward Clark)의 회사를 그만두기 전에, 클락이 뉴욕에서 필라델피아에 있는 제이 쿡에게 편지를 보냈다: "통화는 긴축 상태가 아니라 아예 구경할 수도 없는 상태라네. 통화도 없고, 신뢰도 없으며, 그 어느 것이라도 가치가 없다네. 이런 시기가 일주일만 더 간다면, 은행들이 전부 무너지겠지."[17]

- 1866년에는 "영란은행 이사회가 재할인율을 9%로 인상하고 정부 국채를 담보로 10% 금리의 대출을 제공한다고 공표했다. 이 같은 발표가 나오기 전에는 콘솔국채와 재무부증권 모두 판매가 불가능했다. 그 밖의 다른 증권들은 거래업자들이 거래 자체를 거부했다."[18]

- 1873년의 뉴욕 위기 중에 "내셔널 트러스트 컴퍼니 오브 뉴욕(National Trust Company of New York)은 80만 달러 상당의 정부 국채를 금고에 가지고 있었지만, 이 국채를 담보로 단 1달러도 빌릴 수 없었다. 이 회사는 곧이어 영업을 정지했다."[19]

- 마지막으로 1883년에는 "화폐에 대한 수요 증가는 마침내 화폐 기근으로 이어졌다. 일정 기간을 설정하는 대출은 불가능했고, 콜머니 대출 금리는 6월에 72%, 7월 28일에도 72%, 8월 4일에는 51%였다. 일급 상업어음들은 명목상 8~12% 금리로 거래됐으나, 할인 가능한 금액은 극히 제한됐다."[20]

정부 국채의 판매에 대해 "상상할 수 없는 정도의 가격 인하(할인금리의 대폭적인 인상)를 제외하면"이라는 식의 언급이 부가되어 있는 것을 보면 정부 국채가 어느 정도는 판매될 여지가 있었다는 것이므로, 여기서 인용한 증언에 애매한 구석이 없는 것은 아니다. 더욱이 궁극적 대여자가 존재하지 않았던 국법은행제도(國法銀行制度; national banking system)하의 미국을 중심으로 다른 측면에 대한 논의가 나오기도 한다. 1884년의 위기 상황이다:

> 자금이 극도로 위축되어 거래인들의 당혹감을 가중시켰다; 한때 24 시간 동안의 자금융통에 4%나 되는 금리를 요구했다. 이처럼 높은 금리를 감당할 만한 사람이 거의 없었기 때문에, 이런 신용 경색은 유가증권의 투매를 재촉했다. 물론 금리가 이렇게 터무니없이 치솟은 것은 실제로 현금이 희소해졌기 때문이 아니라, 불신의 만연이 가져온 직접적인 결과였다. 목요일과 금요일에 미국 정부 국채가 7% 가까이 큰 폭으로 하락한 것은……무조건 현금으로 전환해 확보하려는 욕구 탓이었다. 정부 국채에 대한 신뢰가 상실된 것도 아니고, 우량 철도채권이나 주식에 대한 신뢰가 없어진 것도 아니었다.
>
> 이례적이고 일시적인 금리의 상승이 가져온 한 가지 결과는 막대한 금액의 해외자본이 들어와 시장에 공급된 것이었다. 해외자본의 일부는 헐값의 주식을 매수하기 위해 이곳에 들어왔고, 이보다 더 큰 자금이 주식을 비롯한 각종 우량 유가증권을 담보로 한 고금리 대출에 투입됐다. 이 같은 해외자본의 유입은 당시 미 달러화 가치를 짓누르고 있던 외환거래를 완전히 반대 방향으로 돌려놓는 결과를 가져왔다.[21]

이 설명 역시 첨예한 유동성 결핍으로 전개되기 전에 패닉이 시작된 상황이기 때문에 명쾌하게 받아들일 수만은 없다.

국제통화기금(IMF)은 1997년 아시아 금융위기 당시―비록 이 지역 통화의 외환가치가 폭락하고 난 뒤 한참 지나서야 IMF가 나섰지만―궁극적 대여자 역할을 수행하면서, 아시아 각국 정부로 하여금 재정수지 균형을 맞추도록 했고, 중앙은행은 금리를 인상하도록 강요했다. 다수의 경제학자들이 이 조치가 디플레이션을 유발할 것이고, 금융위기를 일으킨 사람들은 안이한 공직자들과 부유한 은행가들인데, 오히려 가난한 대중의 실업률 증가를 초래할 것이라는 이유로 IMF의 조치에 반대했다.

그러나 통화팽창 정책과 외환시장에서의 엔화 가치 하락이 결합돼 '유동성 함정'이 초래된 1990년대 일본의 경험을 토대로 정통파 견해에 대한 일부 지지가 있었다. 1990년 주가와 부동산가격의 하락 이후 일본의 금리는 떨어졌고 은행 여신도 감소해 '신용 경색'이 발생했다는 추론을 낳았다. 대출손실로 인해 자본금이 쪼그라든 은행들은 여신을 기피했고, 기업들은 상품 수요의 성장이 정체된 탓에 차입을 꺼렸다.

도쿄에서 단기금리가 연 1% 혹은 그 밑으로 떨어지자, 도쿄에서 엔화로 차입한 자금을 미 달러화로 환전한 뒤, 달러화 자금을 연 3~4%의 금리로 뉴욕에서 투자하는 미국 헤지펀드들의 '캐리 트레이드'가 급증했다. 이 '캐리 트레이드' 거래는 도쿄에서 뉴욕으로 유입되는 자금흐름을 증가시켰고, 엔화의 외환가치 하락을 초래했다. 엔화 가치의 하락은 다시 일본 무역수지 흑자의 확대, 생산과 고용의 증가를 가져왔다. 일본 무역수지 흑자의 확대는 유동성 함정을 해소하는 데 도움을 주는 것이었고, 일본의 재정확대 정책과 통화팽창 정책을 보조하는 효과적인 수단이었다. 미국 헤지펀드 입장에서는 엔화의 외환가치가 상승하더라도 그 상승폭이 일본에서의 엔화 대출금리와 미국 유가증권 투자에서 얻는 금리 간의 차이보다 작기만 하다면, 이 캐리 트레이드 거래로 수익을 거둘 수 있었다.

도의적 권고와 다른 설득 장치

패닉은 내버려두는 것 자체로 치료될 수 있다는 선험적 시각을 반박하는 가장 유력한 논거는 패닉이 그렇게 방임되는 경우는 거의 없다는 점이다. 당국은 개입해야 한다는 강박감에 짓눌린다. 패닉에 패닉이 이어지고, 붕괴에 붕괴가 이어지고, 위기에 위기가 이어질 때마다, 당국이나 일부 "책임 있는 시민들"은 이런저런 장치들을 동원해 패닉을 멈추려고 애쓴다. 당국의 우려가 쓸데 없이 지나친 경우도 있고 상황이 심각한 피해 없이 스스로 바로잡힐 때도 있는데, 당국이 아둔해서 배워야 할 것을 배우지 못할 수도 있다.(시카고 학파는 당국이 단기적인 정치적 동기의 영향을 받기 때문에 시장 참여자들이 늘 당국보다 더 똑똑하다고 가정한다.) 위기 국면에서는 당국과 시장의 지도급 인사들 모두 물가 하락과 기업 파산, 은행 파산을 멈추기 위해 동일한 방향으로 행동하기 때문에, 위기관리를 대상으로 당국과 시장 양자 간에 어느 쪽의 지식이 어느 정도로 치우치는지 검증해 볼 수는 없다. 만약 효과적인 학습 과정이 존재한다면-합리성 가정은 이것을 필요로 한다-지금까지의 경험에서 학습되었어야 할 교훈은 시장의 경쟁 작용에만 의존하는 것보다는, 궁극적 대여자가 더 바람직하고 또 비용도 적게 든다는 사실이다.

역사적 기록을 보면 당국이 당초에는 불개입 입장을 고수하다가, 결국에는 어쩔 수 없이 개입하게 된 사례들이 많았다는 점을 발견할 수 있다. 1825년 12월 리버풀 경은 자신이 6개월 전에 투기 과열에 대해 이미 경고한 상황에서 시장을 구제하기 위해 재무부증권을 발행할 경우, 재무대신 자리를 사임하겠다고 으름장을 놓았다.[22] 베어링 위기 당시 영란은행 총재였던 윌리엄 리더데일(William Lidderdale)은 영란은행이 여신 한도를 초과할 수 있도록 보장해 주는 '손실보상 증서(letter of indemnity: 여신 한도의 초과 집행으로 인한 손실을 재무부가 보상하겠다는 보증서-옮긴이)의 수용을 원칙적으로 거부했다.[23] 이 두 사례에서는 패닉을 피하기 위해 어느 정도 다른 방법을 찾아냄으로써 당사자들이 체면은 차릴 수 있었다. 개입하지 않겠다는 초기의 강력한 도덕적 입장은 다른 다수의 사례에서 패닉이 증폭됨에 따라 뒤집어졌다. 1763년 베를린 위기 당시 프리드리히 2세의 개입,[24] 영란은행의 'W은행'에 대한 재할인 거부 후 수용 방침으로의 선회,[25] 1869년 미국 재무부의 결정[26]도 이런 경우에 속한다.

시간끌기와 은행 업무정지

예금 인출쇄도가 나타날 때 모든 예금자들은 은행이 현금 보유액 고갈로 문을 닫아야 하는 상황에 처하기 전에 은행에서 자신의 돈을 찾기 위해 몰려든다. 은행의 현금 보유고는 단기 예금부채보다 항상 적기 때문에 이런 인출쇄도 사태가 벌어지면 은행은 예금자들에게 지불해 주기를 꺼린다. 대공황 중에 은행들은 예금자들에게 지불해 주는 시간을 끌면서, 미코버(Micawber: 디킨즈의 소설 『데이비드 카퍼필드David Copperfield』에 나오는 공상적 낙천주의 성향의 인물-옮긴이)처럼 무언가 좋은 일이 벌어지기를 바랐다. 이 기법은 18세기까지 거슬러 올라간다.

맥러드(Mcleod)의 『은행업의 이론과 실제Theory and Practice of Banking』는 1720년 9월 영란은행이 남해회사 채권을 400파운드 가격으로 소화해 주겠다는 약속을 뒤집는 바람에 야기된 인출쇄도 사태로부터 자신을 어떻게 방어했는지 잘 묘사하고 있다. 영란은행은 예금인출을 위해 줄지어 서 있는 대기열의 맨 앞에 친구들을 배치하고, 이들에게 6펜스짜리 주화로 천천히 지급해 주었다. 이 친구들은 다른 문으로 들어가 이 현금을 은행에 다시 맡겼다. 은행은 이 돈을 받아 다시 느린 동작으로 지불하는 데 사용했다. 영란은행은 성 미카엘 축일(9월 29일)까지

이렇게 인출쇄도를 버텨냈다. 휴일이 지나자 인출쇄도도 끝났고, 은행은 정상적으로 영업할 수 있었다.[27]

발단은 이와 같지만 보다 정확한 것으로 보이는 두 번째 일화는 남해회사의 후원자였던 스워드 블레이드 뱅크가 자신의 은행권을 은화로 태환하려는 시도에 저항했을 때의 일이다. 9월 19일에 인출쇄도가 시작되자, 이 은행은 4륜 마차 여러 대 분량의 은화를 실어 와서 "잔전으로 천천히" 지불해 주었다. 어떤 예금자는 토요일인 9월 24일 은행이 업무를 종료하기 직전에 8000파운드를 1실링과 6펜스짜리 주화로 지급받기도 했다.[28] 두 일화에 나오는 상황은 같은 시기의 서로 다른 날짜에 벌어진 것이지만, 스워드 블레이드 뱅크와 영란은행은 불구대천의 원수 관계였다는 점에서 이들이 협력했을 가능성은 희박하다.

1720년에 겪었던 이 교훈은 25년이 지난 뒤에도 잊혀지지 않고 그대로 전수됐다. 왕위계승을 내세우며 왕위를 참칭한 청년 찰스 에드워드(제임스 2세의 손자)는 1745년 7월 스코틀랜드에 상륙해 9월에는 그의 깃발을 스코틀랜드 전역에 펄럭였고, 11월에는 잉글랜드로 쳐들어가 11월 15일 칼라일에 이르고, 12월 4일 더비에 당도했다. 다음날인 1745년 12월 5일 검은 금요일에 패닉이 터졌다. 영국 콘솔국채는 사상 최저가인 액면가의 45%로 급락했고, 인출쇄도가 영란은행을 덮쳤다. 영란은행은 밀려오는 은행권 태환 청구를 6펜스짜리 주화로 지불해 주는 방법을 쓰면서 버텼다. 영란은행은 이렇게 확보한 시간을 이용해 영란은행의 은행권을 수용할 태세가 돼 있다는 런던 상인들의 자발적인 신뢰 선언을 유도했다. 이 처방전의 두 번째 요소인 은행권에 대한 신뢰 선언의 확보는 프랑스 군대가 1797년 피시가드에 상륙했던 유사한 상황에서 다시 활용됐다. 당시 영란은행은 상인 및 국채 투자자들로부터 1140건의 서명을 단 하루만에 받아냈다.[29] 1745년에는 지급 지연과 지지 각서를 통해 번 시간으로 영국정부는 군대를 조직해, 1746년 4월 쿨로든에서 찰스 에드워드를 격파할 수 있었다.

시장 폐쇄 및 은행 업무정지

패닉을 중지시키는 한 가지 방법은 시장을 폐쇄해 거래를 중단시키는 것이다. 뉴욕증권거래소의 주식거래는 1873년에 정지된 적이 있고, 1914년 제1차 세계대전 발발 당시에는 뉴욕은 물론 런던과 여러 도시에서도 주식거래가 정지됐다. 이 두 경우에서 거래정지의 동기는 주가 폭락이 거의 확실한 상황에서 시장 참여자들에게 매도 대열에 동참하는 것이 과연 필요하며 바람직한 것인지 숙고할 수 있는 시간을 좀더 줌으로써 투매 연쇄를 멈추게 하는 것이었다.

그러나 시장 폐쇄는 암거래를 유발하기도 하고 패닉을 격화시킬 가능성도 있다. 더욱이 단기 목표와 장기 목표가 상충된다는 점도 있다. 패닉으로 인해 한번 주식시장을 폐쇄하면, 다음 번에는 거래정지 사태를 미리 우려한 투자자들이 주식을 매도하거나 콜머니 시장에서 자금을 인출함으로써 패닉을 더 악화시킬 수 있다. 뉴욕증권거래소가 1873년 9월 패닉으로 폐쇄됐던 전례가 있었기 때문에, 1929년 10월에도 증권거래소의 거래정지에 대한 공포가 뉴욕 외부 은행들을 비롯한 시장 참여자들의 콜머니 인출을 재촉한 요인 중의 하나였다는 금융전문 언론인의 지적도 있다.[30] 피츠버그와 뉴올리언스의 지역 증권거래소가 1873년에 두 달 동안 폐쇄됐지만, 당시 이들 거래소에서는 일부 지방 기업들의 주식만 거래되고 있었기 때문에 심각한 결과는 거의 없었다.[31]

뉴욕증권거래소와 미국 내 다른 증권거래소들이 2001년 9월 11일 세계무역센터 빌딩이 파괴된 후 통신 및 기술지원 시스템의 작동 정지로 인해 일주일간 폐쇄됐다. 뉴욕시장과 똑같은 유가증권들이 미국의 지역 증권거래소에서 거래될 수도 있었겠지만, 지역 증권거래소들이 감당하기는 힘들었을 것이다.

정부의 법정 휴일 선포도 1907년 오클라호마, 네바다, 워싱턴, 오레곤, 캘리포니아에서 사용된, 시장의 문을 닫는 또 다른 방법이다.[32] 이 수단은 1932년 가을 지역 단위에서 시작돼 프랭클린 D. 루즈벨트의 대통령 취임 당일인 1933년 3월 3일에는 전국적으로 적용됐던 은행 휴일제의 전신이다.(은행 휴일제는 은행만 문을 닫는 데 비해 법정 휴일 선포는 모든 사업체가 문을 닫는 것이다.)

또 하나의 수단은 1873년에 있었던 것처럼 "당신이 모르는 일이 당신을 해치지 않을 것"이라는 희망에서 은행 보고서의 발간을 정지시키는 것이다. 이 기법은 정확한 소식이 예금자의 신뢰를 더욱 악화시킬 것을 우려해, 일부 은행에서 발생한 준비금의 대폭적인 손실을 숨기기 위해 고안됐다.[33]

일부 상품시장과 금융시장에서는, 하루 가격 변동폭의 최대 한도를 설정해 상한가나 하한가에 도달하면 나머지 거래시간 동안 거래를 중지시킨다. 증권거래소에서는 개별 종목의 거래체결 담당자가 매수 주문과 매도 주문 간의 불균형이 이례적으로 커질 때마다 종종 '타임 아웃'을 적용하곤 했다. 이 같은 '서킷 브레이커(circuit breaker)', 즉 일시적 거래 정지는 1987년 10월 19일 검은 월요일의 시장 붕괴 이후 미국 주식시장에 도입됐다. 뉴욕증권거래소에 권고된 제안은 일정 시간—예컨대 20분—동안 주가가 한도 이상으로 상승 또는 하락한 종목에 대해 거래를 연기시키는 것이었다.

모든 부채 혹은 특정 유형의 채무―예를 들면 유통기한이 2주도 남지 않은 환어음―에 대해 일시적 지불유예(moratorium)를 적용해 시간을 버는 일도 있다. 이런 지불유예 조치 가운데 가장 흔한 형태는 은행감독관이 은행의 포트폴리오에 포함된 부실 대출을 가능한 한 무시하는 행위인데, 이것은 대출 자산을 현행 시장가치에 따라 평가하는 일에 일시적 지불유예를 암묵적으로 적용하는 것이다. 감독당국의 관용이 1980년대 미국의 신용금고 대란 때 적용됐다. IMF와 세계은행(World Bank)은 이미 만기가 지난 아프리카 빈곤 국가들의 채무를 이자만큼 증액해 계속 연장해주도록 허용했다; 만약 해당 대출금의 채무 불이행을 인정했다면, 이 기관들은 이 대출 자산을 손실로 인식해야 했을 것이다. 부동산투자신탁(REITs)이나 부동산저당증서의 저당권이 설정된 쇼핑센터의 땅주인, 퇴역 조치된 보잉 747기의 소유주에게 자금을 빌려준 은행들은 대출 손실의 인식 시점을 자신들이 자본금을 더 확충할 수 있는 여유 있는 시점으로 늦추고 싶어했고, 그래서 지급시한이 지난 은행대출금의 이자가 복리로 계속 누적되는 것을 허용했다. 이런 대여자들은 은행감독관의 관용 처리가 불가피했다.

그러나 공식적 지불유예는 비공식적 지불유예에 비해 유효성이 떨어질 수 있다. 1873년 오스트리아의 빈 증권거래소에서 결제일의 거래차액 정산에 대해 내린 지불유예 조치는 주식시장 폭락 후 5월 15일까지 일주일간 지속됐다. 오스트리아 국립은행과 탄탄한 상업은행들이 2000만 길덴의 보증자금을 모아 제공했지만, 예전의 조치들을 흉내 낸 이 방책은 별로 도움이 되지 못했다.[34] 파리에서는 7월왕정 이후 만기 결제일이 7월 25일과 8월 15일 사이인 파리의 모든 어음에 대해 10일간 결제일을 연장한다는 시정평의회의 포고로 이루어진 지불유예가 있었다. 이

지불유예는 은행권의 포트폴리오에 포함된 상업어음들은 무력화할 수 있었지만, 주화로라도 현금을 찾으려는 은행권 소지자들의 쇄도 사태를 약화시키는 데는 아무런 역할도 하지 못했다.[35]

어음교환소 증서

연방준비제도(FRS) 설립 이전에 예금 인출쇄도에 대처하기 위해 미국에서 사용된 주요 수단은 대형 지방은행들의 공동 부채로 유사화폐 대체상품인 어음교환소 증서였다. 인출쇄도에 직면한 은행은 예금 인출자에게 주화 대신 이 어음교환소 증서로 지불해줄 수 있었다. 뉴욕어음교환소는 1853년에 설립됐고, 1857년 패닉 이후 1858년에 필라델피아에도 어음교환소가 설립됐다. 1857년 패닉 기간 중에 뉴욕의 은행들은 인출쇄도 중지를 위한 협력에 실패했다. 뉴욕상업흥신소(Mercantile Agency of New York)는 당시 네댓 개 우량 은행이 오하이오 생명보험 신탁회사의 지원에 나서 이 회사가 채무상환에 응할 수 있게 해 주었다면, 경제 전반과 신용을 구할 수 있었을 것이라는 입장을 취했다.[36] 1873년이 되어서야 뉴욕의 은행들은 만기 수표에 대한 결제를 통화나 은행권 대신 어음교환소 증서로 수용할 준비를 갖추었다. 이 증서 활용의 장점은 각 은행이 경쟁 은행들로부터 예금을 인출해 갈 유인을 줄여주었다는 점이다. 스프라그는 이 증서 시스템은 은행들이 갖고 있는 준비금을 공유하는 협정이 부가되어야 했다고 주장했다. 그렇지 않을 경우, 예금자산이 완전히 고갈되지 않은 은행이라도 다른 은행과의 정산 자금을 지급받지 못한다면 자기 은행의 예금자들에게 현금을 지불해 준 뒤에는 지불을 정지할 수밖에 없는 상황에 처할 수 있기 때문이다.[37] 은행 준비금을 공유하는 협정은 1873년에 실행됐다.

어음교환소 증서가 가진 심각한 단점 가운데 하나는 뉴욕이나 필라델피아, 볼티모어 등 해당 지역 내에서만 수용될 수 있다는 점이었다. 따라서 이 증서는 한 도시의 급여나 소매판매 대금 같은 역내 결제를 뒷받침하는 데는 유용했지만, 도시간의 효과적인 결제 흐름을 약화시켰다. 1907년 패닉 당시 미국 내 160개의 어음교환소 가운데 60개가 순조로운 지역 내 결제를 위해 어음교환소 증서를 수용했다. 그럼에도 불구하고 국내 상거래에 균열이 발생한 정도가 이전의 패닉에 비해 덜 전면적이었거나 덜 교란적이었던 것은 아니었다고 스프라그는 주장했다. 뉴욕 어음교환소가 발행한 증서에 대한 보스턴, 필라델피아, 시카고, 세인트루이스, 신시내티, 캔자스시티, 뉴올리언스에서의 할인율은 1907년 10월 26일에서 12월 15일 사이 1.25%(11월 2일 시카고)에서 7% 프리미엄(11월 26일 세인트루이스, 전주 대비 1.5% 상승)까지 아주 다양했다.[38] 1907년 12월에 제이콥 시프(Jacob H. Schiff)는 이렇게 평가했다: "최근의 경험에서 우리가 배워야 할 한 가지 교훈은 서로 다른 다수의 은행 중심 지역에서 어음교환소 증서를 발행하는 것이 상당한 피해도 낳았다는 점이다. 이 같은 증서 발행이 국내 상거래를 와해시켰고 나라 전체의 경제를 크게 마비시켰다."[39]

어음교환소 증서와 마찬가지로 일반적인 성격을 가지는 다른 수단은 어음교환소 수표(clearinghouse checks)와 인증수표(certified checks)였다. 이 두 가지는 화폐와 밀접한 대체상품으로서 지불수단의 유통 물량을 증가시켰다.

은행 이외의 집단도 패닉의 완화를 위해 대응할 수 있었다. 주식시장 컨소시엄을 그 예로 들 수 있다. 1907년 10월 24일에는 제이피 모건(J.P. Morgan)이 이끄는 은행가 연합세력이 주식시장의 폭락을 막기 위해

2500만 달러의 콜머니를 10% 금리로 대여해 주었다.[40] 이로부터 22년 후인 1929년 검은 목요일에는 이번에도 제이피 모건 앤드 컴퍼니(J.P. Morgan and Company)가 대표를 맡은 신디케이트를 대표해 리처드 휘트니(Richard Whitney)가 뉴욕증권거래소 플로어의 거래창구를 돌면서 주식 매수주문을 냈다.[41]

은행 협력

은행들 역시 구제위원회(1873년 5월 및 그 이전의 오스트리아 빈에서의 사례)와 대여 자금, 채무보증 자금, 취약한 은행 및 기업에 대한 합병 주선, 취약한 은행 및 부실 은행을 지원하는 우량 은행들의 여러 수단들을 통해 협력해 왔다.[42] 우선 여기서 다룰 세 가지 사례는 알자스 지방의 1828년 위기 당시 파리 은행들의 역할, 1857년의 어려운 상황에 대처할 때 함부르크에서 활용했던 다양한 장치들, 그리고 1890년 베어링 브라더스의 채무 보증이다.

1828년 알자스 위기

1827년 12월 뮐루즈에서 직물업체 세 곳이 파산했다. 당시 파리 은행들은 알자스 지방의 어음은 그 어느 것도 수용하지 않겠다고 거부했고, 프랑스은행은 소화할 수 있는 할인금액의 한도를 "알자스 회사 두 곳의 자산에도 미치지 못하는" 600만 프랑으로 정했다. 그 뒤 프랑스은행은 뮐루즈와 바젤 지역에서 배서된 그 어떤 어음도 수용하지 않는다는 입장으로 돌아섰고, 이 결정이 패닉을 야기했다. 1월 19일 뮐루즈의 상거래 회사 두 곳이 더 파산했다. 1월 22일 쉴룸버거 회사 두 곳이 파산했다는 소문이 파리에 돌았다. 파리 은행들은 자크 라핏트를 뮐루즈에 사자로 파견했고, 그는 1월 26일에 도착해 상품의 위탁판매를 조건으로 100만 프랑의 대여를 제안했다. 그런데 그가 돌아오기도 전에 니콜라스 쾨쉴랭(Nicholas Koechlin)과 장 돌푸스(Jean Dollfuss)가 뮐루즈에서 파리로 떠났다. 이 상인들은 현금을 마련하기 위해 상품 재고를 당시 통상적인 시장가격보다 30~40% 할인한 가격으로 판매했다. 1월 26일부터 2월 15일 사이에 9개 회사가 파산했다. 레비-르보이에(Lévy-Leboyer)는 이 보다 더 상황이 악화될 수 있었다고 적고 있다. 다비예(J.C. Davillier)가 의장직을 맡고 있던 파리 소재 26개 은행의 신디케이트는 마지막 순간에 쾨쉴랭과 돌푸스에게 500만 프랑의 여신을 제공했고, 이들은 2월 3일 알자스에 돌아와 보증을 제공한 그의 사업 동료들에게 100만 프랑을 풀어주고 400만 프랑은 그대로 보유했다. 이 조치가 신뢰를 회복했다.[43] 쾨쉴랭-돌푸스의 자금이나 바젤 지역의 자금으로부터 혜택을 받을 수 없었던 업체들은 파산했다.[44]

1857년 함부르크 위기

함부르크에서 일어난 1857년 위기의 배경은 신용팽창을 유발한 크림전쟁을 주 원인으로 하는 무역의 팽창이었다. 함부르크는 독일 내에서 "완전히 영국적인" 도시였지만 설탕, 담배, 커피, 면화 거래를 통해 미국과도 밀접한 무역 관계를 맺고 있었고, 스칸디나비아 국가들과의 관계도 밀접했다. 디플레이션의 파고가 대서양 반대편으로부터 밀려들어왔을 때, 함부르크는 완전히 침수 당했다. 8월 24일 미국 오하이오 생명보험의 파산으로 격발된 패닉이 3개월 후 미국 대륙과 거래하는 무역업체인 윈터호프 앤드 파이퍼(Winterhoff and Piper)의 영업정지로 (30%의 가격 하락을 수반하며) 함부르크에 상륙했다.[45] 함부르크 주재 영국 영사관이 전

송한 날짜 별 공문은 급박한 상황을 이렇게 전하고 있다:

- 11월 21일: 일부 상위권 상사와 은행 두 곳이 구제책을 마련 중임.
- 11월 23일: 런던과 무역을 하는 주력 상사 두 곳이 파산했고, 어음할인보증협회(Discount Guarantee Association)가 함부르크의 어음에 대한 배서에 보다 신중한 자세를 취함.[46] 한 당국자에 따르면 어음할인보증협회의 자금이 3일 내로 고갈될 것이라고 함.[47]
- 11월 24일: 또 하나의 어음할인보증협회(Garantie-Diskontverein)가 설립됨. 초기 자본금은 1000만 은행마르크며, 나중에 자본금을 1300만 마르크(약 100만 파운드)로 증자할 계획임. 이 중 100만 마르크는 즉시 불입할 예정임.
- 11월 28일: 어려움에 처한 상사들에게 상품, 채권, 주식을 담보로 시가의 50~66$\frac{3}{8}$%를 대여해 주기 위해 하원이 국채 발행을 추진할 수 있도록 상공회의소와 상위권 상사들이 상원을 설득 중임.
- 12월 1일: 울베르크 앤드 크레머의 영업정지로 인해 스웨덴과 거래하는 상사 10~12곳이 파산했음. 어음할인보증협회는 더 이상의 보증을 발급하지 않을 계획임. 상거래가 멈췄음.
- 12월 2일: 채권자들이 채무자의 압류재고 처분에 참여할 수 있도록 하는 파산법 개정안이 제안됨.
- 12월 7일: 우량 어음을 3000만 은행마르크(약 240만 파운드) 범위 내에서 할인해 주는 국립은행의 설립이 제안됨. 이 은행은 상거래에서 발생하는 환어음을 담보로 6$\frac{3}{8}$%의 금리로 정부국채를 발행한다는 구상이었으나, 하원이 이를 부결시키고 대신 3000만 은행마르크 규모의 지폐를 법정 통화로 발행하자고 함. 반면 상원은 이 같은 하원의 제안을 거부하고 은본위제의 고수를 주장함.

결국 최종 절충에 도달한 방안은 국립대출기관을 1500만 마르크의 기금으로 설치하고, 이 중 500만 은행마르크는 함부르크 정부채권으로 조달하고 1000만 마르크는 은으로 해외에서 차입하는 것이었다.[48] 이 은화 열차(Siberzug)에 대한 이야기는 제12장에서 국제적인 궁극적 대여자의 사례로 다룰 것이다.

한 분석가는 어음할인보증협회의 1500만 은행마르크, 국립대출기관의 1500만 은행마르크, 그리고 상공회의소의 500만 은행마르크를 기준으로, 구제 작업에 동원 가능한 자금 총액을 3500만 은행마르크로 집계했다. 그는 이 같은 동원 가능한 금액을 1억 은행마르크에 달하는 부도어음 규모와 대비시키면서, 상인들이 자본금의 6배에 달하는 규모의 상품에 투기한 상황에서 상품가격이 17%만 추가로 하락한다면 그들의 자본금 기반이 와해되기에 충분했다고 지적했다. 상원이 시대에 300년이나 뒤떨어져 있다는 상인들의 지적에 대해, 그는 반대로 빚을 만드는 일에서 상인들이 시대를 300년이나 앞서 갔다는 상원의 답변이 타당한 지적이라고 밝히고 있다. 그는 이런 국가 지원 사례는 그저 투기에 대한 지원일 뿐이며, 소비자의 희생을 대가로 가격 상승을 영속화시키는 것에 지나지 않는다고 주장했다.[49]

채무보증: 베어링 위기

채무보증 사례 가운데 가장 유명한 것은 1890년 베어링 위기 당시 영란은행 총재였던 윌리엄 리더데일이 성사시킨 사례다. 일찍이 영국에서는 이와 유사한 보증 사례들이 있었다. 1836년 12월 72개 지방은행들의 런던 파견기관 역할을 맡고 있던 민간은행인 에스데일스, 그렌펠, 토마스 앤드 컴퍼니(Esdailes, Grenfell, Thomas and Company)가 자금난에 빠졌다. 지방은행들과의 관계 때문에 이 회사가 파산하도록 방치할 수 없다는 게 당시 견해였고, 더욱이 이 은행의 어음에는 런던 금융가, 즉 시티에서 최고 신용을 자랑하는 인물들의 배서가 수두룩했다. 이 은행의 자산은 부채를 훨씬 초과했고, 런던의 은행가들이 보증을 제공했다. 보증자 명단 맨 위에는 15만 파운드를 보증한 영란은행도 들어 있었다. 에스데일스는 살아 남았지만, 단지 2년에 불과했다.[50]

보증은, 1844년 은행법의 효력을 정지시켜서 발행 한도 이상의 영란은행권 발행을 용인하는 손실보상증서에 대한 대안으로 추진됐다. 당시 재무대신 고셴(Goschen) 경은 이 증서를 리더데일에게 전달했지만, 리더데일은 "이 같은 보상증서에 의존하는 것은 잉글랜드에서 은행의 부실 경영을 양산하는 원인이 된다"는 이유로 이를 거부했다.

리더데일은 1847년, 1857년, 1866년에 이미 채용된 바 있는 통상적인 수단으로 시장을 진정시키기를 거부하기는 했으나, 시장이 알아서 치료제를 먹게끔 내버려둘 위인은 아니었다. 1890년 8월 그는 베어링 브라더스에게 그들의 아르헨티나 대리인인 헤일즈(S.B. Hales)가 발행하는 어음 인수를 줄여야 한다고 경고했다. 베어링 브라더스는 11월 8일 토요일에 그들이 처한 심각한 상황을 리더데일에게 털어놓았다. 베어링의 상황이 시중에 알려질 경우에 일어날 패닉을 우려한 영란은행은 11월 10일 월요일에 재무대신과 회합을 갖고, 정부의 손실보상증서를 고려하지 않는 대신, 해외 국가로부터의 지원(제12장에서 다룸)을 통해 문제 해결을 모색하고, 다른 한편으로는 로스차일드 경을 위원장으로 하는 위원회를 구성해 소화되지 못한 채 시장에 막혀 있는 거액의 아르헨티나 채권 문제에 대처하도록 했다.

하지만 시간이 흐를수록 소문이 퍼져갔고, 영란은행에서 할인되는 베어링의 어음은 늘어났다. 수요일이 되자 리더데일은 베어링이 채무지불 능력은 있으나, 800만~900만 파운드의 유동성이 여전히 모자란다는 사실을 알게 됐다. 금요일에는 영란은행의 공개시장조작을 대행하는 뮬렌회사(Mullen and Co.)의 고위 인사인 존 다니엘(John Daniell)이 리더데일을 찾아와 울부짖었다: "리더데일 총재님, 당신은 사람들의 고뇌를 덜어줄 무언가를 할 수 있지 않습니까. 아니 뭐라도 말할 수 있지 않습니까. 사람들은 끔찍한 사태가 목전에 닥쳤다고 체념한 상태입니다. 이들의 대화에는 매우 고명한 인사, 아주 고명한 분이 언급되고 있습니다."[51]

11월 14일 리더데일은 재무부를 대표하는 스미스 경과 샐리스버리 경, 두 각료를 만났다. 이들은 정부의 영란은행 예치금 잔고를 즉각 확대하고, 동시에 금요일 오후 2시에서 토요일 오후 2시 사이에 영란은행이 할인해 주는 베어링 브라더스의 어음으로 인해 영란은행이 입을 수 있는 모든 손실을 정부가 분담하기로 약속했다. 이 협정을 지렛대로 삼아 리더데일은 11개 민간은행들이 베어링의 채무를 보증하는 기금에 출연하도록 이들 은행과 회합을 갖고, 베어링에 240만 파운드의 예치금이 있는 러시아 국립은행으로부터 자금을 인출하지 않겠다는 서약을 받아냈다. 이들 민간은행이 325만 파운드의 자금을 모아 출연했는데, 이 금액에는 100만 파운드의 영란은행 자금 외에 글린, 밀즈회사(Glyn, Mills & Co.), 커리회사(Currie and Co.), 로스차일드 가문이 각각 50만 파운드씩 출연한 자금도 포함됐다. 리더데일은 이런 방식으로 출연한 기금을 토대로, 다시 런던의 주식회사은행 다섯 곳이 325만 파운드를 보증기금에 추가 출연하도록 하는 약속을 받아냈다. 이렇게 확보된 보증에 근거해, 11월 15일자 「더타임스」는 베어링 브라더스가 부도를 낼지도 모르지만 이로 인해 손해를 입는 사람은 아무도 없을 것이라고 전했다. 보증기금 작업은 주식회사은행의 임원들이 기금 출연을 승인하는 이사회를 열어야 하기 때문에 토요일에도 계속됐고, 이날 오전 11시에 이사회에서 승인됐다. 이날 오전까지 나머지 은행과 금융기관들이 750만 파운드의 기금을 모았고, 오후 4시까지 1000만 파운드로 확대됐다. 이로써 최종적으로 1700만 파운드에 달하는 보증기금이 조성됐고, 런던 금융시스템의 저력을 드러낸 척도로 간주됐다. 마틴스 뱅크(Martin's Bank)는 베어링과 뮤리에타스(Muriettas)-아르헨티나 사업에 관계된 또 다른 은행-에게 제공한 대출로 어려움에 빠진 상태였지만, 11월 18일 화요일에 10만 파운드를 출연해 보증기금에 참여했다. 마틴스 뱅크는 베어링에게 도움을 주기에는 너무 늦은 시점에 돈을 내놓았지만, 세상에 자신이 건재하다는 것을 과시하기에는 충분히 이른 시점이었다.[52] 포웰(Powell)은 이 일화를 요약하면서 이렇게 언급했다: "영란은행은 사실 싸워서 이겨내지 않으면 퇴출당할 수밖에 없었던 유일한 전투대원은 아니었다. 하지만 지금까지 세계가 지켜본 가장 거대한 금융력의 응집을 이끌어 낸 지도자였다."[53]

11월 25일 새로운 회사 베어링 브라더스 주식회사(Baring Brothers and Co., Ltd)가 자본금 100만 파운드로 설립됐다. 관심이 있는 독자들을 위해 이 보증서의 내용을 인용한다.

보증기금
1890년 11월 영란은행

베어링 브라더스 회사가 1890년 11월 15일 밤에 보유한 채무, 혹은 1890년 11월 15일 당일 및 그 이전에 수행한 사업에서 발생한 채무를 만기일에 반제할 수 있도록 영란은행이 집행하기로 약정한 바 있는 대출을 고려하여;

아래에 서명하는 우리들은, 각각의 개인 및 기업, 사업체들이 독자적으로 자신의 이름 맞은편에 기록한 금액에 한해, 베어링 브라더스 회사의 채무에 대한 최종적인 청산이-영란은행 총재가 적용 가능하다고 판단하는 범위 내에서-완료되었음을 그 시점이 언제든 영란은행이 결정하는 시점에, 영란은행에 발생할 수 있는 모든 손실을 영란은행에게 보상할 것에 동의한다.

모든 보증인은 일정 비율로 출연금을 출연토록 하며, 각 개인, 기업, 사업체의 출연금 갹출은 다른 모든 보증인의 출연금 갹출을 전제로 청구된다. 청산은 1890년 11월 15일을 개시일로 하며, 청산 기간은 최장 3년을 한도로 한다.[54]

1998년 9월 헤지펀드 롱텀 캐피탈 매니지먼트(LTCM)의 구제는 베어링의 구제와 대조적이었다. 뉴욕연방준비은행 총재인 윌리엄 맥도너(William McDonough)는 LTCM의 붕괴를 막기 위해 메릴린치, 모건 스탠리 딘 위터, 제이피 모건, 체이스 맨해턴 뱅크, 스위스 유니온 뱅크를 비롯한 14개 대형 은행 및 투자은행들이 36억 달러의 자본금을 제공하도록 유도했다. 이 자본금 출연과 맞교환으로 이들은 LTCM 지분의 90%를 취득했다.[55] 이들 은행과 투자은행들은 LTCM의 거액 채권자들이었기 때문에 이 '구제조치'에 따라 LTCM에 대한 채권자 권리의 법률적 성격만 바뀐 셈이다. FRB는 LTCM이 붕괴할 경우, 선물옵션계약 및 기타 파생상품에서 LTCM이 보유하고 있던 거액의 포지션이 시장에 출회됨으로써 초래될 시장의 마비를 우려했다.

예금보험

1934년 이래, 미국의 연방예금보험은 당초 1만 달러로 제한되었다가 증액을 거듭해 10만 달러 한도의 예금에 대한 사전 보증을 제공함으로써 은행의 인출쇄도 사태를 방지해 왔다. 예금 보장금액의 상한선이 늘어난 데 대해 이 과정을 잘 아는 한 관료의 이야기를 들어보면, 상한선을 4만 달러에서 5만 달러로 늘리자는 하원의 의견과 4만 달러에서 6만 달러로 늘리자는 상원의 의견이 절충돼 조금씩 늘어난 결과였다고 한다. 1984년 컨티넨털 일리노이 뱅크(Continental Illinois Bank)와 1988년 댈러스 퍼스트 리퍼블릭 뱅크(First Republic Bank of Dallas)가 그랬듯이 대형 은행들이 어려움에 빠졌을 때, 연방예금보험공사(FDIC)는 돌발 직전의 인출쇄도를 막기 위해 예금액의 보장 한도를 의도적으로 철폐했고, 사실상 10만 달러 이상의 계좌를 상당수 보유하고 있는 은행들은 "대마불사(too big to fail)"라는 관례를 만들게 됐다.(비록 이들 은행의 주주들은 자신의 은행 지분에 대한 투자금 전부를 잃게 될 수 있고, 이들 은행의 후순위 채권 소유자들 역시 투자금을 잃을 가능성이 있다 하더라도 말이다.) 이들 은행은 국내 예금에 대해서만 예금보험료를 지불한 것이지만, 이들의 해외 지사에 있는 예금계좌들도 암묵적인 보장의 혜택을 받았다. 비록 예금보험은 당초 1만 달러 미만의 예금을 가지고 있는 '서민'을 보호함으로써 인출쇄도 사태를 방지하려고 고안된 것이었지만, 이 한도는 사실상 무한대로 늘어나 버렸다.[56]

예금보험의 보장을 받는 예금액에 10만 달러라는 공식적인 상한선을 설정함으로써 이보다 더 큰 자금을 10만 달러 혹은 그 이하 금액의 예금으로 분산 예치해 예금액 전부를 보장받을 수 있게 주선해 주는 '예금중개인'을 낳았다. 가령 존이라는 사람이 10만 달러의 예금계좌를 개설하고, 그의 부인 메리도 10만 달러의 계좌를 개설할 수 있는 데다, 존과 메리 부부 명의로 세 번째 계좌를 개설해 10만 달러를 예치할 수 있다. 또한 존은 길 건너편 다른 은행을 똑같은 전략에 따라 활용할 수 있다. 이런 식의 금융혁신 방식은 부유한 개인들의 예금을 보증해 줌으로써 예금액 상한선 설정의 중요한 목적을 피해가도록 하는 결과를 초래했다. 더욱이 인출쇄도로부터 보호된다고 확신하게 된 은행들이 보다 위험한 대출을 감행하도록 고무하는 결과도 낳았다. 만약 위험도가 더 높은 대출에서 성공한다면 은행 소유주들은 이익을 볼 것이고, 반대로 그 대출이 채무 불이행 상태에 빠진다 하더라도 은행 소유주들은 인출쇄도를 걱정하지 않아도 될 것이다.(물론 그들이 보유하는 은행 주식의 시장가치가 하락하거나 휴지가 될 수도 있겠지만.)

1990년대 일본의 거품 붕괴로 인해 도쿄와 오사카에 본점을 둔 은행과 많은 지방은행들이 보유하던 대출자산의 가치가 그들의 예금부채 밑으로 급락했다. 그럼에도 불구하고 인출쇄도는 일어나지 않았으며, 예금자들은 어느 은행이 문을 닫더라도 정부가 그들의 예금을 보전해 줄 것이라고 확신했다.

예금보험은 인출쇄도를 억제하고, 한 은행의 인출쇄도가 다른 은행으로 전염되지 않도록 억제했다. 그러면 과거에는 왜 이런 예금보험 제도가 기피됐던 것일까?

미국의 오랜 전통에서는 살쾡이은행이 생긴다 할지라도, 은행업의 자유를 인정하는 게 원칙이었다. 누구라도 은행을 창업할 수 있었고, 또 많은 사람들이 은행을 세웠다. 위험도 컸고 은행가의 교체도 빨랐다. 은행가들의 수중에 들어온 예금을 보증해 준다는 것은 공금횡령은 아니더라도 은행가들더러 투기하라는 면허증을 발급해 주는 셈이 되었을 것이고, 은행가의 무책임을 막을 수 있는 유력한 제동장치인 예금인출 위협을 제거해 주는 결과가 되었을 것이다. 이처럼 예금보증은 은행의 부실

경영을 유발한다는 이유로 1933년 3월 2일까지도 받아들여지지 않았다; 전국적인 은행 업무정지가 실시되기 바로 전날인 이날까지도 FRB는 그런 보증이나 기타 다른 조치를 권고할 준비가 되어 있지 않았다.[57]

연방예금보험공사(FDIC)는 은행으로부터 거둬들인 예금보험료가 은행 파산으로 인한 지출금액보다 훨씬 많아 1970년대까지는 우수한 재무상태를 유지했다. 1934년 초부터 1970년에 이르기까지 예금 규모가 5000만 달러를 초과하는 은행의 파산은 단 한 건밖에 없었고, 대부분의 은행 파산은 예금 규모 500만 달러 미만의 은행들이었다. FDIC는 예금보험 한도를 초과하는 예금에 대해서도 손실을 입는 예금자가 거의 없도록 대부분 파산한 은행이 합병하도록 주선했다.

FDIC와 연방저축융자보험공사(FSLIC)의 문제는 1970년대 말에 시작돼 급격히 악화됐다. FDIC는 두 거대 은행-시카고의 컨티넨털 일리노이 뱅크와 댈러스 퍼스트 리퍼블릭 뱅크-을 포함해 상당히 많은 은행들을 구제했고, 이 과정에서 두 기관은 수십 억 달러의 예금보험금을 부담했다. 통상적인 해결 절차는 자본금이 고갈된 은행과 저축기관을 청산한 뒤, 구제한 금융기관은 다시 하나의 '우량은행'으로 만드는 구조조정을 추진하는 한편, 파산한 기관의 잔여 자산은 새로 설립된 또 하나의 정부기관인 정리신탁공사(RTC)가 인수해 매도하도록 하는 것이었다. 두 보험기관은 예금보험금의 지급으로 인해 거액의 손실을 입었고, 결국 이 손실을 메우기 위한 자금은 재무부로부터 차입해 마련했다. 1990년대 초의 추정치에 따르면 미국 납세자들이 물어야 할 총 손실액이 1500억 달러로 추정됐는데, RTC가 담보 물건과 불량 채권을 처분해 얻을 예상 매각 대금이 미국의 경제성장률 회복으로 늘어날 것을 감안해도 총 손실액은 대략 1000억 달러로 집계됐다.[58] 납세자들이 물어야 할 이 비용을 은행 예금에 대한 보험료 인상을 통해 일부 경감시키려는 방안의 도입도 제기됐으나, 이 제안은 건실한 은행들의 한결같은 반대에 부딪쳤다.[59]

재무부증권

어려움에 빠진 기업에 공급할 대여 자금이 부족할 때 사용된 아주 오래된 장치 가운데 하나는 적당한 자산을 담보로 시장성 있는 유가증권을 해당 기업에게 발급하는 것이었다.(물론 이 장의 첫 부분에서 지적했듯이, 시장이 붕괴할 때는 가장 유동성이 높은 유가증권도 쉽게 판매되지 않는 경우가 있다.) 이런 용도의 유가증권은 민간부문과 공공부문에서 발행한 두 종류가 있었는데, 1857년 함부르크 위기 때는 두 종류의 유가증권이 모두 복합적인 대응조치에 포함됐다. 1763년과 1799년에 사용된 지원 시스템도 함부르크 위기 때처럼 복잡하고 급조된 방식으로 동원됐는데, 그 중 해군성증권(Admiralty bills)이 대부분을 차지했다.[60] 그러나 가장 널리 보급된 것은 1793년과 1799년에 영국에서 발행된 재무부증권(Exchequer bills)이었다. 이 증권은 1811년에 발행될 때는 그리 각광을 받지 못했고, 1825년에 발행된 증권은 시장의 강력한 거부로 수용되지 못했다.

재무부증권은 영란은행의 발상에서 비롯됐을 가능성도 있지만, 존 싱클레어(John Sinclair) 경의 착상이었다는 생각이 널리 퍼져 있다. 1793년 4월 22일 런던 금융가 시티의 지도급 인사들이 윌리엄 피트(William Pitt) 총리와 만나 300개 지방은행 중 100개 은행이 파산한 데 따른 위기와 참담한 지경의 물가 폭락 사태에 대한 대응책을 짜내기 위해 토의했다. 다음 날 이들 중 11명이 정부 지원의 틀을 짜기 위해 런던시장 관저인 맨션 하우스에 모였다. 클랩햄에 따르면 무엇을 해야 하는지에 대한 분명한 지침이 없었다. 얼마간의 토의 끝에 정부가 300만 파운드의 재무부증권을 발행하도록 한다는 아이디어가 나왔고, 이 금액은 나중에 의회에서 500만 파운드로 늘어났다. 이 증권은 세관에 상품을 담보로 예탁하는 상인들에게 발행해 주기로 했다. 이 계획의 또 다른 특징은 이전의 최소 단위 은행권이 10파운드였던 데 반해, 금화와 은화를 절약하기 위해 5파운드짜리 은행권을 발행한 것이었다. 재무부증권은 영란은행이 아니라 특별위원들에 의해 발급됐다. 7만 파운드 가량의 증권이 맨체스터에 즉각 발송됐고, 같은 금액의 증권이 글래스고우에도 보내졌다. 맥퍼슨(MacPherson)에 따르면 이 장치는 매혹적으로 작동했다. 338개 회사가 신청한 증권 총액이 단지 300만 파운드에 불과했다. 총 220만 파운드의 재무부증권이 228개 회사에 할당됐고, 이 중 2개 회사만 파산했다. 패닉이 가라앉은 뒤 120만 파운드를 상회하는 지원 신청 금액이 취소됐다.[61]

1799년 함부르크에서 발생한 패닉은 리버풀에도 파급을 미쳐 재무부증권이 다시 사용됐다. 의회가 창고에 보관된 200만 파운드어치의 상품을 담보로 리버풀에만 50만 파운드에 달하는 재무부증권을 제공했다.[62]

1811년에 다시 문제가 일어났다. 상거래 신용의 현재 상황을 다루기 위한 특별위원회(Select Committee on the State of Commercial Credit)가 의회에 구성됐다. 위원들 가운데는 헨리 손톤(Henry Thorton), 존 싱클레어 경, 토마스 베어링(Thomas Baring) 경, 알렉산더 베어링(Alexander Baring)이 들어 있었다. 일주일만에 완료된 이 위원회의 보고서는 서인도와 남아메리카 교역회사들의 상거래 불안과 함께, 판로가 끊겨 런던의 창고에 쌓여 있는 발틱 국가들로 가야 할 상품 재고의 상황을 기록하고, 600

만 파운드의 재무부증권을 신규 발행할 것을 권고했다. 라틴아메리카 교역의 과잉거래를 이유로 하원의 지원은 미미했는데, 반대파들은 곤란한 상황에 대해서는 공감하지만 투기자들을 구제해 주는 것이 현명한 것인지 의문을 던졌다. 나중에 상무대신으로 명성을 얻은 바 있는 허스키슨(Huskisson)은 너무 헤픈 신용이 해악을 낳았다고 주장했다:

> 자기자본의 한계를 넘어서는 사업에 손을 대겠다는 마음을 아예 먹을 수 없었던 오랜 전통의 영국 상인 집단이, 끌어 쓸 신용이 있는 한 결코 멈추지 않는 무절제하고 정신 나간 투기자들에게 밀려나고, 사악하리만큼 적은 자본금만을 가지고 투기하는 사람들이 가장 훌륭한 업적을 이룬 사업가들도 무색하게 만들어버린 작금의 실상을 신사 여러분께서는 보지 못하셨습니까. 이제는 가장 사소한 상거래 품목에서도 투기가 발생하는 지경에 이르렀습니다. 만약 이번 구제책이 투기 확대에 활용된다면, 해악을 더욱 심화시킬 뿐이며-그리고 이와 같이 될까 우려했습니다만-이 경우 이번 조치는 유통 과정에 600만 파운드를 더 뿌려서, 우리의 모든 상품가격을 올리게 될 뿐입니다.[63]

이 논쟁을 가장 충실하게 설명하고 있는 스마트(Smart)는 이 조치를 거부할 만큼 대담한 사람은 거의 없었지만, 많은 사람들이 이 조치를 비판했다고 언급했다. 마침내 이 제안은 가결됐다. 그러나 접수된 신청이 거의 없어서 200만 파운드만 대출됐다. "어려운 상황에 처한 사람들 가운데 그리 많지 않은 사람들만이 필요한 담보를 제공할 수 있었고, 상품을 판매할 시장이 없다는 것이 근본적인 해악인 상황에서 대출금으로 더 많은 상품을 생산할 여력이 생겼다고 해서 과연 무슨 해결책이 나온다는 것인지 이해하기 어렵다."[64]

은행 규제와 감독

엄격한 규제와 감독에 의해 금융위기를 미연에 방지할 수 있을까? 일부 지식인들은 이 방법을 옹호한다. 반대로 규제완화를 권고하는 이들도 있다. 은행경영의 건전성을 위한 대부분의 규칙은 제반 규제조항들에 이미 규정되어 있거나, 은행업의 전통에서 묵시적 관례로 되어 있다. 다수의 규정들이 은행과 규제당국 양측 모두에 의해 무시당하고 있다. 은행들은 "시장가치대로 평가해야 한다"고—즉, 그들의 대출과 투자를 한참 전의 비용이 아니라, 시장에 매도했을 때 실현될 수 있는 가격으로 매일(혹은 매주, 매월) 평가해야 한다고—규정하고 있다. '문제 여신'과 '의심쩍은 여신'의 결손처리에 대비하기 위한 충당금이 준비돼야 한다. 대출손실의 증가로 인해 은행의 자본금이 감소하면, 해당 은행은 자본금을 증자하거나 전통적 규정에 따라 폐쇄되어야 할 것이다. 은행이 이런 규정들을 준수한다는 것이 이례적임을 예증하듯이, 1987년 봄 씨티코프(Citicorp)는 자신의 제3세계 채권의 장부가치를 줄이고, 연방저축융자보험공사(FSLIC)는 500개의 채무상환 불능 은행들이 자기자본을 재구축하기에 충분한 채산성을 회복하리라는 바람에서 이들의 영업 유지를 허용했다. 규제 과정의 일환으로 FRB는 세계적 차원에서 은행 구조의 체질 강화를 목적으로 한 일률적인 자기자본 규제와 나아가 위험에 근거한 자기자본 규제를 향해 점진적으로 접근하는 중앙은행간 협력을 선진 10개국과 함께 시작했다.

자산이나 부채에 대한 자기자본비율 규제가 강조됨에 따라 이를 피해가려는 일부 은행들의 '부외(簿外)' 거래 관행이 나타났다. 이런 거래는 은행에 수수료나 위탁비용을 발생시키지만, 거래 대상인 자산이나 부채는 대차대조표에서 빠지는 일종의 각주처럼 임의적이거나 의제적인 상태가 된다. 이 같은 부외거래에는 금리스왑과 통화스왑, 선물계약, 옵션, 증권발행 인수위험, '환매'(repo: 일정 시점 후에 재매수를 조건으로 하는 유가증권의 매도), 다양한 융통어음 발행 장치들이 포함된다. 이런 거래들 각각은 적정 자기자본비율을 산출할 때, 단지 옵션계약이나 신주인수권증서처럼 기초자산에 대한 이들 권리의 가치로만 평가될 수도 있고, 경우에 따라 자산 항목 혹은 부채 항목으로 간주되기도 한다.[65] 물론 상당한 수준의 섬세한 금융 기법이 요구되는 사항이다.

호황기에 금융위기로 이어질 수 있는 여신을 예방하기 위해서는 보다 엄격한 은행 규제와 감독을 도입해야 한다는 강력한 논거를 내세울 수 있다. 그러나 역사적 사실에 비추어 볼 때, 이 같은 논거는 현실화되기 어려운 완벽한 이상에서나 존재하는 것이다. 미국의 은행감독 체계에서는 통화감독관(Comptroller of the Currency), 12개 연방준비은행, 주별 은행위원 사이에 책임이 나누어져 있다. 규제완화(deregulation) 과정이 아니라, 파생규제(reregulation: 규제조항들을 뛰어넘는 금융혁신에 의해 유발되는 새로운 규제-옮긴이)의 과정에서 경쟁이 일어난다는 시각도 있다.[66] 독일의 은행가 출신의 저명한 정치인은 "책임을 분담한다는 것은 아무도 책임지지 않는다는 것"[67]이라고 말했다. 위급한 시기에 필요한 기민하고 민첩한 인력은 오랜 안정기 동안의 권태를 감수하려 들지 않는다. 은행의 관리부실은 위기가 드러나기 전에는 감지하기 어렵다; 경기가 확장되는 동안 규제와 감독 과정에서 불어나는 엔트로피가 시스템의 곳곳에 발생시키는 위험구역들은 경기가 수그러들 때 갑자기 표면화된다. 이런 상황이 닥치면 결국 문제는 청산, 시간 지연, 보증, 구제, 인수합병 가운데 어느 것을 택할 것인지, 혹은 그 밖의 궁극적 대여 수단을 동원할 것인지를 결정하는 것이다.

추기: 행운의 여신

언젠가 금융 불안을 겪고 있는 은행 하나를 지원하는 일에 행운의 여신이 효과적으로 함께 했던 적이 있다. 1799년 파산 상황에 몰린 함부르크의 카우프만 형제에 대한 비르스의 언급에 따르면, 형제 중 한 명이 그의 부인에게 함부르크 시가 발행한 복권 한 장을 보냈는데, 이 복권의 1등 당첨금은 10만 은행마르크였다. 그녀는 메클렌부르크 공국의 다른 복권판매점에서 똑같은 숫자의 복권을 또 샀다. 이 복권의 1등 당첨금은 프로이센 통화로 5만 탈러 상당의 부동산이었고, 당시 10만 은행마르크의 가치였다. 그녀는 두 장의 복권 모두에서 1등에 당첨됐다. 덕분에 카우프만 형제는 완전히 회생했다.[68] 세계적인 위기가 발생한다면 라스베이거스에서 그 해답을 찾는 편이 승률이 더 높을지도 모를 일이다.

11 일국 차원의 궁극적 대여자
The Domestic Lender of Last Resort

지난 200년간 '중앙은행을 경영하는 기술(Art of Central Banking)'이 발전하는 과정에서 가장 특징적인 것은 궁극적 대여자(lender of last resort)라는 개념의 진화였다. 이 표현은 프랑스 말인 '최종 법정(dernier ressort)'에서 비롯됐고, 탄원자가 상고할 수 있는 법률상의 마지막 사법적 권리라는 의미를 중심적 어의로 갖는다. 이 용어는 이제 철저하게 영어적 어의로 전환됐고, 중앙은행 경영에 대한 영어 문헌에서는 탄원자, 즉 차입자의 권리보다 대여자의 책임에 강조점이 두어진다.

궁극적 대여자는 대중들이 실물자산과 비유동성 금융자산을 처분하고 현금으로 전환하려는 쇄도 사태를 중지시키는 데 필요한 만큼의 통화를 공급하기 위해 대기하고 있다; 이 개념은 패닉이 발생할 때 화폐 수요에 대응하기 위해 통화량을 늘려주는 '탄력적인 통화 공급'이라는 개념이다. 얼마만큼의 화폐를 공급해야 하는가? 누구에게 어떤 조건으로 공급해야 하는가? 어느 시점에 공급해야 하는가?

이런 물음들이 궁극적 대여자가 늘 직면하는 문제들이다. 은행과 일부 차입자들이 불안 국면에 빠질 때 궁극적 대여자의 구원을 받을 것이라는 투자자들의 확신이 생길 경우, 다음 번 호황기에는 신용을 주고 받는 사람들의 조심스러움이 저하될 것이라는 딜레마 때문에 끊임없이 따라붙게 되는 문제들이다. 궁극적 대여자라는 공공재가 있음으로 해서 대출을 '건전하게' 유지해야 하는 민간 대여자들의 책임감은 줄어들게 마련이다. 하지만 패닉이 발생했을 때 유가증권과 상품을 팔아치우고 현금을 확보하려는 쇄도를 막을 수 없을 경우, 다음과 같은 구성의 오류가 무대의 중앙을 장악하게 된다; 손실을 최소화하고자 투자자들이 이 자산들을 매도함에 따라 유발되는 자산가격의 하락은, 그렇지 않았을 경우 채무지불 능력은 물론 건실한 자본기반을 갖추고 있던 다수의 기업들까지 파산할 수 있는 결과를 초래한다는 점이다.

궁극적 대여자를 반대하는 주장은 꾸준히 제기돼 왔다. 나폴레옹 통치하에서 국고 출납를 담당했던 프랑스와 니콜라스 몰리앙(François Nicholas Mollien)은 대륙봉쇄의 타격으로 파산 상황에 내몰린 제조업체들을 구제하고자 했던 나폴레옹의 본능적인 개입주의적 성향에 대해 강력한 반대 입장을 표명했다; 그는 일단 이 방향으로 접어들기 시작하면 국가재정은 갈수록 깊숙한 수렁에 빠져들 뿐이라고 주장했다.[1] 1848년 프랑스의 재무대신 루이 앙뜨완 가르니에-파제스(Louis Antoine Garnier-Pagès)는 위기가 지속되는 기간을 줄이려면 위기를 터뜨리는 것이 유익하다는 주장을 나중에 제기했다: "금리소득에 의존하는 자들을 구제하려 들지 말라. 유가증권을 청산하고 상품을 처분하라." 이 정책이 1850년에서 1852년 사이 프랑스의 찬란한 경제부흥에 기여했다는 것이 그의 주장이다.[2] 머레이 로스바트(Murray Rothbard)는 "망가진 포지션을 받쳐

주는 그 어떤 지원도 청산을 지연시키고 부실한 조건을 악화시킨다"고 주장했다.[3] 가장 신랄한 논평은 허버트 스펜서(Herbert Spencer)의 언급이다: "광기가 낳은 응보로부터 사람들을 보호해 준다면, 궁극적으로 이 세상을 미치광이들로 가득 채우는 결과를 초래할 것이다."[4]

이 같은 견해는 적자생존이라는 인식이 등장한 다윈의 시대에서는 이해할 만한 일이다.

궁극적 대여자 개념의 기원

궁극적 대여자가 등장하게 된 것은 경제학자들의 지성이 아니라, 시장에서의 실천에서 비롯된 결과였다. "경제학자들이 위기 대처의 원칙들을 수립하기 훨씬 오래 전에, (금융위기에 대한) 해결책은 은행가, 상인, 일반대중이 수용할 의지가 있는 모종의 증서를 통화당국(영란은행 혹은 정부 자신)이 긴급히 발행하는 것이라는 인식이 자리잡고 있었다; 이 조치가 취해지면 패닉이 완화됐다"[5]는 애쉬튼의 언급은—확정적이지 않은 괄호 안의 표현으로 말미암아 필자의 판단과 딱 들어맞지는 않는 점이 있기는 하지만—이미 18세기에 영란은행이 궁극적 대여자였음을 의미한다.[6]

과연 최종적인 통화당국이 중앙은행이냐 혹은 정부냐 하는 문제는 오늘날까지 결론을 내리지 못하고 있는 상황이지만, 1700년대에 영란은행이 궁극적 대여자로 등장했다는 언급에 들어 있는 알맹이를 밝혀주는 요점이기도 하다. 모건(E.V. Morgan)은 1793년, 1799년, 1811년에 재무부증권을 발행한 정부의 행동으로 인해 영란은행이 자신의 책임을 자각하는 과정이 지체됐고, 영란은행이 "이론가들의 반대에도 불구하고"[7] 궁극적 대여자의 역할을 떠맡은 것은 19세기 전반에 이르러서야 그것도 점진적인 과정으로 이루어졌다는 입장을 취했다. 동일한 진화 과정을 프랑스은행에서도 찾아볼 수 있다. 1833년 대다수의 의회 의원은 영국의 모델에 입각한 정책을 지지하는 오탱게(Hottinguer)의 생각과 전혀 새로운 정책을 만들어야 한다는 오디에(Odier)의 주장을 모두 무시하고, 프랑스은행의 주된 기능은 프랑스 프랑화를 방어하는 것이라고 결론지었다; 자본유출을 두려워해서가 아니라, 투기를 자극하고 위기를 격화시키는 결과를 막기 위해서는 금리를 인위적으로 낮추지 말아야 하며, 만약 위기가 발생할 경우에는 위기의 강도를 완화하고 그 지속 기간을 줄이도록 프랑스은행이 넉넉한 규모로 저렴한 어음할인을 제공해야 한다는 입장이 취해졌다.[8]

18세기 말 프란시스 베어링 경이 궁극적 대여자라는 개념에 관심을 촉구한 바 있고,[9] 손톤의 고전 『지폐 신용Paper Credit』은 영국 지방은행들의 금융 문제를 거론하면서 궁극적 대여자의 이론적 요소와 함께 궁극적 대여자에 대한 반론도 개진했다.[10] 하지만 1873년 월터 배젓의 『롬바드 스트리트Lombard Street』가 출판되기 이전에는 궁극적 대여자의 역할이 이론가들 사이에서 주목받지 못했다. 배젓은 1875년에 발권은행과 관련한 의회의 특별위원회(Parliamentary Select Committee on Banks of Issue)에 출석했을 때, 궁극적 대여자 학설의 기원을 베어링이나 손톤이 아니라 데이비드 리카도(David Ricardo)에서 찾았다: "리카도가 수립한 정통 학설은 패닉 중에는 법정통화의 발행 제한이 철폐돼야 하는 국면이 존재한다는 것이다."[11] 배젓 자신도 1848년에 출판된 그의 첫 평론집에서 1844년 은행법의 효력이 1847년 패닉 기간 중에 정지된 것과 관련해 논평하면서 이 학설을 강조했다:

> 화폐 수요가 갑자기 늘어날 경우 통화량이 쉽게 대응할 수 없다는 점이 순수하게 금속화폐에 의존하는 유통이 갖는 큰 결점이다.……지금은 화폐 수요가 아무리 돌발적으로 증가하더라도 지폐가 무제한으로 공급될 수 있으며, 갑작스럽고 대폭적인 화폐 수요의 확대에 대응하기 위한 긴급한 지폐 발행에 원칙적으로 반대하는 의견은 없어 보인다. 이 같은 발권 권한은 남용으로 인해 희생될 개연성이 극히 높기 때문에……아주 드문 예외적인 경우에만 사용돼야 한다.[12]

일부 분석가들은 이 학설에 계속 반대하고 있고, 이 문제를 둘러싼 두 가지 측면을 모두 거론한 영향력 있는 지성들도 있다. 우리가 걱정해야 하는 것이 과연 지금의 패닉인가, 아니면 다음의 호황인가; 현실의 조건인가 아니면 원칙인가? "원칙과 전례가 깨지면 안 되는 시기들이 있는 한편, 원칙과 전례를 고수하는 것이 안전하지 않은 때도 있다."[13] 딜레마는 원칙을 깨는 행위가 새 전례와 새 원칙을 만든다는 것이다. 탁월한 통화학파 이론가인 오버스톤 경은 위기 중의 통화 공급량 확대에 강력하게 반대했지만, 패닉이 발생하면 "모든 정부가 반드시 확보해야 하는 것으로서 예상치 못한 위급 상황이나 큰 국가적 필요시에 특수한 개입을 행사해야 하는 권한"[14]이 필요할 수도 있다고 마지못해 인정했다. 그는 어느 기회에 자신의 입장을 은유적 반향을 이용해 방어했다: "뜨개바늘로 둑을 막을 수도 있지만, 어쩌다 그 둑이 무너져버리면 여러 도시를 통째로 쓸어버릴 것이라는 동양의 오래된 속담이 있다."[15] 프리드만과 슈워츠 역시 궁극적 대여자의 학설과 은유적인 사교를 나눈 적이 있다:

> 우리 역사상 발생한 모든 은행위기의 상세한 경위를 돌아보면, 책임감과 지도력을 발휘하고자 하는 한두 명 혹은 그 이상의 뛰어난 개인들에게 얼

마나 많은 것들이 달려 있었는지를 보여준다.……경제의 붕괴는 종종 누적인 과정으로 전개되는 특징이 있다. 이 과정이 일정 지점을 넘어가도록 내버려두면, 얼마 후에는 그 자체의 전개 과정에서 동력을 강화한다.……산사태의 발단이 되는 바위를 붙드는 데 그리 큰 힘이 필요하지 않다고 해서, 산사태가 미칠 파괴력이 그 정도에 그치는 것은 아니다.[16]

이 같은 역설은 죄인의 딜레마와 똑같다. 중앙은행은 패닉을 중지시키기 위해 돈을 제한 없이 빌려줘야 하지만, 앞으로 패닉이 일어날 개연성을 줄이기 위해서는 시장을 시장 자체의 장치에 맡겨야 한다. 그러나 있을지도 모르는 개연성을 눈앞의 현실이 압도해 버리는 현상을 피할 수 없게 되고, 오늘이 내일에 우선한다는 것이 딜레마다.

1844년 은행법은 통화 공급량의 고정을 주장한 통화학파가 생산량과 무역의 증가에 맞추어 통화 공급량을 늘리는 것이 바람직하다고 여긴 은행학파에 승리했음을 의미했다. 두 학파는 모두 단기적인 문제가 아니라 장기적인 문제를 고민했고, 위기에 대처하기 위한 잠정적인 응급 수단으로 통화 공급량을 늘리는 것에는 두 학파 모두 반대했다. 은행법이 검토될 당시, 긴급 상황에서 은행법 조항들의 효력을 정지시킬 수 있는 비상지휘 권한이 존재해야 한다는 생각은 기각됐다. 1847년 패닉 이후, 그리고 다시 1857년 패닉 이후 은행법의 효력 정지와 마지막 수단으로서 통화의 추가 발행이 필요한 것으로 판명되었을 때, 의회는 법안 개정의 필요성 여부를 결정하기 위해 조사를 벌였다. 이 두 번의 조사에서 법률의 효력 정지가 유익하고 필요하다 할지라도, 법률의 효력 정지를 규정하는 조항을 법안 내부에 두는 것은 바람직하지 않다는 결론이 내려졌다. 전례가 되는 것을 제한하기 위해 "1857년 위기 때 헤아릴 수 없을 정도의 자금 지원을 요청한 돌발적 차입자였던 어음중개인들에게 두 번 다시 이와 같은 것을 기대하지 말라는 통고가 주어졌다."[17] 원칙은 있지만 원칙을 어겨야만 하는 상황에서는 이를 어긴다는 원리가 널리 수용되다 보니, 1866년에 다시 법률의 효력이 정지된 이후에는 새로운 조사를 하자는 요구가 없었다.

1850년대에 젤리코(Jellico)와 채프맨(Chapman)은 법안에 아예 수학적 공식을 규정하는 조항을 두어 영란은행의 재할인율 조정을 준비금 상태에 따라 연동시키는 원칙을 만들자고 제안했다. 우드(Wood)는 이들이 영란은행의 거래와 업무처리가 이루어지는 현실적 과정도 모르면서 하는 소리라고 비판했다.[18] 1875년 6월 재무대신 로버트 러브(Robert Love)는 패닉이 발생하거나 재할인율이 12%를 초과하는 등 일정한 우발적 상황에서 대외 환율이 우호적일 때는 유가증권과 맞교환하는 방법으로 영란은행권의 잠정적인 발권 증가 권한을 부여하는 법안을 제안했다. 이 법안의 상정과 1차 검토가 6월 12일에 진행됐으나 2차 검토는 이루어지지 않았고, 결국 7월에 철회됐다.[19] 고정불변의 규칙은 효과적으로 작동하지 않을 것이라는 점에 의견이 일치했다. 「이코노미스트」와 월터 배젓은, 패닉을 이겨내는 데 필요한 준비금은 은행 자신들보다는 영란은행이 보유하는 것이 적절하다고 생각했다. 이 견해에 대해 영란은행의 총재를 역임한 행키(Hankey)는 "자신들의 자산을 쓸모 없게 만들어 버린 은행가들의 수요를 충족시켜 주기 위해, 항상 돈을 비치해 두는 것이 영란은행 본연의 기능이라고 주장한다면, 이 나라의 통화 및 은행 계통에서 제기된 학설 가운데 가장 유해한 것"이라고 비판했다.[20] 그렇지만 일반대중은 배젓의 편에 섰고, 행동은 행키의 주장이나 이론과는 반대로 전개됐다. 호황기에 신용 팽창을 통제하는 것이 불가능하다면, 위기가 발생했을 때 신용의 위축을 멈추기 위한 조치는 취해져야 한다는 방향으로 나아갔다.

궁극적 대여자는 누구인가?

정부가 재무부증권을 발행해 패닉을 완화시켜야 할 것인지, 아니면 1844년 은행법이 규정해 놓은 한도를 일시 철폐하더라도 영란은행이 벌금 수준의 금리로 무제한의 할인을 해주어야 할 것인지에 대해 영국에서 분명한 합의가 없었다는 점은 앞에서 언급했다. 이 질문에 대한 대답뿐만 아니라, 정부 당국이 구제에 나설 것인지, 또 나서기로 결정했다면 제때 실행에 옮길 것인지라는 질문들에 대한 대답까지도 불확실성을 유지하는 것이 최적의 대책일 수 있다. 이 때문에 영국에서는 궁극적 대여자에 대한 명시적인 규정이 없었고, 어느 기관이 이 역할을 맡아야 하는지에 대한 확정된 원칙도 없었다. 1825년의 경우 이 역할에 지목된 기관은 재무부가 아니었고, 그 임무는 영란은행에게 확실하게 주어졌다. 영란은행이 마지못해 수용한 것은 "떠밀리는 사람의 불쾌한 답변 같은 것이었다."[21] 1890년에는 영란은행도 재무부도 아닌 보증이 사용됐다. 하지만 점진적으로 영란은행에게 책임이 주어졌다. 이런 추세에 따라 알프레드 마샬은 "영란은행 이사회는 국내외적으로 영국 산업 전반의 안전을 지키기 위한 위원회로 간주되기에 이르렀다"[22]고 썼다.

1830년대에 이르자 프랑스은행은 위기가 발생했을 때 자신이 책임을 가지고 있으며, 또한 1848년 지방은행들의 파산을 방치해 이들을 자신의 자회사로 전환할 수 있게 만들어 준 은행권 유통의 독점을 수호하는 역할 같은 다른 책임도 가지고 있다는 점을 인정하게 됐다. 프랑스의 지방 도시들은 파리를 두려워했다. 이들은 위기 때마다 파리가 자신의 필요만 챙기고 지방을 희생시킬지도 모른다는 우려 때문에, 그들의 지방은행에게 은행권 발행 특권이 주어지기를 원했다. 그러나 르아브르에 한 지방은행이 설립된 이후 조선소에 자금을 빌려준다든가 면화 수입업자에 대한 여신을 가격 하락기에 집행하는 등 유동성이 떨어지는 산업에 대한 대출을 지나치게 양산하는 오류를 범했다. 1848년 2월 르아브르 은행(Banque du Havre)은 파리로 향했다. "성과가 그리 좋지 않았다. 프랑스은행은 무자비했다."[23] 이 때 프랑스은행은 "정관이 금지하고 있는 사항입니다. 게다가 당신들은 프랑스은행의 자회사 수용을 거부하지 않았습니까"[24]라는 언급과 함께 부동산 담보 대출을 거부했다.

프랑스은행은 지방은행들을 괴멸시키고자 하면서도, 궁극적 대여자 문제에 대한 입장을 정하지 못하고 망설였다. 미국에서 지켜보고 있던 슈발리에는, 프랑스은행은 1810년, 1818년, 1826년에 할인을 무제한으로 제공하면서―이 중 1810년과 1818년에는 쟈크 라핏트가 총재였다―상거래를 지탱하기 위해 대단한 노력을 기울였지만, 1831~32년의 위기 때는 이런 용기가 없었다고 지적했다.[25] 1830년에는 7월혁명 이후 궁극적 대여자의 임무가 지방 당국에 맡겨졌다. 정직한 은행이었지만 경영이 신중하지 못했던 지방은행 한 곳이 해당 지역을 위기에 빠뜨릴 지경에 이르렀다. 이 지역 관재인은 의심쩍은 이 은행의 어음을 할인해 주기로 결정했는데, 그 전에 먼저 파리에 협조를 구한 듯하다. 파리에서는 "숙고 끝에 재무대신 루이(Louis) 씨의 이해보다 공중의 이해를 우선한다는 결론이 내려져서" 이 지방은행의 파산과 뒤따를 혼란을 회피하는 "다행스런 결과"를 가져왔다고 띠에르는 증언하고 있다.[26]

프랑스은행은 은행권 발행의 독점권과 지방은행들의 자회사 편입을 달성하고 난 뒤 궁극적 대여자로서의 역할을 수행하기 시작했다. 프랑스은행의 정관은 세 사람의 배서가 구비된 어음만을 할인하도록 규정해 놓아서, 어음할인을 받는 일은 인정받을 수 있는 이름을 동원하는 일이 됐다. 60개소의 어음 할인창구(Comptoir d'escompte)가 프랑스 전역에 설치됐고, 상품 재고를 보관하고 이를 담보로 어음을 발행하는 수많은 부속창구(Sous-Comptoir)가 다양한 거래업종별로 조직됐다. 상인, 부속창구, 할인창구, 이렇게 3개의 명의를 기초로 프랑스은행이 어음을 할인해 유동성 위기를 줄일 수 있었다. 비숍스하임 앤드 골드슈미트 상사(Bischoffsheim & Goldschmidt)의 루이 라파엘 비숍스하임(Louis Raphael Bischoffsheim)은 3개의 명의를 요구하는 조건을 이렇게 비웃었다: "개수는 중요하지 않다. 부실한 서명은 3개가 아니라 10개라도 모을 수 있다. 20개의 부실한 서명보다 우량한 서명 하나가 낫다고 본다."[27] 위기가 끝난 후에 수많은 할인창구가 은행가, 상인, 제조업자들에 의해 인수돼 정식 은행으로 전환됐다. 이런 부류의 은행 가운데 가장 유명한 파리할인은행(Comptoir d'Escompte de Paris)은 이 나라의 상위권 은행 가운데 하나로 자리를 잡았다.[28]

쁘레르(Pereire) 형제의 동산은행은 1868년에 구제되지 않았다: 이 때 프랑스은행이 이 은행 어음의 할인을 거부한 것은 외부자에 대한 기득권층의 보복, 즉 한때 로스차일드 가문을 위해 일했던 이 형제들에 대한 로스차일드 가문의 보복으로 해석될 여지도 있고[29]; 사보이 뱅크(Savoy Bank)가 자리잡고 있던 지역이 1860년 이탈리아로부터 프랑스에 할양되고 나서 쁘레르 형제가 이 은행을 인수했을 때, 이 은행의 발권 권한을 프랑스은행에 양도하지 않은 것에 대한 처벌이었을 수도 있으며; 혹은 채무지불 능력을 상실한 기관에 대해 궁극적 대여자가 구제를 거부한, 전적으로 정상적인 조치였을 수도 있다.[30] 캐머론(Cameron)은 1830년대로 거슬러 올라가는 로스차일드와 뻬레르 간의 싸움에 프랑스은행이 관여해 뻬레르 형제에게 게릴라식 전투를 벌였다는 비판을 프랑스은행에 제기하고 있다.[31]

프랑스은행과 파리의 은행업자들은 1882년 위니옹 제네랄 건 때에도 구제에 나서지 않았지만, 7년 뒤 파리할인은행은 구제했다. 프랑스은행의 비판자들은 이렇게 다른 결과가 나타난 이유가 뇌물과 부패에 있다고 보았다. 이보다 좀 덜 감정적인 입장에 선 사람들은, 7년만에 대형 은행의 파산이 또 터질 경우 프랑스의 은행 시스템이 완전히 망가질 가능성이 있었기 때문에, 재무대신 루비에(Rouvier)가 나서 파리할인은행에 대한 프랑스은행과 파리 소재 은행들의 1억4000만 프랑의 자금 지원에 필요한 조치들을 취한 것이라고 주장했다.[32] 앞선 장에서 언급된 것처럼, 위니옹 제네랄 주식의 거래에서 파리 은행들은 투기붐이 정점으로 치닫기 시작할 때인 1881년 8월에 투기 활동에서 철수했고, 다음해 1월 위니옹 제네랄이 붕괴한 뒤 1810만 프랑을 위니옹 제네랄에게 지원했는데, 이것은 이 은행을 구제하기 위해서가 아니라 보다 질서 있는 청산 진행을 위해서였다.[33] 이 때 로스차일드와 오탱게의 지휘하에 파리할인은행과 소시에떼 제네랄(Société Générale) 등이 참여한 컨소시엄—리용에 있는 봉뚜의 경쟁자인 크레디리요네(Crédit Lyonnais)는 참여하지 않았다—은 기득권층을 대표했는데, 이들 기득권층 중에서 프랑스은행이 상위권 민간은행 및 저축은행들과 확연히 구별되는 것은 아니었다.

프로이센에서는 1763년에 국왕이 궁극적 대여자였다. 1848년의 경우에는 프로이센 국립은행, 해상무역회사(Seehandlung), 프로이센복권을 포함한 다양한 국가기관들이 쾰른의 은행인 샵하우젠(Schaffhausen)을 지원하기 위해 나섰으나 허사가 됐고, 나중에 이 은행을 주식회사은행으로 재편성하는 조치가 허용됐다. 1763년, 1799년, 1857년에는 중앙은행이 존재하지 않는 상황에서 함부르크 시정부, 상공회의소, 은행 등 선도적 위치에 있는 모든 기관들이 구제 활동에 참여했다.

미국의 경험은 특히, 궁극적 대여자의 정체성 문제와 직결된다. 제1차 합중국은행(First Bank of the United States)과 제2차 합중국은행(Second Bank of the United States)은 각각의 구제 사례에서 지원 장치로 선택된 은행임에도 불구하고, 이 은행들이 궁극적 대여자였는지에 대해서는 일말의 모호함이 있다. 다양한 경우들에 걸쳐서 미국 재무부가 은행들을 지원한 방법에는 30일짜리 후불수표로 관세를 수령하고(1792년), 어려움에 처한 은행들에게 정부자금을 특별 예치하고(1801년, 1818년, 1819년), 상업은행이 합중국은행(Bank of the United States)에게 정화로 지불해야 하는 규정을 완화해 주는(1801년) 조치들이 동원됐다.[34] 1833년 제2차 합중국은행의 허가 갱신이 실패한 뒤에는 미국 재무부가 더욱 바빠졌는데, 재무부 자금의 은행 예치를 금지한 1845년의 법률이 통과된 이후에도 그렇고, 그 이전에도 매우 분주하게 활동했다; 위기가 발생했을 때나 곡물 수확의 변동에 따른 금융 경색 기간에, 재무부는 정부국채에 대한 이자 또는 원금까지도 미리 앞당겨 지불한다든지, 법률을 무시하고 은행에 자금을 예치한다든지, 정부 자금을 예탁하는 데 필요한 담보로 정부국채 이외의 유가증권을 수용하겠다고 스스로 제의한다든지, 또는 금과 은을 매매하는 활동을 수행했다. 은행들은 위급 상황에서의 지원과 계절적인 자금 압박을 경감해야 할 때, 재무장관의 얼굴을 쳐다보기 시작했다. 1872년 가을에 재무장관 조지 부트웰(George S. Boutwell)은 회수된 그린백(greenback: 남북전쟁 당시 미국 정부가 전비 조달을 위해 발행한 달러화 지폐의 별칭. 지폐 뒷면이 녹색이어서 생긴 이름)을 재발행하는 사실상 불법적인 방법을 동원하며 궁극적 대여자 역할을 수행했다. 그의 후임자인 윌리엄 리처드슨(William A. Richardson)도 1년 뒤에 똑같은 일을 했다.[35]

미 재무부는 예탁해 둔 자금을 회수해들이고, 또 이전 시기에 확보한 잉여금을 지출해 자금을 방출할 수도 있었지만, 그린백이 발행되던 시기 이외에는 통화를 창출할 수 없었다. 이 때문에 이전 시기에 재정수지 흑자를 달성했거나 현금 보유고를 쌓아두지 못한 상황에서는 궁극적 대여자로서 재무부는 불만족스러웠다. 현금 보유고가 적었던 1907년 패닉 당시 재무부는 신규 채권-국법은행권 발행의 담보로 인정될 수 있는 파나마운하채권 5000만 달러와 3% 금리의 채무증서 1억 달러-의 발행을 통해 퇴장된 현금과 정화를 끌어내고자 했다. 최종적으로 1907년 위기는 1억 달러를 상회하는 영국으로부터의 자본 유입으로 수습됐다.[36] 더욱이 위기 대처를 위해 채택된 장치들은 임시 방편으로 급조된 것들이었다. 1857년 위기에 대한 분석은 연방정부가 효과적으로 개입할 능력이 없었으며, 은행을 포함한 대중들은 위기를 저지하기 위한 지침 없이 그대로 방치됐음을 암시한다.[37] 실제로 개입은 너무 과다했고, 그 시점도 너무 빨랐던 것으로 드러났다.

미국 재무부의 이런저런 복잡한 개입의 내용을 보면, 과연 시장이 스스로를 규제하도록 맡겨 두면 되지 않았을까 하는 의문과 함께, 시장에게 맡겨 두었다면 어떻게 됐을까라는 의문이 든다. 1910년 올드리치 위원회(Aldrich Commission)의 과제로서 국법은행제도(National Banking System)하의 위기를 연구하던 역사가인 스프라그는 모든 필요에 대응하기 위한 충분한 준비금의 확보를 보장하는 책임을 은행들 스스로 맡았어야 했다고 믿었다.[38] 그러나 스프라그는 어느 은행들이 이 책임을 맡아야 했으며, 법규로 정해진 책임이 없는 상황에서 왜 그 의무가 그들에게 주어져야 하는지에 대해서는 분명히 밝히지 않았다. 노블레스 오블리쥬(Noblesse oblige), 즉 높은 신분에 걸맞는 모범을 보여야 하는 의무 때문인가? 아니면 본래적인 은행의 의무인가? 스프라그의 몇 가지 언급은, 왜 제한된 수의 뉴욕 소재 은행들이 시스템을 안정시키고, 다른 은행들과는 다르게 행동해야 할 의무가 있었는지에 대해 지적하고 있다:

> 1873년의 위기 이전에는 뉴욕의 50개 은행 가운데 약 15개 은행이 사실상 뉴욕 시 모든 은행업자들의 은행간예금 계좌를 보유했고, 그 중 7개 은행이 이 예금액의 약 70~80%를 수신한 상태였다. 이들 7개 은행은 나라 전체의 신용 장치가 만족스럽게 작동하도록 유지할 직접적인 책임이 있었다.(15쪽)
>
> 상거래가 활발한 여타 국가들처럼 은행업계의 유력한 중앙기관이 전혀 없는 상황에서는 금융이 극한 상황으로 치달을 경우, 은행들의 연합체가 이 나라의 마지막 수단이라는 점, 그리고 이 연합체의 안정성과 그 운영의 건전성에 나라의 번영이 크게 의존한다는 점은 반드시 기억돼야 한다.(1873년 11월 11일자 뉴욕어음교환소 보고서, 95쪽)
>
> 현금 수요가 이례적으로 늘어날 때도 지방은행들의 준비금은 사용되지 못하는 자산이라는 것이 우리의 은행 시스템이 갖고 있는 근본적인 특징이라는 사실이 (1890년에) 드러났다. 다른 은행들의 준비금을 유인하는 일에서 뉴욕의 시중은행들이 떠안게 된 막중한 책임을 그들이 분명히 인식했어야 한다는 것이 다시 한번 증명되었다.(147쪽)
>
> 뉴욕의 은행들은 그들의 위상에 수반되는 제반 책임을 수행하는 데 요구되는 대규모 준비금을 유지하지 않는 게 일반적이었다.(153쪽)

……뉴욕 외부의 은행들, 신탁회사, 그리고 해외 대여자들로부터 유입되는 여신이 동시에 위축될 가능성이 존재했다. 이 가능성이 현실로 나타난다면, 보통 때에 어음교환소 기능을 겸한 유력한 은행들이 신중한 업무처리에 실패하고 충분한 준비금도 확보해 두지 못했을 경우에 발생하는 사태와는 차원이 다른 상상하기 어려운 일이 벌어질 것이다.(230쪽)

나라의 궁극적인 준비금을 보유하는 은행들이 자신들의 위상에 따르는 책임에 부합하도록 운영되지 못하고 있다는 사실이 다른 방면에서도 여전히 분명하게 드러난다. 1907년 위기가 언제 발발할지 정확한 시점을 예측할 수는 없었지만, 거래의 반작용 시기가 다가올 시점이 임박했다고 예상할 시간이 수 개월이나 되었기 때문에, 일반 은행이나 대중들은 아니더라도 이들 은행만은 마땅히 예방적 조치를 생각할 수 있었을 것이다.(236~7쪽)

역외 은행들은 시장의 진행 방향에 대해 책임을 느끼지 못한다. 이들은 자기 근거지의 상황에 따라 그들의 자금 가운데 더 많은 자금을 쓸 필요가 있다거나 시장의 미래에 대해 불신하게 될 때는, 당연히 시장에서 자금을 회수한다. 따라서 역내 은행들은 역외 은행들이 청산할지도 모르는 여신의 적어도 일부분을 떠맡을 수 있어야 하고, 이렇게 확보한 현금 동원 여력을 통해 현금을 공급할 수 있는 능력을 항상 갖추고 있어야 할 필요가 있다.(239쪽)

영향력 있는 신용기관들이 일반의 이익을 위한 일과 함께, 결국은 자신들의 이해에 부합하는 일을 동시에 추진할 수밖에 없는 상황이라는 것은 우리의 주력 자금시장이 가지고 있는 약점 가운데 하나임이 분명하다.(255쪽)

……뉴욕 자금시장에 제공한 대출로 역외 은행들이 벌어들인 수익금과 이들이 위급 상황에서 청산하는 자금을 뉴욕의 은행업자들이 송금해 줄 것이라는 믿음을 마땅히 주고 있지 못하다는 것이 뉴욕 은행업자들 스스로

갖고 있는 공통된 느낌이다.……하지만 뉴욕 은행들의 특수한 위상으로 말미암아, 그들에게 주어지는 혜택 못지않게 책임도 뒤따른다는 사실을 유념해야 한다. 런던에서 대여된 자금은 청구와 동시에 즉시 환수될 수 있다고 알려져 있기 때문에, 런던이 지배적 위치를 장악하고 있는 것이다. 마찬가지로 장래에 국제적 책임을 감당할 수 있는 수준은 차치하고라도, 아무리 불합리한 요구라도 합법적으로 청구되는 현금 인출 요구에 대응할 능력과 의욕이 없다면, 뉴욕은 국내 주력 자금시장으로서의 위상에 따르는 책임을 충족시키지 못하는 것이다.(273~4쪽)

스프라그가 시장에 안정 장치가 필요하며 은행들이 계절적인 현금 필요에 대응하는 일로 미국 재무부의 지원에 기댈 수는 없다고 믿었던 것은 분명하지만, 재무부 이외에 최대 규모와 최고 수익성을 갖춘 미국 은행들이 책임을 맡아야 한다고 믿었던 것은 아니다. 통화 수요의 계절적 변동, 뉴욕 역외 은행들의 예금 인출 가능성, 국제수지의 상태를 이 은행들이 염두에 두고 있어야 한다는 것이다. 뉴욕의 모든 은행들에게 이 책임이 주어져야 한다는 것이 아니라, 뉴욕 역외로부터 예금을 수신하고 이자를 지불해 주는 은행이나, 최대 규모의 은행, 증권거래소와 긴밀하게 연동하는 은행, 혹은 뉴욕 어음교환소의 상위권 회원 은행들에 대해서만이다.

뉴욕의 상위권 은행가들은 다른 결론을 취했다. 이들은 통화 공급이 탄력적이지 못하다는 데서 문제가 발생한다고 믿었고, 따라서 은행학파의 함정에 빠졌다. 이 입장은 실질어음주의였다; 내수 거래 및 대외 무역으로 유통되는 상품에 근거를 두고 있는 상업어음에 따라서 팽창하거나 수축하는 통화 공급량 변동은 물가상승을 유발할 수 없으며; 이 실질어음에 대한 은행의 할인과 중앙은행의 재할인을 매개로 통화 공급량은 필연적인 탄력성을 갖추게 된다는 생각이다. 이 점에 대해서 의문의 여지가 있을 수 없었다: 즉, 이들에게는 "금융의 법칙은 널리 잘 알려져 있듯이 물리학의 법칙과 마찬가지로 법칙의 운행이 확실하다"[39]는 인식이 자리잡고 있었다. 1907년 패닉에서 프랭크 반덜립(Frank Vanderlip), 마이런 헤릭(Myron T. Herrick), 윌리엄 배럿 리질리(William Barret Ridgely), 조지 로버츠(George E. Roberts), 아이작 셀릭먼(Isaac N. Seligman), 제이콥 시프가 도출한 교훈은 통화를 탄력적으로 운영하는 중앙은행이 존재해야 한다는 것이었다.[40]

궁극적인 책임의 소재에 대한 일말의 모호함은 은행가들 스스로 자기 통제를 강화하도록 어느 정도의 불확실성을 유지한다는 점에서—시장을 잘못 인도할 정도로 불확실성이 크지 않다는 전제하에서—유익할 수도 있다. 런던에서는 궁극적 대여자에 대한 공식적인 규정이 존재해서는 안 되지만, 위기 발발시에는 궁극적 대여자가 있어야만 한다는 점에 대한 막연한 인식이 있었다. 영국 정부의 직관력 있는 정치인들과 영란은행을 경영한 상업은행가들은 구제 자금의 집행 권한을 영란은행이든 정부든 어느 하나에 전적으로 부여하지 않고 불확실한 상태로 유지하는 것이 최선이라고 생각했다.[41] 영란은행이나 정부 중 어느 하나에 구제 조치의 권한이 공식적으로 부여될 경우, 일반으로부터의 압력에 저항하기가 어려워질 것이기 때문이다.[42]

어느 누구도 너무 큰 집단에 대한 책임을 감당지 못할 것이다. 책임이 오직 하나의 주체에게만 주어진다면, 행동을 요구하는 압력을 버텨내는 것이 불가능할 수도 있다. 최적의 조건은 비슷한 지성을 보유한 소수의 행위자들이 서로 긴밀히 조율되는 과두체제식의 관계를 형성하고, 부정 행위자들과 무임승차자들을 억제하기 위한 강력한 압력을 행사하면서,

결국에는 최종적인 책임을 떠맡을 태세를 갖추고 있는 것이다. 보다 최근의 사례에 비추어 본다면, 1975년과 1976년에 누가 뉴욕 시를 위한 궁극적 대여자가 될 것인지를 둘러싸고 뉴욕 시 공무원과 노동조합, 은행가, 주정부, 연방정부 사이에 벌어진 긴장은 불확실성을 높게 유지하면서, 용커즈, 버펄로, 보스턴, 필라델피아 등 주변 도시들이 스스로를 바로 잡을 수 있는 노력에서 해이해지지 않도록 고무하기에 충분했던 것으로 보인다. 그러나 뉴욕 시를 구제하는 조치는 결국 취해졌다.

1907년 이탈리아의 위기에 대한 보넬리(Bonelli)의 언급은 시사하는 바가 크다. 소시에타 방카리아 이탈리아나가 파산 상황에 직면해 있었고, 금융, 상업, 제조 부분의 수많은 소규모 업체들이 이 위기에 함께 휘말려 있었다. 보다 규모가 큰 은행들의 컨소시엄이 지원 기금을 조성했다. 이탈리아은행은 일찍이 깊숙하게 개입했고, 개입 규모가 지나치게 과도한 상태에까지 도달했다. 스트링거 이탈리아은행 총재의 집요한 주장에 따라 재무부가 구제에 나섰고, 전국적으로 채무 이자 문제를 조기에 처리해 유동성 위기를 완화시켰다. 보넬리는 이 일화에는 이탈리아은행과 정부 모두 불가피하게 관계돼 있었으며, 경제가 10년 넘게 특별한 책임자 없이 굴러가는 동안, 이 같은 결정력 부재 상황을 낳게 된 것이라고 암시했다.[43] 문제가 어려워졌던 부분적 요인은 토리노, 제노아, 밀라노, 로마 간의 충분한 결속이 없었다는 점과 이로 인한 불확실성, 책임전가, 우유부단에 있었던 것으로 보인다.

1846년 영국의 상황에서 일말의 불확실성은 불가피했다; 왜냐하면 영국 하원의 한 위원회가 "현 사태의 정확한 성격이 어떤 것일지 예상할 수 없다는 점에 주목한다면"이라는 언급과 함께 "정부의 책임에 가장 근접한 위치에 있다고 볼 수 있는 사람들에게 맡겨서, 이들이 사태의 위급성에 대처하기에 가장 적합하다고 생각하는 조치들을 채택하는 것이 상책"[44]이라고 판단했기 때문이다. 1844년 6월 4일 로버트 필(Robert Peel) 경이 말했던 은행법안에 관한 언급을 살펴보자:

> 우리가 금융위기의 재발을 막기 위해 신중한 입법 조치를 동원해 강구할 수 있는 모든 예방책을 취했다는 제 신념은 확고합니다. 이런 위기는 우리의 예방 조치에도 불구하고 일어날 가능성이 있습니다. 그리고 매우 심각한 책임을 맡아야 할 일이 생긴다면, 그 책임을 기꺼이 맡고자 하는 사람들이 나타날 것이라고 감히 단언합니다.[45]

책임을 떠안은 한 사람이 곤란에 빠졌다. 1920년대 말 당시 뉴욕연방준비은행 총재였던 조지 해리슨(George Harrison)은 1929년 10월 주식시장이 붕괴하자 할인 창구를 넓게 열어놓았다. 그는 10월 중 공개시장에서 1억6000만 달러어치의 정부채권을 매입하고, 11월에 다시 2억1000만 달러어치를 사들임으로써, 워싱턴의 FRB가 규정한 한도를 초과했다. 워싱턴의 FRB는 이전에 벤저민 스트롱(Benjamin Strong)이 고압적인 자세로 시스템을 좌지우지했던 것 때문에 뉴욕연방준비은행을 불쾌히 여기던 차에, 해리슨이 강한 지도력으로 권력의 공백을 메우는 움직임을 보이자, 이 때는 거리낌 없이 해리슨을 통제하는 일에 나섰다. 궁극적 대여자가 나타날 것인지, 누가 될 것인지에 대한 모호함은 촘촘하게 짜여진 사회에서는 최적일 수 있다. 그러나 워싱턴과 뉴욕 사이에 존재했던 경험과 시각 차이는 1929년 주가 붕괴에 보다 효과적으로 대처하는 데 걸림돌로 작용했다.

앨런 그린스펀이 새로 의장에 취임한 뒤 FRB가 1987년 10월 19일 검은 월요일 직후에 팽창적인 공개시장조작에 착수하고, 월터 배젓의 표현에 따르자면 "오른쪽 왼쪽 가리지 않고" 본원통화를 쏟아 부었을 때, 비판은 물론 나중에 뒷말이 나도는 낌새도 전혀 없었다. 그린스펀 재임기의 FRB는 1997년 아시아 금융위기, 러시아 금융대란, 1998년 여름 롱텀 캐피탈 매니지먼트(LTCM)의 붕괴에 대처하기 위해, 또 1999년 마지막 몇 달 동안은 Y2K 문제로 인한 위기 대비책으로, 그리고 2000년과 2001년에는 주가 급락에 대응하기 위해 유동성을 공급했다.

누구에게 어떤 조건으로?

월터 배젓이 제시한 원칙은 대출은 건전한 담보를 토대로 모든 희망자들에게 "대중이 필요로 하는 만큼 많이" 제공돼야 한다는 것이었다.[46] 그러나 『롬바드 스트리트』 출간 2년 후인 1875년 의회에서 증언할 때, 배젓은 정부가 임명하는 위원들로 구성된 기구에 궁극적 대여자의 권한을 위임하는 것에 반대했다. 이 위원들이 "부적격자들"에게 자금을 대여할 가능성이 있다는 것이 반대의 근거였다. 영란은행이 "정치권에서 벗어나 있고 정치적 압력에 예속되어 있지 않는 기구"인 반면, 이 위원들은 정치적 압력에 예속될 것이라는 주장이었다.[47]

중앙은행이 정치적 압력에 대한 면역을 갖추고 있다는 배젓의 생각은 순진해 보인다. 담보에 대한 딜레마는 패닉이 과연 중단될 것인지, 또 언제 중단될 것인지에 따라 담보의 건전성이 크게 달라진다는 점이다; 패닉이 오래 지속될수록 유가증권과 환어음, 상품의 가격 하락폭이 깊어지고, 따라서 담보의 건전성도 줄어든다. 이럴 때는 제이피 모건이 유일한 고려 대상으로 삼았다는 차입자의 성격에 주목할 필요가 생긴다. 바로 그런 점에서 은행가들은 돈이 필요하지 않은 사람들에게만 돈을 빌려준다는 심술궂은 논평에 관련된 딜레마가 존재한다.

중앙은행들은 모두 전형적인 원칙을 가지고 있다.[48] 원칙이 쉽게 깨질 수 없을 때−가령 1913년 연방준비법(Federal Reserve Act)에서와 같이, 연방준비은행권과 요구불예금에 대한 지불준비 자산으로 금과 양도성환어음만 허용하고 정부국채는 인정되지 않던 경우−문제가 자주 발생한다. 원칙이 너무 쉽게 깨질 때도 문제가 발생한다. 영국 재무대신이 발급하는 손실보상증서가 갖추고 있던 미덕은 원칙을 보존하기도 하고 침해하기도 하지만, 적어도 당분간은 전례를 만들지 않는다는 점이었다. 프랑스은행과 독일 제국은행은 종종 세 사람의 배서가 구비된 어음만 할인해 주었다. 그러나 어음이 "불건전하다"는 이유로, 또는 차입자가 부적격자이기 때문에, 어음할인을 거부할 수 있는 재량권은 언제나 완벽한 객관성에 따라 집행되지 않을 가능성이 있는 생사여탈권을 궁극적 대여자에게 준 것이다. 중앙은행 이사진이 쉽게 매수되는 무절조한 인물들이라고 비난한 문헌들이 즐비하다. 프랑스은행의 신교 및 유대계 이사들은 1882년에 구교도인−그리고 보다 가난한 편이었던−위니옹 제네랄의 후원자들을 처벌한 반면, 1888년 기성세력의 내부자인 파리할인은행은 구제했다는 말을 듣고 있다.[49] 1772년 위기 때 영란은행이 공표한 어음할인과 의심쩍은 어음의 할인 거부에 대한 새 규정은 투기에 가장 적극적으로 가담하고 있던 암스테르담의 유대계 회사들을 무너뜨리기 위한 시도로 해석됐다. 이어서 스코틀랜드 은행의 어음을 거부하는 조치와 결국에는 어음할인을 아예 중단하는 조치를 영란은행이 취한 것은 "네덜란드 투기자 집단을 박멸하기 위해 의도적으로 취해진 조치"[50]였을 것이다. 외부자들이 특히 타격을 입었다. 1930년 12월 합중국은행의 파산이 은행들의 신디케이트에 의해 결정되었는데, 합중국은행의

추진력을 시기한 은행들이 합중국은행을 처벌한 처사라는 비난이 일었다.[51]

양질의 어음을 소지한 누구에게나 할인을 제공한다는 원칙이 영국에서 천천히 자리를 잡아갔다. 한동안은 어음 만기일까지의 기간이 두 달 이내이고 고명한 런던의 이름이 배서되어야 한다는 것이 "바꿀 수 없는 관행"이었다; 그러나 이 표현이 1793년 상황을 묘사한 것이라지만, 다른 한편에서는 맨체스터의 할인 요청—그리고 치체스터에서 요청된 할인 건 하나도 거부됐는데, 결국 한 은행의 파산으로 귀결됐다—은 거부된 반면, 리버풀의 은행들에게는 4만 파운드의 여신이 주어졌다는 기록도 같은 시기에 나온 것이다. 1816년 7월에 이르러서야 영란은행은 엄격한 전례를 깨고 "런던의 배서인을 충분히 확보하지 못했더라도 의심의 여지가 없는 지방의 우량한 증권들"을 수용한다는 방침을 받아들였다.[52]

사실 영란은행은 두 사람의 배서인 서명을 갖춘 어음은 물론, 이보다 훨씬 다양한 유형의 자산을 담보로 대출을 제공했었다. 1816년 영란은행은 부동산담보 대출을 금지하는 원칙을 깨고, 흑연지방(Black Country : 잉글랜드 중부의 탄광 및 철광이 밀집한 공업지대—옮긴이)의 빈곤층이 겪고 있는 고충을 덜어주기 위해 "정규적인 업무관행에서 매우 벗어난 거래"를 집행했다. 영란은행은 "유력한 당사자들이 서명한 어음"에만 자금을 대여하는 전통적인 방식을 고수했지만, 몇 년 후에는 어음할인 규모도 줄었을 뿐만 아니라 할인 수입이 급감했다는 근거로 부동산담보 대출을 정규 사업으로 시작했다. 즉, 공적인 목적이 아니라 사적인 목적이었다.[53] 어느 단계에서는 서인도의 식민지농장에 대한 저당증서를 담보로 한 대출(나중에 영란은행은 이 대출이 회수되지 않아 담보 물건을 처분했다)[54]

과 잉글랜드의 미개간 토지에 대한 대출까지 해주었다. 이 미개간 토지는 저당도 설정되지 않았으며 한 공작(公爵)의 소유권이 유지되고 있어서, 담보와 차입자의 성격(혹은 신분)이 무관하지 않음을 보여준다. 스코틀랜드나 아일랜드에 대해서는 토지를 대상으로 한 대출을 집행하지 않았다.[55]

철도의 확장과 함께 철도채권를 담보로 한 영란은행의 대출도 이루어졌다. 1842년 두 번째 철도 광기가 불기 시작했을 때, 영란은행은 경영난을 겪고 있는 기업과 성공적인 철도개발 경험이 있는 기업들에 대한 비정규적인 대출 집행을 승인했다.[56] 프랑스은행은 1852년 철도 신디케이트에 자금을 대여하기 시작했는데, 이에 대해 철도 투기의 과열을 일으킨 것은 아니라 하더라도 부추겼다는 비난을 받았다.[57] 월터 배젓은 영란은행이 콘솔국채와 인도 관련 증권에 대해서는 자금을 대여하면서, 철도채권에는 대여하지 않는다면 잘못이라고 생각했다; 그는 철도가 인도제국보다 예상치 못한 사태에 처할 가능성이 적다고 언급했다.[58] 그러나 인도 관련 증권은 영국정부의 식민국(Colonial Office)이 보증하는 것이므로, 사실상 영국정부의 채무와 다름 없는 것이었다.

재무부증권은 함부르크의 해군성증권(Admiralty Bills)과 마찬가지로 상품을 담보로 발행됐다. 클랩햄의 기술에 따르면, 1825년에 집행된 영란은행 대출의 다수가 실제로는 상품을 담보로 한 것이 아니라 개인의 신용을 기초로 이루어졌고,[59] 대출은 자유롭게 집행됐으며, "까다로운 조건"도 붙지 않았다.[60] 1847년에는 수 주 동안 정규 대출과 비정규 대출을 포함해 225만 파운드를 대여했는데, 담보 가운데는 구리채광회사의 증권도 들어 있어서 영란은행은 본의 아니게 구리광산을 취득하게 됐다.[61]

원칙이 없다는 것이 원칙이다. 채무지불 능력을 상실한 은행에는 대여하지 않는 것이 원칙이지만, 런던 시장이 파산할 경우 닥치게 될 피해를 회피해야 할 때(1793년)[62]나 은행업계의 재앙이 빈발했던 도시인 뉴캐슬에서 당분간 임금 지급을 지탱해 주어야 할 때[63]는 예외다. 프랑스은행은 1837년에 미국의 은행가 새뮤얼 웰즈(Samuel Welles)가 할인을 요청할 때까지는 쟈크 라핏트를 제외한 그 누구에게도 400만 프랑 이상의 금액을 할인해 준 적이 없었다; 웰즈의 경우는 예외로 입증됐다.[64](물론 그 이전에 라핏트와의 거래에서 프랑스은행이 집행한 할인도 정치적 동기에 따른 예외적인 것이었다.) 프랑스 의회는 웰즈의 은행 같은 중요한 은행을 포기할 수 없었기 때문에, 이 은행은 1500만 프랑의 신용한도를 얻었다.[65] 1830년 위기 때 프랑스은행은 국채, 지방채, 관세결제 어음, 목재가공결제 어음, 파리 시채권, 복권기금으로 환급되는 운하채권을 할인해주었다.[66]

궁극적 대여자가 내려야 하는 결정 가운데 일부는 재무부증권의 할인 여부를 결정하는 일처럼 쉬운 것들도 있다. 그리고 위태로운 은행의 불확실한 담보에 대한 수용 여부와 같이 어려운 것들도 있다. 지원이 거부돼 파산한 뒤 채무잔고 1파운드 당 20실링에 청산된 회사라든가, 한 번의 위기에서는 지원을 받았다가 다음 번 위기 때는 넘어간 은행들과 같은 기록들이 즐비하다. 1857년 상업위기를 다룬 에반스의 저서에서 241쪽 분량의 부록은 1849년에서 1858년 사이 영국의 파산법정에 대한 기록에 할애되어 있다. 이 기록을 읽는 것은 씁쓸하다. 1848년 영란은행으로부터 어음 인수를 거부당한 브레인(G.T. Brains)은 채무잔고 1파운드 당 20실링에 청산됐는데, 최종적으로 당초 추산된 금액의 두 배에 달하는 흑자 상태로 파산했다. 파산 과정에서 영란은행이 제기한 소장들도 눈에 뜨이는데, 크뤽섕크, 멜빌 회사(Cruikshank, Melville and Co.) 건은 1파운드 당 12실링6펜스밖에 청산하지 못한 또 다른 파산 회사에게 이 회사가 지급한 어음의 미결제 잔액을 영란은행이 청구했다.[67]

심지어 역사의 판단도 항상 유용하지는 않다. 영란은행은 당초 1836년 가을 미국의 'W은행' 3곳(위긴스, 윌슨스, 와일즈)에 대한 지원을 거부했다가 강경한 자세를 완화해 1837년 3월 이들에게 신용을 제공했다. 안드레아데스는 영란은행이 과감한 조치를 취했으며 자신의 용기를 후회한 적이 없었다고 언급했다.[68] 이와 반대로 클랩햄은 영란은행은 매우 꺼림칙해 하면서 대출해 주었고, 5월 말 윌슨스와 위긴스의 파산에 이어 와일즈가 파산했을 때도 놀라지 않았는데, 이로 인해 "길고 지겨운 채무의 뒷 이야기가 14년이나 끌었다"고 주장했다.[69] 매튜스는 3곳의 'W은행'에 대한 영란은행의 지원은 "그들의 영업정지를 피해 보자는 허황된 희망에서 실행된 판단 오류였지만, 영란은행이 집행한 원칙은 정상적인 것이었다"고 평가했다.[70]

언제, 그리고 얼마나?

"너무 모자랐고, 너무 늦었다"는 것은 중앙은행의 경영뿐만 아니라, 모든 활동의 어휘 목록에서 가장 우울한 어구들 가운데 하나다. 그러나 얼마가 충분한 것인가? 또 언제가 적기인가?

월터 배젓의 원칙은 벌칙적 금리로 제한 없이 대출을 공급하는 것이다. "제한 없이(freely)"라는 것은 불가피하게 예외적 상황에 처한 차입자로서 채무지불 능력과 함께 양질의 담보를 갖추고 있는 경우에만 적용된다는 의미다. 이것은 위기 때마다 여러 중앙은행을 유혹하는 임시방편 수단들은 거부한다는 것을 의미한다. 일찍이 1772년에 영란은행은 선별적으로 할인을 제한함으로써 과잉거래를 차단하고자 했고, 이에 대한 비판을 받았다.71) 1797년에는 할인총액 한도 내에서 비례배분에 따른 할인 할당을 시작했는데, 폭스웰은 1809년에도 이 조치가 채택됐을 것이라고 생각했다.72) 중앙은행의 개입이 과도한 수준에 진입했다고 느낄 때, 중앙은행이 사용하는 다른 기법은 담보 구비조건의 강화, 할인 대상 어음의 만기 변경(90~95일에서 60~65일로 단축), 혹은 배서인 숫자를 늘리는 것이다. 1783년 5월 영란은행은 자신의 고객들에게 과도한 어음할인을 제공한 탓에 정규 업무관행의 한도를 넘어서게 되자, 그해 발행되는 정부국채 청약자금의 대출을 거부했다; 클랩햄은 영란은행이 패닉에 대비하기 위해 자신의 운용 한도를 제한했기 때문에, 다행히 그해 여름 공적인 업무와 사적인 업무에서 패닉을 일으킬 만한 재앙은 일어나지 않았다고 지적했다.73) 이 경우 영란은행의 행동은 시스템의 안전과 안정을 책임지는 공적 기관으로서가 아니라, 자신의 안전을 염려하는 민간은행이나 마찬가지였다.

궁극적 대여자는 할인 장치를 통하지 않고, 공개시장에서의 국채 매입을 통해 시스템에 자금을 공급할 수 있을 것이다. 중앙은행은 얼마나 통화 공급량을 늘려야 하는 것인가? 1929년 10월의 1억6000만 달러와 1929년 11월의 추가적인 2억1000만 달러는 적당했던 것인가? 뉴욕연방준비은행의 견해로는 이 정도의 자금으로는 충분하지 않았다. 뉴욕연방준비은행은 일주일에 2500만 달러 한도의 국채 매입을 허용하는 FRB의 지침에 따라 운영되고 있었다. 뉴욕연방준비은행은 10월에 1억6000만 달러어치를 매입해 이 규정을 어겼고, 그 후 11월 12일에는 일주일에 2500만 달러로 돼있는 한도 규정을 폐기할 것과 시스템을 구하기 위해 공개시장투자위원회(Open Market Investment Committee)가 2억 달러어치의 채권을 매입할 수 있도록 허가해 줄 것을 FRB에 제안했다. 긴 협상 끝에 FRB는 마지못해 이 요청을 11월 27일 승인했고, 1억5500만 달러의 국채가 11월 27일에서 1930년 1월 1일 사이에 매입됐다. 이 시점에 이르렀을 때 할인은 신속히 처리됐고, 금리는 급격히 떨어졌으며, 궁극적 대여자에 대한 필요–시장에서 콜머니 여신의 청산을 소화시키기 위한–는 종료됐다.[74]

일부 통화주의자들은 궁극적 대여자에 대해 양가적(兩價的)인 태도를 취하는 듯하다. 프리드만과 슈워츠는 패닉이 스스로 자멸하도록 놓아두지 않는다는 대목에서 월터 배젓을 긍정적으로 인용했다.[75] 이들은 공개시장에서의 매입이 증권거래소의 기능을 유지시켰다는 해리슨의 주장에 대해서는 약간 회의적이기는 했지만, 1929년 10월 뉴욕연방준비은행이 조치한 1억6000만 달러의 공개시장 매입은 "시의적절하고 효과적"이었다고 주장했다.[76] 프리드만은 모든 할인에 대해 반대했고, 주식시장 붕괴가 공황을 초래하거나 심화시킨 주된 요인이 아니었다고 믿었다.[77] 어느 극단적인 통화주의적 시각은 이 시기에 있었던 공개시장조작은 1920년대의 신용팽창이 부활한 것이라고 주장했다.[78] 그러나 대부분의 통화주의자들은 통화 공급량이 일정한 속도로 늘어나는 한, 궁극적 대여자는 필요하지 않다고 믿고 있다. 돌이켜 볼 때, 1929년 10월 중순에서 11월 말까지 수 주 동안 취해진 공개시장조작은 개탄할 정도로 불충분했다. 이 공개시장조작 덕분에 뉴욕의 은행 시스템은 뉴욕 외부 은행들이 회수한 콜머니 여신의 공백을 메울 수는 있었지만, 그 대가로 다른 자산의 매수에 투입될 수 있는 신용 규모가 축소됨에 따라 초래된 주식과 상품, 부동산의 가격 하락은 불황의 수렁으로 내닫는 뇌관을 격

발했다.[79]

 1987년 10월 검은 월요일의 붕괴가 터졌을 때, 앨런 그린스펀 의장 지휘하의 FRB가 개입한 시점 선택은 그야말로 완벽했고, LTCM의 붕괴가 불가피했던 1998년 9월 미국 자본시장을 지원했을 때도 마찬가지였다.

 시점 선택은 특수한 문제를 제기한다. 경기 확장이 점점 더 세게 그 강도를 높여 가면, 패닉이 촉발되지 않도록 하면서 확장의 강도를 늦추어야 한다. 붕괴가 발생한 후에는, 채무지불 능력이 없는 기업들이 파산할 때까지 충분한 시간을 기다려야 하지만, 채무지불 능력은 있지만 단지 유동성이 부족한 기업들에게까지 위기가 확산될 정도로 오래 기다리지-클랩햄의 표현을 따르면 "뛰어난 수영선수들마저 익사할 때까지 시간을 끌지"[80]-않는 것이 중요하다. 1857년 12월 4일 손실보상법안에 대한 토론석상에서 디스레일리는 "롬바드 스트리트의 최대 규모 어음할인회사" 가운데 이름을 밝히지 않은 어느 대표가 이렇게 말했다고 인용했다: "압박이 극한에 달할 경우 정부의 개입이 있을 것이라는 모종의 사적인 정보가 그에게 입수되지 않았다면, 당시 그는 더 이상 버틴다는 생각을 포기했어야 할 것이다. 그리고 그가 사업을 끌고 간 것은 오직 그 같은 묵계적 인식에 근거한 것이었다."[81] 사적인 정보와 외부자들을 배제한 내부자들을 위한 묵계적 정보의 형평성은 문제 제기의 대상이 될 수 있을 것이다. 이 같은 언급은 더더욱 시점 선택의 중요성을 말해 주고 있다. 너무 모자라고 너무 늦은 것보다, 너무 이르고 너무 많은 것이 더 나쁜 것인지는 잘라 말하기 어렵다.

 1857년에 미국 재무부는 너무 이른 시점에 시장의 구제에 나서서, 문제가 더 커지도록 일조했다. 1873년에는 대응이 너무 더뎌서, 그해 초반에는 아무런 조치도 취해지지 않았다.[82] 남북전쟁 이래 다른 모든 위기 때와는 달리, 사태가 너무 오래 가도록 방치된 1907년 위기 당시 보여준 당국의 느린 대응을 가리켜, 스프라그는 "유감스러운 어음교환소의 지체"†라고 언급했다.[83]

투기적 확장 국면이 벌어진 이후에는 궁극적 대여자의 필요성이 인정되지만, 억제 조치가 붕괴를 촉발하지 않고 확장 속도를 적정하게 둔화시킬 확률이 낮다고 판단될 경우, 궁극적 대여자는 개입 규모와 시점 선택의 딜레마에 직면한다. 딜레마는 할인 방식보다 공개시장조작이 더욱 심각하다. 할인에 대해 월터 배젓이 규정한 합당한 규모는 채무지불 능력과 건전한 담보를 갖춘 회사들을 할인 경로로 하여, 시장이 벌칙적 금리 수준에서 흡수하는 최대한이다. 공개시장조작에서는 당국의 결정이 더욱 어렵지만, 시장을 굶겨 죽이지 말라는 배젓의 생각은 옳다. 시스템에서 신용이 마비되었다면, 적은 것보다는 많은 것이 안전하다. 과잉은 나중에 걷어낼 수 있기 때문이다.

시점 선택은 예술이다. 이 말은 아무것도 말해주지 않지만, 동시에 모든 것을 말하는 것이다.

---

† 〔역주〕 '유감스러운 어음교환소의 지체'(unfortunate delay of the Clearing House); 스프라그가 1907년 미국에 160개소나 존재했던 어음교환소(clearinghouse)를 복수 보통명사로 쓰지 않고, 대문자와 단관사를 동원해 단수 고유명사처럼 표현한 것은 백악관(the White House)이나 미국 정부 전체를 겨냥한 표현으로 보인다.

12 The International Lender of Last Resort
국제적 차원의 궁극적 대여자

국제적 차원의 궁극적 대여자에 대한 논의는 디플레이션 압력이 한 나라로부터 다른 나라로 전이되는 역사적 기록을 주된 소재로 다룬다. 이 전이는 종종 고정환율제하에서의 평가절하나 변동환율제하에서의 외환가치 하락을 통한 환율의 변화를 동반한다. 1992년 핀란드 마르카화의 평가절하는 목재 및 여타 제품의 생산과 판매에서 핀란드의 주된 경쟁국 가운데 하나인 스웨덴에 디플레이션 압력을 전이시켰다. 1997년 하반기 태국 바트화, 말레이시아 링기트화, 한국 원화의 외환가치 하락은 거대한 디플레이션 파고를 미국에 전달했다. 1990년대 일본의 무역수지 흑자 확대는 주력 무역 상대국들, 특히 미국에 디플레이션 충격으로 작용했다.

국제적 차원의 궁극적 대여자에는 일국 차원에서는 존재하지 않는 문제가 존재한다; 서로 다른 국가별 통화와 국가별 중앙은행이 존재하는 한, 환율의 변동은 불가피하다는 점이다. 환율의 변동 가운데 어떤 것들—특히 한 나라가 무역 상대국들에 비해 낮은 물가상승률을 유지하는 데 성공적이지 못한 경우처럼—은 필요하다; 이 경우는 해당국 통화의 외환가치 하락이 통화의 과대평가로 야기되는 실업에 비해, 보다 적은 비용으로 균형 상태를 회복할 수 있다. 또 기술변화에 따른 수출시장의 상실, 원자재의 고갈, 산업화 초기 단계에 있는 나라들의 생산성 증대 같은 구조적 충격으로 인해 환율의 변동이 필요해지는 경우도 있다. 자국 통화의 외환가치를 낮게 유지하는 게 국내 고용과 경제성장을 촉진하는 저비용 방식으로 여겨지기도 하는데, 이런 경우의 환율 변동은 필요하지 않은 경우라고 할 수 있다.

충격에 적응하기 위한 수단으로서 환율 변동이 불필요하게 값비싼 형태일 수도 있다. 외환시장에서 어느 나라 통화의 가격이 장기균형 가치에 비해 상승함에 따라 해당국 통화가 '오버슈팅' 국면에 진입하면 이 나라의 대외무역 부문은 거의 예외없이 디플레이션 충격을 받았다. 반대로 어느 나라 통화의 가격이 장기균형 가치에 비해 하락함에 따라 통화가 '언더슈팅' 국면에 진입하면 물가상승률의 급등이 유발될 수 있다. 더욱이 실질 외환가치의 급격한 하락이 기업과 은행들의 광범위한 파산을 야기하는 경우가 자주 있었다.

통화가치가 과소평가되는 언더슈팅이 발생한 무수한 사례들을 보면, 동일한 통화에 대한 큰 폭의 오버슈팅, 즉 통화가치의 과대평가가 그에 앞서 나타났던 경우가 꽤 많다. 오버슈팅에서 언더슈팅으로 뒤집어지는 돌발적인 반전은 거의 예외없이 국가간 자금이동 방향의 갑작스런 반전의 결과로 발생했다. 따라서 오버슈팅과 언더슈팅의 폭을 줄이는 제도적 혁신과 정책 혁신은 경제적 복지를 향상시키는 일이다.

일국 차원의 궁극적 대여자가 맡아야 하는 기본적 책임은, 국내 유동성의 부족이 채무지불 능력의 문제로 확대됨으로써 투매와 경계 매도(precautionary selling)가 없었다면 피할 수 있었던 파산을 야기하게 될 개연성을 줄이는 일이다. 일국 차원의 궁극적 대여자는 위태로운 투자와 부실한 사업 결정으로 인해 이미 파산 상태에 들어선 금융기관의 구제를 피하는 일, 그리고 이들보다 건실한 경쟁자들을 물가 수준의 하락과 디플레이션 충격이 유발하는 채무지불 능력의 상실 사태로부터 구제하는 일, 이 양자 사이에 걸린 팽팽한 밧줄 위를 걸어야 할 필요가 있다. 국제적 차원의 궁극적 대여자가 맡아야 하는 기본적인 책임은 필요한 환율 변동의 범위를 개선하고 경제적 펀더멘털 측면에서 불필요한 환율 변동을 막기 위해 유동성을 제공하는 일이다.

국제적 신용은 적어도 4세기에 걸쳐 확대돼 왔는데, 정부가 해외 자금을 차입하고 국내의 돌발적인 자금 인출에 대응하기 위해 민간은행들이 외국 은행에 필요한 지원을 의존하는 과정을 밟아왔다. 제1차 세계대전 기간과 종전 직후에 진행된 각국의 물가 급등으로 인해 공공부문과 민간부문의 금 수요량이 증가함과 동시에 금 생산량은 감소할 것이라는 전망에 따라 국제 유동성-보다 정확하게는 통화성 금(monetary gold)-의 잠재적 부족을 우려하는 공동의 관심사가 1920년대에 처음으로 등장했다. 더욱이 이전의 오스트리아-헝가리 제국이 여러 나라로 나뉘어지면서 새로운 중앙은행들이 설립됨에 따라 통화성 금에 대한 수요가 늘어났다. 1920년대 국제연맹이 후원한 일련의 국제회의에서 중심 내용은 각국 중앙은행들이 대외준비자산의 더 큰 비중을 영국 파운드화, 미 달러화 및 기타 국가 통화로 표시된 유동성 있는 유가증권의 형태로 보유해야 할 필요성에 있었다.

국제통화기금(IMF)은 각국 정부간의 여신 거래에 대비한 제도적 틀을 갖추고, 외환위기에 대처해야 하는 나라들을 지원하기 위해 1945년에 설립됐다. IMF를 설립하게 된 동기는 제1차 세계대전 이후에 벌어진 국가간의 파괴적인 경쟁 행위가 제2차 세계대전의 발발을 불러왔고, 경쟁 행위의 큰 부분이 국제적 신용의 부족에 기인했다는 믿음이었다. 즉, 각국 정부가 국내 고용을 촉진하기 위한 환율 정책과 무역 정책을 추구함에 따라 개별 국가로서는 성공적일 수 있는 정책들이 집단으로서의 모든 국가에게는 값비싼 비용을 초래하게 되는 구성의 오류가 벌어진 것이다. 한 나라가 IMF에 가입하면, 자국 통화의 평가(平價, parity)를 중심으로 일정한 범위 내에서 환율의 변동을 억제하기로 약속했다; 또한 자국 통화의 외환가치 기준을 미미한 규모 이상으로 변경하고자 할 때는 사전에 IMF의 승인을 받아야 한다는 것도 약속했다. IMF는 각 회원국의 자본금 불입을 통해 금과 회원국 통화로 구성된 연합 준비자산을 구축했다. 회원국은 국가간 결제에서 부족한 적자분을 조달하기 위해 IMF의 연합 준비자산에서 차입할 수 있었다.

한 나라 통화의 평가절하는 거의 예외없이 그 나라 제품의 국제경쟁력 향상과 무역수지 적자의 감소를 가져오게 돼있다. 이 개선 효과의 정도는 시간에 따라 다르게 나타나며, 해당국 기업들의 수출 역량과 수입 대체품의 생산 능력이 커질수록 이 효과는 장기적으로 더 증대된다. 따라서 수요와 공급의 구조가 변화해 이 나라의 무역수지 적자가 지속적으로 유지 가능한 새로운 수준으로 감소하는 데는 시간이 소요되고, 이 시점에 도달하기 전까지는 이 나라 통화의 외환가치가 단기적으로 급격한 하락을 보일 가능성이 있다. 이 같은 조정이 마무리되기 전의 진행 기간 동안 외환시장에서 모멘텀에 편승하는 거래자들이 해당국 통화의 외환가치를 더욱 급격하게 하락시키는 결과를 유발할 수 있다.

외환시장에서 나타나는 통화의 언더슈팅과 오버슈팅은 국가간 자본 흐름의 규모가 변화함에 따른 불가피한 현상이다. 외환시장의 거래자들이 "추세는 내 친구"라는 뜬소문을 추종하는 정도에 따라 언더슈팅과 오버슈팅의 폭이 확대되는 일이 종종 벌어진다. 최근 수 년 동안 "악순환과 선순환"이라는 말이 이 같은 외환시장의 행태를 묘사하는 속설로 사용됐다. 보다 예전 세대의 경제학자들은 이와 동일한 시장 전개에 대해-시장을 균형점에서 이탈시키는-"교란적 투기(destabilizing speculation)"라는 용어를 사용했다.

이런 식의 통화가치 조정은 주변 여건이 유리한 상황에서 발생할 때도 가끔 있지만, 상황이 그리 우호적이지 않을 때 일어나는 경우도 있다. 즉, 1994년과 1995년에 멕시코는 지탱할 수 없을 정도로 경상수지 적자가 심하게 확대되었기 때문에, 페소화의 외환가치 하락이 불가피했다. 멕시코의 국내총생산(GDP) 대비 경상수지 적자의 비율을 3~4% 범위로 떨어뜨리는 것이 필요했다. 이 같은 경상수지 적자의 축소는 절박한 것이었지만 멕시코의 저축, 정부의 재정수지, 그리고 GDP에 엄청난 충격을 미치게 됐다. 충격이 발생하자 멕시코를 빠져 나가는 자본 유출이 급격하게 늘어났고, GDP 대비 경상수지 적자의 비율에 일어난 변화는 순식간에 10~12%대에 달했다. 멕시코 경제에 이 정도의 충격은 어마어마한 것이었다.

2001년 아르헨티나 페소화의 외환가치 하락에 대해서도 이와 유사한 설명을 적용할 수 있다. 다른 예로 1997년 12월 한국 원화가 외환시장에서 그 가치의 3분의 1을 상실한 뒤 한국경제에서 터져 나온 숨넘어갈 지경의 고통을 생각해 보라; 한국은 이 때의 위기가 일어나기 전에 경상수지 적자가 GDP의 1%에 불과했다. 아시아 금융위기 기간 중 인도네시아 루피아화의 변동폭은 극단적일 정도로 컸다.

오버슈팅과 언더슈팅이 국제적 자본흐름의 방향과 크기가 변화하는 데 따른 과도기적인 현상인 반면, 그 충격은 국내 경제에 가히 엄청난 실물적 영향을 미치며, 이 영향의 일부는 영구적으로 남는다. 개별 통화들이 새로운 균형 가치로 이동하는 과정에서 환율 변동이 미치는 파급효과의 외연을 분석가들이 과소평가했던 한 가지 이유는 환율의 오버슈팅과 언더슈팅-특히 언더슈팅-이 초래하는 영구적인 영향을 무시하는 경향이 있었기 때문이다.

국제적 차원의 궁극적 대여자는 여러 나라들이 장기균형 환율에서 이탈한 시장 환율의 괴리를 완화시키는 데 도움이 될 것이다. 금융의 역사에서 추론해 본다면, 국제적 차원의 궁극적 대여자가 존재하지 않는 상황에서는 금융위기에 뒤따르는 경기침체가 1873년, 1890년, 1930년대 초반의 경우처럼, 필요 이상으로 오랫동안 지속될 수 있다.

국제적 차원의 궁극적 대여자를 창출하는 일에서 한 가지 문제는 그 활동을 통제하게 될 법률적 틀과 운영규칙을 수립하는 것이다. 통일된 세계 통화가 없기 때문에 국제적인 궁극적 대여자는 불가피하게 한 국가 혹은 여러 국가-대외준비자산 보유고와 국제수지 흑자가 큰 나라들일 가능성이 가장 높다-의 통화를 국제수지 적자폭이 큰 나라들에게 대여하게 될 것이다. 역사적 기록에 근거해 추론할 때, 궁극적 대여자가 공급하게 될 통화는 선도적인 금융중심지의 역할을 담당하면서, 다른 나라들의 통화도 보유하고 있는 나라의 통화가 될 것이다.

1930년대의 부채 디플레이션은 기업 파산, 은행 파산, 물가수준의 하락이 반복되는 되먹임 과정를 동반했다. 기업체들이 파산하면 그들의 재고가 매각됐고, 재고의 매각이 물가수준을 내리눌렀기 때문에, 같은 산업 내의 다른 업체들의 순자산도 줄어들었다. 기업 파산으로 인한 은행의 대출손실이 늘어남에 따라 은행의 여신 의욕이 줄어든다. 은행들은 차입자들이 미끄러운 비탈에 들어섰다고 믿고, 만기가 도래하는 대출 가운데 일부를 갱신해주지 않았다. 상품가격 수준이 하락한다는 것은 명목 금리가 낮더라도 실질 금리가 높아진다는 점에서, 투자지출이 억제된다는 것을 의미했다.

일본은 1990년대 말에 물가수준이 연 1%씩 하락하면서, 기업체 파산 빈도가 이례적으로 높아졌고 부채 디플레이션의 순환이라는 고통에 빠졌다. 홍콩은 아시아 금융위기와 중국으로의 주권 회귀 이후 5년 동안 부채 디플레이션의 순환에 빠져 있었다. 이 때 홍콩을 제외한 거의 모든 아시아 국가 통화의 외환가치가 하락했기 때문에, 홍콩에서 생산하는 기업들의 국제경쟁력은 떨어질 수밖에 없었다.

국제적 차원의 궁극적 대여자가 처한 환경은 일국의 궁극적 대여자와 기본적으로 두 가지 방식에서 다르다: 그 하나는 유동성 위기가 환율 변동과 함께 일어나는 일이 잦다는 점이고; 다른 하나는 국제적인 환경에서는 법률의 규제가 보다 허약하다는 점이다. 국제적인 궁극적 대여자 역시 불필요한 환율 변동을 피하기 위해 유동성을 제공하는 일, 그리고 해당국 통화의 외환가치가 그 균형 가치로 복귀하는 데 필요한 환율 변동이 유동성의 공급으로 말미암아 상당 기간 장기화될 개연성을 최소화하는 일, 이 양자 사이에서 줄타기 곡예를 할 수밖에 없다. 1999년과 2000년에 아르헨티나는 경제의 균형 회복에 필요한 조정을 회피하고 늦추기 위해 차입했고, 또 차입을 이어가려 했을 것이다.(아르헨티나 정부는 해외자금의 차입에도 불구하고 결국 평가절하에 굴복한 후에는, 채권자들을 압박해 1달러 당 25~30센트 선에서 채무를 정리해주기를 원했다.) 더욱이 해당국 통화의 외환가치 변동이 필요한 때라고 하더라도 국제적인 궁극적 대여자의 신용 제공은 통화가 새로운 균형 가치를 찾아가는 이행 과정에서 나타날 수 있는 언더슈팅의 폭을 최소화할 수도 있다. 마지막으로 어느 나라 통화의 외환가치 변동이 필요한지, 아닌지를 결정하는 일 자체가 심판이 내리는 판정(judgment call)일 때도 있다; 이 나라의 국제수지 적자가 경기순환의 전개 혹은 상품가격의 변화로 인해 반전될 가능성도 있고, 아니면 그야말로 기적이나 행운이 벌어질 수도 있기 때문이다.

국가별 통화의 외환가치 변동이라는 변수가 일국적 차원에서는 존재하지 않는다는 점에서 보자면, 일국의 궁극적 대여자와 국제적 차원의 궁극적 대여자 사이의 유사성은 사라지거나, 적어도 크게 줄어든다. 예금보증기관이나 다른 모종의 정부 관련 집단에 의해 손실이나 자본금 결손의 보전이 성사되는 시점을 앞둔 일시적인 순간를 제외한다면, 보통은 채무지불 능력을 상실한 기관에게 일국의 궁극적 대여자는 대여하려고 하지 않는다. 다수의 국제적 금융위기는 통화가치의 과대평가가 이미 심각한 수준에 도달한 나라들의 환율 변동과 함께 나타났다. 문제는 '펀더멘털의 불균형'−브레튼우즈 체제의 조정 가능한 고정환율 시스템이 여전히 유효했을 때 IMF가 대중화한 용어다−으로 인해 자국 통화의 외환가치가 변경돼야만 하는 나라가 언제 외환가치 변경을 실행해야 하는지, 그 시점을 결정하는 일이다. 해당 국가들이 자국 통화의 외환가치 변동 능력을 확보하고 있는 한, 통화의 외환가치 변동이 불가피한 나라가 필요한 환율 변동을 국제적인 궁극적 대여자의 지원 자금으로 지연시킬 수 있는 시점이 언제인지, 또 통화의 외환가치 변동이 불필요한 나라가 이 지원 자금의 혜택으로 무익한 환율 변동을 막을 수 있는 시점이 언제인지를 국제적 차원의 궁극적 대여자는 결정해야 할 것이다.

지난 35년 동안 발생한 금융위기의 횟수와 혹독함은 엄청난 것이었다. 국제적 차원의 효과적인 궁극적 대여자가 있었다면, 금융시장의 혼란은 경감될 수 있었을 것이다. 이 시기에 있었던 주요 통화위기의 사례 몇 가지를 고려해보자:

- 1982년 … 멕시코, 브라질, 아르헨티나
- 1992년 … 영국 파운드화, 이탈리아 리라화 및 여타 유럽 국가의 통화들
- 1994년 … 멕시코 페소화
- 1997년 … 태국 바트화, 말레이시아 링기트화 및 여타 아시아 국가의 통화들
- 1998년 … 러시아 루블화
- 1999년 … 브라질 헤알화
- 2001년 … 아르헨티나 페소화

1995년에 미국은 멕시코에 대한 종합적 금융지원 대책을 되는 대로 급하게 짜맞추었다. 태국, 한국, 인도네시아, 필리핀은 이미 통화가치가 폭락한 뒤에야 IMF로부터 거액의 신용을 받았다. 러시아는 1998년 봄 루블화의 평가절하를 피할 수 없어 보였음에도 불구하고 IMF로부터 거액의 신용을 받았다; 러시아와 마찬가지로 큰 기적이 일어나지 않는 한, 아르헨티나 페소화의 달러화 페그제를 지탱할 수 없는 상황이었음에도 불구하고 아르헨티나는 2001년 초가을에 IMF로부터 거액의 신용을 받았다.

국제적 위기의 역사적 조망

중앙은행의 역사를 보면 국내에서 발생하는 대내적 자금 인출과 해외로 자금이 빠져 나가는 대외적 자금 유출을 구별하고 있다. 대외적 자금 유출은 일반적으로 금리의 상승에 의해 반전될 수 있었다; 금리의 인상으로 국가의 금 보유고를 원하는 수준까지 향상시키는 데는 종종 시차가 발생하기는 했지만, 영란은행이 재할인율을 한번에 1%포인트 인상하면 "달에서도 금을 끌어올 것"이라는 우스개 말이 있었다. 만약 투자자들이 재할인율의 인상을 취약성의 징후로 판단하고 통화를 매도한다면, 중앙은행은 금리를 더 인상해야 할지도 모른다. 때로 금리의 인상은—아마도 그 효과가 발생하는 데 걸리는 시간은 긴 반면, 위기 대처에 주어진 시간은 제한돼 있다는 점 때문에—불균형을 교정하는 데 충분하지 않았고, 급격한 통화가치의 하락을 막기 위해서는 시장 이외의 다른 모종의 출처에서 신용을 얻는 일이 필요했다; 한 중앙은행이 다른 중앙은행으로부터 차입하는 경우도 있었고, 해외 자산을 소유하고 있는 국내 기업들이 그 보유 자산을 매각하고 매도 대금을 송금하는 경우도 있었다.

국제적 금융위기의 개연성을 줄이고, 위기가 발생했을 경우 그 충격을 완화하기 위해 적합한 공공정책은 무엇인가? 1846년에서 1848년 사이의 금융위기에서 유럽 전역의 채권가격이 75% 가까이 폭락하며, 파리와 빈, 프랑크푸르트의 로스차일드 가(家) 회사들이 파산의 위협에 직면했을 때, 런던의 네이선 로스차일드(Nathan Rothchild)는 뉴욕에서 로스차일드를 대변해 일하고 있던 아우구스트 벨몬트(Auguste Belmont)의 도움을 받아 사적인 지원을 제공했다. 당시 벨몬트가 뉴욕에서 런던으로 선적한 은은 로스차일드 형제들에게 배분됐다. 중앙은행들은 금리를 낮게 유지하는 조치로 지원했지만, 네이션은 실제적인 궁극적 대여자로서 뉴욕의 지원을 동원해 세상을 구했다.[1] 1930년대에는 뉴욕의 쿤, 로브(Kuhn, Loeb)의 폴 워버그와 펠릭스 워버그 형제가 함부르크에 있던 그의 형제인 막스 워버그에게 900만 달러가 넘는 신용을 제공해 로스차일드 가와 같은 역할을 수행했었다.[2]

그렇지만 최후 수단으로서의 궁극적 대여는 현금 공급자로서의 중앙은행에 집중된다. 1694년 영란은행은 9년전쟁 기간 중 영국군과 연합군을 지원하기 위해 대륙에 자금을 송금하는 영국 재무부의 업무를 지원할 목적으로 네덜란드 의회로부터 200만 길더를 차입했다.[3]

그 후 수 년간(1695~97년) 암스테르담은 대륙에서 거부된 영란은행의 어음을 인수해 줌으로써 영란은행을 지원했다; 이 때 네덜란드인들은 이 서비스에 대해 10%의 할인수수료를 물렸다. 월터 배젓의 표현에 따르면 벌칙적인 금리지만, 어쨌든 그것은 공공재를 제공한 것이 아니라 하나의 영리적 사업이었다.[4]

1763년의 위기에서 영란은행과 런던의 민간은행들은 그 이전의 호경기 때 네덜란드인들에게 제공한 여신보다 더 큰 규모의 여신을 제공함으로써, 곤경에 처해 있던 네덜란드 측 거래처들을 구제해 주었다. 금을 실은 다섯 대의 탁송 화물이 8월에 선적됐고, 10월에는 두 대가 더 공급됐다. 이밖에 영란은행을 포함한 여타 은행들은 어음 결제청구를 늦춰주었다. 윌슨(Wilson)의 언급에 따르면, 이 같은 지원이 결코 순수한 이타적 행위는 아니었고, 영국의 번영이 네덜란드의 번영과 밀접히 결합돼 있으며, 네덜란드의 위기가 심해지면 영국을 위한 자본 공급처가 끊길 것이라는 인식에 근거한 실리적인 정책에서 나온 것이었다.[5]

1772년에 발생한 위기가 1773년 1월에 절정에 다다르자, 영국-네덜란드간 무역이 마비됐다. 암스테르담은 손을 쓸 수 없는 지경에 빠졌고, 오직 영란은행만이 암스테르담을 구제할 수 있었다고 윌슨은 언급하고 있다. 1월 10일 일요일에 영란은행이 지원 창구를 열어 은행권과 정부증권의 제출을 조건으로 정화를 내줄 것을 허용했다. 여러 대의 금괴 적재분이 정기선 첫 편에 실려 수송됐고, 이 때 어느 네덜란드 은행가는 50만 파운드를 인출해 갔다는 말도 있었다. 동시에 영란은행은 의심쩍은 어음의 할인을 거부했는데, 그 결과 암스테르담의 유대인 소유 은행들 다수가 무너졌다.[6] 이 위기 때 러시아의 에카테리나 대제가 그녀의 최우량 고객인 영국 상인들을 도와준 것은 서유럽의 위기 때 짜르 제정 러시아가 제공한 수많은 지원 가운데 첫 번째 사례였다.[7]

1825년의 위기 때에는 프랑스은행이 영란은행의 어려움을 가중시키고 있다는 소문이 돌았다. 이 소문과 달리, 클랩햄은 프랑스가 런던에서 은을 받고 금을 공급해 줌으로써 국제적 금융 협력의 초기 사례에 참여했다고 주장했다.[8] 은으로 계산한 금의 가격이 파리(14.625대 1)보다 런던(15.2대 1)에서 더 비쌌다는 사실이 이 교환을 순조롭게 만들었지만,[9] 파리로부터 로스차일드 산하의 은행들을 경유해 런던에 40만 파운드(대부분 1파운드짜리 금화로 채워졌다)가 1825년 12월 19일 월요일에 당도한 것은, 인출쇄도가 절정에 달했던 그 이틀 전 토요일에 사실상 금고가 거의 고갈된 상태였던 영란은행에게는 천만다행의 일이었다.

1836년부터 1839년까지 이어진 장기화된 위기 때 영란은행은 자신의 유동성을 유지하기 위해 두 차례에 걸쳐 프랑스은행과 함부르크 시의 지원을 모색했다. 처음에 영란은행이 시도한 방법은 파리에서 40만 파운드의 어음을 발행한 것이었다. 그리고 1838년에 영란은행은 필요한 차입에 대비해 파리에 신용한도를 설정해 두고, 그 다음해인 1839년에 여기에 기초해 200만 파운드를 차입했다; 이 때 영국 측에서는 베어링 브라더스가, 프랑스 측에서는 파리의 10개 은행들이 중개기관으로 활동했다. 영란은행은 이와 유사한 함부르크 시와의 신용한도를 통해 90만 파운드의 금을 차입했는데, 이 때의 거래는 은을 필요로 했던 함부르크에 대한 지원도 함께 고려한 것이었을 가능성이 있다.[10] 한편 영란은행은 1838년에 금 거래업자들의 일반적인 관행과는 동떨어진 방식으로 1파운드짜리 금화(sovereign) 32만 개를 세 척의 선박에 실어 미국에 보냈고, 이어서 같은 금화 36만 개를 두 척의 선박에 더 선적해 보냈다. 클래펌은 이 같은 조치는 전례가 없던 것이었고, 미국의 은행업자들이 1838년과 1839년에 영국 시장에서 증권 발행액 확대를 촉진했다는 점에서 해로운 결과를 초래했다고 언급했지만, 영국과 미국의 이해가 서로 맞물려 있다는 점을 인식한 영란은행의 판단 자체는 현명한 것이었다고 인정했다.[11]

프랑스 출처의 자료들에 따르면 프랑스은행은 1846년 하반기에 영국 자본가들로부터 2500만 프랑을 차입했고,[12] 영국 출처의 한 자료는 이 금액이 1847년 1월 영란은행으로부터 차입된 것이라고 기록하고 있다.[13] 이 시점에 러시아 황제는 프랑스와 영국이 필요로 하는 밀의 수입 자금을 조달해줄 용도로 5000만 프랑에 달하는 3% 금리의 프랑스 국채를 매입하겠다고 제의했다. 프랑스가 이렇게 마련한 자금의 절반을 영국으로부터 차입한 자금을 반제하는 데 사용했기 때문에 영국도 득을 보게 됐다.[14] 당시 영란은행 총재였던 팔머(Palmer)는 금을 선적해 보내는 것보다 미국, 함부르크, 암스테르담, 파리의 주요 은행들과 협약을 맺는 것이 더 바람직하다고 의회 특별위원회에서 증언했다.[15]

중앙은행간 협력이 보편적인 지지를 얻었던 것은 아니다. 바이너

(Viner)의 기록에 따르면 영란은행은 1836년에 "틀림없이 마지못해 하며" 프랑스에 원조를 요청할 수밖에 없는 처지에 있었고, 그런 상황이 영국에서는 치욕적인 것으로 여겨졌다; 양국 관계가 그리 돈독하지 않은 시기에 이 일이 발생한데다, "프랑스의 띠에르 씨 추종자들이 프랑스인들의 자비로움을 자랑스러워하면서, 앞으로는 이런 식의 관대를 다시 베풀어서는 안 된다고 권고했다는 이야기까지 전해진 터였기 때문"[16]이었다. 토마스 툭은 이 차입을 "불명예스러운 임시방편", "국가적 치욕에 버금가는 사태"라고 생각했다.[17] 파리에서는 프랑스은행의 지원을 요청하는 사람들이 국내 곳곳에서 아우성인 상황에서 이들을 도와주지는 못할 망정, 영국과의 협약으로 이익을 보겠다는 무책임한 처사였다고 프랑스은행을 비판하는 사람들도 있었다.[18]

1850년대에는 위기가 진행되는 기간 중의 국제적 협력이 줄어들었다. 클랩햄에 따르면 영란은행이 프랑스은행과의 공동 대응을 1857년 11월에 숙고했다고 하지만, 그 행동에 관해서는 언급되지 않았고 아무 것도 현실화되지 않았다는 것 이상의 별다른 내용이 없다.[19] 아마도 가장 흥미로운 일은 같은해 12월에 있었던 함부르크의 은화열차 건이다. 함부르크는 뉴욕과 오하이오에서 시작된 위기가 리버풀에 상륙한 뒤, 대륙-특히 스칸디나비아 국가들-을 휩쓸며 지나가는 파급 경로의 끝단에 있었다. 12월 4일에 함부르크 상원은 함부르크 정부채권의 발행으로 마련할 500만 마르크와 해외 차입을 통해 조달하기로 한 1000만 마르크로 구성되는 총 1500만 마르크의 기금 조성을 의결했다. 그 다음의 일은 자금을 빌리는 것이었다. 차관 요청이 런던의 로스차일드 가, 베어링, 함브로우, 파리의 풀드, 그리고 암스테르담, 코펜하겐, 브뤼셀, 베를린, 드레스덴, 하노버에 소재한 다양한 정치단체와 금융기관에 시도됐다.

풀드(Fould)로부터는 이런 대답이 왔다: "서신의 내용이 충분할 만큼 분명하지 않습니다." 베를린에서는 "브루크(Bruck)와 황제는 금융 쪽의 야심이 없다"는 답신이 왔다. 12월 8일 함부르크에서 하이네(Heine) 은행을 제외한 모든 은행이 파산 위협에 직면하고, 운임의 지급을 우려하는 여러 선박의 선장들이 화물 하역을 기피하고 있을 때, 빈에서 차관요청액 전액을 수용하겠다는 답신이 왔다. 곧이어 은을 실은 열차-은화열차-가 당도했다.[20]

은이 열차에서 하역되자, 메르크(Merck), 고드프로이(Godeffroy), 베렌부르크(Berenburg), 고슬러(Gossler) 등 상위권 은행업자들과 다섯 곳의 소규모 은행업자들에게 은으로 대출이 제공됐다. 충분한 은이 들어왔다는 사실이 알려진 12월 12일에 패닉은 끝났다. 당초 70만 마르크의 대출을 배정받은 도너 회사(Donner & Co.) 같은 몇몇 회사들은 신뢰가 회복되자, 전혀 차입할 필요가 없었던 것으로 밝혀졌다. 이 때의 위기에 대해 가장 상세하게 설명하고 있는 뵈머(Böhme)는 함부르크 사람들과 외부 지역 사람들 사이에 통화에 대한 얘기가 나올 때마다 이 일화가 몇 해를 두고 계속 등장했다고 언급했다.[21] 구제 작업의 정치적 성격이 영국의 외교 업무 급송문서들에 드러나 있다. 프로이센이 아니라 오스트리아가 원조를 제공함으로써 함부르크가 프로이센이 주도하는 관세동맹(Zollverein) 가입 압력을 받지 않을 것이기 때문에, 영국으로서는 다행이라고 함부르크 주재 영국 영사가 언급했다.[22] 베를린발 12월 29일자 급송공문에는 베를린이 함부르크를 지원할 수 없었던 이유를 해명하는 만토이펠(Manteuffel) 남작의 성명서 번역문이 첨부됐다. 베를린이 거절의 이유로 언급했던 "야심의 부재"는 베를린이 "기회를 놓쳤다"는 것을 여러 차례 강조하는 어설픈 해명으로 바뀌었다.[23]

함부르크의 패닉이 진정되자, 스칸디나비아의 불안 국면이 완화됐다. 그러나 국제적인 공식 원조로서 긍정적인 대목은, 영란은행에 수취된 노르웨이 회사들의 만기가 경과된 미결제 어음을 지원하기 위해 영란은행이 노르웨이 정부가 발행한 약속어음을 담보로 12월 18일에 제공한 대출이었다.[24]

1860년 11월 남북전쟁이 발발했을 때 뉴욕의 패닉은 파리와 런던에서 정화 유출을 초래했다. 프랑스은행은 재할인율 인상을 피하려고 했던 데다, 프랑스에서 금과 은의 교환비율이 시장의 정상적인 교환비율에서 이탈해 그 괴리폭이 증가함으로써 프랑스는 금을 더 확보하기 위해 영란은행과의 교환으로 200만 파운드의 은을 지불하고 200만 파운드의 금을 수입했다. 이 거래로 확보된 자금으로도 상황이 해결되지 않자, 프랑스는 1861년에 런던에서 금현송점(金現送點; gold point)보다 높은 단가로 금을 매입했다. 이 때 프랑스은행은 로스차일드와 베어링의 주선으로 런던 시장에서 200만 파운드의 어음을 발행했다.[25]

1873년의 위기 중에는 국제적 협력이 전개되지 않았지만, 중앙은행 간 거래에 개입되는 정치적으로 민감한 성격을 보여주는 두 가지 정황이 있었다. 1872~73년의 영란은행 공문철에 있는 문서 중에는 영란은행이 프랑스은행에 차입을 요청할 의도가 있었다는 "우스꽝스런 소문"에 대해 영란은행이 그 사실을 부인한 내용이 나온다. 그리고 11월 두 번째 주에 프로이센은행—독일 제국은행의 전신—총재가 영란은행에 금 차관을 지금 혹은 미래 어느 시점이든 제공할 용의가 있다는 공문을 보냈다.(클랩햄은 이 일이 있기 전에 독일이 1870~71년에 벌어진 프랑스-프로이센 전쟁에서 거둔 승리의 쾌감으로 절반은 술에 취해 있었고, 베를린은 이솝우화의 개구리처럼 잔뜩 바람에 부푼 상태였다고 논평했다.) 영란은행은 정중하지만 짤막하게 그 제의를 거절했다: "본 은행은 그 같은 원조가 불필요하며 필요했던 적도 없기에 귀하께서 매우 친절하게 제의하신 조치를 활용할 필요가 없습니다." 클램햄은 졸부에게서 나온 이와 같은 제안이 영란은행 총재로서는 무례하게 비쳐졌을 것이라고 부언했다.26)

1890년에 당시 윌리엄 리더데일 영란은행 총재는 베어링의 상태가 밝혀진 뒤에 나타날 위기를 두 가지 전선에서 대비했다. 국내적 차원에서 채무보증으로 뒷받침하는 것 외에, 리더데일은 러시아 정부가 베어링에 예치한 240만 파운드를 인출하지 않는다는 약속을 확보해 두었고, 프랑스은행 및 러시아 국립은행으로부터 각각 300만 파운드, 150만 파운드 규모의 금 차관을 원조받기로 협약을 맺었다. 리더데일은 프랑스은행 총재에게 재할인률의 일상적인 작동으로 조만간 금이 유입될 것이며, 돌발적인 폭풍에 대처하기 위해 이례적인 조치를 사용하는 것이므로 신뢰에 해가 될 만한 일은 결코 없다고 말했다. 그럼에도 불구하고 리더데일과 런던 금융가는 프랑스인과 러시아인에게 도움을 구하는 것이 꺼림칙했다. 클램햄은 이 점에 대해 이렇게 표현했다: "모종의 정치적, 금융상의 이유에서 프랑스와 러시아가 내키지 않았던 선의를 보인 것이라면 어찌 될 것인가?"27)

1906~07년 위기 당시 토론의 대부분은 프랑스은행이 영란은행을 도와준 것인지-분명히 프랑스은행이 지원했다-에 대해서가 아니라, 영란은행이 그 전에 그 같은 지원을 요청했었는지, 혹은 영란은행이 요청하지 않았다면 프랑스은행이 취한 조치가 대부분 자신의 이해를 위한 것은 아니었는지에 맞춰졌다는 점에서, 제1차 세계대전 이전에는 그런 식의 국제적 원조가 매우 민감한 성격의 사안이었다는 것이 드러난다. 1890년에서 1914년 사이 영란은행에 대한 세이어스(Sayers)의 설명을 보

면, "영란은행에 대한 가정(假定)상의 대륙 지원"이라는 제목의 장에서 이 저자는 영란은행이 도움을 청하지 않았다고 결론지었다. 세이어스는 1906년 9월에 발행된 「이코노미스트」의 다음 기사를 인용하고 있다:

> 영란은행이 미국의 금 수요에 대처할 수 있도록 프랑스은행이 도와주었다는 모종의 이야기……그러나 영란은행이 고작 미국의 투기자들이 이곳에서 손쉽게 금을 구하는 일을 배려하기 위해서, 정말로 그렇게 치욕스러운 자세를 취한다는 것은 결코 상상할 수 없는 일이다.

1907년 가을에 다시 한번, 프랑스은행이 10달러짜리 미국 금화(gold eagle)로 8000만 프랑을 런던에 보내 주었다. 프랑스은행의 1907년 보고서는 두 차례에 걸친 지원이 자신의 결정에 따른 것이라고 지적했다. 프랑스 언론이 추정되는 이유로 언급한 내용은 이렇다: 재할인률을 인상해야 할 처지에 놓인 영란은행의 부담을 덜어주기 위한 것이다; 즉, 영란은행이 도움을 요청했음을 암시하는 것이다. 한편 영국 출처의 자료들은 1890년 사례와 같은 공식적 언급이 영국 측에서는 없었다는 점과 영란은행의 재할인율 인상을 프랑스인들이 원하지 않았다는 점을 강조하고 있다. 「더타임스」의 금융부장인 하틀리 위더스(Hartley Withers)는 나중에 이렇게 썼다:

> 영란은행이 제시한 결단이 마침내 프랑스은행으로 하여금 국제적인 책임을 일정 정도 분담하는 일에 참여시켜서, 300만 파운드의 금을 프랑스은행이 지원하게 됐다. 프랑스은행은 이 차관의 상환을 고려할 때 믿을 만한 곳은 런던이라는 사실을 알기에, 미국이 아니라 런던으로 이 금을 보냈다. 보통 영란은행이 프랑스은행에 이 조치를 요청했다고 생각되고 있지만, 이것은 전혀 사실과 다르다.[28]

이와는 달리 1906년, 1907년, 1909년, 1910년에 프랑스은행이 런던에서 파운드화 표시 어음과 금을 거래한 것은 1938년까지 파리에서는 실행되지 않았던 공개시장조작이었다는 시각이 있다.[29]

세계 금융 중심지로서의 런던과 파리

앵글로색슨계의 경제사 전공 학생들 사이에는 런던이 19세기 초부터 1914년까지 세계의 금융 중심지였고, 파리와 베를린, 프랑크푸르트, 뉴욕, 밀라노는 런던의 위성들이었다는 것이 일반적인 견해로 자리잡고 있다.

독일의 한 평론가는 "잉글랜드가 1850년까지 자본 수출을 독점하고 있었고, 이어서 프랑스가 주로 자신의 '영광(gloire)'을 목적으로 하는 국가 정책의 수단으로서 자본 수출에 나섰고, 상업적 이해의 확대와 신시장의 개척을 추진했다"고 언급하고 있다.[30] 1850년대에 파리는 통화와 관련된 국제적 사안에서 중심적 역할을 담당했다. 반 블렉은 1857년의 패닉을 다루면서, "19세기 전반기 동안 프랑스가 유럽의 정치적 중추신경이었던 것처럼, 1850년에서 1857년에 이르는 시기에는 경제순환의 파고가 시작되는 중심이었다"고 썼다.[31]

경제순환의 중심이란 것이 반드시 국제금융 시스템의 구동축을 의미하는 것은 아니다. 1820년에서 1840년 사이에 파리는 발틱, 러시아, 중국, 라틴아메리카, 미국에 대한 런던의 대외결제 정산을 지원했고, 1850년에서 1870년 사이에는 "유럽에서 외환거래의 일번지"였다.[32] 만약 이 시각이 옳다면, 이런 상황은 프랑스와 프로이센의 전쟁으로 바뀌었다. 월터 배젓에 따르면:

프랑스와 프로이센의 전쟁 이후로 우리 유럽인들은 유럽 차원의 준비금을 갖추었다고 말할 수 있을 것이다.……큰 단위의 모든 공동체들은 가끔씩 거액의 현금을 지불해야 하고, 이 현금 중에서 큰 비중은 어딘가에는 보관돼야 한다. 예전에 유럽에는 그런 보관 장소가 프랑스은행과 영란은행, 두 군데가 있었다. 그러나 프랑스은행이 정화 지불을 정지한 이래 프랑스은행의 정화 보관소 역할은 끝났다. 아무도 프랑스은행을 지불 은행으로 삼아 수표를 발행할 수 없고, 그 수표를 가지고 금이나 은을 확보할 수 있다고 확신할 수 없다. 따라서 국제적인 현금 결제의 모든 책임이 영란은행으로 넘어갔다.……갈수록 모든 외환거래 업무가 런던에 집중됐다. 이전에는 다양한 목적을 위해, 파리가 유럽의 결제창구였지만, 지금은 그 기능이 정지됐다.……결과적으로 런던이 예전처럼 두 개의 결제창구 중의 하나가 아니라, 유럽에서 유일한 대형 결제창구가 됐다. 그리고 런던은 이 선도적 위치를 계속 유지할 가능성이 높다; 왜냐하면 그 선도적 위치가 자연스럽게 확립된 것이기 때문이다.……파리의 선도적 위치는 어느 정도 정치적인 세력 배분에 기인해 형성된 것인 데다, 이미 이 세력 배분에도 장애가 발생했다; 반면, 런던의 선도적 위치는 독특하리만큼 안정적이고 바꾸기 어려운 일상적인 상거래 관행에 근거하고 있다.[33]

1907년에 단행된 영란은행의 재할인율 인상이 미국으로 금이 유출되는 것을 막기 위해서가 아니라, 미국에 자금을 지불해야 하는 다른 나라들의 결제를 보장하기 위한 것이었다고, 미국인 스프라그가 1910년에 밝힌 견해도 배젓의 생각과 같은 것이다. 런던이 국내 자금 기반으로 미국으로 넘어가야 하는 결제 자금을 모두 조달한다는 것은 부담이었기 때문에, 이 자금조달 부담의 완화와 함께 세계 자금시장에서 결제 자금을 동원하기 위해 세계 자금시장의 중심지였던 런던의 금리가 인상됐다는 것이다.[34]

반대로 보넬리는 1907년 위기에 대한 이탈리아의 관계를 설명하면서, 파리가 세계 유동성을 통제하는 중심지였다고 주장했다.[35] 제1차 세계대전 이전 시기의 금융을 연구한 가장 예리한 분석가 가운데 한 명은 다음과 같이 지적했다: "본 연구에서 파리는 1914년 이전에 세계에서 가장 강력한(원저자의 강조구) 금융 중심지로서 부상했다; 파리의 단기 금리가 비교적 가장 낮은 수준이었다는 사실을 그 힘의 지표로 볼 수 있다. 이 같은 결론은 런던이 세계의 자금 중심지였다는 일반적인 견해와 대립하는 것으로 보인다." 모건스턴은 풍족한 자금을 가진 파리와 자금을 작동시키는 '장치'를 가진 런던을 구분함으로써 이 견해와의 절충을 시도했다.[36] 이 구분은 무리가 따르는 것으로 보인다. 각 중심지는 자신의 고객을 가지고 있었다: 이탈리아와 러시아는 파리의 고객이었고, 미국과 영국의 식민지들은 런던의 고객이었다. 벨기에, 네덜란드, 독일은 파리보다는 런던에 더 밀접하게 연결돼 있었다. 더욱이 런던이 전세계적인 차원에서 자금을 대여한 데 비해, 파리는 이보다 훨씬 적은 수의 국가들에게 대여했다.

제1차 세계대전 이후의 궁극적 대여자

1920~21년 위기 때는 국제적 차원의 궁극적 대여자가 등장하지 않았다. 그 공백의 일부는 유럽 통화들 다수의 외환가치 하락에 의해 해소됐다. 국제수지의 취약성과 자본 유출에 기인하는 위기 발생시 나타나는 해당국 통화의 외환가치 하락은 교역가능 상품(수출입 거래가 진행되는 재화와 서비스, 수출의 여지가 있는 상품, 수입품을 대체할 수 있는 국내 경쟁 상품들)의 국내 가격을 상승시켰다. 급격한 물가상승의 충격은 다른 종류

의-화폐를 처분하고 상품으로 전환하려는-위기를 유발할 수 있으며, 예전 중부 유럽과 동부 유럽에서 오스트리아-헝가리 제국으로부터 독립한 신생 국가들이 신설된 국경 체계의 장해와 조세징수 장치의 결핍으로 고생하고 있을 때인 1923년에 발생한 초인플레이션과 같은 위기로 이어질 수 있다.[37] 이 시나리오는 엄청난 규모로 통화를 발행하고 미 달러화의 변동환율을 방임하는 방법으로 금융위기에 대처하다가 상품 수요의 급증이 유발되는 폴 어드만(Paul Erdman)의 스릴러 소설, 『1979년의 붕괴The Crash of '79』에 등장하는 시나리오와 비슷하다.[38]

　1920년대 초반 서유럽 국가 대부분은 전쟁 이전의 상태로 돌아간다는 전통에 의해, 1914년 당시 각국 통화의 금 평가 기준에 맞춰 통화를 안정시키는 정책을 추구했다. 이 나라들은 외환시장에서 자국 통화가치가 떨어지는 것을 막기 위해 궁극적 대여자의 여신과 동일한 것은 아니지만, 종종 몇 가지 측면에서 이와 유사한 안정화 차관을 이용했다. 프랑스의 프랑화는 1924년 여러 가지 이유에서 투기 공격의 대상이 됐다. 프랑화의 외환가치가 1919~20년에 하락하자, 다수의 외국인들이 전쟁 전 평가 수준으로 프랑화 외환가치가 다시 상승할 것이라는 예상으로 대폭적인 환율 재평가 이익을 노리고 프랑화를 매수했다. 그러나 이들은 결국 굴복하고 다시 매도했다.[39] 한편, 암스테르담, 빈, 베를린(아마도 독일정부에 의해 고무된)의 투기자들은 나중에 훨씬 낮은 가격으로 프랑화를 재매수할 수 있을 것이라는 예상으로 프랑화를 매도했다;[40] 이 매도 공격의 배경에는 1923~24년의 초인플레이션 기간에 외환가치가 급락했던 독일 마르크화를 겨냥한 투기 공격으로 이익을 챙긴 투기자들이 이제 프랑스 프랑화에 관심을 돌린 것이라는 이야기가 있었다. 또한 유동성이 구비된 프랑화 표시 유가증권을 손에 들고 있는 수십 만 명의 프랑스인들은 프랑스은행의 정부에 대한 법적인 대출 상한선 같은 위험 신호들이 가까워지는 과정을 주목하고 있었다.

1924년 3월 4일 패닉이 일어났다. 2월 17일에 1파운드 당 98프랑을 유지했던 프랑화가 2월 28일에는 104프랑으로 하락했고, 3월 4일에는 107프랑으로 떨어졌다. 프랑스 정부와 프랑스은행은 여러 차례 긴급 회동을 가졌다. 제이피 모건은 몇 가지 조건이 충족되면 지원할 용의가 있었다. 제이피 모건 측 대표인 토마스 라몬트(Thomas W. Lamont)는 5000만 달러 규모의 차관은 너무 적다고 판단해 차관 금액은 1억 달러 규모를 충족해야 하며, 6개월마다 일정 금액의 상환과 재대출이 설정되는 회전신용 조건을 요구됐다. 프랑스은행은 금 보유고를 담보로 설정한다는 데 반대했지만, 체면을 차릴 수 있는 형식이 갖춰진 뒤 담보 설정을 받아들였다. 한편, 로스차일드와 드벤델(de Wendel)을 포함하는 은행단은 프랑스 당국에게 보수적인 자금운영 계획의 채택을 요구했다. 이 계획은 3월 9일 일요일에 수립됐고, 그로부터 3일도 지나기 전에 투기자들의 패배가 시작됐다. 프랑화는 1파운드당 123프랑의 저점에서 회복해 3월 24일에는 78프랑으로 상승했다. 프랑스은행은 이 수준에서 개입해 더 이상의 가치 상승을 억제했다. 투기자들을 압박하는 작업은 성공적이었다.[41] 라몬트는 "우리에게 이보다 더 큰 만족을 준 조치는 없었다"고 썼다.[42]

그러나 성공은 오래 가지 않았다. 1926년 프랑화에 대한 공격이 다시 벌어졌고, 1926년 7월에 프랑화 가치는 파운드 당 240프랑으로 하락했다. 뒤이어 쁘왕카레(Poincaré)의 보수적인 개혁 프로그램이 취해지고, 런던과 뉴욕으로 자금을 이동시킨 프랑스 자산 소유자들을 안심시켜서 그들의 자금을 다시 파리로 역류시키기 위해 계획된 대폭적인 금리 인상이 추진됨에 따라 프랑화는 파운드 당 125프랑으로 가치를 회복했다.

국제연맹의 후원하에 오스트리아와 헝가리에 대한 안정화 차관이 1920년대에 추진됐고, 동유럽에 신설된 다수의 중앙은행들에 대해서도 런던, 파리, 뉴욕의 참여로 다양하게 마련된 안정화 차관이 제공됐다. 가장 널리 알려진 것은 독일이 지불한 패전 배상금을 다시 독일로 환류시키기 위해 추진된 도즈 차관(Dawes loan)과 영 차관(Young loan)이었다. 도즈 차관은 미국의 해외 채권 매입을 촉진했다. 1930년대 중에 약간의 풍자와 함께 자주 언급되었던 내용은 프랑스가 통화안정을 위해 금차관을 얻어야 한다는 것이었다. 이 때는 영국 파운드화, 일본 엔화, 미국 달러화의 평가절하가 수 차례 이어진 데다, 독일과 오스트리아가 대외 결제에 대한 외환 통제를 강화한 결과로, 프랑스 프랑화와 여타 금블록 국가 통화들이 과대평가된 상태였다. 세간에 나돌던 이야기는 유리관처럼 만든 투명한 차량이 금을 잔뜩 싣고서 프랑스의 모든 도시와 마을 거리들을 행진해야만 프랑스 국민들이 정부가 풍족한 금을 보유하고 있다는 사실을 믿고, 그제야 모직 양말 속에 넣어 둔 금화(louis d'or; 루이 황제 그림이 새겨진 금화)를 꺼낼 것이라는 이야기다.

1931년에 나타난 연쇄적인 디플레이션은 그 이전의 사태들에 비추어 볼 때, 그 규모와 종류가 다른 국제적 차원의 궁극적 대여자의 필요성을 부각시켰다. 여기에는 적정한 규모의 차관의 필요성, 거래의 정치적 성격, 시스템의 안정성을 유지하기 위해 일부 국가 또는 국가간 연합체가 책임을 수용할 필요성이라는 문제가 포함된다.[43] 이와 유사한 방향을 취한 저자들로는 요르겐 페더슨(Jørgen Pederson), 호트리가 있고, 수잔 호손(Susan Howson)과 도날드 윈치(Donald Winch)가 쓴 『경제자문위원회, 1930~1939The Economic Advisory Council, 1930~ 1939』에서 영국 정부에 자신들의 조언을 개진한 영국의 경제학자들이 있다.

호트리는 다음과 같이 설득력 있는 분석을 제시했다:

> 1931년의 위기는 그 국제적 성격에서 이전의 위기들과 달랐다. 이전의 위기들은 물가의 하락과 투매가 세계시장에 영향을 미쳤다는 점에서 국제적이었다. 그러나 전체 채무에서 대외채무가 차지하는 비중은 미미한 수준에 머물러 있었다. 1931년의 경우, 독일과 동유럽의 채무국들이 채무지불 능력을 유지한다 하더라도, 외환시장의 붕괴 가능성을 채권 국가들이 두려워했다는 점이 패닉의 유별난 특징이었다. 런던에 예치해 둔 해외 잔고를 빼내 가는 패닉의 충격파에 대적하기에 그것(영란은행의 재할인율 인상)은 너무 느린 해결책이었다. 그 정도로 패닉에 질린 자금 인출은 예전에 일어난 적이 없었다.……문제를 일으킨 기저의 원인은 통화의 불안정성이었다. 산업의 침체, 채무지불 능력의 상실, 은행 파산, 재정적자, 채무불이행 사태는 모두 물가수준의 하락이 낳은 자연적인 결과다.……국제적인 궁극적 대여자의 필요성이 대두되고 있다. 아마도 언젠가는 국제결제은행(Bank for International Settlements, BIS)이 이 기능을 담당하겠지만……그러나 현상태에서 이 기능은 해외의 어느 중앙은행이나 해외 중앙은행들의 집단적 협력에 의해서만 수행될 수 있다.[44]

국제적인 안정화 차관에 대한 한도 설정의 장단점을 꿰뚫어 보는 호트리의 이론적 통찰력은 예리하다:

> 어려움에 처한 어느 중앙은행에 아무튼 신용이 부여되어야 한다면, 신용은 필요한 금액을 모두 채워서 제공되어야 한다는 것이 일반적 규칙이다. 한도가 있어서는 안 된다. 금액의 규모가 불충분해서 종국적으로 외환거래를 버텨내지 못한다면, 대여 금액 전부가 낭비되는 것이다.……무제한의 신용이 제공되었다면 자금 인출이 전혀 일어나지 않았을 것이고……따

라서 영란은행에게 신용을 아예 제공하지 않든가, 무제한의 신용이 주어지든가, 둘 중의 하나라는 논리에서 무제한의 신용을 지지하는 논거가 성립될 수 있다. 그러나 어느 정도의 위험은 존재한다. 무제한의 신용은 해당 국가가 금본위제를 계속 유지할 수 있게 했을 것이지만, 그렇게 유지되는 조건들은 조만간 감당할 수 없는 상태에 이르렀을 것이다.…… 교훈은 해당 국가가 과도한 부담 없이 화폐본위제도를 유지할 수 있다면, 무제한의 신용을 제공하라는 것이다; 그러나 해당국 통화의 평가를 유지하는 데 드는 노력이 너무 과도하다면, 신용을 동원하지 말고 외환가치 하락을 용인하라는 것이다.[45]

1930년대에 호손과 윈치는 영국의 경제학자들이 저술한 일련의 보고서들을 영국 정부에 제출했는데, 이 중에는 케인즈를 위원장으로 하는 경제학자들의 위원회가 작성한 보고서도 들어 있었다; 이 위원회에 위원으로 참여한 경제학자 가운데는 헨더슨(Henderson), 피구, 조지아 스탬프(Josiah Stamp) 경이 있었고, 헤밍(Hemming)과 칸이 사무국을 담당했다. 이 보고서에서 주창한 제안은 BIS를 바람직한 매개체로 하는 중앙은행들간의 일반적인 협력을 구축하는 것이었다; 중앙은행간 협력을 통해 단기적 자금 수요에 대처함과 동시에, 1920년대 초에 벌어진 것과 같은 통화 대란을 예방하고, "지금 불신의 대상이 돼버린 많은 나라들의 금융 안정성에 대한 신뢰"를 회복하기 위해 사용될 수 있는 차관 제공을 목적으로 다수의 통화로 구성된 연합기금(pool of currencies)을 조성하는 것이었다.[46]

영국이 금본위제를 포기한(1931년) 뒤, 1933년 세계경제회의(World Economic Conference)가 열리기 전이었던 1932년 7월에 스탬프 위원장하에서 씨트린(Citrine), 코울(Cole), 케인즈, 알프레드 루이스(Alfred Lewis)

경, 프레드릭 리스-로스(Frederick Leith-Ross) 경이 위원으로 참여하고 헨더슨과 헤밍이 사무국을 담당했던 경제정보 내각위원회(Cabinet Committee on Economic Information)가 '국제적 금융위기'를 거론한 보고서 하나를 제출했다. 월터 배젓의 인용과 1825년 및 1847년의 위기에 대한 재론을 담고 있는 이 보고서는, 영국이 더 이상 궁극적 대여자 역할을 담당할 수 없다는 지적과 함께, 국제증서(International Certificates)로 부를 수 있는 '금 증서(paper gold)'를 BIS가 발행함으로써 궁극적 대여자 기능을 수행하도록 할 것을 권고했다.[47]

1931년 5월 오스트리아의 대표적 은행인 빈의 크레디탄슈탈트가 붕괴했을 때, 국제적인 중개기능 마비를 중지시켜야 하는 첫 번째 기회가 나타났다. 빈에 자금을 묶어 두기 위해 취해진 오스트리아 중앙은행의 고금리 정책은 경제의 약화와 함께 자산가격 하락에 따른 대형 대출손실을 불러왔다. 5월 11일에 발표된 크레디탄슈탈트의 성명에서는 자본금의 4분의 3에 육박하는 1억4000만 실링의 손실이 발생한 것으로 드러났다. 오스트리아 정부는 국제연맹에 금융 원조를 요청했다; 1920년대에 국제연맹이 안정화 차관을 조직했고, 독일의 패전 배상금 지불을 지원하기 위한 1930년 영 플랜(Young Plan)의 일환으로 새로 설립된 BIS를 국제연맹이 추진했기 때문이다. 오스트리아 정부는 1억5000만 실링(2100만 달러)의 차입을 원했다. 5월 후반의 2주 동안 BIS는 11개 회원국들로부터 1억 실링의 차관을 조성했다. 이 차관으로 지원받은 기금이 6월 5일에 이르자 바닥이 났고, 오스트리아 국립은행이 요청한 두 번째 차관은 2~3년 만기에 1억5000만 실링 규모로 6월 14일에 조성됐다. 프랑스인들은 두 달 전에 공표된 독일과의 관세동맹 협정을 오스트리아 정부가 폐기할 것을 요구했지만, 오스트리아 정부는 이를 거부하고 난 뒤 결국 실각했다. 그 후 영란은행이 일주일에 걸쳐 5000만 실링(700만 달러)의 차관을 제공했다. 그러나 오스트리아 정부는 곧이어 자국 통화의 금태환을 정지했고, 실링화의 외환가치 하락이 시작됐다.

인출쇄도가 독일로 옮아갔다. 독일의 은행업계는 투기 과열, 거액의 대출 결손처리, 부정, 은행가들간의 전쟁, 자사 주식을 매수하느라 유동성 준비 자산이 바닥난 은행들–고전적인 문제들이 총망라된 모습–에 의해 허약해진 상태였다.[48] 당시 기득권층 바깥의 외부자는 담슈태더(Darmstäder)와 국립은행들의 합병으로 탄생한 다나트방크(Danatbank)의 야콥 골드슈미트(Jacob Goldschimidt)였다.[49] 도이치방크(Deutsche Bank)의 오스카 바써만(Oskar Wasserman)을 비롯한 여타 은행가들은 골드슈미트와 그의 공세적 전술을 혐오했다. 1927년 베를린무역회사(Berlin Handelsgesellschaft)는 공격적인 모직물 업체였던 북부모직(Nordwolle: Norddeutsche-Wolkämmerei, 북독일모직금융)에 대한 자금 대여를 중단했다. 다나트방크는 북부모직을 고객으로 이어받았다. 1931년 6월 17일 북부모직의 파산은 다나트방크를 무너뜨렸고, 여타 은행들은 골드슈미트에 대한 적대감으로 인해 다나트방크에 대한 지원을 기피했다. 정치와 금융에 걸친 다른 문제들도 있었지만, 독일 내부의 금융 대란은 대대적인 자금인출 사태를 야기했고, 후버의 지불유예(Hoover moratorium)는 자금 인출을 잠시 동안 멈출 수 있었다. 6월 25일에 영란은행, 프랑스은행, 뉴욕연방준비은행, BIS 등 4 곳이 각각 2500만 달러씩 부담하는 1억 달러의 차관 조성이 7월 16일을 목표로 추진됐다. 독일 제국은행의 한스 루터(Hans Luther) 총재는 더 큰 금액의 차관을 희망했고 정확한 차관 금액의 비공개를 요청했기 때문에, 성명에는 충분한 금액을 수용할 수 있는 할인 장치가 마련되었다고만 언급됐다. 차관의 규모가 알려지고,

제국은행의 6월 23일자 성명에서 은행의 준비금이 최소 준비율인 40%를 약간 웃도는 40.4%라는 사실이 밝혀졌을 때, "악마는 맨 뒤에 처진 사람을 잡아먹는 법"이라는 경구가 인출쇄도로 밀려드는 사람들을 장악했다.[50]

신규 차관이 거론됐지만 타결될 기미를 보이지 않았다. 독일인들은 10억 달러를 차입하려고 했다. 프랑스인들은 5억 달러의 차관을 고려할 용의가 있었지만, 정치적인 조건을 붙이려고 했다. 미국 정부는 16억 달러에 달할 것으로 예상되는 자신의 재정적자를 우려하고 있었고, 독일에 대한 추가 자금 대여를 의회가 승인해 줄 확률은 극히 낮다고 생각했다. 미국 정부는 독일 제국은행이 바라는 기존 차관의 안정화와 함께 추가적인 차관을 기꺼이 검토하고자 했다. 영국의 외무장관 아더 헨더슨(Arthur Henderson)은 차관을 검토하는 쪽으로 기울고 있었으나, 몬태규 노먼 영란은행 총재는, 영란은행은 "이미 형편상 배려할 수 있는 전부를 대여해 준" 상황이라는 입장이었다.[51] 대외 차관 제공에 반대하는 논거 중 하나는 위기가 외국인 투자자들의 인출 때문이 아니라, 국내 자본의 도피에서 비롯된 것으로 확실시된다는 점이었다. 7월 20일에 이르자 차관 논의는 암묵적으로 폐기됐고, "비현실적인 것으로 제쳐 놓게 되었다."[52] 대신 독일인들은 국내 금융중개 기능의 마비를 중단시키기 위한 국내적 조치와 함께, 대외 자금 유출을 멈추기 위해, 내키지 않아 하는 해외 은행업자들에게 채무상환 유예 협정(Standstill Agreement)을 강요하는 방법에 의존했다.

그리고 나자 투기 압력은 영국을 겨냥했다. 1931년 7월 중순에 인출 쇄도가 시작됐는데, 대륙에서의 손실로 인해 자극된 점도 일부 있었고, 거액의 국내 재정적자 전망과 회수될 가능성이 있는 런던의 해외 자금 추정액이 예상 외로 높다는 점을 지적한 메이(May) 보고서와 맥밀란(Macmillan) 보고서가 미친 영향도 있었다. 1927년 이래 프랑스은행은 일종의 우회적 방법을 통해 영국 파운드화를 금으로 전환했다; 프랑스은행은 현물 외환시장에서 영국 파운드화의 매도와 동시에 외환선도 계약으로 파운드화를 매수한 다음, 매수해 둔 이 파운드화 선도 계약의 만기일에 확보되는 파운드화로 금을 매입하는 방법을 쓴 것이다.[53] 이 생각은 프랑스은행이 예전에 획득한 파운드화 잔고는 그대로 둔 채, 새로 획득한 파운드화 잔고만을 금으로 전환하고 있는 것처럼 보이도록 만들기 위해 나온 것이었다. 프랑스은행은 1931년 여름 전면적인 협력에 나서 영국 파운드화와 유가증권 보유 잔고를 전혀 매도하지 않았다. 7월 말 뉴욕연방준비은행과 프랑스은행은 영란은행에 각각 1억2500만 달러의 차관을 제공했다. 이 차관 자금이 고갈되었을 때, 영국 정부는 뉴욕과 파리 금융시장에서 1년 만기 차관의 도입을 고려했다. 영란은행은 영국이 거액의 재정적자를 유지하고 있는 동안에는 해외 은행가들이 영국에 자금을 대여해 주지 않을 것이라고 보고했다. 영국 노동조합은 실업자에 대한 보조금 지급 삭감에 반대해 노동당 정권에 대한 지지를 철회했다. 이어서 8월 24일 노동당 정부의 실각이 이어졌다. 나흘 후 다시 맥도널드(MacDonald) 총리와 스나우던(Snowden) 재무부 장관이 이끄는 새로운 '거국 내각'이 수립되고 나서, 제이피 모건이 이끄는 뉴욕의 신디케이트에서 2억 달러를, 그리고 파리의 신디케이트에서 2억 달러를 차입했다. 한 차례의 전시성 발언을 하는 자리에서 이 은행가들은 영국 정부를 부동자세로 만들었다; 그들은 1920년대에 제이피 모건이 프랑스인들에게 안정화 차관을 제공할 때 언급한 말을 되뇌기라도 하듯, 자신들은 정치적인 조건을 부과하는 것이 아니라, 그들 자신과 예금자들의 돈을 위험에 노출시키는 일에 임하여 정당성이 갖추어져 있다고 그들 스스로가 느낄 수 있는 경제적 여건을 지적하는 것이라는 설명을 붙였다.

1931년 8월 5일 케인즈는 맥도널드 총리의 요청에 따라 영국 파운드화의 평가절하와 함께, 모든 제국(帝國)과 남아메리카, 아시아, 중부 유럽, 이탈리아, 스페인-거의 모든 국가들이다-에 가맹을 요청할 통화 단위로서 현재의 평가보다 적어도 25% 낮은 수준에서 금 기반의 고정환율 통화 단위를 생성하는 여러 가지 방안을 적은 편지를 보냈다. 이 편지는 영국 파운드화의 성공적 방어가 불가능하다면, 파운드화를 지지하기 위해 해외 통화의 차입을 계속하는 것은 어리석은 일일 것이라고 지적했다.[54]

2억5000만 달러(7월)에 더하여 추가로 차입했던 4억 달러(8월)로도 충분하지 않자 영국은 9월 21일 파운드화 지지를 중단하고 금본위제를 이탈했다. 프랑스은행은 영국인들에게 배려해 준 자제심을 미국인들에게는 전혀 내비침이 없이, 다른 금블록 가맹국들과 함께 미국에 있는 7억 5000만 달러의 예금을 일거에 금으로 바꿔 갔다. 이로 인해 미국의 금 보유고가 줄어든 데다, 파운드화 및 이에 고정된 여타 통화들의 외환가치가 하락함에 따라 유발된 미국의 디플레이션 압력이 미국의 은행 시스템을 약화시켰다. 프랑스가 미 달러화 예금을 금으로 바꿔 갈 때, 뉴욕연방준비은행은 도움이나 심지어 관용도 요청하지 않았다. 중앙은행 총재의 업무 수칙은 총살 집행장의 사격분대 앞에 서서도 눈가리개를 거부한 월터 미티(Walter Mitty)를 연상하게 하는 완강한 어조를 요구한다. 1929년 해리슨이 노먼에게 뉴욕연방준비은행이 매입해 놓은 영국 파운드화가 금으로 태환 가능할 것인지를 물었을 때, 그는 짤막한 답신

을 받았다: "물론입니다. 파운드화는 금으로 환급 가능합니다. 이것이 금본위제입니다."⁵⁵⁾ 1931년에는 해리슨이 이런 식으로 모레(Moret)에게 프랑스은행이 보유한 모든 달러화 전액을 금으로 전환하는 일을 지원하겠다고 답했다.⁵⁶⁾

1931년의 상황 전개에서 다섯 가지 점이 특히 놀랍다: (1) 영국이 궁극적 대여자로서 행동할 능력이 없었다는 점; (2) 미국이 "특별한 관계"를 맺고 있는 나라인 영국에 불충분한 차관밖에 제공하지 못했다는 점과 궁극적 대여자로서 행동할 의욕이 없었다는 점; (3) 오스트리아와 독일에 대해 정치적 목표를 획득하고자 하는 프랑스의 욕망; (4) 1923년 이후 인플레이션의 작은 낌새조차 혐오하는 독일의 피해망상; (5) 소규모 국가들의 무책임.

앞에서 제시된 1931년의 상황에 대한 저자의 분석에 대해 여러 방면에서 질문이 있었다. 한 분석가는 제1차 세계대전 이후 세계경제를 회복시키기 위해서는 제2차 세계대전이 끝난 뒤 이뤄진 마샬플랜과 같은 차원의, 보다 광범위한 무언가가 필요했다고 생각했다.⁵⁷⁾ 또 독일 정부의 각 당국자들이 베르사이유 조약, 특히 패전 배상금 조항을 무효화하기로 작정한 상태였기 때문에, 1931년에는 궁극적 대여자가 있었다 해도 독일 경제의 재건은 불가능했을 것이라고 생각하는 분석가도 있었다.⁵⁸⁾

브레튼우즈와 국제 통화 질서

제1차 세계대전 후 20년간의 시기보다 더 확고한 경제적 안정을 가져다 줄 다자간 경제기구들을 만들고자 하는 폭넓은 논의가 1940년대 초부터 진행됐다. 여러 나라들의 단기적인 국제수지 적자에 대한 자금조달을 지원하기 위한 국제적 신용기관의 설립이 추진됐다.(이것이 IMF가 된다.) 그리고 종전 후의 경제 재건에 필요한 자금조달을 지원할 또 하나의 대여기관도 설립하기로 했다; 이것이 국제부흥개발은행(International Bank for Reconstruction and Development: IBRD), 즉 세계은행이 됐다. 무역 분쟁의 해결과 무역 장벽의 축소를 위한 포럼 설치를 목적으로 국제적 무역기구의 설립이 추진됐다. 국제적 무역기구는 한번도 현실화되지 못하고, 그 서두 격인 관세와 무역에 관한 일반협정(General Agreement on Tariffs and Trade: GATT)이 적극성이 완화된 방식으로 무역정책 현안을 다루는 조직적인 기초를 마련하게 됐다.

IMF를 탄생시킨 국제적 신용기관을 둘러싼 논쟁은 조직의 구조와 그 재원에 대해 서로 다른 견해를 취했던 영국인들과 미국인들 사이에 주로 전개됐다. 영국의 '케인즈안(Keynes Plan)'은 국제적 신용기관이 그 자신의 화폐 혹은 계산 단위를 보유하는 방식으로 운영되는 기관을 제시했다. 이 안에 따르면 회원국들은 이 기관의 예치금을 할당받고, 국제수지 적자 대금의 조달은 이 예치금의 타국 송금으로 해결하게 된다. 미국의 견해인 '화이트안(White Plan)'은 각 회원국이 금과 함께 자국 통화를 이자 증식이 없는 요구불예금의 형태로 이 기관에 출자하는 것이었다. 이 때 각 회원국의 무역 규모와 금 보유고를 기준으로 정하는 국가별 할당액의 크기가 각 회원국이 이 기관에 출자할 금과 자국 통화의 금액을 결정하게 된다. 또한 회원국은 이 기관이 소유하는 통화를 자국 통화로 '매입'할 수 있으며, 회원국의 출자 할당액 크기가 그 매입 가능 규모를 결정하게 된다.

미국의 방안이 지배적이었고, 또 미국인들이 모든 돈을 가지고 있었다. 영국인들은 이 기관의 초기 자본금을 두 배로 늘리도록 미국인들의 동의를 얻어냈다.

IMF의 협정 조항들은 회원국 통화의 외환가치 관리를 규정하는 일련의 규칙을 포함하고 있다. 즉, 각 회원국은 자국 통화의 평가를 금 또는 미 달러화를 기준으로 정하게끔 돼있다; 또한 이 평가를 중심으로 하는 좁은 변동폭 이내로 자국 통화의 외환가치 변동을 제한해야 하며; 이 초기 평가를 기준으로 10%를 초과하는 범위로 자국 통화의 평가 가치를 바꾸려면 IMF의 사전 승인을 얻어야 한다.

1930년대의 경험을 반복하지 않기 위한 지원 수단으로서 국제적 신용기관을 설립한다는 동기에도 불구하고, IMF는 그 자체의 통화가 없기 때문에 궁극적 대여자로서의 역할을 수행할 수 없는 구조였다. 대신 IMF는 회원국들이 미미한 한도 내의 경상수지 적자 대금을 조달하는 일을 돕기 위해 여신을 제공할 수 있었다. 회원국들은 자국 통화의 평가 유지 능력에 악영향을 줄 수 있는 자본흐름을 제한하기 위해 외환통제 권한을 유지할 수 있었다. IMF로부터의 차관은 다시 갚아야 했다. 궁극적 대여자의 필요성에 대한 1931년의 교훈은 습득되지 않았다. 브레튼우즈에서는 다만 경상수지 적자를 소소한 한도 이내에서 융통해 주기 위해 IMF를 창설한 것이었다. 자본흐름에 대한 통제는 투기적인 자본 이동을 억제할 것이다. IMF는 새롭게 창출되는 국제 통화로 공급되는 차관이 아니라, 다시 반제해야 하는 회원국 통화들로 차관을 제공했다. 각 회원국에 제공될 수 있는 차관 규모는 IMF에 대한 출자액과 동일한 국별 할당액에 의해 정해지는 좁은 한도 이내로 제한됐다; 할당액은 4개의 인출 단계(tranche)로 구분되었고, 제1단계를 초과하는 금액은 12개월 이내에 인출될 수 없었다. 제1단계의 인출은 대체로 자동적이었다. 그 이상의 신용에 대한 접근은 케인즈안이 제시한 대로 권리로서 취급되는 것이 아니라, IMF측이 베풀어야 하는 자비의 문제였다.

제2차 세계대전 이래 경제부흥 기간 동안 경제 재건을 위한 대부분의 자금조달이 마샬플랜하에서 추진됐기 때문에, IMF와 세계은행은 주로 주변적 활동에 머물렀다. 브레튼우즈 시스템은 프랑스 프랑화의 평가절하, 파운드화의 금 태환 회복, 자본이동에 대한 제한 철폐가 이루어진 뒤인 1958년까지 작동하지 않았다.

금융상의 자금흐름에 주목하지 않았던 것은 곧바로 수정돼야 했다. 수출입 금융의 변동-즉, 수출입 물량 흐름에 소위 "선행하거나 후행(leads and lags)"하는 금융상의 흐름-을 통해서 거액의 자금 이체가 발생할 수 있기 때문에, 경상수지의 결제 보장과 자본이동의 통제 모두를 유지하는 것은 불가능한 것으로 판명됐다. 어느 나라가 수입대금을 결제할 때는 3개월 신용을 얻지 못하고 현금 결제가 필요한 상태에서, 수출대금은 3개월 신용은 고사하고 6개월 신용 조건으로 지불받을 수밖에 없게 된다면, 이 나라는 수출입 평균 수지의 6개월치 가치를 순식간에 잃게 될 것이다.

IMF의 협정 조항은 1960년에 일반차입협정(General Arrangements to Borrow: GAB)-10개 금융 선진국, 즉 10개국 집단이 144억 달러(1946년 IMF 발족 시 78억 달러였다)로 증액된 IMF 할당액을 출자하는 것에 더해, 어느 나라의 외환보유고와 IMF 할당액으로 처리할 수 없는 불합리한 자본흐름이 발생할 경우에 IMF가 활용할 수 있도록 60억 달러의 추가 출자를 약속하는-에 의해 확충되었다. 이 금액은 불충분한 것으로 드러났다. 더구나 IMF는 적기에 기능하지 못하는 것으로 밝혀졌다. IMF의 임원들 가운데 다수가 한 국가 이상의 의결권을 가지는 가중 표결 방식에 의해 의사결정이 이루어졌다. 위기에 빠진 나라를 지원하기 위해 대책

안의 틀을 잡고, 각종 지시를 받아 결정에 이르기까지 3주가 소요될 수 있었다.

1950~60년대에 걸쳐 국가간의 자본흐름이 늘어났다. 기술 발전과 정보의 소통 및 저장 비용의 급속한 감소로 인해 경제적 거리의 단축이 진행됐다. 이런 발전을 리처드 쿠퍼(Richard Cooper)는 이렇게 강조했다:

> 투박한 양적 지표로 이 전개 과정을 제시한다면, 1947년 8월의 "대대적인" 자금인출 사태 당시 파운드화를 매도한 1일 최대 투기 금액이 1억 달러 이하였는데, 1969년 5월에는 독일 마르크화를 매수한 1일 최대 투기 금액이 15억 달러를 상회했고, 1971년 5월에는 1시간도 채 안 돼 10억 달러가 넘는 자금이 독일로 유입됐다. 더욱이 무지의 장벽은 계속 허물어져 가고 있어, 하루 거래 금액이 15억 달러에서 150억 달러로, 심지어 500억 달러로 늘어나지 말라는 법은 없다.[59]

외환시장의 하루 거래 규모는 1990년대 말 1조 달러에 달했다. 이머징마켓 국가들의 통화에 대한 외환거래 규모는 더욱 빠른 속도로 증가했다.[60] 국제적 자본흐름의 증가는 중앙은행들이 자국 통화의 평가를 유지할 수 있는 능력을 위협했다. 일부 중앙은행들은 외환선도 계약 거래에서 자국 통화를 매도하는 방법을 실험했다; 외환선도 매도거래를 통해 중앙은행은 외환보유고를-적어도 외환선도 계약의 만기일이 도래하기 전까지는-고갈시키기지 않고 자국 통화의 평가를 유지할 수 있었다. 더불어 만기일에 중앙은행은 외환선도 계약을 '이월(roll over)'하거나 새 계약으로 갱신할 수도 있었다. 이 외환선도 거래가 중앙은행들이 대외준비자산을 보유해야 하는 필요성을 경감해 줄 것이라고 믿는 분석가들이 일부 있었다. 1964년부터 1967년까지 영란은행의 경험은 이 견해의 한계를 보여준다; 1967년 말 외환선도 계약의 만기일이 몰린 수 일 동안 영란은행이 현물 외환시장에서 미 달러화 양도를 이행해야 하는 금액은 자신의 대외준비자산 보유고의 대여섯 배에 달했고, 만료된 외환선도 계약의 갱신을 기피하는 시장 참여자들이 늘어났다. 영국은 파운드화의 평가절하를 1964년에는 미룰 수 있었지만, 1967년에는 평가절하가 불가피했다.

1960년대에 있었던 국제금융의 대표적인 혁신 가운데 하나는 스왑 연계망(swap network)을 만들어 낸 바젤 협정(Basel Agreement)이었다. 미국이 스왑 연계망-각국의 중앙은행이 일정액의 외국 통화를 자산으로 기록하고 이에 대응하는 동등한 금액의 외환을 부채로 기록하는 두 개 중앙은행 쌍방간의 신용한도 설정의 연계망-을 넓혀 가는 선도적 역할을 담당했다. 스왑 연계망(혹은 두 개의 중앙은행만을 상정하면 그 쌍방간의 스왑 라인)을 통해 인출된 자금은 다시 반제해야 했지만, 일단 스왑 라인이 설치되고 나면 해외 통화를 즉시 인출해 사용할 수 있었다. 최초의 스왑 라인이 1962년 3월 프랑스은행과 뉴욕연방준비은행 간의 5000만 달러로 설정됐다. 6월에 뉴욕연방준비은행은 네덜란드와 벨기에 두 중앙은행과 5000만 달러, 캐나다은행과 2억5000만 달러의 스왑 라인을 설치했다. 7월에 뉴욕연방준비은행은 스위스 국립은행과 2억5000만 달러 규모로 설치했다. 1963년 10월에 이르러 이 스왑 연계망은 20억 달러로 늘어났고, 1968년 3월에는 45억 달러, 1973년 7월에는 180억 달러로 확대됐다.[61]

영국 파운드화가 환투기 공격을 받았던 1961년에 주요 중앙은행의 대표자들은 BIS의 회합 자리에서 총 10억 달러의 신용을 지원하기로 약속했다. 뉴욕연방준비은행의 부총재인 찰스 쿰즈(Charles Coombs)는 이 때의 진전을 전후 국제금융에서 이루어진 중요한 타개책 가운데 하나라고 불렀다.[62] 이 숫자-파운드와의 방어 진지로 확보된 금액-는 투기자들이 한 나라 통화의 평가를 붕괴시킬 수 없다는 확신을 주기에 충분한 규모였다. 이 때의 차관 금액 대부분은 결국 패퇴하게 될 투기자금이 본국으로 송금되는 과정에서 획득된 자금으로 반제될 것이었다.

스왑 라인으로 쓸 수 있는 자금은 한 국가가 자국 통화를 방어할 때 쓰는 첫 번째 방어선이 됐고; 두 번째 방어선은 IMF로부터 얻는 신용이었다. 수많은 국가들이 스왑 라인을 활용했다: 캐나다는 1962년 6월 10억 달러 넘게 사용했고; 이탈리아는 1963년 3월 10억 달러를 이용했다; 영국은 1964년 가을 20억 달러를 썼다. 프랑스에게는 1968년 7월 총 13억 달러에 달하는 종합 지원금이 주어졌고, 11월에는 평가절하에 굴복한 프랑화를 다시 방어하기 위해 20억 달러로 증액되기도 했다.[63] 1965년 9월 영국을 돕지 않겠다는 프랑스의 결정은 "중앙은행 세계의 묵계적 협약을 부정하는 충격적인 거절"로 평가됐다. 세계 중앙은행들의 클럽에 조응해야 한다는 압력과 외교정책상으로는 이와 달리 행동해야 한다는 의지가 의심할 바 없이 모두 강렬했다. 그러나 "이 거절의 효과는 없었다. 영국인들은 그들이 원하는 지원을 얻어냈다."[64]

브레튼우즈 체제를 무너뜨린 가장 가까운 원인은, 미국과 독일의 자금시장이 역외예금 시장을 매개로 밀접히 연결되어 있음에도 불구하고, 이 두 나라가 서로 대립적인 통화정책을 펴려고 노력했다는 점이다. 국가간에 서로 반대 방향으로 괴리되는 통화정책이 추진되면, 대대적인 자본 이동이 유발되기 마련이다. 미국의 FRB는 대통령 선거를 앞두고 6~8개월간에 걸쳐 일종의 통화팽창 정책에 돌입한 반면, 독일은 고금리를 유지했다. 거대한 자금이 달러화 권역에서 마르크화 권역으로 이동했다.

1825년과 1853년, 1871년, 1885년에도 그랬던 것처럼, 미 달러화 표시 유가증권들의 금리 하락은 대출 기준의 완화를 초래했다. 뉴욕, 런던, 도쿄 및 여타 금융 중심지에 본부를 두고 있는 은행들은 소비에트연방과 동유럽 블록 국가들뿐만 아니라, 멕시코, 브라질, 아르헨티나, 그리고 여타 개발도상국들에게 부담 없이 대출해 주기 시작했다.

게다가 독일과 다른 지역을 향해서 뉴욕을 떠나는 거액의 자금흐름은 고정환율 체계의 유지를 불가능하게 만들었다. 미국은 스미소니언 합의에서 새로 정해진 미 달러화의 평가를 방어하기 위한 노력을 거의 혹은 전혀 기울이지 않았다. 1973년 2월에 마르크화가 평가절상될 것이라는 투기적 예측에 따라 프랑크푸르트로 밀려드는 거액의 자금흐름은 더욱 늘어났다; 마침내 독일 연방은행(Bundesbank)이 미 달러화 매수를 중지함에 따라 마르크화의 외환가치가 상승하기 시작했다.

대부분의 경제학자들은 변동환율제의 채택이 이자에 민감한 자본 이동을 없앨 것이고, 일단 통화가 변동환율에 따라 움직이기 시작하면 중앙은행들은 기대하지 않은 외부 효과를 발생시키지 않고도 독립적인 통화정책을 전개할 수 있을 것이라고 생각했다. 투기적 자본 이동이 균형점을 찾아가는 안정적인 작용을 하는지, 경우에 따라 균형점에서 이탈시키는 심각한 교란 작용을 하는지에 대해서는 경제학자들간에 의견이 분분했다; 환차손에 대한 공포가 자본흐름을 억제할 것이라는 견해가 일반적인 견해였다. 이 견해는 잘못된 것임이 증명됐다; 다수의 은행들은 외환시장에서 가치가 변동하는 다수의 통화가 존재한다는 사실을, 수익 창출을 위해 매매할 수 있는 새로운 자산군이 생긴 것으로 취급했다.

변동환율제라는 새로운 환경의 초기에는 비록 국제금융과 관련은 있더라도 궁극적 대여자의 필요성이-적어도 당분간은-국내적인 것으로 나타났다. 환율의 변동은 투기자들-은행을 위해 투기에 가담하는 사람도 일부 포함해서-을 고무했다. 쾰른의 헤르슈타트 은행과 뉴욕의 프랭클린 내셔널 뱅크는 외환거래에서 입은 손실로 둘 다 1974년 6월에 파산했다. 외환시장의 거래일 도중에 헤르슈타트 은행이 폐업하는 바람에 새로운 문제가 발생했는데, 헤르슈타트가 외환시장에서 인출할 수 있는 금액은 수금하고 나서, 다른 은행에 지불해야 하는 마르크화는 지불하지 않은 채 폐업했기 때문이었다. 헤르슈타트의 채무를 보증한 컨소시엄은 당분간 독일 국내의 채무에만 관심을 두고 있었고, 외국 은행에 지급해야 하는 금액은 반제하지 않고 놓아두기로 했다. 그러나 이 생각이 잘못된 것이라는 의견이 커지면서 이 은행의 국내 부채뿐만 아니라 해외 부채가 모두 처리됐고, 해외로까지 그 충격파가 전달되지는 않았다. 연방예금보험공사(FDIC)는 4만 달러를 한도로 프랭클린 내셔널의 예금 계좌를 인수했고, 연방준비제도(FRS)가 궁극적 대여자로서 나머지 부채를 보증했다.

BIS에서 1975년 3월에 타결된 소위 바젤 규약(Basel Protocol)에 의해 마련된 협약은 은행이 파산할 경우 발생하는 국가적 책임의 문제를 해결해 줄 것이라고 인식됐다. 1982년 이탈리아 밀라노의 방코 암브로시아노(Banco Ambrosiano)의 룩셈부르크 자회사가 다른 유럽 은행들에게 상환해야 하는 4억 달러의 채무 불이행 사태에 처했을 때, 새로운 문제가 등장했다. 암브로시아노 산하의 룩셈부르크 소재 사업체는 비록 본사가 이탈리아에 있더라도 룩셈부르크의 법률에 따라 법인격을 갖춘 자회사이기 때문에, 그 자산과 부채는 해당 은행 본사의 자산과 부채와 별개의 것이라는 점을 법적 근거로 삼아, 이탈리아은행이 부채의 보전을 거부했던 것이다. 이 사태는 바젤 규약을 오리무중 속에 빠뜨렸다.

1973년과 1979년에 발생한 석유가격의 급등에 따라 원유 생산국들의 수출 소득과 이들의 대외준비자산 보유고가 급증했다. 더불어 부동산, 업무용 빌딩, 쇼핑몰의 매입을 포함해 원유 생산국들의 지출도 급증했다. 원유 수입국들의 차입은 늘었다. 유가의 상승은 원유 탐사와 생산을 가속화했다.

북해와 멕시코, 여타 지역에서 석유 생산이 늘어나고, 1980년대 초 세계적인 경기후퇴로 인해 석유 수요가 감소하는 효과가 중첩되면서, 석유가격이 떨어지게 됐다. 1982년 중반에는 멕시코와 여러 소규모 원유 생산국들이 재정난에 빠졌다; 석유 증산에 가담한 텍사스, 오클라호마, 루이지애나의 기업과 금융기관들 역시 문제에 직면했다.

스왑 협정에 기초한 신용은 선진 산업국가들에게만 한정됐고, 이머징마켓의 개발도상국들은 이를 사용할 수 없었기 때문에 금융위기가 발생하면 IMF으로부터 받는 신용에 의존했다. 그러나 개발도상국들 다수가 IMF가 요구하는 조건에 강한 거부감을 가지고 있어서, 이들은 되도록이면 채권 은행들과 채무상환 기간의 재조정을 시도했다. 이 사태는 '캐치 22(Catch 22)'[†]의 딜레마와 비슷했다; 채권 은행들이 자주 취하는 입장은, 만기가 도래하는 채무에 대한 재금융을 설정하기 전에, 개발도상국들로 하여금 먼저 IMF의 승인 도장을 받아오라고 요구하는 것이었다. 금융 여건이 첨예해지는 경우에는, 협상기간 동안 '브릿지 론'이 채무국에 도움을 줄 수 있었다.

[†] (역주) 미국 전투기 조종사의 경험을 소재로 조셉 헬러(Joseph Heller)가 저술한 책의 제목. 함정에 빠진 상황 그 자체의 내부 요인으로 말미암아, 탈출이 불가능해진 진퇴양난의 사태를 가리킨다.

뉴욕연방준비은행은 1982년에 10억 달러의 브릿지 론을 멕시코에 제공했고, 미 재무부는 전략원유비축(Strategic Petroleum Reserve) 용도로 10억 달러어치의 원유를 매입하면서, 해당 원유 현물은 미래 시점에 인도받기로 하되 결제는 경상계정으로 즉시 처리해 주었다. 이 같은 이례적인 차관 제공 덕분에 멕시코는 채무 불이행을 피하고 난관에서 벗어날 수 있었다. 채무국들은 이런 방식의 해결을 좋아했다; 그렇지 않을 경우 채무국들은 국제자본시장에서 한 세대 동안(역사적 전례들을 본다면)은 배제되었을 것이다. 이들의 경제성장률을 끌어올리기 위해서는 외국 자본이 더 필요했고, 채권자들도 이 같은 해결 방식을 좋아했다; 그렇지 않을 경우 채무국들의 채무 불이행으로 채권자들은 기존 대출을 결손처리하고 거액의 대출손실을 인식할 수밖에 없기 때문이다. 그 이전 시기의 채무 불이행은 은행들이 제공한 대출이 아닌, 개인들이 매입한 채권들에서만 나타난 것이었므로 선진 국가들의 신용 시스템 자체에 대한 우려는 덜했던 데 반해, 1980년대 제3세계의 채무 불이행이 현실화됐다면 주요 국제 은행들도 인출쇄도의 소용돌이에 휘말렸을 것이다.

대여의 조건

IMF가 신흥시장 국가들이 취할 수 있는 통화정책과 재정정책의 선택폭을 너무 과도하게 제한했다는 것이 대중지향적인 시각이다. 국내의 대여자든 국제적인 대여자든, 대부분의 대여자들은 자금 대여의 조건을 약정한다. 프랑스가 1924년 안정화 차관을 지원받을 때, 몇몇 프랑스 분석가들은 제이피 모건이 내놓은 요구 조건들을 보고 아연실색했다.[65] 물론 대여자들의 표준적인 대응은 대여 자금이 반제될 수 있음을 확실히 해 두는 것이 예금자들에 대한 자신들의 책임이라는 것이다. 1931년에 오스트리아와 독일에게 프랑스가 대여 조건으로 제시한 것은 정치적이었다. 이보다 좀 늦은 그해 여름 미국과 프랑스가 영국에 제공한 차관의 경우는, 재정수지의 균형과 실업 보조금의 삭감을 주장한 영국 메이 위원회(May Committee)의 권고가 이행돼야 한다는 것이 대여자들의 생각이었기 때문에, 노동당은 이 차관을 "은행가들의 사기"(bankers' ramp-미국식 영어로는 'racket')로 간주했다.

상호간의 '양해'가 있기는 했지만, 스왑으로 제공되는 신용에 대해서는 조건이 부가되지 않았다. BIS는 헝가리에 스왑 방식의 차관을 제공할 때, 헝가리가 IMF의 신용을 활용해 이 차관의 상환 자금을 마련할 것임을 알고 있었다; 이 IMF 차관에는 조건이 부가될 것이다. 영국의 1976년 사례처럼 선진 7개국(G7) 그룹의 회원국이 IMF에서 차입할 때도 조건은 부가된다.[66]

멕시코 위기

1994년 멕시코의 금융위기는 1월의 농민반란에 이어, 제1당의 유력한 대통령 후보가 암살되면서 시작됐다. 해외투자의 유입이 둔화됐고, 멕시코가 외환시장에서 페소화를 지탱할 여력은 급속히 소진됐다.[67] 1993년 11월의 북미자유무역협정(NAFTA)에 참여한 북미 3개국의 "특별한 관계"를 주된 이유로, 미국과 캐나다는 1994년 4월 멕시코 구제에 나섰다. 미국이 내놓은 60억 달러와 캐나다의 7억 달러를 합쳐 67억 달러의 신용한도가 조성됐다. 멕시코의 어려움은 계속됐다. 1994년 12월 멕시코 국내 자본의 도피와 이에 실망한 미국 투자자들의 자금 회수가 야기한 또 다른 위기가 페소화를 공격했다. 1995년 1월 미 재무부는 미국 외환안정화기금(Exchange Stabilization Fund)의 200억 달러, IMF의 180억 달러, BIS가 주선한 유럽 중앙은행들의 100억 달러, 캐나다의 20억 달러를 합한 총 500억 달러의 구제 자금을 조성했다.[68] 이 같은 자금 규모는 시장에 확신을 준 것으로 나타났다. 자본 유출이 멈추고 다시 멕시코로 자본이 흘러 들어왔다. 미국이 조성한 신용한도에서 단지 125억 달러만 동원됐고, 민간 차원에서 멕시코에 대출된 자금을 토대로 1995년 가을에 차입금 반제가 시작됐다.

1994~95년에 걸친 멕시코 구제 작업은 몇 가지 의문을 남긴다. 그 중 하나는 1982년의 구제 자금이 다시 위기가 올 경우 또 지원을 받을 수 있을 것이라는 멕시코인들의 생각을 초래했는가 하는—즉, 도덕적 해이의—문제다. 또 다른 문제는 거액의 신용 지원이 미래의 문제를 초래하게 될 전례를 만들었는가 하는 문제다. 이런 의문에 더해 금융 당국이 위기의 전염을 차단함으로써 1931년 오스트리아에서 시작된 위기가 확산됐을 때처럼 브라질과 아르헨티나로 위기가 확산되는 사태를 막았던 것일까?

월터 배젓은 낮은 한도는 한도 돌파에 대한 기대를 자극하기 때문에, 궁극적 대여자는 제한 없이 대여해야 한다는 처방을 천명했다. 잠재적 필요를 넘어서는 것으로 보이는 규모의 신용을 공급하는 것은 제한 없이 대여하는 것으로 보일 수 있다.

동아시아 위기

1997년 7월에 시작된 동아시아의 금융위기는 풍요감에 젖어 투자 포트폴리오의 다변화에 매료돼 있던 선진국의 대여자들과, 고도성장 가도를 달리며 투자와 성장률 증대를 추진하는 한편 서방의 금융시장 규제완화 압력에 놓여 있던 차입국들, 이 양자가 만들어 낸 합작품이다. 이 밖의 다른 요인으로는 인도네시아의 정실 자본주의, 태국의 약체 정부, 한국의 거대 기업집단(재벌), 그리고 모든 나라에 만연했던 은행의 부실 대출이 있었다. 일본의 경제정책이 전신마비 증세에 빠진 채, 예전 동아시아 지역에서 강한 수요의 원천으로 작용했던 일본 시장은 불황의 늪으로 사라졌고, 저임금 지역을 향한 일본의 직접투자 확대와 일본 은행들의 여신 확대가 이 나라들 대부분의 경상수지 확대를 지탱해 주었다. 유럽의 은행들도 이 지역에서 거액의 대출 자금을 공급했다. 이 같은 자본유입에 따라 이들 나라의 통화 대부분이 과대평가됐는데, 경상수지 적자가 크고 통화가 과대평가된 나라들은 자본 유입의 감소를 유발하는 그 어떤 충격도 견뎌낼 수 없다는 것이 철칙이다.

1997년 7월 태국 바트화의 평가절하는 전염 효과를 격발시켜 다른 아시아 국가들로 유입되는 외국 자본의 흐름을 둔화시켰고, 곧이어 역류시켰다. 말레이시아의 마하티르 총리는 해외 투기자본을 비난했다. 그는 특히 미국의 조지 소로스를 지목했는데, 소로스는 세계 어느 지역의 건물보다 더 높은 초고층 쌍둥이 빌딩을 짓고 있던 그 시기에 말레이시아 링기트화의 하락을 예상한 공매도를 한 적이 없었다고 주장했다. 말레이시아는 IMF 차관을 모색하지 않았고, 대신 해외 투자자들의 자본과 이자 유출에 대한 통제를 실시했다. 태국, 인도네시아, 한국은 IMF로부터 자금을 차입했다. 이 차입 금액에 대한 BIS 출처의 자료는 1994~95년 멕시코의 차입 금액과 함께 다음의 표에 집계돼 있다.[69]

공식적 자금조달 집행 금액 (궁극적 대여자의 대여금, 단위는 10억 달러)					
국가	IMF	세계은행	아시아개발은행	상호지원집행금	합계
태국	3.9	1.9	2.2	12.1	20.1
인도네시아	10.1	4.5	3.5	22.0a	40.1
한국	21.0	10.0	4.0	22.0	57.0
합계	35.0	16.4	9.7	56.1	117.2
멕시코	17.8	1.5	1.3b	21.0	51.6

a. 인도네시아의 비상준비금(contingency reserve) 50억 달러 포함
b. 미주개발은행(Inter-American Development Bank)

BIS의 보고서는 멕시코 구제 자금으로 설정된 500억 달러 이상의 신용한도가 "시장에 심리적인 효과"를 미쳐 멕시코의 국내적 신뢰가 침식되는 것을 막았다고 지적했다.[70] 이 같은 신용 공여는 미래의 구제 활동에 쓸 수 있는 자금을 써버린 것도 된다. 1998년 말 미국 의회는 IMF 할당액과 자본금을 증액하려는 클린턴 행정부의 제안에 동의했다. 이로써 IMF는 원조가 필요할 때 브라질을 지원할 여력을 확보하게 됐다.

IMF는 중앙은행이 아니어서 통화를 창출할 수 없다; 대신 IMF는 회원국들의 출자액과 자체적인 차입으로 마련해 둔 자금을 대여할 수 있다. IMF가 국내 통화를 창출하는 중앙은행과 다른 차이점은 이런 할당 체계다.

세계의 중앙은행이 IMF보다 더욱 효율적인 궁극적 대여자일 것이지만, 이런 기관이 생길 개연성은 없다. 유럽통화동맹(European Monetary Union)을 결성한 나라들 말고는, 규모가 큰 대다수 국가들은 통화의 발행과 통제 권한을 주권의 징표로 간주하고 있다; 예컨대, 미국에서 통화 발행 및 통제 기능은 헌법에 명기돼 있는 사항이다.

미국과 달러화

미국은 1940~60년대에 걸쳐 일련의 새로운 국제금융질서-IMF, 세계은행, 일반차입협정(GAB), 특별인출권(Special Drawing Rights: SDR), 스왑 연계망, 금준비 연합-를 구축하는 일을 선도했다. 더욱이 미국은 1980년대 말 주요 국제 은행들로부터 개발도상국들이 차입한 대출 금액의 장부가치를 줄여줘 이 나라들의 신용등급이 유지될 수 있도록 지원하는 일을 주도했다. 미국은 또 멕시코, 러시아, 한국과 같은 나라들이 큰 대외결제 문제에 직면했을 때도 선도적 역할을 수행했다.

1980년대 초에 일어난 커다란 충격 가운데 하나는 만성적인 미국의 무역수지 적자였다. 미국은 100년 넘게 무역수지 흑자를 유지해왔다. 1980년경에 시작된 미국의 만성적인 무역수지 적자는 국제금융에서 미국의 위치에 커다란 변화를 가져왔다. 1980년에 미국은 세계 최대의 채권 국가였고, 부채를 제외한 미국의 순채권액이 나머지 순채권 국가들의 순채권액 합계보다 많았다. 2000년 시점에는 미국이 세계 최대의 채무국이 됐고, 그 순채무액이 나머지 순채무국의 순채무액 합계보다 컸다. 미국의 순채무액 규모는 계속 늘어나고 있다.

1950~60년대 미국의 지속적인 국제수지 적자와 1980~90년대 및 그 이후 미국의 만성적인 무역수지 적자 사이에는 유사점이 존재한다. 전자의 경우, 미국의 국제수지 적자가 확대된 것은 대외준비자산에 대한 미국 이외 나라들의 수요가 미국 이외의 나라들에서 생기는 새로운 준비자산의 공급 증가액보다 컸기 때문이다. 후자의 경우, 미국의 만성적인 무역수지 적자는 미국의 달러화 표시 유가증권과 실물자산에 대한 다른 나라들의 수요로 인해 확대됐다.

1960년대 말에서 1970년대 초에 걸쳐 해외 공공기관들이 준비자산의 취득 활동을 계속하려는 의욕이 저하됐는데, 이것은 현행 지표들이 정확하다면 1990년대 후미 3분의 2에 해당하는 기간 동안 벌어진 위기들을 반영하는 것으로 볼 수 있다. 미국은 1990년대에 낮은 물가상승률, 낮은 실업률, 흑자로 돌아서고 있는 재정수지, 기술진보와 함께 경기순환은 약화됐고 FRB의 신속한 문제 대처로 금융위기가 둔화된 "새로운 시대"에 들어섰다고 몇몇 경제분석가들이 제시한 바와 같이, 미국은 가장 성공적인 경제이기도 했다. 그렇지만 모든 것이 완벽하게 탄탄할 수는 없는 법이다. 번영은 미국 소비자의 지출 증가와 가계 저축률의 하락에 따른 것이었다. 신용카드 부채의 신고점 갱신이 이어졌고, 가계 파산도 마찬가지였다. 미국의 순대외채무의 증가는 미 달러화 가치에 대한 해외 신뢰가 떨어질 경우에는 문제를 일으킬 수 있다. 어느 영국 경제학자가 향후 5~15년 내에 미국 경제가 하락 반전될 가능성이 있다고 지적하면서 그 이상의 구체적인 시점에 대한 거론은 피하기는 했지만, 미국 경제에 대한 그의 강력한-아마도 과장은 있겠지만-경고는 "더 이상 지속할 수 없는 7가지 과정"이라는 제목으로 등장했다.[71] 미국과 미 달러화가 "세계 경제와 금융의 주도 세력"으로서의 위치를 상실할 가능성은 존재한다.[72]

몇몇 정치학자들은 그들이 '체제(regimes)'-즉, 리더십(leadership; '헤게모니(hegemony)'라고 부르기도 한다)이 발휘되는 기간 동안 구축된 습관적인 협력-라고 부르는 것에 대한 믿음을 갖고 있다.[73] 그런 협력이 1980년대에는 괄목할 만하게 잘 기능했고, 달러화 가치에 대한 자비로운 방치(benign neglect) 정책을 폐기하고, 1985년 9월 플라자 합의(Plaza Agreement)와 1987년 1월의 루브르 합의(Louvre Agreement)를 이끌어낸 당시 미 재무부 장관 제임스 베이커(James Baker)가 주도할 때 특히 그랬다. 선진 7개국의 정상회담 시스템에 대해 큰 신뢰를 두는 관측가들은 별로 없다. 이 정상회담의 주된 메뉴는 예식에 수반되는 강한 음조와 자세잡기다. 차라리 미국, 영국, 프랑스, 독일, 일본의 선진 5개국 그룹(G5)이 효과적인 합의를 이끌어내는 일에 보다 적합하다.

IMF와 세계은행이 저하되는 미국의 지도력에 대한 대안을 만들어 낼 수 있을까? 미국을 지원하기 위해서가 아니라, 다른 나라들의 문제를 해결하기 위해 브레튼우즈에서 설립된 이 기관들이 작동하는 데는 시간이 오래 걸린다; 몇 주가 아니라 몇 시간 내의 결정이 필요할 수도 있는 위기 상황에서는 없는 것과 다름 없는 장애 요소다. 게다가 재갈물린 야생마처럼 날뛰는 오늘날의 시장에 대처하기에 이 기관들의 자금은 여전히 너무 빈약한 것으로 확인될 공산이 크고, G7 중앙은행들의 자금 보충이 필요할 수도 있다. 이런 사태는 만약 달러권보다 금융시장 규모가 작은 엔화, 리라화, 프랑화 등이 아니라, 바로 달러화가 문제의 통화가 될 경우 더더욱 그렇다.

달러화에 문제가 발생하더라도 교환수단으로서의 사용 규모는 줄겠지만, 적합한 대체 통화가 없기 때문에 세계적인 계산 단위로서의 기능은 계속될 것이다. 일본은 내부적으로 문제 은행들의 부동산 대출로 인한 어려움에 처해 있다. 독일은 아직 구동독과의 경제적 통합을 완료하지 못한 상태다. 일본과 독일은 미국의 선도에 잘 따라주는 나라들이었지만, 사실 미국의 선도에 대한 도전을 억제했던 것이다. 프랑스는 드골(de Gaulle) 대통령하에서 큰 성공으로 이어지지는 않았어도 미국의 정책과 달러화의 지배에 대한 도전 태세를 멈추지 않았는데, 지금은 자크 시락(Jacques Chirac) 대통령하에서 국내외적인 난제들에 매달려 있다. 유럽

연합(European Union)이 경제력과 금융력을 키워서 세계경제의 주도권을 장악할 수도 있다. 그러나 현시점에서는 더 나은 대안이 없기 때문에 세계가 미국의 지도력에 의존하고 있다; 반면, 미국은 정치 경제적 난제들에 여념이 없고 국제적 공공재의 제공에 따르는 비용의 지불을 꺼리며 주춤거리는 중이다. 평화로운 시절에는 체제가 잘 작동하지만, 위기 때는 지휘력의 방식에 뭔가 더 결정적인 것이 요청된다. 앞으로 다가올 몇 년 동안 경제위기와 금융위기를 피할 수 있는 확률은 낮아 보인다.

13 사상 최대의 혼란기와 역사의 교훈

The Lessons of History and the Most Tumultuous Decades Ever

지난 400년간의 통화 역사에는 금융위기들이 즐비하게 이어졌다. 금융위기는 경기 확장, 신용 성장률의 상승, 경제성장의 가속화에 따라 투자자들의 낙관론이 증폭되면서, 취득하는 자산의 생산성과 결부된 수익이 아닌 단기 자본이득을 목표로 투자에 가담하는 개인들이 점점 더 늘어나는 유형을 보였다. 신용 공급의 증가와 보다 탄력적인 경제 전망은 종종 경제 호황을 가져왔다; 경제 전도에 대한 낙관론의 증폭과 아울러 신용의 가용성 확대에 따라 투자지출이 늘었고, 개인 재산의 급증에 동반해 가계지출도 늘었기 때문이다. 이 책에서 다룬 가장 이른 시기의 거품 가운데 하나는 1630년대 네덜란드에서의 '튤립 광기'였는데, 이 때는 매수자가 매도자로부터 신용을 얻었다. 네덜란드에서의 합리적 활력은 비이성적 과열로 변이를 일으켰고, 경제는 잠시 호황 국면에 들어선 후, 튤립 알뿌리 가격의 폭락과 함께 성장률이 둔화됐다. 런던의 남해회사 거품과 파리의 미시시피 거품은 1720년에 일어났고, 둘 다 신용 공급이 급증하는 환경을 마련해 준 새로운 금융 기관의 등장과 결부돼 있었다.

일부 위기들은 특정 차입자들의 과잉 채무에 대한 우려 때문에 촉발되기도 했다. 또 여러 번의 위기가 비교적 단기간인 수 년 내에 집중되는 경우도 있었지만, 이런 경우는 한 세대에 한 번 이상 나타나지 않는 것이 보통일 만큼 드물었다.

1920년대 후반 몇 년 동안 미국에서 발생한 주식가격 거품은 미국 경제의 괄목할 만한 발전에 따른 국내적인 사건이었다; 당시 자동차 생산이 급증했으며, 전국 대부분에 전력이 보급됐고, 경제 전도에 대한 낙관론이 만연했다. 주가 상승에 대응해 1928년에 미 달러화 표시 유가증권의 금리가 상승함에 따라 미국의 해외 채권 매입이 줄었고, 달러 자금의 차입 비용이 비싸졌기 때문에, 다른 나라들이 자국 통화의 평가를 유지하는 능력에 문제가 생겼다. 1929년 4분기의 주가 붕괴는 세계경제의 성장 둔화를 촉발했고, 대다수 나라들이 수출 소득의 감소와 자국 통화에 대한 투기 압력으로 인해 통화의 금태환을 정지시켰다. 1930년대에 가장 특징적이었던 현상은 오스트리아 실링화를 시작으로 독일 마르크화, 영국 파운드화에 이어 미국 달러화로 퍼진 통화 위기의 연쇄 작용이었는데, 마침내는 투기 압력이 금블록 통화인 프랑스 프랑화, 스위스 프랑화, 네덜란드 길더화로 번져갔다. 1930년대 말 시점에는 각국 통화가치의 배열이 1920년대 말과 유사한 구조로 돌아갔고, 미 달러화나 다른 대다수 통화로 표시되는 금의 가격은 75%나 올랐다.

이들 위기 중에는 수많은 은행 파산을 동반하는 위기도 일부 있었고, 특정 통화의 평가 유지 능력에 대한 불신으로 초래된 위기도 일부 있었으며, 주식시장과 부동산시장의 거품 붕괴를 동반한 위기도 있었다. 거품은 거의 모든 경우가 독립적인 사건이었다; 1720년에 런던과 파리의 거품이 동시에 발생한 것은 파리의 금융 혁신이 런던의 금융 혁신을 모방했다는 점이 주된 배경인 것으로 보인다.

위기의 파장이 일국 내에 국한되는 국내적 위기의 발생 건수는 투자자들의 투기 자산에 대한 수요가 급격히 위축되는 것에 대처하기 위해 현금 공급 역할을 담당했던 국내 궁극적 대여자의 발전과 함께 줄어든 것으로 보인다. 1930년대 통화 위기의 연쇄 작용은 다음과 같은 유형으로 전개됐다: 어느 나라가 자국 통화의 금 평가를 유지하지 못할 것이라는 투자자들의 우려가 증폭된다; 중앙은행은 통화의 평가 유지를 위한 강력한 개입 의지를 시장에 확신시키려는 차원에서 금리를 인상한다; 금리 상승이 국내 경제의 디플레이션을 유발하고, 기업과 은행의 파산이 증가한다. 이 상태에 이르면 국내 경제가 부담해야 하는 비용이 너무 커지기 때문에 중앙은행은 평가 유지 노력을 포기한다. 이에 뒤따라 아직 자국 통화의 평가를 유지하고 있던 그 밖의 하나 또는 여러 나라들로 똑같은 우려가 곧바로 파급된다.

연쇄적인 평가절하 사태는, 만약 국제적 차원의 궁극적 대여자가 있었다면 해당 국가들이 자국 통화의 평가를 유지하고 디플레이션과 평가절하의 연쇄 과정을 막을 수 있었겠는가 하는 의문을 낳게 했다. 일국 차원의 궁극적 대여자는 통화 위기가 유동성 위기로 번지게 될 개연성을 줄이기 위해 풍족한 신용을 제공한다; 국제적인 차원에서의 문제는, 궁극적 대여자가 가용 신용을 확대해 주었다고 하면 유동성 부족으로 인한 평가절하의 개연성이 줄어들었을 것인가 하는 문제다. 일단 한 나라가 자국 통화의 금 평가 고정을 포기하면, 이 나라의 주된 교역 상대국과 경쟁국들 통화의 평가절하는 불가피해 보였다. 1930년대 말 달러화나 여타 통화로 살 수 있는 금 가격의 실제적 상승이 대외준비자산의 공급을 크게 증가시키는 결과를 가져오기는 했어도, 제반 통화가치의 배열이 10년 전의 그것과 비슷해졌다는 것은 각 나라가 평가절하를 통해 획득한 경쟁 우위는 일시적이었음을 말해준다.

지난 역사적 사실과 반대되는 가정으로서 대외준비자산의 공급 증가가 1930년대 말이 아니라, 금의 잠재적 부족이 처음으로 인식됐던 1920년대 초에 발생했다고 할 경우, 두 세계대전 사이에 여러 차례 벌어졌던 통화가치의 변경 가운데 일부 혹은 다수를 피할 수 있었겠는가 하는 의문이 생길 수 있다. 대외준비자산이 대규모로 존재한다는 사실 그 자체로는 자국 통화가 투기적 공격을 받고 있는 나라들에게 신용을 제공하는 국제적인 궁극적 대여자의 필요성을 없애지는 못했을 것이다. 그러나 대외준비자산의 규모가 클수록 해당 국가의 통화에 대한 투기 공격의 빈도는 줄어들 수 있었을 것이다.

1960년대 중반 이래 자산가격의 변화, 통화가치의 변화, 그리고 은행위기의 빈도와 심각성이라는 측면에서 추론해 볼 때, 역사가 준 교훈들이 망각되고 무시되는 일들이 계속된 것으로 판단된다. 금융위기의 빈도 및 그 파장의 폭과 혹독함 면에서, 이 기간은 통화의 역사에서 가장 혼란스러운 시기였다. 이 시기와 동일한 기간을 두고 볼 때 이전의 그 어느 시기보다도 국가 차원의 은행 시스템이 붕괴되는 사례가 많았다; 일본과 스웨덴, 노르웨이, 핀란드, 그리고 태국, 말레이시아, 인도네시아, 멕시코(두 번 발생했다), 브라질, 아르헨티나에서 발생한 은행의 대출손실은 은행 자산의 20~50%대에 달했다. 몇몇 나라들의 경우 암묵적 혹은 명시적인 예금 보장을 위해 납세자들이 지불한 비용이 국내총생산(GDP)의 15~20%에 육박했다. 이들 나라 대부분이 겪은 대출손실은 1930년대 대공황기에 미국이 경험한 대출손실보다 훨씬 컸다.

어느 한 은행의 파산이 이례적인 국가적 사태인 경우도 있었다; 뉴욕시의 프랭클린 내셔널 뱅크와 쾰른의 헤르슈타트 은행은 외환시장에서 다양한 통화들의 변동 방향에 거액의 위험 자본을 걸었다가, 회사의 자본금으로는 감당하기 어려운 큰 손실을 입고 결국 회사가 해체되고 말았다. 프랑스 최대의 은행 크레디리요네가 입은 대출손실은 회사 자산의 30%, 프랑스 GDP의 3%가 넘는 규모였다. 그러나 이런 식의 은행 파산은 예외적인 경우였고, 1980~90년대에 일어난 은행 파산의 대부분은 한 나라의 수많은 은행에서 동시에 일어났고, 다수의 사례에서 한 나라의 거의 모든 은행들이 파산하는 시스템 전반의 사태였다. 다른 많은 나라들의 은행들도 거액의 대출손실을 입었고, 정부 소유의 은행이 아니었다면 파산했을 것이다.

일본과 노르웨이를 포함한 일부 국가들은 외환위기를 동반하지 않은 은행위기를 경험했다. 남아프리카와 브라질을 포함한 몇몇 국가들은 은행위기를 동반하지 않은 외환위기를 겪었다; 그러나 멕시코, 아르헨티나, 태국, 말레이시아, 러시아 및 여타 많은 나라들에서 나타난 지배적인 유형은 은행위기와 외환위기가 거의 동시에 발생하는 것이었다.

1980년대 초 텍사스, 오클라호마, 루이지애나의 많은 은행들이 석유가격이 급격히 하락할 때 파산했다. 같은 기간 동안 아이오와, 캔자스, 그리고 농업이 주력 산업인 중서부 지역 여러 주의 소형 은행들도 대출담보로 설정된 부동산가격의 급락으로 파산했다. 1980년대 초 단기 금리가 급등할 때, 미국의 수천 개 저축기관들이 그들의 자본금보다 많은 금액의 손실을 냈다. 1990년대 말 러시아의 금융대란 직후에 당시 미국 최대의 헤지펀드인 롱텀 캐피탈 매니지먼트(LTCM)가 붕괴했고, 연방준비제도이사회(FRB)의 개입으로 이 펀드의 최대 채권자들이 지분인수 형태로 신규 자금을 주입하지 않았다면 파산했을 것이다.

1980년대 초 멕시코, 브라질, 아르헨티나를 포함한 다수의 개발도상국들이 대외채무의 상환을 이행하지 못했다. 1980년대 말에는 아르헨티나와 브라질, 두 나라 모두 초인플레이션을 겪었고, 두 나라 정부는 국내 채무의 상환을 이행하지 못했다; 아르헨티나는 2001년에 다시 채무 불이행 상태에 빠졌다.

1960년대 말과 1970년대 초 변동 가능한 평가(adjustable parity)에 따라 각국 통화를 준고정시키는 브레튼우즈 시스템의 붕괴를 기점으로 지금까지 일어난 외환위기는 이 시기와 물리적 시간이 맞먹는 이전의 그 어느 시기보다 많았다. 1971년 8월 미국은 브레튼우즈 시스템의 핵심인 금 1온스 당 35달러로 설정된 미 달러화의 평가를 유지하기 위한 노력을 포기했다. 통화간 교환비율을 정해놓는 각 통화의 상대가치 체계가 1972년 1월의 스미소니언 합의에서 새로 확립됐지만, 약 1년간 유지되다가 1973년 2월 독일 마르크화와 일본 엔화, 이어서 대부분의 선진국 통화들이 시장의 변동환율에 맡겨졌다.

많은 나라들의 통화가 주된 교역 상대국 통화에 대해 보인 외환가치의 변동폭은 이전의 어느 시기보다 훨씬 더 컸다. 이 같은 큰 폭의 환율 변동은 초기 시장 참여자들이 자유롭게 변동하는 환율에 익숙하지 않았기 때문인 것으로 여겨졌다. 멕시코 페소화, 브라질 크루제이로화, 아르헨티나 페소화, 그리고 기타 다수의 개발도상국 통화의 외환가치가 1980년대 초에 큰 폭으로 추락했다. 핀란드 마르카화, 스웨덴 크로나화, 영국 파운드화, 이탈리아 리라화 및 여타 유럽 통화들이 1992년 가을 유럽환율조정장치(European Exchange Rate Mechanism)가 무너졌을 때 독일 마르크화 대비 외환가치의 30%를 상실했다.

더욱이 국가간 물가상승률 격차에서 산출되는 통화간의 상대가치에 비해, 외환시장에서 나타나는 통화가치의 '오버슈팅'과 '언더슈팅'의 폭은 이전의 그 어느 시기보다 훨씬 더 컸다. 1970년대 말 미국 달러화의 외환가치는 독일과 일본의 물가상승률을 상회하는 미국의 물가상승률 격차를 기초로 예측한 것보다 급격하게 하락했다. 1980년대 초에는 독일보다 미국의 물가상승률이 여전히 높았음에도 불구하고, 달러화의 외환가치는 60%나 상승했다. 1990년대 말에는 미국과 유럽의 물가상승률은 비슷했지만 유로화—독일, 프랑스, 이탈리아를 포함한 유럽통화동맹(European Monetary Union) 가맹국들의 단일 통화—의 외환가치는 1999년 초 유로화 출범 이후 30% 하락했다가, 다시 2002~04년 사이에 큰 폭으로 상승했다. 개발도상국 및 이머징마켓 국가 통화들의 오버슈팅과 언더슈팅의 폭은 선진국 통화들보다 더 컸다. 멕시코 페소화는 1994년 말과 1995년 초 대통령선거 및 권력이양 기간에 외환가치의 절반을 상실했다. 태국 바트화, 말레이시아 링기트화, 인도네시아 루피아화, 한국 원화의 외환가치는 1997년 하반기 6개월 동안 50~70% 하락했다. 러시아 루블화는 1998년 8월에 폭락했고, 브라질 헤알화는 1999년 1월 대폭 평가절하됐다. 아르헨티나 페소화는 2001년 1월 외환가치의 3분의 2이상을 상실했다.

1980년과 2000년 사이에는 그 이전의 어느 시기보다도 자산가격 거품이 많이 발생했다. 1980년대 말 일본은 "모든 자산가격 거품의 어머니"격인 엄청난 거품을 경험했다. 부동산가격은 9배 상승했고 주가는 6배 상승해, 일본의 금융재산이 급증했다. 일본경제는 호황 가도를 달렸다. 핀란드, 노르웨이, 스웨덴 역시 같은 시기에 부동산과 주식시장의 거품을 겪었다. 태국, 말레이시아, 인도네시아 및 인근 동아시아의 여러 나라에서도 1990년대 전반에 부동산과 주식시장에서 거품이 형성됐다. 미국 주식시장의 부는 1990년대 말 두 배로 늘었고, 닷컴과 정보기술(IT) 분야 기업들의 시가총액은 4배나 증가했다.

은행 파산과 장기균형 가치에서 이탈하는 환율의 오버슈팅과 언더슈팅, 부동산과 주식시장의 거품은 체계적 관련성을 가지고 있으며, 국가 간 자금흐름의 규모와 방향에 큰 변화를 야기하는 다양한 충격의 결과로 나타났다. 은행 파산-주로 세 개의 파동을 거치며 일어났다-은 해당국 통화의 급격한 외환가치 하락으로 인해 발생하거나, 금융위기가 진행되면서 붕괴 국면에서 나타나는 부동산가격과 주가의 폭락으로 인해 발생했다. 이 같은 붕괴는 경제가 활발한 성과를 내고 있는 나라들로 유입되는 거액의 국가간 자금흐름을 초래하는 투기적 광기 현상에 뒤이어 나타났다; 거액의 자금유입으로 인해 이들 나라 통화의 외환가치가 상승했고, 부동산가격과 주가가 큰 폭으로 상승했다.

이런 충격 가운데 몇 가지는 정말로 뜻밖의 것들도 있었지만, "예측 가능한" 충격들도 여럿 있었다. 정의상 충격이란 예상할 수 없는 것이기 때문에, "예측 가능한 충격"은 모순 어법처럼 들린다. 1970년대와 1990년대 멕시코와 1990년대 태국, 말레이시아, 인도네시아에서 진행된 경기 확장기의 광기 국면 동안 대외채무 잔고가 늘어났고, 그 이자의 지급을 신규 해외투자로 유입되는 현금에 의존하는 비중이 계속 늘어나는 상황은 무한정 지속될 수 없는 것이었다. 어느 단계에 도달하면, 누적 채무가 증가하는 차입자에게는 대여자가 제공하는 신용의 증가 속도가 줄어든다는 것은-비록 이 변화의 세부 징후와 시점의 예측은 불가능했어도-불가피한 일이었다. 이들 나라가 통화가치의 급격한 하락 없이 해외자금 유입의 감소에 적응할 수 있는 확률은 낮았다. 마찬가지로 일본의 부동산가격이 어느 단계에서는 그 상승 행진을 멈출 것이라는 것은 피할 수 없는 일이었다; 이 사태가 벌어졌을 때, 거액의 차입금으로 최근에 부동산을 매입한 투자자들의 다수가 채무이자 지급액이 임대소득보다 커지면서 현금 동결 상태에 빠져버렸다.

금융대란의 원인들

1970년대 초 이래 금융대란은 통화적 충격(monetary shocks)과 신용시장에 대한 충격(credit market shocks)이 국경을 넘나드는 자금흐름의 방향과 규모에 미친 파급의 결과로 나타났다. 이 가운데 몇몇 충격은 통화와 관련된 것으로 예기치 못한 통화 공급량 성장 속도의 변화, 이에 동반하는 예상 물가상승률 및 기대 금리의 변화로 인해 발생했다. 또 일부 충격은 은행 여신의 배분과 특정 차입자 집단이 끌어 쓸 수 있는 신용 규모에 변화를 용이하게 해주는 금융규제의 완화나 철폐에서 비롯됐다; 즉, 종전에는 규제로 인해 신용 접근이 차단된 차입자들이 갑자기 대여자들의 매력적인 거래선으로 변했다. 몇몇 사례에서는 신용 충격과 통화적 충격이 거의 동시에 발생해 국가간 자금흐름에 미친 충격이 더욱 증폭됐다.

한 나라로 유입되는 자금흐름의 증가는 외환시장에서 이 나라 통화의 가격 상승과 함께, 해당국 내의 투자 가능한 유가증권 및 기타 자산의 가격 상승을 유발한다; 경기 확장의 광기 국면에서 나타나는 이 같은 자산가격 상승은 장기균형 가치 이상으로 시장가격을 상승시켰다. 이런 충격들 가운데 어떤 충격은 차입자에게 주어지는 대여자의 자금이 무한정으로 이어져야 하는 지속 불가능한 자금흐름의 유형을 만들어냈다.

해외에서 유입되는 자금흐름의 감소는 거의 예외 없이 해당국 통화의 외환가치 하락을 초래했고, 어떤 경우에는 통화가치의 하락이 50~60% 혹은 그 이상에 달하는 자산가격의 붕괴를 촉발했다.

1960년대 말부터 지금까지 이어진 기간 중에서 첫 번째 주된 충격은 1960년대 후반 미국의 물가상승률이 연 5~6%대로 상승한 것이었다; 그 이전 20년 동안 미국의 연간 물가상승률은 보통 3% 미만이었고, 독일 및 인근 서유럽 국가들의 물가상승률보다 낮았다. 미 달러화의 외환가치가 떨어질 공산이 점점 커졌기 때문에, 미국의 국제수지 적자가 급증했다;† 미 달러화가 평가절하되거나 독일 마르크화와 일본 엔화, 기타 통화들이 평가절상될 상황이었다. 투자자들과 기업들은 눈 앞으로 다가온 평가 변경으로 인한 손실을 피하거나, 혹은 그로 인한 이익을 얻기 위해 자금을 미국에서 빼냈다. 미국은 달러화의 평가절하를 기피했고 독일, 프랑스, 일본은 그들 통화의 평가절상을 기피했기 때문에 국제수지의 불균형은 확대됐고, 독일과 일본을 포함한 기타 국제수지 흑자 국가들의 외환보유고가 더욱 빠른 속도로 증가하는 결과를 가져왔다. 이 같은 상황에서 1971년 미국 경제가 둔화되고 물가상승률이 하락하자 FRB는 팽창적 통화정책을 취했고, 이로 인한 미 달러화 유가증권의 금리 하락은 더 많은 단기 자금이 뉴욕을 벗어나 해외 금융 중심지로 향하게 만들었다.

1970년대 초의 세계적 물가상승은 평화기로서는 전례가 없는 사례였고, 통화정책의 완화에 따른 미국 통화 공급량의 증가와 국제수지 흑자

---

† 〔역주〕 고정환율제하의 환율이 일정한 상태에서 미국의 물가상승률 급등으로 초래된 달러화의 과대평가는 미국 무역수지의 적자 요인으로 작용한다. 그리고 저자의 설명이 이어지는 것처럼, 과대평가된 달러화의 가치 하락을 우려하는 자금이 미국을 이탈하면서 국제수지 적자는 증폭된다.

의 확대로 인한 독일 및 여타 유럽 국가와 일본의 통화 공급량 증가가 결합되면서 나타난 현상이었다.

1960년대 말 미국의 물가상승률이 독일, 네덜란드, 스위스의 물가상승률보다 더 빠르게 상승했다는 것은 각국 통화의 변동 가능한 평가의 재조정이 불가피하다는 것을 의미했다. 미국의 물가상승률이 독일의 물가상승률을 매년 2%포인트 이상 앞질렀기 때문에, 이 평가 시스템은 유효성을 상실했고, 이에 따라 독일 마르크화 및 여타 유럽 통화들의 평가 포기는 불가피했다.

1970년대 초 미국을 비롯한 선진국들의 통화 공급량이 빠르게 성장한 것은 세계적 경제 호황에 기여했고, 1차 원자재 수요의 급증, 석유를 포함한 상품가격의 급등을 부채질했다. 수요 확대에 직면한 이 상품들을 생산하는 나라들의 GDP 성장률도 상승했다. 1973년 10월의 욤키푸르 전쟁(Yom Kippur War) 직후, 미국과 네덜란드에 대한 사우디아라비아의 원유 금수조치는 석유 수요의 급증을 촉발했고 석유가격은 급등했다; 1980년 이라크의 이란 침공 직후 석유 공급의 감소는 세계적 물가상승을 자극하는 더욱 큰 충격으로 작용했다.

세계적인 예상 물가상승률의 증가에 대응해 투자자들은 금을 비롯한 귀금속과 희귀수집품, 부동산 등 고정자산의 매입을 늘렸다.

1970년대 초 전세계의 물가상승률이 상승하는 동안 멕시코, 브라질, 아르헨티나 등 개발도상국들에 대한 은행 대출의 급증을 불러온 신용시장의 충격이 발생했다; 1970년대 기간 중 이들 나라에 대한 대출은 연 30%의 속도로 증가했다. 다수의 유럽 국가와 일본에 본부를 둔 은행들은 런던, 취리히, 룩셈부르크의 역외예금 시장에서 마련한 미 달러화 자금을 라틴아메리카 정부 및 정부 소유 기업들에게 대출해 주면서, 미국

은행들의 전통적 텃밭이었던 이 지역을 '침입'했다. 미국 은행들은 이 대출시장의 점유율 잠식을 막기 위해 공격적으로 경쟁에 나섰다. 그들 또한 국내 시장에서의 대출과 자산의 성장을 제한하는 규제를 피해가기를 원했다. 라틴아메리카 차입자 집단의 대외채무는 매년 20%의 속도로 증가했다.

그 다음의 주된 충격은 1979년 10월 FRB의 조작절차 변경-소위 '볼커 충격(Volcker shock)'-으로 가속화하는 물가상승에 대한 기대를 거의 즉각적으로 꺾어 놓았다; 이 조치가 채택된 후 10주가 지나 금의 시장가격은 고점을 찍었다. 이 조치 전에는 FRB가 금리를 안정하면 시장의 작용을 통해 신용의 성장 속도가 결정됐는데, 새로운 조치하에서는 연방준비은행이 신용의 성장 속도를 제한하는 일에 개입했다.

은행 대출의 성장률이 급격히 하락하자 미 달러화 유가증권의 금리가 급등했다. 투자지출이 감소했고, 세계적인 경기후퇴가 뒤따랐으며, 원유를 비롯산 상품가격이 가파르게 떨어졌다.

멕시코와 다른 개발도상국들은 해외 자금의 차입 금리가 지렛대식으로 급등하고, 수출 물량과 수출 단가는 떨어지는 이중고에 시달리게 됐다. 미 달러화 유가증권 금리의 급등, 그리고 이어진 원유가격의 하락은 텍사스 주와 다른 석유생산 지역에 소재한 미국 은행들의 대대적인 파산을 초래했다. 또한 곡물생산을 위주로 하는 중서부 지역의 은행들 다수가 농지가격의 하락으로 인해 파산했다. 미국 저축기관들이 지불하는 단기예금 금리가 가파르게 상승했고, 대부분의 저축기관들이 장기 부동산저당증서에서 벌어들이는 금리 수준보다 단기예금 금리가 높아지면서 자본금 잠식 상태에 빠져들었다.

미 달러화 유가증권의 금리가 매우 높아지고 미국의 기대 물가상승률은 급격히 낮아지는 두 가지 작용이 결합됨에 따라 미 달러화 유가증권에 대한 투자자들의 수요가 늘면서 달러화의 외환가치가 빠른 속도로 상승하기 시작했다.

1980년대 전반 일본 은행들에게 적용된 금융 규제완화는 본격적인 신용시장 충격이었다. 예전에 일본 은행들은 그들의 예금부채에 지불할 수 있는 금리와 대출에 부과할 수 있는 금리 모두를 제한하는 엄격한 규제 아래서 영업했다; 게다가 정부 관료들이 은행으로 하여금 전략적 중요성을 부여하는 산업의 제조업체들에게 자금을 대출하도록 요구하는 행정적 지시의 영향도 받았다. 금융 규제완화의 한 동기는 은행 대출에 대한 산업 수요가 감소함에 따라 우대 기준을 토대로 한 차입자들간의 신용 할당이 불필요하게 됐다는 점이고, 또 다른 동기는 일본 은행들이 미국 시장에서 누릴 수 있는 조건에 버금가는 도쿄의 은행시장 및 자본시장에 대한 접근이 미국 금융업체들에게도 주어져야 한다는 미국 정부의 요구였다.

금융 규제완화를 통해 도쿄와 오사카에 본점을 둔 은행들은 일본 내 부동산 대출을 늘릴 수 있었고, 해외의 자회사와 지점을 확대할 수 있었다. 미국과 유럽의 여러 국가들로 유입되는 일본 저축자금의 흐름이 급증했다; "일본이 미국 국채의 매수를 중단한다면 미 재무부는 재정적자 조달 자금을 어디에서 얻을까?"라는 것이 뉴욕과 도쿄, 양쪽의 이야기거리였다. 이렇게 신설된 일본 은행들의 해외 지점은 역외예금 시장에서 획득한 자금을 사용해 현지 국가에서 빠르게 대출을 확대해나갔다; 또한 시장점유율을 확대하기 위해 일본의 다른 경쟁자들보다 낮은 금리를 부과했다. 더욱이 일본의 투자자들은 미국의 주요 도시와 여타 선진국의 주요 금융 중심지에서 부동산-업무용 빌딩, 주택, 골프장, 스키 휴

양지-을 매입하기 시작했다; 이 매입 자금의 대부분은 일본 은행들의 해외 지점으로부터 차입된 자금으로 충당됐다.

1985년 봄에 시작된 미 달러화의 외환가치 하락은 일본과 서유럽 여러 국가의 중앙은행들이 자국 통화의 외환가치 상승을 억제하기 위해 외환시장에서 미 달러화를 매입하는 시장개입을 유발했고, 이에 따라 이들 나라의 통화 공급량이 빠르게 증가하는 결과를 초래했다.

은행의 부동산 대출이 성장하는 속도를 억제하기 위해 1990년 초 일본은행의 신임 총재가 취한 결정이 일본의 자산가격 거품을 터뜨렸다; 부동산가격과 주가가 1990년에 30%, 1991년에 25% 하락했다. 일본경제의 성장률이 극적으로 둔화됐다. 일본의 수출이 수입에 비해 급증하면서 엔화 가치가 외환시장에서 큰 폭으로 상승했다. 엔화 가치의 상승이 기업의 수익성에 미치는 부정적인 영향을 피하기 위해, 일본 기업들은 중국과 태국 및 동남아시아 국가들에 대한 생산시설 투자를 늘려 주로 일본과 미국 등 선진국 시장을 겨냥한 공급기지로 활용하고자 했다; 이런 투자 활동의 대부분은 일본에서 수입된 고부가가치 부품들을 현지 공장에서 조립하는 방식이 주종을 이루었다. 일본 은행들은 일본 제조업체들의 뒤를 쫓아 이들 나라에 대한 대출을 빠르게 확대했다.

1989년과 1990년 '브래디 채권(Brady Bonds)'의 추진으로 채무 불이행 상태에 있던 멕시코와 여타 개발도상국들의 은행 대출이 미 정부의 부분적 보증이 제공되는 장기 채권으로 전환될 수 있었고, 이 같은 금융혁신은 채무국들이 겪고 있던 금융 고립 기간("잃어버린 10년")을 사실상 종결지었다.

그리고 나서 멕시코는 북미자유무역협정(NAFTA) 가입 준비에 들어갔다; 이 준비 작업의 일환으로 물가상승률 축소를 위한 긴축적 통화정책이 채용됐고, 수백 개의 정부 소유 기업들이 민영화됐으며, 국제무역과 기업관행에 대한 정부의 규제가 자유화됐다. 미국, 유럽, 일본의 기업들이 멕시코에 제조공장 설립을 확대함에 따라 멕시코로 유입되는 외국인 직접투자가 급증했다. 멕시코 페소화 유가증권의 고금리에 미국의 머니마켓펀드(MMF) 자금이 유인됐고, 미국의 연기금과 뮤추얼펀드들은 새로운 자산군-이머징마켓 유가증권-에 속하는 주식과 채권의 매수를 늘렸다.

그 후 1994년 초에 멕시코로 유입되는 자금흐름의 감소를 유발하는 일련의 정치적 사건들이 발생했다. 멕시코 남단에 위치한 지방에서 원주민 봉기가 일어났고, 두 달 후에는 제1당의 유력한 대통령 후보가 암살당했다. 멕시코로 유입되는 해외 자금의 감소는, 이 나라가 GDP의 6%까지 늘어나버린 경상수지 적자를 더 이상 조달할 수 없게 됐음을 의미했다.

태국으로 유입되는 해외 자금 유입액이 1996년 말에 크게 둔화된 것은, 태국 은행들이 소유한 비은행 금융회사들이 소비자 대출에서 거액의 손실을 내는 일들이 벌어졌기 때문이었다; 이들 비은행 금융회사는 은행 대출에 대한 규제를 피해 갈 목적으로 설립됐다. 사실상 이 금융회사들이 입은 손실은 일단 정리되고 나면 은행의 손실이나 마찬가지였다. 태국은행은 1997년 초 대외준비자산이 거의 고갈되고 나자, 바트화의 외환가치를 지탱할 여력이 없었다. 바트화의 외환가치 하락은 아시아 국가들에게 파급되는 전염 효과를 촉발했고, 아시아 국가들의 갑작스런 수입 위축을 초래해 이들 나라의 무역수지 적자폭이 1500억 달러나 감소했다.

이런 충격들 가운데 몇 가지는 예기치 못한 사태였다: 즉, 1994년 초

수 개월 동안 멕시코에서 일어난 정치적 사건들은 예측할 수 없었을 것이다. 그러나 1980년대 말 일본의 주가와 부동산가격의 상승 속도는 너무 높아 더 이상 유지될 수 없었고, 이들 자산의 가격 수준도 마찬가지였다; 일단 가격 상승의 행진이 멈추자, 붕괴는 불가피한 것이었다. 마찬가지로 1994년 멕시코의 경상수지 적자도 지속 불가능한 수준으로 커진 상태였기 때문에, 정치적 충격이 없었더라도 무언가의 격발 요인이 결국에는 멕시코로 유입되는 대출 자금의 축소를 유발했을 것이다. 또한 1996년 태국과 말레이시아의 경상수지 적자 역시 지속할 수 없는 수준의 큰 규모로 불어나 있었다. 비록 그 기폭제의 성격을 미리 예측할 수는 없었다 해도, 무언가의 뇌관이 자본 유입의 감소와 이들 통화의 외환가치 하락을 촉발했을 것이다. 일본의 부동산가격과 주가 거품, 이어서 태국과 말레이시아에서 형성된 거품은 붕괴를 피할 수 없었다; 거품은 언제나 붕괴하는 법이다. 마찬가지로 1980년대 중반에 극도의 과대평가 상태에 도달한 미 달러화의 외환가치가 하락 반전했던 것도 불가피한 일이었다.

통화적 충격과 신용시장 충격의 영향

국가간 자금흐름의 변화를 각국 GDP에서 무역수지 규모가 차지하는 비율의 변화로 따져 보았을 때, 이 비율의 변동성이 이전의 어느 시기보다도 훨씬 더 커졌다는 점이 1970년대 초 이후의 현격한 특징이다. 멕시코 경제가 호황 국면으로 들어서고 해외 자금이 이 나라로 유입됐을 때, 멕시코의 무역수지 적자는 GDP의 7%에 달했다. 멕시코가 금융위기를 겪는 동안 멕시코 자금과 해외 자금이 이 나라에서 빠져 나갔을 때, 무역수지 흑자는 GDP의 4%에 달했다. 이 정도의 변화는 워낙 대규모인데다 갑작스러운 것이어서, 이로 야기되는 충격은 물가상승률과 멕시코 기업, 가계, 은행의 채무상환 능력뿐만 아니라, 페소화의 외환가치, 페소화 표시 유가증권의 가격, 멕시코의 실물자산에 강력한 영향을 미쳤다.

여러 나라에서 GDP 대비 무역수지 비율이 급격한 변동을 보인 것은 국가간 자금흐름의 규모와 방향이 급격하게 변했기 때문이었다. 신용공급의 순환적 변동에 대한 민스키의 논지는 국가간 자금흐름의 유형에 나타나는 순환적 변동성에 적용될 수 있다. 한 나라로 유입되는 자금흐름의 증가는 해당국 통화의 외환가치와 함께 이 나라에서 거래되는 유가증권과 기타 자산의 가격을 상승시켰다. 이렇게 한 나라로 유입되는 국가간 자금흐름의 증가는 국내 신용의 성장률 상승을 동반하는 일이 자주 나타났고, 그 결과는 경제 호황이었다.

신용시장 충격과 통화적 충격 중에는 한 나라로 유입되는 자금흐름을 확대시키고 그 나라에서 투자할 수 있는 상품, 통화, 주식, 부동산의 가격 상승을 초래하는 충격들이 종종 있었다. 통화와 주식의 가격 상승이 계속되는 한, 해당 유가증권과 통화의 소유자들에게 돌아가는 수익률은 높은 수준을 유지하고 더욱 상승할 확률이 높다; 따라서 경제적 장래에 대한 낙관론이 확대된다. 그리고 나서 발생하는 또 하나의 충격이 국가간 자금흐름의 역전을 촉발했고, 그 결과는 통화, 유가증권, 기타 자산의 가격이 가파르게 떨어지는 금융위기였다.

이 같은 투기적 광기를 동반하는 충격들은 여러 가지 통화로 표시된 유가증권과 기타 자산에 대한 투자자들의 선호에 대폭적인 변화가 일어났다는 데 기인한다. 1970년대에 미국의 물가상승률 증가를 우려하게 된 투자자들은 독일 마르크화, 스위스 프랑화, 영국 파운드화로 표시된 유가증권의 매수 자금을 마련하기 위해 미 달러화 유가증권을 매도했다; 미 달러화의 외환가치는 주요 교역 상대국들의 물가상승률을 상회하는 미국의 물가상승률 격차에서 산출되는 속도보다 훨씬 빠른 속도로 하락했다. 금 가격의 연간 상승률이 미국 물가수준의 연간 상승률을 상회하는 정도는 1980년대 후반이 훨씬 더 크기는 했지만, "금은 물가상승에 대한 좋은 대비책이기 때문에" 1970년대 기간 중 금값은 상승했다. 1980년 초 미국의 물가상승률이 떨어질 것이라고 확신한 투자자들은 미 달러화 유가증권의 매수 자금을 마련하기 위해 독일 마르크화 및 기타 통화로 표시된 유가증권들을 매도했고, 미 달러화의 외환가치는 빠른 속도로 상승했다.

지난 30년 동안 국가간 자본흐름의 변동성이 증폭된 현상에 대한 한 가지 가능한 설명은 그 이전의 시기-각국의 통화가치가 고정되거나 국가별 통화간의 평가를 유지하기 위해 개입이 있었던 시기-보다 충격이 커졌다는 점이고, 특히 통화정책 기조의 변화를 동반하는 충격이 커졌다는 점이다. 변동환율제를 지지하는 주된 논거 중 하나는 통화가치가 더 이상 고정돼 있지 않으면, 국내적 경제목표의 달성을 위해 통화정책에 변화를 줄 수 있는 중앙은행들의 독립성이 더 커진다는 점이다. 통화가 금 혹은 다른 통화에 고정돼 있지 않을 때, 중앙은행들은 금리와 통화 공급량의 성장 속도를 변경할 수 있었다. 실제로 어느 통화의 평가를 유지하는 것은 그 나라 중앙은행의 통화정책 변화, 특히 보다 팽창적인 통화정책의 채택을 제약했다; 즉, 통화의 평가를 유지한다는 것은 해당국의 물가상승률이 주요 교역 상대국들의 물가상승률과 크게 달라질 수 없다는 것을 의미했다. 통화의 평가를 유지하지 않을 경우, 중앙은행들이 채택하는 정책은 현행 및 기대 물가상승률의 변화를 초래할 것이고, 이에 따라 국가간 자금흐름의 변화가 유발된다. 결과적으로 국가간 자금흐름의 진폭이 훨씬 더 확대된 이유는 통화정책과 기대 물가상승률의 변화가 커졌기 때문이다.

국가간 자금흐름의 변동성이 훨씬 더 증폭되는 결과를 가져온 부분적인 요인은 고정환율제하에 있었을 때보다 통화적 충격이 훨씬 더 커졌다는 점이다; 변동환율제하에서 통화적 충격은 특정국의 물가상승률에 대한 투자자들의 추정과 함께 결과적으로 미래 일정 시점의 현물 시장환율에 대한 추정에도 변화를 유발했다. 1960년대 말에서 1970년대 초 사이 미국의 팽창적 통화정책으로 인해 투자자들은 미국의 물가상승률 추정치를 상향 조정했고, 미 달러화 외환가치의 추정치를 하향 조정했다; 이에 따라 투자자들은 해외 유가증권의 매수 자금을 확보하기 위해 미 달러화 유가증권을 매도했고, 투자자들의 외국 통화 매입은 미 달러화 외환가치의 급격한 하락을 야기했다. 결과적으로 투자자들이 독일 마르크화, 스위스 프랑화 및 여타 해외 통화를 매입한 것은 그들이 예상했던 미 달러화의 외환가치 하락의 한 요인으로 작용했다.

이들 투자자 집단이 투자 포트폴리오에서 달러화 이외 통화의 유가증권 비중을 늘리면, 미국의 경상수지 흑자는 확대될 수밖에 없고, 국가별 물가상승률 격차에서 산출되는 외환가치 변동보다 빠른 속도로 미 달러화의 외환가치가 하락할 수밖에 없다. 투자자들이 달러화 이외 통화의 유가증권을 매입하는 속도를 늘리고자 하는 한, 국가별 물가상승률 격차로부터 산출되는 달러화 가치 이하로 미 달러화의 외환가치가 떨어지는 언더슈팅의 폭은 늘어나게 된다.

마찬가지로 1979년 가을 미국의 통화정책이 훨씬 더 긴축적인 기조로 변경되자, 투자자들은 곧바로 미국의 물가상승률 추정치를 하향 조정했고, 미 달러화의 외환가치에 대한 추정치는 상향 조정했다. 투자자들이 외환시장에서 달러화를 매입함에 따라 달러화의 외환가치가 상승했다; 이들 투자자 집단이 투자 포트폴리오에서 미 달러화 유가증권의 비중을 증가시키면, 미국의 경상수지와 무역수지 적자는 늘어나야 한다. 투자자들이 미 달러화 유가증권의 매입 속도를 늘리려고 하는 한, 미 달러화의 외환가치가 국가별 물가상승률 차이에서 산출되는 가치를 초과해 상승하는 것은 불가피하다.

투자자들이 특정 통화로 표시된 유가증권의 보유를 늘리거나 줄이고자 할 때마다, 이 통화의 외환가치에 오버슈팅이나 언더슈팅이 유발되는 것은 불가피했다. 시장 환율이 국가별 물가상승률 격차에 부합하는 환율로부터 큰 폭으로 빠르게 괴리되는 현상을 가리키는 이전의 속설─"악순환 및 선순환", 그리고 시장의 균형점 이탈을 유발하는 "교란적 투기"─은 국가간 자금흐름의 급격한 변화에 뒤따르는 영향을 반영하는 것이었다. 기대 물가상승률의 변화─보다 정확히는 국가별 물가상승률 차이의 변화─는 현물 시장환율 기대치에 영향을 주기 때문에, 외환가치에 오버슈팅과 언더슈팅을 초래한다. 반면, 일본은행이 엔화의 외환가치 상승을 억제하기 위해 외환시장에 개입하던 1980년대 후반에 일본에 영향을 미친 통화적 충격은 엔화의 예상 외환가치에 별다른 영향을 미치지 못한 것으로 나타났고, 따라서 엔화의 오버슈팅 폭도 작았다.

일본의 부동산과 주가 거품으로 인해 일본인들의 해외 유가증권 매입과 외국인들의 일본 유가증권 매입 모두가 영향을 받았기 때문에, 엔화 유가증권에 대한 수요가 변화하면서 엔화의 외환가치 변동이 유발됐다. 통상적으로 신용시장의 충격이 기대 물가상승률에 작용하는 직접적인 영향은 없었으며, 따라서 장기적으로 개별 통화의 예상 외환가치에도 직접적인 영향을 미치지 않았다. 그러나 지난 30년간 신용시장의 충격은 투자자들이 보유하고자 하는 멕시코 페소화, 태국 바트화, 미 달러화로 표시된 유가증권의 규모에 변화를 초래했고, 따라서 이 통화들의 외환가치에도 큰 영향을 미쳤다.

  GDP 대비 무역수지의 변동성이 증폭된 현상에 대한 두 번째의 보완적인 설명은, 변동환율제하에서 어느 한 통화로 표시되는 유가증권 수요의 확대라는 형태로 발생하는 일정한 크기의 충격이 그 나라에서 거래되는 유가증권과 부동산의 가격 상승이 유발되는 효과를 통해 해당국의 GDP에 더욱 큰 직접적인 영향을 미친다는 점이다.(고정환율제하에서 해외 저축의 유입 증대가 미치는 직접적인 영향은 중앙은행의 대외준비자산 보유고가 늘어나고, 이에 따라 중앙은행의 통화 발행액이 증가한다는 점이었다.) 또한 그 나라에서 투자 가능한 유가증권의 가격은 외국인 투자자들의 매수 확대에 따라 상승했다. 이 외국인 투자자들에게 유가증권을 매도한 사람들은 매도 대금을 다른 국내 거주자들이 보유한 여타 유가증권을 매수하는 데 사용하게 됨에 따라 유가증권의 가격이 상승하게 된다.

  변동환율제하에서는 특정 통화의 유가증권에 대한 외국인들의 수요 증가가 같은 크기로 발생할 경우, 해외에서 유입되는 저축액의 증가에 대응하는 규모로 이 나라의 무역수지를 변화시키는 적응 과정이 시작된다. 다른 나라에서 유입되는 저축액 증가가–보이지 않는 손의 작동을 통해–미치는 직접적 영향은, 자본비용의 하락을 통해 국내 투자지출이 확대되고, 가계 부의 증가에 따라 가계의 소비지출이 증가한다는 점이었다. 대다수 국가에서 소비지출이 투자지출에 비해 3~4배 더 크기 때문에, 총지출의 증가는 대부분 가계지출의 증대로 구성된다. 소비지출의 확대는 곧 가계 저축률의 하락을 의미한다.(반면, 고정환율제하에서 해외 저축의 유입 증대가 낳는 결과는 중앙은행의 대외준비자산 보유액이 늘어나는 것이기 때문에, 변동환율제의 경우에 필적할 만한 저축과 투자 관계의 변화는 발생하지 않았다.) 국가간 저축흐름의 유입이 늘어나는 나라에서 국내 투자에 비해 국내 저축이 상대적으로 줄어드는 현상이 이 같은 적응 과정의 필연적인 결과로 나타났다.

해외 저축이 유입되는 나라와 그 공급 역할을 하는 나라 모두에서 저축과 투자 관계의 변화를 유발하는 보이지 않는 손의 작동은 상대가격의 변화와 상대소득의 변화를 통해 이루어졌다. 상대가격의 변화는 해외 저축의 유입이 늘어난 나라의 통화가치가 외환시장에서 상승하는 현상에 반영돼 있다.(이것은 고정환율제하에서 중앙은행의 외환보유고가 증가하는 작용에 대응하는 변동환율제하에서의 작용이다.) 해당국 통화의 외환가치 상승에 따른 수입 수요의 증가가 국내 재화에 대한 지출의 감소를 유발하는 정도에 따라 GDP의 내수 부문이 감소할 수는 있어도 통화의 외환가치 상승은 그 자체로 가계 저축에 직접적인 영향을 미치지 않았다.

보이지 않는 손은 해외 저축의 유입이 증가하는 나라에서 GDP 성장률의 상승을 가져왔다. 이것은 그 나라의 유가증권 및 기타 자산가격이 상승함에 따른 가계 부의 증대가 소비지출을 확대시킨 결과였다. 유가증권 및 기타 자산가격의 상승으로 일부 투자자들의 부가 늘어남에 따라 그들의 "부에 대한 목표수준"이 달성됐기 때문에 이들은 현재의 소득에서 저축하는 비중을 줄였다.

즉, GDP에서 무역수지가 차지하는 비율의 변동성이 크게 확대된 것은, 일단 한 나라로 유입되는 해외 저축이 증가하면 그 나라에서 투자가능한 유가증권과 기타 자산의 수익률을 상승시키는 적응 과정의 변화가 유발됐기 때문이다. 부의 증가는 경제 호황에 기여했다. 실제로 일단 해외 저축의 유입이 늘어나 수익률이 상승하게 되면, 다시 해외 자금의 추가적인 유입을 유발하는 되먹임 효과가 발생했다. 경제 호황이 지속되고 확산됐다; 이 같은 국가간 현금흐름의 유형이 마냥 지속될 수는 없다는 것을 많은 시장 참여자들이 인식하지 못하는 일이 벌어질 가능성이 높았다.

결국 한 나라로 유입되는 해외 저축이 늘어나면 그 나라 통화의 외환가치가 상승하고, 동시에 그 나라에서 투자 가능한 유가증권의 가격이 상승하게 되는 현상이 유형화된 사실로 자리잡았다. 따라서 유가증권의 소유자들에게 돌아가는 수익률이 예상했던 것보다 높게 나타날 수 있고, 유가증권의 가격 상승이 다른 나라들에서 더 많은 자금을 유인하는 되먹임 효과가 작용했다. 더욱이 다른 나라로 빠져 나가는 해외 저축이 늘어나는 나라에서는 유가증권의 가격이 하락할 것이므로, 추가적인 가격 하락을 예상하는 투자자들은 손실의 확대를 피하기 위해 계속 자금을 이동시킬 가능성이 높다.

자료에 나타난 유형 가운데 하나는 한 나라로 해외 저축이 유입되면 경제 호황이 동반해 나타났다는 것이다. 이 현상은 1970년대 멕시코와 기타 개발도상국, 1990년대 전반기 중 멕시코, 태국 및 동아시아 국가들, 그리고 1990년대 후반 미국에서 분명하게 나타났다. 이 나라들에서 발생한 통화의 외환가치 상승은 탄탄한 경제 확대에 더해 인플레이션 압력의 축소를 가져왔고, 수입 단가와 비교한 수출 단가의 상대적인 상승은 경제성장률의 상승도 가져왔다. 또한 해당국 내 일정 수의 차입자들이 이자를 갚기 위한 현금을 다시 채권자들로부터 차입하는 현금으로 충당하고 있었기 때문에, 이 같은 해외 자금의 유입은 지속 불가능한 현금흐름의 유형과 결부됐다. 경제 호황의 지속은 왜 대여자들—적어도 이들 중 다수—이 결국에는 조정이 일어날 것임을 인식하지 못했는가를 설명하는 요인이 될 수 있다.

국가간 저축흐름의 변동성은 신용 공급의 변동이 경기순환 파동과 동조한다는 점에서 민스키의 모델과 합치된다. 해외 저축의 유입 증가가 국내 신용의 성장률 상승과 동시에 발생하는 경우가 자주 발생했다.

국제적 차원의 궁극적 대여자가 있었다면 크게 달라졌을까?

1960년대 중반 이후의 금융대란들은 국가간 자금흐름의 변동성이 크게 확대된 결과다. 한 나라로 유입되는 자금흐름의 증가가 해당국 통화의 외환가치 상승, 그리고 이 나라의 유가증권 및 기타 자산의 가격 상승을 초래했다. 1980년대 후반 핀란드, 노르웨이, 스웨덴에서의 자산가격 거품은 국가간 자금 유입의 확대 때문이었다; 또한 1990년대 초 태국, 말레이시아 및 인근 동아시아 국가들에서 나타난 자산가격 거품도 일본 및 다른 지역으로부터 유입되는 해외 저축의 증가에 뒤이어 나타났다.

대다수 국가에서 벌어진 외환위기는 국가간 자금흐름의 역전으로 인해 발생했다. 외환위기를 초래한 다수의 사례에서 자금 유입이 늘어나는 속도를 계속 유지하는 것은 불가능한 일이었다; 자금의 유입 속도가 둔화되면 이 나라 통화의 외환가치가 하락했고, 처음에는 외환가치 하락이 미미하게 시작됐지만 곧이어 대대적인 통화가치 폭락을 촉발했다.

일국 차원에서 본 궁극적 대여자의 역할에 대응하는 국제적인 차원의 역할이 존재한다. 일국 차원의 궁극적 대여자는 경우에 따라 주식시장이나 부동산시장 혹은 다른 시장에서 비이성적 과열의 출현을 지적해야 한다. 이에 상응하는 국제적 차원의 궁극적 대여자가 가지는 역할은 하나 또는 여러 나라에서 지속 불가능하리만큼 빠른 속도로 늘어나는 대외채무의 누적을 지적해야 하고, 유지 가능한 수준으로 되돌아가기 위한 조정에 뒤따를 큰 비용과 함께 불가피하게 혼란스러울 후속 파장에 대해서도 지적하는 것이다. 이 같은 지적의 함의에 대한 결론은 투자자들과 다른 시장 참여자들 자신이 내리도록 맡겨질 것이다.

일국 차원의 궁극적 대여자는 저위험 유가증권에 대한 투자자들의 수요 확대가 고위험 자산의 가격 폭락을 유발해 채무상환 불능 위기로 번지게 될 개연성을 줄이기 위해 유동성을 공급한다. 일국 차원의 궁극적 대여자들이 설립된 것은 반드시 개개의 금융기관들은 아니더라도 금융 시스템의 안정성을 제고하기 위해서였다. 국제적 차원에서 이런 목적에 대응하는 궁극적 대여자의 존재 의의는, 임의의 국가로 유입되는 지속 불가능한 수준의 거대한 자금흐름을 유발하는 투기적 광기 국면이 끝날 때, 해당국 통화의 급격한 외환가치 하락을 완화하는 것이다. 광기 국면이 진행 중일 때는 자금 유입의 증가에 대응해 해당국 통화의 외환가치가 상승하게 되지만, 자본 유입이 감소하는 시점이 되면 통화의 외환가치가 하락할 가능성이 높다. 수출업자들이 통화가치의 하락에 따른 상대가격의 변화와 국제경쟁 조건의 변화에 즉각적으로 대응하는 것은 불가능하기 때문에, 외환시장에서 통화가치의 하락이 증폭되는 해당국 통화의 언더슈팅 현상은 불가피하다; 즉, 수출업자들이 수출할 수 있는 상품의 생산을 늘리고 해외 고객을 발굴해 거래 체결을 진행하는 데는 시간이 소요될 수밖에 없다. 통화의 언더슈팅이 진행되는 동안 일부 국가에서 겪은 바 있는 일시적인 극심한 외환가치 폭락은 해외 통화를 기준으로 차입한 국내 기업들이 채무 원리금으로 지불해야 하는 국내 통화 환산액의 급증으로 연결돼 이들 기업의 채무상환 능력을 위협한다. 이들 기업의 파산은 국내 은행과 여타 금융기관들의 채무상환 능력마저 위험에 빠뜨릴 수 있다.

미 재무부는 멕시코가 1994년 말 금융위기에 빠졌을 때 궁극적 대여자로 행동하는 주도적인 역할을 담당했다; 당시 멕시코에 제공된 신용에는 IMF의 자금과 함께 미국 정부의 자금도 포함됐다. 이 같은 자금 조성 계획이 발표되자 페소화의 추가적인 외환가치 하락이 억제됐다. 이런 대응이 한 주 혹은 몇 주만 일찍 취해졌다면, 페소화의 언더슈팅 폭은 더 작아졌을 것이고, 페소화의 외환가치 하락이 멕시코 경제에 끼친 악영향도 덜 심각했을 것이다.

국제적 차원의 궁극적 대여자가 담당해야 할 역할의 하나는 임의의 국가로 유입되는 국제적 자본흐름의 규모가 지속될 수 없는 수준의 거액에 달했다는 사실과, 자본 유입이 줄어들면 해당국 통화의 외환가치 하락이 필연적인 조정 과정으로 나타날 것임을 지적해주는 일을 들 수 있다. 해당 통화의 외환가치 하락이 발생할 때는 국제적 대여자들이 언더슈팅의 폭을 축소하기 위해 신용을 제공할 수 있을 것이다. 신용 지원의 준비가 빨라질수록 전염 효과는 제한될 수 있다.

IMF는 1945년에 국제적 차원의 궁극적 대여자로 행동하기 위해 설립됐다. IMF의 설립 동기는 국제적인 궁극적 대여자가 존재했을 경우 1920년대, 그리고 특히 1930년대에 겪었던 금융 불안정에서 큰 부분을 막아냈거나 완화할 수 있었을 것이라는 인식이었다. IMF 인력은 매년 두 차례 각 회원국을 방문해 해당국의 경제정책에 대해 논의한다. 그러나 IMF가 어느 회원국의 국제적 차입이 지속 불가능한-경상수지 적자가 더 이상 유지될 수 없는 수준으로 지나치게 확대되는-양상에 접어들었으며, 경상수지 적자가 유지 가능한 수준으로 회복되려면 경제적 안정성이라는 측면에서 값비싼 비용을 치르게 될 가능성이 높다- '연착륙' 보다는 '경착륙' 일 가능성이 더 높다-는 경고를 울린 적은 거의 없다. 더욱이 붕괴가 발생한 시점에서 해당국 통화가치의 폭락과 그 폐해를 피하기 위해 신용을 공급할 능력도 없었다.

IMF의 발족을 낳게 된 포부에 비해 그 대응이 미진한 이유가 분석이나 정책의 실패 때문인지, 혹은 회원국의 자질 때문인지에 대한 문제는 새로운 책의 주제다.

〈부록〉 1618~1998년 금융위기 유형의 개요

발생 연도	국가(도시)	관련 사건	위기 발생 이전의 투기대상	통화 팽창 요인	투기의 절정 시점	위기(붕괴 혹은 패닉)	개입한 궁극적 대여자
1618~23년	신성로마 제국	30년전쟁	보조 주화, 어음을 양화와 교체	주화의 화폐가치 저하(증량, 정금도, 액면단위 조작)	1622년 2월	1622년 2월	없음
1636~37년	네덜란드	대 스페인전쟁의 전시 호황	네덜란드 동인도회사의 주식, 부동산, 하귀족 튤립 알뿌리, 일반 튤립 알뿌리, 운하 건설	없음(?), 현물의 선지금을 통한 부은 결제	1637년 2월	1637년 2월	없음
1690~96년	잉글랜드	1688년 명예혁명, 대 프랑스 전쟁(1689~97)	동인도회사, 귀중품, 신설회사, 부권	주화의 화폐가치 저하, 1694년 잉글랜드은행 설립	1695년	1696년	없음
1720년	잉글랜드	1713년 위트레히트 조약	남해회사 주식, 정부채권	스워드 블레이드 뱅크	1720년 4월	1720년 9월	잉글랜드은행(??)
1720년	프랑스	1715년 루이 14세의 사망	미시시피 회사, 방크 제네랄, 방크 르와얄	존 로의 은행들	1719년 12월	1720년 5월	없음
1763년	암스테르담	7년전쟁의 종전	재산 상품, 특히 설탕(?)	비셀루이테: 융통어음의 연쇄망	1763년 1월	1763년 9월	잉글랜드은행
1772년	영국	7년전쟁 (종전 10년 후)	주택, 유료도로, 운하	에이어 뱅크, 지방은행 다수	1772년 6월	1773년 1월	잉글랜드은행
1772년	암스테르담		동인도회사	비셀루이테, 암스테르담은행	1772년 6월	1773년 1월	암스테르담 시
1792년	미국	1789년 헌법 채택	미국 채권의 회복	합중국은행 주식을 액면가에 공채로 전환토록 재무부가 허가	1792년 1월	1792년 3월	미 재무부의 공개시장 매입, 관세납입 연기

발생 연도	국가(도시)	관련 사건	위기 발생 이전의 투기대상	통화 팽창 요인	투기의 정점 시점	위기(붕괴 혹은 패닉)	개입한 공공적 대여자
1793년	잉글랜드	프랑스의 공포정치	운하	프랑스 자본의 유입	1792년 11월	1793년 2월	재무부증권
1797년	잉글랜드	프랑스혁명 후 토지 담보 발행 지폐인 아시냐의 붕괴, 프랑스 군대의 펨시가드 상륙	증권, 운하	지방은행 다수	1796년	1797년 2~6월	재무부증권, 금본위제 정지
1799년	함부르크	대륙봉쇄망 돌파	재판 상품	융통어음	1799년	1799년 8~11월	해군성증권
1810년	잉글랜드	웰링턴의 반도전쟁 후원	브라질 (및 스칸디나비아) 로의 수출	지방은행 다수	1809년	1810년, 1811년 1월	재무부증권
1815~16년	잉글랜드	나폴레옹전쟁의 종전	유럽 대륙 및 미국으로의 수출상품	다수의 은행	1815년	1816년	?
1819년		워털루(5년 후)	재판 상품, 증권	은행 대다수	1818년 12월	없음	불필요
1819년	미국	—	앨바고 보호하의 제조업	합중국은행	1818년 8월	1818년 11월 ~1819년 6월	재무부의 정화 예치
1825년	잉글랜드	베어링 차관의 성공 금리의 하락	라틴아메리카 채권, 광산, 면화	분할 판매 채권, 지방은행 다수	1825년 초	1825년 12월	영란은행
1828년	프랑스	금리의 하락	운하, 면화, 건축용지	파리 소재 은행들	—	1827년 12월	파리 및 버질 소재 은행들, 프랑스은행, 신하 은행 다수

발생 연도	국가(도시)	관련 사건	위기 발생 이전의 투기대상	통화 팽창 요인	투기의 절정 시점	위기(붕괴 혹은 패닉)	개입한 공적 대여자
1836년	잉글랜드	섬유 호황	면화, 철도	주식회사은행	1836년 4월	1836년 12월	—
1837년	미국	잭슨 대통령 관련	면화, 토지	실링어음은행 다수, 대외결제용 은의 미국내 잔류	1836년 11월	1837년 9월	프랑스은행과 함부르크은행의 영란은행 지원
1838년	프랑스	1830년 7월혁명	면화, 건축용지	지방은행 다수	—	1837년 6월	—
1847년	잉글랜드		철도, 밀	철도증권의 할부 판매	1847년 1월	1847년 10월	1844년 은행법의 정지
1848년	유럽 대륙	1846년의 감자 병충해와 밀 흉작	철도, 밀, 랄, 건물(빌딩)	지방은행 다수	1848년 3~4월	1848년 3월	프랑스은행에 대한 영란은행의 차관 공여; 러시아의 프랑스 국채 매입.
1857년	미국	—	철도, 공유지	금광의 발견, 어음교환소	1856년 말	1857년 8월	영국으로부터의 자본 유입
1857년	잉글랜드	크림전쟁의 종전	철도, 밀	은행 함병, 어음교환소	1857년 3월	1857년 10월	1844년 은행법의 정지
1857년	유럽 대륙		철도, 중공업	크레디 모빌리에, 독일의 신설 은행 다수	—	1857년 11월	은화엽차 (함부르크)
1864년	프랑스	미국 남북전쟁의 종결	면화, 해운회사 다수	크레디 모빌리에	1863년	1864년 1월	어음 만기의 연장

472 | 광기, 패닉, 붕괴 : 금융위기의 역사

발생 연도	국가(도시)	관련 사건	위기 발생 이전의 투기대상	통화 팽창 요인	투기의 절정 시점	위기(붕괴 혹은 패닉)	개입한 궁극적 대여자
1866년	잉글랜드, 이탈리아	주식회사 전반	해운회사 다수	주식회사 방식의 어음할인회사	1865년 7월	1866년 5월	은행법의 정지; 이탈리아의 평가 유지 포기
1873년	독일, 오스트리아	프랑스-프로이센 전쟁 배상금	건물용지, 철도, 증권, 제반 상품	신설 산업은행, 중개은행, 건설은행 다수	1872년 가을	1873년 5월	없음
1873년	미국	1872년 선거의 부정폭로	철도, 자작농장, 시카고 건물	단기신용, 유럽 자본의 유입	1873년 3월	1873년 9월	없음
1882년	프랑스	남동부 유럽으로의 팽창	신설 은행 주식(리옹)	신용거래 증거금을 통한 증권 매입	1881년 12월	1882년 1월	파리 소재 은행들의 제한적 지원
1890년	잉글랜드	아르헨티나 남부, 토지채권의 청산; 브라질, 커피; 칠레, 질산염; 남아프리카, 금	아르헨티나 채권, 민간회사의 주식 공개	고센 차환	1890년 8월	1890년 11월	베어링 채무의 보증; 프랑스 은행 및 러시아의 금 차관 공여
1893년	미국	셔먼 은조례 (1890년)	은, 금	통화 팽창이 아닌 통화 축소	1892년 12월	1893년 5월	셔먼 은조례의 폐지 (1893년 8월)
1893년	호주	도시의 성장	토지, 금광	자본 유입	1891년	1893년 봄	없음
1907년	미국	러일전쟁(?), 샌프란시스코 대지진(??)	커피, 유니언 퍼시픽 철도 주식	신탁회사	1907년 초	1907년 10월	영국의 1억 달러 지원

1618~1998년 금융위기 유형의 개요 | 473

발생 연도	국가(도시)	관련 사건	위기 발생 이전의 투기대상	통화 팽창 요인	투기의 절정 시점	위기(붕괴 혹은 패닉)	개입한 궁극적 대여자
1907년	프랑스, 이탈리아	러일전쟁(?), 샌프란시스코 대지진(??)	제조업체들의 은행 차입	소시에타 방카리아 이탈리아나	1906월 3월	1907년 8월	이탈리아은행
1920~21년	영국, 미국	제1차 세계대전 후의 경기 확장 종료	증권, 선박, 재반 상품, 재고	은행 대수	1920년 여름	1921년 봄	없음
1929년	미국	장기화된 전후 경기 확장의 종료	토지(1925년까지), 주식(1928~29년)	신용거래 증가금 기반의 주식 매수	1929년 9월	1929년 10월	뉴욕 연방준비은행의 공개시장 조작(불충분)
1931~33년	유럽	외국에 대한 미국의 차관공여의 중단	해당 없음	미국의 대여	1929년	오스트리아(1931년 5월); 독일(1931년 6월); 영국(1931년 9월); 일본(1931년 12월); 미국(1933년 3월)	미국과 프랑스의 미미한 노력
1950~1960년대	세계 전반	거시경제 조율이 결여된 통화의 태환성 유지	외환시장	해당 없음	주요국 통화에 대한 투기:	프랑스(1958년), 캐나다(1962), 이탈리아(1963), 영국(1964), 미국(1973) 등	국제결제은행(BIS) 스왑 연계망
1974~75년	미국 및 전세계	브레튼우즈 체제 붕괴, 1973년 석유수출국기구(OPEC)의 유가 인상	주식, 부동산투자신탁, 업무용 빌딩, 유류 저장용 탱크, 항공기	1970~71년 유로달러 시장의 자금 범람	1973년	1974~75년	국제결제은행(BIS) 스왑 연계망

발생 연도	국가(도시)	관련 사건	위기 발생 이전의 투기대상	통화 팽창 요인	투기의 절정 시점	위기(붕괴 혹은 패닉)	개입한 공적 대여자
1979~82년	미국 및 전세계	은행 신디케이트의 제3세계 차관, OPEC의 1979년 2차 유가 인상, 미국 남서부 부동산, 미국 농지, 달러화	—	—	1979년	달러화(1979); 농지(1979); 석유(1980); 제3세계 외채(1982년)	멕시코 재무 (IMF, 뉴욕 연방준비은행, 미국 정부), 농지대출은행 이사회
1982~87년	미국	주식시장, 호화 주택, 업무용 빌딩, 달러화	—	자본 유입	달러화(1985); 주식(1987) 부동산(1987)	주식(1987년 10월 19일)	뉴욕연방준비은행의 공개시장 조작; 은행 다수, 연방예금보험공사(FDIC, 연방저축예금보험공사(FSLIC); 달러화 스왑
1990년	일본	주식, 부동산	—	1986년 금리 인하	1989년 전반	1990년 1월	재무부 및 일본은행의 대응 지연
1994~95년	멕시코	규제 완화; 자본 유입 및 유출; 내수 호황	—	자본 유입, 은행 대출, 1991년 신설 국내 은행, 1991년 국유 은행의 민영화	1994~95년	1994~95년	미국 안정화 기금; IMF; 미주개발 은행(IADB)
1997~98년	태국, 한국, 인도네시아, 말레이시아, 러시아, 브라질	규제 완화; 자본 유입 및 유출; 해외 차입	—	은행 대출; 건설경기 확장; 정실 자본주의	1997~98년	1997~98년	IMF; 세계 은행; 아시아 개발은행; 상호 국가 차관

제3판 서문

1) Steven Horwitz, "Government Intervention: Source or Scourge of Monetary Order," Critical Review, vol. 7, nos 2-3 (1993), pp. 237~57.

2) C. P. Kindleberger, "Theory vs History: Reply to Horwitz," Critical Review, vol. 8, no. 4 (Fall 1994), pp. 609~14. 저자의 반론에 대한 호어비츠 교수의 답변도 같은 호에 실려 있다.

3) Robert D. Flood and Peter M. Garber, Speculative Bubbles, Speculative Attacks and Policy Switching (Cambridge, Mass.: MIT Press, 1994); 특히 피터 가버의 "튤립 광기" (Tulipmania), pp. 55~82를 참조.

4) Patrick O'Brien and Caglar Keyder, Economic Growth in Britain and France, 1780~1914: Two Paths to the Twentieth Century (London: George Allen & Unwin, 1978), p. 178. 이 문제에 대해서는 다음 자료도 참조가 될 것이다: R. W. Fogel and G. R. Elton, Which Road to the Past: Two Views of History (New Haven, Conn.: Yale University Press, 1983)

5) C. P. Kindleberger, "The Economic Crisis of 1619 to 1623," Journal of Economic History, vol. 51, no. 1 (March 1991), pp. 149~73.

6) C. P. Kindleberger, "Asset Inflation and Monetary Policy," Banza Nationale del Lavoro Quarterly Review, vol. 48, no. 192 (March 1995), pp. 17~37.

7) Martin Feldstein, ed., The Risk of Economic Crisis (Chicago and London: University of Chicago Press, 1991). "다음 경제위기에 대비하기 위한 계획" (Planning for the Next Economic Crisis)이라는 제목으로 쓰인 서머스의 논문은 139~158쪽에 실려 있다.

8) C. P. Kindleberger, Histoire mondiale de la spéculation financière de 1700 à nos jours (Paris : Editions P.A.U., 1994).

9) John Brooks, The Go-Go Years (New York: Weybright and Talley, 1973). "go-go"에 대한 그의 프랑스어 인식은 127쪽에 기술되어 있다.

제2판 서문

1) C. P. Kindleberger, A Financial History of Western Europe (New York: Oxford University Press, 2nd ed., 1989)

2) Ministère des Finances et Ministère de l'Agriculture, du Commerce et des Travaux Publics, Enquête sur les principes et les faits généraux qui régissent la circulation monétaire et fiduciaire, 6 vols. (Paris : Imprimerie impériale, 1867)

3) D. P. O'Brien, et., The Correspondence of Lord Overstone, 3 vols. (Cambridge: Cambridge University Press, 1971)

4) The Collected Works of Walter Bagehot, ed. Norman St John Stevas (London: The Economist, 1978), vols. 9~11.
5) Michel Chevalier, Lettres sur l'Amerique du Nord, 3rd ed., 2 vols. (Brussels: Société belge du librairie, 1838).
6) C. P. Kindleberger, Keynsianism vs. Monetarism and Other Essays in Financial History (London: Allen & Unwin, 1985).
7) C. P. Kindleberger, The International Economic Order: Financial Crises and International Public Goods (Brighton: Wheatheaf Press, 1988)
8) C.P. Kindleberger and J.-P. Laffargue, eds, Financial Crises: Theory, History and Policy (Cambridge: Cambridge University Press, 1982).
9) "Adam Smith", "Review of Manias, Panics, and Crashes," New York Times Book Review, 13 August 1979.
10) Epigraph, in Rosemary Thorp, "Trends and Cycles in the Peruvian Economy," Journal of Development Economics 27, nos. 1-2 (October 1987): p. 355. 이 학술지의 해당 호는 다음과 같은 제목의 특집호로 발행되었다: "국제무역, 투자, 거시정책 및 역사: 카를로스 디아즈-알레한드로 추모 논문집" (International Trade, Investment, Macro Policies and History: Essays in Memory of Carlos F. Diaz-Alejandro.")
11) Donal N. McCloskey, The Rhetoric of Economics (Madison: University of Wisconsin Press, 1985).
12) Peter Temin, "Is History Stranger than Theory?" in William N. Parker, ed., Economic History and the Modern Economists (Oxford: Blackwellm 1986).
13) See Kindleberger, Keynsianism vs. Monetarism, pp. 129~38.
14) H. G. Wells, The Shape of Things to Come (New York: Macmillan Company, 1933), p. 35.

1. 금융위기: 계속 피어오르는 질긴 다년생화

1) Ezra Vogel, Japan as Number One: Lessons for America (Boston: Harvard University Press, 1979).
2) C.P. Kindleberger, The World in Depression, 1929~1939, 2nd edn (Berkeley: University of California Press, 1986)
3) 다음을 참조. Robert D. Flood and Peter M. Garber, Speculative Bubbles, Speculative Attacks and Policy Switching (Cambridge, Mass.: MIT Press, 1994). 플러드와 가버는 정부가 규칙을 바꾸지 않는 한에서, '펀더멘털'을 경제 행위의 결정 인자로 믿었다. 20세기 마지막 25년 동안의 변화 가운데 한 가지 특징적인 것은 금융시장의 규제 완화였다.

4) Edward Shaw, Financial Deepening and Economic Development (New York: Oxford University Press, 1973); and Roland I. McKinnon, Money and Capitalism in Economic Development (Washington, DC: Brookings Institution, 1973). 개발도상국에서의 규제에 대한 상세한 연구로는 다음 자료를 참조: 'A Survey of Financial Liberalization', by John Williamson and Molly Mohar, Essays in International Finance, no. 221 (Princeton, NJ: International Finance Section, November 1998)

5) Recent Innovations in International Banking (Basel: Bank for International Settlements, 1986).

6) 다음 자료를 참조. Kindleberger, 'Panic of 1873' in Historical Economics (New York: Harvestor Wheatsheaf, 1990), pp. 310~25; idem, 'International Propagation of Financial Crises'; Henrietta M. Larson, Jay Cooke, Private Banker (Cambridge, Mass.: Harvard University Press, 1936); and Matthew Simon, Cyclical Fluctuations in International Capital Movements of the United States, 1865~1897 (New York: Arno, 1979).

2. 전형적으로 발생하는 위기의 해부

1) Joseph A. Schumpeter, Business Cycles: a Theoretical, Historical and Statistical Analysis of the Capitalist Process (New York: McGraw-Hill, 1939), vol. 1, chap. 4, esp. pp. 161ff.

2) Hyman P. Minsky, John Maynard Keynes (New York: Columbia University Press, 1975); and idem, 'The Financial Instability Hypothesis: Capitalistic Processes and the Behavior of the Economy', in C.P. Kindleberger and J.-P. Laffargue, eds, Financial Crises: Theory, History and Policy (Cambridge: Cambridge University Press, 1982), pp. 13~29. 하이먼 민스키의 저작을 역사적 맥락에서 조망하려면 다음 자료를 참조. Perry Mehrling, 'The Vision of Hyman P. Minsky,' in Journal of Economic Behavior and Organization, vol. 39 (1999), pp. 125~58.

3) 다음을 참조. R.C.O. Matthews, 'Public Policy, and Monetary Expenditure', in Thomas Wilson and Andrew S. Skinner, eds, The Market and the State: Essays in Honour of Adam Smith (Oxford: Oxford University Press, Clarendon Press, 1976), p. 336.

4) James B. Stewart, Den of Thieves (New York: Touchstone Books [Simon & Schuster], 1991, 1992), p.97: "(1980년대의) 기업인수 유행에 정말로 기름을 부은 것은 다른 사람들이 회사를 사고 팔아서 돈을-그것도 떼돈을-버는 것을 구경하는 것이었다."

5) 다음을 참조. C.P. Kindleberger, The World in Depression, 1929-1939, 2nd edn (Berkley: University of California Press, 1986), pp. 1~3.

6) Robert D. Flood and Peter M. Garber, Speculative Bubbles, Speculative Attacks and Policy Switching (Cambridge, Mass.: MIT Press, 1994), pp. 73~4, 85, 96, 98, etc.

7) Alvin Hansen, Business Cycles and National Income (New York: W.W. Norton, 1957), p.226.

8) 신문 보도에 따르면 조지 소로스의 퀀텀 펀드는 1992~93년 영국 파운드화와 이탈리아 리라화에 대한 공매도 포지션으로 10억 달러의 이익을 얻었으며, 1994년에는 엘본 엔화에 대한 공매도 포지션으로 6억 달러의 손실을 입었다.

3. 투기적 광기

1) John F. Muth, 'Rational Expectations and the Theory of Price Movements', Econometrica, vol. 29 (July 1961), pp. 313~35.

2) Harry G. Johnson, 'Destabilizing Speculation: A General Equilibrium Approach', Journal of Political Economy, vol. 84 (February 1976), p.101.

3) Milton Friedman, 'The Case for Flexible Exchange Rates', in Essays in Positive Economics (Chicago: University of Chicago Press, 1953). 어느 기회에 프리드만은 달라진 입장을 취했다: "균형점 이탈 방향으로 작용하는 투기는 이론적인 가능성으로 존재하지만, 그런 교란적 투기가 일반적인 규칙으로서는 물론이요, 특수한 사례로도 일어난 적이 있다는 경험적 증거는 들어본 바가 없다." Milton Friedman, 'Discussion' of C.P. Kindleberger, 'The Case for Fixed Exchange Rates, 1969', in Federal Reserve Bank of Boston, The International Adjustment Mechanism (Boston: Federal Bank of Boston, 1979), pp. 114~15.

4) Fernand Braudel, The Structures of Everyday Life, vol.1 of Civilization and Capitalism: the Limits of the Possible, trans. Siân Reynolds (New York: Harper and Row, 1981) pp.220, 221, 281, 315, 318, 335, etc.

5) H.M. Hyndman, Commercial Crises of the Nineteenth Century (1892, 2nd edn [1932], reprinted, New York: Augustus M. Kelley, 1967), p.96.

6) Walter Bagehot, Lombard Street: a Description of the Money Market (1873: reprint edn, London: John Murray, 1917), p.18.

7) Sir John Clapham, The Bank of England: a History (Cambridge: Cambridge University Press, 1945) vol.2, p.326.

8) Adam Smith, 『국부론』 (An Inquiry into the Nature and Causes of the Wealth of the Nations), (1776; reprint edn, New York: Modern Library, 1937), pp. 703~704.

9) Alfred Marshall, Money, Credit and Commerce (1923; reprint edn, New York: Augustus M. Kelley, 1965) p.305.

10) 시장 참여자들이 일률적인 지식과 정보, 독립적인 사고의 소유자라는 가정에 대한 확고한 신뢰에서 이탈해 새로운 개념을 도입하고 있는 경제이론가들이 점점 늘어나고 있다. 즉, 정보의 비대칭성(서로 다른 참여자들간의 지식의 차이), 인지 부조화(선험적 견해에 합치되지 않는 정보의 무의식적인 억압), 군중행동, 제 때에 행동하는 것을 가로막는 이유 없는 습관적 지체 등의 개념들이 그런 시도들이다. 관심 있는 독자들은 특히 조지 에이커롭(George Akerlof)과 리처드 탈러(Richard Thaler)의 저작을 참조하면 좋다. 이러한 관점이 적용된 연구로는 다음 자료를 참조. Frederic S. Miskin, 'Asymmetric Information and Financial Crises: a Historical Perspective', in R. Glenn Hubbard, ed., Financial Markets and Financial Crises (Chicago: University of Chicago Process, 1991), pp. 69~108; and Thomas Lux, 'Herd Behavior, Bubbles and Crises', Economic Journal, vol. 105 (July 1995), pp. 881~896.

11) Gustave LeBon, The Crowd: a Study of the Popular Mind (London: T. Fischer, Unwin, 1922).

12) Charles MacKay, Memoirs of Extraordinary Delusions and the Madness of Crowds (1852; reprint edn, Boston: L. C. Page Co., 1932).

13) John Carswell, The South Sea Bubble (London: Cresset Press, 1960), p. 161.

14) David Cass and Karl Shell, 'Do Sunspots Matter?' Journal of Political Economy, vol.91, no.2 (April 1983), pp. 193~227. 완전히 외부적인 사건에 대한 개념은 이 책의 초판에서 다소 산발적으로 언급되었다. 그러나 1983년 이래 '태양 흑점'은 합리적 기대에 중요한 기능을 담당하는 '펀더멘털'에 대립되는 일반적인 불확실성을 지칭하는 교양 용어가 되었다.

15) Irving Fisher, The Purchasing Power of Money: its Determination and Relation to Credit, Interest and Crises, 2nd edn (New York: Macmillan, 1911), 특히 위기를 다룬 제1장 참조; Knut Wicksell, Interest and Prices (London: Macmillan, 1936) (first published 1898).

16) Henrietta M. Larson, Jay Cooke, Private Banker (Cambridge, Mass.: Harvard University Press, 1934).

17) John Berry McFerrin, Caldwell and Company: a Southern Financial Empire (Chapel Hill: University of North Carolina Press, 1939; reprint, Nashville: Vanderbilt Press, 1969).

18) Peter Temin, Did Monetary Forces Cause the Great Depression? (New York: W.W. Norton, 1976), pp. 90~93.

19) John Edelman Spero, The Failure of the Franklin National Bank: Challenge to the International Banking System (New York: Columbia University Press, 1980).

20) Walter Bagehot, Lombard Street: a Description of the Money Market, pp.131~132.

21) George W. Van Vleck, The Panics of 1857: an Analytical Study (New York:

Columbia University Press, 1953), p.31.

22) R.C.O. Matthews, A Study of Trade-cycle History: Economic Fluctuations in Great Britain, 1832~1842 (Cambridge: Cambridge University Press, 1954), pp. 49, 110~11; M.C. Reed, Investment in railways in Britain: a Study in the Development of the Capital Market (London: Oxford University Press, 1976).

귀부인과 성직자(ladies and clergymen)-미국식 표현으로는 '미망인과 고아(widows and orphans)' -는 유가증권이 시장에서 보다 성숙해지는 세 번째 단계에 등장한다는 것이 보다 적합한 설명이 될 것이다. 프랑스인들은 이런 투자가 "한 가족의 가장"에게 적합하다고 불렀다. 찰스 윌슨(Charles Wilson)은 그의 저서 『18세기 영국과 네덜란드의 상업과 금융』(Anglo-Dutch Commerce and Finance in the Eighteenth Century (Cambridge: Cambridge University Press, 1941))에서 투자가 집단의 다채로운 목록을 기록하고 있다. 네덜란드의 경우 다음과 같은 사람들이 등장한다: "노처녀, 미망인, 퇴역 해군 및 육군 장교, 치안판사, 퇴직 상인, 목사, 고아"(118쪽); "수백 명의 기타 상인들, 수천 명의 공무원, 치안판사, 미망인, 고아, 자선기관"(135쪽); "미망인, 목사, 고아, 치안판사와 공무원"(162쪽); "지방유지, 암스테르담의 부유한 시민과 공직자, 미망인, 부유한 노처녀"(181쪽); "노처녀, 신학자, 해군 제독, 공무원, 상인, 전문 투기꾼"(202쪽)

이 책의 제사(題詞) 문구 가운데 하나로 발췌한 월터 배젓의 인용문에 나오는 투자의 지혜를 결여한 눈먼 자본(blind capital)의 수많은 소유자들 가운데 그 일부만 골라 예시된 사람들로는 "온화한 부인, 향촌의 성직자, 지방의 구두쇠", 그리고 "목사, 저술가, 노부인" 등이었다. 다음을 참조. Bagehot, 'Essays on Edward Gibbon', quoted in Theodore E. Burton, Financial Crises and Periods of Industrial and Commercial Depression (New York: Appleton, 1902), pp. 321~2.

브루엄(Brougham) 경에 대한 시론에서 배젓은 1814년 위기에 대한 그의 주제를 이렇게 예시하고 있다:

"광란이다. 이보다 온화한 말로 이 사태를 부를 수 없다. 상업적 관심에서 시작된 광란이 찢어지게 가난한 여건에 있는 사람들에게까지 내려왔다. 이들은 이에 휩쓸리다가 가장 심하게 털린 사람들이다.……점원과 노동자들뿐만 아니라 비천한 하인들까지 늙고 병들었을 때를 대비해 모으고 있던 작은 돈을 투자했고……."

"탁월한 투기자들이 무너졌다. 이류급 투기자들은 국내 및 해외 거래를 이어갈 모든 수단을 잃은 채 그날 그날의 생존을 유지할 뿐이었다. 망상에 봉이 되어 준 가엾은 이들은 모아 둔 작은 돈을 잃고 구호금에 연명했다."

(Norman St John-Stevas, ed., Bagehot's Historical Essays (New York: New York University Press, 1966), pp. 118~19)

23) Max Wirth, Geschichte der Handelskrisen, 4th edn (1890; reprint edn, New York: Burt Franklin, 1968), p. 480.

24) Ilse Mintz, Deterioration in the Quality of Bonds Issued in the United States,

1920~1930 (New York: National Bureau of Economic Research, 1951)

25) Benjamin Stein, 'The Day Los Angeles's Bubble Burst', New York Times, 8 December 1984.

26) Homer Hoyt, One Hundred Years of Land Values in Chicago: the Relationship of the Growth of Chicago to the Rise in Land Values, 1830~1933 (Chicago: University of Chicago Press, 1933), p. 136.

27) 'For Investors, Condo Craze Ends: Once Hot Market Makes Do Without Speculators', Boston Globe, 14 February 1988.

28) Harry G. Johnson, 'Destabilizing Speculation: A General Equilibrium Approach', Journal of Political Economy, vol. 84 (February 1976), p.101.

29) Larry T. Wimmer, 'The Gold Crisis of 1869: Stabilizing or Destabilizing Speculation under Floating Exchange Rates', Explorations in Economic History, 12 (1975), pp.105~22.

30) Christina Stead, The House of All Nations (New York: Knopf, 1938).

31) John Carswell, The South Sea Bubble (London: Cresset Press, 1960), pp. 131, 199.

32) John Carswell, 앞의 책, pp. 120.

33) Clapham, Bank of England, vol.2, p.20. 사회주의자인 하인드맨(Hyndman)은 이 사례를 1820년대에 벌어진 일이라며 신랄하게 꼬집었다: "보편적 혜택을 목적으로 사업을 수행한다는 계급이 가장 우스꽝스러운 오류를 범했다. 난방용 팬이 열대 지방의 도시에 선적됐고, 셰필드(영국의 도시)는 얼음이라곤 구경한 적이 없는 곳의 스케이터들에게 자신들이 좋아하는 오락 도구들을 세심하게 준비해 제공했다. 여태까지 동물의 뿔과 코코넛 껍데기면 필요한 마실 것을 따르고 담기에 충분했던 벌거벗은 원주민들에게 최고급 유리 그릇과 자기류가 사려 깊게 제공됐다." (H.M. Hyndman, Commercial Crises of the Nineteenth Century (1892, 2nd edn [1932], reprinted, New York: Augustus M. Kelley, 1967), p.39) 클랩햄이 옳고 하인드맨이 틀린 것이다. 이 두 사람이 이용한 출처는 모두 맥쿨로우(J.R. McCullough)의 『정치경제학 원리』(Principles of Political Economy, 2nd edn (Edinburgh, 1830))인데, 이 저작은 1825년이 아니라 1810년 상황에 대해 언급한 것이다. 1711년 5월 남해회사의 설립 발표는 "(영국의) 금융 문제와 우리의 생활 수준 영위에 필요한 시장 확대에 성공적인 해결책"을 가져다 줄 라틴아메리카의 강력한 시장이 영국 상품에게 열릴 것이라는 기대를 낳았다. 시장의 팽창이 예상된 품목에는 "콜체스터 베이(의류의 일종), 비단 손수건, 소모사(梳毛絲) 양말, 봉랍(sealing wax), 향신료, 탁상 시계와 손목 시계, 체셔 지방의 치즈, 피클, 금과 은을 계측하는 저울과 분동"이 들어있었다.(다음을 참조. John Carswell, The South Sea Bubble (London: Cresset Press, 1960), p. 55)

34) William Smart, Economic Annals of the Nineteenth Century (1911; reprint edn, New York: Augustus M. Kelley, 1964), vol.2, p. 292.

35) R.C.O. Matthews, A Study of Trade-cycle History: Economic Fluctuations in Great Britain, 1832~1842 (Cambridge: Cambridge University Press, 1954), p.25.
36) D. Morier Evans, The History of the Commercial Crisis, 1857~1858, and the Stock Exchange Panic of 1859 (1859; reprint edn, New York: Augustus M. Kelley, 1969), p.102.
37) Max Wirth, 'The Crisis of 1890', Journal of Political Economy, vol. 1 (March 1893), p. 230.
38) P.L. Cottrell, Industrial Finance, 1830~1914: the Finance and Organization of English Manufacturing Industry (London: Methuen, 1980), p.169. 코트렐(Cottrell)은 기네스의 주식 공모가 600만 파운드를 목표로 베어링의 주관 하에 이루어졌고 여러 차례 청약 신청이 초과됐다고 적고 있다.
39) A.C. Pigou, Aspects of British Economic History, 1918~25 (London: Macmillan, 1948)
40) J.S. Mill, Principles of Political Economy, with some of their Applications to Social Philosophy (1848, 7th edn, reprint edn, London: Longmans, Green, 1929), p.709.
41) Maurice Lévy-Leboyer, Les banques européennes et industrialization internationale dans la première moitié du XIXe siècle (Paris: Presses Universitaires de France, 1964), p. 715.
42) Charles Wilson, Anglo-Dutch Commerce and Finance in the Eighteenth Century (Cambridge: Cambridge University Press, 1941), p. 25. 17세기 초 이래의 흐름에 대해서는 다음을 참조하라. J.G. Van Dillen, 'The Bank of Amsterdam', in History of the Principal Public Banks (The Hague: Martinus Nijhoff, 1934), p.95.
43) 1822년과 1824년에 대해서는 다음을 참조. William Smart, Economic Annals of the Nineteenth Century, vol.2, pp. 82, 215. 1888년에 대해서는 다음을 참조. W. Jett Lauck, The Causes of the Panic of 1893 (Boston: Houghton Mifflin, 1907), p. 39.
44) A. Andréadès, History of the Bank of England (London: P.S. King, 1909), pp.404~5, p.249.
45) O.M.W. Sprague, History of Crises under the National Banking System (1910; reprint edn, New York: Augustus M. Kelly, 1968), pp. 35~6.
46) Great Britain, Parliamentary Papers (Monetary Policy, Commercial Distress), 'Report of the Select Committee on the Operation of the Bank Acts and the Causes of the Recent Commercial Distress, 1857~59' (Shannon: Irish University Press, 1969), vol. 4; Consular report from Hamburg, no. 7, 27 January 1858, p. 438.
47) 이 언급은 도널드 던이 가상 소설로 꾸민 작품, 『폰지, 보스턴의 사기꾼』에 강조 표시와 함

께 나온다. Donald H. Dunn, Ponzi, the Boston Swindler (New York: McGraw-Hill, 1975), p. 98.

48) The Collected Works of Walter Bagehot, ed. Norman St John Stevas (London: The Economist, 1978), vol. 11, p. 339.

49) Max Wirth, Geschichte der Handelskrisen, 4th edn (1890; reprint edn, New York: Burt Franklin, 1968), p. 109.

50) Max Wirth, 'The Crisis of 1890', Journal of Political Economy, vol. 1 (March 1893), pp. 222-24; Alfred Pose, La monnaie et ses institutions (Paris: Presses universitaires de France, 1942), vol. 1, p. 215. 로크(Lauck)는 구제 작업에 소요된 비용을 주력 은행들의 지원금 2500만 프랑과 프랑스은행의 지원금 1억 프랑으로 보고 있다. 다음을 참조. W. Jett Lauck, The Causes of the Panic of 1893 (Boston: Houghton Mifflin, 1907), p. 57.

51) Ronald I. McKinnon, Money and Capital in Economic Development (Washington, DC: Brookings Institution, 1973).

52) Carlos F. Diaz-Alejandro, 'Good-bye Financial Repression, Hello Financial Crash', Journal of Development Studies, vol.18, no.1 (Sept-Oct 1985), pp.1~24.

53) Ronald I. McKinnon and Donald J. Mathieson, 'How to Manage a Repressed Economy', Essays in International Finance, no. 145 (Princeton, NJ: International Finance Section, Princeton University, 1981).

54) Max Wirth, Geschichte der Handelskrisen, p. 519. 이와 유사한 사태는 호주 멜버른에서 유럽인 정착 100주년 기념을 위해 개최돼 멜버른 경제를 잠시 상승시켰던 주요 박람회 하나에서도 찾아볼 수 있다. 다음을 참조. Geoffrey Searle, The Rush to be Rich: a History of the Colony of Victoria (Melbourne: Melbourne University Press, 1971), pp. 285~7.

55) J.W. Beyen, Money in a Maelstrom (New York: Macmillan, 1959), p.45.

56) 이 표현은 1686년 제랄드 말린스(Gerald Malynes)의 것이고 다음에서 재인용했다. Violet Barbour, Capitalism in Amsterdam in the 17th Century (Ann Arbor: University of Michigan Press, 1963), p.74.

57) William Robert Scot, The Constitution and Finance of English, Scottish and Irish Joint-Stock Companies to 1720, 3 vols (London, 1922). 다음에도 요약되어 있다. J.A. Schumpeter, Business Cycles (New York: McGraw-Hill, 1939), vol. 1, p. 250.

58) Carswell, South Sea Bubble, p.139.

59) Hans Rosenberg, Die Weltwirtschaftskrise von 1857~59 (Stuttgart-Berlin: W. Kohlhammer, 1934), p.114.

60) David Divine, Indictment of Incompetence: Mutiny at Invergorden (London:

MacDonald, 1970).

61) C.P. Kindleberger, 'The Economic Crisis of 1619 to 1623', Journal of Economic History, vol. 51, no. 1, (March 1991), pp. 149~75.

62) Max Wirth, Geschichte der Handelskrisen, 4th edn (1890; reprint edn, New York: Burt Franklin, 1968), p. 92.

63) Max Wirth, 앞의 책, p. 458.

64) Bertrand Gille, La Banque et le crédit en France de 1815 à 1848 (Paris: Presses Universitaires de France, 1959), p. 175.

65) Maurice Lévy-Leboyer, Les banques européennes et industrialization internationale dans la première moitié du XIXe siècle, p. 673.

66) Bertrand Gille, La Banque et le crédit en France de 1815 à 1848, p. 304.

67) Honoré de Balzac, César Birotteau (Paris: Livre de Poche, 1972). 특히 13~14쪽.

68) Leland H. Jenks, The Migration of British Capital to 1875 (New York: Knopf, 1927), p. 34.

69) Rosenberg, Weltwirtschaftskrise, pp.50, 100~1. 또한 다음을 참조. Stewart L. Weisman, Need and Greed: the Story of the Largest Ponzi Scheme in American History (Syracuse: University of Syracuse Press, 1999).

70) Carswell, South Sea Bubble, p.171.

71) Carswell, 앞의 책, pp.140, 155.

72) Carswell, 앞의 책, p.159.

73) Guy Chaussinand-Nogaret, Les financiers de Languedoc au XVIIIe siécle (Paris: S.E.V.P.E.N., 1970), p.146. 이 저자는 투기를 부추기는 일(agiotage)에 가담하면서도 과열을 경계하고, 또한 가장 유리한 시점을 골라 자신들의 증권을 매각해 시스템을 위기에 빠뜨린 다른 금융업자들이 존 로보다 훨씬 더 현실주의적이었다고 지적했다. 같은 책, p. 129.

74) Sir John Clapham, The Bank of England: a History, vol. 2, p. 239.

75) T.S. Ashton, Economic Fluctuations in England, 1700~1800 (Oxford: Oxford University Press, Clarendon Press, 1959), p. 151.

76) T.S. Ashton, 앞의 책, p. 127.

77) 다음 자료를 참조. Johannes van der Vroot, De Westindische Plantage van 1720 tot 1795 (Eindhoven: De Witte, 1973), in Journal of Economic History, vol. 36 (June 1976), p. 519.

78) Charles Wilson, Anglo-Dutch Commerce and Finance in the Eighteenth Century, pp. 169~87; T.S. Ashton, Economic Fluctuations in England, 1700~1800, p. 127~9; Sir John Clapham, The Bank of England: a History, vol. 1, p. 242~9; Martin G. Buist, At Specs non Facta, Hope & Co., 1770~1815: Merchant Bankers

and Diplomats at Work (The Hague: Martinus Nijhoff, 1974), pp. 21ff.
79) Arthur D. Gayer, W.W. Rostow, and Anna J. Schwartz, The Growth and Fluctuation of the British Economy, 1790~1850 (Oxford: Oxford University Press, Clarendon Press, 1953), vol. 1, p. 92.
80) Ruth Benedict, Patterns of Culture (Boston: Houghton Mifflin, 1934).
81) 다음 자료를 참조. Herman van der Wee, The Growth of the Amsterdam Market and the European Economy (The Hague: Martinus Nijhoff, 1963), vol. 2, p. 202; J.A. Van Houtte, 'Anvers', in Amitore Fanfani, ed., Città Mercanti Dottrine nell' Economia Europea (Milan: A. Guiffre, 1964), p. 311; Simon Schama, The Embarrassment of Riches: an Interpretation of Dutch Culture of the Golden Age (Berkeley: University of California Press, 1988), pp. 347~50; Ernest Baasch, Holländische Wirtschaftsgeschichte (Jena: Gustav Fischer, 1927), p. 240, Büsch 에서 인용.
82) Simon Schama, The Embarrassment of Riches, pp. 503, 505.
83) Clément Juglar, Des crises commerciales et leur retour périodique en France, en Angleterre et aux Etats-Unis, 2nd edn (1889 ; reprint edn, New York : Augustus M. Kelly, 1967).
84) Theodore E. Burton, Financial Crises and Periods of Industrial and Commercial Depression (New York: D. Appleton, 1902), pp. 39~41.
85) 호주 토지의 실질 가격은 1870년 100을 기준으로 했을 때 1895년에 450으로 올랐고, 1900년 이전에 360대로 떨어졌다가 1905년에는 600까지 올랐다. 다음을 참조. Kevin H. O'Rourke and Jeffrey G. Williamson, Globalization and History (Cambridge, Mass.: MIT Press, 1999), Figure 3.1.
86) Francis W. Hirst, The Six Panics and Other Essays (London: Methuen, 1913), p. 2.
87) Michel Chevalier, Lettres sur l'Amerique du Nord, 3rd edn (Brussels: Société belge du librairie, 1838), vol. 1, pp. 261~2.
88) Michel Chevalier, 앞의 책, vol. 2, pp. 151ff.
89) A. Andréadès, History of the Bank of England (London: P.S. King, 1909), p. 404.
90) Louis Wolowski, 프랑스 재무부에서의 증언. Ministère des Finances et al., Enquêtes sur les principes et les faits généraux qui régissent la circulation monétaire et fiduciaire (Paris: Imprimerie impériale, 1867), vol. 2, p. 398.
91) Charles Wilson, Anglo-Dutch Commerce and Finance in the Eighteenth Century (Cambridge: Cambridge University Press, 1941), p. 77에 인용된 다음 자료를 재인용함. Isaac de Pinto, Jeu d'Actions (eighteenth centrury).

92) Fritz Stern, Gold and Iron: Bismark, Bleichröder, and the Building of the German Empire (London: Allen & Unwin, 1977), p. 500에서 1872년 콘스탄틴 프란츠(Constantin Franz)의 발언을 재인용함.
93) Oskar Morgenstern, International Financial Transactions and Business Cycles (Princeton, NJ: Princeton University Press, 1959), p. 550.
94) Robert Bigo, Les banques françaises au cours du XIXe siècle (Paris : Sirey, 1947), p. 262.
95) Stead, House of All Nations, p.233.
96) Stead, 앞의 책, p.244

4. 화염에 기름을 붓다: 신용의 팽창

1) 적어도 자료의 제약 내에서 내가 표현할 수 있는 한에서는 그렇다. 전형적으로 거품이 최고조에 달한 시점에서는 판매자가 튤립 알뿌리를 가지고 있지는 않았으며, 일부(아니면 많은?) 구매자들은 현금이 부족했기 때문에 현물, 즉 개인 소유물이나 상품으로 결제 대금의 일부를 선불 결제했다. 이 선불 지급품(down-payment)의 가치와 협상 가격의 차액이 개인 신용이었다. 다음을 참조. N.W. Posthumus, 'The Tulip Mania in Holland in the Years 1636 and 1637', Journal of Economic and Business History, vol.1 (1928~1929), reprinted in W.C. Scoville and J.C. Laforce, eds, The Economic Development of Western Europe, vol.2, The Sixteenth and Seventeenth Centuries (Lexington, Mass.: D.C. Heath, 1969), p.142; Simon Schama, The Embarrassment of Riches: an Interpretation of Dutch Culture in the Golden Age (Berkeley: University of California Press, 1987), p.358; Robert D Flood and Peter M. Garber, Speculative Bubbles, Speculative Attacks and Policy Switching (Cambridge, Mass.: MIT Press, 1994), p. 60.
2) Peter Temin, Jacksonian Economy (New York: W.W. Norton, 1969), pp. 79~82.
3) Jean Bouvier, Le Krash de l'Union Générale, 1878~1885 (Paris: Presses universitaires de France, 1960), pp.129~34.
4) Kuwait's Great $70 Bn Paper Chase', Financial Times, 25 September 1982; 'Kuwait Aide Says Speculators Own "Price of Follies"', International Herald Tribune, 29 October 1982; 'Kuwaities Try a New Exchange', New York Times, 16 December 1984, sec.D.
5) Milton Friedman, Optimum Quantity of Money and Other Essays (Chicago: Aldine, 1969), pp. 1~50.
6) Jacob Viner, Studies in the Theory of International Trade (New York: Harper, 1937), pp. 232~3.

7) J.G. Van Dillen, 'The Bank of Amsterdam', in History of the Principal Public Banks (The Hague: Martinus Nijhoff, 1934), pp. 79~123.

8) Eli F. Heckscher and J.G. Van Dillen, eds, 'The Bank of Sweden in its Connection with the Bank of Amsterdam', in ibid., p. 169.

9) Walter Bagehot, 'The General Aspects of the Banking Question', no. 1, a letter to the editor of The Economist, 7 February 1857, in The Collected Works of Walter Bagehot, ed. Norman St John Stevas (London: The Economist, 1978), vol.9, p.319.

10) Great Britain, Committee on the Working of the Monetary System, Report (Radcliffe Report), Cmnd 827 (London: H.M. Stationery Office, August 1959), pp. 133~4, 391~2.

11) 앞의 자료, pp. 134, 394.

12) James S. Gibbons, The Banks of New York, their Dealers, the Clearing House and the Panic of 1857 (New York: D. Appleton, 1859), pp.376~7.

13) J.S. Mill, in Westminster Review, vol. 41 (1844), pp.590~1, quoted in Jacob Viner, Studies in International Trade, p. 246.

14) See Benjamin M. Friedman, 'Portfolio Choice and the Debt-to-Income Relationship', American Economic Review, vol. 75, no. 2 (May 1985), pp. 338~43; and idem, 'The Roles of Money and Credit on Macro-economic Analysis', in James Tobin, ed., Macroeconomics, Prices, and Quantities: Essays in Memory of Arthur Okun (Washington, DC: Brookings Institution, 1983), pp. 161~89.

15) Samuel L. Clements (Mark Twain) and Charles Dudley Warner, The Gilded Age: a Tale of Today (New York: Harper & Brothers, 1873; reprint edn, author's national edn, 10 vols, 1915), vol. 1, p. 263.

16) 보다 폭넓은 내용은 다음을 참조. C.P. Kindleberger, 'The Quality of Debt', in D.B. Papadimitriou, ed., Profits, Deficits and Instability (Basingstoke: Macmillian, 1992). Reprinted in idem, The World Economy and National Finance in Historical Perspective (Ann Arbor: University of Michigan Press, 1995), pp. 117~30.

17) Hyman P. Minsky, 'The Financial Instability Hypothesis', in C.P. Kindleberger and J.P. Laffargue, eds, Financial Crises: Theory, History and Policy (Cambridge: Cambridge University Press, 1982), pp. 13~39.

18) 앞의 책에서 민스키에 대한 다음 저자들의 논평을 참조하라. J.S. Flemming, Raymond W. Goldsmith, and Jacques Melitz, pp. 39~47.

19) 'Revco Drugstore Chain in Bankruptcy Filing', New York Times, 29 July 1988, sec. D.

20) Henry Kaufman, Interest Rates, the Markets and the New Financial World (New York: Times Books, 1986).
21) 알프레드 마샬은 그가 책을 쓰기 2000년 전에 중국에서 지폐가 사용되었으며, 1000년 전 중국에서는 환어음이 '날아 다니는 돈(flying money)' 이라는 적절한 용어로 불렸다고 언급했다. See Appendix E, 'Notes on the Development of Banking, with Special Reference to English Experience', in Money, Credit and Commerce (1923; reprint, New York: Augustus M. Kelly, 1965), p. 305n.

유럽에서는 정기적으로 열리는 장에서 상인간의 장부상 정산을 목적으로 이탈리아 상인들이 환어음을 개발했다. 거래 마지막에 최종적인 순채무자가 다른 장소에서 열린 장에서 발행된 어음이나 동일 장소의 다음 번 장에서 발행될 어음으로 지불했다. 이런 '사적인 화폐(private money)' 가 필요했던 것은 상인들 간의 결제에 필요한 주화(군주의 화폐)가 충분하지 않았기 때문이다. See Marie-Therèse Boyer-Xambeu, Ghislain Deleplace, and Luvien Gillard, Private Money and Public Currencies: the 16th-Century Challenge, translated from the French (Armont, NY: M.W. Sharpe, 1984)

22) T.S. Ashton, 'The Bill of Exchange and Private Banks in Lancashire, 1790~1830', in T.S. Ashton and R.S. Sayers, eds, Papers in English Monetary History (Oxford: Oxford University Press, Clarendon Press, 1953), pp. 37~8.

23) 1826년의 스코틀랜드 및 아일랜드 통화 관련 상원위원회(House of Lords Committee on Scottish and Irish Currency of 1826)에 대해 언급하고 있는 다음 자료가 원출처. Francis C. Knowles, The Monetary Crisis Considered (1827); 다음 자료에 인용돼 있다. J.R.T. Hughes, Fluctuations in Trade, Industry and Finance: a Study of British Economic Development, 1850~1860 (Oxford: Oxford University Press, Clarendon Press, 1960), p. 267.

24) J.R.T. Hughes, 앞의 책, p. 258.

25) Kurt Samuelson, 'International Payments and Credit Movements by Swedish Merchant Houses, 1730~1815', Scandinavian Economic History Review, vol. 3 (1955), p.188.

26) 이 같은 입장의 초기 사례로는 제임스 기븐스(James S. Gibbons)가 1859년 그의 책『뉴욕의 은행, 그들의 거래인들, 어음교환소, 그리고 1857년의 패닉』(The Banks of New York, their Dealers, the Clearing House, and the Panic of 1857, New York: D. Appleton, 1859)) 50쪽에서 설정한 1850년대 뉴욕의 어느 은행 이사회에서의 가상적 토론을 참조하라. 이사 한 사람이 블랙이라는 성을 쓰는 어떤 사람에 대한 대출 집행을 변호하기를, 이 블랙씨가 "절대로 무너지지 않을 확실한 갑부(rich beyond a contingency)" 이며 6만 달러로 뉴욕 시 5번가에 새 저택을 짓고 내부 장식에 4만 달러를 지출하고자 하는데 자기 회사의 은행 할인 한도를 그 해당액 총액, 즉 10만 달러만큼 늘려 줄 것을 제의했다는 것이다. 다른 이사가 반대하며 이렇게 말한다:

행장님, 제 의견은 이렇습니다. 만기일에 지불될 진성 상업어음 이외에는 우리가 이사회에서 할인할 권한이 있는 것은 아무것도 없습니다. 게다가 어음 발행자가 파산하거나 사망할 경우, 배서인 자신이 책임을 떠안을 능력이 있어야만 합니다. 행장님께선 단지 블랙 씨 한 사람 즐겁자고 그의 집과 가구에 쓸 돈을 마련해 주기 위해 어음을 할인해 주어야겠다고 생각하고 계시지는 않으시겠죠? 이것은 상업어음(commercial paper)이 아닙니다, 행장님! 이것은 그 본래 의미에서 융통어음, 즉 편의도모 어음(accommodation paper) 입니다.

은행의 다양한 업무에 대해 다룬 기븐스의 책은 마틴 메이어(Martin Mayer)의 『은행가』(The Bankers, New York: Ballantine Books, 1974)의 19세기 중엽판 선구자다.

27) R.G. Hawtrey, The Art of Central Banking (London: Longmans, Green, 1932), pp. 128~9.
28) Herman E. Kroos, ed., Documentary History of Banking and Currency in the United States (New York: Chelsea House, 1969), vol. 1, p. 31. 참조.
29) Viner, Studies in International Trade, pp. 245ff. 참조. 특히, pp. 249~50.
30) Adam Smith, 『국부론』(An Inquiry into the Nature and Causes of the Wealth of Nations, New York: Modern Library, 1937), pp.293~7.
31) R.G. Hawtrey, Currency and Credit, 3rd edn (New York: Longmans, Green, 1927), p.224.
32) Arthur D. Grayer, W.W. Rostow, and Anna Jacobson Schwartz, The Growth and Fluctuation of the British Economy, 1790~1850 (Oxford: Oxford University Press, Clarendon Press, 1953), vol. 1, p. 105.
33) Great Britain, Parliamentary Papers (Monetary Policy, Commercial Distress), 'Report of the Select Committee on the Operation of the Bank Acts and the Causes of the Recent Commercial Distress, 1857~59' (Shannon: Irish University Press, 1969), vol. 4, p. 113, question 1661, and p. 115, question 1679.
34) Albert E. Fr. Schäffle, 'Die Handelskrise von 1857 in Hamburg, mit besondere Rücksicht auf das Bankwesen', in Schäffle, Gesammelte Aufsätze (Tübingen: H. Raupp'schen, 1885), vol. 2, p. 31.
35) Wirth, Handelskrisen, p.91.
36) Kindleberger, The World in Depression, 1929~1939, 2nd. Edn (Berkley: University of California Press, 1986), p.133 and note 참조.
37) Jean Bouvier, Le Krash de l'Union Générale, 1878-1885 (Paris: Presses universitaires de France, 1960), pp. 130~1.
38) 이 은행 해체 후에 봉뚜를 수사한 프랑스 검사는 주식 발행과 자본금 증자의 불규칙성이 매우 심각했다고 기록했다. 은행은 자본금을 납입한 청약자의 명의를 은행으로도 하고, 또 의제적인 청약 고객의 명의로도 해 두었다. 1881년 4월 자본금 2500만 프랑(그해 11월

5000만 프랑으로 증자)으로 설립된 경쟁은행인 리옹 라르와르 은행(Banque de Lyon et de la Loire)은 원칙적으로 자본금 중 4분의 1이 납입 되었다지만, 이 역시 거품이었다. 최초 발행된 5만 주 가운데 절반 이상에 대한 미결제 약정 금액이 납입되지 않았고, 이 은행은 설립 시점의 자본금 납입 청구액인 650만 프랑의 절반에도 미치지 못하는 자본금밖에 없었다.

위니옹 제네랄은 공개시장에서도 자사 주식을 매수했다. 앞으로 살펴보겠지만 자사 주식의 매수 자금 용도로 다른 사람들에게 자금을 대출해주었다. (Bouvier, Le Krash, pp. 123, 164~5, 167.)

39) Bouvier, 앞의 책, p.131.
40) Bouvier, 앞의 책. 주가에 대해서는 136, 144쪽의 표7과 표8을, 거래자금 부족에 대해서는 144쪽을 참조.
41) Bouvier, 앞의 책. 136, 144, 145쪽의 표 7, 표 8.
42) John Carswell, The South Sea Bubble (London: Cresset Press, 1960), p. 171.
43) Bouvier, Le Krash, pp.112, 113.
44) Federal Reserve System, Banking and Monetary Statistics (Washington, DC: Board of Governors of the Federal Reserve System, 1943), p.494.
45) Alexander Dana Noyes, The Market Place: Reminiscences of a Financial Editor (Boston: Little, Brown, 1937), p.353.
46) Peter H. Lindert, Key Currencies and Gold, 1900~1913, Princeton Studies in International Finance, no. 24 (August 1969).
47) Jeffrey G. Willamson, American Growth and the Balance of Payments, 1830~1913: a Study of the Long Swing (Chapel Hill: University of North Carolina Press, 1964).
48) Alvin H. Hansen, Business Cycles and National Income (New York: W.W. Norton, 1957), 제13, 15장.
49) A.C. Pigou, Industrial Fluctuations (London: Macmillan, 1927), 제1부 제7장 및 274쪽 참조.
50) Milton Friedman and Anna J. Schwartz, A Monetary History of the United States, 1867-1960 (Princeton, NJ: Princeton University Press, 1963). 이 책의 제10장은 『대위축 1929~1933』 (The Great Contraction, 1929~1933, Princeton, NJ: Princeton University Press, 1965)이라는 제목의 별도 책자로 출판됨.
51) 이 주장은 1977년 5월 11일 캘리포니아 주립 버클리 대학교에서 개최된 통화와 대공황에 대한 세미나에서 토마스 A. 메이어(Thomas A. Mayer)가 제기한 바 있다.
52) Peter Temin, Did Monetary Forces Cause the Great Depression? (New York: W.W. Norton, 1976), 여러 곳 참조.

53) Ben S. Bernanke, 'Nonmonetary Effects of the Financial Crisis in the Propagation of the Great Depression', American Economic Review, vol. 73, no. 3 (June 1983), pp. 237~76.
54) Frederic S. Miskin, 'Illiquidity, Consumer Durable Expenditure, and Monetary Policy', American Economic Review, vol. 66, (September 1976), pp. 642~54.
55) Minsky's review of Temin, in Challenge, vol. 19, no. 1 (September/October 1976), pp. 44~6; Milton Friedman, 'The Monetary Theory and Policy of Henry Simons', in Friedman, Optimum Quantity of Money, pp. 81~93.
56) Henry Simons, Economic Policy for a Free Society (Chicago: University of Chicago Press, 1948)
57) Friedman, 'Henry Simons', p. 83.
58) Friedrich A. Hayek, 'Choice in Currency: a Way to Stop Inflation', Occasional Paper no. 48 (London: Institute of Economic Affairs, 1982); Roland Vaubel, 'Free Currency Competition'. Weltwirtschaftliches Archiv, vol. 113 (1977), pp. 435~59; Richard H. Timberlake, 'Legislative Construction of the Monetary Control Act of 1980', American Economic Review, vol. 75, no. 2 (May 1985), pp. 97~102; Leland B. Yeager, 'Deregulation and Monetary Reform', American Economic Review, vol. 75, no. 2 (May 1985), pp. 103~7. Lawrence H. White, Free Banking in Britain: Theory, Experience and Debate (New York: Cambridge University Press, 1984); George Selgin, The Theory of Free Banking (Totowa, NJ: Rowan and Littlefield, 1989). 중앙은행제도에 대한 변론으로는 Charles Goodhart, The Evolution of Central Banks (Cambridge: Cambridge University Press, 1989) 참조.
59) 'The Post-1990 Surge in World Currency Reserves', Conjuncture, 26th year, no. 9 (October 1996), pp. 2~12.
60) Pascal Blaqué, 'US Credit Bubble.com', Conjuncture, 29th year, no. 4 (April 1999), pp. 433~500.
61) Graciela L. Kaminsky and Carmen W. Reinhart, 'The Twin Crises: the Causes of Banking and Balance-of-Payment Problems', American Economic Review (June 1999), pp. 443~500.
62) Gayer, Rostow, and Schwartz, Growth and Fluctuation, vol. 1, p. 300.
63) Hughes, Fluctuations, p. 12.
64) Hughes, 앞의 책, p. 261.
65) Elmer Wood, English Theories of Central Banking Control, 1819~1858, with Some Account of Contemporary Procedures (Cambridge, Mass.: Harvard University Press, 1939), p. 147.

66) A. Andréadès, History of the Bank of England (London: P.S. King, 1909), pp. 356~7.
67) Wirth, Handelskrisen, p. 463.
68) Wirth, 앞의 책, pp. 515~6.
69) E. Victor Morgan, The Theory and Practice of Central Banking, 1797~1913 (Cambridge: Cambridge University Press, 1943), pp.184~5.
70) O.M.W. Sprague, History of Crisis under the National Banking System (1910; reprint edn, New York: Augustus M. Kelly, 1968), p. 241.
71) Gibbons, Banks of New York, p. 375.

5. 결정적 단계

1) The Collected Works of Walter Bagehot, ed. Norman St John Stevas (London: The Economist, 1978), vol. 9, p. 273.
2) Milton Friedman, 'In Defense of Destabilizing Speculation', in The Optimum Quantity of Money and Other Essays (Chicago: Aldine, 1969), p. 17.
3) Harry G. Johnson, 'The Case for Flexible Exchange Rates, 1969', in Federal Reserve Bank of St Louis, Review, vol. 51. (June 1969), p. 17.
4) John Carswell, The South Sea Bubble (London: Cresset Press, 1960), p. 139.
5) W.R. Brock, Lord Liverpool and Liberal Toryism, 1820~1827 (Cambridge: Cambridge University Press, 1941), p. 209.
6) R.C.O. Matthews, A Study of Trade-cycle History: Economic Fluctuations in Great Britain, 1832~1842 (Cambridge: Cambridge University Press, 1954), p. 162.
7) Maurice Lévy-Leboyer, Les banques européennes et industrialisation internationale dans la première moitié du XIXe siècle (Paris: Presses universitaires de France, 1964), pp. 618~20.
8) Maurice Lévy-Leboyer, 앞의 책, p. 713.
9) Wladimir d'Ormesson, La grand crise mondiale de 1857: l'histoire recommence, les causes, les remèdes (Paris-Suresnes: Maurice d'Hartoy, 1933), pp. 110ff.
10) Hans Rosenbeg, Die Weltwirtschaftskrise von 1857~59 (Stuttgart: Verlag von W. Kohlhammer, 1934), p. 210.
11) Max Wirth, Geschichte der Handelskrisen, 4th edn (1890; reprint edn, New York: Burt Franklin, 1968), p. 463.
12) Fritz Stern, Gold and Iron: Bismark, Bleichröder, and the Building of the German Empire (London: Allen & Unwin, 1977), p. 242.

13) The Economist, 21 April 1888, p. 500. 이 인용과 다음에 이어지는 인용은 필자가 리처드 마스턴(Richard C. Marston)에게서 전해 받은 것이다.
14) 앞과 동일 자료. 5 May 1888, pp.570~1.
15) M.J. Gordon, 'Toward a Theory of Financial Distress', Journal of Finance, vol. 26 (May 1971), p. 348.
16) John Carswell, The South Sea Bubble (London: Cresset Press, 1960), p. 170.
17) Sir John Clapham, The Bank of England: a History (Cambridge: Cambridge University Press, 1945), vol. 2, p. 257.
18) Edouard Rosenbaum and A.J. Sherman, M.M. Warburg & Co., 1758~1938: Merchant Bankers of Hamburg (New York: Holmes & Meier, 1979), p. 129.
19) D.P. O'Brien, ed., The Correspondence of Lord Overstone (Cambridge: Cambridge University Press, 1971), vol. 1, p. 368.
20) Michel Chevalier, Lettres sur l'Amerique du Nord, 3rd edn (Brussels: Société belge du librairie, 1838), vol. 1, p. 37.
21) Jean Bouvier, Le Krash de l'Union Générale, 1878~1885 (Paris: Presses universitaires de France, 1960), pp. 129, 133, 137.
22) Wirth, Handelskrisen, p. 508
23) D. Morier Evans, The History of the Commercial Crisis, 1857~1858, and the Stock Exchange Panic of 1859 (1859; reprint edn, New York: Augustus M. Kelly, 1969), p. 203.
24) Testimony of Louis Adolphe Thiers, Ministère des Finance et al., Enquêtes sur les principes et les faits généraux qui régissent la circulation monétaire et fiduciaire (Paris: Imprimerie impériale, 1867), vol. 3, p. 436.
25) Stephen A. Schuker, The End of French Predominance in Europe, the Financial Crisis of 1924 and the Adoption of the Dawes Plan (Chapel Hill: University of North Carolina Press, 1976), pp. 87, 104.
26) Arthur D. Gayer, W.W. Rostow, and Anna J. Schwartz, The Growth and Fluctuation of the British Economy, 1790~1850 (Oxford: Oxford University Press, Clarendon Press, 1953), vol. 1, p. 190.
27) 앞의 책, p. 312.
28) Jean Bouvier, Le Krash de l'Union Générale, 1878~1885 (Paris: Presses universitaires de France, 1960), pp. 29, 130.
29) James S. Gibbons, The Banks of New York, their Dealers, the Clearing House and the Panic of 1857 (New York: D. Appleton, 1859), p. 94.
30) Clément Juglar, Des crises commerciales et leur retour périodique en France, en

Angleterre et aux Etats-Unis, 2nd edn (1889 ; reprint edn, New York : Augustus M. Kelly, 1967), p. 427.

31) W.T.C. King, History of the London Discount Market (London: George Routledge & Sons, 1936), p. 232.

32.) O.M.W. Sprague, History of Crises under the National Banking System (1910; reprint edn, New York: Augustus M. Kelly, 1968), p. 127.

33) O.M.W. Sprague, 앞의 책, P. 33.

34) O.M.W. Sprague, 앞의 책, P. 36.

35) Jean Bouvier, Le Krash de l'Union Générale, 1878~1885 (Paris: Presses universitaires de France, 1960), p. 133.

36) 『The House of All Nations』에 나오는 등장 인물 가운데 하나인 스튜어트의 다음과 같은 대화에서 크리스티나 스테드(Christina Stead)는 바로 이 사태를 지적하고 있는 것인지 모른다. "나의 첫 번째 일거리 말일세. 그렇지, 우리가 재미를 보기는 했어. 언젠가 시장에 유니온 퍼시픽 주식에서 매매 가능한 부동주 물량을 넘어서는 공매도 주문이 나온 적이 있었네. 그들이 망했을까? 그 때는 넘어갔네. 시장에서 억지로 소화가 됐네.……그럴 수밖에 없었지. 그렇지 않았다면 세계적인 패닉이 왔을 테니까."

37) O.M.W. Sprague, History of Crises under the National Banking System (1910; reprint edn, New York: Augustus M. Kelly, 1968), pp.237~53.

38) C.P. Kindleberger, 'Asset Inflation and Monetary Policy', Banca Nazionale del Lavoro Quarterly Review, no. 192 (March 1995), pp. 17~35.

39) John Carswell, The South Sea Bubble (London: Cresset Press, 1960), pp. 136~7, 158.

40) D. Morier Evans, The History of the Commercial Crisis, 1857~1858, and the Stock Exchange Panic of 1859 (1859; reprint edn, New York: Augustus M. Kelly, 1969), p. 13.

41) Arthur D. Gayer, W.W. Rostow, and Anna J. Schwartz, The Growth and Fluctuation of the British Economy, 1790~1850 (Oxford: Oxford University Press, Clarendon Press, 1953), p. 307.

42) W. Jett Lauck, The Causes of the Panic of 1893 (Boston: Houghton Mifflin, 1907), pp. 59~60.

43) Oskar Morgenstern, International Financial Transactions and Business Cycles (Princeton, NJ: Princeton University Press, 1959), p. 523.

44) 독일이 러시아 채권을 매각한 부분적인 이유는 이탈리아 채권을 독일이 매입했을 때처럼 정치적이었다. 프랑스인들은 러시아 채권을 매입하고 이탈리아 채권을 매각했다. 그러나 독일은 1888년 멕시코 차관 공여용으로 1050만 파운드 규모의 공채를 공모했다. 따라서 정치

외적인 조건으로는 해외로 갔을 자본을 독일의 내수호황이 필요로 했다는 논거는 성립되지 않는다. 다음을 참조. Fritz Stern, Gold and Iron: Bismark, Bleichröder, and the Building of the German Empire (London: Allen & Unwin, 1977), pp. 427, 433, 442. 스턴 교수는 블라이히뢰더의 서신에서 독일의 아르헨티나 채권 매각에 관련된 사항은 전혀 없다고 지적했다.

45) Johan Åkerman, Structure et cycles économiques (Paris: Presses universitaires de France, 1955~57), vol. 2, p. 292.

46) E. Ray McCartney, Crisis of 1873 (Minneapolis : Burgess Publishing Co.,1935), pp. 58, 71.

47) Wirth, Handelskrisen, p. 110.

48) George W. Van Vleck, The Panic of 1857: an Analytical Study (New York: Columbia University Press, 1943), p. 68.

49) H.S. Foxwell, introduction to Andréadès, History of the Bank of England, p. xvii.

50) E. Victor Morgan, The Theory and Practice of Central Banking, 1797~1913 (Cambridge: Cambridge University Press, 1943), p. 109.

51) Elmer Wood, English Theories of Central Banking Control, 1819~1858, with Some Account of Contemporary Procedures (Cambridge, Mass.: Harvard University Press, 1939), p. 183.

52) R.G. Hawtrey, Currency and Credit, 3rd edn (New York: Longmans, Green, 1927), p. 28.

53) Sir John Clapham, The Bank of England: a History (Cambridge: Cambridge University Press, 1945), vol. 2, p. 153.

54) Leone Levi, History of British Commerce (London: John Murray, 1872), p. 233.

55) John Edelman Spero, The Failure of Franklin National Bank: Challenge to the International Banking System (New York: Columbia University Press, 1980), pp. 66, 71, 85, 91.

56) Milton Friedman and Anna J. Schwartz, A Monetary History of the United States, 1867~1960 (Princeton, NJ: Princeton University Press, 1963), p. 339.

57) W. Jett Lauck, The Causes of the Panic of 1893 (Boston: Houghton Mifflin, 1907), chapter 7.

58) O.M.W. Sprague, History of Crises under the National Banking System (1910; reprint edn, New York: Augustus M. Kelly, 1968), p. 253.

59) Thomas Joplin, Case for Parliamentary Inquiry into the Circumstances of the Panic, in a Letter to Thomas Gisbourne, Esq. M.P. (London: F. Ridgeway & Sons, n.d. [after 1832]), pp. 14~15.

60) Robert Baxter, The Panic of 1866, with its Lessons on the Currency Act (1866; reprint edn., New York: Burt Franklin, 1969), pp. 4, 26.
61) Sir John Clapham, The Bank of England: a History (Cambridge: Cambridge University Press, 1945), vol. 2, p. 101.
62) Sir John Clapham, 앞의 책, p. 100.
63) Hans Rosenberg, Die Weltwirtschaftskrise von 1857~59 (Stuttgart-Berlin: W. Kohlhammer, 1934), p. 118.
64) George W. Van Vleck, The Panic of 1857: an Analytical Study (New York: Columbia University Press, 1943), p. 74.
65) Hans Rosenberg, Die Weltwirtschaftskrise von 1857~59, p. 121.
66) O.M.W. Sprague, History of Crises under the National Banking System (1910; reprint edn, New York: Augustus M. Kelly, 1968), p. 113.
67) Alvin H. Hansen, Cycles of Prosperity and Depression in the United States, Great Britain and Germany: a Study of Monthly Data, 1902~1908 (Madison: University of Wisconsin, 1921), p. 13.
68) H.S. Foxwell, 'The American Crisis of 1907', in Papers in Current Finance (London: Macmillan, 1919), pp. 202~3.

6. 풍요감의 만연과 경제 호황

1) Robert D. Flood and Peter M. Garber, Speculative Bubbles, Speculative Attacks and Policy Switching (Cambridge, Mass.: MIT Press, 1994), p. 72.
2) N.W. Posthumus, 'The Tulip Mania in Holland in the Years 1636 and 1637', Journal of Business and Economic History, vol. 1 (1928~29), reprinted in W.C. Scoville and J.C. Laforce, eds, The Economic Development of Western Europe, vol. 2, The Sixteenth and Seventeenth Centuries (Lexington, Mass.: D.C. Heath, 1969), p. 169.
3) Simon Schama, The Embarrassment of Riches: an Interpretation of Dutch Culture in the Golden Age (New York: Knopf, 1987), p. 358. 샤마가 이용한 자료 출처는 Krelage, Bluemenspekulation이다.
4) Jonathan I. Israel, The Dutch Republic: its Rise, Greatness and Fall, 1477~1866 (Oxford: Clarendon Press, 1995), p. 533. 얀 드프리즈(Jan de Vries)와 아트 판 데어부드(Ad van der Woude)에 따르면 1636년 여름 상품 파생물에 대한 투기가 튤립광들의 테두리를 넘어서 확산되었고, 금지를 해제시킨 혹독한 선(腺) 페스트(bubonic plague)의 발발이 그 열기를 부추겼다. (The First Modern Economy: Success, Failure and Perseverance of the Dutch Economy, 1500~1815 (Cambridge: Cambridge

University Press, 1997), pp. 150~1).

5) Jan de Vries, Barges and Capitalism: Transportation in the Dutch Economy (Wageningen: A.G. Bidragen, 1978), pp. 52ff.

6) Jonathan I. Israel, The Dutch Republic: its Rise, Greatness and Fall, 1477~1866 (Oxford: Clarendon Press, 1995), p. 533.

7) Garber, 'Tulipmania', pp. 71~2.

8) Jonathan I. Israel, The Dutch Republic: its Rise, Greatness and Fall, 1477~1866 (Oxford: Clarendon Press, 1995), chapter 33.

9) Jonathan I. Israel, 앞의 책, p. 869.

10) Homer Hoyt, One Hundred Years of Land Values in Chicago: the Relationship of the Growth of Chicago to the Rise in Land Values, 1830~1933 (Chicago: University of Chicago Press, 1933).

11) 호이트의 앞의 책, 165쪽에 인용된 글이다. 이 내용은 "더 대단한 바보의 이론(greater fool theory)" -어느 자산이 과대평가돼 있다고 믿고 있지만 자기보다 더 대단한 바보에게 그것을 매도할 수 있다고 생각하기 때문에 그 자산을 매수하는 투기자에 비유한 것으로 오늘날 널리 인용되고 있다-이 적어도 100년은 거슬러 올라감을 시사한다.

12) Fritz Stern, Gold and Iron: Bismark, Bleichröder, and the Building of the German Empire (London: Allen & Unwin, 1977), p. 161.

13) Homer Hoyt, One Hundred Years of Land Values in Chicago: the Relationship of the Growth of Chicago to the Rise in Land Values, 1830~1933 (Chicago: University of Chicago Press, 1933), p. 102. 이 부동산 경기 과열을 부추겼던 한 자극제는 1871년 10월 6일의 대형 화재가 시카고의 주택 6만채 가운데 대략 4분의 1이상을 파괴한 사건이었다.

14) Homer Hoyt, 앞의 책, p. 401.

15) 'How to ruin a Safe Bet: Did Rockfeller Center Financiers Reach Too Far?', New York Times, 5 October 1995, pp. D1, D11.

16) Keizai Koho Center, Japan 1994: an International Comparison (Tokyo, 1993), Chart 11~3, 'Increase in Land Prices in Japan', p. 83.

17) Koich Hamada, 'Bubbles, Busts and Bailouts', in Mitsuaki Okabe, ed, The Structure of the Japanese Economy (London: Macmillan, 1995), pp. 263-86.

18) Masahiko Takeda and Philip Turner, 'The Liberalization of Japanese Financial Markets: Some Major Themes', BIS Economic Papers, no. 34 (November 1992), graph 8, p. 53.

19) Masahiko Takeda and Philip Turner, 앞의 글, pp. 99~121.

20) Masahiko Takeda and Philip Turner, 앞의 글, Table A-1, pp. 120~1.

21) Masahiko Takeda and Philip Turner, 앞의 글, pp. 58~65. 하마다는 이 폭로를 '스캔들' 이라고 불렀다 (p. 9).
22) Herman Kahn, The Emerging Japanese Superstate: Challenge and Response (Englewood Cliffs, NJ: Prentice-Hall, 1970).
23) 'Erosions in Japan's Foundation: Real estate Crash Threatens the Entire Economy', New York Times, 4 October 1995.
24) David Asher and Andrew Smithers, 'Japan's Key Challenges for the 21st Century', SAIS (School for Advanced International Studies) Policy Forum Studies, April 1998.
25) Keizai Koho Center, Japan 1994, Charts 5-0, p. 52, and 4~19, p. 44.
26) 다음을 참조. C.E.B. Borio, N. Kennedy, and S.D. Prowse, 'Exploring Aggregate Price Formation across Countries: Measurement, Determinants and Monetary-Policy Implications', BIS Economic Papers, no. 40 (Spring 1994), p. 46: "통화정책의 기본 목표는 물가 안정이어야 한다는 것이 폭넓게 받아들여져 왔다."
27) 다음을 참조. Armen A. Alchian and Benjamin Klein, 'On a Correct Measure of Inflation', Journal of Money, Credit and Banking, vol. 5, no. 1 (February 1973), pp. 172~91.

7. 국제적 전염

1) Herbert Hoover, The Memoirs of Herbert Hoover (New York: Macmillan, 1952), vol. 3, pp. 61~2.
2) Milton Friedman and Anna J. Schwartz, A Monetary History of the United States, 1867~1960 (Princeton, NJ: Princeton University Press, 1963), pp. 359~60.
3) 다음에서 인용함. Leone Levi, History of British Commerce (London: John Murray, 1872), p. 234.
4) D. Morier Evans, The History of the Commercial Crisis, 1857~1858, and the Stock Exchange Panic of 1859 (1859; reprint edn, New York: Augustus M. Kelly, 1969), p. 13에 인용된 S. Saunders의 서술.
5) R.C.O. Matthews, A Study of Trade-cycle History: Economic Fluctuations in Great Britain, 1832~1842 (Cambridge: Cambridge University Press, 1954), p. 69.
6) Milton Friedman and Anna J. Schwartz, A Monetary History of the United States, 1867~1960 (Princeton, NJ: Princeton University Press, 1963), p. 360.
7) Jørgen Pederson, 'Some Notes on the Economic Policy of the United States during the Period 1919~1932', in Hugo Hegelund, ed, Money Growth and Methodology: Papers in Honor of Johan Åkerman (Lund: Lund Social Science

Studies, 1961), reprinted in J. Pederson, Essays in Monetary Theory and Related Subjects (Copenhagen: Samfundsvienskabeligt Forlag, 1975), p. 189.
8) R.T. Naylor, The History of Canadian Business, 1867~1914, vol. 1, The Banks and Finance Capital (Toronto: James Lorimer & Co., 1975), p. 130.
9) Clément Juglar, Des crises commerciales et leur retour périodique en France, en Angleterre et aux Etats-Unis, 2nd edn (1889 ; reprint edn, New York : Augustus M. Kelly, 1967), pp. xiv, 17, 47, 149, 그리고 여러 곳.
10) Wesley C. Mitchell, introduction to Willard L. Thorp, Business Annals, (New York: National Bureau of Economic Research, 1926), pp. 88~97.
11) Oskar Morgenstern, International Financial Transactions and Business Cycles (Princeton, NJ: Princeton University Press, 1959), chap. 1. esp. sec. 6; 1893년에서 1931년까지의 국제적인 주식거래 패닉에 대해서는 다음을 참조. Table 139, pp. 546~7, chart 72, p. 548.
12) C.P. Kindleberger, 'The International (and Interregional) Aspects of Financial Crises', in Martin Feldstein, ed., The Risk of Economic Crisis (Chicago: University of Chicago Press, 1991), pp. 128~32.
13) Milton Friedman and Anna J. Schwartz, A Monetary History of the United States, 1867~1960 (Princeton, NJ: Princeton University Press, 1963), p. 308.
14) C.E.V. Borio, N. Kennedy, and S.D. Prowse, 'Exploring Aggregate Price Fluctuations across Countries: Measurement, Determinants and Monetary-Policy Implications', BIS Economic Papers, no. 40 (April 1994), Graph A.1, p. 74.
15) C.P. Kindleberger, 'The Economic Crisis of 1619 to 1623', Journal of Economic History, vol. 51, no. 1 (March 1991), esp. pp. 159~61.
16) Johan Åkerman, Structure et cycles économiques (Paris : Presses universitaires de France, 1957), vol. 2. pp. 247, 255.
17) John Carswell, The South Sea Bubble (London: Cresset Press, 1960), pp. 84, 94, 100, 101.
18) John Carswell, 앞의 책, pp. 151, 160-1, 166. 이 점에 대해서는 약간의 의문의 여지가 있는 듯하다. 딕슨(P.G.M. Dickson)은 베른 주가 1750년에도 28만7000파운드의 남해회사 주식을 보유하고 있었다고 주장하고 있다 (Financial Revolution in England: a Study in the Development of Public Credit, 1688~1756 (New York: St Martin's Press, 1967), p. 90).
19) Charles Wilson, Anglo-Dutch Commerce and Finance in the Eighteenth Century (Cambridge: Cambridge University Press, 1941), pp. 103, 124.
20) John Carswell, The South Sea Bubble (London: Cresset Press, 1960), p. 167.

21) John Carswell, 앞의 책, pp. 178, 199. 아더 코울(Arthur H. Cole)은 그의 『위대한 광기의 거울, 경제문헌 조사』(The Great Mirror of Folly [Het Groote Taferee der Dwaasheid], an Economic Bibiogrphical Study (Boston: Baker Library, Havard Graduate School of Business Administration, 1949)에서 1720년 4월에서 10월 사이 네덜란드에는 파리와 런던의 흥분에 자극돼 전면적인 거품이 형성되었다고 기록하고 있다. 40개의 신설 회사들이 3억5000만 길더 규모로 대부분 작은 도시들 30곳에서 상장되었다. 네덜란드 동인도회사의 주식은 이 기간에 세 배로 급등했고, 서인도회사의 주식은 거품이 폭발하기 전에 40길더에서 600길더로 폭등했다. (pp. 5, 6)
22) T.S. Ashton, Economic Fluctuations in England, 1700~1800 (Oxford: Oxford: Oxford University Press, Clarendon Press, 1959), p. 120.
23) George Chalmers, The Comparative Strength of Great Britain (London, 1782), p. 141. T.S. Ashton, Economic Fluctuations in England, 1700~1800 (Oxford: Oxford: Oxford University Press, Clarendon Press, 1959), p. 151로부터 인용.
24) E.E. de Jong-Keesing, De Economische Crisis van 1763 te Amsterdam (Amsterdam, 1939), pp. 216~17.
25) Charles Wilson, Anglo-Dutch Commerce and Finance in the Eighteenth Century (Cambridge: Cambridge University Press, 1941), p. 168.
26) E.E. de Jong-Keesing, De Economische Crisis van 1763 te Amsterdam (Amsterdam, 1939), p. 217.
27) Ernst Baasch, Hollandische Wirtschaftsgeschichte (Jena: Gustav Fischer, 1927).
28) Max Wirth, Geschichte der Handelskrisen, 4th edn (1890; reprint edn, New York: Burt Franklin, 1968), p. 87.
29) Stephen Skalweit, Die Berliner Wirtschaftskrise von 1763 und ihre Hitergr?nde (Stuttgart/Berlin: Verlag W. Kohlhammer, 1937), p. 50.
30) Charles Wilson, Anglo-Dutch Commerce and Finance in the Eighteenth Century (Cambridge: Cambridge University Press, 1941), p. 168; Alice Clare Carter, Getting, Spending and Investing in Early Modern Times: Essays on Dutch, English and Huguenot Economic History (Assen: Van Gorcum, 1975), p. 63.
31) William Smart, Economic Annals of the Nineteenth Century, vol. 1 (1911; reprint edn, New York: Augustus M. Kelly, 1964), pp. 529~30.
32) Arthur D. Gayer, W.W. Rostow, and Anna J. Schwartz, The Growth and Fluctuation of the British Economy, 1790~1850 (Oxford: Oxford University Press, Clarendon Press, 1953), vol. 1, p. 159.
33) William Smart, Economic Annals of the Nineteenth Century, vol. 1 (1911; reprint edn, New York: Augustus M. Kelly, 1964), chap. 31.

34) Murray N. Rothbard, The Panic of 1819: Reactions and Policies (New York: Columbia University Press, 1962), p. 11.

35) Bray Hammond, Banks and Politics in America from the Revolution to the Civil War (Princeton, NJ: Princeton University Press, 1957), chap. 10, esp. pp. 253~62.

36) Maurice Lévy-Leboyer, Les banques européennes et industrialisation internationale dans la première moitié du XIXe siècle (Paris: Presses Universitaires de France, 1964), pp. 464~79.

37) Johan Åkerman, Structure et cycles économiques (Paris : Presses universitaires de France, 1957), p. 294.

38) Maurice Lévy-Leboyer, 'Central Banking and Foreign Trade: the Anglo-American Cycle in the 1830s', in C.P. Kindleberger and J.-P. Laffargue, eds, Financial Crises: Theory, History and Policy (Cambridge: Cambridge University Press, 1982), pp. 66~110.

39) R.G. Hawtrey, Currency and Credit, 3rd edn (New York: Longmans, Green, 1927), p. 177.

40) Maurice Lévy-Leboyer, Les banques européennes et industrialisation internationale dans la première moitié du XIXe siècle (Paris: Presses Universitaires de France, 1964), pp. 570~83.

41) Clément Juglar, Des crises commerciales et leur retour périodique en France, en Angleterre et aux Etats-Unis, 2nd edn (1889 ; reprint edn, New York : Augustus M. Kelly, 1967), p. 414.

42) D. Morier Evans, The Commercial Crisis, 1847~1848 (1849; reprint edn, New York: Augustus M. Kelly, 1969)

43) Richard Tilly, Financial Institutions and Industrialization in the Rhineland, 1815~1870 (Madison: University of Wisconsin Press, 1970), p. 112.

44) Alfred Krüger, Das Kölner Bankiergewerbe von Ende des 18. Jahrhunderts bis 1875 (Essen: G.D. Baedeker Verlag, 1925), pp. 12~13, 35, 49, 55~6, 202~3. 리처드 틸리(Richard Tilly) 교수의 참고문헌 지원이 있었다.

45) 이 점은 1857년 위기에 대한 스웨덴의 연구, P.E. Bergfalk, Bidrag till de under de sista hundrade aren inträffade handelskrisershistoria (Uppsala: Edquist, 1859)에 논의되어 있다. 다음에서 재인용. Theodore E. Burton, Financial Crises and Periods of Industrial and Commercial Depression (New York: Appleton, 1902), pp. 128~9.

46) Sir John Clapham, The Bank of England: a History (Cambridge: Cambridge University Press, 1945), vol. 2, p. 226.

47) Hans Rosenberg, Die Weltwirtschaftskrise von 1857-59 (Stuttgart-Berlin: W.

Kohlhammer, 1934), p. 136.
48) Johan Åkerman, Structure et cycles économiques (Paris : Presses universitaires de France, 1957), p. 323.
49) Sir John Clapham, The Bank of England: a History (Cambridge: Cambridge University Press, 1945), vol. 2, p. 268. 호트리는 이 위기는 고립되어 있지 않았고 대륙의 1864년 위기의 속편이었다는 주장을 제시했다. R.G. Hawtrey, Currency and Credit, 3rd edn (New York: Longmans, Green, 1927), p. 177. 참조.
50) Shepard B. Clough, The Economic History of Modern Italy (New York: Columbia University Press, 1964), p. 53.
51) David S. Landes, Bankers and Pashas: International Finance and Economic Imperialism in Egypt (Cambridge, Mass.: Harvard University Press, 1958), p. 287.
52) Max Wirth, Geschichte der Handelskrisen, 4th edn (1890; reprint edn, New York: Burt Franklin, 1968), pp. 462~3.
53) Larry T. Wimmer, 'The Gold Crisis of 1869: a Problem in Domestic Economic Policy and International Trade Theory' (PhD diss., University of Chicago, 1968); US Congress, House, Gold Panic Investigation, 41st Cong., 2nd sess., H. Rept. 31, 1 March 1870.
54) Max Wirth, Geschichte der Handelskrisen, pp. 464.
55) US Congress, House, Gold Panic Investigation, p. 132.
56) C.P. Kindleberger, 'The Panic of 1873' , paper presented to the NYU-Salomon Brothers Symposium on Financial Panics, reprinted in Historical Economics: Art or Science? (New York: Harvest/Wheatsheaf, 1990), pp. 310~25.
57) Herrietta M. Larson, Jay Cooke, Private Banker (Cambridge, Mass.: Harvard University Press, 1936)
58) Homer Hoyt, One Hundred Years of Land Values in Chicago: the Relationship of the Growth of Chicago to the Rise in Land Values, 1830-1933 (Chicago: University of Chicago Press, 1933), pp. 101~2, 117
59) R. Ray McCartney, Crisis of 1873 (Minneapolis: Burgess, 1935), p. 85.
60) Oskar Morgenstern, International Financial Transactions and Business Cycles (Princeton, NJ: Princeton University Press, 1959), p. 546.
61) Fritz Stern, Gold and Iron: Bismark, Bleichröder, and the Building of the German Empire (London: Allen & Unwin, 1977), p. 189.
62) Oskar Morgenstern, International Financial Transactions and Business Cycles (Princeton, NJ: Princeton University Press, 1959), p. 548.
63) L.S. Pressnell, 'The Sterling System and Financial Crises before 1914' in C.P.

Kindleberger and J.-P. Laffargue, eds, Financial Crises: Theory, History and Policy (Cambridge: Cambridge University Press, 1982), pp. 148~64.
64) O.M.W. Sprague, History of Crises under the National Banking System (1910; reprint edn, New York: Augustus M. Kelly, 1968), p. 132.
65) C.P. Kindleberger, 'International Propagation of Financial Crises: the Experience of 1888-93' in idem, Keynsianism vs. Monetarism and Other Essays in Financial History (London: Allen & Unwin, 1985), pp. 226~39
66) Franco Bonelli, 'The 1907 Financial Crisis in Italy: a Peculiar Case of the Lender of Last Resort in Action', in C.P. Kindleberger and J.-P. Laffargue, eds, Financial Crises: Theory, History and Policy (Cambridge: Cambridge University Press, 1982), pp. 51~65.
67) Franco Bonelli, La crise del 1907: una tappa dello sviluppo industriale in Italia (Turin: Fondazione Luigi Einaudi, 1971), pp. 31~2.
68) Franco Bonelli, 앞의 책, p. 34.
69) Franco Bonelli, 앞의 책, p. 42~3.
70) Frank Vanderlip, 'The Panic as a World Phenomenon', Annals of the American Academy of Political and Social Science, vol. 31 (January-June 1908), p. 303.
71) Andrew McIntyre, 'Political Institutions and the Economic Crisis in Thailand and Indonesia', Asian Economic Bulletin, vol. 15, no. 3 (December 1998), pp. 363~372.
맥킨타이어(McIntyre)는 서로 다르기는 하지만 이 두 나라가 취한 정부 정책의 극단적인 성격이 각각 위기를 악화시켰다고 믿었다.
72) Rusian L. Margulin, 'Russian Financial Crisis of 1988'. 리처드 실라(Richard E. Silla) 교수가 친절하게 제공해 준 이 논문은 뉴욕 대학 스턴 스쿨에서 진행된 바 있는 그의 금융사 강의를 위해 작성된 것이고, 1967년 이래의 사건 연대기와 1988년 5월부터 9월 중순까지 거의 일일 단위의 상세한 기록과 함께 웹사이트 출처의 참고자료에 나오는 수많은 러시아 용어의 용례를 제공하고 있어서 매우 유익하다.
73) 'Turmoil in Brazil: Markets Rally but More Convulsions Are Possible', New York Times, 16 January 1999, pp. A1, B4.

9. 부정과 사기, 신용의 순환

1) Norman C. Miller, The Great Salad Oil Swindle (New York: Coward, McCann, 1965) 참조.
2) Hyman P. Minsky, 'Financial Resources in a Fragile Financial Environment', Challenge, vol. 18 (July/August 1975), p/ 65.

3) Martin F. Hellwig, 'A Model of Borrowing and Lending with Bankruptcy', Princeton University Econometric Research Program, Research Memorandum no. 177 (April 1975), p. 1.

4) Daniel Defoe, The Anatomy of Change-Alley (London: E. Smith, 1719), p. 8. 그리고 진 카퍼(Jean Carper)가 쓴 사기에 대한 저서의 제목, 『총 없이』(Not with a Gun (New York: Grossman, 1973))을 보라.

5) Jacob van Klavaren, 'Die historische Erscheinungen der Korruption', Vierteljahrschrift für Sozial- und Wirtschaftsgeschichte, vol. 44 (December 1957), pp. 289~324; vol. 45 (December 1958), pp. 433~69, 469~504; vol. 46(June 1959), pp. 204~31. 같은 저자의 다음 자료도 참조. 'Fiskalismus-Mercantilismus-Korruption: Drei Aspecte der Finanz- und Wirtschaftspolitik während der Ancien Regime', ibid., vol. 47 (September 1960), pp. 333~53.

6) E. Ray McCartney, The Crisis of 1873 (Minneapolis: Burgess, 1935), p. 15.

7) John Carswell, The South Sea Bubble (London: Cresset Press, 1960), p. 13.

8) Maximillian E. Novak, Economics and the Fiction of Daniel Defoe (Berkeley: University of California Press, 1962), p. 103.

9) John Carswell, The South Sea Bubble (London: Cresset Press, 1960), pp. 222~4.

10) Bray Hammond, Banks and Politics in America from the Revolution to the Civil War (Princeton, NJ: Princeton University Press, 1957), p. 268.

11) William G. Shepheard, Wall Street editor of Business Week, in preface to Donald H. Dunn, Ponzi, the Boston Swindler, (New York: McGrow-Hill, 1975), p. x.

12) Milton Friedman, 'In Defense of Destabilizing Speculation', in The Optimum Quantity of Money and Other Essays (Chicago: Aldine, 1969), p. 290.

13) 다음에서 인용. Max Winkler, Foreign Bonds, an Autopsy: a Study of Defaults and Repudiations of Government Obligations (Philadelphia: Roland Swain, 1933), p. 103.

14) E. Victor Morgan, The Theory and Practice of Central Banking, 1797~1913 (Cambridge: Cambridge University Press, 1943), p. 177.

15) Honoré de Balzac, Melmoth réconcilié (Geneva : Editions de Verbe, 1946), pp. 45~50.

16) Donald H. Dunn, Ponzi, the Boston Swindler, (New York: McGrow-Hill, 1975), p. 188.

17) Introduction by Robert Tracey to Anthony Trollope, The Way We Live Now (1874~75; reprint edn, New York: Bobbs-Merrill, 1974), p. xxv.

18) Sir John Clapham, The Bank of England: a History (Cambridge: Cambridge

University Press, 1945), vol. 1, p. 229.

19) Charles Wilson, Anglo-Dutch Commerce and Finance in the Eighteenth Century (Cambridge: Cambridge University Press, 1941), P. 170.

20) George W. Van Vleck, The Panic of 1857: an Analytical Study (New York: Columbia University Press, 1943), p. 65.

21) Earl J. Hamilton, 'The Political Economy of France at the time of John Law', History of Political Economy, vol. 1 (Spring 1969), p. 146.

22) Jacob van Klavaren, 'Rue de Quincampoix und Exchange Alley : Die Spekulationsjähre 1719 und 1720 in Frankreich und England', Vierteljahrschrift für Sozial- und Wirtschaftsgeschichte, vol. 48 (October 1961), pp. 329ff.

23) Donald H. Dunn, Ponzi, the Boston Swindler, (New York: McGrow-Hill, 1975), p. 247.

24) Max Wirth, Geschichte der Handelskrisen, 4th edn (1890; reprint edn, New York: Burt Franklin, 1968), p. 510.

25) William Robert Scot, The Constitution and Finance of English, Scottish and Irish Joint-Stock Companies to 1720 (Cambridge: Cambridge University Press, 1911), vol. 3, pp. 449ff; D. Morier Evans, The History of the Commercial Crisis, 1847~1848, 2nd edn, rev. (1849; reprint edn, New York: Augustus M. Kelly, 1969), pp. 33~4. 덜 상세하지만 동시대인에 의해 정리된 남해회사 거품에 대한 또 다른 목록은 다음 자료에 제시되어 있다: Max Wirth, Geschichte der Handelskrisen, 4th edn (1890; reprint edn, New York: Burt Franklin, 1968), pp. 67~79.

26) A. Andréadès, History of the Bank of England (London: P.S. King, 1909), p. 133.

27) John Carswell, The South Sea Bubble (London: Cresset Press, 1960), p. 142.

28) William Robert Scot, The Constitution and Finance of English, Scottish and Irish Joint-Stock Companies to 1720 (Cambridge: Cambridge University Press, 1911), p. 450.

29) Hans Rosenberg, Die Weltwirtschaftskrise von 1857~59 (Stuttgart-Berlin: W. Kohlhammer, 1934), p. 103.

30) Max Wirth, Geschichte der Handelskrisen, 4th edn (1890; reprint edn, New York: Burt Franklin, 1968), p. 480.

31) Anthony Trollope, The Three Clerks (New York: Harper & Brothers, 1860), p. 346.

32) John Carswell, The South Sea Bubble (London: Cresset Press, 1960), p. 177.

33) Fritz Stern, Gold and Iron: Bismark, Bleichröder, and the Building of the German Empire (London: Allen & Unwin, 1977), p. 358.

34) Fritz Stern, 앞의 책, p. 396~7.

35) US Senate, Committee on Finance, 72nd Cong., 1st sess., Hearings on Sales of Foreign Bonds of Securities, held 18 December 1931, to 10 February 1932 (Washington, DC: US Government Printing Office, 1932)
36) O.M.W. Sprague, History of Crises under the National Banking System (1910; reprint edn, New York: Augustus M. Kelly, 1968), P. 341.
37) 다음에서 인용. Max Wirth, Geschichte der Handelskrisen, 4th edn (1890; reprint edn, New York: Burt Franklin, 1968), P. 80.
38) Honoré de Ballzac, La maison Nucingen, in Oeuvres complètes (Paris : Calmann Lévy, 1892), p. 68.
39) John Carswell, The South Sea Bubble (London: Cresset Press, 1960), pp. 176, 181.
40) Max Wirth, Geschichte der Handelskrisen, P. 491.
41) Emile Zola, L'Argent (Paris: Livre de Poche, n.d.), p. 125.
42) Max Wirth, Geschichte der Handelskrisen, P. 491.
43) Emile Zola, L'Argent, p. 161.
44) Jean Bouvier, Le Krash de l'Union Générale, 1878~1885 (Paris: Presses universitaires de France, 1960), p. 36.
45) The Economist, 21 October 1848, pp. 1186~8, quoted in Arthur D. Gayer, W.W. Rostow, and Anna J. Schwartz, The Growth and Fluctuation of the British Economy, 1790~1850 (Oxford: Oxford University Press, Clarendon Press, 1953), p. 316.
46) Hans Rosenberg, Die Weltwirtschaftskrise von 1857~59 (Stuttgart-Berlin: W. Kohlhammer, 1934), p. 101.
47) Fritz Stern, Gold and Iron: Bismark, Bleichröder, and the Building of the German Empire (London: Allen & Unwin, 1977), chap. 10 ('Greed and Intrigue') and p. 364.
48) Maximillian E. Novak, Economics and the Fiction of Daniel Defoe (Berkeley: University of California Press, 1962), pp. 14~15, 160 n. 35.
49) Maximillian E. Novak, 앞의 책, p. 16, note 50.
50) Maurice Lévy-Leboyer, Les banques européennes et industrialisation internationale dans la première moitié du XIXe siècle (Paris: Presses Universitaires de France, 1964), pp. 632~3.
51) Maurice Lévy-Leboyer, 앞의 책, p. 503, note 90.
52) Jean Bouvier, Le Krash de l'Union Générale, 1878~1885 (Paris: Presses universitaires de France, 1960), p. 124.

53) Jean Bouvier, 앞의 책, p. 161, note 50.
54) Fritz Stern, Gold and Iron: Bismark, Bleichröder, and the Building of the German Empire (London: Allen & Unwin, 1977), chap. 11.
55) 셔도 드라이저(Theodore Dreiser)의 『욕망의 3부작(Trilogy of Desire)』은 3개의 소설로 구성돼 있다: 『금융가(The Financier)』(1912), 『거인(The Titan)』(1914), 『금욕주의자(The Stoic)』(1947). 제2부 『거인(The Titan)』(New York: World, 1972), pp. 171~2를 참조하라.
56) Theodore Dreiser, 앞의 책, pp. 515~40.
57) Henry Grote Lewin, The Railway Mania and its Aftermath, 1845~1852 (1936; reprint edn, rev., New York: Augustus M. Kelley, 1968), pp. 262, 357~64.
58) 다음을 참조. Paul W. Gates, Illinois Central Railroad and its Colonization Work (1934; reprint edn, Cambridge, Mass.: Harvard University Press, 1968), pp. 66, 75~6; John L. Weller, The New Haven Railroad:the Rise and Fall (New York: Hastings House, 1969(, p. 37n; George W. Van Vleck, The Panic of 1857: an Analytical Study (New York: Columbia University Press, 1943), p. 58.
59) Willard L. Thorp, Business Annals (New York: National Bureau of Economic Research, 1926), p. 126.
60) Watson Washburn and Edmund S. Delong, High and Low Financiers: Some Notorious Swindlers and dnlrmahtheir Abuses of our Modern Stock System (Indianapolis: Bobbs-Merrill, 1932), p. 13.
61) Watson Washburn and Edmund S. Delong, 앞의 책, pp. 85, 101,144, 309.
62) Barrie A. Wigmore, The Crash and its Aftrmath: a History of Security Markets in the Unites States, 1929~1933 (Westport, Conn.: Greewood, 1985), pp. 344~8.
63) Barrie A. Wigmore, 앞의 책, pp. 358~60.
64) James S. Gibbons, The Banks of New York, their Dealers, the Clearing House and the Panic of 1857 (New York: D. Appleton, 1859), p. 104.
65) James S. Gibbons, 앞의 책, p. 277.
66) John Kenneth Galbraith, The Great Crash, 1929, 3rd edn (Boston: Houghton Mifflin, 1972), pp. 133~5.
67) David F. Good, The Economic Rise of the Habsburg Empire, 1750~1914 (Berkeley: University of California Press, 1984), p. 165.
68) D. Morrier Evans, Facts, Failures and Frauds (1839; reprint edn, New York: Augustus M. Kelley, 1968), p. 235.
69) Robert Sharplen, Kreuger:Genius and Swindler (new York: Knopf, 1960)
70) John Carswell, The South Sea Bubble (London: Cresset Press, 1960), pp. 225,

265~6.

71) Jean Bouvier, Le Krash de l'Union Générale, 1878~1885 (Paris: Presses universitaires de France, 1960), pp. 211, 219.

72) Herbert I. Bloom, The Economic Activities of the Jews of Amsterdam in the Seventeenth and Nineteenth Centuries (Williamsport, Pa.: Bayard Press, 1937), p. 199.

73) John Carswell, The South Sea Bubble (London: Cresset Press, 1960), p. 210.

74) Theodore Dreiser, The Titan, p. 237.

75) Christina Stead, The House of All Nations (New York: Simon & Schuster, 1938), p. 643.

10. 정책 대응: 방임과 그 밖의 장치들

1) Thomas Joplin, Case for Parliamentary Inquiry into the Circumstances of the Panic, in a Letter to Thomas Gisborne, Esq., M. P. (London: James Ridgeway & Sons, n. d. [after 1832]), p. 10 (apropos the panic of 1825)

2) Sir John Clapham, The Bank of England: a History (Cambridge: Cambridge University Press, 1945), vol. 2, p. 236 (apropos the panic of 1847)

3) E. Victor Morgan, The Theory and Practice of Central Banking, 1797~1913 (Cambridge: Cambridge University Press, 1943), p. 133.

4) 이 일화는 A. Andréadès, History of the Bank of England (London: P.S. King, 1909)의 334쪽에 언급되어 있다. 더 많은 토의 내용은 다음을 참조하라. Rudiger Dornbush and Jacob Frenkel, 'The Gold Standard and the Bank of England in the Crisis of 1847', in Michael Bordo and Anna J. Schwartz, eds, A Retrospective on the Classical Gold Standard, 1821-1931 (Chicago: University of Chicago Press, 1984), pp. 233~64.

5) Ministére des Finances et al., Enquêtes sur les principes et les faits généraux qui régissent la circulation monétaire et fiduciaire (Paris: Imprimerie impériale, 1867), vol. 1, p. 456.

6) 'The Revulsion of 1857 - its Causes and Results', New York Herald, n.d., quoted in D. Morier Evans, The History of the Commercial Crisis, 1857~1858, and the Stock Exchange Panic of 1859 (1859; reprint edn, New York: Augustus M. Kelly, 1969), p. 121.

7) Herbert Hoover, The Memoirs of Herbert Hoover (New York: Macmillan & Co., 1952), vol. 3, p. 30.

8) Murray N. Rothbard, America's Great Depression, 3rd edn (Kansas City: Sheed &

Ward, 1975), p. 187.

9) Paul Johnson, Modern Times: the World from the Twenties and the Eighties (New York: Harper & Row, 1983), p. 244.

10) Earnst Baasch, Holländische Wirtschaftsgeschichte (Jena: Gustav Fischer, 1927), p. 238.

11) Thomas Joplin, Case for Parliamentary Inquiry into the Circumstances of the Panic, in a Letter to Thomas Gisbourne, Esq. M.P. (London: F. Ridgeway & Sons, n.d. [after 1832]), pp. 14~15.

12) Great Britain, Parliamentary Papers, Monetary Policy, Commercial Distress (1857; Shannon: Irish University Press, 1969), vol. 1, pp. 427, 431.

13) D. Morier Evans, The History of the Commercial Crisis, 1857~1858, and the Stock Exchange Panic of 1859 (1859; reprint edn, New York: Augustus M. Kelly, 1969), p. 89n.

14) D. Morier Evans, 앞의 책, p. 181.

15) Parliamentary Papers, Commercial Distress, p. xii.

16) Parliamentary Papers, Commercial Distress, vol. 4, appendix 20; Foreign Communications Relative to the Commercial Cirsis of 1857, Hamburg consular circular no. 76, November 23, 1857, pp. 435, 440, 441.

17) Henrietta M. Larson, Jay Cooke, Private Banker (Cambridge, Mass.: Harvard University Press, 1936), p. 80.

18) W.T.C. King, History of the London Discount Market (London: George Routledge & Sons, 1936), p. 243.

19) Theodore Dreiser, The Financier (1912), in Trilogy of Desire (New York: World Publishing, 1972), p. 491.

20) Jett Lauck, The Causes of the Panic of 1893 (Boston: Houghton, Mifflin, 1907), p. 102.

21) The Commercial and Financial Chronicle, 16 May 1884, p. 589, quoted in O.M.W. Sprague, History of Crises under the National Banking System (1910; reprint edn, New York: Augustus M. Kelly, 1968), p. 112.

22) W.R. Brock, Lord Liverpool and Liberal Toryism, 1820-1827 (Cambridge: Cambridge University Press, 1941), pp. 209~10 (cited by Sir John Clapham, The Bank of England: a History, vol. 2, p. 108).

23) Sir John Clapham, The Bank of England: a History (Cambridge: Cambridge University Press, 1945), vol. 2, p. 332.

24) Stephan Skalweit, Die Berliner Wirtschaftskrise von 1763 und ihre Hintergründe

(Stuttgart: Verlag W. Kohlhammer, 1937), pp. 49~73.

25) Arthur D. Gayer, W.W. Rostow, and Anna J. Schwartz, The Growth and Fluctuation of the British Economy, 1790~1850 (Oxford: Oxford University Press, Clarendon Press, 1953), vol. 1, p. 272.

26) Larry T. Wimmer, 'The Gold Crisis of 1869: a Problem in Domestic Economic Policy and International Trade Theory' (PhD diss., University of Chicago, 1968), p. 79.

27) Henry D. McLeod, Theory and Practice of Banking, 3rd edn (London: Longman Green, Reader & Dyer, 1879) p. 428. 다음에서 재인용. A. Andréadès, History of the Bank of England (London: P.S. King, 1909), p. 137.

28) John Carswell, The South Sea Bubble (London: Cresset Press, 1960), p. 184.

29) A. Andréadès, History of the Bank of England (London: P.S. King, 1909), p. 151.

30) Alexander Dana Noyes, The Market Place: Reminiscences of a Financial Editor (Boston: Little, Brown, 1938), p. 333.

31) O.M.W. Sprague, History of Crises under the National Banking System (1910; reprint edn, New York: Augustus M. Kelly, 1968), p. 259.

32) O.M.W. Sprague, 앞의 책, p. 259.

33) O.M.W. Sprague, 앞의 책, p. 181.

34) Max Wirth, Geschichte der Handelskrisen, 4th edn (1890; reprint edn, New York: Burt Franklin, 1968), p521.

35) Maurice Lévy-Leboyer, Les banques européennes et industrialisation internationale dans la première moitié du XIXe siècle (Paris: Presses Universitaires de France, 1964), p. 480, text and note 5.

36) George W. Van Vleck, The Panic of 1857: an Analytical Study (New York: Columbia University Press, 1943), p. 80.

37) O.M.W. Sprague, History of Crises under the National Banking System (1910; reprint edn, New York: Augustus M. Kelly, 1968), pp. 120, 182~3.

38) O.M.W. Sprague, 앞의 책, pp. 75, 291~2.

39) Jacob H. Schiff, 'Relation of a Central Bank to the Elasticity of the Currency', Annals of the American Academy of Political and Social Science, vol. 31 (January-June 1908), p. 375. 보다 현대적인 설명으로는 다음을 참조. Jean Strouse, 'The Brilliant Bailout', New Yorker (23 November 1998), pp. 62~77.

40) Myron T. Herrick, 'The Panic of 1907 and Some of its Lessons', Annals of the American Academy of Political and Social Science, vol. 31 (January-June 1908), p. 309.

41) John Kenneth Galbraith, The Great Crash, 1929, 3rd edn (Boston: Houghton Mifflin, 1972), pp. 107~8.
42) 빈에서의 구제위원회(rescue committee, Aufhilfsfonds)에 대한 논의는 다음을 참조. Eduard März, Österreich Industrie- und Bankpolitik in der Zeit Franz Josephs I: Am Beispiel der k.k. priv. Österreichischen Credit-Anstalt für Handel und Gewerbe (Vienna: Europa Verlag, 1968), pp. 177~82. 매르츠(März)는 위기에 대해 가장 잘 설명하고 있는 자료는 다음 자료라고 언급하고 있다(p. 179): Josef Neuwirth, Bank und Valuta in Österreich, vol. 2, Die Spekulationskrisis van 1873 (출판사 자료는 언급되어 있지 않음).
43) Maurice Lévy-Leboyer, Les banques européennes et industrialisation internationale dans la première moitié du XIXe siècle (Paris: Presses Universitaires de France, 1964), pp. 470~1.
44) Bertrand Gille, La banque en France au XIXe siècle (Paris: Droz, 1970), p. 93.
45) Parliamentary Papers, Commercial Distress, vol. 4, appendix, consular dispatch from Hamburg, no. 75. p. 434.
46) Parliamentary Papers, 앞의 책, p. 435.
47) Hans Rosenberg, Die Weltwirtschaftskrise von 1857~59 (Stuttgart-Berlin: W. Kohlhammer, 1934), p. 129.
48) Parliamentary Papers, Commercial Distress, vol. 4, appendix, consular dispatch from Hamburg, nos. 77, 80, 81, 82, 84, 86, pp. 435~7.
49) Albert E. Fr. Schäffle, 'Die Handelskrise von 1857 in Hamburg, mit besondere Rücksicht auf das Bankwesen', in Gesammelte Aufsätze (Tübingen: H. Raupp'schen, 1885), vol. 2, pp. 44, 45, 52, 53.
50) Sir John Clapham, The Bank of England: a History (Cambridge: Cambridge University Press, 1945), vol. 2, p. 156.
51) Sir John Clapham, 앞의 책, p. 331. 베어링 위기와 그 구제에 대한 보다 상세한 설명은 다음을 참조. L.S. Pressnell, 'Gold Reserves, Banking Reserves and the Baring Crisis of 1890', in C.R. Whittlesey and J.S.G. Wilson, eds, Essays in Money and Banking in Honour of R.S. Sayers (Oxford: Clarendon Press, 1968), pp. 67-228; and idem, 'The Sterling System and Financial Crises before 1914', in C.P. Kindleberger and J.-P. Laffargue, eds, Financial Crises: Theory, History and Policy (Cambridge: Cambridge University Press, 1982), pp. 148~64.
52) Diary of John Biddulph Martin, in George Chandler, Four Centuries of Banking (London: B.J. Batsford, 1964), vol. 1, p. 330.
53) Ellis T. Powell, The Evolution of the Money Market (1384~1915): an Historical and Analytical Study of the Rise and Development of Finance as a Central

Coordinated Force (1915: reprint edn, New York: Augustus M. Kelley, 1966), p. 528.
54) Ellis T. Powell, 앞의 책, p. 525.
55) 'New York Fed Assists Hedge Fund Bailout', New York Times, 24 September 1998, pp. A1, C11
56) 예금 인출쇄도가 예금자들로서는 최적의 대응이자 시스템에도 유익한 것이며, 패닉을 일종의 감시 행위라고 생각하는 결벽주의자들(purists)과 자학주의자들(masochists)이 일부 존재한다. "경영이 부실한 일부 은행들이 있다고 예금자들이 믿고는 있지만, 어느 은행이 지불능력을 상실하게 될 지 판단할 수 없다면, 예금자들이 시스템 전반에 걸치는 패닉을 통해 불건전한 은행 모두를 강제로 퇴출시킬 수도 있다." 이 언급은 찰스 칼로모리스와 게리 고튼의 주장이다. Charles W. Calomoris and Gary Gorton, 'The Origins of Banking Panics: Models, Facts and Bank Regulation', in Glenn Hubbard, ed., Financial Markets and Financial Crises (Chicago: University of Chicago Press, 1991), pp. 120~1.
57) Herbert Hoover, The Memoirs of Herbert Hoover (New York: Macmillan, 1952), vol. 3, pp. 211~12.
58) 'Bank Board Doubles Texas Cost Estimate', New York Times, 8 July 1988, sec. D.
59) 'Treasury Says Savings Aid Should Not Tax the Taxpayer', New York Times, 3 August 1988, sec. D.
60) Max Wirth, Geschichte der Handelskrisen, 4th edn (1890; reprint edn, New York: Burt Franklin, 1968), p. 100.
61) A. Andréadès, History of the Bank of England (London: P.S. King, 1909), pp. 187~9; Sir John Clapham, The Bank of England: a History (Cambridge: Cambridge University Press, 1945), vol. 1, pp. 263~5.
62) Arthur D. Gayer, W.W. Rostow, and Anna J. Schwartz, The Growth and Fluctuation of the British Economy, 1790~1850 (Oxford: Oxford University Press, Clarendon Press, 1953), vol. 1, p. 34.
63) William Smart, Economic Annals of the Nineteenth Century (1911; reprint edn, New York: Augustus M. Kelly, 1964), , vol. 1, pp. 267~8.
64) William Smart, 앞의 책, p. 271.
65) Ian Giddy, 'Regulation of Off-Balance Sheet Banking', in The Search for Financial Stability: the Past Fifty Years (San Francisco: Federal Reserve Bank of San Francisco, 1985), pp. 165~77.
66) Edward J. Kane, 'Competitive Financial Reregulation: an International Perspective', in R. Portes and A. Swoboda, eds, Threats to International

Financial Stability (Cambridge: Cambridge University Press, 1987), pp. 111~45.
67) Stanley Zucker, Ludwig Bamberger: German Liberal Politician and Social Critic, 1823-1899 (Pittsburgh: University of Pittsburgh Press, 1975), p. 78.
68) Max Wirth, Geschichte der Handelskrisen, 4th edn (1890; reprint edn, New York: Burt Franklin, 1968), pp. 110~11.

11. 일국 차원의 궁극적 대여자

1) François Nicholas Mollien, Mémoirs d'un Ministre du Trésor Public, 1780~1815 (Paris : Fournier, 1845), vol. 2, pp. 198ff.
2) Ministère des Finance et al., Enquêtes sur les principes et les faits généraux qui régissent la circulation monétaire et fiduciaire (Paris: Imprimerie imperiale, 1867), vol. 2, pp. 31~2.
3) Murray N. Rothbard, America's Great Depression, 3rd edn (Kansas City: Sheed & Ward, 1975), p. 167.
4) Herbert Spencer, from 'State Tempering with Money and Banks', in Essays: Scientific, Political and Speculative (London: Williams & Norgate, 1891), vol. 3, p. 354. 다음에서 재인용. Charles Lipson, Standing Guard: Protecting Foreign Capital in the Nineteenth and Twentieth Centuries (Berkeley: University of California Press, 1985), p. 45.
5) T.S. Ashton, 앞의 책, p. 111.
6) T.S. Ashton, Economic Fluctuations in England, 1700~1800 (Oxford: Oxford: Oxford University Press, Clarendon Press, 1959), p. 112.
7) E. Victor Morgan, The Theory and Practice of Central Banking, 1797-1913 (Cambridge: Cambridge University Press, 1943), p. 240.
8) Maurice Lévy-Leboyer, Les banques européennes et industrialisation internationale dans la première moitié du XIXe siècle (Paris: Presses Universitaires de France, 1964), p. 490.
9) 다음 서적에 대한 하이예크(F.A. Hayek)의 서언을 참조. Henry Thornton, An Enquiry into the Nature and Effect of the Paper Credit of Great Britain (1802; London: Allen & Unwin, 1939; reprint, London: Frank Cass, 1962), p. 38.
10) Thornton, Paper Credit, pp. 187~8.
11) The Collected Works of Walter Bagehot, ed. Norman St John Stevas (London: The Economist, 1978), vol. 11, p. 149.
12) 앞의 전집, vol. 9, p. 267.
13) Thomas Joplin, Case for Parliamentary Inquiry into the Circumstances of the

Panic, in a letter to Thomas Gisbourne, Esq., M. P. (London: James Ridgeway & Sons, n. d. [after 1832]), p. 29.

14) Jacob Viner, Studies in the Theory of International Trade (New York: Harper & Bros., 1937), p. 233.

15) D.P. O'Brien, 'Overstone's Thought' , in D.P. O' Brien, ed., The Correspondence of Lord Overstone (Cambridge: Cambridge University Press, 1971), vol. 1, p. 95. ('bodkin' 은 단도, 재봉용 송곳, 치장용 머릿바늘, 혹은 바늘귀가 큰 무딘 바늘을 가리킨다)

16) Milton Friedman and Anna J. Schwartz, A Monetary History of the United States, 1867-1960 (Princeton, NJ: Princeton University Press, 1963), pp. 418-19. 알프레드 마샬도 영란은행의 민첩한 재할인률 인상 조치가 불합리한 신용 팽창에 제동을 걸었다고 언급했을 때 눈사태의 비유를 사용했다: "(신용팽창은 영란은행의 제동이 없었다면) 가파른 산비탈에서 구르는 눈덩이처럼 커져서 눈사태가 되었을지 모른다." Alfred Marshall, Money, Credit and Commerce (1923; reprint edn, New York: Augustus M. Kelly, 1965), pp. 258~9.

17) Walter Bagehot, Lombard Street: a Description of the Money Market (1873; reprint edn, London: John Murray, 1917), p. 160.

18) Elmer Wood, English Theories of Central Banking Control, 1819~1858, with Some Account of Contemporary Procedures (Cambridge, Mass.: Harvard University Press, 1939), p. 147.

19) Sir John Clapham, The Bank of England: a History (Cambridge: Cambridge University Press, 1945), vol. 2, p. 289.

20) Walter Bagehot, Lombard Street: a Description of the Money Market (1873; reprint edn, London: John Murray, 1917), pp. 161~2.

21) Sir John Clapham, The Bank of England: a History (Cambridge: Cambridge University Press, 1945), vol. 2, p. 108.

22) Marshall, Money, Credit, and Commerce, p. 307. 얀 드프리스(Jan De Vries)와 아드 판 데어부드(Ad van der Woude)는 네덜란드에 대한 결론적인 장에서 네덜란드의 국제적 은행거래 업계는 1780년에 단 하나의 핵심적인 특징-즉, 위기 때 유동성을 유지하기 위한 효과적인 신용창조 기관-이 결여되어 있었다고 썼다 (The first Modern Economy (Cambridge: Cambridge University Press, 1997), p. 683)

23) Bertrand Gille, La banque en France au XIXe siècle: Recherches historiques (Geneva: Librairie Droz, 1970), p. 32.

24) Bertrand Gille, La Banque et le crédit en France de 1815 à 1848 (Paris : Presses universitaires de France, 1959), p. 367.

25) Michel Chevalier, Lettres sur l'Amerique du Nord, 3rd edn (Paris: Charles Gosselin, 1838), p. 37, note 1.

26) Ministère des Finance et al., Enquête, vol. 3, pp. 411~12.
27) Ministère des Finance et al., 앞의 책, vol. 2, pp. 129~30.
28) Jean Bouvier, Un siècle de banque française (Paris: Hachette Littérature, 1973), pp. 83~4.
29) 다음을 참조. Rondo Cameron, France and the Economic Development of Europe, 1800~1914 (Princeton, NJ: Princeton University Press, 1961), pp. 191ff.
30) Maurice Lévy-Leboyer, Histoire économique et sociale de la France depuis 1848 (Paris : Les Cours de Droit, Institut d'Etudes Politiques, 1951~52), p. 121.
31) Rondo Cameron, France and the Economic Development of Europe, 1800~1914, p. 117.
32) Alfred Pose, La monnaie et ses institutions (Paris: Presses universitaires de France, 1942), p. 215.
33) Jean Bouvier, Le Krash de l'Union Générale, 1878~1885 (Paris: Presses universitaires de France, 1960), pp. 150, 152~53.
34) Esther Rogoff Taus, Central Banking Functions of the United States Treasury, 1789~1941 (New York: Columbia University Press, 1943), pp. 22, 23, 29.
35) Esther Rogoff Taus, 앞의 책, pp. 39~131.
36) C.A.E. Goodhart, The New York Money Market and the Finance of Trade, 1900~1913 (Cambridge, Mass.: Harvard University Press, 1969), p. 120.
37) George W. Van Vleck, The Panic of 1857: an Analytical Study (New York: Columbia University Press, 1943), p. 106.
38) O.M.W. Sprague, History of Crises under the National Banking System (1910; reprint edn, New York: Augustus M. Kelly, 1968)
39) Myron T. Herrick, 'The Panic of 1907 and Some of its Lessons', Annals of the American Academy of Political and Social Science, vol. 31 (January-June 1908), p. 324.
40) 정치사회과학 미국학술연보(Annals of the American Academy of Political and Social Science)에 실린 리질리의 시론은 '공황 예방책으로서의 탄력적인 신용화폐(An Elastic Credit Currency as a Preventive for Panics)'라는 보다 좁혀진 제목으로 쓰여졌다. 그러나 셀릭먼을 제외한 다른 사람들의 논문은 중앙은행의 통화 탄력성에 대한 그들의 주창에 내용에 걸맞지 않았다.
41) 영란은행의 이사회 구성원들에 대한 배젓의 성격 묘사에 주목하기를 바란다: "꾸밈이 없고(plain), 현명하며(sensible), 성공한(prosperous) 잉글랜드 상인들로 구성된 이사회다. 그리고 이들은 이사회가 해야 할 일과 하지 말아야 할 일에 대해 사회가 기대하는 사항들을 실행하기도 하고 실행하지 않은 채 내버려 두기도 하는 두가지 행동을 모두 취했다. 아무도 이

이사회에게 경제과학에 대한 큰 학식을 기대할 수 없었다. 영국 상인들의 습관에서 수고스러운 연구는 대부분 생소한 일이다." (Walter Bagehot, Lombard Street: a Description of the Money Market (1873; reprint edn, London: John Murray, 1917), p. 166)). 나중에 그는 보다 비판적으로 언급했다: "불행하게도……영란은행의 이사진들은 올바른 원리에 익숙하지도 않았고 현명하게 정립된 업무관행의 보호도 받지 못했다. 그들 스스로 그런 원리를 발견할 것이라고 기대할 수 없었다. 세계에 대한 이론적 사고는 결코 고명한 지위의 사람들에게 기대할 것이 못 된다.……여하튼 사람들 자신의 재산이 걸린 문제에 있어서는 의심할 바 없이 시장의 거래인이야말로 본질에 가장 근접한 결론을 내다보는 통찰력을 가지고 있다." (p. 160).

42) Elmer Wood, English Theories of Central Banking Control, 1819~1858, with Some Account of Contemporary Procedures (Cambridge, Mass.: Harvard University Press, 1939), p. 169~70.

43) Franco Bonelli, La crise del 1907: una tappa dello sviluppo industriale in Italia (Turin: Fondazione Luigi Einaudi, 1971), 여러 부분, 그리고 특히 p. 165.

44) Leone Levi, History of British Commerce, 1763~1870, 2nd edn (London: John Murray, 1872), pp. 311~12.

45) Great Britain, Parliamentary Papers, Monetary Policy, Commercial Distress (1857; Shannon: Irish University Press, 1969), vol. 3, p. xxix.

46) The Collected Works of Walter Bagehot, ed. Norman St John Stevas (London: The Economist, 1978), vol. 9, p. 147.

47) 앞의 전집, vol. 11, pp. 149~50.

48) 다음을 참조. C.P. Kindleberger, 'Rules vs. Men: Lessons from a Century of Monetary Policy', in Christoph Buchheim, Michael Hutter, and Harold James, Zerrissene Zwischenkriegsheit: Wirtschaftshistorische Beträger: Knut Borchardt zum 65, Geburstag, reprinted in C.P. Kindleberger, The World Economy and National Finance in Historical Perspective (Ann Arbor: University of Michigan Press, 1995), pp. 181~200.

49) Jean Bouvier, Le Krash de l'Union Générale, 1878~1885 (Paris: Presses universitaires de France, 1960), chap. 5.

50) Charles Wilson, Anglo-Dutch Commerce and Finance in the Eighteenth Century (Cambridge: Cambridge University Press, 1941), pp. 176~7.

51) Milton Friedman and Anna J. Schwartz, A Monetary History of the United States, 1867~1960 (Princeton, NJ: Princeton University Press, 1963), p. 309, 특히 pp. 309~10 n; Peter Temin, Did Monetary Forces Cause the Great Depression? (New York: W.W. Norton, 1976).

52) Sir John Clapham, The Bank of England: a History (Cambridge: Cambridge

University Press, 1945), vol. 1, p. 261; vol. 2, p. 58.

53) John Clapham, 앞의 책, vol. 2, pp. 59~60.

54) John Clapham, 앞의 책, vol. 1, pp. 249.

55) John Clapham, 앞의 책, vol. 2, pp. 82~4.

56) John Clapham, 앞의 책, vol. 2, p. 145.

57) Alain Plessis, La Politique de la Banque de France de 1851 à 1870 (Geneva: Droz, 1985), pp. 89, 99, 107. 프랑스은행은 파리의 채권에는 자금을 대여했지만, 마르세이유와 보르도의 채권에는 대여하지 않았다; 앞의 책, pp. 105~6.

58) Bagehot, Lombard Street, p. 195.

59) John Clapham, The Bank of England: a History, vol. 2, p. 59.

60) W.T.C. King, History of the London Discount Market (London: George Routledge & Sons, 1936), p. 36.

61) John Clapham, The Bank of England: a History, vol. 2, p. 206~7.

62) John Clapham, 앞의 책, vol. 1, p. 261.

63) D. Morier Evans, The History of the Commercial Crisis, 1857~1858, and the Stock Exchange Panic of 1859 (1859; reprint edn, New York: Augustus M. Kelly, 1969), p. 80.

64) Maurice Lévy-Leboyer, Les banques européennes et industrialisation internationale dans la première moitié du XIXe siècle (Paris: Presses Universitaires de France, 1964), p. 559.

65) Maurice Lévy-Leboyer, 앞의 책, p. 647.

66) Maurice Lévy-Leboyer, 앞의 책, p. 492.

67) D. Morier Evans, The History of the Commercial Crisis, 1857~1858, and the Stock Exchange Panic of 1859, pp. i~ii, vi~xviii.

68) A. Andréadès, History of the Bank of England (London: P.S. King, 1909), p. 266.

69) John Clapham, The Bank of England: a History, vol. 2, p. 157. 그는 저서 후반에 이 사태를 "장기화된 W은행 사건"이라고 불렀다 (앞의 책, p. 337).

70) R.C.O. Matthews, A Study of Trade-cycle History: Economic Fluctuations in Great Britain, 1832~1842 (Cambridge: Cambridge University Press, 1954), p. 173.

71) John Clapham, The Bank of England: a History, vol. 1, p. 245.

72) H.S. Foxwell, preface to A. Andréadès, History of the Bank of England (London: P.S. King, 1909), p. xvii.

73) Clapham, Bank of England, vol. 1, p. 256.

74) Milton Friedman and Anna J. Schwartz, A Monetary History of the United States,

1867-1960 (Princeton, NJ: Princeton University Press, 1963), pp. 339, 363~7.
75) Milton Friedman and Anna J. Schwartz, 앞의 책, p. 395.
76) Milton Friedman and Anna J. Schwartz, 앞의 책, p. 339.
77) 프리드만의 다음 자료를 참조. 'Rediscounting', in A Program for Monetary Stability (New York: Fordham University Press, 1960), pp. 35~6.
78) Paul Johnson, Modrn Times: the World form Twenties to the Eighties (New York: Harper & Row, 1983), p. 244.
79) Milton Friedman and Anna J. Schwartz, Monetary History, pp. 334~5.
80) John Clapham, Bank of England, vol. 2, p. 102.
81) D. Morier Evans, The History of the Commercial Crisis, 1857~1858, and the Stock Exchange Panic of 1859 (1859; reprint edn, New York: Augustus M. Kelly, 1969), p. 207.
82) Esther Rogoff Taus, Central Banking Functions of the United States Treasury, 1789-1941 (New York: Columbia University Press, 1943), pp. 55, 70.
83) O.M.W. Sprague, History of Crises under the National Banking System (1910; reprint edn, New York: Augustus M. Kelly, 1968), p. 256.

12. 국제적 차원의 궁극적 대여자

1) Niall Ferguson, The House of Rothchild: Money's Prophets, 1798~1847 (New York: Viking, 1998). 제16장 461쪽의 표 16a는 빈, 파리, 로마, 런던에서의 채권가격의 전개를 보여준다. 퍼거슨은 "런던의 회사는 전혀 궁극적 대여자가 아니었다"고 언급하고 있다. 그러나 멕시코의 손해배상에 대한 벨몬트의 강박관념을 돌려서 유럽 문제에 집중하도록 네이선의 손자인 알퐁스가 뉴욕으로 파견됐다. (pp. 466~70)
2) Ron Chernow, The Warburgs: the Twentieth-Century Odyssey of a Remarkable Jewish Family (New York: Random House, 1993), p. 328.
3) R.D. Richards, 'The First Fifty Years of the Bank of England, 1694~1744', in History of the Principal Public Banks, compiled by J.G. Van Dillen (The Hague: Martinus Nijhoff, 1934), p. 234.
4) Violet Barbour, Capitalism and Amsterdam in the 17th Century (1950; reprint edn, Ann Arbor: University of Michigan Press, 1966), p. 125.
5) Charles Wilson, Anglo-Dutch Commerce and Finance in the Eighteenth Century (Cambridge: Cambridge University Press, 1941), pp. 168~9.
6) Charles Wilson, 앞의 책, p. 176.
7) Sir John Clapham, The Bank of England: a History (Cambridge: Cambridge University Press, 1945), vol. 1, p. 249.

8) Alain Plessis, La Politique de la Banque de France de 1851 à 1870 (Geneva : Droz, 1985), chap. 4, 특히, pp. 241~5.
9) Knut Wicksell, Lectures on Political Economy (New York: Macmillan, 1935), vol. 2, pp. 37~8.
10) Jacob Viner, Studies in the Theory of International Trade (New York: Harper, 1937), p. 273; Clapham, Bank of England, vol. 2, p. 169.
11) Clapham, Bank of England, vol. 2, pp. 164~5.
12) Clément Juglar, Des crises commerciales et leur retour périodique en France, en Angleterre et aux Etats-Unis, 2nd edn (1889 ; reprint edn, New York : Augustus M. Kelly, 1967), p. 417.
13) E. Victor Morgan, The Theory and Practice of Central Banking, 1797~1913 (Cambridge: Cambridge University Press, 1943), p. 148.
14) Arthur D. Gayer, W.W. Rostow, and Anna J. Schwartz, The Growth and Fluctuation of the British Economy, 1790~1850 (Oxford: Oxford University Press, Clarendon Press, 1953), vol. 1, p. 333.
15) British Parliamentary Papers, Causes of Commercial Distress: Monetary Policy (Shannon: Irish University Press, 1969), vol. 1, p. 153, question 2018.
16) Viner, Studies in the Theory of International Trade (New York: Harper, 1937), p. 273.
17) Clapham, Bank of England, vol. 2, p. 170.
18) Bertrand Gille, La banque et le crédit en France de 1818 à 1848 (Paris : Presses universitaires de France, 1959), p. 377.
19) Clapham, Bank of England, vol. 2, p. 229.
20) Helmut Böhme, Frankfurt und Hamburg: Des Deutsches Reiches Silber und Goldloch und die Allerenglishte Stadt des Kontinents (Frankfurt-am-Main: Europäische Verlagsanstalt, 1968), pp. 255~68.
21) Helmut Böhme, 앞의 책, pp. 267~74.
22) Parliamentary Papers, Commercial Distress, vol. 4, appendix 20, consular dispatch no. 7, January 27, 1858, p. 441.
23) Parliamentary Papers, 앞의 책, dispatch no. 393 from Berlin, December 29, 1857, pp. 450~1.
24) Clapham, Bank of England, vol. 2, pp. 291~4.
25) E. Victor Morgan, The Theory and Practice of Central Banking, 1797~1913 (Cambridge: Cambridge University Press, 1943), p. 176.
26) Clapham, Bank of England, vol. 2, pp.291~4.

27) Clapham, 앞의 책, vol. 2, pp. 329~30, 344.
28) Hartley Withers, The Meaning of Money. 다음에서 재인용. R.S. Sayers, Bank of England Operations 1890~1914 (London: P.S. King, 1936), p. 111.
29) J.-L. Billoret, 'Système bancaire et dynamique économique dans un pays à monnaie stable : France, 1896-1914', thesis, Faculty of Law and Economic Science, Nancy, 1969. 다음에서 재인용. Jean Bouvier, Un siècle de banque française (Paris : Hachette Littérature, 1973), p. 240.
30) Hans Rosenberg, Die Weltwirtschaftskrise von 1857~59 (Stuttgart-Berlin: W. Kohlhammer, 1934), p. 38.
31) George W. Van Vleck, The Panic of 1857: an Analytical Study (New York: Columbia University Press, 1943), p. 42.
32) J.-L. Billoret, 'Système bancaire et dynamique économique dans un pays à monnaie stable : France, 1896~1914', 다음에서 재인용. Jean Bouvier, Un siècle de banque française, p. 238.
33) Walter Bagehot, Lombard Street: a Description of the Money Market (1873; reprint edn, London: John Murray, 1917), pp. 32~4.
34) O.M.W. Sprague, History of Crises under the National Banking System (1910; reprint edn, New York: Augustus M. Kelly, 1968), pp. 248~85.
35) Franco Bonelli, La crise del 1907: una tappa dello sviluppo industriale in Italia (Turin: Fondazione Luigi Einaudi, 1971), p. 42.
36) Oskar Morgenstern, International Financial Transactions and Business Cycles (Princeton, NJ: Princeton University Press, 1959), pp. 128~37.
37) 다음을 참조. League of Nations, The Course and Control of Inflation after World War I (Princeton, NJ: League of Nations, 1945).
38) Paul E. Erdman, The Crash of '79 (New York: Simon & Schuster, 1976).
39) Stephen A. Schuker, The End of French Predominance in Europe, the Financial Crisis of 1924 and the Adoption of the Dawes Plan (Chapel Hill: University of North Carolina Press, 1976), p. 67.
40) J.N. Jeanneney, 'De la Spéculation financière comme arme diplomatique: A propos de la première bataille de francs (novembre 1923-mars 1924)', Relations internationales, no. 13 (Spring 1978), pp. 9~15. 잔느네는 독일 정부가 프랑화에 대한 약세유도 공격을 조직했다는 점을 수긍했다. 슈커는 이에 대해 회의적이다: (The End of French Predominance in Europe) p. 56. Jean-Claude Debeir, 'La crise du francs de 1924: Une exemple de la spéculation "internationale"' Relations internationales, no. 13 (Spring 1978), p. 35. 쟝-끌로드 드베르는 투기자금을 조달해 준

상당한 비중의 책임을 미국 은행들에게 두었지만, 프랑스인들이 가장 많이 투기했다고 말하고 있다..

41) Stephen A. Schuker, The End of French Predominance in Europe, chap. 4.
42) Stephen A. Schuker, 앞의 책, p. 111.
43) C.P. Kindleberger, The World in Depression, 1929~1939, 2nd edn (Berkeley: University of California Press, 1986), 특히 제7장, 제14장.
44) R.G. Hawtrey, The Art of Central Banking (London: Longmans, Green, 1932), pp. 220~4; 모든 강조 표시는 원전을 그대로 따랐다. 호트리는 어느 정도 선견지명이 있었다. 국제통화기금이 궁극적 대여자로서 신용 지원을 결정하는 데 시간이 걸렸고, 국제결제은행은 신속하게 대응할 수 있기 때문에, 최근의 수많은 금융위기에서 국제결제은행이 '브릿지론'-즉, 즉각적인 자금 지원이 필요한 나라들에게 (금액은 제한적이지만) 제공하는 단기금융-을 제공하는 대응을 했다. 이 브릿지론은 나중에 국제통화기금의 신용 자금으로 반제됐다. 다음을 참조. Harold James, International Monetary Cooperation since Bretton Woods (Washington, DC: International Monetary Fund, 1995; New York and Oxford: Oxford University Press, 1996), pp. 361~2, 389, 557, 562, 592.
45) R.G. Hawtrey, The Art of Central Banking, pp. 229~32; 원저의 강조 표시를 따름.
46) Susan Howson and Donald Winch, The Economic Advisory Council, 1930~1939: a Study in Economic Advice during Depression and Recovery (Cambridge: Cambridge University Press, 1977), pp. 188~9. 다양한 위원회들에 참여한 인사의 내역은 이 책자의 부록 1의 354~70쪽에 기록돼 있다.
47) Susan Howson and Donald Winch, 앞의 책, pp. 272~81.
48) 이 부분의 기술은 주로 다음 자료에 기초했다. Karl Erich Born, Die deutsche Bankenkrise, 1931: Finanzen und Politik (Munich: R. Piper & Co. Verlag, 1967).
49) Karl Erich Born, 앞의 책, p. 86.
50) Karl Erich Born, 앞의 책, p. 83.
51) Norman to Harrison, cable, 3 July 1931, in Federal Reserve Bank of New York files.
52) Stephen V.O. Clarke, Central Bank Cooperation, 1924~31 (New York: Federal Reserve Bank of New York, 1967), p. 44. 이것은 불가 입장을 표명한 영국과 미국, 양자와의 토의를 독일이 마친 후의 상황이었다 (Kindleberger, World in Depression, p. 153). 독일인들은 자체적으로 외채 원리금 상환의 정지와 지출 확대를 내건 경제부(Economics Ministry)의 빌헬름 라우텐바하(Wilhelm Lautenbach) 계획에 대한 토의를 진행 중이었다. (Kindleberger, 앞의 책, p. 171, n. 5) 라우텐바하 계획은 영국 파운드화가 1931년 9월 금본위제를 이탈한 후에 다시 등장했다. 다음을 참조. Knut Borchardt and Hans Otto Schöltz, eds, Wirtschaftspolitik in der Krise (Baden-Baden: Nomos, 1931 [1991]). 이 자료는 제국은행 내에서 전개된 독일의 공직자들과 경제학자들 사이의 흥

미로운 논쟁을 기록한 것이다.
53) Stephen V.O. Clarke, Central Bank Cooperation, pp. 121~148.
54) Howson and Winch, Economic Advisory Council, pp. 88~9.
55) Howson and Winch, 앞의 책, p. 162.
56) Kindleberger, World in Depression, pp. 168, 184.
57) D.E. Moggridge, 'Policy in the Crisis of 1920 and 1929', in C.P. Kindleberger and J.-P. Laffargue, eds, Financial Crises: Theory, History and Policy (Cambridge: Cambridge University Press, 1982), pp. 171~87.
58) Stephen A. Schuker, American 'Reparations' to Germany, 1919~33: Implications for the Third-World Debt Crisis, Princeton Studies in International Finance no. 61 (Princeton, NJ: International Finance Section, Princeton University Press, 1988).
59) Richard N. Cooper, 'Economic Interdependence and Foreign Policy in the Seventies', World Politics, vol. 24 (January 1972), p. 167.
60) 다음을 참조. Bank for International Settlements, Annual Report, no. 63 to 31 March 1993, p. 196; and no. 64 to 31 March 1994. 1973년에 전세계의 하루 평균 외환거래 규모는 100억 달러에서 200억 달러로, 1983년에는 800억 달러로 증가했고, 1995년에 하루 1조 달러를 돌파했다: The Economist, vol. 337, no. 7936 (14 October 1995), p. 10. 이머징마켓과 유럽통화통맹(European Monetary Union)에 대해서는 다음을 참조: Bank for International Settlements, 68th Annual Report to 31 March 1998, p. 11, and chart p. 115.
61) Charles A. Coombs, The Arena of International Finance (New York: Wiley), pp. 77, 79, 81, 83, 195, 202, 292.
62) Charles A. Coombs, The Arena, p. 37.
63) Charles A. Coombs, 앞의 책, pp. 81, 85, 111, 121, 127, 134, 181, 185.
64) Susan Strange, 'International Monetary Relations', in Andrew Schonfield, ed., International Economic Relations of the Western World, 1959~71 (Oxford: Oxford University Press, for the Royal Institute of International Affairs, 1976), vol. 2, p. 136.
65) 다음을 참조. Jean-Claude Debeir, 'La crise du francs de 1924: Une exemple de la spéculation "internationale"' Relations internationales, no. 13 (Spring 1978).
66) Kathleen Burk and Alec Cairncross, 'Goodbye Great Britain': the 1976 IMF Crisis (New Haven, Conn.: Yale University Press, 1992).
67) 그 배경에 대해서는 다음 자료의 멕시코 관련 소론을 참조 바람. Ernesto Zedillo in Donald R. Lessard and Williamson, eds, Capital Flight and Third World Debt

(Washington, DC: Institute for International Economics, 1987), pp. 174~85. 위기 자체의 전개 상황은 1994년 12월 21일에서 29일에 걸친 「뉴욕타임스」 특집기사에 상세히 기록돼 있다.

68) 'President Clinton Sidesteps Congress Using Emergency Authority', New York Times, 1 February 1995, p. A1.

69) Bank for International Settlements, Annual Report, no. 68, p. 134.

70) Bank for International Settlements, 앞의 책.

71) Wynne Godley, 'Seven Unsustainable Processes', a special report of the Levy Institute, Annandale-on-Hudson, New York, 1999.

72) C.P. Kindleberger, World Economic Primacy, 1500~1990 (New York: Oxford University Press, 1996), chaps 10, 12.

73) Robert O. Keohane, After Hegemony: Cooperation and Discord in the World Political Economy (Princeton, NJ: Princeton University Press, 1984).

역자 후기

경제학도의 한 사람으로서 『광기, 패닉, 붕괴: 금융위기의 역사』를 번역했다는 것은 즐거움이나 보람을 넘어 행운이라고 말할 수 있다. 이 책은 찰스 킨들버거의 가장 대표적인 저서이자 투기적 광기에서 비롯되는 거품경제와 이에 뒤따르는 금융위기에 관한 고전이기 때문이다.

이 책이 다루는 주제는 금융위기를 야기하는 광기와 패닉, 붕괴의 진행과정과 궁극적 대여자의 역할 및 그 역사라고 할 수 있다. 언제 읽어도 시의 적절한 주제일 뿐만 아니라 시간의 제한을 받지 않는 진정한 고전이라는 평가는 계속 이어지고 있다. 사실 이 책의 초판은 1978년에 나왔고, 이번에 국내에서는 처음으로 번역 소개되는 로버트 알리버 공저판은 2005년에 출간된 제5판이다.

노벨 경제학상 수상자인 폴 새뮤얼슨 MIT 교수가 "이 책을 읽고, 또 읽지 않는다면 5년 안에 후회의 순간을 맞을지 모른다"고 말했던 것처럼 이 책의 개정판이 나올 때마다 새로운 금융위기가 추가됐다. 1989년에 출간된 제2판에는 다우존스 평균주가가 하루에 20%이상 폭락했던 1987년 10월 19일 검은 월요일의 세계 금융시장 붕괴위기가, 1996년 출간된 제3판에는 1990년부터 붕괴가 시작된 일본의 거품경제와 1994

년의 멕시코 경제위기가, 2000년 출간된 제4판에는 1997~98년의 아시아 경제위기와 러시아 금융대란 등이 새로 추가됐다.

이번에 새롭게 펴낸 제5판에서는 이전 판에서 제시된 주제를 토대로 분석영역을 더욱 넓혔다. 특히 20세기의 마지막 15년 사이에 발생한 세 차례의 거품, 즉 일본의 거품경제와 동아시아 각국의 부동산 및 주식 붐, 미국 나스닥 주식시장의 거품에는 체계적인 상호 관련성이 있다는 분석은 매우 인상적이다.

킨들버거가 이 책에서 제시하는 논점은 크게 세 가지다. 첫째는 시장도 때로는 비합리적으로 행동할 수 있으며, 둘째 이 같은 비합리적 행동에서 야기되는 금융위기는 대체로 반복적인 유형을 갖는다는 점, 셋째 패닉과 붕괴로 인해 경제가 심각한 위협에 처하게 되면 정확한 시점에 아주 능숙하게 대처할 수 있는 궁극적 대여자가 필요하다는 점이다.

킨들버거는 특히 어느 한 가지 논리에만 집착하는 교조주의적 접근방식은 단지 잘못된 것일 뿐만 아니라 매우 위험할 수 있다고 말하고 있다. 이 점은 킨들버거의 개방적인 성격을 그대로 보여주는데, 사실 이 책의 초판이 나온 1978년 무렵을 떠올려보면, 당시 경제학계의 가장 큰 화두는 "합리적 기대가설"이었다.

이런 상황에서 제목부터, 인간 행동의 비합리성이 가장 극적으로 드러난 "광기(mania)"라는 단어를 썼다는 것은 킨들버거였기에 가능했을지도 모른다. 그는 경제학이 그 출발점으로 인간 행동의 합리성을 전제하고, 이 개념에 너무 집착해 바로 눈앞에서 벌어지는 비합리적 사태와 시장의 균형을 이탈시키는 투기적 광기를 인식하지 못한다고 비판한다. 킨들버거는 이처럼 "시장은 완벽하게 작동하며 시장에 대한 모든 규제를 없애야 한다"고 주장하는 합리론자도 거부하지만, "시장은 기본적으로 취약하므로 항상 정부가 개입해야 한다"는 정반대의 입장도 받아들이지 않는다. "시장은 전체적으로 잘 작동하기는 하지만, 때로는 무력해지기도 하므로 지원이 필요할 때도 있다"는 게 킨들버거가 이 책에서 전해주는 교훈이다.

금융위기라는 심각한 주제를 다루면서도 곳곳에서 "앙천대소를 자아내는 일화들과 우아한 풍자"를 읽을 수 있다는 점은 이 책의 또 한 가지 장점이자 독자들을 매혹하는 대목이다. 또한 궁극적 대여자의 역할에 관해서도 단순히 그 기능과 재원조달 방식에 그치지 않고 정확한 시점 선택을 위한 모호성을 강조하는 킨들버거의 진지함은 경탄할 만하다.

출판사에서 처음 번역을 제안했을 때 "세상에, 이 책이 아직도 번역되지 않았나?"하는 놀라움과 당혹감을 지울 수 없었다.(국내에 나와있는 백과사전에서도 "경제학도와 금융인에게 필독서"라고 이 책을 소개하고 있다.) 그러나 번역하는 과정에서 킨들버거 저서 특유의 난해함과 수백 년간에 걸친 경제사를 아우르는 자료들, 디킨스와 발자크의 문학작품까지 인용하는 집요한 사실 추적을 발견하고 나서는 그 이유를 알 수 있을 것 같았다.

이 책을 역자에게 소개해준 굿모닝북스에서는 "종이에 부끄럽지 않은 책을 내는 게 출간서적을 선정하는 첫 번째 원칙"이라고 말했다. 나무가 자라 종이의 원재료인 펄프를 추출하려면 5~10년은 걸리는데, 이 종이로 만드는 책에 담길 내용 역시 그 정도의 숙성 기간은 거쳐야 하며, 서점에 나온 뒤에도 최소한 그 정도의 생명력은 가져야 한다는 말일 것이다. 그런 점에서 이 책은 충분히 그 원칙에 부합할 뿐만 아니라 그 이상이라고 할 수 있는 책이다.

광기, 패닉, 붕괴: 금융위기의 역사
Manias, Panics and Crashes: A History of Fanancial Crisis

1판 1쇄 펴낸날 2006년 11월 25일
1판 12쇄 펴낸날 2025년 2월 25일

지은이 찰스 킨들버거, 로버트 알리버
옮긴이 박정태
펴낸이 서정예
표지디자인 디자인 이유
펴낸곳 굿모닝북스

등록 제2002-27호
주소 (10364) 경기도 고양시 일산동구 호수로 672 804호
전화 031-819-2569
FAX 031-819-2568
e-mail goodbook2002@daum.net

가격 19,800원
ISBN 89-91378-10-2 03320

*잘못된 책은 구입하신 서점에서 바꿔드립니다.
*이 책의 전부 또는 일부를 재사용하려면 사전에
 서면으로 굿모닝북스의 동의를 받아야 합니다.